»Wer die Zeit nicht miterlebt hat ...«

Band 1: Lebensgeschichten

Band 1: Lebensgeschichten
Band 2: Kriegsalltag
Band 3: Das Verhältnis zum Nationalsozialismus und zum Krieg

Die Geschichte des Nationalsozialismus und des 2. Weltkriegs wurde bisher überwiegend mit Blick auf die männlichen Akteure erforscht. Was »ganz normale deutsche Mädchen und Frauen« in jener Zeit erlebten, wie sie sich zum Nationalsozialismus verhielten, und wie sie die harten Nachkriegsjahre überstanden, das ist Gegenstand dieser umfassenden Dokumentation, deren Quellen Gespräche mit über 500 Frauen und von Ihnen zur Verfügung gestellte schriftliche Dokumente sind.

Band 1 erzählt zehn repräsentative Lebensgeschichten. Jede von Ihnen steht für eine größere soziale Gruppe von Frauen und damit für einen ganzen Bereich weiblicher Erfahrungen während des Krieges: Die Hausfrau und Mutter in einer süddeutschen Kleinstadt kommt ebenso zu Wort wie die Geschäftsfrau, die Bäuerin ebenso wie die Bildungsbürgerin, die Pfarrerstochter ebenso wie die Tochter eines Landarbeiters. In diesen Lebensgeschichten leben die Erfahrungen, Beobachtungen und Gefühle, die in den Jahren der Diktatur für sie bestimmend waren, wieder auf.

Margarete Dörr (geb. 1928) studierte von 1948 bis 1954 Geschichte, Germanistik, Anglistik und wurde Gymnasiallehrerin. Von 1966 bis 1988 war sie Fachleiterin für Geschichte am Seminar für Studienreferendare, zunächst in Stuttgart, dann in Heilbronn. 1973 übernahm sie zusätzlich einen Lehrauftrag für Fachdidaktik Geschichte an der Universität Stuttgart. Seit ihrer Pensionierung 1988 arbeitete sie an dem vorliegenden Forschungsprojekt. Zahlreiche Beiträge zur Geschichtsdidaktik erschienen in Sammelwerken und Fachzeitschriften.

Margarete Dörr

»Wer die Zeit nicht miterlebt hat ...«

Frauenerfahrungen im Zweiten Weltkrieg
und in den Jahren danach

Band 1: Lebensgeschichten

Campus Verlag
Frankfurt/New York

Die Drucklegung wurde ermöglicht durch einen großzügigen Zuschuß
der Wüstenrot Stiftung Deutscher Eigenheimverein e.V., Ludwigsburg.
Zu danken ist auch dem Historischen Verein Ludwigsburg unter seinem
Vorsitzenden Dr. Wolfgang Bollacher für seine freundliche Unterstützung.

Den Frauen, die mir
erzählt haben

Die Deutsche Bibliothek – CIP-Einheitsaufnahme

»Wer die Zeit nicht miterlebt hat ...« : Frauenerfahrungen im
Zweiten Weltkrieg und in den Jahren danach / Margarete Dörr. –
Frankfurt/Main ; New York : Campus Verlag
ISBN 3-593-36095-0

Bd. 1. Lebensgeschichten. – 1998

Umschlaggestaltung: Atelier Warminski, Büdingen
Umschlagmotiv: Privates Hochzeitsfoto aus dem Jahr 1939
Satz: Satz-Studio Rolfs, Dreis-Brück
Druck und Bindung: Druckhaus »Thomas Müntzer«, Bad Langensalza
Gedruckt auf säurefreiem und chlorfrei gebleichtem Papier.
Printed in Germany

Inhaltsverzeichnis

Vorwort

Wahrscheinlich wird es nicht wenigen Leserinnen und Lesern dieses Buches ähnlich gehen wie mir: Sie werden sich nach der Lektüre – noch etwas betäubt von den starken Eindrücken und widersprüchlichen Gefühlen, die sie vermittelt – fragen, warum eine solche Darstellung erst jetzt erscheint: eine Darstellung des Zweiten Weltkriegs und der Nachkriegszeit aus der Perspektive – besser: den Perspektiven – der damals lebenden Frauen. Das Ende dieses Krieges liegt über 50 Jahre zurück, und die historische Forschung hat in diesem guten halben Jahrhundert eine Fülle von Studien über das »Dritte Reich«, den Zweiten Weltkrieg und die ersten Nachkriegsjahre vorgelegt – Studien, durch die seitens der Geschichtswissenschaft und vieler lokaler Geschichtsvereine das Wissen über diese Zeit enorm erweitert und differenziert worden ist. Doch eine umfassende Darstellung der Alltags- und Wahrnehmungsgeschichte der Kriegs- und Nachkriegszeit aus weiblicher Sicht, wie Margarete Dörr sie hier in geradezu panoramischer Breite entfaltet, hat bisher gefehlt – obwohl die Bedeutung des Themas gar nicht überschätzt werden kann, war doch die Alltagsgeschichte der Jahre zwischen 1939 und 1948/49 in noch ausgeprägterer Weise die Geschichte von Frauen als diejenige anderer Zeiten: Die tägliche Lebens- und Überlebensarbeit war weitgehend Frauensache, während ein großer Teil der Männer im arbeitsfähigen Alter Soldaten waren. Auch nach Kriegsende konnten die überlebenden Männer oft nicht einmal sich selbst, geschweige denn ihre Angehörigen ernähren: weil sie körperlich oder geistig Schaden davongetragen hatten, weil sie erst später aus der Kriegsgefangenschaft zurückkehrten oder weil sie als politisch Belastete keine Arbeitsstelle fanden. Und da viele Männer gar nicht zurückkehrten, weil sie getötet worden oder vermißt waren, wurde die sogenannte unvollständige Familie, d.h. die Familie mit einem weiblichen »Familienoberhaupt«, zur Normalität. Gleichzeitig waren die praktischen und seelischen Schwierigkeiten, den Alltag zu organisieren, weit über ihr »normales« Maß angestiegen. Schon während des Krieges wurde diese Überdehnung des traditionell weiblichen Verantwortungsbereichs kaum durch flankierende Maßnahmen gemildert; allerdings sorgte die Nahrungsmittelbewirtschaftung für eine einigermaßen ausreichende Ernährung der »bezugsberechtigten« Bevölkerung auf Kosten der Menschen in den von Deutschland besetzten Gebieten. Nach dem Krieg, als die Überbeanspruchung der für die Ernährung ihrer Angehörigen verantwortlichen Frauen eher noch zunahm, wurden »Nur-Hausfrauen« mit der schlechtesten Lebensmittelkarte abgespeist.

Auch aus einer anderen, im engeren Sinn politischen Perspektive gibt es gute Gründe, die damalige deutsche Gesellschaft mit einem frauengeschichtlichen Schwerpunkt zu untersuchen. Die Führungspositionen dieser Gesellschaft waren zwar in Staat, Partei und Militär, in den Verwaltungen und den verschiedenen Organisationen und Verbänden von Männern besetzt. Diese Männer wußten jedoch um die Bedeutung der Einstellungen der Frauen zum Krieg und zur Politik. Der Erste Weltkrieg – der nicht zuletzt unter diesem Gesichtspunkt im Bewußtsein der nationalsozialistischen politischen Klasse als abschreckendes Beispiel präsent war – hatte gezeigt, daß eine kriegsbejahende oder wenigstens durchhaltebereite Stimmung der Bevölkerung eine ebenso kriegswichtige Ressource war wie strategische Rohstoffe. Und er hatte insbesondere in seiner zweiten Hälfte außerdem gezeigt, daß Frauen ungeachtet ihrer politischen Ohnmacht auf diese Stimmung einen wesentlichen und für die Obrigkeiten unbequemen Einfluß hatten, wenn sie »Jammerbriefe« an die Front schrieben, negative Gerüchte in Umlauf setzten, gegen schlechte Versorgung protestierten, streikten, Brotläden stürmten und Ortsbürgermeistern die Fenster einwarfen.

Verglichen mit diesem protestbereiten Verhalten vor allem der städtischen Arbeiterfrauen im Ersten Weltkrieg, herrschte im Zweiten Weltkrieg eine bemerkenswerte innere Ruhe. Obwohl – vielleicht auch weil? – die sogenannte Heimatfront durch die Bombardierungen der Städte in viel extremerer Weise als 1914-1918 belastet und selbst zur Front wurde, äußerte sich kaum Protest. Nur in ganz wenigen Fällen kam es zu kollektiven Aktionen von Frauen. Der heute wohl berühmteste Fall waren die Demonstrationen in der Berliner Rosenstraße 1943, als nichtjüdische Frauen ihre zwecks Abtransport in Lager inhaftierten jüdischen Männer buchstäblich freipreßten. Auch die unwägbarere atmosphärische Stimmungslage scheint, folgt man den zeitgenössischen Briefen und Selbstzeugnissen, bis in die letzten Monate des Kriegs von einer vergleichsweise großen Bereitschaft geprägt gewesen zu sein, die Situation insgesamt hinzunehmen. Dieses Faktum ist schon als solches erklärungsbedürftig. Das gilt um so mehr, als seine Bedeutung – als eine der Bedingungen der Möglichkeit des Kriegs und des Holocausts – unübersehbar ist. Mit dieser Feststellung soll keiner geschlechtsspezifisch modifizierten »Kollektivschuldthese« das Wort geredet werden. Zu den wichtigsten Fragen der Zeitgeschichtsforschung gehört jedoch die nach genau diesen Bedingungen der Möglichkeit von Krieg und Holocaust. Und ohne sich mit den Perspektiven der Frauen auf beides auseinanderzusetzen, lassen sich keine Antworten auf diese Frage formulieren.

Dennoch wissen wir immer noch sehr wenig über die Frauensichten auf diese Zeit; am allerwenigstens wissen wir gerade über diejenigen Frauen, die damals die Mehrheit waren: die nichtjüdischen, nicht sozial oder rassisch ausgegrenzten, die nicht politisch verfolgten Frauen – kurzum die »ganz normalen« Frauen.

Warum also erst jetzt ein Buch wie dieses? Der wichtigste Grund dürfte wohl darin liegen, daß es sehr lange gedauert hat, bis die Bereitschaft da war, sich mit den Erfahrungen aus dieser Zeit tatsächlich auseinanderzusetzen, wenn es nicht die der damaligen Opfer, Verfolgten und Widerständigen waren. Diese Erfahrungen waren und sind bis heute sperrig, unbequem und belastend. Für die Zeitgenossinnen und Zeitgenossen sind sie im doppelten Sinn des Wortes belastend: Sie sind durch die schiere Tatsache ihrer Zeitgenossenschaft dem Druck ausgesetzt, ihren Lebenslauf vor sich und anderen zu rechtfertigen – einem Druck, dessen Schwere wohl gleichermaßen von denen, die ihn akzeptieren, empfunden wird wie von denen, die ihn nicht akzeptieren wollen. Und neben dieser gewissermaßen objektiven Belastung empfinden viele der um 1945 bereits erwachsenen Menschen – die folgende Darstellung liefert dafür zahlreiche Belege – aus dem Rückblick eine ganz individuelle Belastung: durch das, was sie getan, oder das, was sie unterlassen haben, und oft auch einfach durch die unauflösbare Diskrepanz zwischen ihren damaligen Wahrnehmungs- und Wertungsweisen und ihren heutigen; denn diese krasse Unvereinbarkeit auch für Menschen, die keineswegs »fanatische« Nationalsozialisten gewesen sind, erschwert das Anknüpfen an das erinnerte Selbst und macht damit die eigene Lebenslinie brüchig. Am sichtbarsten wird dies dort, wo den rückblickenden Selbstaussagen buchstäblich die Worte fehlen: wo die Sätze im Leeren enden oder wo es nur noch heißt, nicht sagen zu können, was man gerade zu sagen anfing. Eine Lebensgeschichte, die rückblickend nicht mehr richtig in Worte gefaßt und erzählt werden kann, ist eine individuelle Katastrophe: Nur eine erzählbare Biografie hält das Leben und damit das Individuum zusammen. Diese individuelle Katastrophe ist für die überlebenden Opfer der nationalsozialistischen deutschen Gesellschaft noch viel extremer, weil – aus anderen Gründen – auch von ihnen viele sich außerstande sahen und sehen, ihre Geschichte zu erzählen, was der realen Zerstörung ihrer damaligen Existenz die symbolische Zerstörung der Lebensgeschichte hinzufügt. Doch sollte das nicht dazu führen, die Bedeutung dieser Tatsache für Menschen zu ignorieren, die in die nationalsozialistische deutsche Gesellschaft integriert waren.

Aber auch für Menschen, die spät genug geboren sind, um diese Schwierigkeiten nicht zu haben, ist die Auseinandersetzung mit den damaligen Erfahrungen belastend. Ich will hier nur auf den meiner Meinung nach heute bedeutsamsten der vielfältigen Gründe und Hintergründe eingehen, die individuell ebenso wie kollektiv zu diesem Umstand beitragen. Die öffentliche Beschäftigung mit dem »Dritten Reich« erfolgte nach 1945 im Modus des Auseinandersetzens, und zwar im buchstäblichen Sinn: Da der deutsche Staat, die deutsche Gesellschaft und einzelne Deutsche etwas verursacht hatten, wofür weder individuell noch institutionell, noch kollektiv Verantwortung übernommen werden konnte – weil das Ausmaß dessen, was geschehen war, die Vorstellungs- und Anwendungsmöglichkeiten für Verantwortung überschritt –, distanzierten beide deutschen Nachkriegsgesellschaften sich selbst und die eigenen politischen und sozialen Grundlagen vom nationalsozialistischen Vorher. Man setzte sich mit der Zeit zwischen 1933 und 1945 auseinander, indem man anderswo Platz nahm. Dies konnte in vielerlei Formen geschehen – dadurch, daß man schwieg, dadurch, daß man sich mit den Opfern identifizierte, oder dadurch, daß man die Verantwortung explizit einem Gegenüber zuwies: dem Totalitarismus, womit in Westdeutschland nach 1945 in der Regel der Kommunismus und der entstehende »Ostblock« inklusive Ostdeutschlands gemeint waren; dem Kapitalismus, womit in Ostdeutschland das westliche Deutschland gemeint war; dem Ausland, das Deutschland vor 1933 gedemütigt und dadurch Hitler in die Arme getrieben hatte; denen »oben«, also den verantwortlichen Politikern und Funktionären, oder denen »unten«, nämlich der Hitler hörigen Bevölkerung.

Mit der zunehmenden zeitlichen Distanz relativierte sich der eindimensionale Charakter dieser »Erklärungen« ebenso, wie deren Indienstnahme als wechselseitige Schuldzuschreibung abnahm. Wichtige Beiträge zu diesem entstehenden differenzierteren Bild des nationalsozialistischen Deutschlands lieferten die Geschichtswissenschaft und die außeruniversitären Historikerinnen und Historiker. Die von ihnen erarbeiteten Gesamtdarstellungen und Einzelstudien, Ausstellungen und Quelleneditionen sowie nicht zuletzt die »Oral-History«-Projekte, bei denen Interviews mit Zeitzeuginnen und Zeitzeugen durchgeführt und ausgewertet wurden, machen die zwölf Jahre zwischen 1933 und 1945 zum wahrscheinlich am besten untersuchten und dokumentierten Abschnitt der deutschen Geschichte überhaupt. Speziell zu den die Frauen betreffenden Aspekten hat die seit etwa 1970 in der Bundesrepublik Fuß fassende Frauen- und Geschlechtergeschichte zahlreiche Arbeiten vorgelegt. Hinzu kommt die kaum noch überschaubare Zahl an veröffentlichten Selbstzeugnissen und Erinnerungen, die das »Dritte Reich« aus der individuellen Perspektive sichtbar werden lassen. Unter ihnen finden sich auch solche, die diese Zeit aus der Sicht »ganz normaler«, also nicht verfolgter, sondern in die nationalsozialistische deutsche Gesellschaft integrierter Frauen spiegeln: Als Beispiele seien hier nur die Interviews, die Alison Owings 1993 in den USA unter dem Titel »Frauen. German Women Recall the Third Reich« veröffentlicht hat, das von Eva Jantzen und Merith Niehuss herausgegebene »Klassenbuch« sowie die faszinierende autobiografische Selbstreflexion von Eva Sternheim-Peters »Die Zeit der großen Täuschungen« genannt – drei Bücher, aus denen man über die eigentliche deutsche Frage des 20. Jahrhunderts – die Frage, »wie das möglich war« – vielleicht mehr lernt als aus vielen wissenschaftlichen Darstellungen des Nationalsozialismus und des Holocaust.

Einigen der nach 1945 veröffentlichten autobiografischen Selbstzeugnisse – Eva Sternheim-Peters' eben genanntes Buch ist ein beeindruckendes Beispiel dafür – gelingt auf der individuellen Ebene, womit sich die wissenschaftliche ebenso wie die öffentliche Diskussion über das »Dritte Reich« nach wie vor und aus naheliegenden Gründen schwertut: nämlich der prekäre Balanceakt, die Auseinandersetzung mit den damaligen Wahrnehmungen und Wertorientierungen nicht im Modus der Distanzierung, sondern im Modus der Annäherung zu führen, sich also verstehend – was nicht identisch ist mit verzeihend! – auf Wünsche, Sinnstiftungen und Ängste, Ideale, Vorurteile und Feigheiten eines vergangenen Selbst einzulassen. Das Prekäre an diesem Verstand und Gefühl gleichermaßen strapazierenden Balanceakt ist, daß die Diskrepanz zwischen dem damals und dem heute für wahr und richtig gehaltenen Wertekanon unaufgelöst bleiben muß. Löst man sie auf, indem man die heutigen Wertvorstellungen – etwa die vom unverletzlichen Recht jedes Menschen auf Leben und körperliche Unversehrtheit –, für die in der damaligen Zeit nur eine verfolgte und exilierte Minderheit eintrat, zurückprojiziert, werden die damaligen Wahrnehmungs- und Verhaltensweisen größtenteils zwar denunzierbar, aber unverständlich; löst man die Diskrepanz auf, indem heutige Wertvorstellungen durch die ihnen widersprechenden inhumanen Werthierarchien des nationalsozialistischen Deutschlands relativiert werden, begibt man sich der eigenen moralischen Urteilskraft.

Margarete Dörrs Darstellung der Kriegs- und Nachkriegszeit hält diese Balance in sehr überzeugender Weise. Sie geht mit den Selbstaussagen der interviewten Frauen und den von ihr darüber hinaus ausgewerteten schriftlichen Selbstzeugnissen von Frauen aus dieser und über diese Zeit sehr behutsam um, nimmt sie in jeder Beziehung ernst, ordnet sie jedoch – vor dem Hintergrund ihres umfassenden historischen Wissens über die Geschichte dieses Zeitraums – interpretierend, differenzierend und ergänzend zu einem facettenreichen Gesamtbild. Allein dieser Facettenreichtum erweitert unseren Wissensstand über die Jahre zwischen 1933 und 1948/49 beträchtlich. Aus der Vielzahl der Erkenntnisse und Einsichten im einzelnen, die Margarete Dörr formuliert und zu denen das von ihr aufbereitete Material anregt, wird jede Leserin und jeder Leser je nach Frageinteresse anderes wichtig sein. Ich will hier abschließend nur einige der in meinen Augen besonders wichtigen Punkte nennen, die diese Darstellung ein weiteres Mal belegt bzw. das erste Mal in dieser Deutlichkeit sichtbar werden läßt. Dabei möchte ich vor allem solche Aspekte hervorheben, die sich – auch wenn es »die« Frauengeschichte dieser Jahre nicht gibt – als eine Art Grundtenor durch die Wahrnehmungsmuster hindurchziehen:

- Weder das Jahr 1933 noch das Jahr 1939, noch das Jahr 1945 stellen auf der wahrnehmungsgeschichtlichen Ebene einen Bruch dar. Die Übergänge verliefen vielmehr schleichend, in unterschiedlicher Weise zeitversetzt; dasselbe galt für die Wahrnehmung der repressivsten Seiten des NS-Systems, der Entrechtung und Verfolgung von Juden, Ausgegrenzten und politisch Unangepaßten.
- Zu den zahlreichen Aspekten des nationalsozialistischen Staats- und Gesellschaftssystems, die die befragten Frauen als positiv empfanden, gehörte nicht zuletzt die nationalsozialistische Frauen- und Familienpolitik, die als Aufwertung der Bedeutung der Hausfrauen und Mütter für das große Ganze empfunden wurde – eine Aufwertung, die vor dem Hintergrund der vor 1933 ebenso wie nach 1945 vorherrschenden deutlich geringeren öffentlichen Anerkennung für diese Aufgaben besonders auffällt.
- Ein weiteres positiv empfundenes Moment des »Dritten Reichs« war die von vielen Frauen geteilte Illusion der Volksgemeinschaft – eine Illusion, die aus dem Rückblick kaum an Faszination verloren zu haben scheint, obwohl sie, wie die Berichte des Sicherheitsdienstes über die Stimmung der Bevölkerung im Zweiten Weltkrieg belegen, damals von nicht wenigen Zeitgenossinnen und Zeitgenossen bereits als Illusion durchschaut worden ist. Es ist eines der vielen Paradoxa der Wahrnehmungsgeschichte des »Dritten Reichs«, daß die große Bedeutung des Gefühls, in einer homogenen Ge-

meinschaft zu leben, durch das allgegenwärtige Gefühl, sich ständig vorsehen zu müssen, um nichts Falsches zu sagen und zu tun, nicht relativiert worden zu sein scheint.

- Die vorherrschende Einstellung der Frauen ist am ehesten als Desinteresse an politischen Fragen und an allem, was nicht unmittelbar dem eigenen Lebenskreis zuzurechnen war, zu beschreiben. Eng damit verbunden ist die damalige und rückblickende Selbsteinschätzung der meisten Frauen als unpolitisch – eine Selbsteinschätzung, die manche der befragten Frauen im nachhinein in beeindruckender Weise reflektieren, indem sie betonen, daß gerade dieses vorgeblich unpolitische Desinteresse im Rückblick als politisch zu betrachten sei, und Schlußfolgerungen für ihr heutiges Verhalten daraus ziehen.
- Die weitgehende Zustimmung der meisten Frauen zur Politik des Nationalsozialismus beruhte weniger auf einer ideologischen Affinität zu dessen Weltanschauung – obwohl auch diese eine Rolle spielte – als auf der tief verankerten Vorstellung, die Obrigkeit wisse schon, was sie tue, und habe für ihre Maßnahmen auch dort eine moralische Rechtfertigung parat, wo das eigene moralische Empfinden Bedenken anmeldete.
- Vor allem jüngere Frauen erlebten die Kriegsjahre als Eröffnung neuer Lebensperspektiven – durch neue Tätigkeitsbereiche ebenso wie durch die Chance, Verantwortung zu übernehmen.
- Margarete Dörr hat bei keiner ihrer Zeitzeuginnen Indizien für einen vehementen Judenhass gefunden, der den Massenmord an jüdischen Menschen guthieß. Auch wenn hier möglicherweise einfach die Grenze dieser Quellenbasis erreicht ist – weil solche Gefühle im Rückblick nicht mehr geäußert, nicht mehr »gewußt« werden –, muß dieser Befund ernst genommen werden. Dies gilt um so mehr, als es auch dem nachdrücklichsten Befürworter der These vom angeblich spezifisch deutschen exterminatorischen Antisemitismus, Daniel Goldhagen, nicht gelungen ist, diese These befriedigend zu belegen. Wahrscheinlich bin ich nicht die einzige, die die sehr viel wahrscheinlichere Möglichkeit – daß nämlich der Holocaust durchgeführt werden konnte, obwohl es diese Form des mörderischen Judenhasses kaum gegeben hat – sehr viel beunruhigender findet.
- Als wichtigste Voraussetzung dafür, daß nichtjüdische deutsche Frauen aus den Reihen der »Unpolitischen« Teilnahme am Schicksal der deutschen Juden zeigten, identifiziert Margarete Dörr die Fähigkeit, sich in andere Menschen hineinzuversetzen.
- Geradezu überwältigend eindeutig sind die Belege für die wahrnehmungsgeschichtliche Vieldeutigkeit des »Dritten Reichs«. Die Selbstzeugnisse und

> Interviews vermitteln alles andere als den zeitgenössischen Eindruck, in einem homogenen Wertehorizont zu leben. Ganz im Gegenteil scheint die durchgängige Erfahrung diejenige gewesen zu sein, daß nebeneinander steht, was nicht zusammenzugehören scheint: Kirchenaktivitäten und BDM, Goethe und Hitler, Idealismus und Nationalsozialismus, Europabegeisterung und Kriegsbejahung.

Ich wünsche diesem Buch viele Leserinnen und Leser – einerseits, weil es dies verdient, andererseits, weil wir es brauchen: Es zerstört viele der wohlfeilen Distanzierungsstrategien, die es erlauben, uns Heutige von denen abzugrenzen, die das »Dritte Reich« erlebt, getragen und gutgeheißen haben, indem es zeigt, wie alltäglich das Unerträgliche sein kann.

Ute Daniel, Braunschweig

Einleitung

Die *Geschichte* der vorliegenden Forschungsarbeit reicht weit zurück in meine Biografie, deshalb sei eine persönliche Vorbemerkung gestattet. Ich habe den Zweiten Weltkrieg in einem wichtigen Entwicklungsabschnitt, zwischen elf und siebzehn Jahren, ganz bewusst erlebt und schrieb die ganze Zeit über Tagebuch. Von 1948 bis 1954 habe ich Geschichte an der Universität Tübingen studiert, die Zeit des Nationalsozialismus vor allem bei meinem verehrten Lehrer Prof. Hans Rothfels, der als deutscher Jude aus der Emigration zurückgekehrt war. Aber diese Geschichte – so intensiv ich mich auch mit ihr befasste – hatte wenig zu tun mit der, die ich erlebt hatte; von mir und meinesgleichen war darin keine Rede. Erst langsam merkte ich, dass gewöhnliche Mädchen und Frauen in der Geschichtsschreibung so gut wie überhaupt nicht vorkamen und Zeitzeuginnen erst recht nicht. Ich begriff schon damals nicht, warum die Geschichtswissenschaft sich so wichtige Quellen entgehen ließ. Lange bevor feministische Forschung und mündlich erfragte Geschichte (Oral History) in Mode kamen, entdeckte ich diese blinden Flecken in der Geschichtsschreibung. In meiner Lehrtätigkeit als Ausbilderin von Studenten und Studienreferendaren in Fachdidaktik Geschichte und als Geschichtslehrerin an Gymnasien kam mir diese doppelte Ausblendung von Frauen und von Zeitzeugen immer deutlicher zum Bewusstsein, und es reizte mich die Aufgabe, diese Lücken wenigstens für den Zeitabschnitt des Zweiten Weltkriegs, der für meine eigene Biografie so prägend gewesen war und mit dem ich mich mein ganzes erwachsenes Leben beschäftigt habe, zu schließen. Ich wollte Anworten auf die Fragen finden: Wie haben junge Mädchen und Frauen diesen Krieg und seine Nachwirkungen selbst erlebt? Wie haben sie sich mit ihren Erfahrungen auseinandergesetzt?

Eingespannt in die Doppelrolle von Hausfrau und Mutter mit voller Berufstätigkeit, konnte ich erst nach meiner Pensionierung im Jahre 1988 diese

Aufgabe mit voller Kraft in Angriff nehmen. Es war mir klar, dass damit schon kostbare Zeit verloren war. 50 Jahre nach Kriegsbeginn konnte ich nur noch jene Frauen befragen, die bei Kriegsbeginn zwischen 15 und 35 Jahre alt waren und damit relativ jung. 1988 hatten diese Frauen schon ein Alter zwischen 65 und 85 Jahren erreicht. Leider ist die Chance nicht genützt worden, rechtzeitig ein großes Forschungsprojekt in Team-Arbeit zu diesem Thema zu planen und durchzuführen.[1]

Im wesentlichen war ich auf mich selbst gestellt. Besonderen Dank schulde ich aber Hannelore Sick, die ich bei einem Vortrag im Deutschen Staatsbürgerinnenverband kennenlernte. Selbst Zeitzeugin (Jg. 1927), führte sie 19 Gespräche für mich und protokollierte sie. Studentinnen der Universität Stuttgart, die mich von meinen fachdidaktischen Übungen her kannten, beantragten im Sommersemester 1991 ein Hauptseminar zum Thema »Frauen im Zweiten Weltkrieg« unter meiner Leitung und lieferten 19 sorgfältig transkribierte und ausgewertete Interviews bei mir ab. Die Projektleiterin der Ausstellung »Stuttgart im Zweiten Weltkrieg« (1.9.1989 - 22.7.1990), Dr. Marlene Hiller, überließ mir 33 Interviews mit Frauen auf Kassetten, die z.T. von mir verschriftlicht werden mussten. Schließlich steuerten fünf ostdeutsche Frauen fünf Gesprächsprotokolle bei. Es waren Teilnehmerinnen einer Geschichtswerkstatt, die Berliner Frauen des Bürgerhauses Grünau zusammen mit mir 1990 und 1991 veranstaltet hatten. Meine Mitarbeiterinnen wurden von mir in das Thema und die Methode von Oral History eingeführt. Ihnen allen sei an dieser Stelle herzlich gedankt.

Die weitaus meisten Gespräche (240) führte ich in den sechs Jahren von 1988 bis 1994 selbst. Sie sind größtenteils auf Tonkassetten gespeichert und von mir transkribiert.[2] Eine Reihe von Frauen, mit denen der direkte Gesprächskontakt nicht möglich war, schrieb eigens für mich ihre Lebensgeschichte auf (ein »Fragebrief« gab dabei Anregungen und Erinnerungshilfen). Außerdem haben nicht wenige Frauen in der Nachkriegszeit für Kinder und Enkel Erinnerungen verfasst, die sie mir zusätzlich zur Verfügung stellten.

So kann ich mich auf 316 von mir selbst oder von den genannten Mitarbeiterinnen recherchierte Lebensgeschichten stützen. Hinzu kommen 110 Frauen, die 1987 auf eine Ausschreibung des Deutschen Frauenrates mehr oder weni-

---

1 Vergleichbar etwa dem LUSIR-Projekt von Lutz Niethammer 1983-85 [618-620] oder dem noch laufenden Projekt, das Stephen Spielberg im Gefolge seines Films »Schindlers Liste« mit den Überlebenden des Holocaust in die Wege leitete und für das ihm 10 Millionen Dollar zur Verfügung stehen.

2 Zur Technik und Art der Transkription vgl. Leseanleitung auf S. 43 ff.

ger ausführlich über ihre Kriegserlebnisse berichteten. Freundlicherweise überließ mir Marlies Kutsch vom Frauenrat die Kopien.

Zusätzlich verwendete ich 70 bereits publizierte Autobiografien von Frauen[3] sowie eine große Anzahl autobiografischer Zeugnisse in Sammelwerken, lokalen Studien, Oral-History-Projekten, Ausstellungskatalogen, Rundfunk- und Fernsehsendungen.[4]

Diese subjektiven Zeugnisse aus der Rückschau, die allein schon viele Tausend Seiten umfassen, werden ergänzt durch persönliche Dokumente der verschiedensten Art aus der damaligen Zeit, v.a. durch Tagebücher[5], Briefe[6] oder andere zeitgenössische Aufzeichnungen, z.B. Spruch- und Poesiealben, Schulhefte, Schulzeichnungen, Fotos, Rundbriefe, Tanzstundenzeitungen, Trauerpredigten, Vorbereitungen für den BDM-Dienst.[7]

Amtliche Dokumente und Urkunden haben sich im Besitz der Frauen nur zu einem kleinen Teil erhalten. Sie sind durch die Kriegsumstände verlorengegangen oder vernichtet worden, wenn sie als belastend eingestuft wurden. Dennoch ergibt das Erhaltene zusammengenommen ein kleines Privatarchiv, das um so wertvoller ist, als es sich um Materialien handelt, die im Leben der

3 Vgl. Literaturverzeichnis, Gruppe VI a). Es kommen laufend neue Publikationen hinzu.

4 Auch die Stimmungsberichte des Sicherheitsdienstes der SS (SD-Berichte): Meldungen aus dem Reich, hrsg. von Heinz Boberach [787] sowie die Berichte der Sozialdemokratischen Partei Deutschlands (Sopade) [786] werden von mir einbezogen. Diese Quellen werden in den meisten Studien, die die Stimmung in der Bevölkerung berücksichtigen, umstandslos als zuverlässige Quellen gewertet. Doch ist zu bedenken, dass sie nur begrenzten Aussagewert haben, denn die Angst, etwas Gefährliches oder Inopportunes zu sagen, hinderte die meisten daran, selbst im engsten Familienkreis offen zu reden. In allzu vielen Fällen wussten nicht einmal die Kinder, was ihre Eltern wirklich dachten und wie sie zur nationalsozialistischen Politik standen.

5 20 meiner Gewährsfrauen überließen mir ihre vollständigen Tagebücher aus der damaligen Zeit oder Auszüge daraus. Dazu kommen 12 publizierte Tagebücher oder Teile daraus.

6 10 ziemlich vollständige Feldpostbriefsammlungen und eine große Zahl einzelner Briefe. Interessant, wenn auch kaum verwunderlich, ist in diesem Zusammenhang, dass viel mehr Feldpostbriefe von Männern an ihre Frauen erhalten sind als umgekehrt. Nur wenige Männer haben offenbar die Briefe ihrer Frauen gesammelt und heimgebracht, heimbringen können. Öfters sagten mir auch Frauen, sie hätten ihre eigenen Briefe vernichtet, weil sie sie für nicht so wichtig hielten. Dennoch gibt es sie in größerer Zahl; immer häufiger werden sie inzwischen auch in den Archiven gesammelt, so z.B. in der Bibliothek für Zeitgeschichte in Stuttgart. Bisher hat kein Forscher die Frauenbriefe systematisch und auf breiter Grundlage untersucht, im Gegensatz zu den Feldpostbriefen der Männer. Ich nenne nur die Arbeiten von Buchbender/Sterz, Peter Knoch, Wolfgang Wette (vgl. Literaturverzeichnis, Gruppe X). Im Kapitel 3, »Trennung«, des zweiten Bandes werde ich knapp auf die Bedeutung der Feldpost für die Frauen eingehen.

7 Hier liegt noch ein bisher fast nicht erschlossener Schatz von Erinnerungen begraben. Viele Frauen konnten sich nicht entschließen, ihre Briefe und Tagebücher zu ihren Lebzeiten der historischen Forschung zur Verfügung zu stellen. Es wäre aber wichtig, dass der Bestand über ihren Tod hinaus gesichert würde. Viel zu viel ist durch Unachtsamkeit schon verlorengegangen. Ich habe Anregungen für die Aufbewahrung in Archiven gegeben.

Frauen eine offenbar wichtige Rolle gespielt haben und deshalb aufgehoben wurden. Dazu gehören z.B. Lebensmittel- und Kleiderkarten, Bunkerkarten, Tauschscheine, Mitgliedsbücher verschiedener NS-Organisationen, Kriegsdienstverpflichtungen, Fliegerschadens- und Flüchtlingsausweise, Entnazifizierungsfragebogen und -bescheide, aber auch Schulbücher, NS-Hausbücher, Zeitschriften, Zeitungen, Traueranzeigen, Trauerpredigten. Sie dokumentieren Alltagsgeschichte und ergänzen die Erzählungen der Frauen.

Die *Organisation und Durchführung der Gespräche* brachten mir besondere Erfahrungen, stellten mich aber auch vor Probleme:

Wie bin ich zu meinen »Quellen« gekommen, wie habe ich Zeitzeuginnen ausfindig gemacht und sie für mein Vorhaben gewonnen? Das geschah auf ähnliche Art wie in den meisten Oral-History-Untersuchungen: nach dem Zufallsprinzip, dem Schneeballeffekt, über Pressemitteilungen und -anzeigen, über Vorträge, Seniorenkreise, über Mitarbeiterinnen und Studentinnen.

Die Bereitschaft, über ihr Leben zu sprechen, war bei den meisten Frauen, die ich fragte, sehr groß. Dabei hat sicher auch eine Rolle gespielt, dass ich selber zur Kriegsgeneration gehöre und eine Frau bin. Viele empfanden das Gespräch als Befreiung, auch als etwas, »was längst fällig« war. Beschämt hat mich, dass es auch freudige Verwunderung darüber gab, dass sich eine Historikerin, also eine Vertreterin der Geschichtswissenschaft, ernsthaft für ihr Leben interessierte. Schriftlich und mündlich dankten mir viele, dass ich »das für sie machte«. Sie äußerten Freude und Genugtuung darüber, dass endlich auch diese Seite der Kriegswirklichkeit, die doch ihre eigentliche und persönliche Wirklichkeit war, zur Sprache kommen sollte, dass sie offen über ihre schweren, aber auch über ihre schönen Erlebnisse und Erfahrungen von damals sprechen konnten.

Immer wieder traf ich aber auch bei im Grunde gesprächsbereiten Frauen auf Angst und häufiger als ich dachte auf Reaktionen wie: »Stellen Sie das Band ab. Was ich Ihnen jetzt sage, darf man eigentlich nicht sagen, ich sage es ganz im Vertrauen.« Nach öffentlichen Vorträgen und anschließenden Diskussionen hätten sie sich nicht getraut, das zu sagen. Und dann folgten Aussagen wie: »Es war eine schöne Zeit«, »Ich war begeistert«, »Wir haben damals unser Bestes gegeben«, »Es war ja nicht alles schlecht«. Oder auch konkreter:

EDITH H. (1912): »Ich war Werkfrauengruppenführerin bei Siemens in Berlin. Also, was da in der Zeit sozial gemacht worden ist, das täte uns heutzutage gut, aber man darf ja nichts nachmachen ... Ich würde mich nicht getrauen (*das zu sagen*); ich hätte mich das vor den beiden Kreisen nicht getraut, wo Sie gesprochen haben.«

ILSE S. (1921): »Ich hab jahrelang überhaupt nie darüber gesprochen. Ich hab's vermieden, jemand zu sagen, dass ich Stabshelferin war.«

Manchen rutschte ihre Vergangenheit als Jungmädel- oder BDM-Führerin heraus, und sie fragten dann oft ängstlich, ob man das denn in diesem Interview auch sagen dürfe. Einige befürchteten, sie könnten »wieder in irgendetwas hineinkommen«. Nur *eine* Frau hat die Aufnahme auf Tonkassette ganz verweigert, eine ehemalige Bannmädelführerin, und sie sagte, ich sei die erste, mit der sie überhaupt über diese Zeit spreche – nach mehr als 50 Jahren!

Gesprächsverweigerungen gab es meist von höheren Funktionärinnen. Ich bin z. B. – trotz verschiedener Versprechungen von Führerinnen, mir ein Treffen zu vermitteln, – an keine Gauführerin herangekommen. Es gelang mir nicht, die NS-Frauenprominenz oder die Ehefrauen von NS-Größen zu befragen. Hier ist zu vermuten, dass eine Auseinandersetzung mit dem Nationalsozialismus nicht stattgefunden hat, dass diese Frauen überhaupt ein ungeklärtes und unaufgeklärtes Verhältnis zu ihrer Vergangenheit haben, ja z.T. verkappte Nationalsozialistinnen geblieben sind. Die Abwehrhaltung kommt auch aus der Angst, sich seiner eigenen ganzen Wahrheit zu stellen, die Unangenehmes und Schmerzendes ans Licht bringen könnte. Aber es wäre ungerecht, darin nur das Verdrängen-Wollen der eigenen Verstrickung und Schuld zu sehen. Die immer wieder spürbare Angst auch der mitteilungswilligen Frauen, die sich oft in dem Satz äußerte: »Man darf die Wahrheit ja nicht sagen«, deutet auch auf ein Defizit der bisherigen öffentlichen »Vergangenheitsbewältigung« hin, die es nicht fertiggebracht hat, ein Klima zu schaffen, in dem offen geredet werden konnte. Frauen beklagen, dass jede positive Äußerung über die NS-Zeit sofort unter Verdikt gestellt wurde, ebenso auch jeder Zweifel und jede Kritik an nur negativen Pauschalurteilen, jede Erwähnung auch der Verbrechen der anderen Seite, selbst wenn sie gar nicht der eigenen Entlastung dienen sollte, sondern eine reine Feststellung war, die zur ganzen Wahrheit gehört, oder Ausdruck der Trauer und des Entsetzens. Ebenso scheiterte jeder Versuch zu erklären, warum man damals nicht im Widerstand war, sondern mehr oder weniger mitgemacht hat. Verstellung und rasche Anpassung an die neue Stromlinienform wurden in der Nachkriegszeit honoriert (»Ich war immer dagegen!«), Ehrlichkeit wurde bestraft, brachte einem jedenfalls nirgendwo Vorteile ein. So sehr man die »großen Täter« schonte, so schwer machte man es den »kleinen«, sich öffentlich zu ihrer Vergangenheit zu bekennen.[8]

---

8 Jedes berechtigte, aber unterdrückte und nicht ausgesprochene Gefühl, sei es echt empfundene Begeisterung oder Empörung über angetanes Unrecht, muss eines Tages zu emotionalen Ausbrüchen und Gewalt führen. Der Rechtsradikalismus hat auch hier eine seiner Wurzeln.
Zu diesem ganzen Fragenkomplex siehe in Band III, Teil B, besonders die Kapitel 8, »Warum immer nur wir?«, 9, »Es muss einmal Schluss sein« und 11, »Wer die Zeit nicht miterlebt hat…«. Ebenso Band III, Teil A, Kapitel 2, »Neuanfang«, Stichwort »Entnazifizierung«.

Tatsächlich dauerte es lange, bis die Autobiografien von Frauen erschienen, die damals begeistert waren, die meisten erst in den 80er und 90er Jahren.[9] Die Angst, sich der Faszination von damals zu stellen, auch positive Erinnerungen zuzulassen und auszusprechen, hat eine echte Auseinandersetzung blockiert.

In der Äußerung »Man darf die Wahrheit ja nicht sagen!« liegt auch eine grundsätzliche Skepsis gegenüber der Geschichtswissenschaft. Eine Geschichtsschreibung, die die Zeugnisse der Zeitzeugen und Zeitzeuginnen völlig ignoriert, verzichtet auf eine wesentliche Quelle der Wahrheitsfindung. Was aus Akten und Dokumenten zu erschließen ist, ist nur die eine Seite; die andere ist die subjektive Erfahrung der Menschen. Die Geschichtswissenschaft hat erst spät damit angefangen, eine Brücke zwischen beiden zu bauen und ihre Ergebnisse der breiten Mehrheit so zu vermitteln, dass sie sich darin wiederfinden kann. Ralph Giordano bezichtigt in seinem Buch »Die zweite Schuld« die Deutschen »hartnäckiger Verdrängungsleistung« und schreibt:

»Dabei hätte niemand den Erfolg des Nationalsozialismus und seiner Wahnideen im Körper eines großen Volkes bis in die allerfeinsten Verästelungen genauer, umfassender, tiefgründiger enttarnen können als das riesige Kollektiv der ehemaligen Hitleranhänger selbst – wenn es geständig gewesen wäre. Aber es war nicht geständig und verpasste so die einmalige Chance, zum eigenen, aber auch zum Wohl der Nachkommen Herkunft und Beschaffenheit der deutschen Anfälligkeit für den Nationalsozialismus zu ergründen.«[10]

Aber man hat ja diese große Mehrheit nie gefragt. Jeder persönliche Erklärungsversuch, der sich nicht mit dem simplifizierenden und moralisierenden Bild über das »Dritte Reich« deckte, hatte kaum eine Chance, veröffentlicht zu werden.[11] Außerdem ist es für die Mehrheit schwierig, sich öffentlich zu

---

9 Melita Maschmann war mit ihrem Buch »Fazit« [434] eine mutige Vorreiterin, aber auch sie erst 1963. Hervorzuheben sind besonders die Autobiografien von Christel Beilmann [382], Marlies Flesch-Thebesius [402], Carola Stern [470], Eva Sternheim-Peters [472], Lore Walb [778].

10 Ralph Giordano: Die Zweite Schuld [92], S. 14.

11 Ein so außerordentlich ehrliches und von jedem Verdacht der »Weißwäscherei« freies Buch wie das von Eva Sternheim-Peters: Die Zeit der großen Täuschungen [472], fand jahrelang keinen Verlag. Es hat – trotz einiger ausgezeichneter Rezensionen, z.B. im »Parlament« – in den großen Tageszeitungen nicht das Echo und deshalb auch nicht die Verbreitung gefunden, die es verdient hätte. Dabei wäre es das Buch gewesen, das Ralph Giordano sich gewünscht hatte. Er zitiert – mit Recht – Renate Finckhs »Mit uns zieht die neue Zeit« [401], aber er hat nicht recht, wenn er sie als einzige Ausnahme hervorhebt.

Auffallend oft brachten die Frauen die Rede Jenningers zum 50. Jahrestag der »Reichskristallnacht« vor dem Deutschen Bundestag zur Sprache, die sich in der Zeit der Interviews als Fallbeispiel anbot. Sie billigten die Rede inhaltlich zum großen Teil. Er habe doch versucht zu erklären und verständlich zu machen, war der Tenor. Und man sehe ja, wohin ihn das gebracht habe. Vgl. dazu auch Leggewie, Claus u.a., »Nicht alles darf man beim Namen nennen – in Deutschland« [140 a].

artikulieren. Es gab keinen Erzählraum in der Wissenschaft, in dem jeder Mann, jede Frau die eigene, selbsterlebte und selbsterlittene Geschichte hätte einbringen können und wissenschaftlich ernstgenommen worden wäre. Der differenzierende Blick war zu wenig gefragt. Harmlose Mitläuferinnen, kleine BDM-Führerinnen, Stabshelferinnen wurden stigmatisiert, fühlen sich bis heute unwohl und gehemmt, offen zu sagen, was sie »damals« gemacht haben, auch wenn sie sich nicht mehr damit identifizieren. So ist in der Tat eine einmalige Chance verpasst worden.

Für mich aber hat der Befund, der hinter Gesprächsbarrieren und -verweigerungen, ängstlicher Zurückhaltung und Scheu vor der Tonkassette stand, als zusätzlicher wichtiger Impuls gewirkt, spät, aber noch nicht zu spät, das versäumte offene Gespräch nachzuholen.[12]

Es gab aber auch Frauen, die eigentlich den guten Willen hatten mitzumachen, sich dann aber zurückzogen, weil es ihnen immer noch zu schwer fiel, an die verstörenden Erlebnisse von damals zu rühren. Irmgard W. (1917) z.B. schickte mir die Tonkassette, die sie besprechen wollte, leer zurück, legte statt dessen einige Notizen bei und schrieb (am 7. 12. 1989):

»Mit Eifer hatte ich mich an die Arbeit gemacht, aber dabei bekam ich leider ein solches Tief, dass ich längere Zeit beim Nervenarzt in Behandlung war. Und nach vorsichtigen neuen Versuchen musste ich es leider aufgeben. Hätte selbst nicht gedacht, dass ich so reagiere. Es kommt eben alles wieder, die Ängste, Verzweiflung usw…«

Andere begründeten ihre Absage damit, dass sie mehr gegenwarts- und zukunftsbezogen seien, zu sehr anderweitig in Anspruch genommen würden, dass sie sich zu alt und zu krank fühlten oder einfach keine Zeit hätten.

Trotzdem glaube ich, dass der *Kreis der Befragten* so groß ist, dass er auch die Variationsbreite der Erfahrungen, die von der »schweigenden Mehrheit« zu erwarten gewesen wären, weithin abdeckt. Bewusst habe ich mich auch immer um zunächst zurückhaltende oder gar ablehnende Frauen bemüht und sie z.T. schließlich doch zum Erzählen bewegen können. Ebensowichtig war mir eine ausgewogene Repräsentanz verschiedener sozialer Schichten, Altersgruppen und »Landsmannschaften«.[13] Exakte Prozentzahlen anzugeben, ist

---

12 Über das Gespräch zwischen den Generationen siehe Band III, Teil B, Kapitel 11.

13 Insgesamt ist der südwestdeutsche Raum am häufigsten vertreten. In die Phase meiner Recherchen fiel die deutsche Vereinigung. Damit erhielt ich auch Zugang zu Frauen aus der ehemaligen DDR. Die Kriegsvergangenheit und die NS-Erfahrungen waren beiden Teilen Deutschlands gemeinsam, aber die Kriegsfolgen und die Auseinandersetzung mit der Vergangenheit, die ja auch immer die »zweite Vergangenheit« zwischen 1945 und 1989 einschließt, waren völlig unterschiedlich und müssten gesondert untersucht werden. Dazu ist meine Grundlage zu schmal. Ausschnitte aus diesem »ostdeutschen« Erfahrungshintergrund kommen jedoch zur Sprache, drei der Biografien in Band I stammen von »ostdeutschen« Frauen.

sehr schwierig. Bei Frauen ist die Schichtzugehörigkeit in vielen Fällen kaum eindeutig zu bestimmen. Durch Heirat oder mangelnde Berufsausbildung für Mädchen sind viele ab-, wenige aufgestiegen. Der Krieg hat in vorher nicht gekannter Weise die Menschen »durcheinandergewirbelt«; viele Frauen erlebten ihn zumindest zeitweise nicht in der angestammten Heimat.[14] Für die Zuordnung zu bestimmten Alterskohorten fehlen zwingende Kriterien. Ich gliedere grob nach Frauen, die während des Krieges noch Schülerinnen waren oder in der Ausbildung standen, und berufstätigen Frauen bzw. Ehefrauen und Müttern. Wo zu ermitteln, wird der Jahrgang bei den Belegstellen in Klammern angegeben. Alle sozialen Gruppierungen sind vertreten, deutlich überrepräsentiert sind kleinbürgerliche bis bildungsbürgerliche Frauen und Mädchen, deutlich unterrepräsentiert Industriearbeiterinnen. In den Altersgruppen dominieren die in der Zeitspanne des Interviews 60 bis 80jährigen, d.h. die Jahrgänge 1910 bis 1930, die den Krieg als Mädchen oder junge Frauen erlebt haben. Immerhin kommen etwa 50 noch ältere Frauen zu Wort, darunter fünf, die noch vor der Jahrhundertwende geboren sind. Wo immer es möglich war, habe ich auch die Töchter nach ihren Müttern befragt und dabei noch viel Wissenswertes erfahren. Nicht nur deshalb habe ich keine Altersgrenze nach unten gezogen: Es hat sich gezeigt, dass Kinder oft ganz erstaunlich präzise Erinnerungen an sie tief berührende Erlebnisse und Situationen haben. Sie haben nicht nur ein beeindruckendes plastisches Gedächtnis und eine scharfe Beobachtungsgabe, sondern sind auch frei von Schuldverdacht, haben nichts zu verdrängen. Die Kinder waren die engsten Bezugspersonen ihrer Mütter und hatten deshalb ein ganz feines Sensorium für deren Erleben. Diese Erfahrungen der Kriegskinder, ihre Prägung durch diese Erfahrungen, wäre eine lohnende Aufgabe für weitere Forschungen mit Oral History.

Doch sollen – neben der natürlichen Altersgrenze – die Grenzen meines Quellenmaterials, die teils durch die aufgezeigten Umstände, teils aber auch von mir bewusst gezogen wurden, ausdrücklich bezeichnet werden: Ich habe mich auf Frauen beschränkt, die nicht zu den Opfern und Täterinnen im engeren Sinne gehörten. Auf der Seite der Opfer sind das die rassisch, sozial oder

---

14 Zu den üblichen Ortswechseln durch Ausbildung, Heirat, Versetzungen kamen noch Kriegsdienstverpflichtungen (z.B. Einsätze im Warthegau, in Ostpreußen, als Wehrmachtshelferinnen in fast allen besetzten Gebieten Europas), Evakuierungen, Umzüge wegen Ausbombung und am Kriegsende Flucht und Vertreibung. Die Region ist also kein erstrangiger Ordnungsfaktor für die Kriegserfahrungen von Frauen. Trotzdem bleibt der Wert regionaler und lokaler Studien völlig unbestritten. Besonders für das politische »Klima« sind örtliche Gegebenheiten oft sehr bedeutsam gewesen. Ebensowichtig waren die Nähe von Gefangenenlagern oder KZ, die örtlichen Kriegseinwirkungen usw. Wo Frauen derartige lokale Besonderheiten registrierten, werden sie berücksichtigt.

ideologisch von der NS-Ideologie als minderwertig eingestuften und verfolgten Frauen, also Zwangssterilisierte, deutsche Frauen jüdischen Glaubens, Emigrantinnen, Frauen von Deserteuren und Häftlingen, Zwangsarbeiterinnen.[15] Unter »meinen« Frauen saß nur eine selbst im KZ, nur ganz wenige verbüßten eine Gefängnishaft oder wurden von der Gestapo verhört. Einige hatten Angehörige oder Freunde unter den Verfolgten. Aber es gab andere Formen der Benachteiligung, der Schikane, der Repression, von denen viele berichten und von denen auch die Rede sein wird. Von und über Jüdinnen gibt es viel autobiografische Literatur[16], wenn auch so gut wie keine systematische Auswertung, ganz zu schweigen von Oral-History-Projekten. Über die anderen Verfolgten gibt es, abgesehen von der großen Arbeit von Gisela Bock über die Zwangssterilisierten[17], wenig oder nichts. Aber bei der Abfassung meiner Arbeit standen mir immer diejenigen aus diesen Gruppen vor Augen, deren Lebensgeschichten und Augenzeugenberichte ich gelesen habe. Aus meinen Gedanken und Überlegungen waren sie nicht ausgegrenzt. Ich war mir immer dessen bewusst, dass sich neben dem »normalen« Leben im Krieg noch ein paralleles Leben abgespielt hat, in dem Menschen, auch Frauen, andere Menschen auf eine unausdenkbar schreckliche Weise misshandelt, gedemütigt und ermordet haben, und ich habe danach gefragt, wie dieses parallele Leben und Sterben von der großen Mehrheit, die nicht davon betroffen war, wahrgenommen wurde und wie sie sich dazu verhielt.

Ich habe auch nicht Täterinnen im engeren Sinne befragt, also keine KZ-Aufseherinnen, Ärztinnen, die in KZ oder bei der »Euthanasie« mitgewirkt haben, Schwestern und Fürsorgerinnen im Dienste der NS-Vernichtungsideologie, Frauen in der SS. Von ihnen kann man bisher – und wohl endgültig – mittels mündlich erfragter Geschichte fast nur indirekt, aus der Sicht der Opfer, etwas erfahren. Ich habe auch – wie schon erwähnt – keine Frauen gesprochen, die selbst oder deren Ehemänner zur Nazi-Elite gehörten. Bannmädelführerinnen oder RAD-Maidenhauptführerinnen waren die höchsten

---

15 Gisela Bock nennt Zahlen: »Frauen stellten etwa die Hälfte der Opfer der nationalsozialistischen Rassenpolitik. Die wichtigsten Gruppen darunter waren: rund 200 000 vertriebene deutsch-jüdische Frauen, rund 100 000 ermordete deutsch-jüdische Frauen, Millionen ermordeter nichtdeutscher Jüdinnen, über 100 000 ermordete Roma-Frauen, rund 200 000 sterilisierte Frauen jeglicher ethnischer Zugehörigkeit, eine unbekannte Anzahl von Frauen, denen das Heiraten verweigert wurde, vermutlich 70 000 bis 80 000 weibliche Opfer des Krankenmordes, rund 2,5 Millionen Zwangsarbeiterinnen, deren Abtreibungs-, Sterilisations- und Todesraten beträchtlich, aber unbekannt sind, eine hohe, aber unbekannte Anzahl ermordeter slawischer Frauen, vor allem Polinnen und Russinnen.« (Gisela Bock: Frauen und Geschlechterbeziehungen in der nationalsozialistischen Rassenpolitik [253], S. 130)

16 Vgl. Literaturverzeichnis, Gruppe VI b).

17 Gisela Bock: Zwangssterilisation im Nationalsozialismus [252].

Funktionärinnen, die ich erreichte, Ortsgruppenleiter waren die höchsten Rangstufen unter den Ehemännern.

Meine Untersuchungen befassen sich also im wesentlichen mit dem breiten Mittelfeld zwischen den Extremen der totalen Verfügbarkeit einerseits und des aktiven Widerstands bzw. der lebensbedrohenden Verfolgung andererseits. Zu diesem Mittelfeld gehörte aber die große Mehrheit, gehörten – grob geschätzt – etwa 90 % der deutschen Frauen.

Es fällt schwer, einen gemeinsamen Nenner für sie zu finden. Ich möchte weder von Durchschnittsfrauen sprechen noch von »ganz normalen Frauen«[18], noch von »Mitläuferinnen« oder »Mittäterinnen«, denn es gehört zu den wesentlichen Ergebnissen meiner Arbeit, wohl der Arbeit mit den Methoden von Oral History überhaupt, dass sie zur Differenzierung zwingt, dass es die »Durchschnittsfrau« eben nicht gab und dass die Grenzen zu den »Täterinnen« und »Opfern« fließend sind. Wenn ich den Terminus »Durchschnittsfrauen« im folgenden doch gelegentlich benütze, dann immer in Anführungszeichen und als Kürzel für die beschriebene große Mehrheit.

Im Verlauf meiner fast zehnjährigen Forschungsarbeit haben mir sehr viele Frauen ihre Lebensgeschichte erzählt. Am Beginn der Gespräche stand oft die Frage: »Was wollen Sie wissen?« oder: »Wo soll ich anfangen?« Meine Antwort darauf war immer: »Alles«, »Ihr ganzes Leben.« Mein *Erkenntnisinteresse* richtete sich zwar schwerpunktmäßig auf die Zeit des Nationalsozialismus, des Krieges und der unmittelbaren Nachkriegszeit, aber es war mir wichtig, vom »Davor« und »Danach« so viel wie möglich zu erfahren, d.h. zunächst einmal keine einengenden Fragen zu stellen oder die Erzählung in bestimmte Bahnen zu lenken. Im Hinterkopf hatte ich ein grobes Frageraster, das ich – je nach Erzählsituation – sofort oder in einem zweiten oder dritten Erzähldurchgang einflechten konnte. Die großen Fragenkomplexe zielten auf das gesamte Alltagsleben im Krieg, auf die besonderen Kriegserfahrungen, die materiellen Umstände, die Arbeitsbedingungen, die Belastungen und Verpflichtungen, Freiräume, auf die damalige und heutige Einstellung zum Regime und zum Krieg, auf die Beanspruchungen, Bedrohungen und Förderungen durch das Regime, auf die Wahrnehmung von Verbrechen und die eigenen Reaktionen darauf, auf den Stellenwert von Nationalsozialismus und Krieg in der eigenen Biografie. Bei der Frage nach der unmittelbaren Nachkriegszeit waren neben den Überlebensstrategien besondere Interessenschwerpunkte die Erfahrungen mit der »Entnazifizierung«, mit den heimkehrenden Männern, mit Flüchtlingen oder

18 Etwa analog zu Christopher Browning: »ganz normale Männer« oder Daniel J. Goldhagen: »ganz normale Deutsche«.

umgekehrt der Flüchtlinge mit Eingesessenen, die Kriegsnachwirkungen. Schließlich ging es mir auch um die Beurteilung der damaligen Erfahrungen aus der Sicht von heute und die Fragen, inwieweit die Erfahrungen an die Nachfolgegenerationen weitergegeben wurden und ob der Krieg die Emanzipation der Frauen vorangebracht hat. Das Fragespektrum war also sehr weit und offen, ließ auch immer Raum für zusätzliche und andersartige Erzählschwerpunkte der Frauen selbst. Dabei war mir von allem Anfang an klar, dass allgemeine und abstrakte Fragen kaum Anreize zu zusammenhängendem Erzählen und Sich-Erinnern bieten. Es würde zu weit führen, alle konkreten Erzählimpulse auflisten zu wollen. Wenige Beispiele mögen genügen. Es wäre wenig hilfreich zu fragen: »Wie war Ihre Einstellung zum Krieg?« Hingegen kann man sich nach folgendem erkundigen: »Haben Sie die Hitlerrede am 1. September 1939 (anlässlich des Kriegsausbruchs) gehört? Was empfanden Sie dabei? Was haben Sie da gerade gemacht? Können Sie sich an Sondermeldungen erinnern und ihre Gefühle dabei? An den Tag des Einmarsches der Alliierten? Was taten Sie gerade? Was erlebten Sie mit den ersten feindlichen Soldaten?« Wenig sinnvoll ist es auch, allgemein nach der Einstellung zu Juden und zur Judenverfolgung zu fragen. Bessere Erzählanstöße wären: »Haben Sie persönlich Juden gekannt? Was ist aus ihnen geworden? Wie und wo haben Sie die ›Kristallnacht‹ erlebt? Haben Sie Menschen mit dem Judenstern gesehen? Was empfanden Sie dabei? Wie haben Sie sich verhalten? Haben Sie je den Satz gehört oder gesagt: ›Pass auf, sonst kommst du ins KZ oder – hier in Süddeutschland – nach Dachau!‹ Was stellten Sie sich darunter vor?«

Aber ist denn Oral History überhaupt eine ernstzunehmende Methode der Geschichtswissenschaft? Kann man denn dem glauben, was Frauen heute, nach 50 und mehr Jahren, erzählen? Wo liegen die *Grenzen*, aber auch die besonderen *Möglichkeiten* dieser zumindest in der deutschen Geschichtswissenschaft relativ jungen Methode? Ich kann in diesem Zusammenhang keine umfassende Darstellung der Diskussion um Oral History bieten. Wer sich genauer informieren will, sei auf die inzwischen sehr ausgedehnte Forschung verwiesen, die die Seriosität dieser Methode nicht mehr in Frage stellt.[19] Ich habe versucht, die allgemeinen Forschungsergebnisse konsequent auf mein Thema anzuwenden, und möchte im folgenden dem nicht eingeweihten Leser eine verständliche und knappe Einführung geben. Dabei fließen auch Gesichtspunkte aus meiner eigenen Erfahrung mit ein. Vorweg sei aber klarge-

19 Die beste Zusammenfassung des bisherigen Forschungsstandes mit einschlägigen Literaturangaben bietet Hans Joachim Schröder: Die gestohlenen Jahre [639], bes. S. 202-255. Für laufende Veröffentlichungen vgl. BIOS. Zeitschrift für Biografieforschung und Oral History, erscheint seit 1988 im Verlag Leske & Budrich, Leverkusen.

stellt, dass ich mich nicht allein auf die heutigen Erzählungen der Frauen stütze, sondern ebenso auf alle mir zugänglichen persönlichen Dokumente aus der damaligen Zeit, was bislang in der Oral-History-Forschung noch kaum praktiziert wird.

Die historische Wirklichkeit »an sich«, d.h. als ganze und als solche, ist für das erkennende Subjekt ungreifbar. Alle Quellen bilden Geschichte nicht »naturgetreu« ab, sondern sind lückenhaft, subjektiv und standortbezogen und müssen quellenkritisch analysiert, interpretiert und in einen Zusammenhang eingeordnet werden, der ein historisches Konstrukt ist und revisionsbedürftig bleibt. Zu den herkömmlichen und anerkannten Quellen zählen von jeher die unmittelbaren Zeitzeugnisse wie Tagebücher, Briefe und Fotos. Auch sie sind bereits »gefiltert« und ausschnitthaft, bedingt durch die subjektive Wahrnehmung und Interpretation des jeweiligen Verfassers. Alle späteren »erinnerten Zeitzeugnisse« werden erneut gefiltert durch den zeitlichen Abstand, dem damit einhergehenden Gedächtnisschwund, durch fortgesetzte persönliche Umdeutung der eigenen Lebensgeschichte, durch Lektüre und durch angebotene Erklärungsmuster aus der öffentlichen Bearbeitung der Vergangenheit. Die im Laufe der Jahre seit Kriegsende aufgeschriebenen autobiografischen Zeugnisse sind davon betroffen, ebenso alle Erzählungen. Im Gespräch mit dem Historiker schiebt sich schließlich noch ein dritter »Filter« zwischen die Erinnerung zum Zeitpunkt des Erzählens und dem, was davon mitgeteilt wird, für mitteilenswert gehalten oder verschwiegen und überformt wird.

Zweifel gegenüber mündlich erfragter Geschichte sind also durchaus angebracht, und der Interviewer muss sich fragen lassen, welchen Erkenntniswert diese später erfragten Zeugnisse haben können. Völlig sicher geht ein Forscher, der aus diesen Erzählungen nichts anderes entnehmen will als Belege dafür, wie die Befragten ihre Lebensgeschichte vom Interviewer gesehen haben möchten. Auch das ist nicht ganz wertlos, wenn man z.B. vergleichen würde, wie die Interviewten ihre Geschichte im Laufe ihres Lebens umformten, wie sie ihre Geschichte in verschiedenen Situationen und in verschiedenen Umfeldern erzählen, z.B. im Familienkreis, am Stammtisch (Frauen beim Kaffeekränzchen, unter Freundinnen) oder einer Historikerin. In meiner Arbeit wird z.B. auch danach gefragt, wann und was Männer ihren Frauen von ihren Kriegserlebnissen erzählt haben. Aber damit begnügt sich kein mit Oral History arbeitender Forscher. Alle sind der Meinung, dass sie durch eine gute Gesprächsführung zum mindesten an die Geschichte herankommen, die der Erzählende in der Erzählsituation mit ihm tatsächlich erinnert, dass er also nicht bewusst belogen wird. Das versteht sich aber keinesfalls von selbst, wie die erwähnten Angstreaktionen und das Gefühl nicht weniger Frauen, man dürfe die (seine) Wahrheit ja nicht sagen, verraten. Ein Interview, das auch nur von ferne den Anschein einer Inquisition, eines Verhörs erweckt, wird die subjektive Wahrheit des Gesprächspartners verfehlen. Erste Bedingung ist die Herstellung einer Atmosphäre des Vertrauens, einer ganz offenen Gesprächssituation. Im Unterschied zur Beschäftigung mit einer schriftlichen Quelle oder einer Autobiografie, kann ich mit meiner Gewährsfrau in Kommunikation treten. Im Gespräch habe ich die Möglichkeit nachzufragen, zu verdeutlichen, zu vertiefen, Ungereimtheiten zur Sprache zu bringen, um Erläuterungen und Präzisierungen zu bitten. Die Frauen waren nicht einfach Objekte meiner historischen Neugier, sondern wurden zu Subjekten, die sich zu dem Vorhaben äußerten, die ihrerseits zurück- und nachfragten. Ich habe vor allem zugehört, meine Meinung zurückgestellt, aber ich habe nicht unbedingt auf einer kühlen Distanz beharrt, sondern Fragen beantwortet, auch von mir selbst oder von anderen erzählt, wo es das Gespräch weiterzubringen versprach. Es entwickelte sich fast immer aus dem Interview ein echtes Gespräch in einer entspannten Atmosphäre, in der die Erzählenden spürten, dass es mir nicht um Beurteilen oder Bewerten der einzelnen Person ging, sondern um aufmerksames Zuhören und Aufzeichnen und erst später dann um behutsames Erklären. In einem echten Gespräch kommt es im günstigen Fall zum gemeinsamen Bemühen um die Wahrheit. (Ich vermeide deshalb das Wort »Interview« lieber.) Man macht sich die Gefahr des Zurechtfrisierens bewusst und versucht gegenzusteuern. Mit allen von mir befragten Frauen verbindet mich das gemeinsame Erlebnis des Krieges, mit den meisten ein guter menschlicher Kontakt, mit einigen inzwischen ein freundschaftliches Verhältnis, und ich wage nach diesen Forschungserfahrungen die für eine Historikerin ketzerische Behauptung, dass dies der historischen Forschung nicht hinderlich ist, im Gegenteil. Es ist ein schwieriger Balanceakt zwischen Einfühlung und Distanz, aber ein notwendiger und möglicher.

Auch die Bitte um Abstellen des Kassettenrecorders wertete ich als Zeichen des Vertrauens. Und ich denke, dass ich dieses Vertrauen nicht missbrauche, wenn ich die Off-Aussagen in meine Auswertung einbeziehe, selbstverständlich unter strengster Wahrung der Anonymität. Es kamen dabei subjektive Wahrheiten ans Licht, die mich irritierten, die ganz und gar nicht mit den bislang vorliegenden wissenschaftlichen Erkenntnissen übereinstimmten. Aber auf diese Weise kann man dem Geschichtsbewusstsein des Volkes und damit einem Stück Mentalitätsgeschichte auf die Spur kommen, ein besonders wichtiger Ertrag von Oral History. Hier bekommt man die Gegenöffentlichkeit zu fassen, also nicht die durch Wissenschaft und Journalismus publizierte Meinung, sondern die öffentliche Meinung, d.h. die Meinung der üblicherweise schweigenden Mehrheit. So denkt »das Volk«.[20] Leserbriefe in Zeitungen, soweit sie sich auf die Vergangenheit beziehen, geben einen gewissen Eindruck von dem, was man durch Gespräche und narrative Interviews systematischer herausbringen kann. Es ist dieses kollektive Geschichtsbewusstsein, das – neben anderem – gegenwärtiges Handeln der Menschen stärker bestimmt als die Meinung von Wissenschaftlern und Journalisten. Etwas überspitzt kann man sagen: Je stärker die Aussagen der Erzählenden von den Erwartungen des Interviewers abweichen, je aufregender sie für ihn sind, desto gelungener ist das Interview, desto besser hat er es vermocht, den Filter, der durch die Interviewsituation zwangsläufig entsteht, zu neutralisieren. Es erschließen sich u.U. neue und grundsätzliche Fragestellungen. Natürlich haben auch bei mir die Frauen die Deckung nicht ganz verlassen. Ich maße mir nicht an, auf ihren Herzensgrund geblickt zu haben, dazu waren die Gespräche viel zu kurz, und ich bin keine Psychoanalytikerin. Doch glaube ich, einiges herausgefunden zu haben, was sonst nicht herausgefunden worden wäre. Es wird dadurch auch möglich, die Langzeitwirkungen und die Prägekraft historischer Erfahrungen näher zu bestimmen. Wie haben sich die Erfahrungen des Nationalsozialismus und des Zweiten Weltkriegs (u.U. auch schon frühere Erlebnisse – viele der von mir befragten Frauen sind noch im Kaiserreich aufgewachsen und haben beide Weltkriege erlebt) auf ihr heutiges Geschichts- und Weltbild ausgewirkt? Wie haben sie ihre Erfahrungen an die Nachfolgegenerationen weitergegeben? Um darauf Antworten zu finden, darf sich das Interview nicht auf die sechs Jahre des Krieges oder die zwölf Jahre des »Dritten Reiches« beschränken, sondern muss die gesamte Biografie einbeziehen.

Wenn ich von dem gemeinsamen Bemühen um die »Wahrheit« sprach und von dem Bestreben, zu verstehen und nicht zu verurteilen, so sollte das keinesfalls als Anbiederung verstanden werden, die den kritischen Blick aus der Distanz trübt, ohne den historische Forschung in die Irre geht. Verstehen wollen heißt nicht, alles verzeihen wollen. Das Bemühen um Erklären schließt scharfe Analysen mit klaren Analysekriterien ein. Besonders wo es um die kritischen Fragen des Verhältnisses von Frauen zum Nationalsozialismus und zum Krieg geht, werden die Kriterien offengelegt. Frauenforschung, besonders wenn sie sich der Oral History bedient, steht immer in der Spannung,

20 Ich spreche in diesem Zusammenhang absichtlich von »Volk« und nicht von »Frauen«. Zwar habe ich mich auf Frauen spezialisiert, kann aber nicht bei allen meinen Ergebnissen sagen, ob sie frauenspezifisch sind. Das könnte man erst, wenn man auch Männer ähnlich befragen würde. Allgemein gewendet: Was frauenspezifisch ist, ließe sich vollständig erst bestimmen, wenn man wüsste, was männerspezifisch ist, d.h. Frauengeschichte lässt sich im Grunde nur als Teil einer Geschlechtergeschichte fassen.

die Frauen, so wie sie waren und sind, zu akzeptieren und zu respektieren, und gleichzeitig das damals und z.T. bis heute nicht Durchschaute auch für sie (und nicht nur für den Wissenschaftsbetrieb) durchschaubar zu machen und damit zu ihrer Aufklärung beizutragen.

Wie aber kann ich mich vergewissern, ob die heute subjektiv noch so ehrlich erinnerte und mitgeteilte Geschichte auch der damaligen Wirklichkeit entspricht, ob die Frauen mir nicht nur erzählen, was sie glauben damals erlebt zu haben, sondern was sie tatsächlich erlebten? Wie also kann ich den zweiten Filter der – oft unbewussten – Verzerrungen, der Verdrängungen und des Vergessens durchsichtiger machen, wenn schon nicht ganz auflösen? Dazu sind grundlegende methodische Regeln zu beachten.

Erste Bedingung ist, wie bei anderen Quellen auch, die Authentizität der Berichte, d.h., in der Regel sollte es sich um Berichte aus erster Hand, um wirklich Selbsterlebtes handeln. Wenn eine Frau Aussagen über dritte Personen macht, so sind diese, wie alle Zeugenaussagen dieser Art, besonders sorgfältig auf ihre Zuverlässigkeit zu prüfen. Sie sind aber unentbehrlich, vor allem, wenn sie schäbige und gemeine Handlungen beschreiben, von denen man fast nur auf diese indirekte Weise erfahren kann.[21] Von den Töchtern kann man auch einiges über die nicht mehr befragbaren älteren Frauen erfahren, zuweilen auch Korrekturen an den Erzählungen der Mütter. Die vox populi, wie sie in den Erinnerungen der Frauen laut wird, kann eine wichtige Geschichtsquelle sein, so wichtig wie z.B. die Berichte des Sicherheitsdienstes der SS.

Besonders skeptisch muss man bei allgemeinen Deutungs- und Wertungsaussagen sein, die etwa so klingen: »Aber man konnte ja nichts machen«, »Wir haben doch nichts gewusst« usw. Je allgemeiner und abstrakter die Aussagen sind, je mehr Apologetisches, aber auch Apodiktisches sich einmischt, desto unverlässlicher sind sie für die Rekonstruktion des damals Wahrgenommenen und Erfahrenen. Umgekehrt: Je konkreter, persönlicher und in Zeit und Raum präzise verorteter, desto zuverlässiger sind sie. Deshalb ist es wichtig, auf konkreten Erfahrungen zu bestehen, nicht in der Art eines Verhörs, auch nicht in der Art eines Psychoanalytikers (beide Rollen sind in der Oral History unangemessen und nicht praktikabel[22]), jedoch gehört es zur Kunst des Interviewers,

---

21 Z.B. haben Frauen am Ende des Krieges noch an Saufgelagen der verteidigenden SS teilgenommen. Diese Frauen haben sicher nicht damit gerechnet, dass sie in die Geschichte, in meine Geschichte, eingehen werden. »Aufbewahren für alle Zeit« sollte man das Große, Gute und Schöne, aber auch das Schmähliche, Schändliche, Peinliche. Die Maxime »Wider das Vergessen« gilt auch für das Gemeine.

22 Doch kann auch der Historiker aus der Aussagepsychologie im Bereich der Justiz Nutzen ziehen, vgl. Bender, Rolf/Nack, Armin: Tatsachenfeststellung vor Gericht, Band I: Glaubwürdigkeits- und Beweislehre, Band II: Vernehmungslehre. 2. Aufl. München 1995.

Anreize für zusammenhängendes und freies Erzählen zu bieten. Man sollte sich auch niemals mit geäußerten Meinungen zufriedengeben, sondern die korrespondierenden Handlungen zu ermitteln suchen. Gesinnungen und Mentalitäten offenbaren sich nicht in Bekenntnissen, sondern in Handlungen. Es gibt Erzählungen, die so plastisch und originell sind, dass der Zuhörer weiß: Dies kann man nicht erfinden, das hat diese Frau wirklich so erlebt. Was sich verwischt, verschiebt oder ganz verschwindet, sind Namen, Daten, nicht so oft Örtlichkeiten. Alles, was bildhaft vor Augen stand, steht jetzt noch so da, kann wie von einem Filmstreifen abgerufen werden. Diese Erfahrung habe ich oft, auch bei über 80jährigen Frauen gemacht. Ausgebombt-Werden, der Verlust von Menschen, der Heimat, das sind Realitäten, die durch keine Bearbeitung der Erinnerung verfälscht werden. Ich habe auch keinen Grund, den Frauen zu misstrauen, wenn sie über ihre Alltagsplagen unter Mangelbedingungen berichten, über ihre Angst um ihre Männer, Brüder und Söhne. Das war für sie die eigentliche Wirklichkeit jenseits aller Propaganda und aller Lügen, die das Leben durchdrangen.

Mit dem Erzählen und im Gespräch werden die Erinnerungen aktiviert. Mit dem Bemühen, sich zu erinnern, erwachten immer mehr Erinnerungen. Viele Frauen haben mir vor den Treffen oder auch nachträglich geschrieben oder mit mir telefoniert: »Es ist mir noch so viel eingefallen, Erinnerungen, die ich ganz vergessen glaubte, sind auf einmal wieder da, ich werde bedrängt von ihnen, sie quälen mich. Ich konnte nachts nicht schlafen.« Deshalb sind mehrere Gespräche von großem Vorteil. Noch besser, aber seltener erfüllbar, wäre es, kontinuierlich im Gespräch zu bleiben. Ich tat das in nicht wenigen Fällen und habe festgestellt, dass immer mehr zutage trat und auch immer präziser und vielfältiger erinnert wurde. Ein einmaliges Interview schafft künstliche Bedingungen, stellt zu hohe Anforderungen an die Kapazität des Gedächtnisses und auch an die Formulierungsfähigkeit der meisten Frauen. Ich habe große Vorbehalte, eine Frau auf *ein* kurzes oder auch längeres Interview festzulegen und diesen Text absolut zu setzen. Erst bei der Auswertung wurde mir in vielen Fällen bewusst, wieviel ausführlicher die Gespräche hätten sein müssen, was ich noch alles hätte fragen sollen. Öfters habe ich nochmals schriftlich oder mündlich nachgefragt und viele zusätzliche Antworten erhalten.[23]

---

23 Ich halte es nicht für eine gute Methode, wenn man aus einem einzigen – wenn auch mehrstündigen – Interview umstandslos hochrechnet, dass der Inhalt des Interviews sich mit dem Inhalt des Erinnerten deckt, und dann aus dieser Annahme Schlüsse zieht hinsichtlich dessen, was dem Erzähler besonders wichtig war, was er auslässt, verschleiert, tabuisiert. Das könnte man gerechterweise nur bei einer Autobiografie machen, also bei einer vollständig niedergelegten Lebensgeschichte. Zwar wird der Erzähler auch in einem einmaligen, vergleichsweise kurzen Interview

Paradoxerweise kann bei meinem Thema gerade der zeitliche Abstand Erinnerungsbarrieren wegräumen, Filter auflösen helfen. Nach einem halben Jahrhundert fällt es leichter, über das Belastende dieser Vergangenheit zu reden als unmittelbar nach dem Krieg. »Werden die Frauen denn sagen, dass sie von Hitler begeistert waren, dass sie an den Endsieg glaubten und an die Wunderwaffen?« So wurde ich oft von Skeptikern gefragt. Die Frauen sagen es, teilweise mit Verwunderung, ja auch Beschämung über sich selbst. So kann sich eine Regel der Quellenkritik bei Oral History geradezu in ihr Gegenteil verkehren. Der zeitliche Abstand beeinträchtigt nicht immer, zumal bei meinem Thema, den Wahrheitsgehalt einer Aussage, sondern kann ihn eher befördern. Auch das Alter der Gesprächspartnerin mindert in der Regel das Erinnerungsvermögen des Langzeitgedächtnisses nicht (solange keine ausgesprochenen Demenzerscheinungen auftreten), das haben Gedächtnisforscher inzwischen festgestellt. Jeder weiß, dass mit den fortschreitenden Jahren zwar das Kurzzeitgedächtnis immer mehr leidet, dafür aber Kindheit und Jugend um so deutlicher vor Augen stehen. Jemand hat zutreffend gesagt, das Gehirn weigere sich, neue Daten zu speichern und öffne statt dessen sein Archiv.

In spontanen Erzählsituationen wirkt sich noch ein anderer Mechanismus aus, der bei zu viel Reflexion eher verlorengeht. Es ist der sogenannte Zugzwang des Erzählens, ein Ausdruck, der von Fritz Schütze stammt[24], aber verschieden gedeutet wird. Ich verstehe darunter folgendes: Im Zuge der Erzählung folgt diese gleichsam ihren eigenen Gesetzen. Die innere, u.U. auch unbewusste Zensur schaltet sich während des Erzählens aus. Eine Geschichte wird wieder präsent und erzählt sich bis zum Ende gleichsam von selbst. Möglicherweise merkt die Erzählerin gar nicht, dass sie etwas preisgibt, was sie gar nicht preisgeben wollte, was sie selber vergessen, verdrängt oder in seiner Bedeutung gar nicht durchschaut hat. Z.B. will eine Bäuerin in einem abgelegenen schwäbischen Dorf während des ganze Interviews nichts von Verfolgungen von Minderheiten gewusst haben. Als das eigentliche Interview schon abgeschlossen ist und man sich noch über dies und jenes unterhält, fragt die Interviewerin, wo sie denn damals gewohnt habe. Da erzählt sie plötzlich die

das erzählen, was ihm am meisten am Herzen liegt, aber vielleicht nicht gleich beim ersten Mal die wirklichen Schlüsselerlebnisse preisgeben. Es ist vielmehr so, dass bei längerer Bekanntschaft und längerer Beobachtung sich noch viel mehr und Bedeutsameres enthüllt. Nicht immer unterschlägt der Erzähler, vieles ist einfach zunächst vergessen, was sich erst bei einem längeren Sich-Einlassen auf die Erinnerungsarbeit stückweise herausstellt, auch durch gezieltes und geschicktes Nachfragen wieder heraufgeholt werden kann aus dem Gedächtnis. Man sollte also eine einmalige Erzählung nicht überinterpretieren, besonders dann nicht, wenn man nicht nachgefragt hat.

24 Fritz Schütze: Das narrative Interview [904].

Geschichte von dem »Arbeitsbesserungslager« (so nennt sie das KZ) in R., in der sogenannten Ritterburg, die einmal früher ihrem Großvater gehört hatte. In dieses Lager konnte sie von ihrem Dachfenster aus hineingucken, und da hat sie gesehen, wie brutal Ostarbeiterinnen behandelt wurden. Oder eine Bannmädelführerin betont, dass sie das, was sie gemacht hat, nicht als politisch verstand. »Da war nichts Politisches«, sagt sie. Später erzählt sie von einem Heimabend über Rassenlehre, den sie im Krieg gehalten hat, dabei ging es um »Schwarz« und »Weiß« und die große Überlegenheit der weißen Rasse. Sie erzählt von diesem Heimabend im Zusammenhang einer neuen Geschichte, wie sie nämlich 1945 von zwei Schwarzen von ihren Vorurteilen befreit wurde, eine Geschichte, die, wie sie betont, sehr wichtig wurde für ihr späteres Leben, die ihr aber doch nicht die Einsicht brachte, wie eminent politisch ihre Heimabende und ihre Tätigkeit als Bannmädelführerin in Wirklichkeit gewesen waren. Oft sind es nur kleine Details, in denen sich die Wahrheit verrät, und auf diese ist zu achten. Hinzu kommt natürlich die sorgfältige Beobachtung der Erzählweise, z.B. der Abbrüche, Abschweifungen, Akzentsetzungen, Wiederholungen, der Sprache, der Stimme und der Gesten. Sie offenbaren, wo besonders Tiefgehendes, auch Schreckliches, aber auch besonders Belastendes berührt oder eben verschwiegen wird, unverarbeitet geblieben ist. Erzählkritische Bemerkungen habe ich bei den neuralgischen Stellen eingebaut.

Auf jeden Fall können Aussagen von Frauen sich gegenseitig kontrollieren, besonders dann, wenn sie sich auf denselben Menschen, dieselben zusammen erlebten Ereignisse und Situationen beziehen, etwa auch innerhalb einer Familie, einer Schulklasse. Hier können Gruppeninterviews manches zurechtrücken. Bei häufiger Bestätigung von Befunden spricht man auch von »empirischer Sättigung«.

Die wichtigste Kontrolle für die Übereinstimmung des heute Erzählten mit dem damals Erlebten sind die unmittelbaren Zeitzeugnisse, also Tagebücher, Briefe, Fotos, Schulhefte. Ich habe alle meine Frauen nach solchen persönlichen Dokumenten gefragt und sie von vielen bekommen. Freilich schreiben nur vergleichsweise wenige Frauen Tagebücher. Sofern persönliche Zeugnisse vorhanden waren, haben die Frauen natürlich vor dem Gespräch mit mir oder weil sie ihren Kindern und Enkeln erzählen oder etwas aufschreiben wollten, die alten Dokumente wieder gelesen und ihre Erinnerungen aufgefrischt und daran überprüft. Und dabei habe ich die Entdeckung gemacht, dass die meisten Erinnerungen durch die persönlichen Dokumente bestätigt werden. Das Gedächtnis funktioniert besser und zuverlässiger, als ich am Anfang selbst geglaubt hatte, vor allem, wenn es sich um so einschneidende Erlebnisse handelt wie den Krieg.

Die Auswertung der vorhandenen persönlichen Dokumente im Zusammenhang mit den Gesprächen ist für mich ein wesentlicher, von den Vertretern der Oral History noch kaum genützter Bestandteil der Befragung von Zeitzeugen. Natürlich unterliegen auch diese unmittelbaren Zeitzeugnisse der Quellenkritik. Das gilt besonders für die Feldpostbriefe. Diese schriftlichen Zeugnisse sollten aber nicht losgelöst von den Personen betrachtet werden, die sie verfasst haben. Stil und Schreibweise sind nicht vom Zeit- und Erziehungshintergrund zu trennen. Schreibunerfahrene, einfache Menschen sind nicht mit den oft arroganten Maßstäben privilegierter Intellektueller zu messen. Die Zeugnisse machen nur Sinn im Lebenszusammenhang der Verfasser.

Es kam natürlich oft vor, dass die befragten Frauen sich in den exakten Daten und Fakten irrten. Kaum eine von ihnen könnte eine auch nur ungefähr richtige Darstellung der Verlaufsgeschichte des Zweiten Weltkriegs geben. Das stellt aber nicht ihr Erinnerungsvermögen im ganzen in Frage. Was sie nicht persönlich direkt betraf, blieb umrisshaft und fern. Hier stoßen wir an die Grenzen der Oral History. Nicht zuverlässig erfahren kann man also durch mündliche Befragung allgemeine historische Daten und Fakten, seien sie nun statistischer Natur (etwa Beschäftigungsstruktur, Scheidungsraten, Kriegsopferversorgung, Lebensmittelrationen, Ausmaß der Zerstörungen) oder allgemeine chronologische Angaben. Ebenso reicht die mündliche Befragung nicht aus, um politische und wirtschaftliche Rahmenbedingungen und das ganze kulturelle Umfeld hinlänglich zu beschreiben. Herrschafts- und Wirtschaftsstrukturen sind in eine Frauengeschichte unbedingt einzubeziehen, denn sie bestimmen die Handlungsspielräume wesentlich, wenngleich natürlich die handelnden Subjekte diese auch verändern. Wenn man die entsprechenden Daten kennt, können manche sachlichen Irrtümer in der persönlichen Erinnerung leicht aufgeklärt werden.[25]

Inhalte von Gesetzen und Verordnungen, auch alles, was unter offizielle Ideologie und Propaganda fällt, kennen die Frauen nicht vollständig und auch nicht im einzelnen, sondern nur in der Wirkung auf ihr eigenes Leben. Das gesamte geistig-kulturelle Umfeld wurde ihnen z.T. gar nicht bewusst, weil es allgegenwärtig und dadurch selbstverständlich war. Für die Aufspürung des »Zeitgeistes« brauche ich die politischen und kulturellen Quellen der Dauerinfiltration in Zeitungen, Büchern, Radioprogrammen, in Filmen, Plakaten, Konzerten, aber auch in christlichen Gemeindeblättern, Predigten und Gottes-

25 Wenn Frauen z.B. sagen: »Mein Mann musste in die Partei eintreten«, so kann man sich rasch darüber einig werden, dass zwar niemand gezwungen wurde, in die Partei einzutreten, dass aber z.T. erheblicher Druck ausgeübt wurde und v.a. persönliche Karrieren riskiert werden konnten, wenn man nicht eintrat.

diensten. Soweit dafür persönliche Dokumente vorhanden sind, sollte man sie nutzen, aber sie reichen nicht aus. Die bisher umfassendste und anschaulichste Vergegenwärtigung des »Zeitgeistes« ist Eva Sternheim-Peters in ihrem viel zu wenig beachteten »subjektiven Geschichtsbuch« »Die Zeit der großen Täuschungen«[26] gelungen, aber eben nicht aus der Erinnerung allein, sondern durch ausgedehnte Forschung und Lektüre. Aber Oral History ist in diesem Zusammenhang auch dann eine wichtige Ergänzung, wenn eine Frau sich daran erinnern kann, was sie damals besonders beeindruckt hat an Liedern, Lektüre (die eigene Bibliothek ist in einigen Fällen z.T. noch erhalten; auch in der Bibliothek der Eltern, die mir hin und wieder zugänglich war, finden sich Hinweise), an Filmen, Bildern, aber auch christlichen Veranstaltungen usw.

Durch mündliche Befragungen lassen sich keine statistisch harten Ergebnisse ermitteln. Oral History setzt beim einzelnen, also induktiv an. Eine noch so große Summe von Einzelschicksalen kann aber noch keine »Geschichte« ergeben. Sie wäre auch weder zu schreiben noch zu lesen. Man muss also zu allgemeineren Aussagen zusammenfassen und bündeln. Da liegt ein schwieriges Problem. Allgemeingültigkeit können die durch mündliche Befragung ermittelten Befunde nicht beanspruchen. Die Ergebnisse können im besten Fall für begrenzte Gruppen einen begrenzt verallgemeinerbaren Aussagewert haben. Bei dem Versuch, Gruppen zu bilden, hat sich gezeigt, dass für die Erfahrungen im Krieg die Schichtzugehörigkeit und die regionale Zugehörigkeit, mit Ausnahme der Flucht- und Vertreibungsgebiete, weniger bedeutsam sind als das Lebensalter und die unterschiedliche Betroffenheit durch Kriegseinwirkungen (Bomben, Menschenverluste u.a.). Zum Beispiel können das Schicksal und die Erfahrungen einer Arbeiterin in einer im wesentlichen von Bomben verschonten Kleinstadt dem Schicksal und den Erfahrungen einer bürgerlichen Frau aus eben derselben Kleinstadt ähnlicher sein als denen einer ausgebombten Arbeiterin aus einer Großstadt, gleichgültig welcher Region. Junge Mädchen, gleich welcher Schicht, haben bei ähnlichen Belastungen den Krieg anders erlebt als reifere und alte Frauen, die u.U. schon den Ersten Weltkrieg hinter sich hatten. Auch bei der Einstellung zum Nationalsozialismus und zum Krieg scheint mir das Lebensalter entscheidender zu sein als die Schichtzugehörigkeit. Im Krieg verschleifen sich also die herkömmlichen Gruppierungen, andere Trennungslinien werden oft wichtiger, etwa zwischen alleinstehenden Frauen, z.B. Kriegerwitwen, und Vollfamilien, zwischen Selbstversorgern und solchen, die nur auf die zugeteilten Rationen angewiesen waren, zwischen Ausgebombten und Nicht-Ausgebombten, zwischen

26 Eva Sternheim-Peters: Die Zeit der großen Täuschungen [472].

Flüchtlingen und Eingesessenen. Ich muss mich in meinen Zusammenfassungen mit ziemlich allgemeinen quantitativen Aussagen begnügen, wie etwa »sehr viele«, »die meisten«, »wenige«, werde aber neben den gewohnten Schichtzugehörigkeiten (bürgerliche Frauen, Bäuerinnen, Arbeiterinnen) und Altersgruppierungen (junge Mädchen, Ehefrauen und Mütter, Berufstätige, reifere und ältere Frauen) auch die oben genannten, neu entstehenden Gruppierungen benennen und berücksichtigen. Ich denke aber, dass bei der Breite meiner Basis die Aussagen zusammengenommen durchaus Annäherungen an eine kollektive Erfahrung der umschriebenen Mehrheit sein können. Ich begnüge mich nicht mit der Herausarbeitung von einigen Grundmustern qualitativer Erfahrungen, deren Typik oder Allgemeinverbindlichkeit zwar von einigen Historikern der Oral History, die solche beschränkten Samples untersucht haben, postuliert, aber nicht empirisch nachgewiesen werden kann.[27] Auf Grund von 25 oder auch 70 Interviews lassen sich eben weniger allgemeine Schlüsse ziehen als auf Grund von 400-500. Solche allgemeinen Aussagen müssen aber ergänzt werden durch eine Beschreibung der Variationsbreite von Abweichungen. Eine genauere Binnendifferenzierung und die präzisere Herstellung von Korrelationen zwischen jeweiligem Milieu bzw. Altersstrukturen und Kriegserfahrungen wäre eine Aufgabe für künftige Forschungsarbeiten.

Wenn in der aufgezeigten Weise methodisch verfahren wird, können die mündlichen Erzählungen als glaubwürdige Quellen neben die herkömmlichen Quellen treten. Jede Quelle unterliegt selbstverständlich der Quellenkritik, und man kann den Kritikern, die da sagen: »Der Weltgeist spricht nun einmal nicht direkt ins Mikrofon« getrost entgegenhalten: »Er spricht auch nicht direkt aus Statistiken und Akten«, anders ausgedrückt: Es gibt keine direkte Leitung zur Vergangenheit, sondern nur die Sicht durch mehr oder weniger getrübte Linsen.

Bei sorgfältiger Anwendung der methodischen Kontrollmechanismen ergibt sich ein Zuwachs an Wissen über die Zeit des Nationalsozialismus und des Zweiten Weltkriegs, der nur durch Oral History gewonnen werden kann. Dies gilt besonders für Gebiete, über die es keine oder nur spärliche sonstige Quellen gibt. Und das betrifft in vielen Punkten eben den Bereich der Frauenerfahrungen. Dazu nur einige Stichworte:

Da ist das ganze Gebiet der *Versorgung*. Wir kennen die Lebensmittelkarten und das Bezugscheinsystem. Aber wie die Frauen es anstellten, jeden Tag etwas auf den Tisch zu bringen, ihren ganzen Erfindungsreichtum, ihr Organisationstalent, die »Neben- und Schattenwirtschaft«, die Überlebensstrategien

---

27 Z.B. Gabriele Rosenthal (Hrsg): Als der Krieg kam, hatte ich mit Hitler nichts mehr zu tun [632].

und die Wiederaufbauleistung nicht nur der sogenannten Trümmerfrauen in der Kriegs- und Nachkriegszeit, die tägliche Mühe und Plage, sich und die Kinder und oft auch noch ältere Angehörige durchzubringen, all das erfahren wir nur von den Betroffenen selbst. Ähnlich ist es mit den alltäglichen *Bedingungen der Haus- und Berufsarbeit*. Wie verlief damals der ganz normale Arbeitstag einer Bäuerin, deren Mann im Feld war, einer Frau mit mehreren kleinen Kindern in einer von Fliegern weniger bedrohten Kleinstadt, in einer von Bombenangriffen schwer heimgesuchten Großstadt, einer Arbeiterin in einem Rüstungsbetrieb, einer Schwester im Lazarett? Ich glaube kaum, dass man sich heute ein zutreffendes Bild von den ungeheuren Belastungen und Leistungen der meisten Frauen von damals machen kann, wenn man sie nicht selbst hört.

Die besondere *Qualität des Kriegserlebens* von Frauen: die Trennung von ihrem Mann, *die familiären und intimen Beziehungen*, das Sexualverhalten der Frauen, ihre Partnerbeziehungen in Abwesenheit ihrer Männer, u.U. zu Kriegsgefangenen, Zwangsarbeitern, später zu den Besatzern, das Warten und Hoffen auf Nachrichten von Angehörigen, die Nachrichten von Tod, Vermisstsein oder Gefangenschaft, das Auseinanderreißen von Familien, Evakuierung, Ausbombung, Flucht und Vertreibung, Besatzung mit Vergewaltigungen, Plünderungen, Ausquartierungen, die Art der Beteiligung der Frauen an den Kriegserlebnissen der Männer, all das spiegelt sich in den Erzählungen der Frauen. *Flucht und Vertreibung* waren zwar nicht nur weibliche Schicksale, aber Frauen waren davon besonders hart betroffen. Die große Dokumentation über die Vertreibung der Deutschen aus den Ostgebieten[28] fußt ausschließlich auf Berichten der Betroffenen, weil es dafür gar keine anderen Quellen gibt.

Die Strapazen und Anstrengungen, die Frauen auf sich nahmen, um sich nach dem Krieg in den Familien wieder zusammenzufinden, das *Zusammenleben* mit heimkehrenden, oft versehrten Männern und mit Flüchtlingen spiegelt sich ganz unmittelbar in den Erzählungen der Frauen. Über das Familienleben nach 1945 mit den zurückgekehrten Männern haben S. Meyer und E. Schulze eine interessante, auf Interviews beruhende Studie verfasst.[29] In diesen Bereich gehören aber auch die Leistungen und Schwierigkeiten der kriegsbedingt alleinerziehenden Mütter. Und wie meisterten die vielen kriegsbedingt unverheiratet gebliebenen Frauen ihr Leben? Gar keine Quellen – außer den Beteiligten selbst – gibt es zum Schicksal der sogenannten Ami-Liebchen, der Kriegsbräute und der Besatzungskinder.

---

28 Dokumentation der Vertreibung der Deutschen aus Ost-Mitteleuropa [788].
29 Sibylle Mayer/Eva Schulze: Auswirkungen des II. Weltkrieges auf Familien [616].

Die vielfältige Beteiligung von Frauen am *Neuaufbau* ist kaum aktenkundig geworden. Schließlich sind die langen *Nachwirkungen* des Krieges nirgends verzeichnet als im Erleben und Erleiden der Frauen selbst. Mit ihnen hat sich die Weltkriegsforschung bisher überhaupt noch kaum befasst.

In den Gesprächen mit den Frauen nimmt die Historikerin die individuellen Lasten, Leistungen und Leiden ernst. Durch ihre anschaulichen Erzählungen werden sie erst vorstellbar. Oral History löst die Forderung ein, dass es auf die Details ankommt, dass man Zahlen in Schicksale auflösen muss, dass man die Vorstellungen hinter den abstrakten Begriffen lebendig machen muss, dass man lernen muss, hinter den Fakten die Gefühle, Erlebnisse und Erfahrungen wahrzunehmen, um Geschichte zu begreifen.

Bei der Ordnung und Zusammenstellung des Materials zur Rekonstruktion des Kriegsalltags nach den Erzählschwerpunkten der Frauen konnte ich immer nur Ausschnitte aus den vielen Erzählungen verwenden. Dabei verschwanden die lebendigen Personen, die ich kennengelernt hatte, verschwanden die vollständigen Lebensläufe, verschwand auch die persönliche Art und Weise, wie die Frauen mit ihrem Schicksal, mit ihrer Vergangenheit, mit dem Nationalsozialismus und dem Krieg umgegangen sind, was sie daraus gelernt oder auch nicht gelernt haben. Um sie zu verstehen und gerecht zu beurteilen, sollten wenigstens einige von ihnen im Zusammenhang zu Wort kommen, sollten ihre *Lebensgeschichten,* wie sie sie selbst sehen und erzählen, vorgestellt werden. Diese Lebensgeschichten bilden den *ersten Band* des Gesamtwerks. Frauen, die keine Schriftstellerinnen und nicht prominent sind, deren Biografien weder im Literaturbetrieb noch nach vorherrschendem Wissenschaftsverständnis eine Chance haben, gedruckt oder erwähnt zu werden, sollen im Zusammenhang gehört werden. Dabei ging es auch hier nicht ohne erhebliche Kürzungen, aber die biografischen Skizzen machen das Bild der Persönlichkeit wenigstens in Umrissen sichtbar und lassen die »Leitlinie« des Lebens erkennen. Bewusst wurde auf eine kritische Interpretation in diesem ersten Band verzichtet. Der Leser sollte – wie die Interviewerin – zunächst einmal bereit sein, vorurteilslos den Erzählungen zuzuhören, die Lebensgeschichten als ganze zur Kenntnis zu nehmen, auch wenn sie den eigenen Erfahrungen und Bewertungen widersprechen. Maßstäbe für eine kritische Auseinandersetzung werden in Band III, Teil B, entwickelt.

Warum habe ich gerade diese zehn Lebensgeschichten aus den vielen, die mir zur Verfügung stehen, ausgewählt? Hätten es nicht auch andere sein können, sein sollen? Die Zahl musste, wenn der Gesamtumfang noch vertretbar sein sollte, begrenzt werden. Deshalb bedurfte es der Auswahlkriterien. Das erste war eine möglichst ausgewogene Repräsentanz von Lebensaltern, verschiedenen Regionen, sozialen Milieus. Die älteste Frau, die selbst spricht, wenn auch nur in ihren Tagebüchern, ist Jahrgang 1893, die jüngste 1928. Großstadt, mittlere Stadt und Land sind vertreten, ebenso Süd-, Mittel- und Ostdeutschland, dazu eine umgesiedelte Auslandsdeutsche. Ein Dienstmädchen und Töchter von Arbeitern kommen zu Wort sowie Frauen aus dem kleinen und mittleren Bürgertum. Das zweite Kriterium war die Schwere des Kriegsschicksals. Relativ glimpflich Davonkgekommenen stehen Extremschicksale gegenüber. Drittens war für die Auswahl die Fülle von zeitgenössischen persönlichen Dokumenten, die die Frauen noch besitzen, nicht ohne Belang, denn sie sind – wie gesagt – der beste Prüfstein für die Erinnerungen aus der Rückschau. Was sich z.B. in Dienstvorbereitungen, in Tagebuchaufzeichnungen, in Briefen aus dem Arbeitsdienst widerspiegelt, kann nicht nachträglich retuschiert oder unterdrückt werden. So wird die damalige Einstellung, das damalige Handeln authentisch greifbar. Schließlich wurden gerade diese Lebensgeschichten ausgewählt, weil sich in ihnen auch besonders deutlich verschiedene Muster der Auseinandersetzung mit der Vergangenheit offenbaren, aber auch die in den folgenden Teilen immer wieder festgestellten Widersprüchlichkeiten, Bruchlinien und »Gemengelagen« (Alf Lüdtke). Es zeigt sich, dass keine der sich in Band I artikulierenden Frauen in ein einfaches Klassifizierungsschema eingeordnet werden kann. So sind diese Lebensgeschichten auf der einen Seite Zeugnisse einer ganz einmaligen und unverwechselbaren Individualität, eines ganz persönlichen Lebensentwurfs, und sie sollen als solche ihren eigenen, nicht restlos auslotbaren Sinn behalten. Auf der anderen Seite sind sie repräsentativ für zahlreiche ähnliche Lebensgeschichten, für Gruppenschicksale und kollektive Erfahrungen der beschriebenen Mehrheit der Frauen.

Der *zweite Band* sowie der *dritte Band/Teil A*, zugleich *Hauptteil*, gelten dem *A*lltag der Frauen im Krieg und in der unmittelbaren Nachkriegszeit. Die Überschrift »Kriegsalltag« mag auf den ersten Blick allzu harmlos erscheinen, denn der Krieg machte ja den »normalen« Alltag zunehmend zunichte. Aber ist nicht gerade das sein Signum, dass er das »Abnormale« alltäglich macht? Dass Frauen mit seinen – wenn auch unterschiedlich schweren – Leiden und Lasten an jedem Tag der sechs Kriegsjahre und noch lange darüber hinaus fertigwerden mussten? In 13 Kapiteln wird dieser Kriegsalltag dargestellt, von den Frauen selbst erzählt und von der Verfasserin analysiert und kommentiert. Das ursprüngliche Frageraster wurde nach den Erzählungen der Frauen gewichtet und erheblich ergänzt, so dass sich schliesslich die 13 Kapitel mit den zugehörigen Stichworten des Inhaltsverzeichnisses als Erzählschwerpunkte der Frauen herauskristallisierten. Dabei kommen vor allem die Frauen selbst zu

Wort, themenbezogen und ausschnitthaft. Die Belege sind Beispiele für viele ähnliche. Sie sollen die Vielfalt der Aspekte und die Variationsbreite der Erfahrungen abbilden. Sie werden in den jeweiligen Zusammenhang eingeordnet, auch kritisch beleuchtet. In diesem zweiten Hauptteil stehen die Dokumentation der Materialien und der interpretierende Kommentar etwa gleichgewichtig nebeneinander.

Durch Oral History kann man aber auch dem *Verhältnis der Frauen zum Nationalsozialismus und zum Krieg* näherkommen. Mit dieser Thematik befasst sich der *dritte Band/Teil B*. Was viele am Nationalsozialismus faszinierte, warum sie begeistert waren, teilweise über das Ende hinaus an den »Endsieg« glaubten, können authentisch nur sie selbst beschreiben und erklären. Auch die *praktische Umsetzung von Gesetzen und Verordnungen*, die *tatsächliche Wirkung und Prägekraft von Ideologie und Propaganda* erschließen sich nur aus den Zeugnissen der Frauen.

Über die Rahmenbedingungen können wir genug aus den Dokumenten und darauf fußenden Darstellungen erfahren.[30] Aber wie das alles konkret bei den Frauen ankam, ist eine andere Frage. Hat es tatsächlich den totalen Zugriff des Regimes auf die Frauen gegeben? Wurden z.B. die Schulen wirklich gleichgeschaltet? Darüber können die am besten Auskunft geben, die den damaligen schulischen Alltag miterlebt haben. Neuere Studien haben z.B. die Vorstellung von der totalen Dienstverpflichtung der Frauen seit 1943 korrigiert[31], aber wie es die Frauen schafften, nicht erfasst zu werden, sich zu drükken oder sich nur halbherzig zu beteiligen, aber auch, was sie bei diesen Dienstverpflichtungen erlebt haben, was sie daraus für ihr späteres Leben gelernt haben, kann man nur von ihnen selbst erfahren. Über die NS-Frauenideologie ist viel geschrieben worden. Grundtenor ist die beabsichtigte Entmündigung der Frau zur »Küchenmagd, Zuchtsau, Leibeigenen«, so der Titel einer Schrift, die von einer Frauenforscherin stammt.[32] Die Frage ist jedoch, ob die Frauen sich damals wirklich entmündigt fühlten, welches ihr eigenes Rollenverständnis war, wie weit sie sich nach den Losungen »Schenkt dem Führer viele Kinder« oder »Eine deutsche Frau raucht nicht, schminkt sich nicht« usw. richteten, wie weit ihre Identifikation mit dem NS-Regime ging, was sich tatsächlich im Jungmädel- und BDM- Dienst abspielte.

---

30 Vgl. Literaturverzeichnis, Gruppe III.

31 Z.B. Karin Jurcyk: Frauenarbeit und Frauenrolle ... [287]; Dörte Winkler: Frauenarbeit im »Dritten Reich« [350].

32 Christina Burghardt: Die deutsche Frau. Küchenmagd – Zuchtsau – Leibeigene im III. Reich [260].

Wir wissen, dass es Frauen gab, die sich nicht nur restlos mit dem Nationalsozialismus identifizierten, sondern darüber hinaus zu Komplizinnen der Mörder wurden, denken wir nur an die KZ-Aufseherinnen. Wie wurden sie zu dem, was sie geworden sind? Die herkömmlichen Quellen reichen zur Beantwortung dieser Frage nicht aus. Es gibt noch keine Untersuchung über auch nur eine dieser Frauen in der Art, wie sie Gitta Sereny nach vielen, vielen Gesprächen über Franz Stangl, den Kommandanten des Konzentrationslagers Treblinka, geschrieben hat.[33]

Umgekehrt gibt es zwar einige Bücher über den Widerstand von Frauen, nach Gerichts- und Prozeßakten, Zeugenbefragungen, teils auch unter Einbeziehung von Interviews.[34] Aber es gibt noch kaum Untersuchungen über den *alltäglichen Widerstand* durchschnittlicher, besonders auch bürgerlicher Frauen. Ich möchte lieber von regimewidrigem Verhalten mit unterschiedlicher Risikobereitschaft sprechen, über Hilfeleistungen für Verfolgte, aber auch über Gründe für unterlassene Hilfeleistungen. Oral History kann hier ein Stück weiterhelfen, aber auch zeigen, wie schwierig es ist, klare Trennungslinien zu ziehen zwischen eindeutig »schwarzen« Nationalsozialistinnen und eindeutig »weißen« Widerstandskämpferinnen.

Schließlich kann Oral History auch den Blick öffnen für die *Einordnung des Krieges in die eigene Biografie* und seinen Stellenwert für das eigene Leben. Dabei erfuhr auch das *Gesamtbild vom Krieg* eine Korrektur, nämlich das Klischeebild, als sei der Krieg für alle beteiligten Frauen von Anfang bis Ende eine einzige Katastrophe gewesen. Gespräche mit Zeitzeuginnen können große Unterschiede im Kriegserleben deutlich machen, Phasen der relativen Normalität beschreiben, die es für die meisten Frauen zum mindesten phasenweise gegeben hat, und zeigen, dass die persönlichen Periodisierungen sich nicht mit den offiziellen der Kriegsgeschichte decken.

Diese in Band III/Teil B behandelte hochbrisante und unmittelbar politische Thematik steht in den Erzählungen der Frauen im Hintergrund; sie kann nur aus gelegentlichen Bemerkungen und Andeutungen, durch Nachfragen, v.a. durch genaue Interpretation des Gesagten und Gemeinten aus den Lebensgeschichten herauspräpariert werden. Es geht hier in 11 Kapiteln um die Anziehungskraft des Nationalsozialismus ebenso wie um die Wahrnehmung der Ausgegrenzten und der Verbrechen, um Handlungsspielräume und Verantwortung, um die Einschätzung der nationalsozialistischen Politik und ins-

---

33 Gitta Sereny: Into that Darkness. Dt. Am Abgrund [641]. Auch ich kann diese Aufgabe in dieser Arbeit nicht leisten, aber ohne sie bleibt unser Verständnis von »Täterinnen« oberflächlich.

34 Vgl. Literaturverzeichnis, Gruppe V.

besondere des Krieges. Dadurch gerät die Verarbeitung der eigenen Vergangenheit und das Gespräch zwischen den Generationen in den Blick. Ich wähle als Kapitelüberschriften bewusst elf der am häufigsten gebrauchten Wendungen. Man kann auch von Topoi sprechen, von verfestigten, gestanzten Redeweisen und Erklärungs- und Bewertungsmustern, die sich im Verlauf der Nachkriegszeit herausgebildet haben und von vielen Frauen aufgenommen und gebraucht werden.[35] Sie dienen aber nur als provokative Aufhänger, die jeweils eine bestimmte Seite des Verhältnisses zum Nationalsozialismus und zum Krieg beleuchten. Sie sollen gerade nicht zu ihrem Nennwert genommen werden und unbefragt stehenbleiben, vielmehr soll geklärt werden: Wer gebraucht welche Topoi in welchem Sinne? Was genau meint eine Frau damit? Wie ist die Redeweise zu erklären? Auch in diesem Teil erweist sich Oral History als besonders geeignete Methode. Sie macht sichtbar, dass jede Frau ihr eigenes Verhaltens- und Deutungsmuster hat, das oft nicht einmal in sich selbst schlüssig ist, sondern Brüche und schwer verständliche Widersprüche zeigt. Dabei verlaufen die Bruchlinien nicht nur zwischen den Personengruppen, noch weniger zwischen sozialen Schichten, sondern oft mitten durch die Personen hindurch. Frauenforscherinnen neigten bislang dazu, Frauen als Unterdrückte, als Heldinnen oder als Täterinnen wahrzunehmen und zu stilisieren.[36] Die differenzierenden Befunde von Oral History sind eine notwendige Korrektur dieses zu einfachen Bildes.

Die drei Bände bilden in fortschreitender Abstraktion eine Einheit. Bezüge zwischen den Teilen werden durch zahlreiche Verweise hergestellt. Diese Einheit des ganzen Werkes kann nicht nachdrücklich genug betont werden. Teil B des dritten Bandes entlarvt auch im Rückbezug zum ersten etwaige – möglicherweise unbewusste – Verteidigungs- und Rechtfertigungsstrategien in der Darstellung der eigenen Lebensgeschichte. Alle Frauen der Kriegsgenerationen können hier ihre eigenen Einstellungen gleichsam wie in einem Spiegel erkennen und sie an denen anderer Zeitzeuginnen messen.

Fazit: Noch viele weitere Frauen hatten mir ihre Bereitschaft zu erzählen signalisiert. Vor die Wahl gestellt, nach sechs Jahren Spurensuche noch weiteres Material zu sammeln oder eine Auswertung zu versuchen, entschied ich mich für das letztere. Bei der Auswertung stand ich wieder vor der Entscheidung,

35 Zum Begriff des »Topos« in Erzählgeschichten besonders ergiebig Hans Joachim Schröder: Die gestohlenen Jahre [639], S. 236 ff.

36 Zur Kontroverse in der Frauenforschung über »Opfer« und »Täterinnen« vgl. bes. Lerke Gravenhorst/Carmen Tatschmurat (Hrsg.): Töchter-Fragen [218], Petra Schomburg: Frauen im Nationalsozialismus [234 a], Adelheid von Saldern [232 a].

Teilbereiche zu bearbeiten, also einige Lebensgeschichten genauer zu interpretieren und einige qualitative Patterns vorzustellen, gesellschaftspolitisch relevanten Fragestellungen, z.B. den Nachwirkungen der Kriegserfahrungen in der Gegenwart, intensiver nachzugehen, nur einige der Kriegserfahrungen zu beschreiben oder einen Gesamtentwurf zu versuchen. Ich entschloss mich wiederum zu letzterem, weil ich glaube, nach jahrelanger Beschäftigung mit dem ausgedehnten Material einen mehr als ausreichenden Überblick gewonnen zu haben, so dass ich einen Aufriss von möglichen Aspekten zu den Frauenerfahrungen im und kurz nach dem Zweiten Weltkrieg wagen konnte. Dabei bin ich mir trotz des Umfangs meiner Forschungsarbeit der Vorläufigkeit und Skizzenhaftigheit dieses Versuches bewusst. Im Laufe der Arbeit vermehrten und verzweigten sich die Untersuchungsfragen immer weiter. Fast zu jedem Punkt müsste und könnte eine Spezialuntersuchung geschrieben werden. Mir blieb oft nur die Wahl, Lücken und Forschungsdesiderate einfach zu benennen. Am befriedigendsten wäre es für mich, wenn meine Hypothesen noch von vielen Zeitzeuginnen und auch von Historikerinnen überprüft und ergänzt werden könnten, und ich bin gespannt auf jedes Echo von ihnen.

Zum ersten Mal wird mit der vorliegenden Arbeit der Versuch gemacht, systematisch und umfassend die Perspektive der Frauen, die den Zweiten Weltkrieg noch bewusst erlebt haben, zur Geltung zu bringen. Die Frauengeschichtsforschung hat, wie ein Blick auf die verschiedenen Sparten des Literaturverzeichnisses zeigt, eine Reihe von Untersuchungen zum Gesamtthema »Frauen im Nationalsozialismus« und zu einzelnen Gebieten vorgelegt. Diese lassen aber die persönliche Sicht der Frauen unberücksichtigt. In einigen wenigen Oral-History-Projekten kommen Frauen selbst zu Wort, aber auf sehr schmaler Basis oder zu einer engen Thematik (z.B. Bomben, Flucht). Lokal- bzw. regionalgeschichtliche Forschungen und sogenannte Heimatbücher berücksichtigen Frauen wiederum nur am Rande oder subsumieren sie einfach unter »Zivilbevölkerung«. Ausstellungen und die zugehörigen Kataloge gehen meist nur knapp auf Frauen ein mit Ausnahme einiger Ausstellungen zur Nachkriegszeit. Einige wenige Ausstellungen (z.B. in Frankfurt/M. und Bonn) konzentrieren sich zwar ausschließlich auf Frauen im Nationalsozialismus, dabei allerdings weniger auf den Kriegsalltag, bringen aber die Sicht der (deutschen) weiblichen Bevölkerungsmehrheit kaum zur Sprache.

So hat die vorliegende Arbeit wohl die letzte Möglichkeit genutzt, einen großen Chor von Stimmen der Zeitzeuginnen selbst zu hören, ehe sie völlig verstummen. Neuere empirische Untersuchungen können fast nur noch die Töchter befragen. Diese Studie will die übliche Sicht »von oben« und »von außen« durch die Sicht »von unten« und »von innen« ergänzen.

Hinweise für Leserinnen und Leser

Bei diesem umfangreichen und vielschichtigen Werk ist es angebracht, einige Bemerkungen voranzustellen, die den Leserinnen und Lesern die Orientierung erleichtern, und Vorschläge zu machen, wie die Texte gelesen werden können. Zunächst zur *Lektüre*:

Eine Möglichkeit ist, im Inhaltsverzeichnis des zweiten Bandes und des dritten Bandes/Teil A nach den Kapiteln oder den Stichworten zu suchen, die einen am meisten interessieren, mit denen man eigene Erfahrungen und eigenes Wissen oder die Erzählungen der eigenen Mutter und Großmütter vergleichen kann. Wenn man die geschilderten Erlebnisse aber richtig einordnen und deuten will, sollte man zumindest die Zusammenfassung zum jeweiligen Kapitel lesen.

Ein anderer Weg ist, sich die Lebensgeschichten des ersten Bandes vorzunehmen. Man kann dabei zunächst einfach zuhören, sich die Frauen, die da sprechen, vorzustellen versuchen, mit ihnen innerlich ins Gespräch kommen, sie vielleicht bewundern, Mitgefühl empfinden, sich aber auch an ihren Aussagen reiben oder Unverständnis, sogar Wut empfinden, sich über die Interviewführung der Verfasserin wundern und sich daran stoßen. Bliebe man aber dabei stehen, käme man zu keinem gerechten Urteil über die Frauen der Kriegsgenerationen in ihrer geschichtlichen Situation. Man muss sich schon die Mühe machen, auch Band II und Band III/Teil A, zumindest mit den Zusammenfassungen, und vor allem Teil B des dritten Bandes zur Kenntnis zu nehmen. In ihnen finden sich die Interpretationsmöglichkeiten, die im ersten Teil bewusst ausgeklammert wurden.

Will man zu einem fundierten und zutreffenden Urteil über das ganze Werk und vor allem über die Erfahrungen einer großen Mehrheit der deutschen Frauen der Kriegsgenerationen kommen, dann darf man die Bände nicht losgelöst voneinander betrachten. Sie gehören eng zusammen. Die Einleitung begründet genauer, warum.

Zur Orientierung in dem verschiedenartigen dokumentarischen Material wurden verschiedene Darstellungsformen gewählt, die an unterschiedlichen *Schriftbildern* erkennbar sind. So werden in Band I drei Schrifttypen für drei Textsorten unterschieden: In Normaldruck stehen Interview-Texte und spätere Aufzeichnungen der Frauen, in Kleindruck stehen persönliche Dokumente der Frauen aus der damaligen Zeit (Briefe, Tagebücher, Berichte), in Kleindruck kursiv stehen schließlich die begleitenden Erläuterungen der Verfasserin.

In Band II und III werden ebenfalls drei Schrifttypen für drei Textsorten unterschieden: In Normaldruck stehen Texte der Verfasserin und kurze Zitate von Frauen, in Kleindruck stehen mündliche oder schriftliche Erzählungen der Frauen, darin kursiv und in Klammern stehen Erläuterungen der Verfasserin.

Zur *Transkription* der Frauenerzählungen ist zu sagen: Eine linguistisch genaue Transkription wird nicht angestrebt, vielmehr ein Kompromiss zwischen Textgenauigkeit und Lesbarkeit. Zur Textgenauigkeit gehört, dass die Sprache der Frauen und ihre Eigenheiten möglichst unverfälscht wiedergegeben werden. Das bedeutet, dass der Text nicht geglättet oder gar von mir oder den Frauen selbst nachträglich redigiert wurde. Wo in Ausnahmefällen eine nachträgliche Textveränderung vorgenommen wurde, wird das ausdrücklich vermerkt und begründet. Verbessert wurden nur offensichtliche Versprecher ohne Signifikanz oder grammatikalische Versehen. Auslassungen werden durch Punkte (...) gekennzeichnet. Sie betreffen für das Thema unerhebliche Abschweifungen. Stockungen, Neuansätze, besondere Akzente in der Stimmführung und Sprechweise, sprechbegleitende Gesten oder andere Zeichen (Lachen, Tränen, Emphase) werden in Klammern kursiv vermerkt.

Zur Lesbarkeit gehört, dass nicht jedes »äh« und jedes kurze Absetzen, jede Lautnuance, die Dauer jeder Pause in Sekunden u.ä. dokumentiert werden. Auch der Dialekt wird nicht phonetisch getreu wiedergegeben. Dialektanklänge werden beibehalten, ebenso typische Dialektausdrücke, von Fall zu Fall mit »Übersetzung« in Klammern.

In zitierten schriftlichen Berichten von Frauen wurden offenkundige sprachliche Unrichtigkeiten und Schreibfehler stillschweigend korrigiert. In Originaldokumenten wurden keine Verbesserungen vorgenommen.

Die Namen meiner Gewährsfrauen sind auf Wunsch der Frauen durchgehend anonymisiert. Der volle Name steht nur bei Autorinnen der autobiografischen Literatur. Nach dem Namen wird, soweit er bekannt ist, der Geburtsjahrgang in Klammern angegeben.

Auf *Quellennachweise* der nicht publizierten Quellen, also der Frauenerzählungen in mündlicher oder schriftlicher Form, wurde der Lesbarkeit halber verzichtet. Sie sind im Privatarchiv der Verfasserin gespeichert und stehen dem interessierten Benutzer jederzeit zur Einsichtnahme offen.

Der Text ist auch ohne *Anmerkungsapparat* verständlich. Die relativ zahlreichen Anmerkungen enthalten Querverweise, die zum Nachweis und zur besseren Absicherung des Gesagten unentbehrlich sind. Vor allem aber dienen sie der Auseinandersetzung mit der bisher vorliegenden wissenschaftlichen Literatur. Die Anmerkungen zeigen, wo Übereinstimmung besteht, aber auch, wo die Ergebnisse der Verfasserin von denen der zeitgeschichtlichen Forschung abweichen.

In den *Literaturnachweisen* werden nur die Schriften angeführt, auf die sich die Arbeit bezieht und die unmittelbar für sie herangezogen wurden. Für die allgemeine Literatur zum Nationalsozialismus und zum Krieg sei auf die Bibliografie von Michael Ruck (Köln 1995) verwiesen, die insgesamt 20 356 Titel umfasst, allerdings nur in Auswahl autobiografische Zeugnisse deutscher Frauen, die nicht zu den Verfolgten gehörten.

Zur Vereinfachung der Zitierweise und leichteren Auffindbarkeit der Literaturnachweise werden die Titel fortlaufend numeriert. Das Verzeichnis ist nach Sachgruppen gegliedert. Wenn sich Publikationen nicht eindeutig einer bestimmten Sachgruppe zuordnen lassen, erscheinen sie unter Umständen in mehreren Sachgruppen.

In den Anmerkungen werden wegen der besseren Lesbarkeit bei der allgemeinen Literatur nur der Verfassername und der Haupttitel (bzw. der Titelanfang) genannt. In eckiger Klammer steht die Nummer, unter welcher der Titel im Literaturverzeichnis zu finden ist.

Begriffserläuterungen stehen im Glossar am Ende von Band III. Sie erheben keinen Anspruch auf Vollständigkeit, sondern sollen dem nicht fachkundigen Leser eine knappe Erklärung von Begriffen aus jener Zeit bieten, die in den Erzählungen der Frauen eine Rolle spielen. Zur vertiefenden Information seien folgende Nachschlagewerke empfohlen:

Hilde Kammer/Elisabeth Bartsch: *Nationalsozialismus. Begriffe aus der Zeit der Gewaltherrschaft 1933-1945.* Reinbek bei Hamburg 1992 (rororo Handbuch 1290);

Wolfgang Benz, Hermann Graml und Hermann Weiß (Hrsg.): *Enzyklopädie des Nationalsozialismus.* München, 2. Aufl. 1998 (dtv 3900);

Cornelia Schulz-Berning: *Vokabular des Nationalsozialismus.* Berlin, New York 1998.

Für Nachfragen stehe ich gerne zur Verfügung und bin unter folgender Anschrift zu erreichen:

Birkenstr. 16, 71720 Oberstenfeld, Tel.: 07062 / 21463

Lebensgeschichten

»Aber ich habe doch nichts Besonderes erlebt.«

ANNELIES N. (1914)
Frau eines Bankkaufmanns und Mutter von drei Töchtern
in einer süddeutschen Kleinstadt

Vorbemerkung

Annelies N. wurde 1914 in einer kleinen württembergischen Stadt geboren. Der Vater war Bahnbeamter und Kriegsteilnehmer im Ersten Weltkrieg. Er starb 1928, die Mutter 1930. 1931 machte Annelies die mittlere Reife, absolvierte ein halbes Jahr Privathandelsschule und war dann berufstätig auf der Kreissparkasse in L. 1934 trat sie in die Hitlerjugend ein und erreichte den Rang einer stellvertretenden Ringführerin. 1936 trat sie aus religiösen Gründen aus. Im selben Jahr verlobte sie sich mit dem Bankkaufmann Hans N., den sie zu Beginn des Krieges 1939 heiratete. Ihr Mann war von 1939 bis 1945 im Feld. Er starb im Juni 1945 in der Gefangenschaft, wahrscheinlich an den Folgen einer Operation. Sie hat drei Töchter (1940, 1942 und 1944 geboren). Ab 1957 war Frau N. wieder teilweise berufstätig. Sie lebt heute (1989) in einer eigenen Wohnung in L. und betätigt sich dort u.a. seit 18 Jahren im Besuchsdienst des Seniorenzentrums. Sie hatte 1989 elf Enkel und drei Urenkel.

Ein alter Bekannter von mir, dem ich von meinem Forschungsvorhaben erzählte, verwies mich an seine Schwägerin, die Frau seines ältesten Bruders.

Als ich Frau N. bat, mir etwas von ihrem Leben im Krieg zu erzählen, sagte sie: »Aber ich habe doch nichts Besonderes erlebt. Es ging doch vielen so.« – »Gerade das interessiert mich«, sagte ich. Der Besuch fand schon 1988 statt. Wir blieben seitdem in Kontakt. Ich schickte ihr den Rohentwurf ihrer biografischen Skizze, die ich aus unserem Gespräch und ihren Aufzeichnungen zusammengestellt hatte, und sie sandte ihn mir korrigiert zurück. Die Korrekturen betrafen sachliche Ungenauigkeiten und stilistische Präzisierungen. Die Feldpostbriefe wollte sie mir nicht aushändigen, fügte aber in das Manuskript einige Passagen ein. Immer wieder gab sie mir freundlich Auskunft zu meinen Zusatzfragen.

Was also war das gar nicht Besondere, das Übliche damals? Aus ihren Erzählungen habe ich einen typischen Tagesablauf rekonstruiert:

Winter 1944/45 in einer württembergischen Kleinstadt: Frau N. hat drei kleine Kinder und ein Pflegekind, dessen Mutter nicht stillen kann. Der Wecker klingelt vor sechs Uhr. Es ist völlig dunkel wegen der Verdunklung und eisig kalt im Schlafzimmer mit den undichten Fenstern in dem alten Haus. Auch im einzigen tagsüber geheizten Raum, im Wohnzimmer, ist es noch kalt, denn zum Durchheizen reicht das Heizmaterial nicht. Deshalb schnell noch im einigermaßen warmen Bett die Kleinen wickeln. Die gebrauchten Windeln frieren am Boden fest. Nun muss sie Feuer machen, Holz und Kohlen aus dem Keller heraufschleppen, Frühstück zubereiten; einen dünnen Malzkaffee und ein »Gsälzbrot« *(von der selbst eingemachten Marmelade)* für die Erwachsenen und Milchbrei für die Kinder. Die Kinder müssen angezogen und beschäftigt werden. Sie sind grätig und nörgelig, weil unausgeschlafen. Es war ja wieder Alarm die letzte Nacht. Die kleine Dietlind liegt mit einer schweren Gehirnoperation im Krankenhaus in der Nachbarstadt. Frau N. ist froh, dass sie ein Pflichtjahrmädchen, sehr liebe Hausleute und auch oft Besuch im Hause hat, die auf die anderen Kinder aufpassen können, wenn sie ihren fast täglichen Besuch im Krankenhaus macht. Der Küchenzettel muss bedacht werden, damit es genug Abwechslung für die Kinder gibt. Während der Woche muss sie sich etwas einfallen lassen, um aus Kartoffeln und Mehl mit wenig Fett immer wieder etwas Neues zuzubereiten: Kartoffelgemüse, Kartoffelküchle, Kartoffelbrei, Kartoffeln mit Mehlschwitze, mal hell, mal braun, mal sauer gewürzt, mal mit Wurstbröckelchen angereichert. Fleisch gibt es nur sonntags. Einen Garten hat sie nicht, aber von Bekannten hatte sie gelbe und rote Rüben im Keller eingelagert, auch Äpfel. Im Frühjahr und Sommer hatte sie mit den Kindern auf den Wiesen Ackersalat, Brennessel für Salate und Gemüse, Lindenblüten für Tee gesammelt, auch die vielen kleinen wilden Stachelbeeren zum Eindünsten für Marmelade. Nun rasch zum Einkaufen, hoffentlich kommt kein Voralarm, wie so oft am Vormittag schon! Irgendwo gibt es eine Sonderzuteilung Zucker, da muss sie anstehen. Sie schafft es gerade noch heim, da heulen schon wieder die Sirenen. Erster Gang zum Briefkasten: Ist Feldpost da? Wieder nichts. Ihr Bruder ist schon 1942 in Russland gefallen. Nun wartet sie vor allem auf Post von ihrem Mann, der in Norwegen stationiert ist, aber wer weiß, wie lange noch? Heute kommt die Entwarnung bald. Man kann kochen und essen, ohne in den Keller zu rennen. Der Besuch bei Dietlind wird schwierig. Die Züge haben Verspätung, sind überfüllt. Mehrere Kilometer muss sie zu Fuß gehen, weil Brücken gesprengt sind. Ihre Brust schmerzt, weil sie nicht rechtzeitig stillen kann, und daheim brüllt der Säugling vor Hunger. Schnell wieder kochen: geröstete Kartoffeln mit zehn Gramm Fett und ein paar Esslöffeln Milch. Dann die Kinder nacheinander waschen. Das Wasser muss auf dem Herd warm gemacht werden. Im Badewännchen auf einem Hocker vor dem Ofen oder in einer Waschschüssel auf dem großen Wohnzimmertisch werden die Kinder gebadet bzw. abgeschrubbt. Dann im Badewasser noch das Nötigste auswaschen; die vielen Windeln müssen ausgekocht werden. Wenigstens das Nötigste, was die Kinder morgen brauchen, stopfen und flicken, es gibt ja so wenig Neues. Es wird spät, bis sie sich hinsetzen kann, um ihrem Mann zu schreiben, den fast täglichen Feldpostbrief. Sie verschweigt ihre bleierne Müdigkeit. Dabei war es doch ein ganz gewöhnlicher Tag ohne große Wäsche, ohne große Putzerei, ohne die so dringende große Näherei (die Kinder brauchen neue Wintermäntel aus einem alten Mantel ihres Mannes), ohne dass wieder ein Hilfesuchender vor der Tür stand, wie so oft. Sie erzählt in ihrem Brief vor allem lebendig von den Kindern, besonders von der Kleinsten, die der Vater ja noch kaum kennt. So viel wie möglich sollte er doch am Erleben mit den Kindern teilhaben. Da kann man lesen, dass Dietlind auch ihrem Vaterle Briefe schrieb. Mit allen Stiften, die sie erwischte, schrieb sie an Wände und Türen »liebes Vaterle, liebes Vaterle ...«, und Heide pflückte immer Sträußle. Damit immer etwas Blühendes im Zimmer war, eine Primel, ein Fleißiges Lieschen, ein Alpenveilchen, auch Christusdornblüten – alles wurde abgepflückt und immer der Mutter gebracht. Dorothee stieg, noch ehe sie laufen konnte, aus ihrem Laufstall, indem sie alle ihre Spielsachen aufeinanderstapelte und einen Purzelbaum übers Geländer machte. Dann ging's schnurstracks zum Pflegekind Pitchen ins Bettchen, wo die beiden fröhlich kauderwelschten. Das alles musste doch auch dem Vater erzählt werden. So oft wie möglich macht sie Päckchen für ihn. Todmüde sinkt sie ins Bett. Wieder die Sirene! Die Kinder aus dem Schlaf zu reißen, tut weh. Die Tochter der Hausleute oder ihr Hausmädchen Erika stehen sofort zur Hilfe bereit. Zwei Kinderwagen sind hinunterzutragen in den Keller, die »großen« kleinen Mädchen müssen laufen, eins hängt sich an ihren Rock, eins hält sich am Wagen. Gott sei Dank fliegen diesmal die schweren Bomber über sie hinweg. Ob nach Stuttgart, nach Pforzheim, nach Heilbronn? Überall hat sie Angehörige und Freunde. Die Kleinen schlafen ruhig. Die Größeren haben Angst. Sie muss trösten, beruhigen, ihnen Geschichten erzählen. Es ist zwei Uhr, als sie alle wieder in den Betten liegen. Es ist gnädig abgegangen. Und morgen vor sechs beginnt der neue Tag. Wird er die ersehnte Post vom Vater bringen?

An einem Oktobernachmittag 1988 sitze ich ihr gegenüber in ihrem einfachen Wohnzimmer in L.. Der Kaffeetisch ist liebevoll gedeckt, geschmückt mit einer Silberdistel. Viele Familienfotos hängen an den Wänden, denn sie hat inzwischen elf Enkel und einen Urenkel. Über dem Büfett hängt ein großes Bild ihres Mannes als Soldat. Er ist 1945 in der Gefangenschaft gestorben. Genau mir gegenüber sind auf einem Streifen Bast große braune Scherenschnitte aus Furnierholz angebracht: ihre drei Töchter als Kleinkinder. Später erzählt sie mir, wie diese an die Wand gekommen sind. Sie beginnt ganz unvermittelt:

»Also, ich hab nicht gewusst, dass hier in L. ein Lager war, hauptsächlich Franzosen und Juden. Das war da oben in der Seestraße, und die haben im Tunnel geschafft, da war wohl Messerschmidt oder irgendeine Firma. Und da haben die arbeiten müssen. Und denen sei's arg schlecht gegangen. Ich habe in der benachbarten Stadt, in der wir vorher wohnten, nie was davon gehört. Viele glauben es einem gar nicht.«

Und dann möchte sie wissen, was mich besonders interessiert aus ihrem Leben. Sie habe anlässlich ihres 70. Geburtstags Lebenserinnerungen für ihre Kinder und Enkel aufgeschrieben, weil besonders die Enkel so viel wissen möchten. Ich bitte sie, einfach ein Stück daraus vorzulesen. Im Laufe des Nachmittags wechseln dann zunächst immer wieder Lesepassagen mit Erzählpassagen, bis wir schließlich in ein ganz freies Gespräch kommen.

»Wir, mein zwei Jahre älterer Bruder und mein siebeneinhalb Jahre jüngeres Schwesterle, durften in der Nähe von M., einer reizenden kleinen württembergischen Stadt, in einem schönen, geborgenen Elternhaus aufwachsen. Fast direkt vor dem Haus fuhr, hinter einem langen, hohen Lattenzaun, das Stadtbähnle täglich ein paar Mal vorbei. Meine kleine Schwester war, kaum dass sie laufen konnte, ein unternehmungslustiger Fratz und rückte aus, wann immer es möglich war. Mit Vorliebe spielte sie auf dem Bahngleis mit den Steinen. Es war gar nicht so einfach, da hinzukommen. Als sie es mal wieder in einem unbewachten Augenblick schaffte, dort hinzugelangen, kam das Bähnle. Der Lokführer meinte, eine Katze vor sich zu haben, da sie ein grau-schwarz gestreiftes Röckle anhatte. Er pfiff mit der Lok. Da schnellte ein Kinderkopf in die Höhe. Er konnte gerade noch anhalten, stieg aus und setzte das Mädele auf die Wiese – und weiter ging die Fahrt. Das waren noch Zeiten und Verkehrsverhältnisse! Sehr gut erinnere ich mich auch noch daran, als wir elektrisches Licht bekamen. Es muss so um 1923 oder 1924 gewesen sein. Das war ein Fest! Wir Kinder durften die Lampen mit den Eltern zusammen einkaufen. Am ersten Abend schalteten wir alle Lampen ein und gingen rund ums

Haus herum, um sie auch von außen zu sehen, und fanden sie alle wunderschön. War das herrlich, einfach nur einen Schalter zu betätigen!

Als ich 16 Jahre war, starb die Mutter mit 44 Jahren, im gleichen Alter wie der Vater zwei Jahre zuvor. Mein Wunsch war, Hauswirtschaftslehrerin zu werden, aber der Vormund, der lieb sorgte und im großen und ganzen auf die Wünsche einging, fand das viel zu kostspielig für ein Mädchen, das ja doch heiratet. Ich besuchte ein halbes Jahr eine Privathandelsschule und ging anschließend auf die Kreissparkasse in L.. Dort mietete ich auch ein Zimmer bei Juden, da es außerhalb der Wohnungstüre war und so groß, dass ich einige der elterlichen Möbel unterbringen konnte. Die Familie war sehr nett. 1935 wanderte die Tochter mit ihrem Mann nach Amerika aus. Sie wollte die Eltern nachkommen lassen, aber diese wollten nimmer fort. Sie wären zu alt. Ich habe von ihnen nichts mehr gesehen und gehört.

1934 bin ich mit der Evangelischen Jugend in die Hitlerjugend eingetreten und habe in Stuttgart noch einen ›Kommandokurs‹ vom Bibelkreis aus mitgemacht.[1] Auf meinen Wunsch wurde ich bei den Jungmädeln eingesetzt, und zwar sofort als Scharführerin. Später war ich auch stellvertretende Ringführerin. Fast alle Mädchen, die ich von der Kinderkirche und vom Bibelkreis her kannte, kamen zu mir in die Gruppe, so dass wir eine besonders feine Gruppe beisammen hatten, von anderen fast beneidet. Sonntagmorgens gingen wir mit dem Wimpel in die Kirche. Wir sangen auch bei Morgenfeiern christliche Lieder. Es war eine Freude mit den Jungmädeln, obwohl neben meiner Tätigkeit bei der Kreissparkasse auch viel Arbeit damit zusammenhing. Aber Ende 1935 oder Anfang 1936 musste ich bei der NSDAP-Dienststelle vorreiten. Ich musste mich verantworten, weil ich bei Juden wohnte. Auch wurde mir die Auflage gemacht, die Kirche mit den Mädels nicht mehr zu besuchen, bei den Morgenfeiern NS-Lieder zu singen und mich zu entscheiden, ob ich weiterhin Jungmädel führen oder Kindergottesdienst halten wollte. Ja, jetzt musste ich mich entscheiden, und ich habe mich entschieden. Da war ich schon dankbar, dass Gott mir rechtzeitig die Augen öffnete und mich aus der Hitlerjugend herausgenommen hat. Aber da war eben auch schon mein Hans im Hintergrund.

Ich lernte ihn durch die Kinderkirche kennen, er war auch Helfer. Auch in der evangelischen Spielschar wirkten wir beide mit. Totentanz und Jedermann-

---

1 Der »Kommandokurs« sollte zur Leitung eines Mädchenbibelkreises (MBK) (s. Anm. 2) befähigen. Der christliche Mädchenbibelkreis wurde von den Nationalsozialisten nicht anerkannt und war zunehmend unerwünscht. Trotzdem wurde Annelies N. gebeten, Jungmädelführerin zu werden. Viele Eltern christlicher Gesinnung schickten ihre Töchter in ihre Gruppe.

spiel (*Laienspiele der evangelischen Jugend*) waren Hauptaufführungen. Für die Buhle beim Jedermannspiel hatte ich es übernommen, den Rosenkranz zu machen. Da ich einmal nicht wusste, wo ich die Rosen herbringen sollte – fast alle waren verblüht, und es war Sonntag – sagte Hans, er würde mir rechtzeitig Rosen bringen. Und tatsächlich – er kam dann mit einem ganzen Arm voller Rosen, alle möglichen Sorten, die er mir strahlend übergab. Das war der Auftakt! Bald waren wir uns einig, unser Leben gemeinsam zu führen. Am 1. 1. 1936 verlobten wir uns. Hans hatte bei der L.'r Bausparkasse eine Banklehre gemacht, hatte dann noch zwei Jahre in einer anderen Firma gearbeitet, um dazuzulernen, dann kam er wieder zurück nach L.. Wir hatten Glück, bekamen eine Fünfzimmerwohnung in einer benachbarten Kleinstadt. Unser Hochzeitstermin war auf den 2. September 1939 festgelegt. Die Hochzeitsreise wollten wir in das Geburtsland meines Hans nach Lothringen machen, und zu meinem Bruder nach Salzburg wollten wir auch. Die Devisen waren bestellt und die Hochzeitsanzeigen gedruckt. Abends wurden Vorhänge genäht und freudig geplant. Da kam uns der Gedanke, wir könnten doch die standesamtliche Trauung um acht Tage vorverlegen, v.a. wegen der Passausstellung, und die acht Tage dazwischen zum Einrichten benützen. In unserer Freude beachteten wir die dunklen Wolken am politischen Himmel gar nicht weiter, wurde doch schon so lange vom Krieg gesprochen. So kam der 25. 8. 1939 – und damit der Gestellungsbefehl meines Hans. Ich begleitete ihn nach O. in die Kaserne. Was nun? Am anderen Morgen ging ich wieder zur Kreissparkasse, wo ich mich schon verabschiedet hatte. Dort fehlte fast die Hälfte der Männer. Plötzlich ging die Türe auf, und mein Hans stand da, in Uniform mit viel zu kurzen Ärmeln und Hosenbeinen bei seiner Größe von 1,86 m. Zur standesamtlichen Trauung hatte er nochmal frei bekommen und kam, mich abzuholen. Ein lustiges Paar waren wir bei der standesamtlichen Trauung, er in zu kleiner Uniform und ich im Dirndl. Gleich anschließend musste er wieder zurück nach O. in die Kaserne. Mitte Oktober kam dann ein Brief meines Mannes: Er habe vom 20. – 23. 10. um Hochzeitsurlaub eingereicht. So kam der 20. 10., aber von meinem Hans keine Nachricht mehr. Wir hatten alles vorbereitet für die kirchliche Trauung, auch das Essen, vegetarisch übrigens, denn woher sollten wir die Fleischmarken für so viele Gäste nehmen? Einige Gäste waren schon eingetroffen. Aufs Ungewisse ging ich dann auf den Halb-zehn-Uhr-Zug abends. Er kam wirklich! – Es war ein wunderschöner Hochzeitstag. Trotz Krieg und Zukunftsangst war es eine Feier voll Wärme und Glanz. Der Bibelkreis sang: ›Wie schön leuchtet der Morgenstern‹. Hermann M. spielte Waldhorn mit Orgelbegleitung, und Pfarrer P. wählte Kolosser 3, 14/15 als Hochzeitstext: ›Über alles aber zieht an die Liebe, die da ist das Band der Vollkommenheit. Und der Friede Gottes regiere in euren Herzen, zu welchem ihr auch berufen seid in einem Leibe; und seid dankbar!‹

Zum ersten Weihnachtsfest bekam ich eine schöne Krippe mit Stall. Sie ist mir jedes Jahr ein liebes Vermächtnis. Hans sagte: ›Nachher haben wir doch kein Geld mehr, das müssen wir uns gleich anschaffen‹, und so hat er sich's zusammengespart.

Seine Einheit kam 1940 im Westen zum Einsatz, aber alle Elsässer und Lothringer wurden von der Front zurückgezogen. Hans stand urplötzlich am 15. Juni 1940, an meinem Geburtstag, vor mir. Das war eine Freude! Es war ein großes Geschenk, dass er noch ein Jahr in der Heimat und in unserer Nähe sein durfte. Am 10. 11. 1940, am Geburtstag Martin Luthers und Friedrich Schillers, wurde uns unser erstes Kind, unsere Dietlind, geboren.«

Hier fällt Frau N. ein Erlebnis ein, das sie erzählt:

»Da war ich vorher auf dem Bezugscheinamt wegen der Säuglingsausstattung. Ach, da war ein Mensch dort, der hat bloß gebruddelt und gesagt: ›Ehe das Kind nicht da ist, gibt's überhaupt keine Säuglingskarte‹, also für die drei Hemdle und die drei Kittele und was man da bekommen hat. Und das braucht man doch vorher! Und ich habe die Karte nicht bekommen, keine Bezugscheine, ich hab nichts bekommen. Ich konnte ja auch aufs Elternhaus nicht zurückgreifen. Und da hab ich's also damals meinem Mann geschrieben, ich hab jetzt erst den Brief wieder gelesen: Also ich wüsste wirklich nicht, wie ich mich verhalten sollte, ich kann doch mit dem Mann keinen Streit anfangen. Dann hat er mir zurückgeschrieben, ich solle warten, bis er käme. Und mein Mann ist aufs Bezugscheinamt, ist mit der Karte und mit Bezugscheinen wiedergekommen. Hat mich gefragt: ›Was kriegen wir und was brauchst du?‹ Und hat gesagt: ›Oh, ich bin ganz gut mit ihm zurechtgekommen.‹ Was es doch wert ist, wenn ein Mann dahintersteht!«

Sie fährt fort mit ihren Erinnerungen:

»Hans' Schwester Elfriede betreute uns beide aufs beste, sie war Säuglingspflegerin. Auch mit unserer Familie St. im Haus waren wir eng verbunden.

Im Frühjahr 1941 kam die Abstellung unseres Hans nach Norwegen. 1942 kam unser zweites Kind, und an den Vater in Norwegen ging ein Telegramm: ›Ein schwarzes Heidrun-Töchterlein ist angekommen.‹ Erst Ende Mai durfte der Vater sein inzwischen hellhaariges, blauäugiges Töchterlein sehen. Lange hatten wir nichts mehr von meinem Bruder Otto gehört. Dann kam im Sommer 1942 die schmerzliche Nachricht, dass er infolge eines Lungenschusses im Osten gefallen sei. Er hinterließ eine Frau und ein zweijähriges Töchterchen.

1943 durfte mein Hans ein halbes Jahr bei uns sein. Er hatte eine Fußoperation hinter sich und wurde dann in L. ambulant behandelt. Das war eine wunderschöne, reiche Zeit, die wir durchlebten. Im Herbst hieß es allerdings wieder auf unbestimmte Zeit Abschied nehmen.

Am Erscheinungsfest 1944 stellte sich unser drittes Mädele, unsere Dorothee, ein. Sie war uns wirklich ein Gottesgeschenk in dieser notvollen Zeit. Am 12. März war die Taufe durch ihren Paten Hermann M. festgesetzt, der auch die Predigt halten sollte. Doch ich musste mich mit Masern legen. Ganz unvermutet kam dann am 17. März unser lieber Vater. Jetzt wusste ich, warum ich krank werden musste. Jetzt konnten wir beide miteinander unser Kind am 26. März bei der Taufe dem himmlischen Vater übergeben.

Der Urlaub ging viel zu rasch vorüber. Am Gründonnerstag durften wir noch miteinander das Heilige Abendmahl feiern, und am Karfreitag 1944, es war der 9. April, musste mein Hans wieder ziehen. Wir spürten beide, dass wir uns auf dieser Erde wohl nicht mehr sehen würden.«

I: *Das haben Sie gespürt?*

N: Ja, es war eigenartig. Es war so ein eigenartiger Abschied. Ich bin noch mit Dietlind mit nach Stuttgart gefahren. Und da hat er gesagt: »Bitte, bleibt nicht da, seid so gut und fahrt auch gleich jetzt wieder weg. Wir haben jetzt sowieso nichts mehr voneinander.« Das war ein reiner Soldatenzug. Wir haben es beide gefühlt, das hat er dann nachher auch geschrieben, das kam auch aus seinem Schreiben heraus.

Sie überließ mir später noch Auszüge aus Feldpostbriefen, die sie dann selbst an den passenden Stellen ihres Berichts einfügte. Aus dem ersten Brief ihres Mannes nach seinem letzten Urlaub daheim vom 9. 4. '44, auf der Rückfahrt nach Norwegen geschrieben:

Ja, schöne Stunden und Tage waren es, die wir wieder miteinander erleben durften. So schön, dass ich's noch gar nicht fassen kann, wieder allein sein zu müssen … Morgen ist ja nun Sonntag und dazu das Osterfest, hoffentlich auch ein Freudenfest für uns alle. Voll Erwartung sind doch die Kleinen … und Euch Großen möge doch die Osterbotschaft Stärkung des Glaubens sein … Lasst die Osterglocken ganz laut erklingen ›Christus hat dem Tode die Macht genommen‹ – das ist ja so gewaltig, ist ein Eckpfeiler, den 100 000 Bomben nicht zertrümmern können. Möge doch dieser Eckpfeiler auch in unseren Herzen fest gemauert sein, dann kann das Schwerste kommen, und wir können uns innerlich fassen und vielleicht sogar etwas Freude in jeglichem Schmerz empfinden…

Sie fährt fort mit dem Vorlesen ihrer Erinnerungen:

»Der Sommer 1944 brachte viel Neues und Schönes, aber auch manche Sorge. Meine Schwester war lange schwer krank, Mandelabszess, einer nach dem anderen. Eine Evangelistin, die eine Bibelwoche gehalten hatte, lag vierzehn Tage mit Halsgeschwür bei uns. Das Patenkind von Hans ging vier Wochen bei uns zur Schule, da ihre Mutter in Erholung war. Tante M. (das ist eine Freundin meiner Schwester) kam für einige Wochen und Tante H. mit ihren beiden Kindern für sechs Wochen. Was für ein Segen war unsere große Wohnung!

Aber immer häufiger mussten wir wegen Bomben und Tieffliegerangriffen den Keller aufsuchen. Einmal war sogar ein Blindgänger im Haus.

Im November '44 kam dann Tante M. wieder mit ihrem acht Tage alten kranken Kind.«

Die Geschichte von Tante M. erzählt sie:

»Sie war eine Fabrikantentochter aus dem Rheinland, studierte Landwirtschaft und war zum Praktikum auf einem Gut in Friesland eingesetzt. Als sie ein Kind erwartete, von einem Franzosen, der auch auf dem Gut arbeitete, brachte sie meine Schwester zu mir (meine Schwester war zur selben Zeit als Praktikantin ihrer Sozialarbeiterinnen-Ausbildung bei den sieben Kindern auf dem Gut tätig), da sie nicht heimkommen durfte. Sie hat dann bei einer Freundin ihrer Mutter auf der Alb entbunden. Aber mit der Familie ging es dann gar nicht gut. Und M. konnte nicht stillen. Als meine Schwester sie besuchte, packten sie M.'s Habseligkeiten zusammen und kamen mit dem acht Tage alten Büble Anfang November wieder zu mir. Der Kleine hatte eine ganz eingefallene Fontanelle. Wir nannten es das ›Knochenmännle‹.

Ich habe nicht gedacht, dass wir's durchbringen. Da war meine Dorothee zehn Monate alt. Und dann hab ich das Büble noch ein Vierteljahr gestillt. Zuerst drei-stündig Tag und Nacht, und dann ging's bald etwas besser, anders hätten wir es gar nicht durchgebracht. Und sie waren dann fast ein Jahr bei uns. Inzwischen sind ihre Eltern ausgebombt worden, und dann waren sie glücklich, als M. wieder heimgekommen ist. Die sagt heut immer: ›Weißt, bei dir habe ich's Kochen gelernt, bei dir habe ich's Waschen gelernt, bei dir hab ich das alles gelernt, was ich nachher gebraucht hab.‹ Sie hat ihre vier Brüder versorgt und ihre Eltern. Aber der kleine Pit ist nie richtig angenommen gewesen von den Großeltern, obwohl M. noch geheiratet hat.«

I: *Der lebt?*

N: Der ist verheiratet. M. hat mir damals geschrieben (sie war übrigens katholisch): »Wenn irgend etwas mit mir passiert, dann möchte ich Dich bitten, dass Du meinen Pit aufnimmst. Der darf ruhig evangelisch sein, das ist mir egal.« Er hat tatsächlich auch eine evangelische Frau geheiratet und hat drei reizende Kinder und ist gesund. Das ist die Tante M., die da bei uns war.

I: *Dann haben Sie das Haus voll gehabt.*

N: Immer. Immer eigentlich. Und dann wurde es ja auch immer schlimmer mit den Alarmen. Am Kriegsende mussten wir noch einiges mit Tieffliegern mitmachen.

Da war ja vorher die Skiablieferung gewesen, schon '41. Da hab ich auch zwei Paar Ski von meinem Mann und von mir abgeliefert. Nein, das stimmt nicht, ich habe meine abgeliefert und die von meinem Mann einmal stehenlassen. Ich hab gedacht, ich kann doch nicht bloß darüber verfügen. Und dann war ich nachher so froh. Unsere alte Tante lag in L. im Krankenhaus, im Keller übrigens, mit Oberschenkelhalsbruch. Da ist eins am anderen gelegen wegen der vielen Tieffliegerangriffe. Die hab ich halt alle paar Tage besucht und ihr Sauermilch, die sie sich so sehr wünschte, gebracht, auf alle mögliche Art und Weise, mit dem Rad, im Winter auch mit Ski; wenn es ging, mit dem Zug. Ich hab's natürlich bloß können, wenn ich jemand gehabt habe für meine Kinder. Meine Schwester hat nachher auch bei mir gewohnt, weil sie Angst gehabt hat in Stuttgart. Beim Löschen von Phosphorbomben in Stuttgart hat sie ihren Mantel, Schal und ihre Handschuhe eingebüßt. Einmal im Winter kamen die Tiefflieger, als ich gerade auf dem Bahnhof stand, um zu meiner Tante nach L. zu fahren. Der Zug fuhr sofort, ehe wir einsteigen konnten, in eine Schneise. Ein Mann, der auch mit diesem Zug fahren wollte, kommandierte: »Kommt alle!« Dann sind wir alle im Schnee auf dem Rücken den Hang heruntergerutscht, und dann lagen wir auf dem Bauch und haben gesehen, wie sie die Bomben ausgeklinkt haben. Man hat das richtig gesehen. Da ist mir's auch ganz angst geworden. Sind sie *(die Kinder)* im Luftschutzkeller – wo sind sie? Da hat's im Doktorhaus die Wand hinten reingedrückt und aufs Gleis ganz in unserer Nähe ist eine Bombe gefallen, die zum Glück nicht explodierte. Dann ist man natürlich wieder heim und ist nicht weitergefahren. Einmal ist im Nachbarhaus sogar ein Geschoss im Bett von einem von den Buben gelegen. Ich hatte die Betten und alles in die Mitte des Zimmers gerückt gehabt.

Sie liest danach wieder ein Stück aus ihren Erinnerungen:

»Von unserem Vater hörten wir immer weniger. Eines seiner letzten Päckle brachte noch für jedes seiner Kinder eine Jubiläumsbibel. Das Wichtigste war ihm, seinen Kindern Gottes Wort mit auf den Weg zu geben. Im April ging der Krieg zu Ende.«

I: *Und der Einmarsch?*

N: Das waren Franzosen und Schwarze. Hauptsächlich Schwarze bei uns in W., und da sind die Frauen größtenteils in die Kirche gegangen zum Übernachten. Wir sind im Haus geblieben, und da musste ja an der Haustüre angeschlagen werden, wer im Haus drin ist, vor allen Dingen die Namen der Männer, die haben sie zum Teil geholt, die sind gefangengenommen worden. Wir hatten noch einen kranken Mann da, ich glaube, zwei Männer haben wir behalten können, alte, und das war ja dann ganz gut. Wir sind mal unter Tage, es war ja nur Ausgang von morgens acht bis abends sechs oder so, geschwind in die Mühle (wir wollten nach der Bekannten dort sehen). Und ich bin mitgegangen. Wir haben an der Haustür geläutet, und dann sind Schwarze herausgekommen, die haben uns reingezogen und die Tür zugemacht. Ich bin vielleicht verschrocken! Und die M. zieht mich am Rock, und bis die Schwarzen sich richtig rumdrehen, sind wir durch die Mühle gerannt und die Rutsche runter, wo sie die Säcke immer runterlassen, und sind gerannt um unser Leben. Die Schwarzen konnten ja nicht wissen, dass M. sich dort auskannte. Sehr viele Frauen sind vergewaltigt worden. Neben dem Keplerhaus hat ein Förster gewohnt mit seiner Frau und zwei Töchtern, und die eine der Töchter hatte Multiple Sklerose. Die sind auch immer zu uns in den Keller gekommen. Und wie es um den 20. April herum ging und wir das Geballere der Front immer näher hörten, da haben sie gesagt: »Wir haben da draußen eine Hütte, wir bleiben gar nicht hier.« Das Hin und Her mit der Tochter, das war immer so schwierig. Die sind also hinaus in die Forsthütte. Und die Schwarzen sind gerade in dieser Gegend hereingekommen und haben den Wald durchstreift. Da hat niemand damit gerechnet, dass sie dort hinkommen. Und sie haben das Mädchen dermaßen vergewaltigt, die sich doch nicht wehren konnte. Die ist im Blut bloß geschwommen. Also, das war furchtbar! Sie war Anfang zwanzig.

Und '45 haben wir dann ja auch noch Flüchtlinge aufgenommen. Da hatten wir eine Apothekerwitwe aus Cottbus mit drei Kindern. Oh, das war schwierig! Ich hab zuerst gedacht, weil das bei uns so üblich war, man teilt alles. Oh, du liebe Zeit, sind wir da beklaut worden! Die Frau hat überall geklaut: »Ja, wir haben das alles vorher auch gehabt«, sagte sie immer. Auf dem Klo sah es oft schlimm aus. Und dann hat sie zu mir gesagt, als ich einmal zu ihr äußerte: »Liebe Frau N., könnten wir nicht, eine Woche Sie, und eine Woche ich, das Klo in Ordnung halten?« Und dann sagt sie zu mir: »Ja, wir haben immer ein Schleiflack-Klo gehabt. Solch ein altes Klo haben wir nie besessen!« Das kam erst nachher richtig raus: Wo sie vorher eingewiesen war, da hat sie Schürzen mitgenommen. Im Bäckerladen hat sie Brot und Butter mitlaufen lassen. Bei unseren Hausleuten, die haben viel im Keller gehabt, das war ein Kolonialwarengeschäft, und da hat auf einmal so viel gefehlt! Als diese von ihren eingelegten Eiern holen wollten, war kein Ei mehr drin. So war's durch die Bank, und wir haben doch über Jahre zusammen gelebt, und da ist nie das geringste weggekommen.

Und dann war's so, dass sie mir auch noch das Holz weggeklaut haben. Man hat doch schier nichts an Brennmaterial gehabt und gespart, und dann war mein ganzes Buchenholz weg! Und auch die Kohlen haben sie noch verbrannt. Ich muss sagen, ich hab gar keinen Verdacht gehabt, ich hab gar nicht so weit gedacht. Und hab das auch gar nicht gleich gemerkt. Und eines Tages bringt Frau N. mir die Milch – wir haben immer die Milch im Wechsel geholt –, davon hat meine Schwester getrunken und sagt: »Du, das ist ja das reinste Wasser.« Und dann hat's meine Schwester in die Hand genommen und ist hinuntergegangen ins Milchhaus und hat gesagt: »Gucken Sie mal die Milch an. Probieren Sie mal.« Und dann haben sie gelacht und gesagt: »Die ist nicht von uns.« So hat sich herausgestellt, dass unsere Flüchtlinge immer mehr Milch rausnahmen und für uns mit Wasser auffüllten. Der Bruder von unseren Hausleuten ist Rechtsanwalt gewesen. Der hat ihr eines Tages den Marsch geblasen. Die Frau war aber von da ab nicht mehr gut mit mir. Sie hat es mir arg nachgetragen. Ich hab ihr auch mal meine Nähmaschine gegeben gehabt. Dann stellte sie sie wieder vor die Tür, ohne was zu sagen, und ich will nähen, und sie war kaputt. Und es war doch so schwierig, sie reparieren zu lassen. Es war mit ihr mit allem so schwer. Ich habe wirklich das Gesälz (*Marmelade*) und alles, was möglich war, mit ihr geteilt, und sie hat immer nur gesagt: »Ja, wir haben vorher alles gehabt.« Vom Roten Kreuz hab ich damals Wolle zu Weihnachten bekommen, so graugrüne Soldatenwolle. Und da hat sie gesagt: »Mir gibt niemand etwas. Und Sie kriegen alles, die Sie sowieso alles behalten konnten.« Ach, war mir das damals arg! Ich hätte sie ihr am liebsten geschenkt, aber dann hatte ich schon angefangen, ein Kinderjäckle zu stricken, und hab es so nötig gebraucht für die Jüngste. Und hab noch ein paar andere Wollreste hineinverarbeitet, und das gab so ein süßes Kinderjäckle. Aber eine rechte Freude hatte ich nicht daran. Und dabei, was hab ich ihr nicht alles gegeben, nicht nur Lebensmittel, sondern auch Kleidungsstücke und Strumpfhosen für ihre Kinder und was ich so gehabt und bekommen hab. Sie ist 1954 dann ausgezogen. Sie hat immer gesagt: »Ich muss unbedingt zurück nach Cottbus, die ganzen Medikamente habe ich nämlich vergraben, dass ich nachher etwas habe.« Ihre ganze Haltung ist eben irgendwie anders gewesen. Andere hätten's gegeben für die Soldaten. Ich habe nachher leider keinen Kontakt mehr zu ihr gehabt. Auch nicht mit den Kindern, obwohl die Kinder im großen und ganzen gern bei uns waren, die sind immer gern gekommen, wenn die Mutter weg war, dann haben sie aber am Fenster aufgepasst und sind dann wieder losgerannt, wenn die Mutter zurückkam. Also die Kinder haben mir arg leidgetan, dass so ein Verhältnis herrschte, denn ich habe sie mögen. Hinterher hab ich mir über mein Verhalten Vorwürfe gemacht, denn es muss schlimm sein, wenn man so entwurzelt und ohne Halt ist.

Dann nimmt sie wieder ihre Erinnerungen zur Hand:

»Von unserem Vater kam lange keine Nachricht. Endlich, Ende November, eine Karte vom 30. 5. 45. Unter anderem stand darin: ›In einem fühlen wir uns ja verbunden, und das macht mich und Euch stark. Dann kann ja kommen, was will.‹ Zwölf Tage später, am Morgen des 11. Juni, fanden ihn seine Kameraden tot im Bett (*in der Gefangenschaft*). Ein Herzschlag oder eine Embolie hatte seinem Leben im Alter von 31 1/2 Jahren ein Ende gemacht. Sein Leben hat sich aber nie in seinen militärischen Aufgaben erschöpft. Er hielt Bibelabende mit Kameraden und suchte insbesondere den jungen Soldaten und Luftwaffenhelfern innerlich zurechtzuhelfen. Er ließ für daheim, vor allem für unsere Konfirmanden, in Norwegen Testamente drucken, auch Monatssprüche, Bibellesepläne. Die Kameraden hatten ihn um seines hilfreichen Wesens willen gern, aber nur wenige verstanden ihn in seinem tiefsten Anliegen. Er hat als Christ viel Spott ertragen müssen und stand innerlich auf einsamem Posten. Aber unermüdlich wirkte er für seinen Herrn, solange es Tag war.

Erst am zweiten Adventssonntag erhielt ich die Nachricht vom Tode meines geliebten Hans. Obwohl ich es ahnte, musste es doch übernommen sein. Ein Freund meines Mannes, Hermann M., schrieb mir damals: ›... Sehr schwer wird es mir, diese Zeilen zu schreiben. Wehrte ich mich doch so sehr dagegen, dass Deine Vorahnung, die Du mir wiederholt zum Ausdruck gebracht hast, Wirklichkeit würde ... Du weißt, dass Gottes Wille kein menschliches Warum kennt, wir wollen auch nicht fragen, warum Gott gerade dieses häusliche Glück zerstörte...‹ Jetzt galt es, voll und ganz für die Kinder dazusein. Am 30. 12. war die Trauerfeier in der Brenzkirche, wo Hans so oft die Orgel gespielt hatte, unter großer Beteiligung der Gemeinde. Eigentlich war es ein Freudenfest: Herr Dekan P., der uns ja auch getraut hatte, stellte das Wort Lukas 2, 10 über den Gottesdienst: ›Und der Engel sprach zu ihnen: Fürchtet euch nicht. Siehe, ich verkündige euch große Freude.‹ Und die Lieblingslieder von Hans. ›Freuet euch, ihr Christen alle…‹, ›Jesu, meine Freude‹, ›Gloria sei dir gesungen‹, durften ja nicht fehlen. Ich bin so dankbar, dass ich meinen Hans haben durfte.«

(Lange Pause)

I: *Und wie ging es dann mit den Kindern weiter?*

N: Jedes meiner Kinder ist eigentlich einmal sehr nahe am Tod gewesen. Dietlind musste zweimal am Kopf operiert werden, sie hat die eine Kopfseite ganz durch Plastik ersetzt. Heide hatte mit sechs eine Herzattacke und war ganz kalt. Es war ja mit der Kost, mit allem war es so schlimm. Das Essen, ich meine, es war im Krieg schon schwierig, am Anfang ging's noch gut, aber nachher ist es dann schwieriger geworden. Und '45/'46, das war die allerschlimmste Zeit, denn erst ab sechs Jahren haben ja die Kinder mehr bekommen. Bis sechs war es zum Verhungern. Und ich habe einige Zeit drei unter Sechsjährige gehabt. Ich habe damals vier Monate keinen Bissen Brot über die Lippen gebracht, damit ich für jedes von den Kindern jeden Tag eine Scheibe Brot gehabt habe. Und von dem, was das Kleinste gekriegt hat, haben wir dann einen Milchbrei gemacht morgens, also es war damals schwierig. Und da hat man sich nicht gewundert, wenn dann so irgend etwas war. Die Heide durfte damals für ein Vierteljahr in die Schweiz, das war sehr lieb von unserer Ärztin, die es vermittelte. Das hat ihr enorm gutgetan, und heut noch hat sie Verbindung zu der Rüegg-Mutti. Und es war vor allem sehr schön, dass ihre Rüegg-Mutti hinterher jeden Monat ein Paket geschickt hat mit Traubenzucker, Schokoladepulver, Ovomaltine-Packungen, also solche Dinge eben, und Schoklädle und was eben den Kindern arg gut getan und Freude gemacht hat.

Und es ist nicht jedem gegeben gewesen zu betteln. Ich hab es nicht gekonnt.

Dorothee hatte mit zwei Jahren einen Fieberkollaps – hohes Fieber und ganz kalten Kopf. Zum Glück war unsere Ärztin gerade im Haus. Ich hätte mir allein nicht zu helfen gewusst. Dorothee rief immer nach mir, obwohl ich sie im Arm hatte. Wir haben ein warmes Bad gemacht und immer wieder heißes Wasser zugeschüttet. Sie hat um sich geschlegelt mit Händen und Füßen und nach mir gerufen. Es dauerte fast zwei Stunden, bis sie mich wieder erkannte. Von daher ist mein Wohnzimmerschrank noch voller Wasserspritzer, die trotz Aufbereitung der Möbel vor dem Umzug wieder stark herausgekommen sind. Es wurde mir prophezeit, dass diese Fieberkollapse sich wiederholen würden. Aber Gott sei Dank!, es blieb bei diesem Mal.

I: *Und die Versorgung für die Kriegerwitwen?*

N: War schlecht, war arg schlecht. Mein Mann war eben auch noch arg jung. Und ich habe mir bei unserer Verheiratung die Angestelltenversicherung ausbezahlen lassen für Möbel usw. Ich habe, glaube ich, zuerst 108 Mark Angestelltenversicherungsrente von meinem Mann gehabt. Und da ging dann die Miete und alles weg. Ja, es war arg schlecht. Und dann waren es, glaube ich, 148 Mark. Es hat sich dann langsam etwas erhöht, als die Witwen- und Waisenrente vom Versorgungsamt dazukam. Das ist wirklich das, was ich zuerst frage, wenn ein Mann und Vater stirbt: Wie ist die Frau versorgt? Den Umzug 1956 von W. nach L. hat Dietlind bezahlt. Sie arbeitete in den Schulferien bei der L.'r Bausparkasse und hat alles auf den Tisch gelegt. Von Januar 1957 an habe ich halbtags im Büro eines Textilfachgeschäfts gearbeitet. Fast alle Kriegerwitwen mussten irgendwie dazuverdienen. Jahrelang hab ich dann noch in einer Bäckerei die Buchführung gemacht, meist nur einmal in der Woche. Das reichte aber doch für den »Zehnten« (*d.h., sie gab den zehnten Teil ihrer Einkünfte als Opfer weg*), damit der nicht von der Rente wegging. Das habe ich immer durchgeführt und spüren dürfen, was für ein Segen darauf liegt.

I: *Und wie haben Sie sich sonst noch durchgeholfen?*

N: Alles selber genäht, alles selber gemacht. Ich habe z.B. einen Pullover von mir aufgezogen und dann die Kinder bestrickt. Und aus Resten und allem möglichen Kleidchen genäht. Ich habe einmal aus einem Mantel von mir, den ich vertrennt habe, zwei Kindermäntel genäht, mit einem Pullover zusammen. Auf der anderen Seite, muss ich sagen, es hat mir auch wieder Freude gemacht, denn ich habe sie immer nett angezogen gehabt, wenn man das selber machen kann. Aber man hat furchtbar sparen müssen, und die Kinder konnten nachher, wie's besser ging, die konnten lang keinen Streichkäse mehr sehen, denn ich habe immer am Anfang des Monats eine Schachtel Streichkäse gekauft, und da hat's dann am Schluss jeden Tag Streichkäse aufs Vesperbrot gegeben. Was anderes hab ich nicht gehabt. Haben sie mal eine Schokoladetafel gekriegt, hat man's aufs Brot immer wieder draufgeschnitten, und wenn wir Nüsse gesammelt haben, auch Nüssle draufgeschnitten, dass die Kinder wenigstens immer ein Vesperbrot gehabt haben, das ihnen ein bissele geschmeckt hat. Und am Anfang des Monats hat's dann auch schwarze Wurst gegeben, da haben wir dünne Scheiben schwarze Wurst draufgeschnitten, das war ihnen das liebste. Da haben sie sich riesig gefreut, wenn es das einmal gegeben hat, am Anfang vom Monat, wenn ich wieder Geld gehabt habe. Und halt Kartoffel. Aber eine Hauswirtschaftslehrerin war öfters mal bei uns, die habe ich allemal zum Essen eingeladen, weil sie so arg allein war. Und da hat sie mich mal gefragt: »Sagen Sie einmal, wie machen Sie denn die Kartoffeln? Dass ich es auch mit meinen Schülern einmal machen kann, Ihre schmecken immer so gut.« Da hat man wirklich Routine gekriegt. Wir sind durchgekommen mit Gottes Hilfe.

Und jetzt muss ich Ihnen erzählen, wie die Scherenschnitte an die Wand gekommen sind. Dietlind und Heide hatte ich 1942 für meinen Mann zu Weihnachten gemalt. Die Dorothee ist Patenkind von meiner Freundin, und sie hab ich für meine Freundin zum Geburtstag 1947 gemalt. Und als wir am Marktplatz gewohnt haben, da hab ich nicht so viel Geld gehabt, das Zimmer ganz zu tapezieren, und über der Couch war's so furchtbar wüst (*hässlich*) von den Kindern. Ein Stück weit hab ich tapezieren können mit noch vorhandener Tapete, und das war dann ganz ordentlich, und dann ist das aber hell gewesen und das andere dunkel, und so habe ich die Scherenschnitte dazwischen herunter gemacht nach den »Gemälden« von damals, dass man's nicht so sieht. Ich hab immer solche Sachen machen müssen, um irgend etwas auszugleichen. (*Pause*)

Aber im großen und ganzen haben wir's ja doch gut gehabt, gell?

I: *Vergleichsweise. Im Vergleich mit den total Bombengeschädigten.*

N: Die Ausgebombten und die ihre Heimat haben verlassen müssen. Wir haben doch dableiben können. Und auch da, wo die Männer vermisst waren, da war ich doch dankbar, dass ich erfahren durfte, dass mein Mann gestorben ist. In M. war doch das Entlassungslager, und da war vorübergehend ein Kamerad von ihm, der war über Frankreich gekommen. Die alle, die haben in Frankreich noch viel mitgemacht. Und ein paar haben mich dann angerufen von M., ob sie nicht kommen könnten, und einer davon, der hat Fotos gemacht gehabt und hat diese mitgebracht, wie mein Mann aufgebahrt war, so dass ich es selber sehen konnte. Ich finde, die schlimmste Zeit war das über ein halbes Jahr nicht wissen, was los ist, und dann kam die Karte, da hat man wieder Hoffnung geschöpft im November, und am zweiten Advent kam dann die Todesnachricht. Ich vermute, dass es eine Embolie war durch die Fußoperation. Er war ja dreimal operiert worden. In Norwegen und dann in Cannstatt und wieder neu in Norwegen, weil das einfach nicht in Ordnung war. Sie hätten abends zuvor noch zusammengesessen, da hätte er ihnen noch Fotos gezeigt von seinen Kindern, und in der Nacht hätte er einmal gestöhnt, das hat sein Schlafnachbar gesagt, es war vom 10. auf den 11. Juni '45.

(Lange Pause)

Also, ich hab mich so sehr an meinen Mann angelehnt, und deshalb hat er mir wahrscheinlich genommen werden müssen, damit ich selbständig werde. Oh, bis ich mich daran gewöhnt habe, allein zu irgendeinem Vortrag oder sonst etwas zu gehen, das ist mir so schwer geworden. Und heute noch denke ich manchmal, wenn so Ehepaare miteinander gehen, wenn man so allein ist, fällt mir's heute manchmal noch schwer.

I: *Ab wann waren die äußeren Bedingungen für Sie nicht mehr kriegsmäßig ärmlich?*

N: Es hat sich immer ein bissele gesteigert. Wir haben uns noch schwer getan bei den Hochzeiten 1966 (*im Juni und Dezember 1966 heirateten die älteste und die jüngste Tochter*). Von einer lieben Bekannten hab ich damals fünfzig Mark nur zum Verbrauch für mich selbst bekommen. Da hab ich mir eine Handtasche zur Hochzeit erstanden! Es war immer eine große Einengung. Ich muss sagen, ich war's Sparen so gewöhnt, auch dadurch, dass ich die Eltern so bald verloren habe, und bin schon immer furchtbar sparsam gewesen und habe wohl über Gebühr gespart. Mit einem Mal hab ich's gemerkt und mir einfach mal gesagt: So geht's eigentlich nicht, das ist nicht richtig. Denn du hast doch das, was du brauchst, und hab mich einfach mal so eingestellt, dass ich für das, was ich überhaupt gehabt hab, viel mehr gedankt habe, und mich ganz ins Danken hineingeflüchtet. Und heute ist es doch so, dass ich sagen muss, ich hab doch über Gebühr, ich habe wirklich alles, was ich brauche, in Fülle. Ich habe mich auch zu sehr in mein Sparen hineinverbissen: Nein, dies kannst du nicht, das kannst du nicht, aber ich kann jetzt dankbar sein für all das, was ich hab – und das ist viel!

I: *Ja, so kann man es auch sagen. Ab wann konnten Sie sich die Dinge leisten, die heute selbstverständlich zu einem Haushalt gehören, Waschmaschine, Kühlschrank?*

N: Das war so um die '56 herum. Nein, das war noch später. '56 habe ich noch alles von ganz oben herunter in den Keller getragen, Milch usw., weil wir noch keinen Kühlschrank gehabt haben. Es muss also so '58 gewesen sein. Und da war ich glücklich, als wir das einmal gehabt haben. Und eine Waschmaschine war noch später, so etwa 1960.

I: *Staubsauger hatte man schon?*

N: Nein, einen Staubsauger hab ich nicht gehabt, der ist noch viel später gekommen. Einen elektrischen Blocker hatte ich. Und zwar hat mir den mein Mann einmal durch irgend jemand vermittelt. Wir haben in W. so einen großen Linoleumboden gehabt, da war ich dann froh, und der Gang war ja 17 Meter lang.

I: *Von Küchenmaschinen keine Rede?*

N: Nein, wo ich das erste Mal ein Rührgerät hatte! Das haben mir mal meine Kinder vor Jahren geschenkt. Als die Kinder mal verdienten, wurde vieles anders. Zuerst bekam ich jede Woche mal ein Schoklädle, weil ich auf so vieles hätte verzichten müssen! Heide verdiente als Lehrerin als erste. Ihr erstes großes Geschenk war ein Fernsehsessel, auch ohne Fernseher, für ein Mittagsschläfchen. Dietlind brachte mir, als sie ein Praktikum machte, mal eine seidene Bluse von der »Schatzinsel« in Stuttgart mit, die ich jetzt noch habe. Die Kinder halfen sich auch gegenseitig bei den Hochzeiten usw.

I: *Wie war's mit dem Boiler?*

N: Hatte ich auch nicht.

I: *Wie hat man denn gebadet?*

N: Wir haben noch einen Holzofen gehabt, und zwar war das erst ab '56. In W. haben wir gar kein eigenes Bad gehabt. Wir haben '39 eine Badewanne und Zubehör ausgesucht, noch mit meinem Mann, die war bestellt und kam nimmer. Wir haben aber dann bei den Hausleuten immer wieder baden dürfen. Aber das ist natürlich nicht ganz das Richtige. Und die Kinder habe ich halt im Sommer im Zuber in der Küche gewaschen und im Winter auf dem Wohnzimmertisch. Wir haben so einen großen Wohnzimmertisch gehabt. Da hab ich täglich eine Waschschüssel draufgestellt und habe die Kinder hineingestellt und abgeschrubbt, einmal in der Woche im Zuber vor dem Ofen im Wohnzimmer gebadet, solange sie klein waren. Dann taten sie's selbst in der Küche auf so einer Steinspüle.

I: *Und die Heizung?*

N: Auch nach dem Krieg hat man nur einen Ofen geheizt. Vorne an dem 17 Meter langen Gang waren unsere Zimmer, in der Mitte die Küche und ganz hinten das Klo. In der Mitte gegenüber der Küche wohnten auch unsere Flüchtlinge – mit Küchenbenützung.

I: *Das können sich die jungen Leute heute gar nimmer vorstellen.*

Aber jetzt kommt noch ein bisschen was Politisches. Hat man sich eigentlich Gedanken darüber gemacht, wer den Krieg angefangen hat?

N: Also zuerst habe ich das alles eigentlich verfolgt, wie das gelaufen ist, und nachher war ich so mit allem beschäftigt, dass man sich eigentlich erst hinterher damit befasst hat.

I: *Damals wäre man wohl nicht auf den Gedanken gekommen zu sagen: Das ist ein deutscher verbrecherischer Angriffskrieg?*

N: Also, das hat man eigentlich schon gewusst. Denn man hat ja bald gemerkt, wo Hitler hinauswill.

I: *Das war Ihnen klar und auch Ihrem Mann?*

N: Ja, ja. Er hat seine Pflicht getan, aber er fand den Krieg sehr ungerecht. Er ist in vielen Dingen als Christ und wegen seiner Meinung angefeindet worden. Auch mein Bruder hat mal geschrieben, er schäme sich, ein Deutscher zu sein. Er war blond und blauäugig und zwangsweise zur SS eingezogen worden. Dort kam er nur los, weil er sich zu den Gebirgsjägern meldete. Da war Mangel.

I: *Und dann haben Sie vorher angedeutet, dass die meisten wohl nichts von diesen Verbrechen gewusst haben?*

N: Nein, also absolut nicht. Aber das hängt damit zusammen, wenn man so sehr dringestanden ist im familiären Leben, es ging natürlich auch noch drüber hinaus, als dann die Tante in L. im Krankenhaus lag, und auch mit den Nachbarsleuten hat man mitgetragen; von unseren Hausleuten sind zwei Söhne gefallen und so weiter. Das hat man doch alles einfach mitgetragen. Und die Frau St. im Haus, die war schwer herzkrank, und fast täglich hab ich meinem lieben Mann geschrieben. Irgendwie ist man ausgelastet gewesen, und viel, viel Besuch haben wir immer gehabt durch die große Wohnung, das eine in Ferien, das andere ein paar Tage, und da war ich arg dankbar dafür, dass das möglich war. Aber ich muss sagen, viel weiter hinaus habe ich einfach auch die Kräfte nicht gehabt. Das Stillen des kleinen Büble nach meiner Jüngsten hat mich auch arg geschlaucht.

Ich meine, es war 1942, als mein Schwager Hermann uns in seinem Urlaub besuchte. Da erzählte er u.a., dass in der Nähe seiner Stellung an der Ostfront immer wieder eine Schießerei zu hören gewesen sei. Mit einem Kameraden zusammen sei er der Schießerei nachgegangen. Durch einen hohen Stacheldrahtzaun hätten sie mitangesehen, wie Menschen an den Rand einer Grube vortreten mussten, niederknien und abgeknallt wurden, Genickschüsse. Sofort wäre ein SS-Mann vor den beiden gestanden, habe ihre Personalien aufgenommen, gedroht, wenn sie ein Sterbenswörtchen von dem, was sie gesehen hätten, verlauten ließen, ging's ihnen an den Kragen. Sie mussten umkehren. Ich muss gestehen, dass ich diesen Bericht – obwohl er mich tief bewegt hatte – wieder vergaß bei all dem vielen, was täglich auf mich einstürmte.

I: *Haben Sie damals in L. etwas von der »Kristallnacht« 1938 mitbekommen?*

N: In L. wurde die Synagoge erst am 10. 11. in der Frühe angezündet. Ich arbeitete ganz in der Nähe, bei der Kreissparkasse, und als wir den Qualm sahen und rufen hörten: »Die Synagoge brennt!« liefen wir zum Brandplatz. Wir waren erschüttert, als wir sahen, dass keine Feuerwehr eingriff, im Gegenteil, lachende und spottende SA-Männer rundum – und auf dem herausgezogenen Harmonium klimperte der Kreisleiter rum (*sie nennt den Namen*). Man stand so machtlos daneben. Im Sich-Äußern war man auch sehr vorsichtig geworden. Man wusste eigentlich nie, wem man vertrauen konnte. Wie ich hörte, wurden in dieser Nacht vom 9. auf den 10. November 1938 viele Juden verhaftet, Geschäfte eingeschlagen und geplündert. Gesehen hab ich selbst in L. nichts davon. Dazu wohnte ich wohl zu außerhalb.

Ich muss auch noch erzählen, dass ich dabei war, als Landesbischof Wurm Hausarrest und Redeverbot bekommen hatte. Immer wieder versammelte sich evangelische Jugend singend vor seinem Haus. Einmal konnte ich auch dabei sein. Wir waren alle in BK- bzw. CVJM- (*Christlicher Verein Junger Männer*) oder Pfadfindertracht[2], die sehr bald darauf verboten wurde. Landesbischof Wurm[3] kam ans Fenster und hielt uns eine Predigt, bat uns, dem Herrn treu zu bleiben, was auch kommen möge ... mehr weiß ich nimmer davon. Wir wurden auch vertrieben. Singend zogen wir davon. Es war ein Erlebnis: Dieser mutige Mann ließ sich den Mund nicht verbieten.

I: *Haben Sie damals einen Volksempfänger gehabt?*

N: Wir hatten einen, und der ist heruntergeflogen und ist kaputtgegangen, und nachher musste man ihn ja abliefern, und da hab ich den kaputtigen abgeliefert und gedacht: grad recht!

I: *Haben Sie den Eindruck gehabt, dass das Leben politisch berieselt war?*

N: Solange wir hören konnten, haben wir immer den Schweizer Sender eingeschaltet, und da haben wir gemerkt, dass das, was uns aufgetischt wurde, alles nicht stimmt. Die haben immer gebracht, was Deutschland bringt, was Frankreich bringt, was England bringt, da hat man immer so verschiedene Meinungen gehört, da konnte man sich's raussuchen, was man glauben will und was nicht. Das war bis '44, glaube ich, und dann ist er heruntergefallen und war futsch. Diese Nachrichten haben dann sehr gefehlt.

---

2 »Der Bund der Mädchenbibelkreise (MBK) war reichsweit organisiert. Als Mitglied des Evangelischen Jugendwerkes wurde er am 20. Dezember 1933 in die Hitlerjugend eingegliedert und löste sich am 6. Feburar 1934 auf. Die Mädchenbibelkreise wurden an die Gemeinden verwiesen. Dies waren in der Praxis meist Gemeinden der Bekennenden Kirche. Freizeiten wurden im Untergrund organisiert. Nähere Informationen sind zu entnehmen: Käte Brandt: »Steine gab's und immer Brot« [256]. (Nach Tübinger Projektgruppe: »Frauen im Kirchenkampf«, [485], S. 166, Anm. 1) Alle Jugendgruppen wurden in die Hitlerjugend überführt. Die christlichen wurden zwar geduldet, durften sich jedoch nur noch seelsorgerisch betätigen, was aber häufig unterlaufen wurde.

3 Der württembergische Landesbischof Theophil Wurm sollte im Zuge der Gleichschaltung der Landeskirche wegen angeblicher finanzieller Unregelmäßigkeiten von der Reichskirchenführung abgesetzt werden. Dagegen gab es massive Proteste. Vor Wurms Wohnung in der Silberburgstraße in Stuttgart versammelten sich am 14. und 21. Oktober 1934 mehrere tausend Menschen. (Vgl. Tübinger Projektgruppe, »Frauen im Kirchenkampf« [485], S. 161, Anm. 1)

I: *Das war ja ein Risiko, neutrale Sender zu hören.*

N: »Feind hört mit«, hat's ja immer und überall geheißen. Ja, aber im Haus, das waren alles Christen, und gerade mit unserer Familie St., das war so ein feines Verhältnis.

I: *Wenn Sie heute auf den Krieg zurückblicken, was würden Sie für Schlussfolgerungen daraus ziehen? Wie ist Ihre heutige Einstellung zum Krieg?*

N: Ach ja, bloß keinen Krieg mehr! Das möchte wohl niemand.

I: *Ja sicher. Aber die Frage, was man tun kann, dass keiner mehr...*

N: (*fällt mir ins Wort*): Also, ich muss sagen, für die Friedensbewegungen bin ich auch nicht so. Ich finde, es kann uns allein Jesus Christus den Frieden bringen, und zuerst muss er mal in unseren Herzen sein. Und die Demonstrationen, die Friedensdemonstrationen, ich kann mich an nichts beteiligen, ich kann's gar nicht, ich habe da keine Freude dran.

I: *Und Sie würden also denken, man muss es der Politik überlassen, was die machen.*

N: Ich bin ein bisschen lässig, dass ich vielleicht der Politik zu viel überlasse, weil ich merke, ich kann an und für sich nichts mehr ändern. Aber ich kümmere mich schon ums Politische und wähle oft einmal anders als meine Kinder. Die wollen mich immer überzeugen von irgend etwas. Ich hätte diesmal so gerne Gruhl gewählt. Den habe ich hier gehört, da habe ich das Buch gelesen, also Eppler und Gruhl haben ja ziemlich ähnliche Bücher herausgebracht. Und das von Gruhl hat mich damals sehr beeindruckt. Und jetzt hat er ja vor der Wahl hier eine Versammlung gehalten, da bin ich hin, und die war sehr gut besucht. Und das, was er sagte, hat mich auch sehr beeindruckt. Ich weiß, dass das eine kleine Gruppe ist, aber ich habe mir gesagt: den Leuten muss man auch einmal irgendwie Chancen geben. Wie er in seinem Vortrag gesagt hat, immer mehr Land wird kaputtgemacht und immer mehr Leute haben ihre Autos, anstatt dass man wieder zum Drahtesel zurückkehrt, und Fahrradwege brauchen lang nicht so viel Platz. Und Wasser, dass in jedes Haus zwei Leitungen kommen sollten, Brauchwasser und Trinkwasser. Mich hat das sehr beeindruckt. Das ist so meine Richtung. Aber die Grünen, da bin ich wieder gar nicht dafür, obwohl ich ihnen zugestehen muss, dass sie in der Politik manches ins Rollen brachten.

I: *Jedenfalls, Sie haben Ihre persönliche politische Meinung.*

N: Die habe ich, ja. Und da tu ich auch was dazu, lese und setze mich damit auseinander, vielleicht nicht immer so fanatisch, aber ich habe schon meine Einstellung zu den Sachen. Vielleicht schwerfällig ... (*lacht*).

I: *Und wenn Sie jetzt so verfolgen, was die Medien über diese Zeit des Dritten Reiches und des Krieges bringen, sind Sie damit einverstanden?*

N: Es wird immer einseitig sein, es kann nie von allen Seiten beleuchtet sein. Manches ist bestimmt gut, wenn es so gebracht wird, aber es ist sicher nicht alles.

I: *Vermissen Sie da etwas, also aus Ihrem eigenen Erleben, was da stärker betont werden sollte?*

N: Also die Jugend dürfte manchmal wohl ein bissele mehr hören von der Zeit. Es kommt wenig vom Volk. Es ist mehr von, ja, da kommen Feldzüge usw., aber eigentlich hört man sehr wenig vom Volk, was die durchgemacht haben, was die für Lasten getragen haben und wieviel Verzicht sie geleistet haben.

»Ach Gott, sieh darein!«

MARGARETE E. (1893)
Tochter eines Arbeiters, Frau eines Methodistenpredigers
in einer süddeutschen Kleinstadt

Vorbemerkung

Margarete E. wurde 1893 als Tochter eines Arbeiters in Mannheim geboren. Sie war das jüngste Kind von drei Geschwistern. Bis zu ihrer Verheiratung war sie auf dem Büro tätig, zuletzt als Chefsekretärin bei einer Firma. 1921 heiratete sie einen Methodistenprediger (Evangelische Gemeinschaft).

Sie führte von ihrer Verlobungszeit 1919 bis kurz vor ihrem Tode 1969, also über 50 Jahre, in kürzeren oder längeren Abständen Tagebuch (acht Bücher). Zwischen 1922 und 1932 gebar sie sieben Kinder, vier Söhne und drei Töchter. Ihr Mann war an verschiedenen Orten des heutigen Baden-Württemberg eingesetzt. Den Krieg verbrachte die Familie in Pfullingen. Ihre Eltern und Verwandte ihres Mannes lebten in Mannheim/Neckarau.

Die folgenden Tagebuchaufzeichnungen spiegeln unmittelbar die Kriegserfahrungen aus der Sicht einer tief christlich gebundenen, reifen Frau und Mutter (sie war damals 46 bis 52 Jahre alt) in einer süddeutschen Kleinstadt.

In den Aufzeichnungen insgesamt und in den Gesprächen mit ihrer Tochter Esther begegnete mir eine starke Persönlichkeit, deren Lebensinhalt mehr und mehr ihre Kinder wurden. Daneben war sie auch noch in der Gemeinde tätig. Sie wirkte fröhlich und sicher, während sie sich in den Tagebüchern häufig mit inneren Kämpfen gegen die eigene Unzulänglichkeit (»Sünde«), mit Müdigkeit und Versagen herumquälte. Nur gelegentlich schimmert ihr Humor durch, häufiger die große Fähigkeit zur Freude.

Ihre Frömmigkeit war das Zentrum ihres Wesens. Mit den rigorosen Maßstäben einer eng interpretierten Christlichkeit überforderte sie aber gelegentlich sich selbst und – ohne es zu wollen und zu wissen – die Kinder.

Auch das Kriegsgeschehen wird gemäß diesem christlichen Weltbild interpretiert.

Margarete E. geriet damit in eine Reihe von Widersprüchen, die mir für viele christliche Frauen damals in ihrem Verhältnis zum NS-Regime typisch zu sein scheinen, auf die aber erst im zweiten und dritten Teil näher einzugehen ist.

Die Auszüge beschränken sich im wesentlichen auf ihre Kommentare zum Kriegsgeschehen. Nahezu jeder Eintrag befasst sich – neben Familienangelegenheiten – damit. Viele Bemerkungen und Berichte über weitläufigere Verwandte und Freunde sind ausgespart, auch die Tätigkeit ihres Mannes als Prediger. Die Kinder, von denen viel die Rede ist: Thea (1922), Esther und Ernst (Zwillinge: 1926), Gottfried (1927), Elsbeth (1929), Gerhard (1930), Reinhold (1932).

HONAU, 26. 8. 39 (*Sie war zu einem kurzen Erholungsurlaub auf der Schwäbischen Alb*):

Der Sonntag ist herumgegangen voll Friede und Freude, abends sind sie wieder heim. Die Woche ist auch herumgegangen mit Sonnenschein, so manchem Gewitter und viel schönen, friedlichen Ausruhstunden. Hab große Freude gehabt am Donnerstag, als mir mein Geburtstagsgedicht für Heini (*ihr Mann*) ›Das Ährenfeld‹ gelungen war. Wie froh und dankbar war ich!

Nun steht mein halbgepackter Koffer schon wieder vor mir; morgen geht's wieder heim. Friedlich sieht's nimmer aus in der Welt! Ein Militärauto nach dem anderen saust die Straße hinauf; die letzte Nacht sind viele Männer einberufen worden, und diese Nacht wird's wohl kaum anders gehen. Ob's meinen lieben Schatz auch packt? Es liegt alles in Seinen treuen Vaterhänden! Wenn wir nur schon die Kinder daheim hätten, Gerhard ist in Karlsruhe, Elsbeth in Aalen und Reinhold in Königsbronn. Übermorgen, Montag, sollten sie alle drei in Stuttgart zusammentreffen, wo wir sie abholen wollten. Nun, es wird mit Gottes Hilfe recht werden.

Mein lieber Schatz hat heute Geburtstag. Um 6 Uhr morgens hat man ihn aus dem Bett geholt, die Trauung des Erwin F. und der Berta R. zu vollziehen, weil der Bräutigam sofort einrücken muss. Um 1 Uhr mittags hat die Hochzeit sein sollen! Das wird keine fröhliche Hochzeitsgesellschaft mehr gewesen sein…

PFULLINGEN, 6. 9. 39

Jeder Tag ist wie eine Woche gewesen in diesen Zeiten!

1000 Rückwanderer von der Westgrenze allein in Pfullingen! Wie verging einem da am Montag alle Hoffnung, dass es noch friedlich beigelegt werden könnte! Nun sind diese Leute schon 3 Tage da (bei uns eine Frau mit 2 Kindern), aber es sind im Westen noch keine Kampfhandlungen. Gott sei Lob und Dank.

In Polen sind die Kämpfe grausam, immer wieder kommen Berichte, wie die Polen etwaige Gefangene, Verwundete und Sanitäter so grauenhaft niedermetzeln. Ach Gott, sie sind alle einer Mutter Kind! Wie ist der Krieg so schrecklich.

9. 9. 39

Das war eine kurze Notiz für soviel Erleben! Es hat so pressiert, der Vater wollte ins Bett. Es wäre doch besser für die Erinnerung für später, wenn man etwas ausführlicher erzählen würde. (*Sie schildert, wie alle Kinder noch nach Hause kamen.*)

Und kaum waren sie einige Tage da, so wurden wir in der Nacht vom Sonntag bis Montag um 1/4 2 Uhr herausgeschellt, dass am Morgen früh 1000 Rückwanderer von der Westgrenze in Pf. eintreffen würden. So sagte es der Mann an jedem Haus; es war kein Schlafen mehr in jener Nacht.

Um 6 Uhr morgens kam der Zug dann an, meist Frauen mit ein paar Kindern an der Hand oder im Arm ein Bündel schnell zusammengepackter Wäsche, verweint und übernächtigt, es sah traurig aus. Nun, da sind ja die meisten Schwabenfrauen grad recht am Platz, wenn's gute Herz was zu tun kriegt. Ich bin überzeugt, die allermeisten sind gut versorgt worden.

Freilich, nicht bei allen hat Schreck und Angst auch Einkehr bewirkt; es werden allerhand und andere Klagen laut, haben auch schon welche von den »Fremdlingen« (*fremden Flüchtlingen*) ins Gefängnis wandern müssen, welche wahrscheinlich dachten, mit den schwäbischen Bauern kann man machen, was man will. Die haben sich geirrt. Aber an die Bibel muss ich denken, wo es heisst: Je schwerer die Plagen wurden, desto mehr lästerten sie.

Es ist so schwer, immer gar nicht recht zu wissen, wo man eigentlich dran ist. Es werden noch mehr eingezogen; es heißt immer wieder, andererseits, an der Westfront wird nicht gekämpft.

In Polen schneller Vormarsch, sie sind schon in Warschau. Gute Nacht! Gott behüte alle meine Lieben, ja, alle Menschen.

3. 10. 39
Ein unruhiger Tag ist zu Ende! Er reiht sich den meisten seiner Vorgänger würdig an, und es werden wohl auch noch manche derartige folgen, vielleicht auch noch andere!

Die Aussichten auf Beilegung durch Verhandlung ist scheint's nun vollends geschwunden, sie rüsten sehr. In unserem Pfullingen ist heute viel Weinens: morgen früh um 3/4 6 Uhr müssen die Flüchtlinge (2000 sind's nun geworden) wieder fort, weiter ins Land, in die Nähe von Aalen! Es ist hart, so von einem Ort zum anderen geschoben zu werden, besonders schwer ist der Gedanke dabei, dass die Möglichkeit immer geringer wird, dass sie je ihre Heimat wieder sehen! Wie traurig muss das für die sein, die dort nicht nur in Mietwohnung waren, sondern ansässig waren...

Zu uns kämen Soldaten, heißt's. Nun, wir wollen unser Möglichstes tun fürs Vaterland um Jesu willen.

Gott allein weiß, was die Zukunft bringen wird. In seiner Hand wollen wir bleiben. Ihm wollen wir auch anheimstellen, was sonst noch unser Herz bewegt.

31. 10. 39
Wieder sind 4 Wochen rum und man meint, noch am gleichen Fleck zu sein, wenigstens, es ist eigentlich weder Krieg noch Frieden. Sie hocken am Westwall sich einander gegenüber, und keiner will richtig anfangen. Nun, sie sollen's nur bleiben lassen, denn wenn's da losgeht, das gibt eine unvorstellbare Hölle, das ist aller Meinung. Aber es ist auch nicht einfach, so Woche um Woche bei diesem nasskalten Regen in den Bunkern oder überhaupt im Freien zu hocken. Und für die Leute im Schwarz-

wald ist's auch nicht leicht, so viele Einquartierungen. Und erst die vielen Tausende von Flüchtlingen, zum Teil bis nach Österreich verschoben, und als noch keine Aussicht, wieder heim oder in geordnete Verhältnisse zu kommen. Nur die Marine und die Flieger, die kommen an den Feind; da hat's schon viele Menschenleben gekostet...

Sonst geht's uns Gott sei Dank noch gut, wir haben genügend zu essen.

Wir legen alle Tage alles in Gottes Hand, er wird's wohl machen. Ihm leg ich auch all meine Sorgen hin, was die Kinder anbelangt. Gott, erhör mein Flehen! Ihre Seelen wollest Du von der Hand des bösen Feindes erretten und sie auf den Weg Dir nach bringen.

4. 11. 39
Eins wird mir in diesen Nachtstunden immer klarer: Es gibt nur eines, was uns und die Menschheit überhaupt retten kann: die Liebe! Alles, was Selbstsucht heißen muss, zerstört, reißt nieder, vergiftet, macht alles Wachstum unmöglich, aber die Liebe baut auf, sie allein rettet.

Herr Gott, wenn Du mir helfen könntest, alle Tag eine, wenn auch kleine Tat der Liebe zu tun, so werde ich leben können...

8. 11. 39
Was wird alles kommen im Krieg? Es ist ein Krieg der Nerven, sagen sie.

14. 11. 39
Was den Krieg angeht, so sind wir immer noch im Warten auf die furchtbaren Dinge, die kommen sollen. Diese letzte Woche war das Attentat auf den Führer in München, das so schreckliche Folgen für viele hatte: sieben Tote und 60 Verwundete. Wenn sie herausbringen, dass England dahintersteht, gibt's furchtbare Vergeltung, natürlich wieder an Unschuldigen. Welche Macht der Bösen, die so viele Menschen, die im Leben nie jemand was zuleid täten, aufeinander hetzt, sich zu töten. Herr Gott, bleibe bei uns!

30. 11. 39
Sturm, Sturm heult seit einigen Tagen und Nächten. Es ist oft, als wollte er die Häuser umwerfen, und es wundert und freut mich, dass der Gottfried droben in seinem Juhe (*kleines Zimmer unter dem Dach*) so tapfer aushält, denn da oben tut es natürlich viel ärger.

Sonst ist man immer noch am Warten. Von allen Seiten wispert es: ›Es ist etwas Großes am Werk! Das ist die Stille vor dem Sturm! Es wird ein großer Schlag!‹ usw. Aber groß Ding will scheint's da auch Weile haben. Ich muss immer denken: wie viele unschuldige Menschen müssen da wieder das Leben lassen!

Am Westwall ist aber nach allgemeiner Meinung keine Möglichkeit, zu gut sind sie beiderseits verschanzt! Die Rückwanderer sind so ziemlich wieder alle ›rückgewandert‹. Übermorgen, Samstag vor Advent, will nun die Mutter auch mit Vater wieder heimfahren. Mit Gott!

1. 1. 1940
Schon wieder ein Jahr dahingeschwunden! Und was für eins! Was wird auf den letzten Blättern dieses Jahres stehen? O Gott, Du weißt es allein! ›Nichts Gutes‹, das ist so die allgemeine Meinung. Es ist bitter kalt seit einiger Zeit, und da muss man immer an die armen Soldaten denken; wie muss das sein in dieser Kälte, nachts Wache stehen und kein warmes Bett zum Schlafen und denken zu müssen: Daheim ist das alles, gehört mir, und wie gern würden die Meinen es mir zurichten, und doch darf ich nicht heim! Ja, das heißt man Opfer. Es ist immer noch kein Krieg an der Westfront; es braucht ja gar keiner zu kommen! ...

Bei uns ist das liebe Weihnachtsfest gewesen wie immer: voller Freud und Liebe, so dass man aus dem Danken nicht herauskommt. Nun, aus dem Dankbarsein sollen wir ja auch nicht herauskommen! Die Buben haben endlich ihren heißersehnten Zug bekommen und große Freude damit. Thea ihr Rad; sie macht fest Pläne, was sie im Sommer alles für Touren machen will – – so Gott will und wir leben.

24. 1. 40
Wenn man mein Datum anguckt, könnte man meinen, wir lebten in einer Zeit, wo man nichts erlebt.– –

Man wird müde vom Warten. Die ganze Zeit heißt's: Es bereitet sich Großes vor; bald kommt der große Schlag – – – und nun sind's schon 5 Monate, dass sie sich am Westwall gegenüberhocken, und immer noch kein Vorwärtskommen. Freilich, es ist für unsere Soldaten immer noch besser, als totgeschossen zu werden, aber es ist auch keine Kleinigkeit, bei dieser anhaltenden Kälte von z.T. weit über 20 Grad in den vielen Betonbunkern zu hocken und Brückenwache zu stehen und in den Hochständen. Gott stehe uns in Gnaden bei! Wenn man auf die Zukunft zu sprechen kommt, so graut einem jeden.

23. 2. 40
Was die Kriegslage angeht, so wird's ja wohl so sein: Je näher dem Frühling, desto näher dem Blutvergießen. O Gott, erbarm Dich unserer lieben Brüder im Feld.

Thea und Ernst sind heute zu einer Beerdigung nach Entringen, mussten über Nacht bleiben, weil der Ernst seine Brille verlor. Seit einigen Tagen Kohlen-Vakanz.

22. 3. 40
Es hörte sich in letzter Zeit als mal ein wenig hoffnungsvoller an, als ob es doch noch ohne das große gefürchtete Blutvergießen abgehen könnte. Ach, wie froh wär man! Aber es lautet wieder anders. Ach, Herr Jesu, geh doch von Mann zu Mann draußen bei denen, die dem Tod so nahe sind. Muss auch natürlich immer denken, da ist nun der Ernst bei uns, wir sind fröhlich miteinander – und nachher geht er in den Krieg. O Gott, segne Du selbst ihn mit dem Ruf Deiner Stimme, dass er es hört; wir können's doch nicht.

28. 4. 40
Nun ist der April auch schon wieder rum! Es ist viel geworden und gekommen in diesen 4 Wochen. Wahrscheinlich viel mehr, als wir ahnen. Der Krieg, der furchtba-

re, ist hinaufgewandert in ein Land, das immer freundschaftlich zu uns stand und das im Weltkrieg ganz unberührt von seinen Greueln blieb. Plötzlich wie ein Sturmwind ist er hinaufgefegt, und mir tut's Herz weh, wenn ich in der Zeitung les: ›Norwegische Truppen nach heftigem Kampf überwältigt!‹ Was wollten denn die nordischen Völker von uns? Man weiß ja nicht genau, wie die Schweden sich dazu stellen, aber wenn ich z.B. an den Namen Brandström denke, wird es mir heiß. Denkt sie: ›Und für die hab ich mein Leben tausendmal eingesetzt!‹

Freilich, die Engländer wären uns sonst zuvorgekommen. Und doch muss ich immer wieder denken: Ja, wenn mein Feind eine Gemeinheit tun will, muss *ich* sie dann zuerst tun, um ihm zuvorzukommen? Es sind andere Grundsätze im Krieg als im gewöhnlichen Leben, es steht so viel auf dem Spiel.

Aber wie ist es mit dem Segen des gerechten Gottes? Wenn ich mich um mein Leben wehren muss, kann mir der Nachbar ja wohl erlauben, meinen Fuß auf sein Land zu setzen, wenn ich's ihm hintennach wieder vergüte.

Ach, wie ist's gut, dass der Allwissende, der alles in Seiner Hand hat, der die Weltgeschichte eben doch regiert, alles bis in die Tiefen weiß.

Es sind gewiss schon viele gefallen und mit den Seekämpfen umgekommen, doch hört man von keinem. Ich denke, die Post wird zurückgehalten.

Sonst geht's halt so weiter. Thea ist nun halt in Honau, und ich vermisse sie oft. Frieda *(ihr Pflichtjahrmädchen)* tut soweit ihr Möglichstes, doch sie ist ein Kind.

12. 5. 40, PFINGSTEN

Schwere Kämpfe an der Westfront! Endlich ist das, wovor einem den ganzen Winter graute, gekommen. Einmarsch in Belgien, schwere Luftkämpfe, viel mehr, als wir wissen! Am Freitagmorgen hieß es: Bomben in Freiburg, 24 Tote, Zivilpersonen, meist Kinder.[1] Und fünffache Vergeltung wurde verheißen! Ach, wie ist die Menschheit so im Banne des Bösen…

12. 6. 40

Vier Wochen oder vielmehr grad ein Monat seit dieser letzten Notiz. Aber was für vier Wochen! Es heißt immer wieder in der Zeitung, ›wie die Welt noch keinen sah‹, und ich glaube, es ist so. Solche scheinbar unüberwindlichen Festungswerke, von den bestbewaffneten Völkern der Erde aufs zäheste verteidigt, denn es galt auch für sie alles, aber alles nur so unaufhaltsam überrannt, immer siegreich vorwärts und alles zerschlagen, was sich in den Weg stellt! Man muss manchmal fragen: Wie ist's möglich? Es ist Dein Wille und Weg, o Gott, dass das stolze England auch einmal fühlt, wie es ist, wenn man Schläge kriegt, dass es nicht immer meint, es sei der Herr der Welt! Aber so richtig freuen kann ich mich doch nicht; freilich kann ich sehr dank-

---

1 Es handelte sich bei diesem Bombenangriff auf Freiburg am 10. Mai 1940 um einen irrtümlichen Bombenabwurf von drei *deutschen* Bombern des Kampfgeschwaders 51, bei dem es entgegen den Informationen von Margarete E. 57 Tote und 101 Verletzte gab. (Vgl. Manfred Overesch u.a.: Das III. Reich 1939 – 1945 [166], S. 80.) Der »Angriff« wurde den Feinden in die Schuhe geschoben und propagandistisch ausgeschlachtet.

bar sein, dass es nicht umgekehrt ist, besonders, dass die schrecklichen schwarzen Horden nicht unser liebes deutsches Vaterland zerstören dürfen – – sehr dankbar sein! – – Aber doch tun mir die Franzosen sehr leid in ihrem grauenhaften Elend! Die Regierung ist nun schon aus Paris geflohen, die Unseren sind schon auf 20 km vor Paris vorgerückt, und alles flieht in sinnloser Angst und ohne Verpflegung. Die feigen Kerle von einer Regierung! Wie verlassen muss sich die Bevölkerung fühlen. Freilich, sie sind hasserfüllt. Aber hieß es nicht die ganze Zeit, die französische Bevölkerung will von uns so wenig als wir von ihnen. Sie sind so verhetzt worden. Na, die Herren haben doch wohl sehr Grund zu fliehen! Es geht ihnen nicht gut, wenn sie in deutsche Hände fallen!

Und dann kommt England dran! Wie es sich anhört, wenn als mal die Soldaten in ihren Briefen schreiben: ›Mit Belgien sind wir fertig, jetzt noch Paris und dann aber – – – England!!‹

Ich denke oft: Wenn nur wir nicht selbst dann zu den Stolzen gehören, die der Herr demütigen muss! Allerdings, es muss ja fast über Menschenkraft gehen, nach einer solch unerhörten Siegeslaufbahn, wie sie Adolf Hitler bis jetzt durchlaufen hat – aus einem Maurergesellen[2] wird er Herr und Gebieter so ziemlich von ganz Europa!! –, nach einer solchen Laufbahn ein demütiges Herz zu behalten, das allein vor Gott gilt! Jedenfalls, die meisten seiner Herren haben dies demütige Herz nicht! Und doch kann der Hochmütige nicht bleiben vor Gott.

16. 7. 40
Ja, ich darf wieder mal eine schöne Ferienwoche in Honau verleben! Das ist ja unglaublich, aber doch wahr! Tante Bertl (*Schwester ihres Mannes*) ist diese Woche meine Vertretung daheim, die nächsten 14 Tage kommt dann sie hierher.

Und wieder schreib ich: Und was für vier Wochen! Frankreich hat die Waffen niedergelegt, ist so vollständig besiegt, wie man es in den kühnsten Träumen nicht zu hoffen gewagt hat. Das haben sie nicht gedacht!! Es ist Gottes Geschenk. Mögen wir als Volk uns dessen wert zeigen.

Nun sind aller Blicke nach England gerichtet. Es gibt mir manchmal einen Stich ins Herz, wenn es in den Soldatenbriefen heißt: ›Jetzt wird England erledigt.‹ Siegeszuversicht ist zum Kampf und Sieg nötig, aber man darf den Gegner nie unterschätzen.

Gott, Deine Hände in und über allem!

18. 8. 40
4 Wochen schon seit dem letzten Eintrag. Wie warten wir alle, dass der schreckliche Krieg bald zu Ende sein möge. Zwar für oder bei uns selber ist er sehr einfach diesmal, wir haben so gut wie nichts zu leiden, sind ausreichend mit Lebensmitteln versorgt und hören nur von den anderen, wie sie unter der Fliegerplage zu leiden haben. Alle Abend, wenn ich mich zu Bett begebe, muss ich an die Armen denken, die keine Nacht Ruhe haben im Rheinland, Hamburg, Frankfurt usw. Ja, Mannheim und

2 Frau E. irrt: Hitler war nie Maurergeselle, sondern machte u.a. hie und da Gelegenheitsarbeiten auf dem Bau. (Vgl. z.B. Brigitte Hamann: Hitlers Wien [100 a)].

Karlsruhe manchmal, aber nicht gar so oft. Und dann ist's bei uns in Deutschland doch noch so, dass wir immer denken können: Nur eine kurze Weile, dann muss der entscheidende Schlag ja kommen! Aber die diese Schläge erwarten müssen! Es ist viel Elend in der Welt.

Doch bei uns ist ja eigentlich Friede, wir haben viel, viel zu danken.

1. 9. 40
Wieder ist Sonntag. Und überall ist Kampf, Offenbarwerden des Bösen in mir selbst, in unserem Kreise und in der ganzen Welt! Wie fühle ich die Schläge des Bösen! Er gönnt uns keinen Frieden. Wie sehr muss ich immer wieder meinen lieben Heini und die Buben in des Heilandes Hände befehlen. Auf Ihn und seine Treue und Barmherzigkeit ruht allein mein Vertrauen ... In der Welt draußen sieht's z.T. furchtbar aus. Die englischen Flieger kommen sehr oft. Was sie anrichten, hört man nur aus Briefen oder Gesprächen. Das ist allerdings oft eine ungewisse Sache. Doch Mathilde (*ihre Schwester*) hat geschrieben, dass in Neckarau letzte Samstagnacht 25 Bomben in Straßen und Häuser gefallen sind, 3 Stunden sind sie unter furchtbarer Schießerei im Keller gesessen; unser Elsbethle mit dabei, das in N. in Ferien ist. Gestern wird sie nach K. gefahren sein, und übermorgen kommt sie heim, so Gott will und wir leben. Gerhard wird heut von Erpfingen zurückkommen und Esther morgen von Göppingen.

In Berlin wurde vorgestern eine der schönsten Kirchen der Evangelischen Gemeinschaft durch Bomben zerstört und die Schwesternstation. Ach, wie oft muss ich an die lieben Armen denken, deren Heim ein Trümmerhaufen ist. Wie schwer muss das sein!

Aber wie schlimm muss es erst in England aussehen, wo oft die Leute 7 Stunden an einem Stück im Keller sitzen müssen, bei der furchtbaren Durchschlagkraft der deutschen Geschosse.

Der Teufel, der Feind unserer Seelen, hetzt so die Menschen hintereinander, dass sie sich so untereinander verderben. Herr Gott, Dich rufen wir!

30. 10. 40
Noch schnell ein kleines Einträgle in mein Büchle. Die Zeit im Weltgeschehen ist ganz ähnlich der im vorigen Winter: Immer heißt's, bald kommt der große Schlag, und doch sieht man nichts davon. ›Nichts!‹ Wie wenn die furchtbare Fliegertätigkeit hüben und drüben nichts wäre, wo Millionen von Menschen viele Stunden lang im Keller zubringen müssen, besonders in dem schrecklich mitgenommenen London, wo sie fast Tag und Nacht in unterirdische Gelasse zusammengepfercht sind. Arme Menschen! Aber England hat den Krieg gewollt. Aber trotz alledem ist's nicht das, was kommen muss. In den letzten Tagen geht's mehr in den Süden, Griechenland ist scheint's dran!

SYLVESTER 1940, 3/4 12 UHR
Und so ist denn dieses Jahr auch zu Ende gegangen, in die Ewigkeit geflossen mit all dem vielen, was es gebracht hat. Nur was gewachsen ist durch all den Regen und Sonnenschein, das bleibt.

Es hat gar viel enthalten! Was ist in der Welt draußen alles geworden in diesem Jahr! Doch der völlige Sieg ist noch weit draußen. Heut sei im Radio gekommen, Amerika will auch in den Krieg eintreten! Ist noch nicht genug all des Blutvergießens? Es ist so traurig, wie der böse Feind die Menschen gegeneinander hetzt, dass sie sich rein wie die Teufel einander verderben. Wenn man die Großmutter und Lydia (*ihre Nichte*) erzählen hört, wie sie in Mannheim gehaust haben!

29. 5. 1941
Und wieder hat sich der Familienstand geändert, indem Elsbeth (*ihre Nichte*) mit ihren beiden Kindern Erika und Dieter kam. Die NSV in Neckarau forderte alle Mütter kleiner Kinder auf, mit denselben aus Mannheim fort in weniger gefährdete Gegenden zu gehen, weil beim letzten Fliegerangriff auf Mannheim furchtbar viele Menschenleben und Häuser zerstört wurden und man augenscheinlich noch viel Schwereres erwartet. So hat die schreckliche Zerstörungswut uns Anlass zur Freude gemacht! Mathilde war auch mitgefahren, ist aber wieder heim. Gottes Vaterhände sei(*en*) über unseren Lieben! Das Mütterle ist ja auch wieder daheim, nach Ostern fuhr ich mit ihr heim, sie hatte so Heimweh nach ihrem Stüble, und ich glaube, nach ihrem Spaziergang zum Friedhof.

Im Weltgeschehen waren inzwischen die schweren, aber siegreichen Kämpfe in Jugoslawien und Griechenland. Vorgestern haben Fallschirmjäger Kreta besetzt ... in Afrika geht's allemal erst dann vorwärts, wenn die Deutschen losstürmen. Jetzt ist bald auf der ganzen Welt der deutsche Soldat! Es ist unglaublich, was da alles geleistet wird. Doch an Gottes Segen ist alles gelegen. Es ist sehr betrüblich, dass jetzt alle christlichen Schriften wegfallen sollen ab Juli. Was hat das gedruckte Wort doch noch für Gottessegen ausbreiten dürfen, wie viele werden es schmerzlich vermissen. Davon haben die Herren keine Ahnung, sie meinen, das sei was ganz Überflüssiges...

19. 6. 41
Endlich ist's auch dies Jahr warm geworden, man sehnte sich ordentlich nach der Sonne. Es kommt einem ja dann allerdings gleich ein wenig sehr warm vor.

Also ein warmer, freundlicher, friedlicher Frühlingsabend. Ach, was wär die Welt so schön, wenn – – – die Menschen nicht wären! Nachher surrt's wieder am Nachthimmel, bei uns harmlos, aber im Industriegebiet kommen die feindlichen Flieger alle Nacht und alle Tage, heißt's in der Zeitung: im Westen Spreng- und Brandbomben, Verluste in der Zivilbevölkerung. Die Armen dort haben keine Nachtruhe mehr, ich denke oft, was für ein Leben ist das! Die Menschen sind grausam, hüben und drüben. Jetzt kommen so nach und nach die Todesanzeigen der Fallschirmjäger von Kreta, das muss dort unheimlich Leute gekostet haben, und wie! Ach, es muss schwer sein, sein so junges Leben unter den Säbelhieben zu verhauchen. Auch ein junger Sohn unserer Predigersleute D. ist dabei umgekommen.

21. 7. 41
Es ist Sonntagabend und so friedlich schön! Nach vielen sehr heißen Tagen hat's diese Woche angefangen zu regnen, nun kommt immer mal wieder so ein Guss, und man

ist sehr froh und dankbar dafür. Doch das Frohsein ist schwer – – -! Hab beim letzten Eintrag auch nicht gewusst, dass es drei Tag später heißt: ›Krieg mit Russland!‹ Und was für ein Krieg! So schrecklich ist's noch bei keinem zugegangen. Kommt ein Brief von einem, der drin ist (und die Württemberger, besonders hier von der Gegend sind fast alle drin), so heißt es meistens: ›Es ist unbeschreiblich!‹ Tausende von Toten, meist Russen, liegen um uns herum, schreibt Hans S. heute an seine Frau. Aber es kommen auch viel Trauernachrichten, und es schaudert einen, wenn man mal hört, wie grauenhaft die Bolschewiken die zurichten, die in ihre Hände fallen. Es ist gut zu wissen, dass Gottes barmherzige Hände auch trotz solcher Grausamkeiten zu bergen wissen, ihm befehlen wir unsere Lieben täglich nicht nur einmal an. Und so dürfen wir vertrauen! August (*Mann von Elsbeth, ihrer Nichte*) ist seit 14 Tagen auch zur Ostfront unterwegs, wird wohl auch schon dort, vielleicht schon gar im Kampf sein. Seit dem 6. Juli kam kein Brief mehr. Der Herr behüte seine Seele und seinen Leib, nach Seinem heiligen Willen.

9. 8. 41
Gestern war Augusts Geburtstag! Er wird an diesen denken, so oft er ihn noch erleben darf. Heute morgen kam wieder ein Brief von ihm, nachdem schon einige Lebenszeichen gekommen waren, immer vergnügt und nie klagend, obgleich die Märsche sehr schwer waren, manchmal bis 60 km durch Staub und Sand, die derart aufgewirbelt sind durch die endlosen Kolonnen, dass man vom nachfolgenden Fuhrwerk nur noch die Umrisse sieht, schrieb August. Am 30. Juli, an welchem Tage der letzte Brief geschrieben wurde, war er noch nicht im Kampf. Die Russen haben augenscheinlich gar keine rechte Führung mehr, schreiben die Soldaten, sie hoffen, dass es nicht noch gar lang gehen wird. Gott schenke es uns und den armen Leuten dort. Doch wir wagen es noch nicht zu hoffen, die Regierung ist grausam und hat viele Hilfsquellen.

Es gehen Gerede, dass jetzt bald mit England angefangen werden soll. Das gibt eine harte Nuss. Doch einmal muss es ja wohl sein! – – – Muss, schreib ich! Muss das wirklich sein? Ein wenig guter Wille und Nachgiebigkeit der führenden Männer, und so unendliches Leid und Elend würde vermieden. Ist ja freilich leichter hingeschrieben, aber sollte der Weg nicht leichter zu finden sein als so viel Blutvergießen? Aber der Menschen Augen sind verblendet. Der Feind hat's getan. Doch Gott der Herr sitzt im Regiment.

Bei uns ist ja so gut wie Frieden. Selten sieht man hier einen Soldaten. Uns geht's gut. Sogar einen schönen Familienausflug haben wir am Montag gemacht nach Hohenzollern, der wunderbaren Kaiserburg hoch oben auf dem Berg. Elsbeth durfte in Ferien nach Aalen und Gottfried nach Karlsruhe.

13. 8. 41
Der Kampf geht weiter! Die Nachrichten hören sich ja manchmal an, als ob es nicht mehr gar so lange dauern könne, aber die Russen wehren sich doch noch zäh. Der Winter wäre sehr hart! Und ›England‹ steht vor einem wie ein Berg!

8. 9. 41
Jetzt sind's schon wieder fast 4 Wochen seit der letzten Notiz. Äußerst lebhaft und bewegt sind die Tage ... Die Fliegertätigkeit war in den letzten Wochen sehr lebhaft, auch Karlsruhe haben sie einigemal Besuch abgestattet. Dabei fiel in nächster Nähe unserer Lieben in der Gartenstraße eine Bombe, doch sie kamen mit dem Schrecken und vielen zersplitterten Glasscheiben davon. In der Nähe der Großfeldstraße in Neckarau fiel ein brennendes Flugzeug herunter. So durften wir dankbaren Herzens immer wieder freundliche Bewahrung erfahren. Doch wie viele müssen Furchtbares mitmachen, so dass man immer wieder den starken Eindruck hat: Der Teufel ist los!! Wie mit den Menschen im schrecklichen Russland umgegangen wird, ist wahrhaft teuflisch, auf dem Kriegsschauplatz sowohl als auch mit Privatpersonen. Dass Gott der Herr so etwas zulassen und dabei zusehen kann! Die einzige Rettung ist der Gedanke, dass Gott gewiss die Seinen, wenn sie wirklich derart auch in die Hände der gottlosen Menschen fallen müssen, so bewahren kann, dass sie das Fürchterliche nicht so miterleben innerlich. Man hat das von Märtyrern schon öfters gelesen. O, wie oft muss man die, die im Kampf stehen, in Seine Vaterhände befehlen.

Thea muss noch ein halbes Jahr Dienst tun im RAD. Ende September wär ihre Zeit um gewesen...

Die Schulen haben heute wieder begonnen. Doch es ist schwierig, die Schulräume werden als Lazarett gebraucht.

16. 11. 41
Der Krieg geht weiter, schrecklich und schwer. Er fordert gar viele herbe Opfer. Wir dürfen dankbar sein, dass Gott der Herr wenigstens so weit geholfen hat, dass das große russische Heer doch soweit außer Kraft gesetzt ist, dass es nicht mehr gar so lange mehr dauern wird, wenigstens im Osten. Es ist auch schon sehr kalt dort. O, die armen Soldaten! Aber auch die armen Leute in Petersburg und Moskau. Keine Nahrungsversorgung und vielfach auch kein Obdach. Ach Gott, sieh darein!

Und immer noch das England vor uns! Wenn die Menschen doch ein Einsehen haben wollten. Aber es muss alles ausreifen bis zur Ernte.

Nun will ich in Gottes Namen zur Ruh. Darf im Frieden in einem gewärmten Bett liegen! Ach Gott, erbarm Dich über die vielen Armen! Und über meine lieben, lieben Kinder.

31. 12. 41, 3/4 12 UHR
Und wieder Jahresschluss! Wie haben wir voriges Jahr um diese Zeit doch gemeint, das neue Jahr wird das Ende des schrecklichen Krieges bringen! Und statt dessen steht es weiter als je. Tiefe Traurigkeit erfasst einen, wenn so eine Todesnachricht nach der anderen kommt, und soeben lasen wir, Heini und ich, miteinander das Amtsblatt, dessen Rückseite ganz eingenommen ist von vielen Anzeigen gefallener Söhne unserer Geschwister.[3] Drei Predigerssöhne drunter, die hoffnungsvolle Jugend! Ach, wie-

3 Die Mitglieder der Evangelischen Gemeinschaft reden sich untereinander mit »Bruder » und »Schwester« an.

viel Herzeleid umfasst die einzige Seite. Herr Gott, unser Leben ist ein Wandern zu der Ewigkeit.

29. 1. 1942
Das hab ich nicht gewusst, als ich in obiger Notiz unsere Lieben in Feindesland dem Herrn anbefahl, dass einer derselben schon in der Ewigkeit ist: Christian S. liegt bei Obojen in Russland begraben. Eine Kugel in den Kopf, mitten im Leben, und aus und zerrissen ist alles, was ihn mit dem Leben verband! Am 24. Dezember im Morgengrauen hat ihn der Herr zur Weihnacht gerufen, mitten aus Kampf und Streit. Wenn man nicht wüsste, dass es des Herrn Hand ist, es wäre nicht zum Fassen, und ich kann schon begreifen, wie jemand, der es nicht aus Seiner Hand nimmt, fast nimmer weiter kann. Ach Gott, erbarm Dich all derer, es sind so viele! Ungezählte müssen auch ihre Glieder lassen in der großen russischen Kälte, die Lazarette sind überfüllt. Es werden noch schwere Wochen sein, die vor uns liegen.

Und der Kampf mit England kommt dann erst noch! Ach, wenn doch die Männer Einsicht bekämen.

Uns persönlich geht's gut.

26. 2. 42
Es ist sonderbar, man wartete mit Schmerzen, dass die außergewöhnlich starke Kälte endlich gebrochen sei, um der Soldaten willen, die Tag und Nacht im Freien sein müssen; und nun, da die Kälte gebrochen ist und Tauwetter eingetreten, so packt einen immer wieder die Angst und Sorge, dass es so ist; denn je näher das Frühjahr, desto eher das unvermeidliche Draufgehen der Unseren und vermehrte Todesnachrichten. Ruhe haben sie ja den ganzen Winter nicht gehabt, es stand heute in der Zeitung von einem Abschnitt, dass die Russen da in den letzten 4 Wochen 378 Mal angegriffen haben, das macht ja mehr als 10 Angriffe pro Tag und Nacht! So im allgemeinen hören sich die Berichte besser an als im Januar. Am kommenden Sonntag haben wir einen Trauergottesdienst für den Sohn Erwin unserer Familie R., der auch in Russland fiel. Heut kam die Nachricht vom Heldentod des zweiten Sohnes von Lehrer S. hier (*in unserer Stadt*), jetzt ist noch einer und der Vater unter den Waffen. Die arme Mutter!

Unser August ist noch in der Schreibstube vor Petersburg, wofür wir sehr dankbar sind.

OSTERMONTAG 1942
Nach langem Winter ein schön beginnendes Frühjahr. Alles – – möchte aufatmen, aber – sofort fliegen die Gedanken nach dem Osten! Was werden die kommenden Wochen bringen?? Es ist schrecklich und eigentlich unbegreiflich, wie Menschen so einander morden können, wie es in diesem furchtbaren Krieg geschieht. Habe in letzter Zeit zwei Bücher (*leider ist nicht mehr zu ermitteln, welche Bücher dies waren*) gelesen, in denen man sehen kann oder eine Ahnung bekommt, was ungezählte Menschen in diesem unglücklichen Land mitmachen mussten all die Jahre. Man muss ja allerdings denken, dass die, die so namenlos unter dem Bolschewismus litten, weil

sie das Leben anders kannten, längst ausgestorben und untergegangen sind; es wird ihnen also kaum noch viel nützen, wenn dem Bolschewismus die Macht genommen werden sollte, aber doch wenigstens würde diese fürchterliche Macht aufgehalten, in unsere deutschen Lande zu dringen. Freilich, der Böse, der die Menschen so zu seinem Werkzeug gemacht hat, der findet wieder andere Wege!

25. 4. 42
Wieder ist Sonntagabend und die Kinder endlich alle im Bett, so will ich noch einige Minuten dem Tagebüchlein widmen. Es sind schicksalsschwere Tage für unser Vaterland, wenn es auch verhältnismäßig ruhig ist an der Front, von örtlichen Kämpfen abgesehen. Doch bei der Art und Weise, wie sie unsere Führung bis jetzt einhielt, muss man sich gefasst machen auf überraschendes, blitzschnelles Überrumpeln des Gegners an einer Stelle, wo man nicht so drandachte, und deshalb ist immerfort die innere Spannung groß. Ach, wenn doch Gott bald eine Änderung schenken könnte, auch schon um der armen Menschen willen, die dort furchtbar leiden müssen. Und wenn das Große vollbracht ist, dann steht erst noch England vor einem, abgesehen von Amerika. Man kann sich fast nicht denken, dass die abgekämpften Soldaten das alles noch leisten können. Ich möchte nicht an verantwortlicher Stelle stehen, d.h., dann hätte ich natürlich auch eine ganz andere Übersicht. Gott, gib unserer Führung die rechten Gedanken!

5. 5. 42
Einige Tage sind erst vergangen, doch immer hat man gegenwärtig das Gefühl, dass es wichtige Tage der Vorbereitung großer Dinge sind: Es muss ja auch etwas geschehen. Es ist Stille vor dem Sturm. Heute nacht ist uns der Krieg etwas näher gerückt, und dabei schliefen wir den Schlaf der – Leichtsinnigen! Rund um Pfullingen sind scheint's viele Brandbomben abgeworfen worden, in Gönningen, Betzingen usw. Viele, auch unsere Schwester Berta, sahen den Feuerschein von Bränden, und wir lagen im Bett und schliefen. Ich musste denken: ›Lieber Gott, hab Dank für den guten Schlaf‹, der uns ja gewiss mehr genützt hat als das Rumfunktionieren in der Nacht, aber – – -. Ich war wohl halb angezogen, das tu ich immer, wenn die Sirene ertönt, aber nach so vielen, ungezählten Stunden unnötigen Wachens legen wir uns eben immer wieder mit den Kleidern ins Bett. Freilich, jetzt sagt jeder: ›Das nächste Mal geh ich aber raus!‹

19. 5. 42
Mitten in der Nacht sitze ich im Kinderzimmer. Die Sirene hat mich wieder aus dem Schlaf geschreckt; ich stand lang mit der Schwester am Fenster, und wir hörten sehr viele Bomben fallen, allerdings ziemlich weit, aber wo das war, da muss es schrecklich zugegangen sein…

Soeben ertönte das ersehnte Entwarnungssignal, nun aber flink ins Bett, und meine Bitte ist um Schlaf und Kraft für den neuen Tag.

Eine Sondermeldung brachte heut siegreiche Nachrichten über den südlichsten Teil der Ostfront, die Insel Krim – Kertsch. Wenn doch bald uns Frieden geschenkt werden könnte. Aber die Ostfront ist so groß, das Land so furchtbar weit, und ist es endlich erkämpft, so stehen noch England und Amerika da …

16. 6. 42
Ach, was ist es doch eine schreckliche, ja furchtbare Zeit! Abends, wenn man ins Bett will, muss man immer denken: Ach, die vielen, die ohne Friede, Heimat und Ruhe die Nächte in Feindesland verbringen müssen; wacht man auf, so muss man gleich denken: Wo werden sie jetzt wieder in den Tod gejagt werden, die so gern friedliche Arbeit täten? Oder wo werden die Leute jetzt wieder die furchtbaren Fliegerangriffe über sich ergehen lassen müssen?! Hab gestern einen Bericht von einem Mann, Bruder unserer Gemeinschaft, gelesen über den letzten Angriff von Oberhausen. Das kann man nicht wieder vergessen.

Wie eine Friedensinsel kommt einem da der schöne Süden vor. Da müssen oder dürfen wir täglich nur danken. Doch es kommen so allerhand schwarze Zukunftsgedanken. Da war mir heut morgen unser Lied in der Andacht ein großer Trost: ›Gott will machen, dass die Sachen gehen, wie es heilsam ist! Lass die Wellen höher schwellen, wenn du nur bei Jesum bist.‹ …

13. 9. 42
Ja, Tränen allerorten! Und dabei wär die Welt so schön, und das Leben könnt einen freuen, wenn Hass und Krieg, Streit und Selbstsucht nicht wären! Bei uns ist kein Feind im Land, und doch liegen fast ganze Städte zerstört am Boden, und die Obdachlosen werden wohl in die Millionen gehen. Sagen sie doch, allein bei dem furchtbaren Fliegerangriff auf Karlsruhe am 2. September sind in der Zeit von einer Stunde 30 000 Menschen obdachlos geworden, darunter unsere zwei Predigersfamilien P. und G.. Die Zerstörungen sind fürchterlich, Heini war am Mittwoch schnell dort. Über unsere Lieben dort hat Gott gnädig seine Hand gehalten. Wir danken Ihm herzlich dafür.

28. 11. 42
… erbittert ist das Ringen. Am Sonntag vor 14 Tagen haben wir den Trauergottesdienst für unseren lieben Br. Sch. gehalten. Wie tut einem die Frieda mit ihrem Dorisle leid! Doch sie trägt's vorbildlich tapfer, wenn auch freilich der Schmerz um das verlorene schöne Eheglück groß ist. Vom jungen Karl Sch. kam schon seit 4 Wochen nichts, er ist in Stalingrad, und da geht die Schreckensbotschaft um, es seien viele Tausende von den Bolschewiken abgeschnitten und eingekreist worden. Gott sei ihnen gnädig!

Auch ein harter Fliegerangriff hat uns am Sonntagabend in Schrecken versetzt, in Stuttgart, besonders aber auch in der Umgebung ist viel Unglück passiert.

22. 12. 42
Weihnachten feiern! Es kommt einem oft genug wie ein Unrecht vor, wenn man sich auf eine schöne Weihnachtsfeier freuen will, während so viele in Kälte und Fremde und Hass und Tod umkommen müssen, die auch so gern daheim gewesen wären.

Doch wir wollen es tun in einfacher Weise, von Geschenken kann ja sowieso kaum die Rede sein; statt dessen wollen wir das ewige Wort Gottes zu uns reden lassen …

SYLVESTER 42
Noch eine halbe Stunde und 1943 fängt an. Wie hat man doch voriges Jahr um diese Zeit gemeint, das nächste Jahr wird die Entscheidung bringen und statt dessen – – man kann sich das Ende, wie es kommen könnte, gar nicht vorstellen, so dunkel ist es. Bei uns daheim könnt man's noch lang aushalten, wenn auch vieles fehlt, das Lebensnotwendige ist da, aber der Gedanke an die Armen draußen ist furchtbar. Täglich ungezählte Male denken wir an die in Stalingrad Eingeschlossenen, der Karl Sch., der Erwin F. und Alfred H. sind dabei, soviel man weiß. Wie werden die Weihnachten gefeiert haben! Doch dürfen wir sie in des lebendigen Gottes Hände befehlen …

7. 2. 1943
Soeben las ich aus einer früheren Notiz in meinem Tagebüchlein: ›… dass das große russische Heer doch wenigstens so weit außer Kraft gesetzt ist, dass es nicht mehr gar so lange dauern wird…‹, so geschrieben und gemeint am 16. November '41! Und heute, am 7. Februar '43, haben unsere braven, tüchtigen Leute in den roten Fluten ertrinken müssen! Welch furchtbares Ende des siegreichen Vorwärtsdringens unserer Leute durch das Eingeschlossenwerden in Stalingrad! Dies Wort hat einen schrecklichen Klang in unseren Ohren bekommen. Scheint's haben die, die sich noch aus der Umklammerung lösen konnten, sehr weit zurück müssen.

Ach, dass der Herr sich über unser armes deutsches Vaterland erbarmen kann. Es ist so viel Gottentfremdung in unserem Volk.

Verschiedene unserer Bekannten gehörten zu der in Stalingrad geopferten 6. Armee, von der man nicht weiß, ob noch Überlebende in den Händen der Bolschewiken sich befinden, oder ob sie alle schon in der Ewigkeit sind. Erwin F., Alfred H., Prediger Richard H.. Karl Sch. bekam am 18. Dezember schon eine Kugel in den Kopf. Der Sohn von Frau R., Karlsruhe und Dr. K.'s Sohn, der Realschullehrer B. unserer Buben, und was sich noch rausstellt, weiß man nicht.

25. 2. 43
Da sitz ich halt schon wieder und warte, ob ich bald ins Bett darf, es ist bei uns ja allemal sozusagen blinder Alarm, aber man weiß doch nie.

7. 4. 43
Familienzuwachs haben wir bekommen: ein 10jähriges Mädchen aus Essen, Fliegerflüchtling. Sie ist lieb und fröhlich und macht uns allen Freude.

7. 5. 43
Ja, der Familienzuwachs! Das ist ein Kapitel für sich in den gegenwärtigen Tagen. Seit 3 Wochen sind nun auch die beiden Hörnle (*Kinder von Elsbeth, ihrer Nichte*) da, weil die Elsbeth ins Krankenhaus musste, um ihr Mädele zu kriegen, welches sich dann auch am Karfreitag glücklich einstellte! Sie machen uns sehr viel Freude, die beiden netten lieben Kerle, aber viel Unruh und Ablenkung gibt's natürlich auch.

In Stuttgart und Cannstatt waren vor 3 Wochen schwere Angriffe, 40 000 Obdachlose in 1 1/2 Stunden, ist das nicht fürchterlich! Unsere Anwesen in Cannstatt und

Münster sind auch dem Erdboden gleichgemacht, Bruder B. und unser Onkel E. und Tante Friederike um all ihre Habe gekommen. O, der schreckliche Krieg!

30. 5. 43
Da will ich nur schnell noch eine Notiz eintragen, ehe der schöne, liebe Monat Mai für dies Jahr Abschied nimmt! So einen stillen Sonntagnachmittag hab ich schon lang nimmer erlebt als den, der jetzt Abschied nehmen will: Sonnenschein, Kaffeetrinken in der grünen Laube im Garten, anschließend ein stilles Lesestündchen – – – ob's noch viel Leut in dieser unruhigen Welt so schön haben? …

13. 6. 43
Der Ernst ist gemustert, kv. (*kriegsverwendungsfähig*) – hat schon Bereitstellungsbefehl auf 1. August in das Wehrertüchtigungslager und ist doch noch nicht mal 17 Jahre alt! Ach, dass seine Seele gefestigt sei in Gottes Vaterhänden, dass der Feind sie nicht verderben kann! Er sucht, das kann man wohl merken.

14. 8. 43
So will ich mich denn in Gottes Namen auf den Weg machen, mein Mutterle zu holen! Heimatlos, auf fremder Leute Freundlichkeit angewiesen, das hat sie sich nicht träumen lassen, dass es ihr noch in ihren alten Tagen (fast 90 Jahre) so geht. Mein Elternhaus ein Trümmerhaufen, und sie, die nicht mehr stehen, geschweige denn gehen kann, hat man grad noch aus dem brennenden Haus getragen! Doch den Dank nicht vergessen, es ist niemand umgekommen im Haus. Ganz Neckarau ein Flammenmeer, schreibt Lydia! Ach Gott, es ist furchtbar, wie unser Volk leiden muss. Die großen Städte des Westens alle fast ganz ausgebrannt, die Menschen zu Hunderttausenden hingemordet. O Gott, wir sehnen uns nach Deinem Frieden! Behüte mir meine Lieben nach Leib und Seele.

Ernst ist seit 14 Tagen im Arbeitsdienst Ettenheim in Baden.

28. 8. 43
Und nun ist das Mutterle schon bald 14 Tag hier bei uns, und wir freuen uns miteinander, sie, dass sie im Frieden ruhen und schlafen darf, ich, dass ich ihr in ihren letzten Tagen noch manche Liebe tun darf, die doch, seit ich denken kann, mit selbstlosester Mutterliebe an mir handelt. Ich empfinde es als ein Geschenk von Gott.

Der Anblick meiner einstigen Heimat war schaurig, o was wird aus unseren schönen Wohnungen und Städten! Es ist himmelschreiend! Aber wen will man anklagen? Wir wollen an die eigene Brust schlagen. Die Sünde ist's, die uns so in Feindeshand verkauft. Und wer ist frei von ihr?

Wir wollen dankbar sein, dass unsere Lieben alle noch leben. Die Großmutter war 8 Tage bei Schwester Kätchen H. in Hohensachsen, die sie liebevoll versorgte, bis ich sie holte. Aber die Fahrt von Hohensachsen nach Pfullingen werde ich wohl nie vergessen! Doch der treue Gott ließ mich immer wieder gute Menschen finden, die mir halfen, die Mutter raus- und reinzutragen, was nicht so einfach war bei den überfüllten Zügen.

Ernst schreibt vom Arbeitsdienst so, dass man denken darf, er tut seine Pflicht, von seinen Führern schreibt er begeistert. Doch wie bald wird es auch heißen: ›Bin auf dem Weg nach Russland!‹ wie der Reinhold B.. H.'s Sohn ist vermisst, B.'s Ältester gefallen, H.'s 14jähriger gestorben, Unzählige gefallen! Wieviel unsagbares Leid! O Gott, erbarme Dich unser.

HEIMBACHHOF, 13. 9. 43
Wieder ein paar Tage der Zurückgezogenheit im Schwarzwald! Ein Geschenk der Freundlichkeit Gottes, aber auch Heinis und der Kinder, hauptsächlich Thea und Esther. Es ist eine liebe Heimat hier bei Frau S.. Immer wieder ist mein Gebet: Gott segne sie.

Das Radio ist die einzige Verbindung mit der Außenwelt, das bringt große Neuigkeiten. Am Donnerstag hieß es: Italien hat um Waffenstillstand gebeten, und alle Männer bis zu 60 Jahren müssen einrücken. Da meinte ich, gleich heim zu müssen, doch mit dem Einrücken geht's scheint's nicht ganz so schnell. Italien haben sie nun halt besetzt, der Kampf geht weiter, und ich hab vorhin denken müssen: Eins ist sicher, Hitler weiß aus jedem Schlag einen Aufstieg zu machen! Gott der Herr sei mit unserem armen Volke!

21. 10. 43
Donnerstagabend, Gebetsstunde aus. Draußen ein wunderbarer Sternenhimmel, wie ich noch selten einen sah. Man könnte sich sehr dran freuen, wenn nicht ein solcher Sternenhimmel gerade am besten geeignet wäre, Feuer und Brand und Mord über Tausende unschuldiger Menschen zu bringen. Die Kinder sagten beim Zubettgehen, dass sie schon die ›3 Sterne‹ (*Nachtjägerzeichen*) über Stuttgart stehen sahen. Wie traurig – statt dass sich die Kinder an Gottes wunderbarer Schöpfung freuen lernen. Wann wird dieser furchtbare Krieg ein Ende bekommen? Man kann sich's schon gar nimmer vorstellen.

29. 10. 43
Da gingen sie vorhin hin im Halbdunkel des frühen Morgens, meine drei! Vater als der kleinste in der Mitte! Unser lieber Ernst muss heute einrücken; in Tübingen ist Sammlung, nach Straßburg-Mutzig geht die Reise. Vater hat gerade in Tübingen zu tun, fährt mit, Gottfried geht ins Geschäft. Was ist es doch ein einschneidender Lebensabschnitt, zum Militär unter den heutigen Umständen. Denn das Morden geht weiter, schlimmer als je, und keine Aussicht. Die Jungen werden meistens nur wenige Wochen ausgebildet, dann sind sie fertig zum Erschießen. Welch unersetzlicher Verlust für unser Volk! Von den Hunderttausenden blutender Mutterherzen gar nicht zu reden!

Man kann nichts tun, als seine Kinder in Gottes Vaterhände zu befehlen.

8. 11. 43
Der Ernst kommt wahrscheinlich nach Russland.

28. 11. 43
Auch der Vater bei den Soldaten, Zahlmeisterstelle. Brief an Ernst.

25. 1. 1944
Nun fang ich halt in Gottes Namen in mein Buch zu schreiben an!

Als Soldatenfrau und Soldatenmutter, bald mehrfache! Das hab ich nie gedacht, noch zu werden.

In Russland geht's furchtbar zu, in Italien auch, und Ernsts Ausbildungszeit ist gewiss bald zu Ende. Wie lange wird's gehen, und sie kommen von Ravenna fort in den Kampf. O, wie lernt man um die treuen Heilandshände bitten, dass sie über unseren Lieben seien in Not und Tod!

12. 2. 44
... Ferner ist am Dienstag ein Briefle von Ernst gekommen: ›Wir kommen heute von hier fort, wahrscheint's (*Dialekt für wahrscheinlich*) in den Einsatz. Doch ich stehe in meines Gottes Hand, und niemand wird mich hier rausreißen.‹ Ach, wenn man dies zum ersten Mal von einem seiner Lieben hört, kommt's einem doch wie das Todesurteil vor! Man muss das auch erst lernen. So der Gedanke, jetzt und jeden Augenblick kann er in allergrößter Todesnot sein, wo sie doch gerade die ›Säuglinge‹ reihenweis niederlegen, wie mir ein alter Soldat sagte, das ist sehr quälend. Es ist keine Rettung, als was er ja selber schreibt, er steht in Gottes Hand, und was der macht oder zulässt, ist gut. Vom Gesichtspunkt der Ewigkeit aus gesehen.

Der Vater ist in Ulm, es geht ihm gut. Er sagt, so ruhig hätt' er's schon lang nimmer gehabt oder überhaupt noch nicht, jeden Abend um 6 Feierabend! Wenn er nur nicht auch noch in Feindesland kommt!

Das Kriegsende ist ja nicht abzusehen, es geht immer furchtbarer zu an allen Fronten. Und immer das Gespenst des Vergeltungsschlags und dessen Folgen vor Augen!

Uns persönlich geht's gut, Gottfried ist den Verhältnissen entsprechend munter, Großmutter auch. Bloß Thea sieht aus wie die teure Zeit, wenn sie nur nicht auch noch ins Bett muss, sie hat arge Rheuma-Schmerzen.

Unseren beiden anderen, Arbeitsmaid und Landdienstmädchen, geht's scheint's auch ordentlich.

17. 2. 44
Jeden Morgen bin ich so dankbar, wenn die Nacht rumgegangen ist ohne Fliegeralarm. Was würde ich mit unseren zwei Patienten tun (*ihre 90jährige, bettlägerige Mutter und ihr Sohn, der an Diphtherie erkrankt ist)*? In den Keller?

27. 2. 44
Diese Woche sind nach langer Pause die Flieger wieder zu uns in den Süden gekommen, haben in Stuttgart furchtbar gehaust und noch in anderen Städten. Sogar in Pfullingen sollen Brandbomben gefallen sein, ohne etwas auszurichten; andere sagen, es seien nur Leuchtbomben gewesen. (*Die alliierten Bomberpiloten warfen in der Regel Leuchtmunition, um das Zielgebiet zu bezeichnen und zu erhellen.)* Viele Stunden waren wir in diesen Nächten auf, man spürt es sehr. Aber freilich, wie muss es denen sein, die jahrelang schon fast keine Ruh haben? Es ist einfach grausam, unmenschlich, teuflisch, bei dieser bitteren Kälte so vielen Menschen das Heim überm

Kopf zu verbrennen und zerstören, wo doch fast keine, überhaupt keine Möglichkeit ist, es zu ersetzen. Es ist nicht auszusagen, welch Elend. Und immer weiter geht's !

23. 3. 44
Ja, ja, der Sturm ist gekommen, von dem ich vorher schrieb! Oder ist's vielleicht erst der Wind? Es kann freilich schlimmer kommen, bis jetzt ist das grauenhafte Elend nur in der Umgegend. Der Vater steht zwar mitten drin, die müssen statt lernen Hausrat etc. bergen und Brandwache stehen in Stuttgart und Umgebung; auch hierum wurde in einer Nacht so manche Ortschaft zerstört, und was das heißt, jetzt so mitten im kalten Winter (es ist von Frühling noch gar nichts zu merken), das weiß man wohl erst, wenn man selber drin steht. In Reutlingen und Pfullingen ist Gott sei Dank bis jetzt noch nichts passiert. Doch mussten wir die letzten Tage und Nächte so manches Mal das alte Mutterle in den Keller tragen, und dann springt man noch, von dem bisschen Hab und Gut noch so das Nötigste in den Keller zu bringen, wo es vielleicht etwas sicherer ist als oben. ›Wie der Auszug aus Ägypten‹, so sieht es heutzutag in allen Haushaltungen aus.

12. 4. 44
Am hellen Werktagmittag sitz ich am Tagebuch. Ich muss eine Notiz eintragen, von der ich noch nicht weiß, bedeutet sie Leben oder Tod unseres lieben Ernst. Schwester Rosa aus Tübingen teilte uns mit, dass ihr Verwandter aus Trossingen, der ein guter Kamerad von Ernst in Italien ist, heimgeschrieben hat, dass man den Ernst nimmer findet. Es seien schwere Gefechte gewesen, nur 20 seien von der Kompanie zurückgekehrt, und man hätte das ganze Gelände abgesucht, von Ernst aber keine Spur gefunden. Nun sind ja viele Möglichkeiten, aber man weiß nichts. Bloß das eine weiß man gewiss, dass er in Gottes Hand ist, das schrieb er öfter. Da weiß man ihn wohlgeborgen.

Wie oft hab ich in den vergangenen Ostertagen gedacht: Wo und wie wird unser Ernst dieselben verleben? Denn wir haben 6 Wochen keine Post von ihm gehabt. Schön war's über Ostern! Papa hat 14 Tage Urlaub, Elsbeth kam von E. heim, Esther kam von Straßburg, sie hat Krankheitsurlaub bis Ende Mai, dann ist sie entlassen. Dann werden wir weiter sehen mit Gottes Hilfe.

So war alles daheim, bloß der Ernst nicht! Die Nachrichten von Russland sind trostlos: Odessa geräumt, Kertsch geräumt, die Krim völlig eingeschlossen. Gott, Dein Weg ist dunkel.

14. 5. 44
... Und nun noch das Schmerzlichste: Wir bekamen gestern vom Oblt. (*Oberleutnant*) nun endlich Bescheid über Ernst, d.h., dass er also seit dem 5. März vermisst ist. Der Brief ist sehr freundlich gehalten, doch hört sich sein Inhalt nicht sehr hoffnungsfreudig an. Wir wissen, dass unser lieber Bub in Gottes Hand war, und so wird er gewiss in jenen notvollen Sonntag-Morgenstunden zu dem gerufen haben, der sagte: ›Rufe mich an in der Not, so will ich dich erretten, so sollst du mich preisen.‹ Ihm wollen wir danken.

23. 5. 44
Schon einmal erlebte ich heute einen Schmerz. Da ist doch die letzten Tage Bernhard H. bei uns gewesen, hält um die Hand unserer Großen an, und wir lernten ihn wirklich von Herzen lieben. Nun hat er sich heut mittag wieder verabschiedet, muss wieder nach dem schrecklichen Russland, wo die Männer und Brüder zu Tausenden umkommen, als hätten sie keinen Wert. Ach Gott, es tut einem das Herz weh, wenn man sich sagen muss, da muss jetzt so ein Mensch hin, der niemand was zuleid tut, muss morden und wird gemordet, und man kann sie nicht halten, es gibt keine Möglichkeit – – ! Ach Gott vom Himmel, sieh darein!

Ihre alte Mutter durfte am 23. Mai »heimgehen«, wie sie sich ausdrückt, und der Mann wurde aus dem Militärdienst entlassen. Am 5. 6. bekommen sie eine Nachricht, dass Ernst mit einem Bauchschuss in einem Lazarett liegen soll, aber sie erfahren nichts Genaues.

5. 6. 44
Bei uns im Familienkreis geht's so seinen Gang weiter, Vater ist ›daheim‹, d.h. im Dienst meist unterwegs, kommt aber doch immer wieder, Thea ist so einigermaßen in Ordnung, Ernst in Gottes Hand, Esther daheim, wir wissen noch nicht, was weiter mit ihr wird, ich bitte sehr um den rechten Weg. Gottfried sandte vorgestern seinen ersten Brief aus dem RAD, natürlich fröhlich und humorvoll, Elsbeth legte einem Karlsruher Schuhpäckle ein nettes Briefle bei, es ist gegenwärtig ruhiger dort. Gerhard steckt in Schul- und Berufswahlnöten, er wird diesen Sommer 14 Jahre alt. War am Samstag mit ihm auf dem Arbeitsamt, ob man ihn in die Handelsschule tun soll. Der Herr Dr. R. rät eher zum Baufach als dem gegenwärtig aussichtsreichsten. Der Reinhold ist viel krank, scheint's auch Gelenkrheuma, wenigstens so ähnlich.

Und bei mir ist's in diesen Tagen auch sehr ähnlich so, lieg seit einigen Tagen im Bett und schwitze was zusammen! Hätte heute nach Honau sollen ins Pilgerheim, Papa hat mir lieberweise dort 14 Tage ein Zimmer bestellt, was heutzutag nicht leicht ist. Und nun kann ich nicht mal! Weiß nicht, ob es morgen möglich ist. Morgen früh kommt der Vater von Herzogsweiler heim, dann wollen wir sehen. Und jetzt wollen wir sehen, was Esther gekocht hat.

19. 6. 44
... in der Nacht vom 5. auf den 6. Juni fing die englische Invasion in Nordfrankreich an, und seitdem ist ein mörderisches Ringen dort an der Küste, mörderisch im wahrsten Sinne des Worts, wo man doch wahrlich bisher meinte, schlimmer als in Russland kann's nirgends werden.

Wie es sich entwickeln wird – – – wir können es noch nicht wissen, seit zwei Tagen schreiben sie in der Zeitung von einem neuen, weithin wirkenden Sprengstoffkörper, mit dem sie nach England rüberschießen, aber in einer seltsam verschleierten Weise, so dass man nicht recht weiß, soll's eine Beruhigungspille sein, oder will man den großen Schlag führen und nicht vor der Zeit aufdecken. Man wagt kaum mehr zu hoffen.

In diesen letzten Tagen kommen nacheinander die Nachrichten über die vielen, die auch aus unserer Gegend noch auf der Krim waren. Was sage ich: Nachrichten! Allermeist sind's halt ›Vermisst‹- Anzeigen, denn da ist's fürchterlich zugegangen, noch viel schlimmer als in Stalingrad! Es ist ein entsetzliches Drama, die meisten sind bei dem Versuch, sich zu Schiff nach Rumänien hinüberzuretten, durch die harten Fliegerangriffe der Russen untergegangen. Man hört nur von ganz einzelnen, die tatsächlich an Land kamen, darunter aber, Gott sei Dank, Jakob U. aus Willmendingen.

Honau, 25. 6. 44
Nun bin ich also wahrhaftig seit ein paar Tagen im schönen Echaztal in der ›Villa‹ vom Pilgerheim und faulenze und Tante Mathilde mit mir!

Wir sind sehr dankbar für die schönen ruhigen Tage. Heute war Sonntag, die Kinder kamen, Thea spielte uns im Walde ein paar Weisen auf der Handharmonika, die ihrem Bernhard gehört. Einen Brief von Gottfried brachten sie mit. Es geht ihm gut. Dem Elsbethle in Karlsruhe will ich ein Briefle schreiben, sie ist einsam.

6. 7. 44
Der Krieg wird immer fürchterlicher, man weiß wirklich nicht, wo die ›Hölle‹ heißer ist, im Osten, in Italien oder an Frankreichs Nordküste! Oder in den deutschen Städten des Westens und manchmal auch des Südens! Ach Gott vom Himmel, sieh darein!

Albert Sch. ist gefallen, heut abend musste Papa schon wieder einen von Unterhausen als gefallen melden und einen von hier als vermisst.

Von unserem Ernst nichts weiter. Sein Bild liegt in meiner Bibel, und es vergeht kein Tag, an welchem ich ihn nicht mehr als einmal Gott anbefehle. Wie oft muss ich, je länger je mehr, bitten um einen Lichtstrahl.

Unser Gottfried ist nimmer im RAD, er sandte zwei Karten von seiner Fahrt zur Organisation Todt, wozu er kommandiert wurde, wo er nun ist, wissen wir nicht. Auch ihn legen wir in Gottes Hände.

9. 7. 44
Ach Ernst, lieber Bub, wo bist du? Wenn ich ins Bett will, so muss ich denken: Wo wird *sein* Bett sein! Und wenn ich meine Bibel aufschlage, sehe ich zuallererst sein Bildlein. Jetzt ist's Sonntagabend, die anderen sind schon im Bett, ich muss durch die Wohnung laufen und denken: Werden seine Gedanken vielleicht auch jetzt durch die wohlbekannten Räume wandern, vielleicht in Heimweh, vielleicht in großen Schmerzen? Ach lieber Herr, grüße doch Du ihn, lass ihn Deine Nähe fühlen, dass er weiß, er ist nicht allein. Und wenn's Dein Wille ist, so lass ihn doch auch wieder heimkehren, und lass ihm Ewigkeitsfrucht aus all dem Schweren wachsen, dass er für Zeit und Ewigkeit Dein frohes Eigentum ist. Aus Gnaden! Amen.

26. 7. 44
Und wieder haben wir gesund und unverletzt vom Keller heraufsteigen dürfen! Mit herzlichem Dank gegen Gott. Ich würde jetzt daherschreiben: Es war eine furchtbare Nacht, wenn ich nicht denken müsste: Wie müssen dann erst die diese Nacht bezeichnen, die es getroffen hat!!? Wir hockten und lagen im Keller am Boden, als es

nacheinander viel-, vielmal so krachte, dass wir allemal dachten, die nächste trifft jetzt uns, so nah und arg kam es uns vor. Stundenlang kreisten die verderbenbringenden Flugzeuge über uns, es ist ein nervenzermürbendes Warten.

Als wir endlich wagen konnten, heraufzugehen und zu schauen, ob's etwa bei uns oder in der Nähe brennt, stand ein großer Brand am Horizont, aber nicht in der Nähe, Richtung Stuttgart! Das müssen Bomben schwersten Kalibers gewesen sein, die noch hier in Pfullingen so zu spüren sind, als wäre es hier. Wie müssen dort erst die Wände, die noch standen, gewackelt haben! Unsere schöne Kapelle in Stuttgart war schon die letzte Nacht vollständig zerstört worden durch eine Luftmine, und wir hatten längst nicht so arg die Einschläge gespürt! M.'s leben alle, diese Botschaft wenigstens konnte ich der Rosemarie M. bringen, ihre Schwester Marga bat mich am Telefon drum. Ach, wie denk ich an unseren lieben Gottfried, der in Essen Tag und Nacht all dem Schrecken ausgesetzt ist. Welch eine furchtbare Zeit!

27. 8. 44
Schon so lang ist der letzte Eintrag her! Das Buch ist immer im Koffer, in welchem wir unsere Papiere haben, und so komme ich so selten dran.

Einen Monat, und was für einer! Es sieht aus, als ob es ein ganz schwarzer für unser Volk und Vaterland ist. Man muss immer wieder fragen: Lieber Gott, was hast Du denn mit uns vor? Es muss jetzt bald die Entscheidung kommen. Gott sei mit unseren Soldaten.

Der Gottfried kam heut morgen unverhofft von Essen. Wir freuen uns sehr drüber. Sie sind dort sehr schlecht untergebracht, doch er muss wohl in diesen Tagen wieder zurück.

Thea hat einige Wochen Angst um Bernhard ausgestanden, und mit ihr wir alle. Doch nun ist ein Brief gekommen: ›Danke Gott, dass wir dem Ring der Russen noch einmal entronnen sind.‹ O, wie viele bleiben drin stecken, und jetzt ist gar noch Rumänien in den Rücken gefallen. Herr Schm. ist drin und viele Bekannte. Und in Frankreich gehen sie dauernd zurück. Wie soll das enden? Gott weiß es.

Geburtstag haben wir gefeiert gestern, kriegsgemäß, doch mit Freuden. Unser Vater ist doch wenigstens ›daheim‹.

3. 9. 44
Sonntagmorgen! Und könnte so ein schöner, friedlicher sein. Die Ernte ist größtenteils daheim, reichlich und gut, geregnet hat's auch wieder, so dass Obst und Kartoffeln noch etwas wachsen können; der liebe Gott schenkt seine Güte, so dass die Menschen mit Fried und Freuden leben könnten – – – doch: Die Menschheit zittert vor den kommenden Tagen. Die Feinde Deutschlands sind ringsum an den Grenzen, und durch das Volk geht ein Raunen von Schrecklichem, Furchtbarem, was geschehen würde, wenn sie die Grenzen überschreiten. Es wird so oder so schrecklich sein!

13. 9. 44
Ja, was wird er bringen! Und wusste nicht, dass grad an jenem Sonntag, dem 3. September, 2 Uhr, unser lieber Bernhard im Posener Lazarett die Augen für diese Welt

schloss! Es ist ein großer, bitterer Schmerz, besonders für Thea und seine lieben Eltern, doch wir wissen auch ihn in Gottes Hand! Ach, dass all die jungen Menschen, die doch von rechts wegen des Lebens Freud und Leid noch vor sich haben sollten, so schmerzvoll von uns gehen müssen! Thea reiste hin, kam zur Beerdigung zu spät, wurde sehr lieb von Pflegern und Kameraden und Arzt empfangen, dass es einen bloß wundert, dass sie sich bei all dem ungezählten Elend und Leid eines so großen Lazaretts noch derart um den einzelnen kümmern können. Er hätte aller Herzen sofort gewonnen und bis zuletzt an seine Braut gedacht und um sie gesorgt.

Jetzt ist Thea gestern wieder nach Stuttgart, weil die Frau H. so krank ist. Heut nacht war schwerer Angriff auf Stuttgart oder Umgebung. Der ganze Horizont in der Richtung war rot vom Brand, und heute mittag noch sieht man die schweren Rauchwolken, die ganze Gegend muss dort in Rauch gehüllt sein, wenn man es in dieser Entfernung noch jetzt so stark sieht.

Nun, jetzt ist es 2 Uhr, und schon wieder zweimal Alarm, viele, viele Flugzeuge flogen über unsere Häuser. Wo mögen sie das Verderben, Not und Elend hingetragen haben?

19. 9. 44
… Gestern abend haben sie (Fräulein F.) uns telefoniert, dass sie alle (*die Karlsruher*), alle unter den Trümmern liegen, die Eltern, beide Schwägerinnen Martha und Bertl und – – unser liebes Elsbethle! Ach, dass ich es fassen kann, sie ist in Gottes Hand. Wir können nichts tun, als sie da lassen. Heini will sehen, ob noch irgendeine Hoffnung besteht.

Auch von Gottfried bekamen wir gestern einen Bericht über einen sehr schweren Angriff auf sein Werk. Gott hat noch einmal seine Hand über ihn gehalten. Auch ihn befehlen wir in seine Hände. Er sammelt unsere Kinder zu ihm.

Thea hat gestern traurig ihren 22. Geburtstag gefeiert.

30. 9. 44
Wie langsam trotz aller Arbeit so ein Tag hingehen kann! Und die Nacht ist nun auch herum, es ist morgens 1/2 7 Uhr, aber noch keine Nachricht vom Vater (*er ist nach Karlsruhe zu den Verschütteten, den Eltern, zwei Schwestern ihres Mannes und der Tochter Elsbeth, gefahren*). Einmal war Alarm gestern abend, wir konnten nichts sehen, wo sie etwa gewesen sein können, einmal auch Voralarm am Vormittag. Es ist freilich sicher sehr schwer, telefonisch Verbindung zu bekommen. So warten wir halt weiter heute.

Heute mittag muss ich nach Hülben zu dem Estherlein, es ist mir bange, bis ich's ihr gesagt hab. Sie sagt nicht viel, trägt aber, glaub ich, innerlich um so schwerer.

Gottfried hab ich's auch noch nicht geschrieben, wir sollten vorher Gewissheit haben.

Ach Gott, immer haben wir sie, unsere lieben Kinder, in Deine Hände befohlen, so dürfen wir auch gewiss wissen, dass sie drin geborgen sind, ob sie noch leben oder schon in der Ewigkeit sind. ›Tot‹ ist nicht der richtige Ausdruck, denn nach dem Sterben beginnt doch das Leben!

In Gottes Namen will ich den Tag anfangen.

5. 10. 44
Am Dienstagmorgen fuhr Heini wieder nach Karlsruhe. Nun warten wir halt wieder, was für ein Bescheid kommt. Gottfried kam am Dienstagabend von Essen und fuhr am Mittwoch nach Karlsruhe. Thea riet ihm ab, man weiß auch nicht, was der Vater dazu sagt; ich denke zwar, dass ihm der Bub eine gute Hilfe sein kann. Doch ist die Gefahr für beide groß, denn es sind immer wieder Angriffe. Gleich in der ersten Nacht, von Freitag auf Samstag, ging eine schwere Bombe im Garten des Hauses, in dem er war, nieder, und der Staub drang bis in den Luftschutzkeller. Doch Gottfried ließ sich nicht abhalten, er sagte: ›Und wenn ich sie mit den Fingernägeln rausgrubeln muss, drunter dürfen sie nicht bleiben!‹ Wenn er nicht zu vorwitzig ist, es wäre mir gar arg, wenn was passieren würde.

Nun kann ich nichts tun, als immer wieder alle in Gottes Hände legen. Er ist der Gott der Barmherzigkeit und des Trostes.

Ewigkeit, in die Zeit leuchte hell herein.

Heute abend war Gebetsstunde. Wir wurden während derselben erschreckt durch wiederholtes Donnern, und seitdem ist andauernd ein schwerer Kanonendonner in Richtung Westwall. Das Haus zittert, und wir wissen nicht, was es eigentlich ist. Bomben oder ganz schweres Geschützfeuer, ziemlich nah?

9. 10. 44
Jetzt hat sich der Vater zum dritten Mal nach Karlsruhe verabschiedet, es ist allemal ein Zittern im Herzen, ob es nicht ein Abschiednehmen für immer ist. Gott sei mit ihm.

Am Samstagmorgen kamen sie miteinander, Vater und Sohn, die Nacht hatten sie im Plochinger Bahnhof verbracht. Heutzutag sitzt man immer wieder mal wo und kann nimmer weiter.

Am Mittag dann wurde telefoniert, dass man endlich an die Leichen gekommen wär', nach Schuh und Haar hätte man ungefähr – – – schließen können, wer es gewesen sein könnte. ›Schließen‹, also so zerfetzt waren die Armen! Wenn man das aus hasserfüllter Menschenhand nehmen müsste! Man müsste doch vom Wiederhassen schier umgebracht werden. Was einem lieb und teuer war, zerfetzt und in den Dreck gequetscht. Das Nachbarhaus mit allem Inhalt war auch noch drüber geworfen. 11 Tage hat man gebraucht, bis man mit Wagen den Schutt so weit weg hatte, dass man ohne oder mit weniger Gefahr in den Keller kommen konnte!

Wir dürfen es aus Gottes Vaterhand nehmen und gewiss wissen, Er, der verheißen hat: ›Ich bin bei Euch alle Tage‹, der wird gewiss im schwersten Augenblick, den sie aber kaum empfunden haben, bei ihnen gewesen sein. Vorgestern, als ich vom Bäkker heimging in traurigen Gedanken, stand plötzlich die Frage vor meinen Augen: Wie schön wird wohl der Engel gewesen sein, der unsere Lieben, die doch dem Herrn vertrauten, aus der fürchterlichen Zerstörung träumend herausgeführt hat? Das war und ist mir ein großer Trost.

14. 10. 44
Drüben im Zimmer hat Thea einen schönen Tisch hingerichtet, mit Blumen und

Bildern von unseren Lieben, 8 an der Zahl, die uns in den letzten 7 Monaten verloren gegangen sind für dieses Leben:

am 5. März der liebe Ernst, man darf kaum mehr hoffen, dass er nochmal heimkommt,

am 23. Mai das Mutterle,

am 3. September der liebe Bernhard,

am 27. September Vater, Mutter, Martha, Bertl und Elsbeth.

Sie sind daheim im Frieden, in der Liebe, bei Gott.

Wir sind ein gehetztes Volk geworden, manchen Tag 5 bis 6 Mal Alarm; wo sich Menschen auf dem Feld zeigen, schießen die Unmenschen mit Bordwaffen darauf, auf die Züge ebenfalls, alle Tage kommt's vor. Heute Morgen das Zügle nach Unterhausen, bis jetzt 4 Tote und viel Verletzte, gestern die Züge nach Stuttgart und Tübingen und noch viel mehr.

Heini ist, Gott sei Dank, auch zum dritten Mal von Karlsruhe heimgekommen. Am Dienstag, den 10. Oktober wurden unsere Lieben mit der ganzen Hausgemeinschaft von Gartenstr. 30 beerdigt, 11 Personen. Es hatte sich herausgestellt, dass sie außer Martha besser erhalten waren, als es zuerst aussah, sie bekamen jeder einen Sarg und Grab, die drei Geistlichen der evangelischen und katholischen Kirche und Evangelischen Gemeinschaft haben eine schöne Einsegnungsfeier gehalten. Es wird Heini schwer gewesen sein, von 5 Gräbern Abschied zu nehmen.

Gottfried ist noch hier, erwartet aber jeden Tag den Gestellungsbefehl zum Militär, worauf er sich sehr freut. Er machte in Essen auch furchtbare Fliegerangriffe mit. Ich lege ihn in Gottes Hände.

Nun gute Nacht. Ob wir heut schlafen dürfen? Drunten im Saal ist ein wunderschöner Erntedankaltar aufgebaut, wir wollen Dankfest halten. Wie reichlich sind Gottes gute Gaben, doch der Hass der Menschen verdirbt die schöne Erde.

14. 11. 44
Schon Mitte November, schon bald Advent, der schöne, liebe Advent! Und immer noch das grausige Ringen an allen Fronten, ja oft noch mehr im Lande. Es ist nicht zu fassen, wieviel Elend in der Welt ist, in unserem lieben Vaterland. Wenn man manchmal hört, wie's oft zugeht in unseren deutschen Städten, was viele tragen und durchmachen müssen, unerhört Furchtbares, da kann man nur den Kopf schütteln und frägt unwillkürlich: ›Herr Gott, weißt Du das auch??‹ Heut kam ein Paket aus Karlsruhe, Frau M., Marthas Ladenhilfe, hatte es scheint's in Verwahrung. Da sind 2 Photographien-Alben drin. Wie fröhlich schauen sie einen immer wieder an, arbeitsame, tüchtige Menschen, und so mussten sie umkommen, ja zu Hunderten, zu Tausenden, und kein Ende abzusehen! Und unwillkürlich steht einem natürlich die Frage auf: Wann kommst du und deine Lieben dran? Gott weiß es. Wir wollen einstweilen so viel als möglich Liebe üben untereinander, das ist das Wichtigste und das einen nie reut …

Gottfried ist seit drei Wochen in Cannstatt Funkerkaserne, ist ganz begeistert von der Funkerei. Vorigen Sonntag war ein schwerer Angriff und fielen in nächster Nähe schwerste Bomben, und Gottfried musste Brandwache stehen, doch Gott bewahrte ihn gnädig. Die Buben, Gerhard und Reinhold, besuchten ihn, es kam Alarm, und sie mussten in den Keller. Esther besuchte ihn auf der Reise nach Kapfenburg, musste ebenfalls in den Keller, wir können uns fast nichts mehr vornehmen.

Samstag haben die Zwillinge Geburtstag. Ob ihn der Ernst noch auf Erden erlebt? Und wo??

29. 11. 44

... noch Pfullingen! Wer weiß, wie lange noch? Viele, Ungezählte, mussten in dieser Woche ihr Heim verlassen, weil die Amerikaner und Engländer immer näher an den Rhein vordringen. Gestern kam immer wieder im Radio, was für ein furchtbarer Fliegerangriff auf Freiburg gewesen sei – ›sehr hohe Menschenverluste!‹ Die Armen! Fast Tag und Nacht muss ich an sie denken, wie wird's unseren Lieben dort gehen? Auch in Gottes Hand. Wenn man nur mehr als eine Nachricht hätte!...

Am Samstag hab ich einen Besuch bei Gottfried gemacht in Cannstatt! Viel Hindernisse waren zu überwinden, bis ich ihn endlich zu sehen kriegte, aber wir freuten uns beide sehr. Bloß muss ich halt als wieder denken, ob es auch der Abschiedsbesuch war, wie voriges Jahr um diese Zeit beim Ernst? Er selber ist bei aller Fröhlichkeit so eingestellt, dass es kaum mehr ein geregeltes Leben für uns gibt. ›Wir haben's doch auf alle Fälle gut‹, sagt er, ›wir sind in Gottes Hand.‹ Darüber bin ich froh. O Gott, auf den wir trauen, verlasse uns nicht, nimm uns als Deine Kinder an, – – trotz all unserer Fehler und Mängel! Hab Dank für all Deine Güte.

4. 12. 44

Welch einen schönen, friedlichen Sonntag verlebten wir miteinander! Tilde (*ihre Nichte*) kam am Samstag von Pforzheim. Wir hatten einen schönen Adventsgottesdienst, Thea machte einen schönen Kranz für den Saal, den Mittagstisch hatte sie adventlich geschmückt, ›Apfel im Schlafrock‹ hatten wir schon am Freitag gebacken, denn unsere liebliche Adventsfeier in der Familie hatten wir schon am Freitagabend, weil der Vater am frühen Morgen samstags nach D. musste; einen Spaziergang über den Georgenberg machten wir, und wenn man nicht immer den Geschützdonner von der Westfront gehört hätte, hätte man wohl meinen können, es wär tiefer lieber Frieden! Zwar Tildes Erzählungen waren nicht Frieden (*Aus Tildes Erzählungen sprach kein Friede; sie erzählte*), wie sie in Pforzheim in den Straßen schon Schützenlöcher bauen und wie der Straßburger weibliche RAD-Stab, so etwa 25 Damen, in der Zeit von fünf Minuten aus der Stadt fliehen musste, weil am anderen Ende schon die amerikanischen Panzer einrückten! Werden wir auch noch wandern müssen? Aber wohin all die Menschen!

15. 12. 44

Und nun ist schon wieder Freitag geworden, und noch leben wir! Man nimmt jeden Tag als Geschenk aus Gottes Hand. Wie viele haben in den letzten zwei Wochen, gerade an jenem Montag, dem 4., plötzlich den Weg zur Ewigkeit antreten müssen. Heilbronn! Ein Schreckenswort! Eine schöne Stadt mit etwa ... (*Lücke bei ihr*) tausend Einwohnern[4], in der Zeit von 35 Minuten – – nicht etwa dem ›Erdboden‹, sondern der Hölle gleichzumachen, ist das auch noch Menschenwerk? Heut noch liegen Hunderte, vielleicht Tausende Leichen in den Kellern, erstickt in Rauch und Dreck; die Bergungsmannschaften kommen nicht nach, so viele sind's, man spricht von 20 000 Menschen.[5] J.'s haben auf ihrem Trümmerhaufen eine Tafel: ›Wir leben alle‹, aber wo sie sich hingeflüchtet haben, hat uns noch niemand aus der Bekannt- und Verwandtschaft sagen können. Die Post braucht zu lange.

In Freiburg sieht es so ähnlich aus, die Angriffe sind fürchterlich. Wann wird es uns treffen? Was von Heilbronn kommt, die sagen, nur 'naus (*hinaus*) aus der Stadt, sowie man an den Signalbomben merkt, dass es einen Angriff gibt.

21. 12. 44
Wieder ist's ein schöner Sonntag gewesen mit viel Freude! Wie dankbar genießt man sie. Doch nun ist schon Donnerstag, und die Woche, die die frohe Weihnachtswoche sein sollte, ist für Ungezählte eine Woche voll unsagbarem Leid. Ulm haben sie zerstört, man sagt, grad so wie Heilbronn, doch nicht so viel Tote, weil man von dort gelernt hat.

Gestern bekamen wir zwei Briefe aus Karlsruhe, dort schießt die Artillerie herein, und das Flüchtlingselend auf allen Straßen muss furchtbar sein. Züge fahren scheint's keine mehr dort, so müssen alle zu Fuß gehen. Wie friedlich schlafen unsere Lieben mitten in all dem Wirrwarr! Außerdem bekamen wir ein verzweifeltes Brieflein von Marta B. aus Unteröwisheim bei Bruchsal, ob sie mit ihrem Sohn nicht kommen könnte, sie würden per Rad kommen. Ob unsere Zusage sie noch erreicht? Wie schlimm für Bauersleute, alles verlassen zu müssen und sozusagen auf die Bettlerstraße zu müssen! Wenn sie nur herfinden, ich will ihr gern ein Heim so gut wie möglich bieten.

26. 12. 44
Weihnachten, das schöne, liebe Fest des Friedens ist wieder vorüber, das 6. im Kriege! Wenn uns das jemand gesagt hätte am Anfang! Drum ist's eine weise Einrichtung von Gott, dass uns die Zukunft verborgen ist.

Eigentlich ist's recht schön gewesen bei uns, Geschenke natürlich so gut wie keine; Esther hatte noch die größte Freude, sie bekam von Thea den gewünschten silbernen Ring, Tilde besorgte ihn aus Pforzheim. Aber das ist ja auch nicht die Hauptsache. Viel, viel Alarme waren über das Fest, kaum stundenweise ganz frei, aber ein Großangriff bei uns in der Nähe nicht. Doch die Gedanken wanderten freilich immerfort zu den ungezählten Heimatlosen, die in dieser Kälte kein Haus und Bett mehr haben, teils durch Fliegerbomben, teils als Flüchtlinge aus Saar- und Rheingebiet. O die Armen! …

---

4 Heilbronn hatte 1944 etwas über 74 000 Einwohner.

5 Erst 1955 konnte die Zahl der Heilbronner Opfer des Angriffs vom 4. 12. 1944 endgültig festgestellt werden: Es waren 6530 Menschen. Die Zahlen der Bombenopfer wurden in der Bevölkerung vom Hörensagen meist stark übertrieben, aber dies geschah auch bewusst durch die NS-Propaganda, um den Hass gegen die Feinde zu schüren.

Thea fuhr heute am 2. Feiertag nach Stuttgart zu H.'s (*den Eltern ihres gefallenen Bräutigams*). Es ist rührend, wie die lieben Leute an ihrem ›Theale‹ als Vermächtnis ihres Bernhardle hängen, und Gottfried darf ein wenig Frau H.'s mütterliche Zärtlichkeit spüren, solange er in Cannstatt ist. Es ist sehr schön für ihn. Ihm wird überall solch liebes Heim geschenkt. Musste denken, dagegen ist der Ernst wirklich zu kurz gekommen, er hatte die ganze Ausbildungszeit und Soldatenzeit auf die Art wenig, nur einmal konnte ich ihn in Straßburg besuchen. Wie viel musste ich in diesen Weihnachtstagen an den lieben Bub denken! Lebt er noch und wo? ist die immer wiederkehrende Frage. Ich werde erst Jahre nach Kriegsende jede Hoffnung begraben können.

Gestern abend waren wir, Papa und ich, bei Lieselotte drüben, da durfte ich einige Briefe von ihm lesen, was mich sehr freute. Sie ist ein liebes Mädchen.

17. 1. 1945
Es ist bitterkalt – und in Reutlingen starren die ausgebrannten Ruinen zum Himmel! Wie unmenschlich das ist, den Menschen in dieser Winterkälte Unterkunft und Kochmöglichkeit zu rauben! Gewiss wird nach Möglichkeit für die ›Ausgebombten‹ gesorgt, aber wieviel Bitterkeit das alles in sich schließt!

Vorgestern, Montag, den 15. Januar, hatte Reutlingen den ersten Angriff. Jahrelang rennen wir nun schon bei jedem Alarm in den Keller, schleifen alles, was möglich ist, in den Keller, tragen's wieder rauf, in letzter Zeit oft mehrmals am Tage …

FORTSETZUNG 23. 1. 45
… und in wenigen Minuten war Ungezählten doch Hab und Gut, ja vielen das Leben zerstört aufs Grausamste! Und dabei ist das in Reutlingen kein ›großer Angriff‹, es wurden keine oder wenige sehr schwere Sprengbomben geworfen, ›nur‹ etwa 125 Tote, gegen etwa 10 Tausend (*sie fügt später hinzu*: über 30 000) in Heilbronn.[6] ›Heilbronn‹ ist ein Schreckenswort geworden, so Grausiges hat die Welt noch nicht gesehen.

7. 2. 45
Schon der 7. Februar! Wie oft sagt man nun auch schon in diesen Tagen: Jeder Tag kann die Entscheidung bringen! Und Tag für Tag rennen an allen Fronten die ungezählten grausamen Feinde an die lebendige Mauer. Tag für Tag fallen viele, werden noch mehr in Gefangenschaft geführt, werden in die Lücken geworfen, was laufen kann, müssen oft zurückgehen, so dass der Feind schon tief über die Ostgrenze gekommen ist – aber aufgegeben ist's noch nicht worden! Ein heldenhafter Kampf, wie er in dieser Größe und Umfang kaum schon einmal geführt wurde. Und wenn nicht durch die furchtbaren Fliegerangriffe alle Rüstungsmöglichkeiten so zerstört würden, könnten sie dieses Heer von Helden gewiss nicht bezwingen. Manchmal in diesen Tagen frägt man unwillkürlich: Gott, siehst Du's denn nicht?

6 Siehe Anm. 5.

24. 2. 45
Jeden Tag brausen Hunderte und Tausende dieser Teufelsmaschinen über uns weg. Dresden ist ein Begriff des Entsetzens geworden! Vollgestopft mit Flüchtlingen, ist die schöne Stadt in zwei Tagen viermal von Tausenden von Fliegern angegriffen und vernichtet worden, die Leute sagen, eine Million Tote würden kaum reichen.[7] Kann sich das menschliche Hirn solch ein Blutbad vorstellen??

4. 3. 45
Näher und näher kommt das Unglück! Wann kommt es zu uns? Der dritte Angriff auf Reutlingen war am 1. März, und sie sagen, es würde drin fürchterlich aussehen. Man findet die Straßen nimmer, weil alles nur ein Trümmerfeld ist. Und waren doch lauter liebe, gepflegte Heimstätten friedlicher Menschen. Und wie viele sind tot. Und nicht einmal die Toten haben ihre Ruhe, der Friedhof sei umgepflügt, Trichter an Trichter! Von Frl. O. z.B., die, beim zweiten Angriff umgekommen, schon im Grabe lag, das aber noch offen war, am nächsten Morgen sollte die Beerdigungsfeier stattfinden, fand man nach dem 3. Angriff bloß noch einen Fetzen vom Sarg, vom Körper nichts mehr. Eine von vielen!

Doch ›alle seine Heiligen sind in seiner Hand‹. Und heute, Sonntag, in der Kirche Einsegnungstag, gingen sehr viele Bomben über Pfullingen nieder, aber alle ins Feld. Ein Bruchteil einer Sekunde früher ausgelöst – – und Pfullingen wäre jetzt ein rauchendes, brennendes Trümmerfeld!

19. 3. 45
Und nun ist sogar unser Konfirmationstag schon rum! Gerhard schon eingesegnet! Bloß noch ein ›Kind‹ im Haus, außer der Irene von Essen.

Man hat zu den vier Vierzehnjährigen auch noch die 4 Dreizehnjährigen, die eigentlich erst nächstes Jahr konfirmiert werden sollten, dazugenommen, ... weil man nicht weiß, wie schnell auch die einem genommen werden können.

Es überfiel mich plötzlich als bitterer Schmerz, als die Kinder so in die Kirche marschierten, hinter Heini drein: So sind, ach vor so kurzer Zeit, auch meine Buben und Elsbeth hereingekommen, im Schmuck frischer Jugend, blühend im Frühling ihres Lebens, und nun schon in des kalten Todes Hand. Ach Gott, ich weiß ja, in Deiner Vaterhand, und doch tut's als wieder so bitter weh. Es ist so unnatürlich, so früh schon sterben zu müssen, wo sie doch erst leben sollten. Gottfried ist ja wohl noch in Cannstatt wahrscheinlich, kann aber jeden Tag ins Feld müssen, wo die jungen Buben ja doch bloß Kanonenfutter sein müssen. Ach, unsere lieben Kinder!

Sonst ist aber der Tag ein sehr schöner gewesen! Man begann den Gottesdienst schon um 7 Uhr, aus Angst vor den Alarmen. Sind aber wider alles Erwarten gnädig abgelaufen. Nur ein einziges Mal war Voralarm während der Kirche, mittags auch einmal, auch Vollalarm, der aber nicht lange dauerte. Dann noch morgens ab 3 Uhr bis etwa 5. Sonst durften wir fröhlich beisammen sein, waren es auch, so dass wir

7 Die Zahl wird auf mehr als 30 000 Tote geschätzt. Vgl. auch Anm. 5.

heut morgen einmal sagten: Komisch, dass wir so lachen konnten bei den Spielen, wie wenn nichts wäre! Gott sei Dank, dass man das Schwere als auch mal eine Weile vergessen kann...

Heute viel Alarm den ganzen Tag und wieder so arg Schießen von der Front, die immer weiter hereinrückt! Koblenz, Köln und Kreuznach besetzt, Mannheim muss geräumt werden! Was machen unsere Lieben dort? Wie geht's dem Paul in Berlin? Heute hieß es im Radio, die letzten 27 Nächte ohne Unterbrechung hatte Berlin schwerste Luftangriffe! Ach, die Armen dort, die's noch nicht getroffen hat! Die begraben sind, haben doch Ruh.

O, das furchtbare Flüchtlingselend, von den Ostpreußen!

20. 3. 45
Am Sonntag konfirmiert und am Donnerstag in den Krieg!! Ist das auch noch menschlich? Gerhard zog heute mit seinen Altersgenossen ab, bepackt wie ein Soldat, zum ›Schanzen‹ in den Schwarzwald. Kniebis, wurde ihnen gesagt, wo schon die Artillerie hereinschießt und die Flieger alle Tage ihre schreckliche blutige Arbeit tun.

Muss abbrechen, schon heult wieder die Sirene, Vollalarm, schnell alles in den Keller!

27. 3. 45
Alle Tage ärgere Berichte von der Front! Die Feinde schon an vielen Stellen über dem Rhein! Panzer in Wiesbaden, Frankfurt, abgesehen von all den schönen Städten links des Rheines. In Mannheim wird schon gekämpft, denn Ludwigshafen haben sie vor Tagen schon aufgegeben. Wo sind unsere Lieben?? Ist es nicht ein Geschenk von Gott, dass Mathilde schon damals ausgebombt wurde? Jetzt würde sie wahrscheinlich auch irgendwo in den Wäldern ohne Obdach rumirren! So lernt man für alles danken.

Beim Nachlesen entdeckte ich vorhin, dass ich kein Wort schreib von der schrecklichen Pforzheimer Katastrophe, wo die Unmenschen in kaum einer Stunde ca. 30 000 Menschen, hauptsächlich durch Phosphor *(Phosphorbomben, die sich nicht mit Wasser löschen ließen und sich in Kleidung und Haut einfraßen)*, ums Leben brachten. Es muss wohl am 23. Februar gewesen sein.[8] Tilde war gerade in Aalen und entging so dem höchstwahrscheinlich schrecklichen Tode. Aber natürlich fuhr sie gleich hin, nach ihren Maiden zu sehen. 15 fand sie noch am Leben, von 29 konnte sie trotz allen Suchens unter den vielen Toten und in den verbrannten Straßen keine Spur mehr finden. Sie hätten sich wollen in die Enz retten, aber dieselbe augenscheinlich nicht erreicht. Viele andere standen zwei Stunden in der Enz, um der glühheißen Luft zu entgehen. Ein Mann mit ganz verbranntem Gesicht sagte es ihr.

3. 4. 45
Wir haben gestern Einquartierung bekommen, Luftschutz-Feuerwehrmänner, die von Mannheim flüchten mussten wegen der Amerikaner ... Es muss sehr schwerer Be-

8 Der große Angriff auf Pforzheim war in der Nacht zum 24. Februar. Geschätzte Zahl der Umgekommenen: 17 000. Vgl. Anm. 5.

schuss, hauptsächlich in Waldhof und Neckarstadt, gewesen sein und ein furchtbares Flüchtlingselend derer, die noch in der Trümmerhaufenstadt wohnten! Ach Gott, langt's noch net??

Daraufhin muss ich mich immer wieder darauf besinnen, ob wir nicht doch noch fort müssen und daraufhin uns einzurichten versuchen sollten? Man ist freilich allgemein der Meinung: Bleiben, wo man ist, denn die Fremde, die Heimatlosigkeit, ist das größere Elend. Aber wenn Haus und Kirche zusammengeschossen wären, wo dann bleiben?

Herr Gott, zeig Du uns den Weg durch die nächsten Tage und Wochen! Sei mit uns, Amen.

13. 4. 45
Nun sind seit dem letzten Eintrag schon 10 Tage rum, Tage voll Harren der Dinge, die da kommen sollen, voll Anordnungen seitens der Stadt, die offensichtlich den Feindanmarsch zur Ursache haben, voll Überlegen, was man zurüsten muss; auch das Haus war voll Gäste; wir bekamen allerhand Sonderzuweisungen, so dass die Tage voller Rennen sind. Dazwischen 10 mal Alarm, bloß die Nächte sind meist ruhig, was ja ein großes Geschenk ist.

Seit Gründonnerstag sind Herr und Frau H. (*die Eltern von Theas gefallenem Verlobten*) hier bei uns, weil man in Stuttgart möglichst viele Leute abschob wegen Nahrungssorgen im Angesicht des Feindes. Am Dienstag danach kamen zwei Personen von Bruchsal, völlig ausgebombt, ein 83jähriger Mann mit Tochter. Erst am Samstag war es möglich, sie nach Willmandingen weiterzubefördern. War auch höchste Zeit, am Samstag kam Prediger S. mit Töchterlein zum Übernachten, waren mit L.'s und den Soldaten 7 Personen. Es ist manchmal nicht ganz leicht! …

Auch für unseren lieben Gottfried können wir weiter nichts tun, als immerfort im Gebet seiner zu gedenken. Am Dienstag kam er fort in den Kampf, wohin unbekannt.

Das ist ein Hin- und Herraten wegen dem Fortgehen auch bei uns. Wohin soll man denn? Es ist fürchterlich, wie die armen Menschen an der Landstraße liegen mit Rucksack und Koffer und kleinen Kindern, und kein Obdach finden können. Zu Hunderten und Tausenden. In Regen und nächtlicher Kälte.

17. 4. 45
Gestern, Montagmorgen, kam die erste Nachricht von Gottfried: ›Wir sind in Ulm, kommen aber bald wieder fort. Warte sehnlichst auf einen Besuch!‹ Gleich am Abend wollte ich nach Ulm fahren, hab mir zusammengesucht und hingerichtet, was ich ihm gern gebracht hätt: Hemd, Unterhose, Strümpfe, Taschentücher, Brot, Äpfel, Gelee und eingemachte Birnen. Ach, wie gern hätt ich ihm die Freude gemacht! Allerdings ist es eine gefährliche Sache wegen der vielen Tiefflieger, die schon Ungezählte in den Zügen erschossen haben, und meist muss man auch zwischenhinein stundenweit laufen wegen der zerstörten Bahnanlagen, doch schließlich wär ich vielleicht doch nach Ulm und wieder heimgekommen. Aber es hieß draußen an der Bahn, dass kein Zug mehr fahren könne wegen der vielen Blindgänger, die vom Angriff in vergangener Nacht noch auf den Bahnanlagen liegen. So musste ich Abstand neh-

men, und der Bub wartet vergeblich! In Tübingen sind heute auch viele und schwere Bomben gefallen.

Gerhard musste heute zu einer viertägigen Ausbildung nach Reutlingen in die Hindenburgkaserne…

Es ist sehr unruhig, überall wird der Volkssturm aufgeboten, die Panzer seien schon in Herrenberg, Tübingen hat Panzeralarm. Dazu wird allerhand erzählt, was Hitler im Radio gesagt haben solle, er könne nimmer anders; Gott und Menschen sollen ihm verzeihen. Was soll das sein?

In Gottes Händen geborgen, geborgen!

22. 4. 45

Jetzt ist schon die dritte Nacht rum, die wir in den Kleidern schliefen. Ein wunderschöner Frühling, Blüten überall, unser Apfelbaum im Grasgärtle ist ein rosa Blütenstrauch – – – und Schuss auf Schuss von der Artillerie und Feuerstöße vom Maschinengewehr hallen über das Tal, dass es einem ganz anders wird! In Lindach sitzen sie auf dem Georgenberg, und auf der Gegenseite, auf dem Ursula- und Schönberg, sind die Unseren, und wir armen Schlucker sitzen im Tal als Prellbock. Bis jetzt ging es noch einigermaßen, man gewöhnt sich tatsächlich auch langsam ans Schießen, solange es niemand trifft. Nur wenn als wieder die Flieger kommen und heruntersausen, das ist eine unheimliche Sache; gestern haben sie fürchterlich gehaust in Reutlingen und auf der Alb …

Diese letzten drei Tage war ein Gerenne nach Lebensmitteln, es gab ziemlich Sonderzuteilungen an Fett und Fleisch und Mehl, aber wir wissen auch nicht, wie lange es halten muss; wenn die Franzosen da sind, gibt's ja keine Marken mehr. In den Hallen draußen kämpft man um die dort aufgestapelten Vorräte, Soldaten teilen sie aus, aber es geht recht ungerecht zu, die einen reißen es wagenvoll an sich, und die meisten haben nichts. Wir eroberten Trockengemüse und Trockenkartoffeln.

Wie oft und viel denken wir an unsere Lieben! Ob sie lesen, dass wir jetzt im Kampf stehen? Ob es im Radio kommt: ›In Reutlingen schwere Straßenkämpfe‹?

Wir haben seit drei Tagen keinen Strom mehr, daher kein Licht, kein Radio. Gas seit Februar nimmer. Das Trümmerholz der Reutlinger Kapelle tut uns gute Dienste.

Am Freitag gab's schier Mord und Totschlag vor dem Rathaus, weil es hieß, es sei ein Ultimatum gestellt, dass die Panzersperren vor den Ortseingängen weg sein müssen, andernfalls alles in Brand geschossen wird. Verteidigung nach aller Meinung viel zu schwach und machtlos, um Sinn zu haben. Da zogen die Frauen Pfullingens in Scharen vors Rathaus, um die Wegmachung der Sperren zu verlangen. Das ganze war eine wüste Schreierei, und einige der Herren wurden schwer verhauen. Frau Schl. sei im weißen Kleid den Panzern entgegengegangen, um Frieden zu bitten und Pfullingen zu retten!![9] Ich glaub, sie hat sie nicht getroffen, es heißt, sie seien abgeschwenkt

9 Ein sachlicher Bericht über die tapferen Aktionen der Pfullinger Frauen bei Gerhard Junger: Schicksale, [697], S. 189, 239, 248.

und auf Pfullingen kämen nur Fußtruppen zu. Aber fast von allen Seiten. Wir sind ganz umzingelt.

Gottesdienst konnten wir keinen haben heute. Es sind alle Ansammlungen verboten, und wer nicht den Anordnungen Folge leistet, wird sofort vom Standgericht erschossen oder erhängt, wurde ausgeschellt.

23. 4. 45
Der 22. April 1945, nachmittags 5 Uhr, diese Stunde wird uns in Erinnerung bleiben! So nach 4 Uhr fing die Schießerei plötzlich an, sehr unangenehm zu werden, dass wir schnellstens in den Keller flüchteten. Bloß – – der Papa war kurz zuvor weggegangen zu einem Krankenbesuch, und Thea war noch schnell zu ihrer Hilde gesprungen, das war mir arg. Nun, der Papa kam sehr bald und Thea nach einer Weile auch atemlos angerannt. Und kaum 5 Minuten später sprangen einzelne französische Soldaten über die Straße, den Häusern entlang, immer mehr, und bald rasselten die Panzer nach, Autos mit Maschinengewehren. Wir sahen durch die Kellerfenster zu. Auf einmal klirrten Scheiben, das waren Sch.'s ihre, gleich donnerte es an unserer Türe, Papa sprang hinaus, schrie: ›Halt, halt!‹, dass ihm die Scheiben nicht ins Gesicht fahren sollen, und schloss schnell auf. Einige Soldaten: ›Soldat hier??‹ Papa sagte: ›Nein!‹ Bei uns unten im Keller war aber der Schutzpolizist aus Mannheim; er war ja kein Soldat, aber wir sagten doch zu ihm, er solle sich zeigen, dass sie nicht meinen, wir wollten ihn verstecken. Da schrien sie, wir hätten den Soldat versteckt und legten mit dem Gewehr auf den Vater an, es fehlte nicht viel, er wär vor unseren Augen erschossen worden. Doch es wurde nochmal die bewahrende Hand Gottes über ihn gehalten. Wie herzlich dankten wir im Keller! Später, heute morgen, kamen nochmal zwei Soldaten, fragten nach Waffen, Foto, und meinen schönsten Rucksack, den nahmen sie dann mit. In vielen Häusern haben sie viel mehr mitgenommen, überhaupt in der Hauptstraße z.T. schwer gehaust. Bis jetzt ist es uns gnädig gegangen. Gott sei Dank. Er sei weiterhin mit uns.

Fortsetzung abends: Vorhin kam der alte Vater Sch. (wir saßen grad am Nachtessen), ganz verstört sah er aus: In 3/4 Stunden soll seine Schwiegertochter Rike mit ihren Kindern erschossen werden; die Soldaten behaupten, aus ihrem Haus sei geschossen worden, und jetzt hätten sie noch bis 8 Uhr Zeit zu gestehen, wer es gewesen sei, andernfalls werde die ganze Familie erschossen und das Haus verbrannt.

Alle Unschuldsbeteuerungen nützen nichts. Wir sagten, er solle so schnell wie möglich zum Kommandanten, der ein rechter Mann sei, der kann vielleicht helfen. Das tat er, und wir taten, was wir konnten: beten. Jetzt müssen wir warten bis morgen früh, denn wir dürfen nach 8 nimmer auf die Straße.

In Gottes Namen ins Bett.

Fortsetzung am nächsten Morgen: Gott hat geholfen! Der Kommandant ließ sich durch den Bürgermeister bewegen, die Sache abzustellen. Es wurde ihnen aber fast die ganze Wohnung zerstört.

29. 4. 45
So ist diese erste Woche vorüber! Gerade heute, vorhin um 5 Uhr, waren es 7 Tage

seit jener denkwürdigen Stunde. Nun, diese Woche ging für uns ruhig und friedlich vorüber, nachdem Angst und Schrecken des Montag wegen Familie Sch. beigelegt war. Gott sei Dank.

Heute morgen haben wir nun wieder Gottesdienst haben können, es waren sehr viele Leute da, und wir haben von Herzen Mutters Lieblingslied gesungen: Bis hierher hat mich Gott gebracht.

Das Schmerzliche ist nur noch (wenn man vom allgemeinen großen Leid, auch um unseres lieben Vaterlandes Ergehen absieht), dass man gar nichts von seinen Lieben weiß, nicht einmal nach Tübingen kann man eine Nachricht senden. Wie wird das Estherlein hergedacht haben und herdenken! Doch dürfen wir wohl hoffen, dass es ihr ordentlich geht, denn die Kliniken sind gewiss geschont worden (*sie machte dort eine Lehrzeit als Kinderschwester*). Sorgenvoller denken wir Tag und Nacht an unseren lieben Gottfried. Wo mag er sein? Noch im Kampf? Wie oft muss ich ihn in Gottes Hut befehlen. Viele Soldaten kommen heim; ob er auch eines Tages dasteht? Oder ihm was passiert ist? Gott weiß es. Heute nacht träumte ich, Gottfried und Ernst seien heimgekommen! Wie groß war meine Freude! Besonders, dass Ernst gekommen war, konnte ich kaum fassen. An der Hand führte ich ihn durchs ganze Haus, wollte ihn der Frau P. zeigen. Vor der Küchentür der Schwester drehte er sich plötzlich herum und drückte mich an sich, während Tränen seine Backen herunterliefen. Gesprochen haben sie beide nichts.

Gerhard bekam vorhin den Bescheid, dass er morgen früh um 7 Uhr als Geisel im Rathaus antreten muss. Es müssen alle Tage 10 andere als Geiseln dort sein, 5 Männer und 5 Hitlerjungen. Letzte Woche ist von einem 15jährigen Jungen ein französischer Offizier erschossen worden, dafür wurden dann die Reutlinger Geiseln erschossen; man sagt, 4 Männer und 6 Jungen außer dem Täter. Das ist furchtbar für die Beteiligten! Hoffen wir zu Gott, dass morgen nichts passiert.

Vorhin ist im Radio gekommen, dass Mussolini vom italienischen Volksgericht zum Tod verurteilt worden und erschossen worden ist. Und wo werden Hitler und die anderen Größen stecken? Niemand weiß es. Welch ein Aufstieg und Abfall in einem Menschenleben!

6. 5. 45
Und nun ist schon wieder Sonntag! Doch die Woche war nicht so friedevoll wie die erste. Viel Angst und Sorgen, besonders um die Mädchen. Jeden Morgen fragt man mit Sorge: Wo waren die Schwarzen heut nacht? Unerhörte Gewalttaten geschehen, und das Schlimmste ist, dass einem geantwortet wird: ›So haben es die Deutschen in Frankreich und Russland gemacht.‹ Und das Traurigste, dass man nimmer den Mut hat, es nicht zu glauben. Gewiss, viele haben an solchem Treiben keinen Teil; es gibt auch unter den Franzosen, ja unter den Schwarzen, Gott sei Dank, anständige Menschen. Wollest sie segnen, lieber Herr.

Uns selbst ging's bis jetzt gut. Durch Albert Schr. haben wir sogar dem Estherlein ein Briefle und Päckle schicken können. Es geht ihr gut, Gott sei Dank.

Von Gottfried leider noch nichts erfahren...

Im deutschen Vaterland sieht's furchtbar traurig aus. Alles, was Führung hieß, sind plötzlich alles die größten Verbrecher, in den Konzentrationslagern müssen entsetzliche Dinge geschehen sein. O deutsches Volk!! Wie ist so etwas möglich? Hitler tot, man weiß nicht, wie, die Russen Herren in Berlin. Hoffentlich bleibt das nicht so.

10. 5. 45
Heute ist Himmelfahrtstag. Und aller Meinung, so einen schönen Himmelfahrtstag schon lang nimmer erlebt zu haben! Schön in der Natur: Nach langen kalten Regentagen wurde es diese Woche wieder schön, sehr warm sogar, alles atmet auf und dankt Gott, auch für die friedlichen Tage, und auch die letzten Nächte waren ruhig, die Schwarzen sind scheint's ab oder in Reutlingen besser in Zucht genommen, Franzosen sind nur ganz wenig da. Es heißt, morgen kämen die ersten Amerikaner. Nun, man wird sehen.

Es ist ein wunderbares Gefühl, wenn man ausgezogen, ohne Angst, ins Bett liegen darf und schlafen, ohne die Sorge, nachher heult einen die Sirene doch wieder raus, und am Tag brausen die Flieger über uns weg, wir gucken ihnen gemütsruhig nach. Nur freilich das eine: Könnten es nicht deutsche sein?! Wenn man das Radio hört ›Die Stimme der Vereinten Nationen‹, das tut im Herzen weh, wie schlecht und verworfen die deutsche Führung gewesen sein muss oder soll! Es ist furchtbar! Gott der Herr weiß alle Dinge.

15. 5. 45
... wenn nur der Gottfried da wär. Wo wird er sein? Gott weiß es, und wie oft denke ich dann an unseren lieben Ernst. Kann's auch möglich sein, dass er sich noch rausstellt? Albert Sch. sagte am Sonntag: ›Unmöglich ist's gewiss nicht.‹

Immer noch passieren schlimme Dinge; heut nacht sind von den Schwarzen, die Schnaps verlangten, eine Pfullinger Bauersfrau und ein Mann erschossen worden, dessen Vater auch schwer verletzt. Wahrscheinlich lassen die Franzosen denen so viel Freiheit, weil sie abziehen müssen. Die Amerikaner sollen kommen. Hoffentlich wird's dann anders.

Die letzten beiden Tage standen bei der Familie E. im Zeichen des Ackerbaues! Von der Stadt bekamen wir ein 2 Ar ›Hackteil‹ (*ein ›Hackteil‹ von 2 Ar*) in Pacht zugewiesen. Haben's gestern und heute umgegraben und heute Kartoffeln gesteckt, Bohnen, Erbsen, Gelbrüben, Gurken etc. darauf gepflanzt. Jetzt noch etwas Kraut setzen, dann einen ausgiebigen Regen – – – und dann sollte es wohl eine Lust sein, wie es bei dem warmen Wetter wachsen wird! Wir wollen es dankbar aus Gottes Hand nehmen. Manchmal muss ich mit eigenem Gefühl an die arm-reiche Bauersfrau denken, die vor uns auf diesem und all den anderen Äckern arbeitete. Ein trauriges Dunkel lastet auf dem schönen Anwesen draußen. Am Tage der Einnahme Pfullingens durch die Franzosen brannte ein Teil der Wirtschaftsgebäude ab, von der ganzen Familie, Eltern, 7 (beinahe 8) Kindern und dem Onkel fand man nur noch halbverbrannte Leichen und Knochen. Manche Leute sagen, der Herr Schl. hätte alle und sich erschossen, andere sagen, es sei Rache der Ausländer, die dort in Arbeit gestanden und hauptsächlich von dem Mann sehr schlecht behandelt worden wären. Jedenfalls furchtbar.

20. 5. 45
Ein stiller sonniger Sonntagmittag! Pfingsten! Heini ist auf Dienstwegen in Unterh. und H.. Nachher will ich ihm ein wenig entgegengehen.

Die Buben sind ins Baden, Thea bei ihrer Hilde, Irene spielt im Garten. Das haben wir nicht zu hoffen gewagt, dass unser Leben nach der Besetzung so friedlich weitergeht. Bis jetzt wenigstens. Und wie viele andere haben wieder sehr Schweres erdulden müssen. In den letzten Tagen sind scheint's Amerikaner eingezogen. Ich hab noch keinen gesehen. Den Russen (*den Zwangsarbeitern*) hätten sie die Waffen wieder abgenommen.

Das Schmerzliche ist immer wieder, wenn man im Radio immer wieder hört, wie furchtbar grausam eigene Volksgenossen mit den Menschen umgegangen sein sollen! Ich muss nur immer wieder denken: Die Macht der Stunde der Finsternis, der teuflischen Gewalten! Menschen können so nicht handeln!

Lieselotte hat mir gestern erzählt, in Reutlingen sei ein junger Soldat heimgekommen, der über ein Jahr vermisst war, und auch im Radio kommen immer Nachrichten über vermisste Kriegsgefangene. Ach, wenn vom Ernst auch was käme! Und wo wird Gottfried stecken?

24. 5. 45
Das war ein ereignisreicher Tag gestern! Am Abend vorher fing's schon an: Tilde kam per Rad von Aalen!!! Welche Freude! Glücklich angekommen, trotz allen Hindernissen, Verboten etc.. Z.B. darf man in unserem Bezirk nicht radfahren, man kriegt es abgenommen und 150.- Mark Strafe! In Metzingen wurde sie von Privatpersonen gewarnt, und so kam sie auf Feldwegen her.

Und was brachte sie?! Ein Brieflein von unserem lieben Gottfried! Er sei in Ulm in amerikanischer Gefangenschaft und es ginge ihm gut! Mit einem Gefangenenauto wurde er durch Aalen gefahren und hätt das Brieflein rausgeworfen, und Mädchen hätten es zu H.'s gebracht. Welche Freude! So wird er wohl bald heimkommen.

Und dann fing der 23. Mai an, Mutters Todestag. Aber mit stillem Gedenken war's nichts. Der ganze Ort wimmelte von Franzosen und deren Autos und Panzern. Wir bekamen auch drei Mann einquartiert und haben sie so gut wie möglich versorgt. Heute morgen gehen sie wieder. Sie waren sehr anständig.

Mittags hatten wir alle einen großen Schrecken. Eine schwere Explosion, das halbe Rathaus ist kaputt, durch unvorsichtiges Zigarettenrauchen einiger Franzosen bei der dort lagernden abgelieferten Munition. Jetzt war man von den Fliegern verschont geblieben, nun muss es auf solche Weise kaputt sein! Pfullinger sind scheint's keine umgekommen, man brachte sie durch die Feuerleiter noch heraus, aber Franzosen.

15. 6. 45
Heute ist wieder mal das ganze Ort wie ein Ameisenhaufen! Gestern abend wurde ausgeschellt, dass jede Familie morgen früh für die Franzosen abzuliefern hat: 1 Herrenanzug, Hemd, Unterhose, 2 Paar Strümpfe, 2 Taschentücher, Kragen, Krawatte, Hut, 1 Paar Stiefel, 2 Paar Bettbezüge und 1 Decke! Entsetzt hörten wir der Aufzählung zu. Wo man doch selber so knapp ist und schon so lang nichts mehr hat kaufen

können. Aber was wollten wir machen? Es hieß dazu: Wenn es nicht gebracht wird, kriegt die Besatzung die Erlaubnis, sich aus den Häusern zu holen, was sie wollen. So haben wir's halt hingetragen, denn wo sie zum Plündern in die Häuser kommen, ist's furchtbar.

Immer wieder wird ein neuer Termin festgesetzt, dass die Franzosen rauskommen, jetzt scheint's doch ernst werden zu wollen, und da wollen sie halt auch ein Reisepräsent heimbringen. Es sind ja gewiss auch in Frankreich viele sehr arm geworden durch den Krieg. Wenn solche etwas davon kriegen, soll's ihnen gut tun! Freilich, in Deutschland haben nicht nur Hunderttausende nichts mehr!

2. 7. 45
Letzter Dienstag war allgemeiner Reisetag: Frau L. mit Irene brachen auf nach Essen! Wann mögen sie hingekommen sein? Ein Auto nahm sie mit bis Stuttgart, von da an gingen Güterzüge. Wenn sie nur einmal Nachricht schicken könnten, aber es geht noch lang keine Post. Dies Auto nahm Thea und Tilde mit; sie wollten nach Ulm! Und wir beide, Papa und ich, gingen nach Honau zu Fuß, dort feierte das Ehepaar Prediger R. goldene Hochzeit. Von 4 Kindern konnte nur die Tochter da sein, von den 3 Söhnen wissen sie nicht, ob sie noch leben. Das ist so schlimm. Unzählige sind nun seit Monaten in völliger Ungewissheit über das Schicksal ihrer Lieben.

Frieda S. und Agnes E. unternahmen vor drei Wochen auch die Tour nach Heilbronn, weil sie gehört hatten, ihr Hermann sei im dortigen großen Gefangenenlager. Nahmen viel Brot, Apfel- und Birnenschnitz, Wurst und Käs mit, denn in den großen Lagern müssen die Gefangenen fast verhungern. Mit List gelang es ihnen, es auszuteilen, aber den Hermann fanden sie nicht.

Jetzt die Reise nach Ulm. Da müsst ich ein paar Seiten füllen, um nur das einigermaßen festzuhalten, was sie so erzählten! Wie hoch das Auto gepackt war, mit Koffern, Kisten, Leiterwägele und Packen. Dann die Menschen oben drauf – – ho – hupp! machte die Tilde! Die Anzahl Kinder in der Mitte, die Erwachsenen außen, in den Armen eingehängt, dass sie möglichst keinen verlieren. Mehr als lebensgefährlich, sagten sie. Und wie glücklich ist man, eine solche Fahrgelegenheit zu bekommen!...

Ach, wenn ich einmal wüsste, dass es dem Ernst auch ordentlich geht. Aber – – – freilich – – wahrscheinlich geht's ihm noch viel besser. Vielleicht aber – – lebt er doch noch?!

Gestern morgen ging die Thea mit Reinhold nach R. bei Metzingen, wo die Eltern eines Mitgefangenen von Gottfried wohnen, und brachte denen ein Lebenszeichen von ihrem Sohn. Ach, das Glück! Schon manchmal in letzter Zeit durften sie mit solchem Briefbringen große Freude machen. Unterwegs, auf allen Straßen, Bahnhöfen usw. geben die Menschen einander Briefe mit, wenn man merkt, dass eins in der nötigen Richtung reist. Nie hätte man so notwendig die Post brauchen können als heutzutag, wo keine mehr ist.

2. 8. 45
Aber, aber! Als ich auf dem Heimweg von Ulm war, dachte ich: Wieviel Seiten wird das geben, bis ich so's Gröbste von unserer Reise erzählt hab – – – und jetzt sind's

schon 3 Wochen her! Ja, ich hab selber den Gottfried in seiner Gefangenschaft sehen dürfen, und sogar ward meines Herzens Wunsch erfüllt, ich konnte auch nach Aalen zu den lieben Leuten dort.

Will ein wenig der Reihe nach festhalten, doch im Telegrammstil, der Zeit wegen.

Donnerstag, 12. Juli: Reinhold und ich Straßenbahn bis Rommelbach, zu Fuß bis Riederich zu Sch.'s. Sehr liebe Aufnahme über Nacht, morgens 3/4 5 Uhr zu Fuß nach Metzingen, 1/2 7 Uhr mit Lastauto nach Ulm. J.'s sagten uns den Weg zur Kaserne. 1/4 11 Uhr. Kameraden Gottfrieds riefen ihn uns an den Zaun. Diese Freude beiderseits! Konnten ungestört beieinander bleiben, nur durch den Zaun getrennt bis 1/2 4. Gottfried braun, breit, gesund, fröhlich. Dann bekam er einen Durchlassschein für uns beide für 1 1/2 Stunden. Saßen auf seiner Falle, aßen mit ihm Bohnenkern mit Fleisch, Sauerkraut, süße Rotrüben. Wie dankbar fühlte ich! Wo so viele nicht mal wissen, ob ihre Lieben noch leben.

Übernachtete im Bethesda. Weiter Weg durch traurige Trümmerfelder. Ulm ist fast ganz zerstört. Furchtbarer Anblick einer solchen Stadt.

Sie schildert dann im einzelnen ihre höchst umständlich Reise mit vielen Hindernissen nach Aalen und wieder nach Hause:

Wie fühlt man sich da geborgen nach all dem Betteln auf der Straße ums Weiterkommen, wenn man im geordneten Heim sein darf! O Gott, die vielen, die kein Heim mehr haben! Erbarme Dich ihrer! Und segne alle, die Heimatlosen Gutes tun. Gewiss tust Du das.

Nun warten wir, ob Gottfried nicht kommt. Und ich warte heimlich sehr, ob nicht Ernst kommt – – . Gott kann, wenn's sein Wille ist.

Die Russen und Polen sind eine arge Landplage, weil sie trotz reichlichster Nahrungszuteilung (oft das Vierfache als wir) furchtbar stehlen und unser Sach verderben.

In den Gefangenenlagern müssen die armen Soldaten schrecklich leiden durch Hunger und Mangel an Unterkunft. Wenn sie sie doch heimließen!

9. 8. 45
Man weiß nicht, um was man am eifrigsten beten soll: um Regen, weil durch anhaltende Trockenheit alles verdorrt auf den Feldern, die Bauern nicht mal mehr das Vieh füttern können, das ihnen die Franzosen und Russen bis jetzt gelassen haben, und eine Kartoffel-Missernte droht, was eine Hungersnot in furchtbarem Umfang bedeuten würde; oder soll man alle Tag danken für den Sonnenschein, der den Hunderttausenden in den Gefangenenlagern den Aufenthalt unter freiem Himmel Tag und Nacht einigermaßen erträglich sein lässt? Seit gestern regnet es nun – – – wenn man sich vorstellt oder versucht vorzustellen, was für ein Matsch das sein mag, in dem sie Tag und Nacht stehen, bis auf die Haut nass, zu schwach zum Gehen wegen dem Hunger – – – es ist fürchterlich. Gott sieh darein!

Sie erzählt von Erkundigungsfahrten von Mann und Gerhard, um von Verwandten etwas zu erfahren.

Das ist so arg, wenn man von seinen Verwandten nichts weiß. Und so geht's ungezählten Tausenden. Bei uns war gestern ein junges Mädchen aus Düren im Rheinland, bis vor dem Zusammenbruch im Flak-Dienst in Bayern, ihre Heimat zerstört, Mutter evakuiert, Vater und Brüder im Krieg, wo soll sich die Familie wieder finden?

8. 9. 45
Schon ein ganzer Monat seit dem letzten Eintrag! Wir sind immer noch unter französischer Herrschaft. Das bleibt scheint's so. Die unter britischer haben längst Postverkehr...

Von Gottfried kam über Riederich ein Brief, der lautete aber nicht sehr hoffnungsfreudig. Wenn sie die jungen Kerle doch endlich entlassen wollten, dass sie ihre Lehrzeit beenden könnten. Es sterben täglich Ungezählte in den Lagern, besonders in den amerikanischen und französischen, am Hunger.

Unsere Ernährung ist soweit ordentlich, direkt Hunger leiden brauchen wir noch nicht. Nur, wenn man gar keine Quelle hat, von woher ein wenig Zusatz zu dem amtlich Zugewiesenen fließt, geht's schlecht, besonders mit Kartoffeln und Eiern. Ich dachte, ich will mal hier festhalten, was uns gegenwärtig zugewiesen wird: Manche Woche 150 g Fleisch, oft auch 200 g pro Kopf. Brot 1000 g, in letzter Zeit zweimal sogar 1500 g. Dazu 200 g Weißmehl. Fett manchmal 125 g, oft nur 62,5 g. Da kann man dann Butter oder Butterschmalz nehmen. Käs ebenso, entweder 1/4 oder 1/2 Viertelpfund. Nährmittel (also Teigwaren, Haferflocken oder Grieß) durchschnittlich 1/2 Pfund in 4 Wochen, letzte Woche noch 1/4 extra. Schlimm ist's, dass schon mindestens 5 – 6 Wochen gar keine Kartoffeln zugeteilt wurden. Wer da keinen Freund bei den Bauern hat! Wir hatten Gott sei Dank immer noch genügend. Ebenso Eier. Zugewiesen wurden seit dem Einmarsch der Franzosen zweimal 1 Ei pro Person! Milch: 1/4 l Magermilch pro Tag, d.h. jeden vierten Tag gar keine. Wir bekommen manchmal ein wenig Ziegenmilch von Frau St..

Gestern war ich mit Reinhold ›im Holz‹. Weil immer wieder versichert wird, diesen Winter kommt keine Kohle in einen Privatkeller, so geht an den Holzlesetagen jeder, wer nur irgend kann, in den Wald, und mittags, wenn dann die Karren so nach und nach heimkommen, wird sachkundig gemustert, ob man auch was hat.

Jetzt gute Nacht! Ich gedenke heut besonders der lieben Karlsruher. Der Tag, an dem sie so schnell in die Ewigkeit kamen, jährt sich nun bald zum 1. Mal. Mein liebes Elsbethle! Wie war mir heut morgen beim Aufwachen, als würde sie in ihrer lieben Art zu mir sprechen. Musste so drüber nachdenken, ob sie Verkehr miteinander haben, die Toten, ob sie das Mutterle kennt und sieht, und am Ende auch – – – den Ernst? Ach, wie warte ich auf ihn alle Tage, und doch kommt natürlich als wieder die Frage: Oder wird er vielleicht längst im italienischen Boden vermodert sein? Wenn's uns der treue Gott mitteilen wollte!

28. 12. 45
Man sollte es nicht meinen: Die Adventszeit, die liebe, vorüber! Weihnachten mit seinen diesmal so schönen, inhaltsreichen Feiern, vorbei! Und schon ist das Ende dieses Jahres 1945 nahe in Sicht! Was für ein Jahr! Ich suche meine Inschrift vom Jah-

resanfang. Wieviel Angst und Gefahr war noch! Doch ich schrieb am 3. 1.: ›Gottes Vaterhände führen hinein und heraus!‹ Ja, das tat er. Und stand der unvermeidliche große Zusammenbruch wie ein furchtbarer, dunkler Abgrund vor einem, in dem wir alle zu Grund gehen müssen, so wundern wir uns heute manchmal, dass wir nun eigentlich verhältnismäßig ruhig leben, bis jetzt wenigstens, wenn auch freilich gar vieles ist, was nicht so bleiben kann. Und den Weiterweg des deutschen Volkes kann man sich absolut nicht vorstellen, wie je wieder ein geordnetes Arbeiten möglich sein kann: Ein großer Teil der Industrie durch Flieger zerstört, und was noch brauchbar war an Maschinen und Material, wandert fast samt und sonders den Weg nach Westen. – – – Und die Lebensmittel, wenn sie uns wenigstens ließen, was wir noch haben! Und so viele Wohnungen, wo die Menschen froh sind, die Angriffe überstanden zu haben, werden einfach beschlagnahmt und französische und lettische Familien[10] hineingesetzt. Im amerikanischen Gebiet ist's noch viel schlimmer.

Und das Passierscheinwesen ist so hinderlich. Von vielen hört man immer wieder, die eine Reise wagten ohne Passierschein (den man bei aller Bemühung nie kriegt) und von den Franzosen wochenlang bei knappster Ernährung eingesperrt wurden, ob nur so von der Straße weg oder aus dem Zug, ohne dass die Angehörigen eine Ahnung haben, wo die Fehlenden geblieben sind…

Ach, wie hab ich in diesen Tagen auf ein Lebenszeichen von unserem lieben Ernst gewartet! Jemand bekam einen Gruß ausgerichtet von ihrem Mann, der auch etwa vor 2 Jahren in Italien verwundet in amerikanische Gefangenschaft geriet. Kaum genesen, wurde ein großer Transport nach Russland geschickt, den Russen zur Verfügung. Seit ich das weiß, muss ich immerfort dran herumdenken. Ist das die Ursache, weswegen aber auch gar nichts kommt, weder ein Lebens- noch ein Todeszeichen, wie man es doch von amerikanischer Seite eigentlich erwarten dürfte?! Von Russland kann er ja nicht schreiben! O Gott, sei mit unserem lieben Bub und lass ihn Deine treue Vaterhand allerwärts erfahren! Und wenn möglich, möcht ich so gern um ein Lebenszeichen bitten.

31. 12. 45
Und nun sind's nur noch 10 Minuten bis 1946! Was wird das Jahr alles in sich bergen? Ach Gott, geh Du mit uns! Besonders aber auch mit all den ungezählten Heimatlosen und Flüchtlingen, die aus dem Osten sich auf der endlosen Wanderschaft befinden, in furchtbarem Elend der Landstraße mitten im Winter. Nicht auszudenken. Es liegt einem wie eine Last auf der Seele. Herr Gott, erbarm Dich ihrer.

Und nun wollen wir, Heini und ich, tun wie an jedem Jahresanfang: auf den Knien ins neue Jahr hinübertreten. Meine Losung heißt: ›Ohne Mich könnt ihr nichts tun.‹

3. 2 1946
Sonst geht's uns soweit ordentlich, wenn man auch oft gerne mal was essen tät, wenn man dürft. – – Man hat eben immer die Sorg: ›wenn's noch schlimmer wird.‹ Also

10 »Lettische Familien«: ehemalige Zwangsarbeiter oder aus dem Osten Geflüchtete, sog. Displaced Persons.

muss man immer ein wenig für einen wenn auch geringen Vorrat sorgen. Doch wir wollen nicht klagen. Es ist eine Memeler Frau hier, die aus russischer Gefangenschaft entflohen, als einzelne den Flüchtlingstrecks voraus hierher kam, die hörte ich sagen: ›Ihr seid hier ja im Paradies!‹ Es ist nicht vorstellbar, welch fürchterliches Elend all die Menschen durchleben müssen.

Wie lange spricht man nun schon bei uns davon, und immer noch sind die vielen Menschen irgendwo in unzulänglichen Lagern in Kälte und Schmutz und Heimatlosigkeit.

Wie viel denke ich an unseren lieben Ernst. Wo wird er ein armseliges elendes Leben als Gefangener fristen, wenn er noch lebt? Wie bitte ich alle Tag um ein Licht von Gott.

12. 4. 46
›Freude wechselt hier mit Leid! Richt' hinauf zur Herrlichkeit Dein Angesicht.‹ Das will ich immer wieder tun, wenn es so schmerzt.

Vorgestern, am 10. April, bekamen wir durch die Post eine unscheinbare, vorgedruckte Karte, die uns nun endlich über unseren lieben Ernst soweit die bittere Klarheit brachte, dass er nicht mehr unter den Lebenden weilt! ›Todesort: Cisterna di Littoria. Grablage: Amerik. mil. Friedhof Grab Nr. 189., Platz ... (folgen noch einige Buchstaben und Nummern). Nähere Nachrichten sind keine bekannt.‹ Wenn man es nicht aus Gottes Hand nehmen könnte! Ich hätte nun noch die herzliche Bitte, ob uns Gott nicht jemand schicken könnte, wenn er etwa im Lazarett an der Verwundung gestorben ist, was möglich ist, da sie ein viel späteres Datum (ungefähr 25. Mai 44) angeben, einen, der uns ein wenig über sein letztes Ergehen sagen könnte. Geschwister M. in Stuttgart z.B. durften diese Wohltat erfahren. Freilich, wir wissen und wüssten ihn in Gottes Hand geborgen, aber doch grübelt man dran rum: Hat er noch lange leiden müssen? Taten ihm freundliche Hände in seiner Todesnot so gut wie möglich Hilfe leisten, oder lag er vielleicht lang in Schmerzen allein, und kein Mensch fand ihn? Ach Gott, ich halte mich an dein Wort: ›Rufe mich an in der Not, so will ich dich erretten!!‹ Gerufen hat er gewiss, er wusste, wer allein helfen kann. So wirst Du seine Seele nicht verlassen haben, o treuer Gott! Hab Dank.

So sind es nun 7 Kriegsopfer, die im Jahr 1944 von uns gefordert wurden, Vater, Mutter, Martha, Bertl, Elsbethle, Ernst und der liebe Bernhard, außerdem Vaters und mein Heimathaus völlig zerstört, und Mutters Heimgang fiel auch ins Jahr 44. Ich lese den Eintrag vom 23. Mai: ›Wie friedlich liegt sie jetzt drüben, nichts mehr quält sie, und wenn heut nacht die Sirene heult, braucht sie nimmer in den Keller!‹ Ob der Ernst auch so friedlich dalag? Gewiss! Ach, wie kreisen Gedanken und Vorstellungen drum rum! Doch es hat ja alles keinen Wert. Wenn die anderen um mich sind, so kann ich's oft stundenlang ganz vergessen, aber es kommen immer wieder Kleinigkeiten vor Augen, die die Erinnerung bringen. Wann werd ich meine Lieben wiedersehen?

Freilich, ich hab noch Pflichten genug auf dieser Welt, die ich gern so gut wie möglich erfüllen möchte...

Sonst geht's uns soweit ordentlich. Der Hunger fängt an, an die Tür zu klopfen.

Doch haben wir hier im Süden noch viel zu danken! Aus Essen von Frau L. und auch von H.'s, Berlin, kamen traurige Briefe in dieser Hinsicht.

30. 5. 46
Ich hätte gar nicht gedacht, dass es mir so viel ausmachen würde, der Mangel an nahrhafter Speise. Die Kraftlosigkeit lastet mir schwer auf dem Gemüt. Und ich wollte doch die lieben Meinen durch fröhliches Bescheiden mit dem, was da ist, stützen! Ich muss mich oft schämen, weil ich es am schlechtesten kann. Doch ich kann's halt nicht ändern.

Und doch geht's uns im Vergleich zu vielen anderen noch viel besser. Z.B. haben wir gestern einen Brief von Frau L. aus Essen bekommen, der uns allen schwer zu Herzen ging. Seit Weihnachten keine Kartoffeln! Als unsere Kiste mit ›Umzugsgut‹ (Kartoffeln) ankam, war sie dabei, das Mittagessen zu machen: Kartoffelschalen, die sie ab und zu von der Zeche bekämen, und Brennesseln dazu. ›Ich krieg es nicht runter‹, schrieb sie, ›so musste ich die letzten drei Tage mit einer einzigen Schnitte Brot laufen.‹ Wenn das jetzt im Mai schon so ist, wie geht's ihnen dann im Juli? Können die christlichen Nationen zusehen, wie ganze Städte verhungern!! …

10. 6. 46
Krieg ist nimmer – – – aber furchtbare Kampfeszeit für alle Deutschen! Man hat den Eindruck, es muss eine schwere Katastrophe geben, da alle Möglichkeit, zurechtzukommen, immer mehr schwindet, hauptsächlich dadurch, dass uns alle Maschinen und dadurch Arbeit und Verdienst genommen werden. Ebenso werden die Vorräte an Rohmaterialien, die noch nicht vom Krieg aufgezehrt waren, genommen; nur für Franzosen darf gearbeitet werden, und was die Deutschen noch im Besitz haben, wird heimlich auf dem Schwarzen Markt für Lebensmittel verfuggert (*verschachert*). Wehe dem, der nichts zu tauschen oder keine guten Freunde auf dem Lande hat! Wo soll das hinführen?

27. 8. 46
Einzutragen wäre freilich viel gewesen. Z.B. unsere Ährenlese-Tage, Reinhold und ich, wir waren die Kampfgenossen. Jawohl ›Kampf‹, oft fast um jede Ähre, wenn so 30, 40, ja manchmal über 50 Personen auf dem Acker sind, solange der Wagen geladen wird. Ist der vom Acker, so liegt kaum noch eine Ähre drauf. Auf der Alb war's besser, wir waren auch einige Tage oben. Gott segne die lieben U.'s in W. und Schw. in E. für alle Freundlichkeit, die sie uns tun. Ich war so sehr gern oben und könnte mir nichts Schöneres denken, als so auf dem Land zu wohnen. Der Erfolg war im ganzen etwa 2 Ztr. Weizen- und Korn-Ähren, die als Brotmehl uns ein wenig über den Hunger hinweghelfen sollen. Es will einem manchmal bang ums Herz werden, wenn man immer wieder hört, wie die Kartoffelernte schlechte Aussichten hat. Frühkartoffeln sind fast nicht zu haben, weil es nur ganz wenig gab, so bettelte man sich aus allen möglichen Quellen bis jetzt immer noch meist alte zusammen, aber das ist jetzt doch aus. Wie mancher Bittseufzer stieg auch schon hinauf zum Vater! An seiner Hand wollen wir weitergehen und ihm vertrauen.

Schönes dürfen wir aber auch erleben. Ich will die Bodensee-Wanderfahrt der Buben so gut wie möglich ein wenig festhalten …

Es folgt eine sehr anschauliche Schilderung des Ausflugs ihrer Söhne.

6. 10. 46
Die letzten Wochen hatten einen Hauptinhalt, zeitweise trat überhaupt alles dagegen zurück: Das Bucheles-Lesen!! Die Buchen werfen eine Menge ihrer ölhaltigen kleinen Früchtlein ins Gras oder Laub, und dies ist eine Möglichkeit, das so sehr entbehrte und notwendige Fett, wenigstens etwas, beschaffen zu können. Täglich strömen die Menschen in die Wälder, was laufen kann; wir hier haben glücklicherweise ziemlich Buchen in der Umgebung. Viele gehen auch zu Rad, Zug oder Auto auf die Alb, wo es doch nicht so sehr überfüllt ist mit Buchele suchenden Menschen.

Reinhold hat ausgerechnet, dass ein Pfund Buchele aus ca. 1300 Stück besteht, manche Tag brachten wir 6 – 8 Pfund pro Person heim (meist zu zweit). Bald ist's aber zu sehr abgelesen gewesen, gestern brachte er z.B. nur 1 Pfund, trotzdem er auf den Gielsberg gestiegen war.

Zusammen werden wir etwa 1 Ztr. 20 Pfund haben bis jetzt, das gäbe etwa 12 l Öl, ein wunderbarer Reichtum … wenn man nicht die Hälfte abliefern müsste! Auch von den Trauben, die in Deutschland wachsen, d.h. im französischen Gebiet, verlangen die Franzosen 80 % für sich. Es ist empörend, wo die doch sowieso ein so reiches Land haben! …

Gestern sagte Esther mal: ›Jetzt hab ich bald Geburtstag!‹ Ach, wie tat's wieder weh: früher war der 18. ein doppelter Festtag![11] Ich glaub, es vergeht kein Tag, an dem ich nicht an unsere beiden Vorangegangenen denke, immer dann, sobald es still um mich wird. Zweimal hab ich in letzter Zeit von ihm geträumt, einmal, er sei heimgekommen, d.h., ich sah ihn im gegenüberliegenden Haus, aber auf all unsere Fragen konnte er sich nicht erinnern, ob er wirklich unser Ernst sei. Da sagte ich, er soll mich mal seinen Bauch ansehen lassen, und fand wirklich die Narbe, die Ernst dort hat. Wie war ich glücklich, Ernst wiederzusehen, und dachte, nach und nach wird's schon wieder kommen, die Erinnerung! Ach, wie oft, wenn Gedanken in dieser Richtung aufkommen wollen, heißt's in meinem Innern: – Amerik. mil. Friedhof, Grab Nr. 189.

8. 12. 46
Gottfrieds 19. Geburtstag ist heute! Es hat mich sehr bedrücken wollen, dass ich so gar nichts auf seinem Geburtstagstisch hatte, und doch sah zuletzt heut morgen das Tischlein recht nett aus mit dem feinen kleinen Apfelkuchen, dem Transparentle, einem Begonienstöckle, 10 Mark von der Thea, Papas Gedicht; von mir lag ein Käsdösle, welches ich schon an meinem Geburtstag bekommen hatte, und ein Weck *(Wek-*

11 Esther E., die Zwillingsschwester, mit der ich sprach, sagte, erst ihren 60. Geburtstag habe sie als ihren *eigenen* Geburtstag wirklich unbeschwert feiern können. Bis dahin sei der Tag immer überschattet gewesen durch den Tod des Zwillingsbruders.

ken) drauf, Papa legte ein großes Stück Brot und eine Scheibe Wurst, sein auf der Alb nicht gegessenes Vesper drauf (welches Entzücken! Das kann nur der nachfühlen, der in unserer Lage ist) und ein Päckchen von der Marga. Die ganze Familie war gespannt, was da rauskommt! Und was? Ein wunderschöner, weißer Pullover!!

Viel Freude haben wir dankbaren Herzens diese Woche empfangen dürfen. Am Donnerstag saßen wir sehr niedergeschlagen am Kaffeetisch, es hieß, wir bekommen nur noch 1000 g Brot pro Woche, das macht für Kaffee und morgens und mittags ein wenig Vesper, ca. 135 g Brot täglich, jetzt sind's doch wenigstens noch 200 g, und das lässt einen schon den ganzen Tag hungrig sein, da wir doch dieses Jahr mit Kartoffeln nicht nachhelfen können. Also, und an demselben Morgen kamen zwei Pakete aus Amerika von Christine! Eins mit Esswaren, Eipulver, Milchpulver, Kaffee, scheint's auch Fett und Fleisch, wir können das Englische nicht lesen, und im anderen sind 2 Kleider, Socken für die Buben, Stopfgarn, Gummiband, Nadeln etc., so richtig wie in den Geschichten. Nun, Gott segne sie alle dafür.

16. 1. 1947
Schon wieder der halbe Januar rum! Zwar, das tut einem nicht leid, man sehnt sich nach dem Frühling und nach wärmerer Witterung, viele, viele haben weder Holz noch Kartoffeln!! Wie muss es denen zumut sein, wenn der Tag anfängt. Da haben wir noch viel zu danken, denn wie gemütlich dürfen wir doch noch meistens wenigstens am Tisch essen, bis wir genug haben, doch es sind augenscheinlich nicht die Sachen, die der Körper braucht, infolgedessen fühlt man doch sehr bald wieder ›ein Loch im Magen‹, ich habe oft ein solches Schwächegefühl, dass ich kaum das Nötigste tun kann, und es ist doch eigentlich viel mehr zu tun als früher. Wie oft steigt mein Flehen zu Gott um Kraft!

Doch haben wir gar viel zu danken: Es sind schon mehrere Liebespakete aus Amerika zu uns gekommen, von Christine H., unserem früheren Mädchen aus K. und von meiner Kusine Marie. Auch vom Schweizer Hilfswerk haben wir schon etwas bekommen, hauptsächlich einen schönen Anzug für Gottfried! Gott der Herr möge den Lieben alles vergelten! Wir sind sehr froh drum.

Ach, so wird Er auch durch die kommenden Frühjahrs- und ersten Sommermonate hindurchhelfen, menschlich gesehen überfällt einen das Grausen, wenn man an die vielen denkt, die unweigerlich verhungern müssen, wenn nicht von irgendwo Hilfe kommt.

1. 2. 47
… ich musste wieder gestern und heut morgen das Bett hüten, ohne eigentliche Krankheit infolge Kraftmangel, anders kann ich's nicht bezeichnen. Dr. B. macht mir als Traubenzucker-Spritzen.

Die Tage gehen so weiter, wir dürfen uns Gott sei Dank am Tisch immer soweit sattessen, aber viele nicht. Besonders in den großen Städten sind schon viele an Mangel gestorben. Vater hat nun seit Januar schon 3 Evangelisationen gehalten … Überall kommen die Leute scharenweise, es ist ein großes Suchen nach den Werten der Ewigkeit …

2. 3. 47
... Wir sehnen uns nach dem Frühling, allenthalben geht das Holz zur Neige, und solang der Schnee nicht weggeht, kann man ja nicht in den Wald, Holz lesen. Wenn wir nicht die Kohlen aus Essen gehabt hätten, wäre es uns auch schlecht gegangen. L.'s haben uns dreimal eine Kiste mit je 3 Ztr. Kohlen geschickt; wir schickten sie zurück mit Kartoffeln (war natürlich nur voriges Frühjahr möglich), im Herbst dann mit Gelbrüben und Mehl und Linsen, die wir für ein Paar Stiefel, die L.'s gehörten, einhandelten.

9. 3. 47
Diese Woche war der 5. März. Drei Jahre ist's nun schon, dass unser lieber Ernst in seine große Not kam, von der ich doch so wenig weiß, dass die Gedanken immer dran rumgrübeln müssen. Wohl, er war und ist in Gottes Hand. Und doch kommen immer wieder Stunden, wo die Vorstellung sehr weh tut: Wie mag der arme Bub nach Hilfe gerufen haben, und wenn er dann wahrscheinlich noch eine Zeit im amerikanischen Lazarett lag, niemand Bekannter bei ihm. Wir konnten ihm nicht helfen, trösten, Liebe erweisen. Bauchschuss ist so furchtbar schmerzhaft, sagen sie. Das alles quält mich...
Sie zitiert dann wieder eine sie tröstende Bibelstelle.

So wird Er auch in Liebe an die denken und auf die blicken, die in Berlin und auch sonst in Hunger und Kälte umkommen! Es entsetzt einen, wenn man hört, in Berlin sind ganze Straßen abgesperrt mit schwarzen Kreuzen, weil sie mit Hungertyphus verseucht sind. Kein Arzt dürfe mehr hinein...

25. 10. 47
Unser Leben wäre so eigentlich ganz friedlich, wenn es nicht so ein Kampf um die immer höher steigenden Preise wäre. Die nötigen Dinge des täglichen Lebens sind für einen Normalverdiener oft fast unerschwinglich. Doch dürfen wir hier im Süden gewiss nicht klagen, wenn wir unsere Lage mit den ungezählten Heimatlosen vergleichen. Es ist furchtbar, wie es für sie so gut wie unmöglich ist, zu einem geordneten Leben, Verdienst und Heim zu kommen ... Sieht man nicht den fürchterlichen Feind der Menschheit unter uns wüten? Es müsste einen noch viel ärger grausen, wenn man sich nicht in Gottes treuen Händen wüsste. Kommt der Tod auch in dieser grausamen Form auch zu uns (es sieht immer wieder so aus, als stünde ein neuer, noch schrecklicherer Krieg vor uns), so kann Er hindurchführen. In Berlin muss die Bevölkerung furchtbar unter der Blockade leiden, keine Lebensmittel, als was im Flugzeug gebracht werden kann, keine Heizung, Kleidung auch nicht ergänzen können.

Ach Gott, sieh darein!

Nachbemerkung

Für Margarete E. stand nach dem Krieg die Familie ganz im Mittelpunkt ihrer Sorgen und Mühen. Von der »Welt draußen« (diesen Ausdruck gebraucht sie immer, wenn vom politischen Geschehen die Rede ist) schreibt sie selten, fast nur dann, wenn irgendeine Kriegsgefahr droht (Korea 1951, Suez und Ungarn 1956, »Weltraumrakete, Sputniks – Wörter, die man früher gar nicht kannte, aber furchtbare Wirklichkeiten«, Berlinkrise 1961). Ihre innere Einstellung blieb dieselbe. Körperliche Beschwerden stellten sich ein. 1956 starb ihr Mann. Danach konnte sie eine erste Reise ins Ausland, nach Zürich, machen. Mit 64 Jahren fühlte sie sich schon recht alt, dachte an den Tod. Aber immer wieder half sie bei den Kindern aus, als nacheinander die Enkel kamen. In den 60er Jahren erlebte sie noch die Bauvorhaben der Söhne, die Anschaffung von Autos. Sie durfte mit der ältesten Tochter 1967 noch nach Holland ans Meer, alles sehr eindrückliche Erlebnisse für sie. 1969 ging sie in ein Altersheim nach Honau auf der Schwäbischen Alb.

Der letzte Eintrag in steiler, zittriger Schrift: »Schlaganfall: 30. August 1969« und dann in großen Buchstaben: »Gottes Vaterhände über Euch. Sein ewiges Wort in Euch.« Wenig später starb sie.

»Ich mein', organisieren konnte ich schon.«

MATHILDE W. (1916)
Geschäftsfrau aus Stuttgart

Vorbemerkung

Mathilde W. wurde 1916 geboren. Der Vater war Geschäftsmann (Schreibwaren). Sie machte die mittlere Reife und war danach im elterlichen Geschäft tätig. 1939 heiratete sie den Teilhaber einer Firma für Bau- und Möbelbeschläge in Stuttgart. Der Mann (Jg. 1910) wurde im Januar 1940 eingezogen, war von Dezember 1944 bis Januar 1947 in englischer Kriegsgefangenschaft. 1942 wurde der Sohn geboren. Das Geschäft wurde 1944 durch Bomben völlig zerstört, die Wohnung teilweise beschädigt. Frau W. begann während der Gefangenschaft ihres Mannes mit dem Wiederaufbau des Geschäfts und ist immer noch (1997) im Geschäft tätig. Sie hat drei Enkel.

Auf einen Bericht in den »Stuttgarter Nachrichten« über einen Vortrag von mir im Deutschen Staatsbürgerinnenverband, in dem ich auch um gesprächsbereite Zeitzeuginnen geworben hatte, meldete sich Frau Mathilde W.. Wir haben in den Jahren 1990 bis 1993 mehrere Gespräche geführt, blieben auch bis heute (1998) in ständigem telefonischen Kontakt. Frau W. stellte mir den gesamten Briefwechsel, den sie mit ihrem Mann während der Zeit des Krieges und seiner Gefangenschaft geführt hatte, zur Verfügung.

Am 19. März 1990 saß ich zum ersten Mal in dem bürgerlich-einfachen, gemütlichen Wohnzimmer von Frau W.. Sie gab mir Kriegsaufzeichnungen ihres Mannes zu lesen, solange sie Kaffee zubereitete. Ich konnte gerade den Anfang lesen. Dann zeigte sie mir Fotos ihres verstorbenen Mannes, ihres kriegsbedingt einzigen Sohnes und ihrer drei Enkel.

I: *Dass Sie noch im Büro tätig sind, ist erstaunlich.*
W: Es ist ja auch das eigene. Unsere Firma heißt K., wurde 1937 von meinem

Schwiegervater und meinem Mann gekauft, und dann haben wir ja Pech gehabt, da kam gleich der Krieg. Wir haben kurz vor dem Krieg geheiratet, im Juni 1939. Im Januar '40 musste er einrücken. Er hat Glück gehabt, dass sie immer einen zum Schreiben gebraucht haben, so kam er auf die Schreibstube zum Stab. Im Herbst bekam er noch einmal Urlaub wegen dem Geschäft und musste dann im Januar oder Februar wieder einrücken. Zunächst kam die Truppe nach Baden-Baden. Dort konnte ich ihn oft besuchen. Von dort aus nach Lunéville. Nach dem Krieg haben wir eine Reise dorthin gemacht und uns alles angesehen, wo er war.

I: *Er hat sich immer für Land und Leute interessiert? (Die Frage legte sich nach dem Durchblättern seiner Kriegsaufzeichnungen nahe.)*

W: Ja, ja. Er hat es da gar nicht schlecht gehabt. Er konnte Spaziergänge machen und hat viel gelesen und Bücher gekauft. An Pfingsten '44 hätte die Familie, wo er gewohnt hat, mich gerne mit Kind eingeladen. Aber das ging dann nicht, weil es ja Feindgebiet war.

I: *Das zeigt, dass das Verhältnis zu den Besiegten doch recht anständig sein konnte...*

W: Das kam auf den einzelnen an. Erst in den letzten Wochen 1944 ist er dann auch im Kampf eingesetzt worden, kam dann in englische Gefangenschaft. Das war am 8. November. Ich bekam am 6. Dezember die Nachricht, dass mein Mann vermisst sei, er sei wahrscheinlich in englischer Kriegsgefangenschaft. Am 8. Dezember '42 ist unser Sohn geboren. Von meinem Mann kam die erste Nachricht dann erst im Februar 1945.

I: *Sie waren doch zunächst sicher sehr beruhigt, dass er nicht an der Front war und dann nicht mehr in Russland?*

W: Dass wir so lange nichts von ihm gehört haben, war eine große Belastung, auch für die Schwiegereltern. Ich stamme aus Augsburg und war '44 ein Jahr lang in Höchstädt bei Augsburg, bin aber mindestens alle vier Wochen nach Stuttgart, weil ich nach dem Geschäft sehen musste. Im Juli '44 war dann der große Angriff. Da war das ganze Geschäft kaputt. Wir gingen im Krieg immer in den Wagenburgtunnel, dort in der Nähe lebten wir. Das war auch beschwerlich. Da ging es bergauf, und ich musste immer den Kinderwagen da hinaufschieben. Das kleine Kind ließ ich in Höchstädt bei meiner Freundin, er hat sich da wie zu Hause gefühlt. Es war auch ein Geschäftshaus. Dort ist der Mann meiner Freundin gefallen. Ich hatte in Höchstädt keine Zuzugsgenehmigung, denn die Evakuierungsgebiete waren ja zugeteilt. Da bin ich aufs Landratsamt gegangen und habe gesagt, ich brauche gar keine Wohnung, nur eine Aufenthaltsgenehmigung. Die hab ich dann bekommen. In dem Geschäftshaus waren vier Schwestern. Die Mutter war schon gestorben, als die älteste, meine Freundin, 18 Jahre alt war. Diese Tochter war im Geschäft, die zweite hat die Küche geführt, die dritte war in Dillingen im Lazarett, die vierte war auch zu Hause und half. Ich war die fünfte, etwas jünger als meine Freundin. Als Außenstehende konnte ich so ein bisschen das Kommando übernehmen und den Dienst organisieren.

I: *Da waren Sie ja eine richtige Frauengemeinschaft.*

W: Ja, das ging gut. Ich hätte auch in Horb Möglichkeiten gehabt. Dort hatten wir auch Bekannte, die haben mir auch ein Zimmer angeboten. Aber der Mann war an oberster Stelle bei den Nationalsozialisten, wohl Ortsgruppenleiter, und da wusste man nicht, wie das wird. Auch ist Rottweil dort in der Nähe mit den Munitionsfabriken, da war die Gefahr von Angriffen.

Dies Haus, wo ich jetzt wohne, das war das Haus der Schwiegereltern, das war auch kaputt. Im September wurde auch das Haus, in dem wir damals wohnten, beschädigt, aber unsere Wohnung blieb stehen. Ich hab dann am anderen Tag die Möbel in die Küche reingestellt, vor allem das Klavier, weil dort Steinboden war. Mein Schlafzimmer und mein Speisezimmer hab ich verlagern können zu Verwandten nach Enzweihingen rüber.

Ich war immer gerade dann in Stuttgart, wenn Angriffe waren.

I: *Was mich immer wundert ist, dass, obwohl doch so viele schwere Angriffe waren, die Scheiben doch immer wieder gemacht wurden und die Dächer gedeckt wurden.*

W: Ja, ja. Mein Mann hat auf Urlaub auch mal helfen müssen, das Dach zu decken. Die Soldaten, die jeweils auf Urlaub waren, die waren auch verpflichtet zu helfen. Wir haben eigentlich nie einen richtigen Urlaub für uns gehabt.

I: *Sie haben es ganz gut überstanden, auch gesundheitlich. Haben Sie eine besonders robuste Gesundheit?*

W: Das möchte ich nicht gerade sagen, aber im großen ganzen schon.

I: *Im Krieg selber ist man gar nicht so oft krank gewesen, das ging gar nicht.*

W: Nee, das konnten Sie gar nicht. Aus den Briefen geht auch hervor, dass ich '44 einmal oder zweimal mit meinem Kleinen hier gewohnt habe. Aber ich bin dann sehr schnell wieder zurück nach Höchstädt. Ich hab ihn dann auch nicht mehr mitgenommen. Als der große Angriff im Wagenburgtunnel war, da waren wir drin. Und dann hieß es in Höchstädt, das Wagenburgtunnel sei getroffen worden. Und die haben das im Wehrmachtsbericht gehört. Bis die wieder die Nachricht gekriegt haben, dass uns nichts passiert ist!

I: *War man im Bunker absolut sicher?*

W: Ja, aber ich weiß nur, in der Nacht hat das Haus gebrannt, und wie wir rauskamen, die ganze Wagenburgstraße, hat alles gebrannt. Und die Balken sind runtergefallen. Und die Frau, die im zweiten Stock wohnte, hat zu mir gesagt: »Sie können vielleicht noch was retten, bei uns ist alles schon kaputt.« Wir haben dann noch am anderen Tag in einer Garage etwas untergebracht. Da waren wir dann auch so was wie Trümmerfrauen. Da haben wir den ganzen Schutt geräumt und auch die Brandbomben entsichert.

I: *Hat man nicht dauernd in Angst gelebt vor dem nächsten Angriff?*

W: An und für sich schon. In Höchstädt weniger. Ich war nicht so ängstlich. Von Donauwörth aus hat man den Feuerschein gesehen, wie der Angriff auf Heilbronn war, mein Mann ist ja aus Heilbronn. Ich hab es immer so erwischt, dass ich gerade in Stuttgart war, wenn ein Angriff kam. Einmal bin ich mit den ganzen Kundenkarten, das ist ja Bargeld *(Schulden der Kunden)*, hab ich die genommen aus dem ganz tiefen Keller in unserem Haus und durch das Wagenburgtunnel bis runter wieder zur Straße, wo wir wohnten, geschleppt, da hat man so allerhand geschleppt.

I: *Wenn man's jetzt erzählt und so ruhig am Kaffeetisch sitzt, dann kommt es einem manchmal wie ein Alptraum vor, was da war und dass man drüber gekommen ist.*

W: Man konnte nicht anders. Da war einmal eine Wohnungsnachbarin, da war mein Sohn gerade ein halbes Jahr alt, die war von Enzweihingen, die wollte mich dahin holen, eine Cousine von meinem Mann. Da sind wir dann mit der Bahn und dem Kinderwagen hin, um den Bomben zu entgehen. Da bin ich aber in der Nacht so von Schnaken zerstochen worden, dass ich lieber nach Stuttgart zu den Bomben zurück bin. (*Lachen*)

Das erste Jahr war ich ja ganz allein in Stuttgart mit meinem Sohn. Da hat man ganz schön zu schleppen gehabt, wenn man in den Bunker ist, mit Kind und Kinderwagen. Und das mehrmals in der Woche.

I: *Liebe Zeit, ohne Schlaf, also, wenn man das wieder müsste! Und wenn man denkt, dass die alten Leute das alles auch mitmachen mussten. Sie und ich waren damals jung!*

W: Mein Vater hat den Krieg nicht erlebt. Er war schwer herzkrank. Hab immer zu meiner Mutter gesagt: »Stell dir vor, der Vater würde noch leben! Das wäre furchtbar! Was hättest du mit so einem Kranken gemacht?« Mein Schwiegervater, gegenüber von hier war ja auch ein Bunker, aber der ging nicht in den Bunker, eigensinnig wie der war. Aber das war ein Glück, denn da sind die Brandbomben rein, und er und noch ein anderer, die konnten gleich löschen. In Höchstädt gab es keine Keller, durch die Donau, da konnte man nicht so tief graben. Dort sind wir von Tieffliegern angegriffen worden.

I: *Am Ende war ja kein Landstrich mehr sicher. (Pause. I. deutet aufs Klavier) Dies Klavier hat alles überstanden?*

W: Ja, das hat alles überstanden. Ein Auto haben wir verlagern müssen. Das hatte mein Mann neu gekauft, wie wir geheiratet haben, und wir haben es auf der Hochzeitsreise eingefahren. Das neue Auto mussten wir abgeben, da konnte man nichts machen. Es wurde nach Abtsgemünd verlagert. Wir haben das andere Auto vollgepackt mit Sachen aus der beschädigten Wohnung. Man musste Benzingutscheine und einen Fahrbefehl besorgen. Den Fahrbefehl hatten wir nur bis Waiblingen, weil man gesagt hat, ich müsste die Buchhaltung verlagern. Man hat nur aus geschäftlichen Gründen das alles bekommen. Einmal wurden wir angehalten, obwohl ich schon gar nimmer rausgucken konnte, so war das ganze Auto vollgepackt. Ich habe '40 den Führerschein gemacht. Und fahre immer noch, jetzt 50 Jahre!

I: *Ich versuche mir immer vorzustellen, wie das ist, wenn man sich was aufgebaut hat, und dann steht man vor den Trümmern.*

W: In der Stadt musste man mit sowas rechnen.

I: *Wie ist einem da zumute?*

W: Weiß auch nicht. Mein Mann hat keinen Bombenurlaub bekommen. Der Angriff war so stark, da hatten wir einen alten Kassenschrank mit so dikken Türen *(zeigt die beträchtliche Dicke an)*, da war das Silbergeld in der Kassette noch zusammengeschmolzen. Alles kaputt. Nichts zu retten, alles ein Schutt. Dann habe ich das Auto in Sicherheit gebracht. Wir sind dann halt einfach drauflosgefahren bis Höchstädt. Da müssen Sie halt einmal ... ein bisschen frech sein. Dann mussten wir noch heim ohne Fahrerlaubnis. Später haben wir das Auto versteckt in einer Scheuer in Höchstädt und dann an den Mann der einen Freundin verkauft, der durfte es dort fahren, weil er eine Zellstoff-Fabrik hatte. Dafür habe ich dann Holz bekommen.

I: *Da war ja jeder Sachwert Gold wert.*

W: Nach dem Krieg stand ich auch allein da. Ich konnte nicht über das verlagerte neue Auto verfügen. Das hatte eine andere Firma bekommen, die zugelassen war. Die wollten mir das Auto abkaufen. Das habe ich nicht getan. Gegen die Beschlagnahmung konnte ich nichts machen, aber verkaufen wollte ich nicht. Am Tag nach der Währungsreform haben wir das Auto wiederbekommen. Da waren keine Reifen mehr dran. Ein Bekannter meines Mannes hat in einer Reifenfabrik gearbeitet, der hat ihm Reifen verkauft gegen was anderes.

I: *So ging das. Es ging eigentlich nur durch Beziehungen. Aber wir sind jetzt schon am Kriegsende. Wie ging es denn nach der Beschädigung Ihrer Wohnung weiter?*

W: Mein Schwiegervater hat hier behelfsmäßig kampiert. Behelfsmäßig haben wir auch wieder ein Warenlager eingerichtet, aber man hat wenig bekommen.

I: *Wurden Sie denn auf Kriegsproduktion umgestellt?*

W: Es wurden sehr viele Nägel gebraucht für Wehrmachtskisten, Griffe usw.. Und Werkzeuge, Hobel, Feilen, Bohrer.

I: *Hat das dann noch geklappt, dass man da noch beliefert wurde?*

W: Ja, aber wenig, für Bezugscheine. Meine Schwiegermutter hat sich nie für das Geschäft interessiert. Ich ging gleich, nachdem wir verheiratet waren, halbtags mit ins Büro.

I: *Haben Sie irgendeine Ausbildung dafür gehabt?*

W: Ich komme auch aus einem Geschäft, aber ganz andere Branche. Wir hatten Schreibwaren. Aber ich hab mich immer für das Kaufmännische interessiert. Mir hat's Spaß gemacht bis heute, es ist mir keine Last. Mit 23 Jahren stand ich allein da im Geschäft. Wir hatten noch einen Vertreter. Ich hatte noch nicht den Führerschein, da musste unser Vertreter einrükken. Es hätte gar niemand fahren können. Innerhalb von 10 Tagen habe ich den Führerschein gemacht.

I: *Ein Auto war damals was Besonderes.*

W: Ja. In der ganzen Straße gab's zwei Autos. Meinen Schwiegervater hat es sehr getroffen, dass das Geschäft kaputt war. Und dass der Sohn vermisst war. Der hat einen Gehirnschlag bekommen und ist mit 63 Jahren im Januar '45 gestorben.

I: *Das war zu viel für ihn.*

W: Ja, und dann hat er auch kein Insulin mehr bekommen. Er war schwer zuckerkrank.

Mein Mann hat alle Nachrichten von uns zunächst nur über die Schweiz und Amerika erfahren, auch, dass sein Vater gestorben ist und dass wir noch leben. Die Adressen hat er auswendig gewusst. Wir durften nicht schreiben und er auch nicht. Nach Amerika durfte er schreiben und in die Schweiz auch. Dort hatten wir Verwandte. Im Februar 1945 bekam ich eine Karte, auf der nur stand, dass er in britischer Gefangenschaft und gesund ist. Im August '45 durfte ich eine Karte mit 25 Worten schreiben. Den ersten Brief von ihm bekam ich am 13. Oktober. Das war fast ein Jahr seit seinem letzten Brief. Andere haben noch länger warten müssen.

Mein Mann konnte sich sogar eine Uhr aus der Schweiz schicken lassen. Er hat sich mit dem Lagerleiter, einem tschechischen Juden, gut verstanden. Er war Rechtsanwalt von Beruf, konnte aber drüben seinen Beruf nicht ausüben, weil er eine weitere Prüfung hätte ablegen müssen. Er war aus der Tschechei 1938 emigriert. Der hat sich sehr gern und sehr viel mit meinem Mann unterhalten. Als mein Mann schon daheim war, schrieb er, ein Bekannter von ihm hätte einen Sohn, der gerne einen Austausch hätte. So kam der Sohn herüber, und mein Sohn ging nachher hinüber. Mein Mann hat also in der Gefangenschaft Glück gehabt. Am Anfang konnte er auch Dolmetscher sein. Er hat Englisch gelernt. Ich habe dann auch einen Englischkurs gemacht. Manchmal schrieben wir uns auf Englisch. Er war ja drei Jahre weg. Den letzten Urlaub hatte er im Februar 1944 gehabt, am 27. Januar 1947 kam er aus der Gefangenschaft heim.

I: *Wie war das denn mit der materiellen Versorgung?*

W: Es war Geld da. Wir haben natürlich schon beantragt, als er einrücken musste, dass ich von der Wehrmacht was bekomme, Familienunterstützung. Später wurde er Feldwebel. Er sollte immer Leutnant werden, aber der Schwiegervater hat gesagt, er soll sich zu nichts bewerben.

I: *Ihr Schwiegervater war also auch nicht so arg für diese militärische Laufbahn?*

W: Nee, nee. Mein Schwiegervater hat höchstens geglaubt, man müsse in die Partei eintreten, vielleicht könnte er dann befreit werden vom Krieg.

I: *Aber er ist nicht eingetreten?*

W: Nee, nee.

I: *Sie sprachen von dem tschechischen Juden, dem Lagerleiter Ihres Mannes. Haben Sie persönlich Juden gekannt?*

W: In Stuttgart nicht, aber in Augsburg.

I: *Wie war das Verhältnis?*

W: Sehr gut. Ich kann es gar nicht anders sagen. Wir haben viele Lieferanten gehabt, die Juden waren. Mein Bruder war in einer jüdischen Firma. Die haben schon beizeiten gewusst, dass Krieg kommt. Einer dieser Brüder der Firma hat sich nicht abgesetzt, aber die anderen sind alle nach England, auch dessen Söhne.

I: *Was ist aus diesem einen Bruder geworden?*

W: Das weiß ich nicht. Wir haben keine Beziehung mehr zu ihm gehabt.

I: *Hatten Sie nie das Gefühl, dass man von Juden übers Ohr gehauen wird?*

W: Nein, nie. Sie müssen überlegen, das waren auch Geschäftsleute, die ja schon so lange im Geschäft waren. Die Juden waren sehr, sehr anständig. Mein Bruder war in der schlechten Zeit (*sie meint die Zeit der wirtschaftlichen Depression)* zwei Jahre arbeitslos. Dadurch, dass wir ein eigenes Geschäft hatten, hat er keine Unterstützung bekommen. Diese jüdische Firma hat ihn dann über Weihnachten eingestellt. Sie hätten ihn auch später behalten, da war das Verhältnis sehr gut. Nach dem Krieg hatten wir Geschäftsräume in der Fritz-Elsas-Straße, direkt neben der wiedererrichteten Synagoge. Mein Mann hat sich immer sehr stark für das Judentum interessiert. Ich habe viele Bücher da, da drüben auch so einen »Judenleuchter«, den hat er auch einmal gekauft.

I: *Also, er war alles andere als ein Antisemit?*

W: Nee, das war er also ganz bestimmt nicht.

I: *Als die Synagoge brannte?*

W: Da waren wir ja noch nicht dort. Man hat viel darüber gelesen, auch den »Stürmer«. Ich hab das Ganze schon gelesen, aber persönlich hatten wir nie solche Erfahrungen gemacht.

I: *Das ist eigentümlich, und im »Stürmer« stand doch so viel Schreckliches und Negatives. Haben Sie das geglaubt?*

W: Nee.

I: *Die Frage stelle ich immer: Wie weit hat man von den Judenverfolgungen gewusst?*

W: Das hat man nicht gewusst.

I: *Dass es KZ gab, das hat man schon gewusst.*

W: Wahrscheinlich schon, aber nichts Näheres.

I: *Immer wieder liest man, dass Menschen erlebt haben, wie die Nachbarn abgeholt wurden.*

W: Da bei Horb, da waren die Rexinger Juden.

I: *Die haben ja in Israel eine Siedlung gegründet.*

W: Die sind vor ein paar Jahren wieder zurückgekommen auf Besuch.

I: *Sie hatten aber damals kaum Beziehungen nach Horb?*

W: Nein, weil der Bekannte Ortsgruppenleiter oder sowas war. Die Frau haben wir kennengelernt beim Skifahren damals. Sie kam von K. von einer Mühle. Den Mann kannten wir eigentlich gar nicht.

I: *Was ist mit denen dann geschehen nach dem Krieg?*

W: Der ging dann zurück mit seiner Frau in das elterliche Haus in die Sägemühle. Der ist bald gestorben. Ich nehme an, dass ihn das alles doch seelisch belastet hat. An und für sich, ich mein', war das eine recht angenehme Familie.

I: *Wie war denn Ihre eigene Einstellung zu dem ganzen Regime? Haben Sie Hitler einmal persönlich gesehen?*

W: Ich glaube, in Augsburg, ja. Von der Ferne.

I: *Ich frage deshalb, weil da die Eindrücke so verschieden sind. Manche sagen, er habe sie kalt gelassen, andere wieder, er sei faszinierend gewesen.*

W: Da war ich wahrscheinlich ein bisschen zu kühl veranlagt, da hätt' ich mich nicht so reingesteigert, ich weiß nicht. Ich war ja in einer Klosterschule, aber als Externe mit mittlerer Reife. Ich kam schon '33 aus der Schule. Wir mussten ja noch nicht zum BDM. Wir hatten allerdings, wo wir wohnten, also ringsum, sehr starke Anhänger der NSDAP, auch Frauen, die bei der Frauenschaft waren. Dann sagte meine Mutter auch, durch das Geschäft, sie wollte nicht gehen, ich sollte gehen. Ich hab auch schon den Antrag gestellt, aber da wurde man gar nicht mehr aufgenommen. Und dann hab ich geheiratet, da war das Problem schon gelöst. Sie müssen, wenn Sie in einem Geschäft sind, da muss man sich einfach neutral verhalten. Mein Schwiegervater, der ist in manches Fettnäpfchen hineingetreten. Und nachher, wenn man einen dann zur Rede gestellt hat, weil er ein guter Kunde war: »Ich, nein! Ich hab nie was davon wissen wollen!« Und dabei war er ganz stark dabei gewesen. Mein Mann wäre vielleicht schon eingetreten, aber das hätte Beitrag gekostet, und das war ihm dann zuviel.

I: *Es gab also bei Ihnen keine soldatische Tradition, wie man sie oft in Bürgerhäusern findet?*

W: Mein Schwiegervater war auch bei der Armee im Ersten Krieg, war aber auch auf der Schreibstube, war Zahlmeister. Er entging durch Zufall der Gefangenschaft.

I: *Und wie ist das mit den Behinderten gewesen?*

W: Das allerdings. Wir hatten eine Putzfrau im Geschäft. Das Kind war … ich hab's nie gesehen, aber mein Mann. Das kam nach Stetten in die Anstalt. Und die Frau hat nachher die Nachricht bekommen, er sei an Lungenentzündung gestorben.

I: *Da hat man aber damals schon gedacht, das sei wohl nicht so?*

W: Ja, so wie ich es von meinem Mann gehört habe.

I: *Sie sind katholisch?*

W: Ja, und mein Mann evangelisch.

I: *Sind Sie kirchlich gebunden?*

W: Heute ist es nicht mehr so, dass der katholische Teil aus der Kirche ausgeschlossen wird bei einer Mischehe. Mein Sohn ist katholisch erzogen worden. Vor der Ehe hat die Verwandtschaft schon etwas…

Wissen Sie, was bei mir anders war als bei anderen Frauen? Der Mann bei den anderen Frauen war schön zu Hause im Urlaub, meiner musste ins Geschäft.

I: *Das war auch eine Art von Urlaub!*

W: Gleich im ersten Urlaub musste ich nach Ulm mit dem Auto, um Ware abzuholen.

I: *Ihr Mann kam ja Ende '44 in Gefangenschaft. Wie haben Sie dann das Kriegsende erlebt?*

W: Ich war ja in Höchstädt. Da habe ich auch Glück gehabt. Es kam ein Aufruf: Alle Mütter mit Kindern sollten über die Donau in Sicherheit. Hab ich gesagt: Wohin? Dann steh ich auf der Straße mit meinem Kind. Treffen kann's mich überall. Jetzt bin ich noch hier im Haus. Es war doch keine Schwierigkeit, über die Donau Pontonbrücken zu schlagen. Es war am 22. April, als die Amerikaner nach Höchstädt kamen. Der Mann von der einen Freundin hätte noch nach Russland sollen, wurde unterwegs schwer krank und kam dann zurück mit einer Mandelentzündung und ins Lazarett in Dillingen. Und seine Frau, die eine der vier Schwestern, war dort im Büro tätig. Übers Wochenende kam er immer nach Hause. Und sonntags sind die Amerikaner gekommen. Wir waren schon ein bisschen … (*schlau*), also in einem Geschäftshaushalt, da sind Sie schon mit allen Wassern gewaschen. Was der eine nicht weiß, weiß der andere. Das war ja auch ein großes Geschäft, und die mussten doch auch ihre Ware verstecken. Haben wir sieben Kisten gepackt und bei Nacht und Nebel in einen anderen Ort gefahren, in ein Dorf in der Nähe. Das Geschäftshaus hatte als einziges Haus damals schon Zentralheizung. Da war eine Treppe, und da hat man Eier und Rauchfleisch und alles da drunter und hat das zugemauert, damit man nicht sieht, was drin ist. Das Rauchfleisch in den alten Kamin gehängt. Und das ist mir unvergesslich: Die Amerikaner sind also einmarschiert auf den Panzern mit dem Regenschirm. (*Lautes Lachen*)

I: *Da hätte man können Fotos machen!*

W: Also sind die eingerückt und haben das Haus beschlagnahmt, denn es war ein großes Haus mit Zentralheizung. Und der Mann von der Freundin aus dem Lazarett, der war in Zivil. Mir haben sie sogar angeboten zu bleiben. Wir alle, zwei Freundinnen, eine Frau aus dem Rheinland und ich mit dem Kind, sind zu Bekannten ans Ortsende. Am nächsten Tag kam in der Früh ein Neger. Da ist der junge Urlauber, der Mann von der Freundin aus dem Lazarett, aus dem Fenster in den Garten gesprungen und hat sich dort in einem Hüttle versteckt. Aber den Opa hat der Neger die Kellertreppe hinuntergeschmissen.

I: *War der angetrunken?*

W: Nein, aber er kam mit der Maschinenpistole. Jetzt standen sechs junge Frauen da, es waren noch zwei Wehrmachtshelferinnen dabei. Ich hab meinen Sohn auf dem Schoß gehabt. Die eine hat er mit 'naufgenommen und hat sie vergewaltigt. Es hieß auch: Soldaten, die in Zivil erwischt werden, gelten als Spione und werden erschossen. Und der Soldat, der Mann von der einen Schwester, den sie erwischt haben, sollte also erschossen werden. Es war ein höherer Offizier, ein Amerikaner, ich glaube, es war ein Jude.

Wir saßen alle in dem Zimmer von dem beschlagnahmten Haus, und er sagte, er müsse ihn erschießen. Sein eigener Bruder sei von der SS erschossen worden. Es war eine sehr, sehr heikle Szene. Wir haben mit ihm verhandelt, ich glaub', der hat schon etwas Deutsch gesprochen. Durch das Schulenglisch konnten wir uns schon verständigen. Wir haben mit Bitten und Betteln den Offizier dazu gebracht, dass sie den Soldaten mitgenommen haben in Gefangenschaft nach Heilbronn. Dort war er acht Wochen und hat nur Kaffee und Zigaretten bekommen.

I: *Das war doch letztlich nobel von diesem Offizier.*

W: Nach zwei Tagen durften wir wieder rein in das Haus. Und dann kam die MP. Wir haben denen bewusst gesagt, was wir wollen. Nebenan, das kann ich Ihnen ja ruhig sagen, war so eine Art Puff, also Frauen, die sich angeboten haben, da konnten sie ja alles haben. Ich hab denen gesagt, wir können uns nicht wehren. Da oben sind meine Matratzen, ich sei fliegergeschädigt, ich könnte natürlich nichts machen, wenn sie das jetzt benützen, die haben nämlich die Matratzen alle mitgenommen auf ihre Panzer, damit sie weicher sitzen! Das hab ich in Englisch gesagt, und sie haben es akzeptiert und meine Matratzen nicht mitgenommen. Wir haben denen auch mal Kuchen gebacken. Die haben die Eier von woanders hergebracht. Unsere waren ja versteckt. Sind wir in der Frühe mal reingekommen. Da war ein Durcheinander! Haben wir gesagt: Unsere Soldaten machen das nicht. Am Abend war ein Schild an der Küchentür: »If you use it, clean it!« (*Lachen*)

I: *Die haben Sie sogar erzogen, gut!*

W: Wir haben gefragt, ob wir abspülen sollten. Nein, das haben sie dann selber gemacht. Man musste einfach dementsprechend auftreten.

I: *Das ist interessant. Es waren ja junge Burschen, und Sie waren junge Frauen.*

W: Ja. Und es wäre uns keiner zu nahe getreten. Also uns gegenüber waren sie sehr anständig. Nicht einmal dumm anzureden oder anzutasten haben sie uns gewagt.

I: *Das schreiben Sie erstens Ihrem Auftreten und zweitens Ihrem Englisch zu?*

W: Ja, dass wir uns verständigen konnten.

I: *Haben Sie auch was geschenkt bekommen? Nescafé oder Schokolade?*

W: Doch, natürlich. So viele Pralinen haben wir nie gehabt. Dann haben wir noch mal was erlebt. Wir saßen unten in der Küche und haben gegessen. Wir waren immer so acht bis zehn Personen, nur der alte Opa, sonst lauter Frauen. Auf einmal waren Schritte oben zu hören. Es war ein Spalier vom Garten zu meinem Fenster, und ich hatte die Fenster offen. Ich mit meinem Sohn auf dem Arm habe Mut gefasst und bin rauf. Im Wohnzimmer saßen zwei von der MP, hatten sämtliche Schubladen aufgerissen und sich Likör eingeschenkt, haben uns großzügigerweise dann auch angeboten, was ich natürlich ablehnte. Das war dann auch wieder das Auftreten. Einem war das dann sehr peinlich, die wären ja auch schwer bestraft worden. Mit dem kleinen Kind haben sie auch mehr Rücksicht genommen. Sie sind dann wieder verschwunden. Aber zwei Tage vor dem Ami waren wir in einer Mühle, die etwas abseits lag. Wir haben dort etwas Lebensmittel eingetauscht gegen Ware, die hatten ein Textilgeschäft, das war auf dem Lande kein Problem. Da sagten wir noch zu denen, ob sie denn keine Angst hätten so allein, so abseits. Nein, sie hätten keine Angst. Es waren drei Frauen, der Bruder und ein Pole. Da ist es wirklich passiert, die Schwarzen sind rein, haben den Bruder und den Polen in Schach gehalten, zwei waren schon oben. Zwei Frauen haben sich gewehrt, die haben sie erschossen, und das waren Frauen mit 30 Jahren, die hinstehen konnten. Es konnte nichts herausgebracht werden. Drum habe ich auch gesagt, warum sollte ich von dem Haus weg? Das hätte gar nichts gebracht.

I: *Solange Ihr Mann in Gefangenschaft war, haben Sie versucht, das Geschäft behelfsmäßig weiterzuführen?*

W: Versucht. Bis ich die Genehmigung bekommen habe. Ich musste einen Fragebogen ausfüllen, den mit 131 Fragen. Dann musste ich auf die Ämter mit dem ganzen Zeug. Weil man auch Lastenausgleich beantragen musste.

I: *Und das haben Sie alles geschmissen, und als Ihr Mann zurückkam, war er sicher überrascht, wie gut alles gelaufen war.*

W: Ich hab schon ein paar Mal gedacht, ich hab gar nicht mehr gewusst, was ich alles gemacht hab. Erst aus den Briefen ist es mir wieder klargeworden.

Aus den Briefen

Die erste Karte aus der Gefangenschaft ist datiert am 7. 10. 1945. Sie enthält nur folgende (vorgedruckte) Nachricht (Original vorhanden):

EIN MITGLIED DER GESCHLAGENEN WEHRMACHT SUCHT SEINEN *NÄCHSTEN ANGEHÖRIGEN*

Ich bin noch am Leben und befinde mich in britischer Hand.
Ich bin gesund. Meine Anschrift ist wie unten. Bitte die Karte sofort zurückschicken!
Unterschrift: Willy W.

Auf der Rückseite durfte Mathilde W. nur mit 25 Worten (in Blockschrift) antworten. Sie schrieb:

VATER 7. 1. GESTORBEN. WIR WOHNEN BEI MUTTER, UNSERE SACHEN SIND GERETTET. WIR FREUEN UNS, WENN DU BALD KOMMST. HERZLICHE GRÜSSE UND KÜSSE DEINE TIDI, ROLAND, MUTTER.

Sie konnte dann noch zweimal schreiben. Der nächste Brief kam von ihm:

Stoneham Camp, 17. Febr. 1946
Mein liebes, gutes Betzel, Roland und Mutter!
Letzte Woche erhielt ich Deine beiden Karten vom 2. und 16. Dezember. Ich war sehr froh über die Nachrichten. Sie haben mir die vorhandenen Sorgen teilweise genommen, einmal, von was Ihr Euren Lebensunterhalt bestreitet, und dann die Frage der künftigen Existenz. Du bist eine wirklich kluge, tapfere und tüchtige Frau, zu der ich nur mit Bewunderung und Achtung emporsehen kann. Hoffentlich ist uns das Schicksal gnädig, damit ich Dir bald einen Teil Deiner Sorgen abnehmen kann. Du musst mir im nächsten Brief Näheres über die Art und Weise und den Platz schreiben, wo Du das Geschäft führst...Jetzt schreibe ich Euch doch alle 8 Tage, mal einen Brief, mal eine Karte, wie ich es eben darf...

Am 4. 3. schrieb sie folgende Karte, auf der immer noch nur 25 Worte zulässig waren:

St. 16. 8. gefallen, K. in amerikanischer, F. französischer Gefangenschaft. Geschäftsgenehmigung erhalten, Werke können nicht liefern, bräuchte Dich dringend. Herzlichst Deine Tidi, Roland, Mutter.

Erst im Juni kann sie den ersten ausführlichen Brief schreiben:

STUTTGART, 29. JUNI 1946
Mein lieber, guter Betz!
Vorgestern erhielt ich Deine liebe Karte vom 16. 6. und danke Dir recht herzlich dafür. Du bekommst aber nun laufend Post von mir, und ich hoffe, dass Du mit mir zufrieden bist, oder nicht? Ich freue mich schon wieder auf Deinen nächsten Brief. Es ist ja schade, dass Du sie so kurz halten musst. Du würdest mir sonst bestimmt mehr zu schreiben haben. Du erwähnst auch nie etwas über unseren kleinen Stöps. Hast Du ihn denn nicht mehr lieb, oder ist er Dir durch die lange Trennung fremd geworden? Ich bedauere es ja so sehr, dass Du die schönste Zeit des Entwickelns des Verstandes nicht hast miterleben können. Diese Woche mussten wir wieder herzlich über ihn lachen. Er macht nämlich schon allerlei Streiche. Eine Frau erzählte uns, er und sein Freund hätten sie angehalten und gesagt: »Ausweis vorzeigen«, sonst dürfe sie nicht durch. Eine Frau auf der Kanzel *(eine Straße in der Nähe)* hat ein kleines Kind mit einem halben Jahr. Dieser sind wir kurz nach der Geburt begegnet, und er durfte die Kleine sehen. Neulich hätte er nun in den Kinderwagen geschaut und gesagt: »Das g'ratet aber (*das »gerät« = »gedeiht«*)!« Er war ganz allein und niemand dabei ... Heute abend hat er mich so lieb getröstet, weil ich so weinte aus Sehnsucht nach Dir. Ich bin ja so froh, dass ich ihn habe, so habe ich wenigstens ein Stück von Dir und bin nicht ganz einsam.

Ich bin heute allein mit Roland. Mutter ist heute früh mit einem Omnibus nach Enzweihingen gefahren und kommt erst Montagnachmittag wieder. Sie will fragen, ob wir heuer Bohnen und Essiggurken bekommen, auch Zwiebel. So muss man immer sorgen, das Gemüse ist hier sehr teuer, wir bekommen z.Zt. nur auf Marken und da nur gelbe Rüben und heute etwas Wirsing.

Ich glaube, dass ich die Kalkulation von den Beschlägen vorerst nicht brauche. Ich war diese Woche auf dem Landeswirtschaftsamt und habe mich wegen der Herstellung der Beschläge erkundigt. Was im Krieg herzustellen verboten war, ist es auch heute noch. Ich brauche dazu eine Herstellungsnummer. W. sagte mir, er könne ohne diese sie nicht gießen, denn er bekomme nur auf Grund der Herstellungsgenehmigung das nötige Messing, und ob es für diesen Zweck freigegeben wird, ist sehr fraglich, nachdem es für dringende Zwecke noch spannt. Er sagt, man benötigt dazu auch sehr hochwertiges Material, und er hätte auch noch nicht die geeigneten Kräfte, die diese schwierigen Sachen machen können. Sein Sohn ist noch in franz. Gefangenschaft … Wenn ich mir aber vorstelle, dass ich noch ein Jahr allein sein soll, dann könnte man verzweifeln. Schließlich steht bei uns doch sehr die Existenz auf dem Spiel. Solange es mit der Warenbeschaffung so schlecht ist, ist an einen Umsatz nicht zu denken. Vater hat ja bestimmt ein schönes Barvermögen hinterlassen, aber schließlich soll das ja nicht abnehmen, sondern zum Aufbau unserer Existenz dienen und vermehrt werden. Wenn ich mir aber eine Stellung suchen würde, so könnte ich mich wegen dem Geschäft nicht kümmern, und ich hoffe doch stark, dass es mit dem Wareneingang besser wird. Ich habe z.B. schon im Sept. '45 bei Baubeschlag Schrankfischbänder bestellt, und nun geht dauernd ein Schriftwechsel. Die Fabrik will von mir Eisenkontingent dafür, und wenn ich aufs Landeswirtschaftsamt gehe, so bekomme ich dort gesagt, dass der Fabrikant Kontingent bekommt und die Fertigerzeugnisse so an die Kunden liefern muss. Mitte Dezember habe ich schon bei Arnold Holzschrauben bestellt, das Landeswirtschaftsamt hat den Auftrag genehmigt, aber bis heute habe ich noch nichts geliefert bekommen. Arnold schreibt, sie müssten erst die Drahtlieferung vom Werk abwarten, wenn diese eingeht, bekomme ich sofort die Schrauben. Was soll ich aber verkaufen, wenn ich nichts geliefert bekomme? Mit Drahtstiften ist es dasselbe. Lieber Betz, sei mir bitte nicht böse, wenn ich Dir bis jetzt nur vorgejammert habe, aber schließlich bist doch Du der einzige, dem ich meine Nöte anvertrauen kann und darf. Ich möchte Dir aber damit nicht das Herz schwer machen. Du sollst Dich nicht wegen uns absorgen, denn wir beide dürfen ja nicht die Nerven verlieren, denn wir brauchen unsere ganze Kraft noch zum Aufbau unserer Existenz … Wir wollen auf Gott bauen, und dieser wird es schon recht machen, so wie es für uns gut ist. Er hat ja bis jetzt für uns gesorgt und wird uns auch weiterhin nicht verlassen. Wir haben ja unser Heim noch, und dafür müssen wir sehr dankbar sein, wenn man an die Flüchtlinge denkt, denen ihr Los ist sehr hart.

Seit dieser Woche mache ich nun einen Englischkurs mit, immer Dienstag- und Freitagabend, je eine Stunde. Er geht bis Mitte Dezember. Es ist ein Kurs für Fortgeschrittene. Er gab uns englische Diktate, wir mussten sie lesen und übersetzen. Bis jetzt ging es ganz gut bei mir, ich kam gut mit. Ich freue mich, wenn Du mir englische Briefe schreibst, wenn ich auch dran studieren muss. Ich nehme halt dann das Lexikon zu Hilfe. Wenn Du kommst, dann wollen wir viel Englisch zusammen sprechen, damit ich es auch gut lerne, denn an Dir habe ich ja nun den besten Lehrer...

Wir warten immer auf ein Päckchen von Amerika, und ich bin so neugierig, was da alles drin ist. Wir sind ja für alles dankbar. Vielleicht ist für Roland auch etwas Schokolade drin, für uns Kaffee und Tee, das wäre doch fein. Du bekommst doch sicher dort schwarzen Tee und Bohnenkaffee, bei uns reicht nicht mal der Kaffee-Ersatz, da wir im Monat nur 100 Gramm pro Person bekommen, wir hatten aber immer noch Vorrat. Wir bekommen gerade als Zuteilung Trockeneier aus Heeresbeständen der USA. Das ist sehr gut, man kann es mit Milch anrühren und dann sogar Rührei davon machen. Roland isst das so gerne.

Ackermann & Schmitt fragte nach Malerspachteln. Weißt Du, von wem wir diese bezogen haben, von Eisen Fuchs oder einer Fabrik? Das ganze Katalogmaterial fehlt mir doch auch sehr. Es fehlt eben auch der Fachmann, und das bist Du. Du weißt, dass mir das Geschäft viel Freude macht, aber Du solltest es eben leiten, und ich möchte Dich dabei unterstützen.

Nun, mein lb. Betz, habe ich Dir heute aber wieder viel geschrieben. Bist Du mit Deinem Frauchen zufrieden, und hast Du es noch lieb, oder gibt es in England auch schöne Mädchen? Ich glaube ja nicht, dass Ihr in Versuchung geraten könnt, aber ich weiß auch so, dass Du Deinem Frauchen treu wärst. Ich lege Dir ein Bildchen bei...

Lass Dich nun recht herzlich grüßen und lieb küssen...

Er schreibt ihr am 4. August 1946:

Mein liebes Betzerl, Roland und Mutter!
Herzl. Dank für Deine lb. Briefe vom 29. 6. und 7. 7., die ich am 1. 8. nach beinahe 4 Wochen Pause erhielt. Du fragst, ob mir Roland fremd geworden ist. Natürlich nicht. Meine Gedanken sind ebensosehr bei ihm wie bei Dir und Mutter. Die Briefe müssen aber immer so knapp gehalten werden, dass ich nicht all das schreiben kann, was ich sollte und möchte. Ich freue mich herzlich über alles, was Du mir über ihn berichtest. Es ist bedauerlich, dass ich seine Entwicklung nicht miterleben kann, hoffentlich darf ich dies beim nächsten? Halte den Kopf hoch und verliere Mut und Hoffnung nicht. Ich glaube sicher, dass ich kein Jahr mehr hier bin. Du darfst natürlich heute und in den nächsten Tagen nicht auf mich warten, doch aber, so hoffe ich, in den nächsten Monaten. Malerspachteln hatten wir von Gustav Weber, Wuppertal-H.. Du hast keine Kataloge mehr. Irgendwo wirst Du aber doch die Adressen unserer Lieferanten haben. Bitte sie um Kataloge ihrer Erzeugnisse mit dem Hinweis, dass unser ganzes Katalogmaterial durch Luftangriffe vernichtet wurde. Ich mache mir oft Kopfschmerzen über den Aufbau unseres Geschäftes. In der Wohnung geht es ja auf die Dauer nicht. Ich dachte an eine provisorische Baracke irgendwo in der Nähe. Wie denkst Du darüber? Stadtzentrum dürfte wohl kaum mehr in Frage kommen. Wir müssten am Anfang die Unkosten so klein als möglich halten ...

Es folgt ein Brief von ihr:

STUTTGART, DEN 23. 8. 46

Mein lieber, guter Willy,
... Ich hatte auch schon mit Hapelt gesprochen. Er meinte, wenn Du mal hier bist, könnten wir darüber sprechen, den Schutt im Geschäft abzuräumen und dort einen Behelfsbau aufzustellen. Wie hoch da sich die Kosten belaufen, darüber bin ich natürlich nicht im Bild. So wird es ja vielfach in der Stadt gemacht. Nun ist wenigstes auch die Straße von Schutt befreit. Bis vor kurzem konnte man durch die Kronprinzenstr. nicht fahren, die sah anfangs furchtbar schlimm aus. Die größten Quadersteine lagen mitten in der Straße. Wir wären ja bestimmt nicht an das Stadtinnere gebunden, und ich würde es in der Nähe gutheißen, aber ich kann mir keinen freien Platz dafür denken. Komme nur mal heim, dann werden wir auch diese Sorge meistern. Ich hatte schon vor langem alle unsere Lieferanten um Kataloge gebeten, aber die meisten haben scheinbar auch keine mehr. Wir hatten doch nur unsere Buchhaltung im Keller und dadurch gerettet. Im Kassenschrank war ja alles verbrannt.

Nach acht Wochen wurde doch der Kassenschrank freigelegt, und an diesem Tage löste ein Alarm den anderen ab. Als ich mit der Buchhaltung am Schlossplatz stand, musste ich auch mit dem schweren Sach bis zum Wagenburgtunnel springen. Das war wirklich eine schwere Zeit, und ich möchte es nicht mehr mitmachen ... Denkst Du auch daran, dass es im September 12 Jahre ist, dass wir uns kennengelernt haben, das ist eine lange Zeit. Aber ich habe es noch keine Sekunde bereut, sondern bin glücklich, dass wir uns gefunden haben, Du auch?

Am 24. 10. 46 schreibt er:

Bald sind es drei Jahre, dass ich das letzte Mal bei Euch war und 7 Jahre, seit die unglückselige Zeit ihren Anfang nahm.

Ein halbes Jahr vor seiner Gefangenschaft, am 5. 6. 44, hatte er geschrieben:

Wenn ich meine ganze Soldatenzeit zusammenrechne, dann komme ich auf 5 Monate Reichsaufenthalt von mehr als 50 Monaten Gesamtdienstzeit.

Es kamen dann nochmals 5 Monate Dienstzeit bis zur Gefangenschaft und 25 Monate Gefangenschaft dazu, also mehr als 7 Jahre Trennung!

STUTTGART, 28. NOVEMBER 1946
Mein lieber, bester Willy!
Heute erhielt ich Deinen lieben Brief vom 17. 11. und möchte Dir von Herzen für Deine lieben, treuen, aufrichtigen Worte danken. Dieser Brief kam sehr schnell an, sonst brauchen sie genau 14 Tage. Aber schon heute morgen hatte ich mal so ein Gefühl, als ob eine liebe Nachricht von Dir kommt, und mein Gefühl hat mich nicht betrogen. Ich kann Dir nicht sagen, wie glücklich mich Deine lieben Worte gemacht haben und wie sie in meinem Herzen wiederklingen. Ich danke Dir für Deine Liebe

und Treue, auch ich habe meine Liebe und Treue nur für Dich bewahrt und keinem anderen geschenkt. Ich habe bestimmt nicht an Deiner Liebe gezweifelt, aber ich freue mich eben immer riesig, wenn Du es mir ab und zu mal sagst. Genauso zeugt jeder Brief von Deiner Liebe, und ich weiß, dass man es auch nicht jedesmal schreiben kann, das geht auch mir so. Um so mehr freue ich mich heute über Deine lieben Worte, die Du nur an mich gerichtet hast, und wenn ich mal einen schweren Tag habe, dann nehme ich diese Briefe zur Hand, und diese geben mir dann Trost. Wie schön wird es sein, wenn wir uns mal wieder alles sagen können und nicht nur Briefe lesen müssen. Lieber Betz, ich verstehe es gut, dass Du Dich nach Alleinsein und Ruhe sehnst. Wir waren doch auch früher glücklich, wenn wir es uns gemütlich in unserem Heim machen konnten, und so wird es wieder sein. Ich bin eben auch ganz allein daheim, und so können meine Gedanken auch ganz bei Dir weilen. Ich stelle mir vor, wie schön es wäre, wenn Du an meiner Seite wärst. Es ist Nachmittag, ich würde dann einen Kaffee machen, den würden wir zusammen trinken und uns vielleicht über ein gutes Buch unterhalten. Das wäre doch schön! Wir haben ja die feste Hoffnung, dass es bald ein Wiedersehen für uns gibt, und das macht mich glücklich. Ich danke Dir nochmals herzlich für all Deine Liebe. Ich bin Gott dankbar, dass ich Dich mein nennen darf. Aus Deinen Briefen strömt eine solche innere Reife, die mich glücklich macht. In großer Liebe und Treue grüße und küsse ich Dich innigst
Dein Betzerl

I: *Man spricht immer von den Trümmerfrauen, aber man spricht selten von den vielen anderen, die auf andere Weise aufgebaut haben. Die Trümmerfrauen sind ein Symbol, natürlich.*

W: Ja. Ich hab mal selber Holz gehackt. Wir haben mal viel Holz bekommen, für das Auto. Da hab ich selber mit der Axt das zerkleinert. Ich musste ja hier auch alles machen, es war ja alles kaputt. Ich mein, organisieren konnte ich schon. Ich hab das Schlafzimmer oben reparieren lassen.

I: *Sie haben das fertiggebracht, dass die Handwerker kamen?*

W: Mein Mann hat dafür nichts übrig gehabt. Ja, ja, ich hab immer die Handwerker herbekommen. Wir haben direkt nach dem Krieg gar nicht alles machen lassen, denn da hätten wir auch Leute reinnehmen müssen. Wir waren ja nur zu zweit und das Kind. Wir hätten hier auch kein Geschäft machen dürfen, da kamen Leute vom Wohnungsamt, wir hätten jemand hereinnehmen sollen. Erst später haben wir dann das Zimmer machen lassen.

I: *Und mit Ihrem Mann haben Sie sich wieder gut zusammengefunden?*

W: O ja, nachher waren wir immer zusammen. Kurz bevor mein Schwiegervater gestorben ist, hat er mich gebeten, wir sollten hier in das Haus ziehen. Meine Schwiegermutter war nicht so selbständig. Erst '51 haben wir wieder Geschäftsräume in der Stadt bekommen.

I: *Warum hat das so lange gedauert?*

W: Es war eben alles kaputt. Es war da ja nichts am Rotebühlbau außer der Kaserne, alles Ruinengrundstücke. Wie mein Mann dann wiedergekommen ist vom Krieg, '47, hat man eben gesehen, dass man wieder Ware bekommt. Also mit bescheidenen Mitteln. Lastenausgleich haben wir auch erst später bekommen.

I: *Man musste wieder ganz von vorne anfangen.*

W: Ja.

I: *Vielleicht hatten Sie doch ein bissle Ware noch, dass Sie dann '48 gleich einsteigen konnten?*

W: Ja, das hatte man schon. Der Lebensunterhalt in dem Sinn war gesichert.

I: *Ihr Sohn hat den Krieg gut überstanden?*

W: Ja. Er hat ja meinen Mann drei Jahre nicht gesehen. Er hat trotzdem ein gutes Erinnerungsvermögen an meinen Mann gehabt. Da kam mal eine Postkarte, die hatten eine Kapelle, und mein Mann saß am Klavier. Er hat die Postkarte dem Briefträger abgenommen und kam herein und hat gesagt: »Da ist Papa.« Er war da zweieinhalb oder drei Jahre alt. Als wir in Höchstädt waren, kam einmal ein Soldat, ein Verwandter, und dann haben sie zu ihm gesagt: »Dein Papa.« Und dann hat er den angeguckt und gesagt: »Nein, nicht Papa.« Als er aus der Gefangenschaft kam, hat er ihn auch gleich erkannt und angenommen. Er hat zwar nachher zu seinen Kameraden gesagt, seinen Onkel Helmut mag er noch lieber wie seinen »Englandpapa«, aber er hing dann sehr an ihm. Ich wollte eigentlich noch mehr Kinder.

I: *Das war also auch kriegsbedingt, dass es bei einem blieb?*

W: Es sind doch sieben Jahre gewesen, und die schönsten Jahre. Von Januar '40 bis Januar '47. Die Enkel schlagen alle sehr dem Großvater nach.

I: *Ihr Mann schreibt, dass er Ihnen absolut treu war...*

W (*spontan*): Ich ihm auch.

I: *Ja, das spricht aus Ihren Briefen. Haben Sie diesen Eindruck von Frauen in Ihrer Bekanntschaft und Verwandtschaft auch gehabt?*

W (*denkt eine Weile nach*): Also, ich kann mir aus meiner Umgebung da keinen Fall denken, bei dem das anders war. Aber das hat es natürlich gegeben.

I: *Und umgekehrt? Das Verhältnis der Soldaten zu den Frauen in den besetzten Ländern? Haben Sie durch Ihren Mann oder von anderen darüber etwas erfahren?*

W: Besonders bei den Offizieren, da war das ja an der Tagesordnung, dass sie Verhältnisse hatten.

I: *Haben sich Ihr Sohn und Ihre Enkel für Ihre Vergangenheit interessiert?*

W: Der Sohn hat sich sehr für Geschichte interessiert.

I: *Da sind Sie eine Ausnahme. Die meisten Kinder haben sich nicht interessiert.*

W: Doch, doch, bei uns. Und das sollte ja eigentlich sein. Von wem sollten sie es denn erfahren?

I: *Wissen Sie, in Ihrer Familie war jetzt kein Parteimitglied, aber da, wo die Väter stark drin verwickelt waren, oft auch ganz anständige Menschen…*

W (*spontan*): Das hat damit gar nichts zu tun…

I: *Da kommen aber die Kinder dann und sagen: Wie konntet ihr? Und machen den Eltern Vorwürfe…*

W: Der Kommandeur von meinem Mann, der war sehr stark belastet. Der war Gewerbelehrer. Der musste nachher ganz hart in einer Gießerei arbeiten, wo wir auch herbezogen haben. Dieser Major wurde dort zwangsverpflichtet, weil er so ein starker Nazi war. Der hat dann sehr viel auch bei uns Besuche gemacht. Der Mann war schwer zu durchschauen. Er war ein feiner Mann, hat auch eine sehr feine Frau gehabt. Auch eine studierte Lehrerin. Die hat noch nach 40 Jahren gesagt, ich komme mit meinem Mann nicht klar. Die musste ihm die Herrnhuter Losungen in der Früh vorlesen, aber er war gleichzeitig ein ganz starker Nazi und hat '44 auch was mit Juden gehabt.

I: *Sowas hat's gegeben.*

W: Ja, das hat's gegeben. Alle möglichen Mischungen. Das hat gar nichts mit dem Menschen zu tun gehabt.

I: *Wenn Sie manchmal Filme angucken über die früheren Zeiten…*

W: Ja, wissen Sie, die sind verfälscht. Das hat mein Mann auch immer gesagt.

I: *Was hat Ihr Mann bemängelt, und was bemängeln Sie daran?*

W: Sie sind nicht realistisch. Die sind ja von Leuten gemacht, die das gar nicht miterlebt haben.

I: *Vor allem kommen die Frauen so wenig vor, was die gemacht und geleistet haben.*

W: Ja, oftmals haben wir hier mehr mitgemacht als die, die z.B. in Frankreich waren. Die haben zum Teil eine schöne Zeit gehabt. Dort in Frankreich ging es ihnen eigentlich recht gut.

Man hat sich doch sehr viel unterhalten. Bei meinem Sohn war's so: Bis zehn Uhr abends saß er oben in seinem Zimmer, und dann kam er runter und hat diskutiert, weiß Gott was, ob es Kunst oder Musik oder sonst was war.

I: *Der Sohn und der Vater? Dann war das Verhältnis zwischen beiden sehr gut.*

W: Da gab es auch manchmal Meinungsverschiedenheiten über moderne Kunst usw.. Jetzt merkt er's auch an seinen Söhnen. Wir haben ihn zu nichts gezwungen. Er wollte Betriebswirtschaft studieren und ist dann nach Berlin, um keinen Militärdienst machen zu müssen. Er hat dann das elterliche Geschäft mit geführt. Es ging ganz gut mit meinem Mann.

I: *Der Krieg hat Sie geschäftlich sehr zurückgeworfen, der Krieg hat Sie um Ihre schönsten Ehejahre gebracht. Wer war – aus Ihrer Sicht von damals – für diesen Krieg verantwortlich?*

W: Das war Hitler. Da gab es für uns schon damals keinen Zweifel. Wir hatten im August 1939 noch Besuch aus Amerika. Die bekamen die Aufforderung, sofort zurückzugehen, es gebe Krieg.

I: Bei der Lektüre der Feldpostbriefe Ihres Mannes ist mir aufgefallen, dass Ihr Mann noch fast bis zum Schluss an den Sieg geglaubt hat.

W: Mein Mann hat länger Hoffnung gehabt als ich. Auch die Frau seines Kommandeurs, der ein großer Nazi war, hat wenig geglaubt.

I: Und heute? Was könnten die Mütter tun, damit es keine Kriege gibt?

W: Mein Sohn ist ja damals nach Berlin gegangen, damit er keinen Wehrdienst machen muss. Damit war ich einverstanden.

I: Ist Ihre Schwiegertochter auch so engagiert im Geschäft wie Sie? Was würden Sie den jungen Mädchen heute raten: Beruf oder Familie oder beides?

W: Natürlich beides. Die Mädchen sollten unbedingt einen Beruf haben, genauso wie die Männer. Im Haushalt allein vertrödeln sie nur, wenn sie keine andere Aufgabe haben. Meine Mutter war schon emanzipiert. Sie ging mit 16 Jahren als Kinderfräulein zu einer Offiziersfamilie, hat mit 23 geheiratet. Mit meinem Vater, der ursprünglich Angestellter war, eröffnete sie ein Schreibwarengeschäft. Sie war immer berufstätig und Hausfrau. In meinem Zeugnis für die mittlere Reife (*sie holt es und zeigt es mir*) steht: »... besondere Veranlagung für die kaufmännischen Fächer.« Ich hätte einen Ingenieur heiraten sollen, das wollte ich nicht. Mein Vater starb, als ich 18 Jahre alt war. Damals war die Mutter sehr krank. Also stand ich mit dem Geschäft allein da, habe es ein Vierteljahr allein geführt. Für den Haushalt hatte ich ein Dienstmädchen. Man muss das halt organisieren.

Nachbemerkung

Mit 75 Jahren hat Frau Mathilde W. sich noch in den PC eingearbeitet; die Arbeit im Geschäft werde eher mehr, nicht weniger, sagte sie. Nach unseren Gesprächen fuhr sie mich jedesmal mit dem Auto quer durch den Stuttgarter Stadtverkehr sicher zu meinem Bestimmungsort.

»Als dann der Abschied kam, stand ich mit meinen drei Buben allein da…«

MARIA K. (1908)
Bäuerin aus einem alemannischen Dorf
am Rande des Schwarzwalds

Vorbemerkung

Maria K. wurde 1908 in dem Dorf E. am südlichen Rande des Schwarzwalds geboren. Sie verbrachte dort ihr ganzes Leben. Nach Abschluss der Volksschule half sie in der elterlichen Landwirtschaft mit. Sie heiratete den Bauern Franz-Josef K., gegen den Willen der Eltern, die ihr aber diesen Schritt nicht lange nachtrugen. Drei Söhne wurden 1937, 38 und 39 geboren. Im Dezember 1940 wurde ihr Mann eingezogen. Sie bewirtschaftete den eigenen und den elterlichen Hof zusammen mit ihren Eltern, zwei polnischen Arbeitern und einem Landjahrmädchen. Am 7. März 1945 fiel ihr Mann im Osten. Sie arbeitete – so gut es ging – auf dem Hof weiter und ermöglichte ihren drei Söhnen eine Ausbildung, die ihnen entsprach. Sie wohnt immer noch in ihrem Haus, jetzt auf dem Altenteil im Dachgeschoss. Einer ihrer Söhne hat den Hof übernommen. Die Großfamilie (1993 hatte sie sieben Enkel und eine Urenkelin), die auch in räumlicher Nähe zueinander wohnt, hält zusammen und versteht sich gut.

Maria K. lernte ich durch ihren Sohn Hans, Oberstudienrat und Geschichtslehrer, kennen. Am 30. 9. 1990 schickte er mir im Auftrag seiner damals 82jährigen Mutter ein Manuskript mit dem Titel »Lebenserinnerungen«, das Frau K. in den Jahren 1988 bis 1990 geschrieben hatte. Im Augenblick sei seine Mutter dabei, die vielen Briefe, die ihr Mann aus dem Krieg nach Hause geschrieben hatte, erneut zu lesen und das Wesentliche herauszuschreiben. Im Laufe der nächsten Jahre erhielt ich von Hans K. die Feldpostbriefe des Vaters, sauber abgetippt und mit Erläuterungen versehen. Die Briefe der Mutter schienen verlorengegangen zu sein. Im Mai 1993 besuchte ich Maria K. in dem kleinen Dorf im südlichen Schwarzwald, in dem sie zeitlebens zu Hause war. Ich konnte viele Fragen stellen, und sie erzählte noch mancherlei aus ihrem Leben. 1994 schließlich kam zu meiner Über-

raschung ein weiteres Päckchen mit den Briefen der Mutter an den Vater, ebenfalls von Hans K. auf der Schreibmaschine abgeschrieben und kommentiert. So konnte ich aus den Lebenserinnerungen und Auszügen aus den Feldpostbriefen die biografische Skizze zusammenstellen.

Kindheit und Jugend auf dem Lande: Das war schön! Es gab zu meiner Zeit noch keinen Kindergarten. Ich habe mit den Nachbarskindern gespielt und gezankt, und wir haben uns wieder vertragen und waren froh und heiter...

Von Mutters Seite lebte die Urgroßmutter noch bei uns. Sie musste auch manchmal herhalten. Es machte mir und meiner Schwester Spaß, wenn sie auf dem Kanapee (*alemannisches Wort für »Sofa«*) saß, ihr die paar Haare, die sie noch hatte, zu kämmen.

Meine Mutter stammte aus E. (*einem kleinen Dorf, etwa 10 km von dem Ort, in dem sie selbst wohnte).* Die Großmutter hatte dort noch ein kleines Häuschen, es war ein richtiges Hexenhäuschen, und ich hatte es lieb. Meine Großmutter hatte es nicht leicht in ihrem Leben. Sie war »Bötin«. Zweimal in der Woche fuhr sie mit einem schweren Handkarren bei Wind und Wetter nach Donaueschingen, um Butter und Eier den Stadtfrauen zu bringen und umgekehrt den Dorfbewohnern, was sie aus der Stadt benötigten...

Es begann die Schulzeit und der Ernst des Lebens. Gleichzeitig begann 1914 der Erste Weltkrieg. In der ersten Klasse hatten wir viel Lehrerwechsel. Immer wieder wurde einer an die Front geholt. Der Mann von meiner Godde (*Taufpatin*) fiel als erster im Dorf. Wie es so schön geheißen hat: »für Volk und Vaterland«. Ich erinnere mich noch so gut daran, denn als die Hiobsbotschaft kam, vergaß mich meine Mutter, und ich kam zu spät zur Schule. Noch viele mussten in diesem unseligen Krieg ihr Leben lassen! Während des Ersten Weltkriegs fuhr man noch zur Mühle, um aus dem Weizen oder Korn, das man mitbrachte, Mehl mahlen zu lassen. Für das schöne Getreide bekam man jedoch ein miserables Mehl! Das Brot schmeckte dementsprechend! Einmal kam mein Onkel auf Urlaub zu uns. Irgendwie war meine Mutter zu besserem Mehl gekommen, und das Brot duftete herrlich. Ich starrte sehnsüchtig danach. Mein Onkel sah das und gab mir ein Stück davon. Ich hörte ihm dann gebannt zu, als er von seinen Kriegserlebnissen erzählte. In der Zeitung las er, dass der Hartmannsweilerkopf wieder von den Franzosen zurückerobert war. Er wurde traurig und meinte: »Mein Gott! Und so viele mussten bei unserer Eroberung ihr Leben lassen!«

Schon als Kinder mussten wir in der Landwirtschaft mithelfen. Es gab jedes Jahr Heu-, Ernte- und Kartoffelferien. Ich ging gern zur Schule! Das Lernen fiel mir nicht schwer...

Mein Vater wurde, da er schon alt war, nicht mehr eingezogen. Er hat in seinem Leben drei Kriege erlebt: den von 1870/71, den Ersten Weltkrieg und den Hitler-Krieg. Beim ersten war er zu jung, bei den beiden anderen schon zu alt, um aktiv teilnehmen zu müssen. Damals, 1914/18, bedauerte er die Franzosen, weil in ihrem Land nach 1870 schon wieder ein schlimmer Krieg stattfand, der das Land verwüstete. Den Zweiten Weltkrieg und die Zerstörung der deutschen Städte hat er nicht mehr ganz bewusst erlebt. Er war schon sehr alt.

In der Zeit des Ersten Weltkriegs hatten wir einen mittelgroßen Bauernhof, mit Feld und Wald etwa 14 Hektar groß.

Bei der ersten Inflation 1923, die ich noch in der Schule erlebte, kletterten die Preise täglich in die Höhe. Unser Lehrer erzählte uns, dass die Bauern jetzt Millionäre würden. Und tatsächlich: ein Bauer verkaufte zwei Ochsen für eine halbe Million Mark! Dieser Bauer war mein Vater! Aus den Millionen wurden Billionen!

Endlich hörte es auf, und wir hatten wieder normale Zustände.

Mit der Entlassung aus der Volksschule ging es dann jeden Morgen, jeden Abend, werktags wie sonntags, in den Stall, und auch jede Feldarbeit, die anfiel, musste ausgeführt werden. Das fiel mir schwer! Ich wäre lieber wieder zur Schule gegangen. Da wir nur zwei Mädchen waren, so mussten meine jüngere Schwester und ich unserem Vater bei allen Arbeiten helfen. Meine ältere Schwester war schon verheiratet. Es war schon harte Arbeit! Im Frühjahr ging es beim ersten Sonnenstrahl los mit der Feldarbeit. Von den Äckern, die mit Luzerne angesät waren, mussten die Steine gesammelt und abgeführt werden. Es war eine mühselige, zeitraubende Arbeit. Dann begann das Pflügen, Säen und Eggen. Die Kühe und die Ochsen konnten einen ganz schön ärgern! Die Kartoffeln kamen zuletzt dran. Mit Körben musste man hinter dem Pflug hergehen und eine Kartoffel mit kleinem Abstand neben die andere setzen. Mit dem Wachsen des Getreides kam auch das Unkraut und musste bekämpft werden. Das war Arbeit für die »Wiibervölker«! Das Jäten stand auf dem Programm. Ein häufig vorkommendes Unkraut, das wie eine Klette am Getreidehalm emporwuchs, nannten wir »Kläbere«. Dieses musste in gebückter Haltung ausgerissen werden. Den Disteln rückte man mit einem Distelstecher zu Leibe und stupfte sie einfach ab. Aber alle erwischte man nie, und in der Erntezeit beim Garbenbinden fluchten dann die Männer, wenn sie von den Disteln gestochen wurden … Heute fällt das Unkrautjäten wie so viele andere Arbeiten weg. Heute »spritzt« man…

Meine Schwester sollte den Hof übernehmen, weil sie angeblich, was Landwirtschaft betraf, die Tüchtigere war. Es stimmte, und so habe ich es akzeptiert. Doch wie so oft im Leben kommt es anders, als man denkt! Meine Schwester heiratete den Landwirt und Schmied des Dorfes. So blieb ich als Hoferbin zurück. Da kam Hitler mit seinem Regime und damit auch die »Erbhöfe«. In dieser Zeit lernte ich den »Franzsepp«, meinen späteren Mann, kennen, der selber eine kleine Landwirtschaft hatte, und das Unheil begann. Das Erbhofrecht bestimmte, dass unser Hof an einen Verwandten weitergegeben werden muss, wenn ich ihn nicht übernehme. Ich wäre dann völlig leer ausgegangen. Da die Mutter von Franzsepp noch lebte und er sie nicht verlassen konnte, weil sie alt und gebrechlich war, wollte und konnte er nicht unseren Hof übernehmen. So ging das hin und her. Mein Vater beschwor mich, doch bei ihm zu bleiben. Er malte mir aus, wie es mir ergehen würde. Meine zukünftige Schwiegermutter wäre auch nicht die brävste! Keine Maschinen wären da. Ich wollte das alles nicht wahrhaben, und doch musste ich dann alles selbst erleben. Es war ein schwerer Schlag für meinen Vater, da er seine ganzen Hoffnungen auf mich gesetzt hatte. Als ich ihn im weißen Kleid und Schleier in der Scheune aufsuchte, wo er gerade das Futter für das Vieh richtete, und ich ihn nochmals bat, doch zur Hochzeit zu kommen, da hat er geweint. Auch ich habe geweint. Aber gekommen ist er nicht! Die Eltern, den Erbhof und das behütete Daheim habe ich aufgegeben und in das kleine Höflein eingeheiratet. »Blind wie ein Märzhase«, sagt der Volksmund. Wie ich es schaffte, von daheim fortzukommen, ist mir bis heute ein Rätsel geblieben. Meiner Mutter tat's auch weh, doch sie kam besser drüber hinweg. Sie half mir die Aussteuer zu besorgen. Wir feierten eine ruhige kleine Hochzeit im »Hirschen«. Der Alltag begann.

Auf dem Höfle waren tatsächlich noch keine Maschinen! Mein Schwiegervater wollte von dem »neumodischen Kram« nichts wissen, und so mussten wir alles erst anschaffen. Ein Verwandter meinte: »Jetzt hat wieder mal eine dem Dreck a Däsche gä«, was so viel bedeutet, dass ich mich verschlechtert und in die Nesseln gesetzt habe. Mein Vater hatte recht behalten!

Doch was nützte es! Ich musste durch dick und dünn! Ich musste erleben, wie das Getreide noch wie vor hundert Jahren gedroschen wurde! Mit dem Dreschflegel und den Kühen. Das ging so: Die Garben wurden in der Scheune aufgelöst und über den ganzen Boden ausgebreitet. Es wurden dann vier oder sechs Kühe voreinander und nebeneinander gespannt. Eine Person musste sie stundenlang im Kreis herumtreiben, bis die Körner ausgetreten waren. Jemand musste mit einem Kübel hinterherlaufen und das auffangen, wenn eine Kuh mal musste! Es war eine mühselige, zeitraubende Arbeit. Daheim hatten wir schon lange einen Elektromotor mit den dazugehörenden Maschinen: Dreschmaschine, Futterschneidmaschine, Schrotmaschine. Das war eine große Umstellung für mich. So nach und nach schafften wir uns das Notwendigste an. Es kamen dann meine drei Kinder: 1937 – 1938 – 1939.

Da begann der Zweite Weltkrieg. Mein Mann erhielt den Stellungsbefehl. Der Jüngste, Philipp, war kaum geboren, der Zweite, Toni, gerade ein Jahr alt und der Älteste, Hans, zwei Jahre. Alle drei waren daheim zur Welt gekommen. Die Not war groß. Da wurde mein Mann krank. Er hatte Angina. Zur selben Zeit war schon Wehrmacht in unserem Dorf. Ich ging mit dem Einberufungsbefehl zum Stabsarzt und meldete den Krankheitsfall. Der Arzt kam, und mein Mann wurde auf unbestimmte Zeit zurückgestellt. So konnte er noch ein langes, langes Jahr bei uns bleiben! In diesem Jahr starb noch meine Schwiegermutter. Am 1. Dezember (1940) erhielt er dann seinen zweiten Stellungsbefehl. Jetzt wurde es ernst.

Als dann der Abschied kam, stand ich mit meinen drei Buben allein da. Doch ich hatte noch meine Eltern, und sie waren wieder ganz für mich da. Sie halfen mir und ich ihnen, so gut es ging. Den ganzen Krieg über haben wir mit Hilfe von zwei Polen, die uns zugeteilt wurden, die Höfe miteinander bewirtschaftet. Ein Bauer rief mir einmal zu, als ich auf einem Grundstück meiner Eltern arbeitete, ob ich »tagelöhnern« würde!

Die Kinder konnte ich in den Kindergarten bringen. So ging die Zeit zwischen Arbeit, Bangen und Hoffen vorbei.

Als Nachrichtenhelfer wurde mein Mann in Kornwestheim vier Wochen ausgebildet. Er kam dann nach Bordeaux, wo er vier Monate blieb. Von dort wurde er in das schöne Wien versetzt. Er schrieb mir, dass er trotz all des Schönen, das er in Wien erleben durfte, lieber daheim wäre, um mir bei der vielen Arbeit zu helfen. Fünf Monate durfte er in Wien bleiben! Er hatte eine schöne Zeit dort. Er besuchte die Staatsoper, das Burgtheater und ging viel ins Kino. Ich musste ihm meine Kleiderkarten schicken. Dafür kaufte er schöne Wiener Trachtenwesten. Die deutschen Soldaten hätten das ganze Geschäft leergekauft, schrieb er mir.

Doch dann war die schöne Zeit vorbei. Es ging nach Osten, nach Russland.

Frau K. schrieb ihrem Mann neben ihrer vielen Arbeit fast jeden Tag einen Brief oder richtete ein Päckchen. Ihr Mann wurde vier Jahre lang als Funker einer Nachrichteneinheit kreuz und quer durch Europa getrieben, zwei Jahre war er in Russland. Der Sohn Hans hat die handschriftlichen Briefe seiner Eltern auf der Schreibmaschine abgetippt und mit Einleitung und Anmerkungen (hauptsächlich zu den Ausdrücken im alemannischen Dialekt und zu erwähnten Personen) versehen. Aus dem Briefwechsel wird sehr deutlich, was die Eheleute besonders bewegte. Fast in jedem Brief nimmt er regen Anteil an der landwirtschaftlichen Arbeit, gibt Rat-

schläge, erinnert an das, was getan werden muss, wünscht, daheim zu sein und helfen zu können, sorgt sich um die Gesundheit seiner Frau und seiner drei Buben, freut sich an ihrer Entwicklung.

Ihre Briefe erzählen anschaulich von der Arbeit, den Kindern, den Neuigkeiten im Dorf. Sie vermisst ihren Mann sehr, fragt ihn um Rat, aber sie meistert die Arbeit und spricht ihm und sich selbst immer wieder Mut zu. Der sehnlichste Wunsch beider ist das Ende des Krieges. Auch das politische Geschehen spielt herein. Hier eine kleine Auswahl aus den mir zur Verfügung gestellten Exzerpten:[1]

6. 4. 1941
Habe heute Deinen Brief erhalten. Ich wartete schon paar Tage drauf! Jetzt bin ich aber froh, dass noch alles in Ordnung ist. Ich kann's ja bald nicht mehr erwarten, bis Du kommst. Das Päckchen habe ich bis jetzt noch nicht bekommen. Aber denk Dir, gestern habe ich den ganzen Morgen geheult vor Zorn. Die alte Sau jungt wieder nicht! Das wäre bestimmt nicht vorgekommen, wenn Du dagewesen wärst. Als wir sie (die alte Sau) in den Stall brachten, kam Mutter und wollte nach ihr sehen. Da sagte sie gleich: »Hä, die troat jo wiider nit!« (*Ha, die trägt ja wieder nicht.*) Ich wollte es ihr nicht glauben und ging am anderen Tag immer wieder runter und meinte, es kann nicht sein! Aber jetzt muss ich mich doch damit abfinden. Wenn ich nur mal besser geschaut hätte! Die jungen Schweinle sind schrecklich teuer. Für kleine »Ratzen« gibt es 70 Mark. Ich hatte schon eine Freude, was wir von den kleinen Schweinle alles bezahlen können! Es ist zum Aus-der-Haut-Fahren! Ich sehe wohl, es bleibt manches liegen. Du wirst's schon merken, wenn Du da bist. Wir machen ja, was wir können.

Jetzt geht das Ackern richtig los. Heute haben Pol und Robert den ganzen Tag geackert. Gust hat uns gesät. In den »Gurtweg« tun wir jetzt auch Hafer. Haben wir sonst noch was zu Hafer (*haben wir sonst noch ein Stück Feld, auf das man Hafer säen kann*)? Ich weiß aber auch gar nichts! Schreibe mir wieder, was ich machen muss. Rösle und ich waren heut mittag auf dem Feld Stroh abrechen (*das liegengebliebene Stroh von der Düngung mit Mist*). Mutter war bei Philipp und hat im Garten noch gesät. Morgen gehen wir wieder, dann muss »Schmieds Hermine« Kindsmagd spielen. Es geht jetzt richtig los mit der Arbeit, und Ihr habt strengen Dienst. Aber es wäre Dir und mir besser gedient, könntest Du hier bei uns Deine Arbeit machen. Es ist schön, wenn man wieder raus aufs Feld kann. Da verfliegen die trüben Gedanken.

Aber müd bin ich geworden. Die Buben auch. Aber nicht umsonst! Was die alles schaffen den ganzen Tag! Du solltest sie mal sehen! Mutter hat ihnen heute den Hintern versohlt. Hans schläft jetzt immer in meinem Bett und ich in Deinem. Als ich einmal sagte: »Ja, Hans, wenn aber Vater kommt, was dann?« meinte er: »Musst halt zu ihm liegen!« Hans ist jetzt sauber. So ab und zu kann's mal wieder vorkommen.

---

1 Sie umfassen bei Frau K. den Zeitraum vom 24. 3. 1941 bis zum 22. 2. 1945, bei ihrem Mann die Zeit vom 1. 12. 41 bis zum 25. 2. 45. Die Sammlung ist nicht vollständig. Die Briefe können einander nicht zugeordnet werden, die chronologische Reihenfolge wird eingehalten.

Gesund sind wir alle. Hoffentlich Du auch. So wollen wir nun stark sein und uns in Geduld fassen und auf ein baldiges Wiedersehen hoffen.

14. 8. 41
Wir haben noch immer nichts als Regen! Der Heuet (*Heuernte*) kommt spät raus. Sonst geht alles im alten Trott. Gras holen müssen wir jeden Tag. Wir holen jetzt im »Mühlegässle«. Toni hat heut mittag bis vier Uhr geschlafen. Ich schickte ihn dann zur Kinderschule und gab ihm die Brote für Hans und Philipp noch mit. Er aß dann alles alleine und ging gar nicht mehr zur Schule!

Du hast recht mit Most anmachen. (*Most war damals das wichtigste Getränk im Haus. Man hat ihn angemacht mit Zucker und irgendwelchen Früchten, die man gerade bekommen konnte.*) Das ist ja zur Zeit mein größter Kummer. Ich habe angemacht und ist schon wieder bald leer. Jetzt hab ich keinen Zucker mehr. Denk, von dem guten Apfelmost ist uns jedenfalls viel ausgelaufen. Der »Hanne« (*Hahn*) war nix.

Ich war in Donaueschingen und wollte einen »Schlüsselhanne«, bekam aber keinen und musste halt dann einen anderen nehmen. Weißt, was Du zuerst machen musst, wenn Du kommst: im Keller und Hühnerstall ein »Maddeschloss« (*Vorhängeschloss*). Hans will immer mit mir in den Keller, wenn ich Most hole, und er will dann selber laufen lassen. Die Kerle könnten mir mal den ganzen Most laufen lassen!

Meinst Du, ich könnte das Fass, in dem der alte Most ist, anstechen und drunter nehmen? Also, nimm mir mal wieder einen Teil meiner Sorgen ab! Schulden bezahlen kannst Du auch noch genug.

Gesund und munter sind wir, Du hoffentlich auch! Das ist die Hauptsache!

16. 6. 41
Heut hatten wir »Herrgottstag« (*Fronleichnam*). Jetzt bin ich aber froh, dass es wieder rum ist. Es kam raus, wie ich gedacht habe: Je mehr Leute, um so weniger geht! Das freut mich, dass Dir alles so gut schmeckt. Eine Linzertorte ist wieder unterwegs, und heut abend richt' ich Dir noch eins mit Speck. Rösle gibt mir noch eine Wurst. Jetzt hast Du doch Gelegenheit zum Baden und Schwimmen.

Am nächsten Sonntag ist hier auch wieder mal ein Film. Da gehe ich auch rein.

Du hast recht: Wir wollen zufrieden sein, wenn wir alle immer gesund sind. Ich hätte auch schrecklich Heimweh, wenn ich fort müsste. So hab ich ja noch alles: die Kinder, die Heimat. Nur Du fehlst. Das alles musst Du entbehren. Ja, unsere Kinder sehen blühend aus. Ich bin auch froh, dass ich ihnen noch alles geben kann. Auf dem Lande hat man doch Brot und Milch, das Wichtigste für Kinder. Bis Du kommst, sind sie wieder fest gewachsen. Philipp macht sich auch. Er hat ein Mordsschnäbele! Nur versteht man ihn noch nicht. Denk, »Antmas-Franzsepp« ist gestern in die Futterschneidmaschine gekommen. Er wollte helfen. Es hat ihn am Pullover erwischt. Er hätte eine große Wunde am Hals und am Bauch. Sofort wurde er nach Bonndorf gebracht. Man weiß noch nicht, wie's geht. Marie (*seine Mutter*) würde so weinen, es wäre so ein braver Bub gewesen. Sein Vater ist auch an einem »Herrgottstag« gestorben.

Hirschenwirts haben alles Stroh geholt. Aber wir bekommen von daheim (*vom Zinken*) schon welches. Ich glaube Dir, dass Du gerne heimkämst zum Heuen, und mir wäre auch ein Stein vom Herzen! Mähen werd' ich wohl müssen. Ja, es ist wahr, das habe ich immer gern getan.

Die Saat ist überall recht. Die Kartoffeln schauen schon raus. Sonst ist alles im alten.

Hoffentlich bekomme ich morgen Post...

19. 6. 41
Wieder zwei Briefe von Dir.

Ich hab schon einen schönen Stoß Briefe von Wien! Jetzt sagen sie wieder, Amerika würde auch in den Krieg eintreten. »Lenze-Benedikt« und »Ferdi-Hermann« sind wiedergekommen. Kannst sehen, wie die Glück gehabt haben! Bei uns war es gestern und heute auch schön warm. Heut hab ich »Hinterlängi« und »Hinterschilche« gemäht. Morgen geht's in »Sandern« und »Bachtalegg«. Jetzt muss Robert zuerst mal einen Wagen aufsetzen. Das wird was geben! Zu »Gust« (*einem Bekannten*) habe ich gesagt, er muss uns die Messer als scharf machen. Da werde ich wohl die halbe Zeit mit angezogenen Messern mähen müssen, weil sie die meiste Zeit nicht scharf sind!

Du denkst an daheim und ich an Dich! Du hast recht: Wenn einer seine Frau bei sich hat im schönen Wien, da kann man's schon aushalten. Da braucht man keinen Urlaub.

Was haben solche Paragraphenreiter für eine Ahnung, wie notwendig um diese Zeit ein Bauer daheim ist!

So, aber nun Schluss. Ich schreibe im Bett. Morgen muss ich früh raus.

28. 6. 41
Gestern bekam ich einen Brief von Dir. Abends war ich zu müde, da konnte ich nicht mehr schreiben. Heute nacht hat's bei uns gewittert mit Regen. Jetzt kommt man doch mal wieder zum Schnaufen. Wir haben schon viel Heu. Es hat überall mächtig Futter. Heut mittag mäht der Traktor den »Krummen Weg«, und morgen haben wir noch den »Brand«. Dann ist alles fertig bis auf »Bachesch« und die »Lochwiesen«. Gestern haben wir den »Überacherweg« (*der von daheim = der zu ihrem elterlichen Anwesen gehörende*) geholt und »Geiß« und »Bildhaus« geschöchelt (*das angetrocknete Gras auf kleine Haufen zusammengerecht, die man am nächsten Tag wieder auseinanderwerfen musste*). Robert war gestern in Bonndorf bei der Musterung. Er hat alle Wagen in die Scheune gefahren. Es ist immer gut gegangen. Gestern wollte Pol es auch probieren und ist natürlich angefahren! Es kam noch zum Regnen, als wir mit dem vollbeladenen Heuwagen auf der Einfahrt hingen.

Gestern sind noch Arbeitsdienstler angekommen. Aber ich will keinen mehr! Da hat man einen Haufen Leute, und es geht doch nichts, wenn man selber nicht hinten und vorne ist. Es geht halt nichts über eigene Leute! Wenn's wieder mal so weit ist, will ich Gott danken.

Schreibe mir oft!

Hoffentlich bleibst Du noch lange in Wien. Ich fürchte die Zeit jetzt schon wieder, wenn ich so lange keine Post bekomme.

Die Meinung ist hier geteilt. Die einen sagen, in kurzer Zeit ist wieder Frieden. Die andern schütteln den Kopf. Am liebsten, glaub ich halt, wäre den meisten, wenn der Krieg so schnell wie möglich vorbei wäre.

Unsere drei Buben machen sich »wie die jungen Pudel«, sagt man als. Toni und Philipp schlafen noch. Jetzt muss ich warten und sie dann zur Schule bringen.

3. 7. 41
(Nachdem sie erzählt, dass fast alle verheirateten Männer zur Heuernte auf Heimaturlaub waren:) »Zinkas«-Pol, der Adam, meinte mal: »Soldaten vom Dorf viel krank, aber auf Feld schaffen wie Teufel.« Du, mir ist manchmal so Angst! Wie wird's noch ausgehen. »Bidi-Otto« meinte, an der Front wäre die Stimmung besser wie daheim. Wie bin ich froh, wenn als Post da ist, wenn ich vom Feld heimkomme. Nimm Urlaub, sobald Du kannst! Kann ich nicht mal ein Gesuch machen auf die Ernte?

Gehe nach dem Heuet mal zum Doktor wegen meinem Knie. Wenn ich viel auf dem Feld laufen muss, tut's mir nicht gut. Es war gut, dass ich beim Mähen und Rechen viel sitzen konnte. Für unsere Wohnung hätten wir schon wieder Mieter. Von Rheinfelden, der Bruder vom »Verwalter«. Heute morgen war die Frau von Triberg auch schon wieder da. Jetzt hör mal: Sollte es mit Vollmers eine Änderung geben, würdest Du einverstanden sein, wenn ich oben für beide richten ließe? Es wären alte Leute und vor allem, was die Hauptsache, gute und rechte. Ich hab noch nichts versprochen, will zuerst Deine Meinung hören. Für vorn würde ich 25 Mark verlangen und für hinten 20 Mark.

Wenn Du jetzt nur bald rauskämst! Dann wäre ja alles wieder gut! Kühe müssen mir aber doch fünf her! Du wirst jetzt wieder sagen: diese Sprüche! Nun aber Schluss.

8. 7. 41
Ein Päckchen habe ich gestern fortgeschickt. Hab am Samstag Brot gebacken und Dir etwas, da haben's die Kinder gesehen, und so musste ich ihnen auch etwas abgeben.

Du meinst, mit den Russen würde es schnell gehen? Lieber ist mir, Du kommst nicht nach Russland! Die Bildle hab ich heut bekommen, sie sind ganz nett. Ein saures Gesicht machst, ich glaube, Du warst gerade nicht gut gestimmt. Die Bildle müssen wir gut aufbewahren, es ist ein Andenken für später.

Denk, unser Pfarrer hat ein Vierteljahr KZ bekommen wegen Beten eines Vaterunsers am Grabe eines Polen! »Stütz(punkt)« (*ein Mann aus dem Dorf*) soll ihn angezeigt haben.[2]

11. 7. 41
So langsam wird's mit der Arbeit besser. Dann kann ich Dir wieder Brötle backen. Heut haben wir in der »Randenwies« einen Wagen voll geholt. Es gibt drei Wagen.

---

2 Kommentar des Sohnes: »Gemeint ist hier die tragische Geschichte des Pfarrers Knebel, der in der Kirche ein Vaterunser für einen im Dorf getöteten Polen beten ließ. Es hieß, ein Wachmann habe den Polen erschossen, aber das Gerücht verstummte nicht, dass es ein Mann aus E. war, der den Polen erschossen hat. Pfarrer Knebel wurde angezeigt und in ein KZ gebracht, wo man ihn schwer misshandelt hat.«

Morgen helfen »Schmieds« unseren daheim. Am Freitag kommt dann »Mühlefingen« noch dran. Dann ist Schluss. An diesem Heustock hättest Du auch Deine Freude. Schön und viel. Wenn die Leute jetzt fertig mit Heuen sind, wird das Jammern um Regen losgehen. Es wäre aber wirklich auch notwendig.

ANFANG JULI 1941
Habe gestern und heute keine Post bekommen. Ich will Dir schnell noch schreiben. Zur Zeit konnte ich auch nicht so viel schreiben. Es kommt bald wieder anders. Wir müssen das schöne Wetter ausnützen. Ich schreibe Dir immer, wo wir gerade heuen. Gestern holten wir »Sandern«, »Bachtaleck« und »Hinterchilche«. Heute holten wir den »Almend« und haben hinterm Haus »geschechelt«. Wir helfen fest zusammen. Vater hat heute noch so viel geschechelt wie ein Junger! Es ist halt schön, wenn man noch eigene Leute hat! Hoffentlich ist bei Dir auch noch alles beim alten und du bist noch im schönen Wien!

Jetzt ist es mit den Russen losgegangen! Geb Gott, dass alles bald zu einem glücklichen Ende führt und wir uns recht bald wiedersehen. Wir wollen die Hoffnung nicht verlieren!

Die nächsten Briefe aus den Jahren 1941-1943 kommen von ihrem Mann:

1. 12. 41
Das wäre schön, wenn ich an Philipps Geburtstag daheim wäre! Wie schnell doch die Kinder einige Jahre alt sind, besonders wenn man nicht daheim ist! Hans ist ja schon 4 1/2 Jahre, Toni 3 und Philipp 2 Jahre alt.

Sie müssen ja wie die Orgelpfeifen nebeneinander stehen!

Mit dem Säen ist es aber dieses Jahr auch spät geworden! Wenn Ihr nur fertig machen könnt!

Am nächsten Freitag ist nun Nikolaus. Wie gern würde ich die Freude der Kinder sehen, wenn die Sachen ausgepackt werden.

IM OSTEN, 7. 1. 42
Der gestrige Tag war der freudigste für mich, seit ich in Russland bin! Als ich die 4 Päckchen und die 4 Briefe bekam, wusste ich zuerst nicht, wo ich anfangen sollte: mit Brieflesen oder Auspacken. Aber eins nach dem andern! Heute habe ich die Briefe nochmal gründlich durchgelesen und daraus ersehen, dass das Päckchen mit den selbstgemachten Gutsle nicht dabei war. Die Bilder, die Hildegards Mann gemacht hat, sind aber sehr groß. Du bist immer noch die gleiche Schöne darauf! Die weiße Weste hat dich tatsächlich jünger gemacht, wieviele Jahre, kann ich aber nicht sagen.

Von den Buben möchte ich ja auch gern wieder mal Bilder haben! Die werden sich erst verändert haben. Bald ist es ja wieder ein halbes Jahr, seit ich sie sah...

IM OSTEN, 12. 2. 42
Heute waren wir mit dem Auto in der Stadt N. Wir holten Verpflegung. Durch das Tauwetter war auf dem Weg ein unbeschreiblicher Matsch. Wir mussten den Wagen mehrere Male freischaufeln. In der Stadt stand das Schneewasser auch knietief, weil

keine Kanalisation vorhanden ist. Russischen Tee haben wir auch bekommen. Mit Zucker schmeckt er sehr gut.

Du hast mir von Deinen Sorgen erzählt, weil Du Dich um alles kümmern musst. Ich glaube es Dir gerne, und ich weiß es auch. Aber denke mal daran, dass Du auch wieder Vorteile hast gegenüber vielen anderen Frauen, deren Mann auch im Feld ist. Du bist allein Herr im Haus und brauchst niemand fragen, wie Du das oder jenes machen sollst oder darfst. Wie wäre es doch, wenn meine Mutter noch lebte! Da hättest Du es noch viel schwerer!

Ich hätte hier draußen auch Grund genug, verrückt zu werden, wenn ich daran denke, wie notwendig man daheim wäre! So bleibt uns beiden nichts übrig als das: Jeder schickt sich in die Lage, in der wir nun sind, so gut man kann…

Im Osten, 12. 3. 42
Heute kamen wieder zwei Briefe. Vom Scheck hast Du wieder ein Kuh-Kalb! Ja, das ist unsere beste Kuh! Mit dem Stall rate ich Dir, ihn nur wieder so richten zu lassen, dass es wieder hält, bis ich für ganz daheim bin. Das Zuwerfen und Zementen wäre eine Mordsarbeit, und Du müsstest lauter fremde Leute anstellen dazu. Da ist es doch besser, wir machen es erst, wenn ich daheim bin.

Aber überrascht war ich doch, als ich las, was man Dir angeraten hat! Unser Feld verpachten und den Stall leermachen und in den Zinken (*den elterlichen Hof*) ziehen! Ich bin mit jeder Erleichterung einverstanden, die Du Dir verschaffen kannst. Aber unser schönes großes Haus leerstehen lassen, das will mir nicht in den Kopf! Es ist für mich schwer, Dir das Richtige zu raten. Du musst mich auch verstehen, wenn ich sage, es würde mich tief treffen, wenn ich unser Haus leer vorfinde, wenn ich heimkomme. Ich muss auch oft die Zähne zusammenbeißen, um das nagende Heimweh hinunterzuwürgen. Wieviele Tage nutzloser, einfältiger Arbeit haben wir hier schon verbracht! Am Tage schaufeln wir nur Schnee um das Quartier herum. Was soll ich Dir nur raten? Probier' es nochmal! Einen anderen Knecht musst Du freilich haben, wenn der Pol' krank ist. Ich will Dir Mut machen! Wenn als Tage kommen, an denen Dir alles verleidet, dann schaue unsere Buben an und denke, dass Du es für sie machst! Die Buben machen Dir sicher zu der großen Freude auch viel Arbeit. Glaube mir, es liegt mir nicht zu sehr daran, dass unser Feld umgetrieben wird, aber der Gedanke, dass das Haus leer sein würde, ist für mich bitter. Schaffe Dir Erleichterung auf jede mögliche Art, aber tue mir den Gefallen: Verlasse das Haus nicht! Ich will nun schließen in der Hoffnung, dass doch alles beim alten bleibt…

Im Osten, 23. 7. 42
Gestern kam wieder Post für mich. Wir bauen fast jeden Tag. Seit Kursk sind wir in keiner Stadt mehr gelegen, nur durchgefahren. Die Namen der kleinen Orte, in denen wir meistens liegen, kann ich nicht behalten. Wenn ich als Zeit habe, dann schreibe ich verschiedenes auf.

Mit Mutter wird's leider nicht mehr besser werden, aber wenn sie nur noch da ist! Wie wird es in der Ernte sein? Ich glaube nicht, dass ich bis dahin in Urlaub komme. Ein Jahr ist nun vorbei, seit wir uns das letzte Mal sahen! Das ist doch zu lang! Aber es gibt welche, auch Verheiratete, die 18 und mehr Monate nicht zu Hause waren. So lange wird es bei mir nicht dauern, und dann hoffe ich, dass es das erste und letzte Mal ist, dass ich so lange nicht zu Hause war.

Wie hat es Heu gegeben? Halte nur nicht mehr viel Vieh, dann hast Du im Frühjahr nicht immer dieselbe Geschichte mit Futtermangel. Zum Glück haben wir immer genügend Wasser, um uns gründlich zu waschen. Bist Du wirklich wieder ganz gesund?…

IM OSTEN, 16. 1. 43
Endlich bin ich bei der Kompanie eingetroffen. Wir haben ein Auto angehalten und sind dann hingefahren. Post hatte ich dort: sieben Briefe (!), vier 100-Gramm-Päckchen und zwei Kilopakete mit Brötle. Zwei fehlen jetzt noch. In einem Paket war ein Briefchen mit den Weihnachtsbildern mit Grüßen von Dir und den Kindern. Ich war ja nun an Weihnachten daheim! Wie schön wäre es daheim! Wenn ich mich an das liebe Geplauder der Kinder erinnere, dann merke ich erst so richtig, dass es das Schönste ist, wenn man im Kreise seiner Familie weilt! Ich bin nun froh, dass ich wieder bei den Kameraden bin.

Nun bin ich auch Gefreiter geworden…

FEBRUAR 1943
… Wenn der Februar noch vorüber ist, dann ist der größte Teil vom Winter überstanden. Gesund bin ich, hab auch keinen Durchfall mehr.

Zum Aufwaschen, das Quartier sauber machen und Wasser holen haben wir ein russisches Weibsbild angestellt, die untertags diese Arbeiten macht. Sie war schon bei dem Störtrupp, den wir abgelöst haben.

Das Wasser muss hier auch noch wie fast überall in diesem »Musterland« aus Ziehbrunnen heraufgeholt werden. Der Ort …. hatte vor dem Krieg 17 000 Einwohner. Es sind aber viele Häuser zerstört vom Herbst her noch. Wir haben gehört, es soll wieder Feldpostsperre sein für Kilopakete. Ob es wahr ist, weiß ich nicht. Möglich ist es schon. Wenn Du nur eines wegschicken konntest, brauchst Du Dir keine Sorgen zu machen. Ich habe genug zu essen. Viele Kameraden haben noch nicht mal die Weihnachtspakete bekommen. Es laufen zur Zeit jedenfalls wieder viele Truppentransporte nach dem Osten.

Eines will ich Dir noch schreiben: Bestelle eine Messe für meine Eltern.

Was machen sie im Zinken (*im elterlichen Hof von Frau K.*)? …

Immer wieder denk ich an die schöne Zeit zu Hause. Immer ist es mir, als läge diese Zeit schon Monate zurück, dabei sind es nur Wochen…

IM OSTEN, 6. 5. 43
Heute ist es mal wieder warm, der erste schöne Tag im Mai! Das schönste Wetter war an den Osterfeiertagen. Vorgestern ging wieder ein Truppentransport hier durch. Sie kamen von Stettin, es waren frisch eingezogene Leute, vorher u.k.-Gestellte, von der Reichsbahn und von Rüstungsbetrieben. Sie waren 6 Tage unterwegs. In Stettin wird

es auch wüst aussehen durch die Fliegerangriffe. Wie froh bin ich, dass unsere Gegend daheim von diesen Dingen verschont bleibt! Ihr könnt ungestört der Arbeit nachgehen.

Hast Du einen Klotz für Flecklinge (*Dielenbretter für Scheuer und Stall*) gekauft von der Gemeinde? Das muss man immer vorrätig haben! Gibt es bald Gras daheim? Der Heustock wird sicher klein sein, aber wenn es nur langt. Nur nicht zu viel Vieh halten und das wenige gut füttern!

Im Zinken geben sie wohl die Schweinezucht nicht auf, da kommst Du wieder billig zu jungen. Ich lasse mir als wieder alles durch den Kopf gehen, und was mir dabei einfällt, das schreibe ich Dir dann. Ich weiß schon, dass Du nicht an alles denken kannst, es ist zu viel! Da helfe ich Dir, ich hab ja Zeit genug zum Nachdenken…

Im Osten, 21. 5. 43
Gestern abend gab es wieder Post. Du wirst staunen, wenn Du jetzt liest, wieviele Briefe ich bekam! Im ganzen hatte ich 42 Briefe dabei! Vom Januar waren 7 Briefe, vom Februar 17, vom März 10 und vom April 6! Einer war noch vom November 1942! Nun sehe ich, wieviel Du geschrieben hast. Jetzt habe ich diese Briefe doch noch erhalten, und Du hast sie nicht umsonst geschrieben. Im Februar hast Du fast jeden Tag geschrieben, vor lauter Angst und Sorge! Aber es ging alles gut vorüber!

Die Buben haben doch viele Winterfreuden erlebt mit dem Schlittenfahren!

Ich glaube Dir gerne, dass es für Dich schwer war, als in dieser Zeit (*im Februar 1943*) keine Post kam von mir. Ich habe gar nicht gewusst, dass Vater noch Militärröcke hatte! Nun mussten sie herhalten, um seinen Enkeln Hosen zu geben! Das ist noch guter Stoff, aber so stark kann ja nichts sein, dass die Buben es nicht kaputt brächten! Es gab ja eine ganze Menge zum Nähen von Anzügen und Hosen! Da war es schon notwendig, dass Du eine Näherin angestellt hast.

An die Stubenuhr sind sie (*die Buben*) halt doch wieder gegangen.

Vier volle Wochen hattest Du damals keine Post von mir bekommen, gerade in der Zeit, wo es am tollsten zuging im Osten (*es sind wohl die Kämpfe um Stalingrad gemeint*). So viele Päckchen hast Du umsonst gemacht! Nur gut, dass sie wieder zurückkamen! Die Kilopakete vom Januar werde ich wohl nie bekommen.

Im Osten, 12. 7. 43
Heute gab es wieder Post. Den ganzen Tag warteten wir sehnsüchtig darauf. Eine größere Freude kann es für mich gar nicht geben, als wenn Post kommt.

Die Klötze sind auch auf der Säge, da wird es doch einen Küchenboden geben auf den Winter! Die Buben sind auch brav. Da muss ich ihnen doch ab und zu eine Kleinigkeit schicken, damit sie es auch bleiben. Vater geht es auch wieder besser! Durch das Leben, das wir hier führen, zweifelst Du, ob ich mich wieder ans Schaffen gewöhnen könnte! Aber ich kann Dir versichern, dass mir dieses Leben bis in die tiefste Seele verleidet ist! Nicht mal in der Heimat wollte ich es so haben! Könnte ich nur daheim sein, ans Schaffen würde ich mich bald gewöhnt haben! Wenn man allerdings in Urlaub kommt und ist nur wenige Tage daheim, da hat man keine rechte Lust an der Arbeit, denn nur zu bald ist der Tag wieder da, wo man fort muss. Könnte ich nur wieder für ganz daheim sein, dann hätte ich mich in wenigen Tagen wieder eingelebt!

Aber wann wird das einmal sein?...

IM OSTEN, 14. 7. 43

... In diesem Heuet bist Du aber wieder Dein Teil auf der Maschine gesessen! Hat es wieder einen großen Heustock gegeben? Schon wieder schreibst Du mir von fünf Kühen! Nimm endlich meinen vernünftigen Rat an und bleibe bei vier Kühen! Wenn das Kalb vom Scheck ein schönes ist, dann behalte es, denn Scheck wird jetzt auch alt, aber behalt sie, solange es geht, denn sie ist die beste Kuh, die wir im Stall hatten, seit ich mich erinnern kann.

Vater und Mutter konnten doch auch wieder aufs Feld! Da sie jetzt einen so tüchtigen Knecht haben, sind sie auch besser dran. Eines macht mir nur Sorge, dass es mit Deinem Knie nicht gut werden will!

Mit dem Heuen werdet Ihr jetzt schnell fertig! Ja, wenn das Wetter will und man richtige Hilfe hat, dann ist es ein Spaß!

Nun muss ich Dir noch etwas weniger Angenehmes mitteilen. Mit dem Rauskommen ist es vorläufig noch nichts! Die Versetzung zur 13. Kompanie ist wieder rückgängig gemacht worden. Wenn ich Dir nur noch nichts geschrieben hätte davon! Ich war wieder mal zu voreilig! Aber es war alles schon fest...

MARIA K. AM 25. 10. 43:

Heute erzählte man, mit Russland gäb's Waffenstillstand. Das wäre ein Wort! Das ließe sich hören, wenn das unmenschliche Morden dort aufhören würde. Wir dürfen uns ja nicht beklagen. Immer noch können wir hoffen, uns bald gesund wiederzusehen. Aber die vielen Armen, deren Lebensglück dort drin bleibt, nimmer zurückkehrt. »Heitzmanns« Kinder gingen auch jeden Abend an die Post. Sie erwarteten ihren Vater.

Es ist halt doch eine lange Zeit, wenn die Trennung über ein Jahr dauert. Jeden Tag wird die Sehnsucht stärker. Immer fehlt halt was! Jetzt hab ich alles, gesunde herzige Kinder, ein schönes gemütliches Heim, auch Geld, was ich brauche. Aber Du fehlst halt!

Mit den Kühen hapert es im Stall. Sie tragen nicht. Ein Rind haben wir doch glücklich mal so weit! Wenn ich halt nicht hinten und vorne bin, ist nichts!...

FRANZ-JOSEF K., IN ROSSDORF [3], 22. 11. 43

Heute mittag gab es die Post. Ich hatte 13 Briefe dabei, aber 4 Stück waren noch vom Juli und August!

---

3 Kommentar des Sohnes »Die Briefe im November 1943 zeigen, dass mein Vater mit seinem Bautrupp in die Gegend östlich von Berlin und ins südliche Polen gefahren ist, um dort Leitungen zu bauen oder Störfälle zu beseitigen. Sie kommen dann Ende des Monats wieder zurück nach Rossdorf und fahren Anfang Dezember 1943 erneut nach Norden, nach Ostpreußen. Von dort fährt mein Vater dann am 23. Januar 1944 in Urlaub.«

Zwar ist schon wieder ein Einsatzbefehl da, aber nur 6 Trupps müssen das machen, das sind etwa 60 Mann. Wer dabei ist, ist noch nicht bekannt. Es sollen nur 30 km Leitung in Ostpreußen gebaut werden, dann wieder Rückkehr nach Roßdorf...

Das Rind hast du auch weg! Die Schuld ist wieder ein gutes Stück zurückgegangen. Nimm Dir jetzt nur Zeit beim Abzahlen. Nicht dass Du immer mit dem Geld knapp stehst. Sogar den Futtergang lässt Du noch machen! Bei allem Ernst, ich ziehe den Hut vor Deiner Tüchtigkeit! Besser könnte ich es auch nicht machen!

MARIA K. AM 4. 12. 43
Wo wirst Du jetzt wieder sein? Das ist mein Gedanke, wenn ich aufwache, und abends, bevor ich einschlafe. Die Buben sind gebadet und im Bett. Sie waren heute sehr brav. Morgen kommt doch der Nikolaus. Sie freuen sich drauf. Dein Geld, die 5 Mark, sind gestern angekommen. Heute abend bekam ich noch den Familienunterhalt und 24 Mark dazu für die Kinder. Jetzt kommt noch das Geld vom fetten Kalb. Aber nichts ist vollkommen. Immer fehlt was. Wenn Du an Weihnachten noch gekommen wärst (*Dialekt für: Wenn Du an Weihnachten noch kommen würdest)*, hätte nichts mehr gefehlt.

24. 12. 43
Gestern bekam ich zwei Briefe von Dir. Bin jetzt wieder beruhigter. Bis jetzt hast Du Glück gehabt. Hoffen wir, dass es uns weiterhin hold bleibt. Der eine Brief kam aus der Steiermark, der andere von Würzburg. Ich weiß ja nun nicht, wo ich Dir die Briefe hinschicken muss!

Weihnachten bin ich mit den Kindern allein, aber in Gedanken sind wir bei Dir, wo immer Du auch bist.

Frohe Feiertage kann man es nicht nennen, doch alles Gute wünschen Dir die Kinder und ich. Sie haben's jeden Tag vom Vater! Heut morgen kamen alle drei zu mir ins Bett. Sie erzählten von Deinem letzten Urlaub, wie sie Dich gekitzelt und allerlei Unfug getrieben haben. Musste ich halt doch wieder lachen! Das Christbäumle ist schon fix und fertig geschmückt. Die Flieger brummen die ganze Zeit. Wo die wohl hingehen? Wann endlich wird Weihnachtsfrieden auf der ganzen Welt sein? Überall gibt es doch auch gute Menschen. Überall, wo Du gewesen bist, wurdest Du gut aufgenommen. Das beruhigt mich...

30. 12. 43
Drei Briefe bekam ich heute von Dir, Deine Weihnachtsbriefe. Es war eine rechte Festfreude für mich, sie zu lesen. Aus meinen Briefen weißt Du ja, dass es für mich eine traurige Weihnacht war! Ganz allein war ich mit meiner Angst um die Buben. Ja, wärst Du dagewesen, hätte ich mich bei Dir mal ausweinen können.

Am Heilig Abend musste ich mich schon um halb acht Uhr ins Bett legen. Doch jede Stunde musste ich wieder raus. Am Weihnachtstag saß ich den ganzen Tag bei Toni, gab ihm zu trinken und hielt ihn fest, wenn er so schrecklich husten musste. Jetzt geht's aber Gott sei Dank wieder besser. Sie fangen wieder an, fest zu essen, und wollen schon wieder aus den Betten raus. Schlafen tun sie auch wieder gut. Will hoffen, dass wir alle nächste Weihnachten gesund und froh unter dem Weihnachtsbaum sitzen.

Zum neuen Jahr wünsche ich nochmals alles Gute und zu Deinem 32. Geburtstag gratuliere ich Dir herzlich. Mögst Du beim 33. wieder ganz bei uns sein! Das ist mein größter und einziger Wunsch. Zinka-Mutter war heut abend noch bei mir. Sie und Schmieds haben heute Deinen Brief auch bekommen. Zinka-Mutter kommt, seit die Buben krank sind, viel zu mir. Ich war drei Wochen schon nicht mehr zum Haus raus! Auch von Zinkas viele Grüße und alles Gute zum neuen Jahr! Heut abend fing's an zu schneien. Der Winter wird sich wohl bald einstellen ... Heute richte ich Dir noch Päckle. Das Tannenzweiglein, das ich beilege, ist von unserem Christbaum...

FRANZ-JOSEF K., IN GALIZIEN, 3. 3. 44
Gestern abend kam die Post noch spät, und da waren für mich die zwei ersten Briefe nach dem Urlaub dabei! Kannst Dir denken, wie sehr ich mich gefreut habe! Die Briefe waren allerdings nach Lyck geschrieben. Die Adresse war durchgestrichen und die Feldpostnummer draufgeschrieben. Du hast schon am ersten Abend, als ich fort war, geschrieben! Die Buben gingen ja an dem Abend schneller ins Bett, sogar Philipp um halb acht.

Ja, die Urlaubszeit ging wieder schnell rum! Wie schön war es daheim! Wann endlich wird der Tag kommen, wo man für ganz daheim bleiben kann? In dieser langweiligen Gegend fühlt man das Heimweh doppelt schwer. In Lyck hatte man doch noch Abwechslung und war immer noch in Deutschland. Hoffentlich kommt der Tag bald, wo es von hier wieder weggeht!

Daheim beginnt jetzt die Feldarbeit wieder, wenn das Wetter danach ist. Erkundige Dich bei Kaiser wieder mal nach dem Gras- und Luzernensamen. Sie haben es ja aufgeschrieben, aber es schadet nichts, wenn man wieder danach fragt. Also lass »Mühlgässle« auf alle Fälle mit Futter ansäen. Ich erinnere Dich dann schon wieder an so manches, was Du vielleicht vergessen könntest. Bei der vielen Arbeit ist es Dir ja nicht möglich, immer an alles zu denken...

IN DER WACHAU, 6. 6. 44
Heute bekam ich Post, gleich drei Briefe! Jetzt weiß ich wieder über vieles Bescheid.

Gerade hat der Radio gebracht, dass im Westen die Invasion begonnen hat, mit der man schon lange gerechnet hatte. Die längste Zeit hat der Krieg gedauert, jetzt geht es um die Entscheidung.

Schmieds Hermann ist doch endlich auch im Urlaub! Er hat doch mindestens 18 Monate keinen mehr gehabt. Mich interessiert es auch sehr, was Hans an den Augen haben soll. Vielleicht ist er auch schon etwas kurzsichtig von mir! Von der Lehrerin wirst du es ja erfahren. Arbeit habt Ihr immer genug, jetzt wieder mit dem Holz auf den Winter. Haben sie im Zinken eigentlich noch keine Magd, dass Inge (*Nichte, die bei K.'s das Landjahr machte*) immer hin muss? Solange Du ja zwei hast, geht es schon. Heute kommt die Gaufilmstelle hierher. Um 17 Uhr ist eine Vorstellung für uns. Es wird der Film »Kohlhiesls Töchter« gegeben ... Der Film ist nun vorbei, es war etwas zum Lachen.

Jetzt sitzt natürlich alles um den Radio und hört die ersten Berichte aus dem Westen. Da wird sich was abspielen und alles bisher Dagewesene in den Schatten stellen. Hoffentlich geht es gut aus für uns!

In der Wachau, 17. 6. 44
Heute bekam ich die ersehnten Briefe! Gleich vier auf einmal! Jetzt weiß ich wieder, was los ist daheim.

Der von Hans war auch dabei. Kann er wirklich schon alleine schreiben? Bin doch gespannt, wer von den dreien mal der Gescheiteste ist! Das wird man erst sehen, wenn mal alle drei einige Jahre in die Schule gehen.

Das Geld hast Du endlich bekommen! Es war wieder höchste Zeit! Du hattest wie immer keins mehr. Das Geld von den Schweinen war schnell weg. Sorge doch nur dafür, dass die Schulden so bald wie möglich weg sind, dann wird es auch besser werden. Der Heuet wird nun beginnen daheim. Dein Knie regt sich auch immer wieder! Es wird schon gut sein, wenn Du es mal durchleuchten lässt...

Jetzt ist es immer interessant, Radio zu hören! Jeden Tag gibt es Neues. Jetzt besteht die Aussicht, dass dieses Jahr die Entscheidung fallen wird, was man noch vor 14 Tagen nicht geglaubt hat...

Im Raum Berlin, 22. 7. 44
Seit vier Tagen sind wir nun an der Arbeit. Schönes Wetter haben wir hier, die Leute sind mitten in der Ernte. Es hat nur Roggen hier und Hafer und dann sehr viel Kartoffeln.

Bei der Arbeit kommt man oft in der Nähe von Dörfern durch Gärten mit reifen Kirschen, da wird natürlich genascht. Abends kommt man immer in Privatquartiere.

Ich muss schon sagen, die Leute geben, wenn es irgendwie geht, das beste Zimmer her. In den Bauernhäusern gibt es Zimmer mit so schönen Möbeln, dass wir uns daheim mit unseren verstecken müssten. Bei allen ist es natürlich auch nicht gleich, Unterschiede gibt es auch wie überall. Gestern hatte ich auch so ein gutes Quartier, ebenso heute. Zu essen gibt es auch fast immer. Heute morgen bekam ich Butter und Marmelade, dann gab mir die Frau zwei Schinkenbrote mit.

Vom Anschlag auf den Führer haben wir vorgestern abend schon gehört. Ein Glück, dass es nicht gelungen ist!

So vieles habe ich jetzt schon gesehen! Wenn alles recht ist und ich gesund heimkomme, werde ich vieles anders machen! Mein ganzes Leben werde ich nicht fertig werden. Wir werden ja auch, nachdem die Schulden weg sind, finanziell in der Lage sein dazu...

23. 8. 44
Habe gestern Deinen Brief vom 18. 8. und heute schon einen vom 19. 8. bekommen. Die Raucherkarte habe ich jetzt schon. Soviel ich weiß, können auch keine 100 gr-Päckchen mehr geschickt werden. Vielleicht kannst Du mir auch mal die Raucherkarte vom »Zinke-Vadder« schicken!

Fast jeden Tag bekomme ich jetzt Post von Dir, und jetzt hast Du doch fast keine

Zeit zum Schreiben! Mitten in der Ernte seid ihr jetzt! Wenn nur das Wetter noch einige Zeit schön bleibt, dann wird es schon wieder gehen. Wir sind auch fest an der Arbeit. Abends 6 Uhr wird Schluss gemacht, dann hat auch jeder genug.

Zur Zeit muss es doch ganz schlimm sein daheim mit Todesnachrichten. Alle werden in Angst leben, wenn längere Zeit keine Nachricht kommt von einem Angehörigen. Für »Biddis« ist es hart! Wo ist Otto gefallen, im Osten oder im Westen?

Jetzt wirst Du sehen, was es für Öhmd (2. *Heuernte im Sommer oder Frühherbst*) gibt. Richte nur den Viehstand danach ... In dieser Gegend gibt es fast gar kein Obst, nur ein paar saure Äpfel kann man ab und zu naschen.

Die Schwarzwaldberge finde ich gerade so schön, in mancher Hinsicht noch schöner als die hier! Ist Inge wieder da? Jetzt in der Ernte kann sie Dir schon richtig helfen. Mutter wird schimpfen, dass sie keine Butter mehr bekommt. Es ist schon ungerecht, wenn alte Leute, die ihr ganzes Leben nur gearbeitet haben, in ihren alten Tagen so etwas hinnehmen müssen. Der Krieg bringt nur Ungerechtigkeiten...

SURHEIM, 10. 9. 44

Heute haben wir, weil Sonntag ist, um 3 Uhr Schluss gemacht. Nun kann ich Dir noch einen richtigen Sonntagsbrief schreiben. Der Herbst macht sich jetzt doch bemerkbar. Mit dem Öhmden sind die meisten hier fertig, zum Ernten gibt es nicht viel, auch Kartoffeln sieht man sehr wenig, der Boden ist nichts dazu.

Wir sind 20 km von Bad Reichenhall weg, etwa 10 km nördlich von Salzburg, in dem Dorf Surheim.

Weißt Du, was die Bauern zum Vespern aufs Feld mitnehmen? Milch und ein paar gesottene Kartoffeln! Auch die Wasserleitung findet man in wenigen Häusern. Überall sind die Pump-Brunnen vor dem Haus! So rückständig habe ich mir diese Gegend nicht gedacht, wo doch so viel Fremdenverkehr war in Friedenszeiten! Es geht nichts über unsere Heimat. Die Landschaft hier ist schön, aber als Soldat hat man sehr wenig davon. Man ist dauernd angebunden! Ja, in Friedenszeiten sollte man mal hier sein, aber als Zivilist mit genügend Geld, dann hätte man mehr davon!

Jetzt muss Toni schon zur Schule! Ist sie tatsächlich geschlossen? Voriges Jahr ging Hans um diese Zeit schon 14 Tage in die Schule. Was die Kerle doch alles fragen! Ob die Engländer zu Euch kommen, wollen sie wissen. Aber Ihr könnt noch ruhig sein! Was sollen erst die Leute im Rheinland sagen!

In den nächsten Wochen wird von unserer Seite schon etwas kommen. Zur Zeit wird Karlsruhe auch schwer heimgesucht von den Fliegern. Trotzdem es jetzt nicht gut aussieht für uns, glaube ich immer noch, dass das Ende für uns gut sein wird! Warum sollen immer die siegen, die schon genug haben? Die gerechte Vorsehung wird dem den Sieg schenken, der ihn verdient, und das kann ja Russland bestimmt nicht sein! So viel wird jetzt gesprochen und vermutet, und immer gibt es eine Anzahl Leute, die nur schwarz sehen, die die Vorteile immer nur beim Feind sehen. Kein Volk der Erde ist so fleißig wie das deutsche und hat zum Wohl der Menschheit so viel getan! Verzagen braucht man noch nicht! Ich denke wohl auch oft bei mir, wie wäre es schön ohne diesen Krieg, wenn man zu Hause wäre bei Frau und Kindern!

Die schönsten Jahre des Lebens muss man dem Kommiss opfern! Aber man kann nichts daran ändern. Wir hoffen, dass alles noch ein glückliches Ende nehmen wird...

Jeden Tag denke ich jetzt daran, wie schön es war voriges Jahr im Urlaub um diese Zeit! Nur von Erinnerungen muss man bald noch zehren! Alles Schöne bleibt im Gedächtnis haften, steht uns immer vor Augen. Was kann es Schöneres geben, als an die Heimat zu denken. Auch im heutigen Wehrmachtsbericht wurde Karlsruhe wieder genannt. In Wien soll das Schloss Schönbrunn auch getroffen sein, und die Gloriette, die hinter dem Schloss auf einer Anhöhe steht, soll zerstört sein ...

MARIA K., 17. 9. 44
Gestern hab ich von Dir 60 Mark bekommen. Ich wusste noch gar nichts davon.

Heute haben wir nochmal geöhmdet. Jetzt sind wir aber fertig. Das andere holen wir grün. Schönes Wetter haben wir immer noch. Kühl ist's als nachts und am Morgen. Am Samstag wird »Mühlegässle« gefahren (*wird im M. das Öhmd geholt).*

Ganz wehmütig war mir heut mittag zumute. Wir haben gesät und geerntet und säen wieder, und Du bist immer fern. Und doch wie glücklich sind wir noch immer! Können uns auf ein baldiges Wiedersehen freuen.

Die Buben sind prächtig. Du kennst sie nicht mehr, so sind sie gewachsen. Du wirst mal staunen.

FRANZ-JOSEF K., 24. 9. 44
Wir haben heute auch gearbeitet, aber um 4 Uhr Schluss gemacht. Ich glaube, dass Ihr daheim doch auch noch einige schöne Tage hattet und das Öhmd noch alles einbringen konntet! Wie steht es mit dem Roder? Wirst Du noch einen bekommen? Neues gibt es hier nicht. Aber ich weiß, dass Dir auch ein kurzer Brief Freude macht. Ich schreibe Dir, sooft ich kann, und da sind natürlich oft kurze Briefe dabei. Meine Gedanken sind immer bei Dir. In keinem Brief kann ich es mit Worten schreiben, wie glücklich ich bin, wenn ich weiß, zu Hause ist alles gesund und wohlauf. Du kannst dir gar nicht vorstellen, wie mich das immer wieder stärkt.

Manchmal hat man auch seine trüben Gedanken, nachdem man vier Jahre fort ist, aber wenn dann wieder ein Brief von Dir kommt, ist wieder alles wie weggeblasen...

MARIA K., 29. 11. 44
Bin ganz allein. Die Buben schlafen ... Inge ist noch im »Zinken«. Hildegard[4] ist gekommen ... Jetzt gibt's Leute im Haus!

Gestern abend hat's noch ausgeschellt – es war schon Nacht –, dass sich die Leute bereit halten müssten: Es kämen von Freiburg in der Nacht Obdachlose. Jedes Haus müsste aufnehmen, und wenn die Leute zusammen schlafen müssten. 20 000 Obdachlose hat es beim ersten Angriff auf Freiburg gegeben und viele Tote.

Mutter hat dann gestern abend noch nach mir geschickt, ich sollte kommen und ihr helfen. Bis jetzt ist aber noch niemand gekommen, und Mutter hat nun Hilde-

4 Die Nichte, die in Straßburg lebte, das im November 1944 von der französischen Armee eingenommen wurde.

gard. Vielleicht muss Paula[5] auch noch kommen. Karlsruhe müsste geräumt werden, wenn's wahr ist. Ich will dann hören, was Hildegard spricht und wie sie aus Straßburg rausgekommen ist.

Die Tanks wären eingefahren, als sie im Kino saßen!

Als der Metzger bei uns war, brachte er von Lausheim mit, sie hätten Packungsbefehl. Unser Bürgermeister hat dann ausgerufen, ob es wahr wäre. War aber alles erlogen! Das wird ja jetzt viel! Wo wollten die Leute auch alle hin? Ich ginge nicht fort, nur wenn sie einen zwingen würden. Ich habe zur richtigen Zeit oben noch vermietet! Jetzt hätte ich doch Leute nehmen müssen.

Ich möcht halt nur, dass Du endlich mal kämst! Mein einziger Wunsch wäre das!

1. 2. 45
Heute bekam ich Deinen Brief von Batzbach vom 12. 1. 45. Gestern Deinen von Marburg vom 11. 1. 45. Will Dir nun schnell doch wieder ein Briefchen schreiben. Vielleicht bekommst Du doch mal was. Bin froh, dass ich von Dir wenigstens Post bekomme. Aber in Sorge bin ich, wie es Dir geht und gehen wird. Immer hoffe ich, dass es doch noch gut wird.

Schnee hatten wir viel, er ist sogar meterhoch gelegen. Seit gestern ist Tauwetter und nicht mehr kalt. Es ist gut, dass die grimmige Kälte gebrochen ist. So langsam geht's nun doch dem Frühling entgegen. Aber richtig freuen auf das Erwachen der Natur kann man sich erst wieder, wenn wieder Frieden ist im Land.

22. 2. 45
Dir auch wieder ein kleines Briefchen. Gestern bekam ich Deinen vom 1. 2. 45. Heute war niemand bei Vater oben in Bonndorf im Krankenhaus.[6] Heute war's ganz schrecklich mit den Fliegern. So war's noch nie! Fast den ganzen Tag flogen sie hin und her. Hatten schreckliche Angst. Lange kann's nun doch nicht mehr so zugehen. Man kann sich an nichts mehr freuen.

Morgen schlachten wir.

Nichts wünscht man sich als Ruhe und Frieden. Das Elend und die Not werden immer größer.

FRANZ-JOSEF K., 25. 2. 45 (*der letzte erhaltene Brief von ihm*)[7]
Nun wieder mal einen Sonntagsbrief.

---

5 Schwester von Maria K., Mutter der Nichte Hildegard, lebte in Karlsruhe.

6 Kommentar des Sohnes: »Der »Zinka-Vadder« lag damals im Bonndorfer Krankenhaus, und er ist dann ein paar Wochen später gestorben. Vielleicht wollte er auch in dieser schrecklichen Zeit nicht mehr leben.«

7 Dazu der Sohn: »Seine letzten Briefe sind seltsam inhaltsarm. Nichts ist mehr zu spüren von dem lebhaften Interesse meines Vaters an Land und Leuten, auch der Krieg ist fern. Trotzdem: Man spürt seine Verzweiflung wachsen, auch seine Angst. Der Ruf nach Post von daheim klingt sehnsüchtig-verzweifelt, er versteht die Welt nicht mehr! Und wie seine ersten Briefe aus Kornwestheim, aus Bordeaux und aus Wien, so zeigt auch sein letzter Brief aus der Slowakei, was meinen Vater in all den Jahren am meisten bewegt hat: die Sorge um den kleinen Bauernhof zu Hause, um die Gesundheit seiner Frau und seiner drei Buben.«

Machen heute noch oder morgen wieder Ortswechsel, einige Kilometer nach Süden, der Ort heißt Krinel (?). Erst hieß es, es ginge wieder in die Slowakei, jetzt bleiben wir vorerst noch in Ungarn.

Der Schnee ist hier weg, aber auf den Wegen ein Schlamm kniehoch!

Post habe ich noch keine.

Ich nehme an, dass meine Briefe ziemlich lange brauchen nach Hause. Daran wird es liegen.

Zeitungen und Wehrmachtsberichte gibt es auch alle paar Tage, so weiß man doch im Großen, wie es steht. Nur, wie es daheim aussieht, darauf muss ich noch warten. Aber es wird schon mal etwas kommen! Hast Du immer noch 6 Kühe? Wie steht es mit der Magd? Was machen die Buben? Sind sie immer gesund? So vieles will ich wissen, aber ich werde es schon erfahren, wenn mal die ersten Briefe ankommen…

Der Sohn Hans an seinen Vater am 25. 1. 45 (*Die Rechtschreibfehler des Kindes sind nicht korrigiert.*)
Lieber Vater! Jetzt kann ich Dir schon gut Briefe schreiben. Lesen kann ich auch gut. Wenn Du nur bald wieder zu uns kämmst und immer bei uns bleiben dürftest. Wir sind brav und folgen der Mutter und helfen ihr auch schaffen. Bei uns hatts viel Schnee. Wir bauen Schneehaus. Mutter tut uns gerade die langen Hosen flicken. Vor der Schule gibt es eine schöne Schneeballschlacht. Toni kann schon gut lesen. Philipp ist noch der gleiche Strolch. Es grüsst Dich Dein Hans, Toni und Philipp. (*Toni und Philipp unterschrieben eigenhändig.*)

Dieser Brief kam wieder zurück mit dem Vermerk: »Neue Anschrift abwarten«. Alle Briefe, die Maria K. noch im Januar an ihren Mann schrieb, kamen ungeöffnet wieder zurück. Statt dessen kam im März der Brief des vorgesetzten Hauptmanns W.

Sehr geehrte Frau K.!
In Vertretung des Kompanie-Führers, der Ihnen infolge schwerer Verwundung selbst nicht schreiben kann, erfülle ich die traurige Pflicht, Ihnen mitteilen zu müssen, dass Ihr Mann, der Obergefreite Franz K., in soldatischer Pflichterfüllung in den schweren Kämpfen in der Ostslowakei am 7. März 1945 gefallen ist.

Durch eine schwere Kopfverletzung trat der Tod sofort ein, so dass Ihr Mann nicht erst hat leiden müssen.

Leider war es bei den herrschenden Kampfverhältnissen nicht möglich, ihn zu bergen und zu beerdigen.

Zu dem schweren Verlust, der Sie und Ihre Kinder betroffen hat, spreche ich Ihnen meine und aller Kameraden wärmste Anteilnahme aus.

Obwohl Ihr Mann erst kurze Zeit der Kompanie angehörte, erfreute er sich bei Vorgesetzten und Kameraden allgemeiner Wertschätzung. Der Verlust dieses guten und beliebten Kameraden reißt auch hier eine schmerzliche Lücke. Wir werden seiner stets in Ehren gedenken.

Möge der Gedanke daran und die Gewissheit, dass Ihr Mann sein Leben für

Deutschlands Zukunft gab, Ihnen ein Trost in dem schweren Leid sein, das Sie und Ihre Kinder betroffen hat.

Ich grüße Sie in aufrichtigem Mitgefühl. Lassen Sie sich noch einmal recht warm die Hand drücken.

Dazu Frau K. in ihren Erinnerungen:

Nach Weihnachten im Dezember 1944 erhielt mein Mann Einsatzurlaub. Er wurde von den Nachrichtentruppen zur Infanterie beordert, kurz ausgebildet und dann an die Front geschickt. Es war wie eine Ahnung! Ich wollte ihn nicht mehr fortlassen. Ich wollte ihn überreden, in die Schweiz abzuhauen, wo er Verwandte hatte. Doch ich hatte keinen Erfolg. Am 7. Januar 1945 war es so weit. Er musste wieder fort. Er schrieb mir, dass er wegen Fliegerangriffen fast nicht mehr seinen Standort erreicht habe. Sein letzter Brief ist datiert vom 25. Februar 1945. Am 7. März 1945 ist er gefallen. Ich erhielt noch kurz vor dem totalen Zusammenbruch die Nachricht von seinem Tod. Er starb mit 34 Jahren in der Slowakei, in der Nähe von Schemnitz *(heute: Banska Stieavnica)*. Ich war die letzte im Dorf, der diese traurige Nachricht noch vom Ortsgruppenleiter zugestellt wurde. Ein Hauptmann namens W. versuchte, mir Trost zu spenden … Als mein Vater mit 83 Jahren nach kurzer Krankheit am 18. März 1945 starb, wusste ich noch nichts vom Tode meines Mannes. So verlor ich in kurzer Zeit zwei Menschen, die mir lieb und teuer waren. Es war das erste Mal in meinem Leben, dass ich glaubte, das nicht zu überleben.

Doch auch damit musste ich fertig werden.

Die Kinder waren da und die viele Arbeit.

Aus der Kriegszeit erzählt sie noch mancherlei, was nicht in der mir zugänglichen Briefsammlung steht, was sie auch möglicherweise gar nicht schrieb, weil es ihrem Mann bekannt war oder besser nicht geschrieben wurde:

Als mein Mann fort war, musste ich morgens den Stall allein versorgen. Es war Winter. Ich machte zuerst für meine drei kleinen Kinder ein wärmendes Feuer in dem Ofen, der in der Stube stand. Als ich eines Tages mal nach ihnen schaute, war die Stube voller Rauch! Die Buben hatten Holz nachlegen wollen, aber dabei waren glühende Kohlen auf den Holzboden gefallen und hatten richtige Löcher hineingebrannt. Ich brachte alles, so gut ich konnte, wieder in Ordnung und ermahnte meine Buben, dass sie das nicht mehr tun sollten, und es blieb dabei.

Abends hatte ich Hilfe. Eine Woche half mir der Knecht meiner Eltern beim Füttern der Kühe, Kälber und Schweine, die andere Woche der Knecht meiner Schwester, der Frieder. Das war, bevor ich dann den Polen, den Johann, bekam. Der kam aus dem Lager und musste auch abends wieder ins Lager zurück. Wir kamen gut mit ihm aus, selbstverständlich durfte er am Tisch mitessen. Über den Polen muss ich noch eine Geschichte erzählen. Ein Pole wurde in unserem Dorf erschossen, ich weiß nicht mehr, warum. Und dann hat der Pfarrer an seinem Grab ein Vaterunser gesprochen. Er wurde deshalb angezeigt und kam ins Gefängnis (*vgl. ihren Brief vom 8. 7. 41*). Die Parteigrößen wollten wegen diesem Vorfall eine Versammlung abhalten und haben alle Leute aus dem Dorf dazu eingeladen, aber keiner ging hin. Die Polen haben auch nachher nicht geplündert bei uns.

Meine Mutter kam, wenn die Arbeit nicht gerade so drängte, abends zu mir, um am Radio den sogenannten »Feindsender« zu hören, was natürlich verboten war. Da mein Elternhaus zu nahe an der Straße lag, war es dort zu gefährlich. Unser Haus lag etwas abseits, und so musste sie ihre Neugier bei mir befriedigen.

Meine »Godde« (*Taufpatin*) wusste trotz allem mehr als wir. Sie hörte wahrscheinlich noch mehr Feindsender. Sie erzählte uns von den Vergasungen in den Konzentrationslagern. Wir konnten und wollten es ihr nicht glauben und meinten, sie übertreibe mal wieder. Doch leider war es so!

Aus unserem Dorf wurde das schon erwähnte »Fränzele« (*eine Behinderte)* weggebracht und noch eine Frau und ein Mann. Man hat nie wieder von ihnen gehört. Von den Massenmorden an den Juden wussten wir zur damaligen Zeit noch nichts. Mein Vater, der mit dem Viehhändler Isidor nie zurechtkam, pflegte immer zu sagen: Lieber handle ich mit einem Juden als mit diesem Christenmenschen.

Da Textilien knapp waren, haben wir aus Altem Neues gemacht. Eines Tages waren wir fest am Werkeln, als eine Frau aus Neustadt kam. Ich weiß nicht mehr ihren Namen, aber jedenfalls wollte sie uns kontrollieren. »Auch ich habe mitgemacht«, meinte sie in ihrer Falschheit wie entschuldigend, »aber solange wir unsere Köpfchen haben, bringen uns ›die‹ nicht klein!« Aber ach! Trotz »Köpfchen« haben die »Nazis« uns klein gemacht, sind wir so klein geworden, und man muss sich wundern, wie so viele Menschen trotz Köpfchen so dumm sein konnten!

Aber bei uns ging es ansonsten im alten Trott weiter. Briefe kamen, Briefe gingen. Einen ganzen Koffer voll habe ich aufbewahrt. Blieben sie mal längere Zeit aus, machte man sich noch mehr Sorgen. Die Arbeit auf dem Hof wurde auch nicht weniger. Der einzige Lichtblick waren meine drei Buben. Sie waren gesund und machten mir viel Freude.

Ich musste auch dafür sorgen, dass vor allem immer genug zu essen da war … Es wurde uns Bauern vorgeschrieben, was man für sich beanspruchen durfte, und das war zu wenig. So war man gezwungen, dafür zu sorgen, dass es reichte. Die Leute, die mir bei der Arbeit halfen, wollten nur in Naturalien bezahlt werden. Aber es wurde auch ab und zu gefestet! Zum Beispiel die Erstkommunion von meinem Philipp. Die Verwandten wurden eingeladen, natürlich auch die Karlsruher. Jetzt galt es wieder einmal, dafür zu sorgen, dass etwas zu »futtern« da war! Das geschlachtete Schwein lag oben in einer Kammer. Da kam Alarm: Hausdurchsuchung! Walter und Oskar verstauten alles in einem Zuber und schleppten diesen hinauf in die Kirche, die gleich neben unserem Haus liegt. Auf dem Chor spielte die Orgel, es wurde gesungen und geprobt für das Fest. Den Zuber mit Inhalt versteckten die beiden unter der Treppe. Als die Luft wieder rein war, wurde alles zurücktransportiert, und wir feierten anderntags ein frohes Fest mit Philipp.

Während des Krieges hatte man Kleiderkarten, doch die reichten für meine Jungen nicht aus! Sie haben viel zerrissen. Eine Frau aus dem Dorf, die »Ziegler-Marie«, kam am Sonntagmittag zu mir, um aus Altem Neues zu machen. Es musste alles herhalten, um daraus Hosen und »Kittele« zu schneidern. Sogar die Grenadier-Uniform von meinem Vater wurde aus dem Schrank im Speicher geholt und verwertet. In dieser Uniform hat mein Vater als Wehrpflichtiger lange vor dem Ersten Weltkrieg Schildwache gestanden vor dem Karlsruher Schloss.

Es kam das Ende des Krieges. In unserem Dorf hielt sich SS auf, und so begann bald eine wilde Schießerei. Sie »verteidigten« unser Dorf! Wie wenn es noch was zu verteidigen gegeben hätte! Mein alter Vater hatte zwar gemeint, wir bräuchten keine Angst zu haben, bis zu uns käme der Krieg nicht! Aber er kam doch. In Überauchen im Tal von Achdorf wurde blutig gekämpft, dort ging der Krieg in unserer Gegend zu Ende. Ein deutscher Soldat verirrte sich zu uns. Er war aus München. Ich gab ihm Zivilkleider von meinem Mann und bot ihm an, sich in unserem Haus zu verstecken, bis alles vorbei wäre. Wir flohen nun mit Kind und Kegel in den Wald. Vier Tage kampierten wir dort unter freiem Himmel. Die Kühe, die wir mitgenommen hatten, banden wir an Tannen fest. Eine Flüchtlingsfrau, die noch dabei war, machte uns auf einer provisorischen Feuerstelle Omeletts. Da es regnete, musste jemand mit dem Schirm daneben stehen. Es gab eine kleine Hütte, in der eine Matratze neben der anderen lag, auf denen wir uns notdürftig zum Schlafen legen konnten, wenn mit der Schießerei mal Pause war. Ich sehe noch meinen kleinen Hans mit ängstlichem Gesicht vor der Hütte stehen.

Da kam eines Abends eine Frau vom Dorf, die in der Nähe hauste. Ich hatte ein paar Tage kurz vor dem totalen Zusammenbruch die Nachricht vom Tode meines Mannes erhalten. Diese Frau meinte, mir wäre so viel Leid widerfahren, wir sollten hingehen und den deutschen Offizier, der diese Schießerei befohlen hat, »umlegen«. »Beim besten Willen«, musste ich gestehen, »das kann ich nicht.«

Eines Abends ging ich zu meiner Schwester, die in der nahen Bachtalmühle Zuflucht gesucht hatte. Da meinte eine andere, auch dorthin geflüchtete Frau, ich hätte doch daheim im Dorf bleiben können, mein Leben würde, nach dem Tod des Mannes, doch nichts mehr bedeuten! Darauf sagte ich: »Und was ist mit meinen Kindern? Lohnt es nicht, für sie weiterzuleben?«

Nach dem Ersten Weltkrieg, 1918, zogen die Soldaten geordnet mit Ross und Wagen nach Hause. Als wir Kinder damals hörten, die Soldaten kommen, sprangen wir an die Hauptstraße zu »Rotseppelis Huus« und sahen, wie die Soldaten mit Ross und Wagen durch unser Dorf zogen. Ich erinnere mich noch so gut daran, weil mir schon schlecht war und ich am anderen Tag mit Diphtherie im Bett lag. Jetzt, 1945, kamen die Soldaten wie versprengte, verscheuchte Hasen von allen Seiten aus der Wutachschlucht zu uns. Ihre Ausrüstung hatten sie weggeworfen, und sie fragten meist nach dem Weg in die Schweiz. Wir gaben ihnen zu essen und erklärten ihnen den Weg, so gut wir konnten. Nach vier Tagen im Wald war es dann endlich soweit! Der Beschuss des Dorfes hörte auf. Wir konnten wieder heim. Da sahen wir auf dem Dorfplatz unsere Soldaten aus dem Wald als Gefangene. Die armen Kerle! Bis zuletzt mussten sie alles miterleben.

Wir waren noch nicht in unserem Haus drin, da stürmten zwei deutsche Soldaten, die sich versteckt halten konnten, herbei und baten mich um Zivilkleider. Ich gab sie ihnen. Es musste alles sehr schnell abgewickelt werden, da es im ganzen Dorf von Franzosen und Marokkanern wimmelte. Als Feldarbeiter getarnt, mit der Hacke auf der Schulter, marschierten sie durch unseren Garten ins freie Feld Richtung Osten, Richtung Bodensee. Dort waren sie daheim. Das haben sie mir in Eile noch verraten. Ob sie es geschafft haben? Ich weiß es nicht.

Unser Soldat daheim war auch verschwunden. Die Zivilkleider lagen noch da! »In treuer Pflichterfüllung« musste er wohl bis zuletzt dabei sein! Über sein Schicksal habe ich auch nichts mehr erfahren. Bevor wir in den Wald gingen, gab er mir noch seine Adresse, damit ich seine Frau informieren könnte, wenn ihm was passiert. Doch leider ging sie in den nachfolgenden Wirren verloren.

Jetzt erst sahen wir die ganze Bescherung! Die Fensterscheiben an unserem Haus waren alle kaputt. Das Dach war verschoben, zum Teil abgedeckt. Im Garten sah es aus wie in einem »Rumdouwe« *(das ist ein Wort für durcheinanderliegende, abgeschlagene Baumäste)*. Überall lagen verbrannte, entwurzelte Bäume. Die Granatsplitter hatten in Balken, Decken und Wänden ihre

Spuren hinterlassen. Ein Glück, dass das Haus noch stand! Doch wir waren froh, wieder daheim zu sein. Ein Mann vom Dorf kam und half mir, das Dach in Ordnung zu bringen. Er war Ortsgruppenleiter gewesen.

Der Siegestaumel der Franzosen entlud sich bei uns in einem wilden Hühnerabschießen. Von der hohen Kirchenmauer aus schossen sie unentwegt auf unsere Hühner. Diese flohen voll Angst in den Hühnerstall. Die Franzosen ihnen nach. Die alten Hühner ließen sie liegen, die jungen und die Eier nahmen sie mit. Die Stube und die Kammer im Haus haben sie mit Beschlag belegt. Meine Kinder, meine Nichte und ich saßen die ganze Nacht um den Küchentisch herum. Für den kleinen Philipp durften wir sein Bettlein aus der Kammer holen. Ein blutjunger Franzose saß die ganze Nacht bei uns und hat uns bedauert. Wir konnten uns zwar nicht verständigen, aber aus seiner Miene war es abzulesen.

Bei den Franzosen hat der Hans, damals 8 Jahre alt, noch was angestellt. Im Nachbarhaus waren Offiziere einquartiert. Und da ist der Hans und noch ein paar Buben einmal eingestiegen, und sie haben geklaut: Schokolade und Zigaretten, damit war man ja reich! Er wurde erwischt, und ich musste mit Hans beim Kommandanten vorreiten. Da hab ich ihn vor seinen Augen verhauen, bis der Kommandant rief: »Das reicht jetzt!«

Doch die Zeit drängte weiter, weiter! Es mussten die Felder bestellt, die Kartoffeln gehackt werden, das Haus musste instandgesetzt werden, und so vieles andere war zu tun.

Inge, meine Nichte, und ich standen mit meinen drei kleinen Buben nun ganz allein da! Da bot sich einer an, uns zu helfen. Es war der Leo, wir nannten ihn »Johli«, weil er immer so laut »johlte« und schrie. Wir waren froh, dass uns jemand die schwerste Arbeit abnahm. Eine Zeitlang ging es gut, aber nicht lange! Eines Abends, die Kinder schliefen schon, hämmerte es an unserer Stubentür. »Lasst mich rein, ich will zu Inga«, schrie der Johli. Wir bekamen es mit der Angst zu tun, stiegen am Giebel aus dem Fenster und suchten Hilfe. Zwei Männer unterhielten sich am »Adlerbuck«, nicht weit entfernt von unserem Haus. Wir baten sie, uns zu helfen. Doch die Deutschen hatten damals kein Recht! Die beiden Männer erklärten sich jedoch bereit, den Fall bei der französischen Kommandantur zu melden. Daraufhin wurde der Johli abgeholt, und wir hatten wenigstens wieder unsere Ruhe. Der Johli drohte uns, er würde uns bei den Franzosen melden. Wir hätten Munition versteckt. Dann würden die Franzosen unser Haus anzünden! Tatsächlich, viel später, als alles vorbei war, fand ich in unserer Dreschmaschine von ihm versteckte Munition!

Beim großen Dorfbrand 1875 war's »Chorde-Huus« (*das war der Hausname, dessen Ursprünge, wie bei den meisten Hausnamen des Dorfes auch, im Dun-*

kel liegen) auch abgebrannt. Damals wurde mit schlechtem Material gebaut. Es gab keinen Zement. Mit Lehm und Sand wurden die Mauern hochgezogen. Da unsere Scheune nicht ebenerdig liegt, sondern nur über eine Auffahrt-Rampe hinter dem Haus zu erreichen ist, wurden die Außenmauern hinten und vorne am Haus beim Einfahren der schweren Erntewagen sehr stark beansprucht. Die Folge war, dass sie einstürzten. Mit Müh und Not wurden sie wieder aufgebaut. Noch vor der Währungsreform 1948 brach der Boden der Scheune ein. Beinahe wären wir mit einem vollbeladenen Heuwagen in den darunter liegenden Futtergang gestürzt! Ich bekam Berechtigungsscheine für das Holz, das ich benötigte, um den Scheunenboden wieder instandzusetzen. Doch keine Säge lieferte mir das Holz. Erst mit dem »Kopfgeld«, das ich und meine drei Kinder in der neuen Währung, der D-Mark erhielten, klappte es.

An die Franzosen musste auch Holz geliefert werden. Ich wusste von Bauern, die sich das zunutze machten und ganze Schöpfe voll Balken und Bretter horteten, ohne Bezugscheine und ohne Geld! Mir haben sie jedoch, als ich in Not war, keines gegeben.

Einmal wurden von der Gemeinde Arbeiter aus dem Bergwerk organisiert. Beim Gasthaus »Hirschen« wurden sie den einzelnen Höfen zugeteilt. Meine Buben sollten den uns Zugeteilten abholen. Sie betrachteten die Gruppe von Männern beim »Hirschen«, so erzählten sie mir später, und dabei fiel ihnen einer besonders auf, der krumm und nur mit Hose und Jacke bekleidet dastand. Hoffentlich kriegen wir den nicht, dachten alle drei. Aber wir haben ihn bekommen! Max hieß er nur. Er kam ohne Hemd. Ein Paar Schuhe, ein Anzügle, das war alles, was er hatte. So was Faules wie den »Maxe« hab ich in meinem ganzen Leben nicht erlebt! Ein Stück Feld, keinen Morgen groß, hätte er in einer Woche nicht geackert, wenn nicht mein kleiner Toni mitgegangen wäre. Er ging dann später zu einem anderen Bauern, und die Emma meinte: »Den hast du aber schlecht erzogen! Der steht ja nach dem Frühstück nicht mehr auf!« Ich sagte nur: »Jetzt dürft ihr ihn erziehen!«

Es kamen dann immer wieder Neue, die mal 14 Tage oder 4 oder 6 Wochen bei der Arbeit geholfen haben. Es war schon ein Elend!

Unsere Mieterin, die »Vevi«, die sich gut mit den Franzosen verstand, wollte ihnen unser Wohnzimmer als Schreibstube vermitteln. Ein Franzose kam und wollte das Zimmer in Beschlag nehmen. Ich wehrte mich, und er meinte, als die Deutschen zu ihnen gekommen seien, habe er unters Dach ziehen müssen. Darauf erklärte ich ihm, dass durch den Krieg auch mir schweres Leid widerfahren sei durch den Verlust meines Mannes. Das hat ihn dann doch beeindruckt, und er zog von dannen.

Später hatte ich dann zwei ältere Männer, den Franz und den Läubin sowie die »schöne Adelheid«. Im Winter ließen sie sich's gut gehen. Als das Frühjahr kam, haben sie ausgemacht, dass alle drei mich im Stich lassen wollten. Die Adelheid musste mich darauf vorbereiten. Was sollte ich tun? Ich sagte gar nichts. Da blieb der eine, die zwei anderen gingen. Der Franz, der geblieben war, war ein kauziger Kerl. Er stammte von einem Großbauern, aber so wie es früher war, konnte nur einer den Hof übernehmen. So mussten die übrigen Geschwister als Knechte oder Mägde ihr Brot verdienen oder ins Kloster gehen. So war der Franz mit sich und der Welt unzufrieden. Einmal waren wir auf dem Feld zum Kartoffelhacken. Franz schimpfte ununterbrochen und sagte immer wieder: »Ich geh, und ich will nicht mehr!« Ich hörte mir das alles lange Zeit ruhig an, aber auf einmal platzte ich los: »So geh doch zum Teufel!« Darauf hatte der Franz gewartet. Er nahm die Hacke auf den Buckel und zog heimwärts. Als ich abends nach Hause kam, fragte ich meine Mutter, die nach Vaters Tod bei mir wohnte, ob Franz weggegangen sei. Sie tat verwundert. Ich erzählte ihr, was auf dem Feld passiert war. Da sagte meine Mutter nur, dass der Franz heimgekommen sei und gesagt habe, er wolle im Wald das Holz suchen, das wir noch holen mussten. Das Kartoffelhacken war ihm eben verleidet gewesen. So war der Friede wiederhergestellt, bis zum nächsten Mal.

1946 starb meine älteste Schwester in Karlsruhe mit 47 Jahren, viel zu früh für ihre zwei jüngsten Kinder. Wieder ein Jahr später ging meine Mutter von uns. Sie hat eine Kropfoperation nicht überlebt. Es waren schlimme Jahre!

Doch die Zeit eilt und heilt. Meine Jungens gediehen prächtig und waren mein ganzer Stolz. Böse Zungen prophezeiten zwar, aus denen wird mal nichts. Doch ich kannte sie besser! Für jede Mutter sind natürlich ihre Kinder die besten. Doch es wäre nicht gut, wär's nicht so. Auch meine Buben haben ihre Streiche angestellt. Hauptsächlich der jüngste, der Philipp!

Meine Jungen wuchsen heran. Aus Kindern wurden so langsam stramme Jungmänner. Es kam die Zeit der Berufsfrage. Meine Buben, die sie für mich immer noch waren, wurden von mir eingeteilt in: der Schönste, der Stärkste, der Gescheiteste. Nach ihren Temperamenten teilte ich sie ein in: der Sanguiniker, der Choleriker und der Phlegmatiker. So wurde der Schönste und der Sanguiniker, Philipp, der Bauer und blieb auf dem Hof. Der Choleriker, der starke Toni, wurde Kraftfahrer bei der Fürstenberg-Brauerei in Donaueschingen, und der phlegmatische Hans, der »Gescheiteste«, durfte das Gymnasium besuchen. Da noch kein regelmäßiger Busverkehr zwischen Bonndorf und Donaueschingen, wo das nächstgelegene Gymnasium war, eingerichtet war in den ersten Jahren nach dem Krieg, ging er für zwei Jahre, von 1948 bis

1950, nach Karlsruhe zu meinen Verwandten und besuchte dort das Goethe-Gymnasium. Nach den ersten beiden Jahren fuhr dann ab 1950 ein Bus nach Donaueschingen, und so konnte er jeden Tag zwischen E. und Donaueschingen hin und her fahren. Nach dem Abitur musste Hans als erster vom Dorf wieder Soldat spielen. Er war der erste Jahrgang, der eingezogen wurde. Er war nicht so begeistert davon (ich sowieso nicht!), aber was sollte man tun? Er wollte halt auch keine Nachteile haben. Man musste sich wieder mal, wie so oft, der Gewalt beugen. Hans hielt mit seiner Meinung bei den Kommissbrüdern nicht zurück. Er vertrat die Meinung, da sein Vater vor noch nicht allzulanger Zeit gefallen sei, könne er sich nicht für das Soldatsein begeistern. Er wurde dann den Sanitätern zugeteilt. Befördert wurde er nicht. Ein Abi-Kamerad, der sich nicht kritisch zu äußern wagte oder wollte, hat es während seiner Dienstzeit bis zum Leutnant gebracht.

Meine zwei anderen »Buben« wurden Gott sei Dank vom Wehrdienst verschont. Wie schön könnte es auf Gottes weiter Welt sein, gäbe es keine Soldaten, keine Waffen und keinen Krieg!

Nach seiner Soldatenzeit ging Hans nach München auf die Universität. Wir mussten für das Studium meines Sohnes manche Entbehrungen auf uns nehmen. Obwohl mein Mann gefallen war und mein Sohn Anspruch auf Hilfe gehabt hätte, tat sich trotz wiederholten Schreibens nichts. Da setzten sich mein Sohn und ich in den Zug und fuhren nach Freiburg auf das zuständige Amt. Der Sachbearbeiter zeigte uns einen hohen Stapel von unbearbeiteten Anträgen. Unter anderem bemerkte er, wir hätten zu wenig (*sic!*) Besitz, um in den Genuss der Unterstützung zu kommen. Das heißt, er versuchte uns klarzumachen, auch wenn der Vater dagewesen wäre, hätte er ihn nicht studieren lassen können. Trotz allem vertröstete er uns, er wolle unsere Sache baldmöglichst in Ordnung bringen. So fuhren wir guter Hoffnung wieder heim. Es kam dann bald ein Formular, das wir ausfüllen mussten und in dem wir alles wahrheitsgetreu angeben mussten. Mein Sohn tat das, und ich dachte, jetzt kann nichts mehr schiefgehen. Denkste! Der Mann, den wir das erste Mal aufgesucht hatten, war einen Sessel höher gerückt. Sein Nachfolger musste nun unser Formular bearbeiten, und prompt kam der ablehnende Bescheid! Er schrieb, da ich selber aus der Landwirtschaft stamme, sei man mit sieben Stück Großvieh nicht berechtigt, für die Ausbildung seiner Kinder Unterstützung zu verlangen. Ich bekam eine Wut und dachte: Dann bist du der größte und dümmste Ochse, wenn du nicht weißt, dass man mit sieben Stück Großvieh nicht auf Rosen gebettet ist und wenn man die Kinder ohne Hilfe des Vaters großziehen muss. Mein Sohn erfuhr von Flüchtlingen, die mit ihm studierten, wie diese unterstützt wurden. Er fuhr noch einmal nach Freiburg zum ersten Sachbearbeiter, und siehe da: Auf einmal klappte es. Die letzten zwei Jahre seiner Studienzeit erhielt er eine staatliche Unterstützung.

Mit dem Versorgungsamt führte ich einen dauernden Kampf und Streit! Laufend mussten Formulare ausgefüllt werden. Meistens gab es nachher wieder eine Kürzung der Rente. Einmal füllte ich gerade wieder einen Bogen des Versorgungsamtes aus. Da kam ein Vertreter für Textilien und wollte mich zum Kauf überreden. Er war früher Kommissar gewesen und wollte jetzt seine Pension ein bisschen aufbessern. Ich erklärte ihm, dass ich kein Geld hätte, da das Versorgungsamt immer wieder meine Rente kürze. Ich zeigte ihm das Formular, das ich gerade ausfüllte. Er meinte: »Ja, wenn ihr eure Bögen so ausfüllt, könnt ihr nichts bekommen.« Er revidierte dann meine Angaben, und ich musste nochmals einen neuen Bogen anfordern. Doch genützt hat es nicht viel.

Als Toni 15 Jahre alt war, musste ich angeben, was er treibt. Meine Antwort war: Er hilft in der Landwirtschaft mit. Prompt haben sie die Ausgleichsrente für ihn gestrichen mit der Bemerkung: Wenn er in der Landwirtschaft hilft, braucht er keine Unterstützung mehr.

Ich kannte das Gesetz nicht. Für uns Bauersfrauen jedenfalls war es schlecht! Ich hörte das auch von anderen Bäuerinnen. Bei Arbeitern und Beamten ging es so: Verdienten sie viel, bekamen sie viel. Bei uns Bäuerinnen: Hatten sie viel, wurde abgezogen. Ich hatte zum Beispiel ein bisschen Wald. Da wollten sie die Rendite davon wissen. Ich schrieb ihnen, sie sollten mal in hundert Jahren nachfragen. Alles in allem: Ich weiß nicht, ob es nicht auch so gegangen wäre, wenn die Beamten mal nach oben oder unten »abgerundet« hätten je nach Lage der Dinge, um den Bürokratismus etwas lockerer zu gestalten. Der Einheitswert lag ja offen! Warum mussten die blöden, komplizierten Fragebögen über jeden Ochs, jede Kuh, jedes Schwein ausgefüllt werden? Unser Feld, Wald und Besitz wurden ja kaum bewirtschaftet. Das ging schlecht ohne Mann.

Mein Sohn Hans ist nach seiner Studienzeit wieder in Donaueschingen als Lehrer am Gymnasium gelandet. So habe ich alle drei Söhne in nächster Nähe. Sie besuchen mich viel. Toni fährt jeden Abend nach der Arbeit heim nach E., wo er in unserem Garten sein Häusle stehen hat, und jeden Abend kommt er noch auf einen Sprung zu mir. Ob Bauer, ob Kraftfahrer, ob Studienrat: Sie haben's alle geschafft. In allen Lebenslagen hielten wir wie Pech und Schwefel zusammen. Nach dem Sprichwort: Friede ernährt, Unfriede verzehrt. Auch heute noch sind wir alle ein »Team«. Nach menschlichem Ermessen alles schön und gut, doch mein Vater pflegte immer zu sagen: Niemand ist vor seinem Tode glücklich zu preisen.

Alle drei sind glücklich verheiratet. Sie hat inzwischen sieben Enkel und eine Urenkelin. Als erste Maschine wurde ein Traktor angeschafft.

Der Traktor war eine große Hilfe. Man brauchte keine Kühe mehr einspannen für die Mähmaschine, den Heurechen, den Pflug und die Egge. Es war schön! Und doch, woher das Geld nehmen für die vielen neuen Maschinen? Man kletterte mal wieder von einem Ast auf den anderen. Die Arbeit auf dem Feld wurde durch immer neue Maschinen sehr erleichtert! Es kam der Getreidemäher, der Selbstbinder, dann der Mähdrescher. Wir konnten uns nicht alle Maschinen leisten. Nur einen gebrauchten Selbstbinder haben wir gekauft. Das Notwendigste schafften wir uns so langsam an und stotterten die Rechnungen im Lauf der Zeit ab. Eine wertvolle Maschine war der Ladewagen, der heute noch in Betrieb ist.

Aber auch sonst änderte sich viel auf dem Bauernhof. Die Hühner zum Beispiel durften draußen nicht mehr frei herumlaufen, und auch im Viehstall durften sie nicht mehr sein. Sie wurden in Käfige gesperrt, später haben wir sie ganz abgeschafft. Alle 14 Tage bringt nun der Eiermann unsere Eier!

Da wir ein zu kleines Milchkontingent hatten und wir deshalb den Viehbestand nicht erweitern konnten, waren wir gezwungen, uns in der Tierhaltung umzustellen. Wir haben uns für die Schweinezucht entschieden. Doch als unsere letzte Kuh den Stall verließ, war es ein trauriger Abschied. Mir macht es Spaß, in dem modern eingerichteten Schweinestall mitzuhelfen, solange ich noch kann…

Nun kam für mich die Zeit, an das Teilen meiner »Güter« zu denken. Es ging um das kleine Höflein und um das von meinen Eltern erhaltene Erbteil. Es war hart für mich, da ich so lange das Regiment geführt hatte, wenn's auch »ko so schtrengs gsi isch (*kein so strenges gewesen ist*)!« Schweren Herzens musste ich mich entschließen, das Leibgeding[8] anzunehmen. Doch mit vielem musste ich in meinem Leben fertigwerden, und so werde ich auch das noch schaffen. Meine zwei Söhne Hans und Toni akzeptierten die Notlage der Landwirtschaft bei der Teilung, indem sie sich mit je einem Hausplatz und einem Morgen Wald begnügten. Philipp, der Bauer, und seine Frau Marlene waren einverstanden. Es heißt: Beim Teilen der Güter scheiden sich die Ge-

8 Leibgeding bedeutet »Altenteil«, also das, was im notariell bestätigten Übergabevertrag der Erbe den Erblassern an Leistungen bis zu deren Lebensende geben muss. In der Regel sind das folgende Rechte und Pflichten: Wohnungsrecht, Recht auf Unterhalt, Recht auf Pflege. Die Bauernhäuser auf der Baar im südlichen Schwarzwald sind im Wohntrakt so groß und zweistöckig gebaut, dass die Alten unter dem gleichen Dach wie die Jungen leben können. Sie ziehen einfach in den zweiten Stock, wie im Fall von Maria K.

müter! Doch nichts dergleichen passierte. Alles ging friedlich vorbei, und langsam gewöhnte ich mich an die veränderte Situation...

So langsam kam das Alter auf mich zu. Doch noch immer war ich unternehmungslustig. Mit meinem Sohn Hans hatte ich Gelegenheit, große Reisen zu machen. Ich dachte an meinen Mann. Auch er wäre früher gerne gereist, doch es ging nicht wegen Arbeit und Geldmangel. An Bargeld hat es früher auch immer gefehlt. Man hatte zwar einen Stall voll Vieh und Schweine, aber Geld war oft keines da.

Aber auch heute, wo noch viel mehr Vieh in den Ställen steht, können manche Großbetriebe nicht ohne Nebenerwerb existieren.

Das Reisefieber hatte mich im Alter gepackt, und so ging es nach Frankreich in die Bretagne, nach Annecy, an den Atlantik nach Biarritz und nach San Sebastian in Spanien. Ich war in Italien in Meran und Bozen und in Venedig, ich besuchte in der Schweiz Lugano und den Vierwaldstätter See, und ich sah noch so manches mehr. Nach dem Krieg wollten mein Mann und ich unsere Hochzeitsreise nachholen. Da er als Soldat längere Zeit in Wien war und da es ihm dort so gut gefallen hatte, sollte Wien unser Reiseziel sein. Doch leider ist daraus nichts geworden. So werde ich als Abschluss meines Lebens mit meinem Sohn Hans allein die Reise dorthin unternehmen müssen...

80 Jahre bin ich nun alt geworden. Ich sage mir: Man muss die Feste feiern, wie sie fallen. Im Kreise meiner Familie und im trauten Beisammensein mit meinen Leidensgenossinnen, deren Männer im Krieg gefallen sind oder vermisst oder verwundet wurden, fühle ich mich wohl.

Ich kann auf ein langes Leben zurückblicken, doch wie gute und böse Träume ist es an mir vorbeigegangen. Es hat sich in meinem langen und doch so kurzen Leben viel ereignet an Gutem und Bösem, an Schlechtem und Ungerechtem.

Während des Schreibens dieser Zeilen ließ ich noch einmal mein ganzes Leben an mir vorbeiziehen, und bei mancher Erinnerung kamen mir die Tränen.

Ein Sprüchlein hat von mir Besitz ergriffen:

> »Immer, wenn du denkst, es geht nicht mehr,
> kommt von irgendwo ein Lichtlein her.«

So kann ich, trotz schwerem Leid, aber auch Freud, auf ein abwechslungsreiches, arbeitsreiches, erfülltes Leben glücklich und zufrieden zurückblicken.

Nachbemerkung

Davon konnte ich mich überzeugen, als ich sie im Mai 1993 in ihrem schönen alten Bauernhaus besuchte, wo sie jetzt das Dachgeschoss bewohnt. Der älteste Sohn empfing uns an der Haustür. Er hatte auch seine Frau mitgebracht. Nach und nach erschienen auch die beiden anderen Schwiegertöchter, der jüngste Sohn und die Urenkelin. Sie wohnen alle nicht weit auseinander und verstehen sich gut. Eine Festtafel war gedeckt, und mittendrin die »Oma«, geliebt von allen. »Sie ist auch eine Prachts-Oma«, sagte Hans' Frau. Zierlich und jung aussehend verfolgt sie alles mit und nimmt an allem Anteil, gescheit und ohne falschen Zungenschlag.

»'n Stück Fleisch mit 'ner Nummer...«

Ilse-Marie K. (1924)
Abiturientin aus bürgerlichem Hause
aus Halle/Saale, verschleppt nach Workuta

Vorbemerkung

Ilse-Marie K. wurde 1924 in Halle/Saale geboren. Ihr Vater war Maler und Graphiker. Sie hatte einen Bruder, der 1945 gefallen ist. 1941 machte sie das Notabitur. Sie war verlobt mit einem Hauptmann bei der Panzerdivision Hermann Göring. 1946 wurde sie unter der völlig haltlosen Anschuldigung der Spionage von den Russen verhaftet. Ungefähr zwei Jahre saß sie in Untersuchungshaft, davon ein Jahr Einzelhaft in Dresden. Dann wurde sie zu fünfzehn Jahren Arbeits- und Erziehungslager verurteilt. Sie verbrachte fast fünf Jahre in Workuta am Nördlichen Eismeer. 1953 (nach Stalins Tod) wurde sie entlassen und heiratete einen Bekannten aus dem Lager. Aus Angst vor erneuter Verschleppung riskierte sie die Flucht nach Westen. Nach einem mühsamen Anfang als Schreibkraft machte sie mit 35 Jahren noch die Ausbildung zur Diplom-Bibliothekarin; zuletzt leitete sie die Landtagsbibliothek in S.. Sie lebt nach dem Tod ihres dritten Mannes allein. Nach dem Verlust ihres ersten Kindes durch die Folgen der Haft hatte sie keine Kinder mehr.

Ihr Verlobter kam 1956 aus der Sowjetunion zurück. Er war in Magadan. Bei seiner Rückkehr war sie bereits verheiratet. Sie sind bis heute in freundschaftlicher Verbindung.

Am 17. 4. 1990 erhielt ich eine Karte von Ilse-Marie K. mit folgendem Inhalt: »(...) durch den VdK (Verband der Kriegs- und Wehrdienstopfer... – M.D.) erfuhr ich von Ihrem Vorhaben, über das Thema ›Frauenschicksale im Zweiten Weltkrieg‹ zu berichten. Selbst habe ich ein ungewöhnliches Nachkriegsschicksal erleiden müssen. Als völlig unschuldiger politischer Häftling war ich sieben Jahre inhaftiert, und zwar in Dresden (...) und Workuta am nördlichen Eismeer. Sollten Sie Interesse haben, stehe ich zu einer Unterredung (...) gerne zur Verfügung.«

Wer weiß heute, was Workuta ist? Wer kennt die Schicksale der vielen nach dem Krieg von den Sowjets in die Strafgefangenenlager der Sowjetunion verschleppten Frauen, deren genaue Zahl niemand ermittelt hat?

Erst fast ein Jahr später konnte ich Ilse-Marie K. in ihrer Wohnung besuchen. Ich traf eine Frau, die – obwohl nicht gesund – keineswegs gebrochen war. Wir führten ein langes Gespräch, und sie gab mir Erinnerungen mit, die sie schon vor vielen Jahren aufgeschrieben hatte. Kein Verlag hatte sich dafür interessiert.

Aus dem Gespräch und Auszügen ihrer Aufzeichnungen stellte ich 1993 ihre Lebensgeschichte zusammen und schickte sie ihr zur Überprüfung. Sie war entsetzt über ihre »lasche Sprache bei einer so ernste Sache« und verbesserte in ihren Augen zu saloppe Wendungen; sie strich auch einige allzu persönlichen und privaten Dinge und gab mir später noch weitere Auskünfte. So blieben wir in loser Verbindung.

In Band II, Kapitel 10 wird ihr Schicksal als exemplarisch für andere Verschleppungsschicksale interpretiert. In diesem Zusammenhang wird auch ihre Erzählweise kommentiert.

K: Wo soll ich anfangen?

I: *Ich möchte einfach etwas über Ihren Werdegang hören.*

K: Ich bin 1924 in Halle an der Saale geboren. Bis zur oberschulpflichtigen Zeit bin ich bei den Großeltern aufgewachsen. Meine Großeltern hatten einen größeren Hof in der Nähe von Lübeck, und da ist es uns als Kindern natürlich besser gegangen als in der Stadt. Mein Vater war Maler und Graphiker, eigentlich Banker, aber das hat sich durch den Crash (*sie meint den Bankkrach von 1930)* von selbst erledigt. Vater war eigentlich ganz froh darüber, denn er hatte dann dadurch seinen Lieblingsberuf ergreifen können. So hatte ich eine sehr schöne Kindheit zusammen mit meinem Bruder. Auf dem Hof der Großeltern kam es nicht darauf an, ob da zehn oder zwanzig oder fünf waren, da hat man's sehr gut gehabt, auch sehr frei. Ich bin dann in Halle in den Franckeschen Stiftungen in die Schule gegangen und habe dann verhältnismäßig früh das Abitur gemacht. In Halle bin ich dann auch verhaftet worden, nach dem Krieg.

I: *Kommen wir noch einmal zurück auf Ihre Schulzeit. Da waren ja schon die Nationalsozialisten an der Macht. Wie hat sich das auf das Schulklima ausgewirkt?*

K: Die Lehrer haben sich zum großen Teil neutral gegeben. Es gab einige, aber sehr wenige, die auf den Hitlergruß Wert legten, aber das waren außerordentlich wenige. Gerade in unserer Schule, die durch den Pietismus geprägt war, hat sich das nicht so arg ausgewirkt. Wir hatten auch in der

Familie irgendwie Glück, niemand war in der Partei. Das ist mir bei meiner Verhaftung nicht zum Verhängnis geworden. Ich war im BDM, in der Sing- und Spielschar. Ich muss auch zu meiner Schande – oder auch nicht – gestehen, das hat mir Spaß gemacht.

I: *Da sind Sie nicht allein, das war bei vielen so.*

K: Wir haben da also die Chorleiter-Prüfung und die Laienspielleiter-Prüfung gemacht und hatten mit der Politik nicht mal so arg viel zu tun. Obwohl, die Lieder, die man sang, waren natürlich auch manchmal entsprechend, nicht gerade das Horst-Wessel-Lied[1], das gehörte nicht zu unserem Repertoire.

I: *Können Sie sich noch an Lieder erinnern?*

K: Ja, natürlich. Vor allen Dingen die Frühlingslieder, wenn wir den Frühling eingesungen haben, offiziell, auf der Straße, z.B. »Im Wald ist schon der helle Tag« oder »Von allen blauen Hügeln reitet der Tag ins Land« oder »Alle Birkenzweige schwenken fröhlich schon ihr Maiengrün«. Das war ja von diesem Blumensaat. Der hat uns auch bei der Chorleiterprüfung unterrichtet.

I: *Der stammt ja auch aus der Singbewegung.*[2]

K: Ja, aus der Singbewegung. Und da habe ich eigentlich auch sehr nette Freundinnen kennengelernt. Wir hatten schon ziemlich früh einen Schüleraustausch mit England. Ich war damals in B. bei Cardiff. Wir mussten dann ganz schnell zurück. Wenn ich das nicht geschafft hätte, wäre mir viel erspart geblieben.

I: *Sie haben also in England den Kriegsbeginn erlebt?*

K: Ja, in England. Obwohl immer von Krieg gesprochen wurde, haben wir das nicht geglaubt.

I: *Und wie war die Stimmung in England?*

K: Sehr schlecht, sehr gegen uns. Ich habe noch versucht, zu Weihnachten meinen Gasteltern, mit dem Mädchen habe ich mich recht gut verstanden, so ein kleines Silber-Armbändchen zu schicken, vom Taschengeld mühsam zusammengespart; ich habe es sogar durchgekriegt, obwohl das ja De-

---

1 Das offizielle Parteilied der NSDAP, das immer im Anschluss an die Nationalhymne gesungen wurde, so benannt nach dem Verfasser des Textes, dem SA-Mann Horst Wessel, der zum Helden und Märtyrer der Partei erklärt wurde. In Wirklichkeit war er 1930 an den Folgen eines Kampfes im Zuhältermilieu gestorben.

2 Die Singbewegung entstand zu Beginn des 20. Jahrhunderts als Teil der Jugendmusikbewegung, die eine natürliche Beziehung zwischen Musik und Leben erstrebte. Das Singen wurde als natürlicher Ausgangspunkt allen Musizierens gesehen. Die Bewegung wurde getragen von der bündischen Jugendbewegung, die aus dem »Wandervogel« hevorgegangen war.

visenschmuggel war. Dann kriegte ich es aber mit einem ganz bösen Brief zurück. Die Grace (*die Austauschschülerin*) war schon ein Jahr vorher bei meinen Eltern gewesen, wir kannten uns also gut, und die hat mir geschrieben – ob sie das mussten oder ob sie das wollten, das weiß ich nicht –, sie hat mir sehr beleidigend geschrieben, dass sie nichts mit uns Nazis zu tun haben will. Und bei uns war rein zufällig keiner Nazi. Mein Vater hat es immer irgendwie geschafft, gar nicht, weil er ein Widerstandskämpfer war, sondern er ist einfach so ... durchgerutscht. Und meine Mutter sowieso nicht. Mein Bruder wurde sehr früh schon Soldat, der schied auch aus, und ich war einfach zu jung. Und so waren wir alle nicht Parteimitglieder. Uns konnte man also gar nicht mit so viel Recht als Nazis beschimpfen. Es war schon eine große menschliche Enttäuschung.

I: *Und dann kamen Sie zurück...*

K: Ja, da war ja bereits Krieg. Wir haben ziemlich früh Abitur gemacht, schon '41, weil unsere Buben alle eingezogen wurden; wir waren nur zwei Mädchen in der Klasse. Wir haben dann mit den Buben das Notabitur gemacht, so eins auf die Schnelle.

In einem Brief vom 28.6.1993 antwortete sie auf meine Frage nach ihren Kriegserlebnissen:

Verhältnismäßig früh wurde ich bei einem der ersten Bombenangriffe verletzt. Es war der Angriff auf Lübeck 1942. Wir waren fast drei Tage verschüttet, ein Vetter und ich. Natürlich bestand dadurch eine größere Angst vor Bombenangriffen, denen wir dann in Mitteldeutschland ja auch ausgesetzt waren. Wir hatten an unserem Haus in Halle nur leichte Bombenschäden. Schon als junges Mädchen habe ich es als großen Verlust empfunden, die Jugend im Krieg zu verbringen. Ich hatte immer das Empfinden, Krieg ist ein Ergebnis der Aggressionen des männlichen Teils der Gesellschaft, seiner besitzergreifenden Politik. Auf mein ganz persönliches Schicksal bezogen, empfand ich jedoch die Gefangenschaft als noch viel schlimmer. Der Verlust der Freiheit und die damit verbundenen Demütigungen, das Ausgeliefertsein, die Hoffnungslosigkeit, die Krankheit, das war im Vergleich zur Kriegszeit, wo man zwar eine geschundene Generation, aber doch frei war, sich vielleicht auch einmal selbst helfen oder in Sicherheit bringen konnte, noch tiefgreifender. Man hatte immerhin im Krieg noch die Heimat, die Familie, die Freunde. Der Krieg mit seinen Folgen ist eine Beschämung für die Menschheit und wird es immer sein.

Frau K. erzählt dann, dass sie noch ein bisschen »rumstudieren« durfte, Medizin, und dass sie später im Verlagswesen gearbeitet hat. Vom Krieg selbst erzählt sie nichts mehr. Im Gespräch geht sie gleich dazu über, dass sie nach Kriegsende aus der Universität herausgeschmissen wurde, weil sie, wie sie sagte, ja kein Arbeiter- oder

Bauernkind war.[3] *Nach Kriegsende hat sie dann bei einem Freund ihres Vaters, der ein Maler- und Grafikeratelier hatte, kurzzeitig gejobbt, eigentlich mehr, um die Lebensmittelmarken zu bekommen. 1946 wurden ihr Vater und ihr Verlobter, ehemaliger Hauptmann bei der Panzerdivision Hermann Göring*[4]*, in der Nacht vom ersten zum zweiten Weihnachtsfeiertag verhaftet, aus für sie unersichtlichen Gründen, außer dass sich die jungen Leute, ihr Verlobter und seine Freunde, wohl nicht sehr begeistert über die Sowjetmacht geäußert hatten. Aber keineswegs alle diese jungen Männer wurden verhaftet; es war rein zufällig: Wer bei der Razzia gerade zu Hause war, den traf es.*

Sie versuchte bei allen deutschen und russischen Dienststellen, bei der SED und sogar in Berlin-Karlshorst, dem sowjetischen Hauptquartier, ihre Angehörigen freizubekommen. Überall versprach man ihr, sich der Sache annehmen zu wollen. Sie selbst bekam ein immer schlechteres Gefühl, weil sie »in der Sache wohl ein bisschen zu viel rumgerührt hatte«, und wollte sich eigentlich in den Westen absetzen, blieb aber ihrer Mutter zuliebe, die sonst ganz allein gewesen wäre. Kurz vorher hatten sie die Nachricht bekommen, dass ihr Bruder Ende April 1945 gefallen war.

K: Mein Verlobter blieb verschwunden. Meinen Vater hat man dann nach sechs Wochen entlassen, aber davon habe ich nichts mehr erfahren, denn inzwischen hat man mich verhaftet.

I: *Und wo sind Sie verhaftet worden?*

K: In dem Atelier des Freundes meines Vaters.

I: *Da erschienen plötzlich Russen?*

K: Ja, fünf und ein großer Hund, um ein junges Mädchen zu verhaften. Und wir hatten unter der Belegschaft ausgemacht, wenn einem etwas passiert, dann rufen wir noch schnell an und sagen: »Das Wasserrohr ist geplatzt.« Und da kamen die vormittags, fünf Leute und ein Hund, und ich konnte gerade noch meine Parole »Das Wasserrohr ist geplatzt« durchgeben, und dann hat man mich mitgenommen ins Auto und wollte mir einreden, wir seien Spione. Jeder war ja ein Spion, jeder! Es gab nichts anderes, es gab nur Spione! Ich sollte sagen, was mein Verlobter gemacht hat und was mein Vater gemacht hat. Ich konnte nur immer sagen, es hätte niemand was Strafbares gemacht. Und dann wollte ich, dass ich nochmal nach Hause gefah-

3 Im Zuge der sozialistischen Umgestaltung in der sowjetisch besetzten Zone wurden vorzugsweise Arbeiter- und Bauernkinder an den Universitäten zugelassen. Kinder aus bürgerlichem Milieu wurden als »Kapitalisten« benachteiligt.

4 Hermann Göring, 1893-1946, war enger Kampfgefährte Hitlers, von 1933-1945 Ministerpräsident von Preußen und Reichsminister für Luftfahrt, von 1935-1945 Oberbefehlshaber der Luftwaffe. 1940 von Hitler zum Reichsmarschall ernannt.

ren werde, und habe gesagt: »Aber ich weiß was. Und das sage ich nur dann, wenn ich nochmal nach Hause gefahren werde!« Und dann haben die mich drei Stunden durch Halle gefahren, und ich habe immer gesagt: »Wenn ich nochmal nach Hause kann, dann sage ich noch, was ich weiß.« Natürlich habe ich nichts gewusst. Dann haben sie mich also wirklich nochmal nach Hause gebracht. Und meine Mutter war so verstört, die hat mir noch ein paar Sachen eingepackt. Sie hat mir unter anderem einen Badeanzug eingepackt!! Und damals habe ich gedacht: »Wenn du nach Russland kommst, dann bringst du dich um!« Und da wollte ich zur Toilette und wollte zum Fenster raus, und das hat einer gemerkt, und zwar ein Deutscher. Man hat die ganze Wohnung durchsucht, alles, und vor dem Deutschen hatte ich die meiste Angst. Der hatte so einen schwarzen Ledermantel an, wie man damals sagte, so'n »GPU[5]-Fritze«. Und dann fand man ein Spottgedicht auf Stalin. Und dann habe ich gedacht: »Jetzt biste dran!« Und den Militärsäbel meines Vaters auf dem Schlafzimmerschrank. Das war natürlich schlimm! Und da hat der Deutsche dieses Stalin-Spottgedicht angeguckt, mich angeguckt, und dann hat er zu den Russen gesagt: »Nichts weiteres, können wir wegschmeißen.« Und der hat auch gemerkt, dass ich so verzweifelt war ... Also, von Russen eingesperrt, das war für mich das Letzte, und dann auch dieser Ton, und dann noch – fünf Männer! Für ein junges Mädchen! Also, das war schrecklich! Und da war noch ein russischer Major dabei, der war der Widerlichste von allen, so eine Grünmütze, also vom NKWD[6]. Und ich habe dann eine lange Hose angezogen, weil ich dachte, ich komme sofort nach Russland, und meine Schlittschuhstiefel, die habe ich dann getragen, bis der große Zeh durchguckte. Und dann haben sie mir sie noch geklaut.

Und dann bin ich nach Halle gekommen, in den sogenannten »Roten Ochsen«, in das Gefängnis. Da war ich drei Nächte und bin dann in einer Nacht- und Nebelaktion, als wäre man der gefährlichste Schwerverbrecher, mit der grünen Minna nach Dresden gekommen in das NKWD-Gefäng-

5 GPU: Abkürzung für Gossudarstwennoje Polititscheskoje Uprawlenije (= Staatliche Politische Verwaltung), Bezeichnung für die sowjetische Geheimpolizei von 1922 bis 1934. Vgl. auch Anm. 7.

6 NKWD, Abkürzung für Narodny Kommissariat Wnutrenich Djel (= Volkskommissariat des Innern der UdSSR); besonders bekannt als Träger der Geheimpolizei, die 1917 unter dem Namen Tscheka gegründet, 1922 durch GPU ersetzt und 1934 dem neugeschaffenen NKWD angegliedert wurde. 1941 wurde die politische Geheimpolizei als NKGB (Volkskommissariat für Staatssicherheit) wieder aus dem NKWD ausgegliedert. Wenn Ilse-Marie K. von GPU und NKWD spricht, so irrt sie sich in der damals geltenden offiziellen Bezeichnung. Die beiden von ihr gebrauchten Abkürzungen waren aber so berüchtigt, dass sie sich dem Bewusstsein der Menschen gleichsam als Symbole für die gefürchtete sowjetische Geheimpolizei eingeprägt haben.

nis Dresden, Münchener Platz. Dort hab ich ein ganzes Jahr in Einzelhaft gesessen.

I: *Kaum vorstellbar. Was haben sie denn mit Ihnen gemacht? Wurden Sie verhört?*

K: Ja, die verhören einen, und dann sollte ich etwas über den Bruder der Freundin eines Freundes meines Verlobten sagen. Das war ein 16jähriger Schüler. Der hätte das und das gemacht. Und ich hätte in Berlin Spionage getrieben, und mein Verlobter sei auch ein Spion, außerdem sei er Antikommunist. Von meinem Vater war nachher gar keine Rede mehr. Und der Verlobte wäre der Adjutant von Hermann Göring gewesen! In Wirklichkeit war er nur bei der Truppe gleichen Namens. Also Anklage auf Spionage kriegte jeder, den russischen Paragraphen 58/6[7]. Jeder Gefangene kriegte den. Dann wollte man mir einreden, ich hätte Autonummern aufgeschrieben. Das war irgendwie 'ne fixe Idee von denen, russische Autonummern. Ich habe immer abgestritten. Was nicht war, war nicht. Und wegen dem 16jährigen Buben, von dem ich vorhin sprach, hat man mir sogar zwei Zähne ausgeschlagen.

I: *Sie wurden gefoltert?*

K: Ja, wir wurden auch geschlagen. Wissen Sie, dieses Dresdener Gefängnis war ja die Hölle. Dresden war ja so ausgebombt. Und das Gefängnis am Münchener Platz, eigentlich ein Kreuzbau, das war nur noch ein Flügel, und da waren auch Fenster kaputt. Und der Winter 1946/47 war eiskalt.

I: *Wie haben Sie das nur überlebt?!*

K: Ja, ich hab auch genügend Folgen (*sie zeigt mir ein Pflaster am Arm*): Sie sehen, ich war heute schon wieder zur Infusion wegen Asthma und sowas.

Also, dort wurde ich dann hingebracht. Und ungefähr ein Jahr Einzelhaft.

I: *Wie kann man das überleben?*

K: Ja, ich weiß auch nicht. Der Mensch ist zu vielem fähig. Ich habe dann angefangen, mein Leben chronologisch zu überdenken, habe dann Gedichte gemacht, sogar heitere…

I: *Ach!*

---

7 Vgl. Band II, Kapitel 10, Anm. 39, wo dieser dehnbare Paragraph im Zusammenhang mit ihrem Verschleppungsschicksal interpretiert wird.

Sie gibt mir später einige der Gedichte mit. Hier ein Beispiel:

Der Kater Maunz, der Kater Minz
Langjährig-gute Freunde sind's,
Bis eines Tags die Liebesglut
Den beiden schoss zugleich ins Blut
Zum schönen, weißen Fräulein Mietz.
Und keiner von den beiden sieht's
Gern, wenn der andre sanft und schön
Mit Mietzen tät spazierengehn,
Mit ihr von Dach zu Dache springt
Und nachts ihr seine Lieder singt.
Die Eifersucht, sie quält gar sehr,
Einer traut nicht dem andern mehr,
Und eines Tages ist's soweit –
Der Minz, der Maunz, sie haben Streit!
Bei diesem eifersücht'gen Streiten
Kommt es sogar zu Tätlichkeiten,
Wobei der Kater Minz ein Ohr
Und Maunz ein Auge gar verlor!
Nun Mietz fürsorglich tät sich regen,
Sie würd' 'nen jeden zärtlich pflegen
Und schwöret jeden Tag aufs neu
Den beiden Katern ew'ge Treu!
Die glauben's gern, jedoch o Graus,
Mit ihrer Schönheit ist's nun aus!
Endlich, nach vielen langen Tagen
Sich Minz und Maunz wieder vertragen
Und tun des nachts spazierengehn,
Die Welt vom Dach sich zu besehn.
Da sehn am Nachbarfirst sie gar
Ein jung-verliebtes Katzenpaar.
Sie trauen ihren Augen kaum –
Ist's Wahrheit, ist's ein böser Traum?
Jedoch am weißen Fell, man sieht's,
's ist Nachbars Peter mit der Mietz!
Wenn's niemand sieht, sind Fraun nicht treu;
Was, Minz und Maunz, das ist euch neu?
Auch eure Mietz nimmt's nicht genau –
Denn – nachts sind alle Katzen grau!

Ilse-Maria L. (*Abkürzung ihres Mädchennamens*),
Untersuchungsgefängnis Dresden, 1948.

Sie gibt mir auch nachträgliche Aufzeichnungen mit, die sie mit den Worten einleitet:

Die nächtlichen Verhöre waren eine Qual ohne Beispiel ... Doch nicht von den Grausamkeiten und den unmenschlichen Bedingungen, unter denen wir leben mussten, will ich sprechen, sondern ich will ein paar Begebenheiten erzählen, die gerade einer Frau, die Trägerin des Gedankens der Versöhnung sein sollte, im Gedächtnis haften geblieben sind als das Hohelied der Menschlichkeit, der Nächstenliebe und der Güte in einer der unwürdigsten Situationen des menschlichen Daseins: der politischen Gefangenschaft in einer Diktatur.

Zwei Beispiele in ihren eigenen Worten aus den Aufzeichnungen:

Die Zelle ist kalt, dunkel und stickig. Seit Wochen bin ich hier eingesperrt – allein. Das Schlimmste ist, dass ich keine Ruhe habe. Alle paar Minuten wird die schwere Türe aufgeschlossen, und irgendeiner der Posten oder Kalfaktoren kommt herein, um mich anzuschauen, mit mir zu radebrechen, den Stoff meines Kleides zu befühlen, mich zu bestaunen wie ein fremdes Tier. Ich weiß nicht, dass das anfangs allen Frauen so geht, ich weiß auch nicht, dass es den Russen verboten ist; ich wage nicht, mich zu wehren, da ich fürchte, meine Lage nur noch zu verschlimmern. Tag und Nacht komme ich nicht zur Ruhe und bin vor Müdigkeit schon beinahe krank, denn wenn sie des Nachts nicht kommen, um mich aufzustören, dann werde ich zum Verhör geholt, und das Schlafen am Tage ist unter Strafe verboten. Als ich eines Abends völlig erschöpft auf der Holz-Klappbank sitze und dabei eingeschlafen bin, schließt es wieder. Wie ich erschreckt und verstört auffahre, macht ein blutjunger Posten, den ich bisher ganz selten gesehen habe, mir eine beruhigende Geste, als er merkt, dass ich keines seiner Worte verstehe und mich vor ihm fürchte. Nachdem er mir ein paar Matratzen auf die Pritsche geworfen hat, stellt er ein Schemelchen in der Tür auf und setzt sich wortlos hin. Misstrauisch beobachte ich ihn. Es vergeht wohl eine Stunde, ich wage kaum, mich zu rühren. »Schlafen, schlafen«, redet er mir immer wieder zu. Und vor lauter Müdigkeit und Erschöpfung schlafe ich trotz aller Angst dann wirklich ein. Immer wieder wache ich auf, weil irgend jemand in meine Zelle kommen will, aber mein »Wächter« lässt niemanden hinein. Ab und zu höre ich erregte Diskussionen in Russisch, aber sofort überkommt mich wieder die bleierne Müdigkeit, es ist, als ob ich im Unterbewusstsein fühle, dass ich *einmal* sicher bin, dass mir ein paar Stunden lang nichts geschehen kann, dass Angst und Demütigung für diese Zeit verbannt sind, weil ein fremder Soldat, selbst beinahe noch ein Kind, Verständnis hat für meine Not und mich wirklich beschützt.

Niemals wird sie Nadja vergessen. Sie ist zu dieser Zeit nicht mehr in Einzelhaft.

Es wird gegen Mitternacht sein. Krachend wird die Tür aufgeschlossen. Wir fahren aus dem Schlaf – wer wird es diesmal wieder sein, der zum Verhör muss? Mein Name wird aufgerufen. Ich werde also wieder zu einer dieser sinnlosen und qualvollen Vernehmungen geholt. Dort wird man von grellen Lampen angestrahlt, so dass die Augen sich entzünden und der Kopf schmerzt. Dazu muss man stundenlang stehen, oft, ohne dass ein Wort an einen gerichtet wird. Und dann beginnt ein pausenloses Fragen. Hunger, Müdigkeit und das grelle Licht der Jupiterlampen bringen einen so weit, dass man die auf einen einhämmernden Fragen kaum mehr begreift, sinnlose Antworten stammelt und das so gewonnene »Protokoll« dann unterschreibt, ohne zu wissen, worum es überhaupt ging. Seit einiger Zeit ist eine neue Dolmetscherin beim Verhör, eine schöne junge Russin. Einmal, mitten hinein in meine stumpfen Antworten, schreit sie mich an: »Genug gesprochen, weiter wissen Sie doch gar nichts!« Plötzlich bin ich wieder wach und auf der Hut. Still sitzt die Dolmetscherin da, teilnahmslos fast; sollte ich mich getäuscht haben, als ich vorhin das verständnisvolle Aufblitzen in ihren Augen sah? Zum nächsten Verhör werde ich schon am frühen Abend geholt. Die Dolmetscherin Nadja ist allein. Sie hat mir eine volle Schüssel mit Essen mitgebracht und hält Wache, während ich alle die guten und ungewohnten Dinge hastig in mich hineinstopfe. Diese »Privatverhöre« wiederholen sich nun des öfteren. Langsam beginnt ein schüchternes Verstehen zwischen uns, eine Art Freundschaft zwischen zwei jungen Frauen einer misshandelten, ausgenutzten und verblendeten Generation. Nadja, die gepflegte, schöne junge Frau und ich, zerlumpt und verlottert, unterhalten uns über Mode und kosmetische Fragen, als säßen wir bei einer Modenschau in einem eleganten Café. Zuweilen vergesse ich in diesen Stunden meine tatsächliche Situation. Beim Verhör jedoch ist Nadja die anscheinend erbarmungslose Dolmetscherin; keiner der Vernehmungsoffiziere hat jemals gesehen, wie oft mich ein kurzer, warnender Blick aus Nadjas Augen traf, niemand außer mir verstand das böse herausgeschriene »Genug« , wenn ich eine anscheinend harmlose Frage beantworten wollte. Im Gegenteil, ein befriedigtes und zynisches Lächeln huschte über das Gesicht des Vernehmungsoffiziers, wenn er die wütende – scheinbar wütende – Stimme der Dolmetscherin hörte.

Immer wieder traf ich später Haftkameradinnen, denen Nadja auf ähnliche Weise geholfen hatte; sie hatte ihr Versprechen, das sie mir gab, also gehalten. Aber um welchen Preis! Etwa zwei Jahre, nachdem wir uns kennengelernt hatten, wurde Nadja zu 25 Jahren Freiheitsentzug verurteilt. Wir hatten ein paar Wochen lang Gelegenheit, uns durch Klopfzeichen miteinander zu verständigen. Ihr Kommentar zu ihrer Verurteilung: »Ich habe damit gerechnet, hatte es auch nicht anders verdient, aber ich bereue nichts. Ich verstehe euch – ich verstehe aber auch meine Landsleute, sie konnten nicht anders handeln.« Was mag aus Nadja geworden sein, aus dem heiteren, großzügigen Wesen, das andere nicht leiden sehen konnte, ohne zu helfen, und dabei ihre Idee doch nicht verraten konnte, ihre Idee, deren eigenes Opfer sie wurde.

K: Ja, ich habe also Gedichte gemacht, heitere und traurige, und dann hat man versucht, einen Tageslauf reinzubringen, ein bisschen Gymnastik zu machen. Man kriegte keine Nadel, um was zu nähen; man hatte damals so Kunstseidenstrümpfe, die hatten so riesige Löcher. Keinen Bleistift kriegte man, nichts! Aber mit der Zeit konnte man organisieren. Ich weiß auch nicht, wie man das gemacht hat, das ging dann. Notfalls hat man geklaut.

I: *Und die Verpflegung war doch sicher auch ganz miserabel?*

K: Ja, das war merkwürdig. Die war miserabel, und dann wieder war sie mal so überflüssig. Da haben wir als Einzelperson halbe Brote bekommen, die man gar nicht wegputzen konnte. Jetzt wollte man ja nichts sagen, weil die Männer gehungert haben. Da war ich schon in einer Zelle mit mehreren Personen, und dann haben wir das Brot in unsere sogenannte Waschschüssel getan. Wenn wir mal ins Bad geführt wurden! Und haben das steinharte Brot dann irgendwo versteckt. Dann haben die uns erwischt und haben gedacht, wir hätten Kassiber drin, und haben das mit dem Beil zerhackt. Gar nix war drin! Und dann wieder hat man so wenig gekriegt, dass man froh gewesen wäre, man hätte das alte Brot gehabt. Also das war schon eine verrückte Zeit. Und dann nach einem Jahr kam ich also in eine Zelle mit drei oder vier Personen, aber auch nicht größer als eine Einzelzelle. Eine Frau hatte hochgradig Syphilis. Und dann habe ich meinen alten Trick wieder angewendet und habe gesagt: »Ich weiß was, das sag' ich aber nur, wenn ich wieder in eine Einzelzelle komme.« (*lacht*)

Und dann bin ich mal in eine Villa gefahren worden, wo ein russischer General residierte, und da haben die einen in die Kellerräume gesperrt. Und die Villa war ganz pompös eingerichtet, um einem zu zeigen, so könntest du es haben, wenn du auspacken würdest, aber es gab ja nichts auszusagen! Und zwar bei den meisten von uns. Die haben eine ganz gemeine Seelenmassage gemacht. Sie haben vor der Tür Heimatlieder abgespielt, z.B. »Weißt du, was das heißt, Heimweh?« und so in dieser Art. Und dann sah der General mich. Ich hatte keinen Gürtel in meinen Hosen und keine Schnürbänder an meinen Stiefeln. »Wie sehen Sie denn aus, was ist Ihnen denn passiert?! Ich gebe Ihnen mein Offiziers-Ehrenwort, im Juli sind Sie wieder zu Hause!« Die wollten, dass ich jemanden aus Westberlin rüberschleuse, dann hätten sie mich rausgelassen. Einen, den ich ganz flüchtig kannte. Es war ein junger Familienvater. Und ich muss wirklich sagen, die Versuchung war sehr groß, (*sie wiederholt nachdenklich*) die Versuchung war sehr groß.

I: *Dann hätte man Sie freigelassen?*

K: Angeblich. Also eines muss man den Russen zugestehen: Mit Spitzeln sind sie noch mieser umgegangen. Die wurden noch schlechter behandelt als wir, sie wurden wirklich verachtet. Und mir hat man in Russland dann mal gesagt, da hab ich mich beschwert, weil ich neben einer gelegen habe, die Vater und Mutter totgeschlagen hat wegen einer Ziege und ich nicht neben ihr liegen wollte, weil es eine Mörderin war. Die Antwort war: Die sei gar nicht so schlimm wie ich, die hätte nur zwei umgebracht, aber wir Kapitalisten, wir wollten die ganze Welt umbringen.

Nach insgesamt zweijähriger Untersuchungshaft erhielt ich dann das Urteil. Man wurde in eine Art Rumpelkammer geholt. Man sollte sein Urteil unterzeichnen, Fernurteil Moskau, ein postkartengroßer Wisch: fünfzehn Jahre Arbeits- und Erziehungslager. Man sollte unterzeichnen. Dann habe ich gesagt: »Das mache ich nicht, ich kann's nicht lesen, und außerdem stimmt die Anklage nicht!« Ja, wenn ich das nicht unterschreibe, komme ich nicht ins Lager. Im Lager sei es viel besser! Sonst müsste ich immer im Gefängnis bleiben. Ich habe trotzdem nicht unterschrieben, bin noch zweimal geholt worden, bin aber genauso ins Lager gekommen wie die anderen, da hat kein Mensch mehr danach gefragt. Das ist etwas, was ich beim Russen gelernt habe: Ich würde in meinem Leben nie etwas zugeben. Und schon gar nichts zugeben, was zweifelhaft ist oder was nicht wahr ist, nur um einer momentanen Vergünstigung willen.

Das Urteil hat mich restlos umgeschmissen. Fünfzehn Jahre wegen nichts! Da waren wir wieder mehrere in einer Zelle. Die anderen haben dann versucht zu trösten, aber da war ich eigentlich untröstlich, und dann hat man uns immer noch ein paar Wochen sitzen lassen und hat uns dann nach Sachsenhausen gebracht, dort kamen wir in eine sogenannte Russlandbaracke, kriegten besseres Essen, konnten auch über die Mauern Kassiber rausbringen, so dass endlich unsere Angehörigen etwas wussten.

I: *Bis dahin wusste Ihre Mutter nichts?*

K: Nein, vom Moment der Verhaftung an waren wir spurlos verschwunden. Man hat ja nie schreiben dürfen, niemals, und auch keine Post bekommen. Und dann sind wir in einer halbjährigen Fahrt bis Alma Ata gekommen. Wir sind in Dresden bei Nacht und Nebel verladen worden, haben überall noch ein paar aufgelesen, runter bis Alma Ata, und da wurden dann die ersten ausgeladen als Arbeitskräfte, und ich bin dann in Workuta am Nördlichen Eismeer[8] gelandet. Wir waren die allerletzten. Am Tage der Ankunft habe ich schon Typhus bekommen durch diesen langen Transport. Wir haben ja gehungert, wir haben kaum was zu trinken gekriegt. Dann hat man uns oft gesalzene Heringe gegeben, und da war der Durst so groß, dass man geschmolzenen Schnee gegessen hat, wenn der Zug mal hielt. Da konnte man raus mit Gummigaloschen. Und dabei muss ich mir den Typhus geholt haben.

Die Ankunft und die ersten Tage in Workuta hat sie später in ihren Aufzeichnungen festgehalten:

---

8 Dort befand sich eines der schlimmsten und gefürchtetsten sowjetisches Strafgefangenlager.

Seit zwei Tagen sind wir nun unserem Ziel, Workuta am Nördlichen Eismeer, ganz nahe. Vom Durchgangslager aus, in dem wir uns zur Zeit befinden, sollen wir dann in die einzelnen Lager weitergeleitet werden. In der ersten Nacht hatten wir – wir sind nur drei Deutsche in der Baracke – ein grausiges Erlebnis: Eine Tscherkessin wurde von anderen Mitgefangenen vor unseren Augen mit dem Beil erschlagen, regelrecht zerhackt. Vielleicht ist mir von diesem Anblick noch immer übel. Ich kann, trotzdem wir so wenig zu essen bekommen, nichts zu mir nehmen. Aber nicht nur das nächtliche Erlebnis – später, als ich einmal für zwei Jahre in einem Lager mit überwiegend Kriminellen bin, sind derlei Dinge fast an der Tagesordnung – kann mir so zugesetzt haben. Ich kann mich kaum auf den Beinen halten, sehe alles wie durch einen Schleier, und eine grenzenlose Übelkeit und Hitze quälen mich. Am nächsten Tage merke ich, dass alle einen Bogen um mich machen. Meine beiden deutschen Kameradinnen kümmern sich zwar um mich, sind aber selbst so schwach, dass sie fast nur auf ihrer Pritsche liegen können. Draußen sind 50 bis 55 Grad Kälte. Dies wirft uns nach den Strapazen des langen Transportes völlig um. Trotzdem ich nicht mehr klar denken kann, merke ich, dass fast jeder in der Baracke mich meidet. Als ich abends den Versuch mache aufzustehen, falle ich sofort auf den Barackenboden. Es ist mir, als seien um mich nur wallende Nebelschwaden. Wie lange ich so gelegen habe? Ich weiß es nicht. Plötzlich fühle ich jedoch, wie mich jemand aufhebt, teils schleift, teils trägt, mir immer wieder zuredet. Eines dieser Worte verstehe ich: »Dotschka – Tochter.« – Da weiß ich, es ist Marfa, meine Nachbarin, die mir gleich am ersten Tage sagte, ich erinnere sie an ihre Tochter. Marfa hat mich dann ins Lazarett geschleppt und wollte mich unbedingt auch noch pflegen, obwohl sie wusste, dass ich den gefürchteten Typhus hatte. Immer wieder besuchte sie mich, hielt meine Hand, kühlte meinen Kopf, flößte mir Lebertran ein. Nach Jahren traf ich sie wieder. Sie war inzwischen frei geworden, musste aber in Workuta bleiben. Sie grub dann an der Stelle, wo sie meinen Arbeitsplatz wusste, einen Beutel mit getrockneten Apfelscheiben ein. Das war eine große Kostbarkeit, auch für die »Freien«. Seitdem habe ich sie nie wiedergesehen.

Dann erzählt sie weiter.

Ich habe noch meine beiden Nachbarinnen angesteckt, die waren sogar noch schlimmer dran als ich. Und in der Zeit, als ich Typhus hatte, hat man mir alles, was ich auf dem Leib hatte, geklaut. Als ich mit dem Typhus so weit fertig war, dass ich mit der Schubkarre in die sogenannte Banja, also ins Bad, gefahren werden konnte und mal gewaschen wurde – stehen und laufen konnte ich ja nicht – war ich nur ein Gerippe. Da haben mich sogar frühere Bekannte gar nicht mehr erkannt. Ich hatte eine Rossnatur. Mich hat der viele Lebertran gerettet.

Das Scheußlichste war noch, wir waren die erste Zeit nur mit russischen Kriminellen zusammen, das ist der Abschaum der Menschheit, das können Sie mir glauben. Das waren diese armen Hunde, die sich nach der Oktoberrevolution als Straßenkinder durchschlagen mussten. Es war nicht jeder von den Kriminellen aus Lust an der Kriminalität ein Krimineller geworden, sondern wegen der Umstände. Gleich in der ersten Nacht wurde also diese Tscherkessin umgebracht. Es gab verschiedene Banden, die führten ein strenges Regiment im Lager. Vor denen hatten sogar die Posten Angst. Die haben da Sachen fertiggebracht! Man hatte einen Vorteil, wenn man mit Kriminellen im Lager war: Das Essen war einigermaßen, denn der Koch wurde scharf überwacht. Wenn der irgendwas verschwinden ließ! Einmal haben sie einen unters Eis gesteckt, das hat gereicht.

I: *Mit denen musste man sich gut stellen.*

K: Und deren Gesetz mussten Sie kennen. Als ich nach Workuta kam, da war ich ein halbes Jahr lang die größte Schlampe, die Dreckigste und der unglücklichste Mensch, den man sich vorstellen kann, mir war alles egal. Hatte so alte Klamotten von der russischen Armee, und ich kriegte immer die schlechtesten, weil ich mich gar nicht darum bemühte. So ölverschmierte Sachen und diese riesigen Walenki (*Stiefel*). Einer die Größe, der andere eine andere Größe: »Passt!« hieß es. Da hat man sich dann Lumpen drumgewickelt. Und natürlich, schon das ganze Physische einer Frau, das war eine Katastrophe! Auch die hygienischen Verhältnisse – entsetzlich! So Latrinenhäuschen – und alles fror ja sofort!

Gott sei Dank war ein Volksdeutscher an der Wache. Es war da eine lumpige Sperre zwischen Männern und Frauen. Da habe ich einmal mit einem russischen Gefangenen gesprochen, der mich gefragt hat, ob ich Deutsche bin. Er konnte ein bisschen Deutsch, ich konnte ja damals noch kein Russisch. Wo ich herkomme. Und ich habe nicht gewusst: Wenn man mit einem Kriminellen mehr spricht als »Guten Tag« (das musste man sagen, sonst hat man sie missachtet), erklärt man damit sein Einverständnis, man wird seine Lagerfreundin. Dann hat mir der Volksdeutsche an der Pforte gesagt: »Wie kannst du! Dich kann jetzt niemand mehr schützen!« Und dann kam wieder ein gewisses Glück dazu. Die russischen Gefangenen sind drei Tage später weggekommen. Und ich habe mich so lange versteckt unter der Waschbalge.

Es gab zwei Sorten von dieser Sippschaft: die »Ehrlichen«, die »Tschestni« und die »Suki«, die »Hündinnen«. Die »Ehrlichen« waren die, die noch raubten und mordeten, und die »Suki« waren die, die dem abgeschworen hatten. Das waren wenigstens nicht mehr so potentielle Mörder, schlecht genug waren die auch noch. Die haben sich also wirklich bis aufs Messer bekämpft. Da konnte auch kein Wachtposten was machen, vor denen hatten die auch Angst. Die haben z.B. Karten gespielt, und Kartenspielen war ja verboten. Wenn nichts mehr zu verspielen war, dann wurde eben um das Leben eines Beliebigen gespielt. Das war eine gefährliche Sache. Und dann wurden sie durchsucht, wenn die Wachtposten merkten, die spielen Karten. Durchsucht – keine Karten gefunden. Aber die haben einen Faden drumgewickelt, dem Posten die Karten in die Tasche gesteckt, und wenn die Posten weg waren, waren die Karten wieder da, aus der Tasche am Faden herausgezogen, das glauben Sie nicht. Das waren waschechte, ausgekochte Kriminelle. Man musste immer aufpassen, dass diese verfeindeten Banden, die »Ehrlichen« und die »Hündinnen«, nicht in einem Lager aufeinandertrafen, sonst gab's Mord und Totschlag. Einmal hieß es: Es kommen »Ehrliche«. »Hündinnen« waren schon da. Und wir hatten gerade nichts zu arbeiten, obwohl wir ja enorme Arbeitstage hatten. Da haben einige von uns was abgekriegt. Und ich einen Stilettstich in den Busen, aber nur eine Fleischwunde. Und da kam jetzt wieder die »Ehre« der »Ehrlichen«. Also, das war nicht geplant, das musste entschädigt werden. Ich bekam ein Kilo Bonbons, da gab's nur eine Sorte, Seife und eine Zahnbürste als Entschädigung, weil ich ein unschuldiges Opfer war. (*Lachen*)

Wenn wir zur Arbeit gingen, mussten wir Stacheldraht mitnehmen und um uns ziehen, wir selber. Die hatten ja auch Angst, dass wir mit den Einheimischen in Verbindung kamen. Da hatten wirklich einige geglaubt, wir hätten Hörner, wir Deutschen. Man hat uns so mies gemacht, dass die uns als Abschreckung angesehen haben. Und das war auch schon im Gefängnis so, das hab ich sehr bald mitgekriegt, dass mit einer Vergewaltigung nichts drin war, denn die Posten, die das bei uns versucht haben, die haben das so dilettantisch und so ängstlich versucht, dass man gemerkt hat, da muss irgend etwas dahinter sein. Wir erfuhren dann, wir haben ja immer mit anderen Zellen geklopft, man hat morsen gelernt, dass das denen streng verboten war, mit uns einen persönlichen Kontakt aufzunehmen. Also, wer nicht wollte, der kam ungeschoren weg. Ich jedenfalls habe keine Vergewaltigung erlebt, in meiner ganzen Haftzeit nicht, immer mal Anfragen, ob ... Aber wenn man »nein« sagte, dann war die Sache vollkommen erledigt. Es gab genug Freiwillige. Es war streng verboten.

Aber tolle Sachen haben die gemacht. Die besaßen von einem Deutschen einen Norwegerpullover, und der wurde jeden Tag verkauft. Die sogenannten Einheimischen durften sich mit uns auch gar nicht einlassen. Die dort waren, die »Freien«, das waren ehemalige Verurteilte, die den Rest ihrer Verurteilung dort in der Polarkreisregion zubringen mussten. Das waren dann die Bewacher, die bekamen Polarkreiszulage. Die waren uns eigentlich gar nicht so feindlich gesonnen. Und donnerstags hatten sie immer Schulung. So um den Mittwoch, Donnerstag waren die immer ganz freundlich. Freitag waren sie wieder ganz scharf nach der Schulung. (*Lachen*) Und die Sache mit dem Norwegerpullover ist nur *ein* Beispiel: Der Posten hatte dann mit dem, der den Pullover verkaufte – das war ein Krimineller –, ausgemacht, er guckt nicht hin, und er lässt die sogenannten Freien so weit rankommen, dass sie den Pullover sahen. Dieser Wollpullover, das war ja etwas vom Begehrtesten, das können Sie sich gar nicht vorstellen. Wenn da ein »Freier« rankam, sah, dass kein Posten guckte: »300 Rubel!« – »Nee, nee, zuerst meine 300 Rubel, ich bin eingesperrt.« Dann langte der seine 300 Rubel rüber. In dem Moment drehte sich der Posten rum – Maschinenpistole: »Weg von meinem Gefangenen!!« Und jeden Tag wurde der Pullover an einer anderen Stelle verkauft! (*Lachen*) Das sind noch die heiteren Erlebnisse, aber »heiter« ist gut. Uns wurde ja auch alles gestohlen. Ich könnte das heute auch. Wir haben das dann gelernt aus Selbsterhaltungstrieb. Mehr als einmal war ich auch in wirklicher Gefahr, und da habe ich gemerkt, dass die letztlich feige sind. Einmal hat mir eine meinen Löffel geklaut, den besitze ich jetzt noch, war ein riesiger Besitz! Den habe ich da in der russischen Kaserne geklaut, so ein Aluminiumlöffel. Und dann hat eine Banditin ihn mir klauen wollen. Und ich stand gerade in der Nähe vom Ofen, und da stand ein Topf mit Wasser drauf. Und ich sage: »Lass meinen Löffel!« Es kam zum Streit. Und dann nimmt sie den Feuerhaken und sagt, sie schlägt mich tot. Daraufhin hab ich den Topf mit kochendem Wasser genommen und hab den über sie gekippt. Die war natürlich verletzt, aber es ging wirklich um Leben und Tod. Danach hat mich der Kommandant kommen lassen und hat mir auf die Schulter geklopft und gesagt: »Molodjetz (*Prachtskerl*)!« (*Lachen*) Ich hab gedacht, ich kriege jetzt eine Mordsstrafe, nee, nee, ich bin in seiner Achtung gestiegen, und die anderen haben alle zugeguckt, und da hatte ich dann ein bisschen mehr Achtung. Und ein anderes Mal, da wollte mich auch eine aus unserer Arbeitsbrigade, die die Deutschen nicht leiden konnte, schlagen. Ich hatte gerade meine Walenki (*Stiefel*) in der Hand, und die kommt auf mich zu und wollte mir eine schießen, und da hab ich den Stiefel genommen und habe sie damit bearbeitet. Reaktion: »Ladno, ladno (*schon gut, schon gut*)!« (*Lachen*)

Und dann fing ich an, Russisch zu lernen. Ich kriegte eine Tbc, kam dann in ein besonderes Lager. Ich hatte ja schon vorher den Typhus, dann noch eine Hepatitis und kriegte dann Tbc und Atemwegserkrankung, keine so sehr schwere, aber immerhin schlimm genug. Da kam ich in ein

Krankenlager und war auf der Pritsche zusammen mit einer russischen Aristokratin, die mit einem baltendeutschen General verheiratet war. Und die sagte zu mir: »Warum lernst du denn kein Russisch?« Denn ich war bis '51 etwa die einzige Deutsche in dem ganzen Kriminellenlager. Wenn irgend etwas passiert war, dann war das immer ich. Ich saß mehr im Karzer als woanders. Ich wusste ja nicht, worum es ging.

I: *Die einzige Deutsche!? Da konnten Sie ja mit niemandem sprechen!*

K: Nee, nee, nur mit ein paar Volksdeutschen.

I: *Sie waren sozusagen taubstumm!*

K: Ich war so schlampig und so deprimiert, dass man von mir gesagt hat, die Deutsche wäre ja gar nicht so übel, wenn die nicht so schlampig und drekkig wäre.

Ja, und dann habe ich nochmal zehn Jahre bekommen, weil ich über Stalin was gesagt habe. Und die haben mich merkwürdigerweise nicht gejuckt, denn ich kam dort mit Leuten zusammen, die nur fünf Jahre hatten und schon zwanzig Jahre eingesperrt waren. Also das Strafmaß spielte eine ganz sekundäre Rolle. Die Tbc ist ausgeheilt. Das Klima war ja ideal dafür. Es war ja, als wenn man sich immer in 3-4000 Meter Höhe befindet. Aber für andere Sachen dann wieder ... Auf die Dauer hätte man das nicht überlebt. Wir waren ja die reinsten Arbeitstiere. Sicher nur wegen der Arbeit sind wir eingesperrt worden. Von Workuta sagt man ja, unter jeder Eisenbahnschwelle liegt ein Toter. Wir mussten die Eisenbahnschienen legen, das war das Schlimmste. Ohne jegliches Hilfsmittel. Wenn wir die als Frauenbrigade auf die Schultern hieven mussten! Oder im Schacht arbeiten, das war immer noch das beste, da war man nämlich unter Dach und Fach. Da waren diese furchtbaren Stürme, die sich Purga nennen und die Merkwürdigkeit haben, entweder genau 24 Stunden zu dauern, ziemlich genau, oder drei Tage. Diese feuchtkalten Nordmeerstürme, das war schrecklich! Wir lebten da in Erdhütten, die nicht einmal kalt waren. Wir haben ja selber Kohle gefördert, die gab es genug. Und die Erdhütten, dass man da gefroren hätte, das kann ich nicht sagen. Wenn man die Tür aufgemacht hat, dann kam ein Schwall Nebel herein, da konnte man für einen Moment gar nichts sehen, aber gefroren hat man da drin eigentlich nicht, nur gehungert. Gehungert hat man immer. Morgens um halb fünf kriegte man schon diese Sauerkrautsuppe. Und dann kriegten Sie so'n Stück z.T. gekochtes Brot mit zur Arbeit. Den ganzen Tag über nichts. Wie oft hat man abends auf seiner Pritsche gelegen und gedacht, was machst du jetzt noch, damit du noch irgendwas zu essen kriegst? Ist man rüber in die Stolowaja (*Kantine*) und hat noch ein bisschen mit abgewaschen, damit man noch einen Rest von der Suppe kriegt. Mehr essen, mehr schlafen, weniger arbeiten, das waren dort die einzigen Lebensziele.

I: *Also die Tbc konnte man auskurieren?*

K: Ja, und da war ich dann zusammen mit einer Frau Ewers, mit dieser Aristokratin, sie war ca. 70 Jahre alt, und die konnte so gut Deutsch wie Russisch. Und die sagte zu mir: »Also, wenn du das weitermachst, dann wirst du immer die Schuldige sein.« Und da habe ich gesagt: »Ich werd die Urwaldsprache nie begreifen!« Aber sie hat mit mir resolut losgepaukt. Und dort in dem Krankenlager existierte eine Art Bibliothek, ganz willkürlich zusammengekommen. Und als ich dann erst mal anfing, erst mit dem kyrillischen Alphabet und dann aus einer Unterhaltung ein Wort verstehen konnte oder einen Satz aus dem Gelesenen, habe ich das nachher fast fließend gekonnt, denn wir hatten Zeit. Ich war ziemlich lange im Krankenlager, und sie war eine ganz strenge Lehrmeisterin. Sie war eine reizende Dame. Und dann war es ja auch interessant. Denn man konnte dort lesen, was, das war einem eigentlich ganz egal; wir hatten z.B. Lord Byron auf Russisch (*Lachen*), war ja langweilig, oder Tolstoi oder was auch immer. Man las alles. Und von da an ging es mir besser.

Ich war in zig Lagern in Workuta. Die schönste Zeit war im Mütterlager. Wir von dem Krankenlager Entlassenen kamen dann in das nahe Mütterlager und mussten für dieses Lager arbeiten. Und da bekam man sogar einen Propusk (*Passierschein*), dass man auch tagsüber rauskonnte. Da habe ich als Kutscher gearbeitet. (*Lachen*) Ich habe als alles mögliche gearbeitet, als Stukkateur, alles. Da habe ich mal einen Wettbewerb gewonnen – zu meinem großen Nachteil: Es sollte ein Fries gemacht werden für den Speisesaal. Und ich habe Trauben und Ranken gemacht, immer so ineinandergreifend. Und dann habe ich den Auftrag bekommen, dass ich das machen sollte, aber die Schablone war Dachpappe. Und das mit einer Rasierklinge! Ich kann Ihnen sagen, meine Finger waren wie Hackfleisch, das war also keine gute Sache.

Die schönste Zeit war als Kutscher. Da habe ich mich mit den Samojeden dort angefreundet. Verstehen konnten wir uns ja nicht, weil sie ganz schlecht Russisch sprachen. Aber die haben gehört, eine »Njemka« (*Deutsche*) sei da, und sie heißen so ähnlich, ich glaube, Njenze, und denen war nicht in ihren Schädel zu bringen, dass das nicht dasselbe ist. Die waren nur platt – wie ich aussehe, dass ich keine Säbelbeine und Schlitzaugen hatte (*Lachen*), aber ansonsten war ich aufgenommen bei ihnen, habe so 'ne Pelzmütze gekriegt mit so langen Grannen, hübsch! Und dann konnte ich zu ihnen mal in den Iglu und essen. Sie hatten so eine Art Fondue, kann man sagen, Fischöl, und da wurden Fischstückchen reingetan. Es war ja ekelhaft, war so arg fett, und es ist einem nicht bekommen. Aber dieses Volk ist so gastfreundlich, und da darf man nicht ablehnen. Habe auch Stiefel bekommen, meine hatten sie ja geklaut, schöne Fellstiefel, die habe ich dann später noch an die Amis verkauft. (*Lachen*) Das war die beste Zeit, da war ich von acht bis zwanzig Uhr täglich Kutscher.

I: *Was mussten Sie da transportieren?*

K: Silofutter, Wasser. Wasser war das Schlimmste, weil, wenn sie irgendwo Wasser geschöpft haben, dann ist ja alles gleich gefroren. Ich hab mich dann freiwillig fürs Silofutter gemeldet. Da hab ich eigentlich Glück gehabt für *die* Verhältnisse. Es waren einmal ein paar Wochen eingeschränkte Freiheit, wenn man da mit seinem Pferdchen unterwegs sein konnte.

I: *Und mit dem Pferdchen verstanden Sie's?*

K: Ja, mit dem konnte ich's. Die kleinen Pferde haben überlebt. Die deutschen Militärpferde, die sind dort eingegangen, denen sind die Nüstern geplatzt in der Kälte, aber die kleinen Panjepferdchen haben das ausgehalten. Da hat mich das eine sogar mal aus dem Schnee gezerrt. Ich habe gedacht, jetzt ist also Schluss der Vorstellung, weil da mal so ein Sturm gekommen ist, aber da hat das Pferdchen mich herausgezerrt. Aber zuerst war es etwas schwierig.

In ihren Aufzeichnungen findet sich noch eine kleine Szene mit dem Pferdchen Ljuba:

Das Pferdchen Ljuba ist ein zottiges, ziemlich kleines und störrisches Tier, mit dem schwer fertigzuwerden ist. Und da ich in der Arbeitsbrigade die einzige Deutsche bin und die Russinnen und Russen sich einig sind, dass sie mit Ljuba nicht arbeiten können, wird sie mir gegeben. Obwohl ich Pferde sehr gerne habe, finde ich doch keinen Kontakt zu meinem kleinen Arbeitsgefährten. So recht und schlecht werde ich mit ihr fertig, manchmal muss ich ihr sogar die Peitsche zu spüren geben. Als wir eines Tages vorzeitig mit der Arbeit fertig sind und müde und abgespannt durch die Tundra zotteln, bleibt Ljuba plötzlich stehen. Durch keinen Zuruf kann sie wieder in Trab gebracht werden. Ich steige also wohl oder übel vom Schlitten und schaue nach, was los ist. Da wendet das Pferdchen seinen Kopf nach mir, reibt seine eisverkrustete weiche Nase zärtlich an mir und legt seinen Kopf so fest und sanft an mich, als ob es mir seine Freundschaft antragen wolle. Diese Szene in der Tundra, weit und breit kein Baum und kein Strauch, keine Pflanze, nur Schnee und Eis, bringt mir meine Verlassenheit so richtig nahe. Mensch und Tier haben sich hier gefunden als zwei völlig verlorene, einsame und ausgebeutete Kreaturen. Da stehe ich nun, drükke den Kopf des leise schnaubenden, struppigen kleinen Pferdchens ganz fest an mich und heule mich so richtig aus.

Sie fährt in ihrer Erzählung fort:

Die Mütterlager waren für uns ja eine Rekonvaleszenz. Manche Insassinnen waren »Berufsmütter«. Die haben sich immer wieder ein Kind andrehen lassen, um im Mütterlager zu bleiben, weil es da besser war. Aber die Kinder wurden ihnen nach zwei Jahren weggenommen.

Und dann kam ich wieder zurück ins normale Lager, das waren die sogenannten Regime-Lager *(Lager für politische Häftlinge)*. Da trugen wir auf der Mütze, auf dem rechten Knie und auf dem linken Arm die Nummer, meine war C 563. Und dann kamen ab Ende 1951 sehr viele Deutsche, sehr viele Balten, Ungarn, Finnen. Es gab drei politische Frauenlager. Es war dort zwar viel strenger, aber man war nicht mehr mit diesem furchtbaren Pack zusammen. Da war man wirklich froh. Dort hielt man dann wirklich zusammen, und es konnten sich auch wirkliche, echte Freundschaften bilden. Dort ist es uns dann von der Umgebung her besser gegangen, aber von der Arbeit schlechter. Da gab es wirklich tolle Solidarität.

Die Solidarität unter den Frauen beschreibt sie auch in ihren Aufzeichnungen:

Es ist nun schon das sechste Weihnachtsfest, das ich in Gefangenschaft verbringe. Diesmal habe ich mich allen meinen Kameradinnen gegenüber hässlich benommen. Da ich eine von denen bin, die am längsten der Freiheit beraubt sind, habe ich auch alle Hoffnung verloren, jemals wieder ein Fest in Deutschland – zu Hause – zu feiern und den anderen mit meiner Hoffnungslosigkeit das bisschen verdorben, das sie aus dem Weihnachtsfest noch machen wollten. Sie haben einen »Kuchen« gebacken. Die Zubereitung eines solchen Kuchens geht folgendermaßen vor sich: Von dem nassen Brot, das wir bekommen, wird die Rinde gelöst, dann wird das Brot mit Zucker und Kaffeepulver, Gerstenkaffee (im Monat stehen uns drei Esslöffel voll davon zu) verknetet, nochmals etwas Zucker darauf gestreut, und fertig ist die Torte. Überflüssig zu sagen, dass uns davon regelmäßig schlecht wurde. Trotzdem ist eine solche Torte etwas ganz Besonderes.

Ich habe den anderen also das Kuchenbacken vermiest, habe keinerlei Geschenke gemacht oder angenommen und bin am Heiligen Abend völlig verzweifelt und allein im Lager herumgelaufen. Ich will einfach nicht wissen, dass Weihnachten ist! Für mich ist es eben der 24. Dezember, ein Kalendertag wie jeder andere, und ich will nicht daran denken, dass es der Heilige Abend ist. Inzwischen haben sich alle meine deutschen Kameradinnen zusammengetan, um mir eine Freude zu machen. Als ich von meinem Alleingang zurückkomme, ist eine kleine Torte eigens für mich bereitet worden, jede hat ein kleines Geschenk für mich, sogar ein Stück Seife ist dabei, und vor allem liegt da, mit einem irgendwo in der Tundra ausgegrabenen Zweig dekoriert, auf einem wer weiß wo aufgetriebenen Stück weißem Papier und in Kunstschrift geschrieben, die Weihnachtsgeschichte, aber sie beginnt anders, sie beginnt mit den Worten: »Wo immer Du bist…«

Ich hatte auch noch ein siebentes Weihnachtsfest in Gefangenschaft zu verbringen, das sechste jedoch, das mir Güte und Verständnis meiner Kameradinnen bescherte, denen es ja ebensoschlecht ging wie mir, hätte mich noch mehrere Christfeste ertragen lassen, ohne wieder zu zweifeln oder zu verzweifeln.

Im Gespräch erzählt sie weiter:

Die hatten ja immer Angst, man büchst aus. Aber wohin? Sie konnten dort kilometerweit sehen, jeden Punkt. Da ist ja auch kein Baum, kein Strauch, nur Gras. Und eine wunderbare Flora in dem kurzen Frühling. Aber so etwas bezaubernd Schönes! Sommerwochen! In den sechs Wochen Sommer zauberhaft! Wollgras, riesig! Und diese kleinen Bergnelken, riesengroß, und riesengroße Preiselbeeren, natürlich sauer. Aber das war schon schön!

Schlimmer als die ewige Nacht ist noch der ewige Tag. Das macht einen ganz fertig, wenn die Sonne überhaupt nicht untergeht. Und der Polarhimmel. Das war auch etwas Erhabenes. An dem hat man manchmal Trost gefunden.

I: *Der Sternenhimmel…*

K: Ja, und die Farben! Und dann muss es auch durch die dünne Luft gewesen sein. Der Schein der Lagerlampen ging ganz gerade hoch. Da hatte man das Gefühl, dass der ins Unendliche geht. Man brauchte ja irgendeinen Trost. Wir durften ja nie schreiben. (*Pause*)

I: *Und mit der Arbeit wurde es schlimmer?*

K: Vierzehn Stunden am Tag. Es gab auch Zeiten, da hat die Nachtbrigade auf der Pritsche von der Tagbrigade geschlafen und umgekehrt. Da hatte man nicht einmal sein eigenes Schlafplätzchen. Eine eigene Pritsche hatte man sowieso nicht. Da war so ein langes Ding an der Wand, da hieß es also: »Kommando rumdrehen!« Wenn Neue kamen, die wurden immer dazwischengequetscht. Ziegelfabriken, das war das Schlimmste. Die Diskrepanz: diese Hitze der uralten Ziegelöfen und dann die Kälte draußen! Aber man hat sich nicht erkältet, da war gar nichts zu machen, durch dieses komische Klima, durch die dünne Luft. Also da eine Grippe zu kriegen, das war schier unmöglich. Wir durften wöchentlich in das sogenannte Bad. Da kriegte man drei Zuber Wasser. Die Russen pumpten da, die Uniformierten, und wir splitternackt mittendrin, das hat einen dann überhaupt nicht mehr gestört. Was da aus einem wird! Dass man sich auch gar nicht mehr geniert. Da hat sich das Leben eigentlich nur noch auf drei Dinge konzentriert: Wie kann ich weniger arbeiten? Wie krieg ich mehr zum Essen? Und wie hab ich ein bisschen Ruhe? Also das Elementarste.

Ich habe dann Karten gelegt, z.T. habe ich bis zu sieben Rubel verdient.

I: *Einfach so?*

K: Hatte einen Mitwisser, eine Frau aus dem Speisesaal. Die hat mir dann immer allerhand erzählt. Ich habe ja nie Karten gelegt, bevor ich nicht wusste, worum sich's drehte. Vor allem bei den Posten und den »Freien«, denn da habe ich am meisten gekriegt. Wenn ich wusste, der Wolodja kommt, weil seine Kuh krank ist, und wenn die Kuh krank war, dann krepierte die auch, das war klar, denn das hielt ja keine aus. Das musste ich wissen, sonst hätte ich es gar nicht erst gemacht. Und dadurch hatte ich natürlich einen tollen Ruf. *(Lachen)* Die Russen und die anderen, die haben Geld verdient für ihre Arbeit, wir Deutschen nicht. Die Russen kriegten Pakete. Und nur die Ungarn und die Deutschen und noch irgend jemand, die kriegten nichts. Wer Pakete kriegte, kriegte auch Post, wir nicht. Meine Eltern wussten gar nichts. Wir hatten dann manchmal die Möglichkeit, uns zu beschweren, wurde angenommen, wurde so getan als ob, aber es passierte gar nichts. Da habe ich mich auch mal so schrecklich blamiert und mir dadurch das ewige Interesse des dortigen Generals zugezogen. Ich bin nämlich hinmarschiert, ich konnte erst einen Teil Russisch, und habe gesagt: »Ich beschwere mich, ja pisatj ne mogu.« Und das heißt: »Ich kann nicht pinkeln« (schreiben heißt so ähnlich, wird aber auf der letzten Silbe betont). (*Lachen*) Und der sagte zu mir: »Das ist unmöglich!« Sage ich: »Doch, schon fünf Jahre.« Und der: »Das ist nicht möglich!« Da hat er alle geholt, und ich musste jedem meine Story erzählen. Und die lachten immer mehr! Wir durften sogar Karten abschicken. Aber die sind nie angekommen. Das waren die wirklich ausgesprochenen Schweigelager.

Wir sind herausgekommen durch Stalins Tod. Das war die erste Amnestie überhaupt. Und ich muss sagen, so willkürlich, wie man mich verhaftet hat, so willkürlich hat man mich auch entlassen.

I: *Das kam ganz plötzlich?*

K: Ja, der ist gestorben am 3. März 1953. Ein wunderbarer Tag mit 55 Grad, herrlicher Sonnenschein. Und damals verstand ich gut Russisch. Die haben immer die Bulletins durchgegeben, soundsoviel Temperatur, das und das… Und mit mir unten auf der Pritsche, da lag eine russisch-jüdische Ärztin. Denen hat man ja auch übel mitgespielt, den Juden, ganz, ganz übel! Und ich habe auf meiner Pritsche gesessen und habe zu den anderen gesagt: »Um Gottes willen, der rappelt sich wieder auf. Der hat nur noch 37° und noch was Fieber!« Auf einmal sagt die jüdische Ärztin von unten, die sonst nicht viel mit uns gesprochen hat: »Nein, der rappelt sich nicht wieder hoch. Der hat keine weißen Blutkörperchen mehr« (*lacht*). Und dann kam die Nachricht: Er ist abgekratzt. Da haben wir einen

Kuchen gebacken, den üblichen. Aber das war ein Tag, als hätte die Natur aufgeatmet, ein herrlicher Sonnentag!

Und dann wurden die Posten unruhig, sie hätten uns doch immer gut behandelt! Das war nicht so. Manche schon, manche waren auch sehr nett, auch unter den »Freien«. Die haben, wenn wir auf den Schienen gearbeitet haben, was vergraben im Schotter und bezeichnet, dass wir's am nächsten Tag fanden. Da waren auch sehr anständige darunter, die gemerkt haben, dass wir genauso Menschen waren wie sie. Also die Posten bekamen jetzt Angst vor den vielen Männerlagern, es waren über 50 Lager, alle mit etwa 1000 Leuten belegt. Dann wurden uns Versprechungen gemacht. Und dann kamen Parolen. Die gibt's ja in solchen Lagern immer. Und wir wurden auch sehr oft verlegt in ein anderes Lager oder in einen anderen Lagerteil oder in andere Baracken. Die hatten immer davor Angst, dass irgendwelche Kontakte aufkommen könnten zwischen den Lagerinsassen. Und dann hieß es schon, in diesem Jahr kommen die ersten nach Hause. Und aus jeder Arbeitsbrigade kam einer nach Hause, und aus meiner war ich es, ich weiß auch nicht, warum. Ich war weder die Jüngste noch die Älteste, inzwischen war ich auch sieben Jahre älter geworden (*Dezember 1953*). Ich hatte die gängige Strafe von 25 Jahren. Denn die nach uns kamen, die hatten von vorneherein schon 25 Jahre, 15 war wenig. Ich war auch nicht mehr so krank, ich war zwar damals noch in der Invalidenbrigade, aber es war auch nicht so, dass ich zu denen gehörte, die man etwa abschieben wollte. Wir hatten ja auch schwere Arbeitsunfälle, die waren an der Tagesordnung. Die Leute haben oft den ganzen Arm verloren durch die Arbeiten an der Eisenbahnlinie. Wenn diese furchtbaren Stürme waren, hat man ja nichts gesehen und gehört, wenn man die Schienen freischippen sollte, und ist dann mit Arm oder Spaten an der Lok hängengeblieben, dann hat es einem unweigerlich den Arm ausgerissen. Das war eigentlich der gängige Unfall. Das hat denen aber jetzt überhaupt nichts genützt, solche blieben da. Es war vollkommen willkürlich. Warum ich, das ist mir bis heute nicht klar, genausowenig wie mir diese konstruierte Verhaftung klar ist. Die brauchten uns als Arbeitskräfte.

Wir sind im Juni weggefahren, 1953, und kamen im Juli in Tapiau in Ostpreußen an und sind dort ausgeladen worden. Die DDR hat uns nicht genommen wegen des Aufstandes 1953. Die Russen wollten uns nicht mehr, die Deutschen wollten uns nicht wieder. Da haben wir noch weniger zu essen gekriegt. Was wir dort Kohldampf geschoben haben, das war fast noch schlimmer als in Russland. Und von Tapiau haben sie nochmals 450 Leute zurückgeholt in einer Nacht- und Nebelaktion, warum, weiß man auch nicht. Eine Kameradin aus Stuttgart, die damals schwanger war, auch. Die sind dann erst 1956 wieder zurückgekommen. Und dann haben die Polen Terror gemacht. Wir wurden in verschlossenen Waggons transportiert. Die Polen ließen uns nicht durch. Sie sagten, sie wüssten, dass Menschen drin sind. Und dann mussten wir wieder zurück an die Grenze, die plombierten Wagen wurden geöffnet, und wir sind dann in offenen Waggons auf einer anderen Route, über Brest, nach Frankfurt transportiert worden. Und wir konnten dann, wenn der Zug hielt, wenigstens mal rausspringen und unsere Geschäfte verrichten. Auf der Fahrt haben wir 80 oder 90 Leute verloren, die dann nicht mitkamen, denn der Zug fuhr ja willkürlich weiter.

Einmal haben wir es noch mit Hängen und Würgen geschafft, auf die Lok aufzuspringen, und der Lokführer, der war schon DDR-ler, der hat uns dann ein Marmeladebrot und eine Tasse Blümchenkaffee spendiert, war toll, eine feuerrote Marmelade!

Und dann kam die ganze Misere, die man da so durchgemacht hat. Das ist einem bei der Entlassung klargeworden. In Frankfurt/Oder hieß es: Da steht der Zug nach Westberlin. Wer will, kann nach Westberlin. Wir hatten uns vorher aber verpflichten müssen, an unseren Verhaftungsort zurückzukehren. Und da haben wir, weil wir ja so geschockt waren von den ganzen russischen Versprechungen, gesagt: Der fährt wahrscheinlich gleich wieder nach Osten. Nach Westberlin, das wagen wir nicht. Und dann wurden wir nach Eberswalde wieder ins Lager verfrachtet, und da war es ganz klar, dass wir entlassen werden. Wir hatten dann inzwischen auch wieder neue Wattebekleidung bekommen. Und ich war ja eine von denen, die mit am längsten gesessen hat, und war da schon ein richtiger Knastrologe geworden. In Eberswalde haben manche ihre Wattejacken zurückgelassen. Sieben konnte ich tragen. Ich hab dann einen Haftkameraden geheiratet in erster Ehe, und der hat sich auch noch Wattejacken zusammengebunden mit einem Strick, die haben wir uns auf den Buckel gebunden. Und dann kriegten wir Sachen, die wurden aus Berlin geholt. Da habe ich so einen grellblauen Mantel gekriegt, drei Nummern zu groß. Mein späterer Mann auch so einen komischen Anzug. Wir haben immer gesagt: »Wilhelm-Pieck-Gedächtnisanzug«; (*Lachen*) das Zeug passte hinten und vorne nicht. Und jetzt kam der furchtbare Tag. Wir haben uns so die Freiheit gewünscht. Und wir haben alle, das ganze Lager geschlossen, versucht, immer noch einen Tag rauszuschinden. Wir hatten Angst vor einer freien Entscheidung, Angst, in einen Zug zu steigen, nicht gegängelt zu sein! Das können die ja, einen so entpersönlichen. Die mussten uns *effektiv rauswerfen!* Dann ist den Männern eingefallen, nee, wir wollen noch einen Hut.

Wir gehen nicht aus dem Lager, bevor wir nicht einen Hut haben. Sind die wieder nach Berlin gefahren, haben die Hüte besorgt. (*Lachen)* Dann hieß es: Wir gehen nicht ohne Schal! Die Angst, allein auf sich selbst zu stehen! Und dann kriegten wir 50 Mark Entlassungsgeld. Und dann kam für uns der Schreckenstag, alleine in den Zug nach Leipzig zu steigen. In die Richtung, in jene Richtung, überall fuhren sie, es waren so Sammelzüge, die für Mitteldeutschland oder für den Norden oder nach Sachsen. Da sind wir nach Leipzig gekommen. Und in Leipzig hat sich jeder die sieben Wattejacken über die Schulter gebunden. Der Leipziger Bahnhof war leergefegt wegen dieser Aktion.

I: *Wieviele kamen da etwa?*

K: Ach, eine ganze Menge. Alles, was noch in die Leipziger Gegend wollte, Halle, Erfurt und das alles kam da. Und da war man ja nun müde. Da ist uns was ganz Tolles passiert, was einem hier (*sie meint: in Westdeutschland)* nicht passiert wäre. Ich kannte noch das damalige Continental Hotel. »Da gehen wir rein!« Kamen wir dann mit unserem merkwürdigen Gepäck und dem Aufzug. Ich hatte so Sling-Pumps, die habe ich mir irgendwie im Lager besorgt gehabt. Und wir kamen rein, ob wir ein Zimmer haben können, jeder ein Zimmer? Selbstverständlich. Wir sind mit einer Zuvorkommenheit von dem Geschäftsführer behandelt worden!

I: *Wusste er, konnte er ahnen, wer Sie waren?*

K: Der muss das gewusst haben, denn meine Eltern haben mir nachher gesagt, sie hätten im englischen Rundfunk von unserer Entlassung gehört und auch unsere Namen. Also irgendwie ist es durchgedrungen.

Und der hat uns jedem ein wunderschönes Appartement zugewiesen. »Ja, was kostet es denn?« »Reden wir morgen drüber. Jetzt lassen Sie sich's erst gutgehen!« Und dann haben wir uns so einen kleinen Flachmann gekauft, und man war doch nichts gewöhnt. Ich bin hingefallen, als ich in mein Zimmer kam, direkt auf die Türklinke. Dann haben die noch gedacht, ich sei misshandelt worden, war aber nicht wahr. Dann habe ich mir vorher Sparta-Creme gekauft, habe ich mir so gewünscht! Das war so eine Art Nivea-Creme, aber mit 4711-Duft. In das Bad! Also, das war, als hätte man einen Schornsteinfeger gebadet! Dann war so ein französisches Bett, aber Sie glauben nicht, ich habe nur, nur geschwitzt in der Nacht … Die Aufregung und das alles! Und mein späterer Mann und ich haben uns geschworen, wir fahren nicht sofort heim! Wir haben so lange nichts von zu Hause gehört, wer weiß, was uns dort erwartet. Wir wollen einen unbeschwerten Tag verbringen. Und das haben wir dann auch gemacht. Und als wir am nächsten Morgen zahlen wollten, da hat uns der Geschäftsführer gesagt: »Es kommt überhaupt nicht in Frage, es ist uns eine Ehre, dass wir Sie beherbergen durften. Und Sie können auch noch bleiben.« Dann haben wir aber nur unsere seltsamen Sachen dagelassen und sind dann in Leipzig ein bisschen schnuppern gegangen. Wir hatten ja den enormen Reichtum von 50 Mark jeder jetzt noch ganz, wir hatten ja noch nichts ausgeben müssen. Wir haben versucht, Milch zu trinken, ist uns nicht gut bekommen, kam alles gleich wieder raus. Dann sind wir in ein HO-Restaurant, um was zu essen. Ja, wir haben uns in die äußerste Ecke gesetzt, mein damaliger Zukünftiger, der war »nur« drei Jahre inhaftiert, aber ich doch sieben! Ich hatte Schwierigkeiten mit Messer und Gabel.

Und dann sind wir gegen Abend heimgefahren, erst nach Halle zu meinen Eltern. Und da habe ich meinen späteren Mann vorgeschickt, weil ich nicht wollte, dass meine Eltern einen Schock kriegen. Und von Leipzig aus wollten wir auch nicht telegraphieren, ich wusste ja auch gar nicht, ob sie da noch wohnen. Ich wollte mich auch nicht erkundigen. Man wollte mal einen Tag keine Sorgen haben, nichts wissen. Wo wir wohnten, da war ein großer Platz, und da war gegenüber ein Café, da habe ich mich furchtbar aufgeregt in das Café gesetzt, natürlich immer noch mit den insgesamt vierzehn Wattejacken. Und dann kam er zurück und sagte, ich soll sofort kommen. Also das war ...!! (*Sie kann nicht weitersprechen*) Am meisten hat mein Vater unter der ganzen Sache gelitten. Meine Mutter, die konnte sich irgendwie ein bissel mehr schütteln, die konnte das. Vielleicht nicht alles so sehr in sich reinfressen, obwohl sie auch sehr gelitten hat. Das war also ganz toll, das kann man gar nicht beschreiben. Das ist auch zu persönlich, da kriegt man wieder das Heulen!

Und dann sind wir eine Nacht bei meinen Eltern geblieben. Die hatten natürlich den größten Teil ihrer Wohnung weggeben müssen, an solche »Volksrichter«, so nannten die sich, die sind in einer Schnellbleiche als Richter ausgebildet worden. Wir haben dann also ganz beengt unterkommen müssen. Und dann sind wir am nächsten Tag nach Apolda (*bei Jena*) zur Mutter meines späteren Mannes gefahren. Sein Vater war auch eingesperrt gewesen, weil er Journalist war, und mein Mann war auch Journalist und hat mal einen falschen Zungenschlag gehabt, und da war er natürlich weg. Und dann haben wir erfahren, der Vater hatte sich inzwischen erhängt im Gefängnis. Und bei der Mutter, da haben wir es wieder umgekehrt gemacht. Da bin ich zuerst zur Mutter. Ja, man musste doch Angst haben, die Leute kriegen einen Schock. Und schön ausgesehen hat man ja auch nicht. Also ich habe noch ein Foto von damals, mein lieber Mann, da sieht man ganz schön mitgenommen aus!

Und dann haben wir es noch vier Wochen ausgehalten. Danach haben wir bei meinen Eltern in Halle gleich geheiratet, was ein großer Fehler war, denn es war eigentlich nur, dass man nicht allein sein konnte. Und wir wussten, dass wir in den Westen gehen. Man hatte uns schon Arbeit angeboten in der DDR. Wir hatten aber nur unsere Entlassungspapiere, wir hatten noch keinen Pass und nichts. Jedesmal, wenn wir in unser Haus kamen, und da stand jemand ... Oh, die holen uns wieder! Wenn es klingelte, dann haben wir uns versteckt, das war fürchterlich. Das war für meine Eltern und für uns *so* schrecklich! Wir waren so schockiert, wir waren so verstört. Dass wir die Flucht lieber nochmal auf uns genommen haben. Und dann kam der Molotow (*sowjetischer Außenminister*) nach Berlin, und da haben wir gehört, dass die Kontrollen nicht mehr so furchtbar streng sind, weil die sich auf was anderes konzentrieren mussten. Und wir hatten Freunde, ebenfalls Haftkameraden aus Brandenburg, mit denen hatten wir ausgemacht, dass wir uns gegenseitig die Einladungen schicken, dass wir bei eventuellen Kontrollen etwas vorzuweisen haben: »Wir wollen ja nur nach Brandenburg, wir wollen ja nicht ausbüchsen.« Dann haben wir zwei Mäntel übereinander gezogen und so gut wie gar kein Gepäck mitgenommen, dass es nicht nach Flucht aussah. Dann wurden wir doch noch kontrolliert in dem Zug und hatten furchtbare Angst, weil wir ja nur die Entlassungspapiere hatten, noch keinen Pass. Und wir haben gesagt: »Hier ist der Brief, die Einladung, wir wollen Freunde besuchen in Brandenburg«, und das haben sie uns irgendwie auch abgenommen. Wir sind dann aber in Berlin ausgestiegen, auch unter tausend Nöten, und sind in Charlottenburg raus und haben es auch geschafft. Und da hat uns gerettet, dass wir keinen gelben Schal anhatten. Wir haben nämlich in Eberswalde alle einen gelben Schal bekommen, und wer einen gelben Schal hatte, der war gleich verdächtig. Es war damals sehr schwer für uns in Berlin. Uns wurde immer wieder eingebleut, entweder in größeren Gruppen zu gehen oder uns irgendwie an Polizisten zu halten. Es gab Leute, die uns ausgeliefert hätten, die auch was dafür gekriegt hätten.

I: *Das gab's?*

K: Das gab's, ja. Es ist uns nichts passiert. Wir waren ja auch immer sehr vorsichtig und ängstlich. Man hat sich kaum etwas getraut. Wir haben auch nicht unsere Bekannten in Berlin besucht, gar nichts! War man viel zu verschüchtert. Von Berlin wurden wir dann ausgeflogen nach Friedland, und dann wickelte sich das Übliche ab.

I: *Aber da hatten Sie ja überhaupt keine Existenzgrundlage!?*

K: Wir hatten überhaupt keine Existenzgrundlage, gar nichts. Wir kamen dann in einer Nacht- und Nebelaktion in solch ein ganz kleines Kaff bei Karlsruhe. Dort haben wir Ausweise bekommen, und dann in dieses kleine Kaff bei Buchen zu einer sechswöchigen Erholung. War alles geplant, was uns ja wieder für unsere damalige Mentalität vollkommen zugute kam, wir waren ja keine Menschen, die etwas entscheiden konnten. Und dann hat man zwölf von uns nach Pforzheim die Zuzugsgenehmigung gegeben. Und als wir nach Pforzheim kamen, hieß es: ins Lager! Und dann waren mein Mann und ich die einzigen, die ganz stur waren. Wir sind zum Wohnungsamt marschiert und haben gesagt: »Uns ist zugesichert worden, wir kriegen eine Wohnung, und wir wollen die Wohnung!« Und zehn von uns sind ins Lager gegangen, freiwillig. Aber wir haben gesagt, das machen wir nimmer: Wenn wir erst drin sind, kommen wir nicht mehr raus! Sind wir ganz stur auf dem Wohnungsamt geblieben. Wir hatten einen riesigen Koffer für neun Mark aus dem KaDeWe, Vulkan-Fiberkoffer, und der war prall gefüllt mit Butter und Kakao. Jede Stelle spendete uns Butter und Kakao, sonst nichts. In diesem Erholungslager wurde dann die Butter zu Butterschmalz ausgelassen. Wir hatten also eine riesige Trommel mit Butterschmalz. Die hatten wir immer dabei, mit einem Strick eingebunden. So waren wir da auf dem Wohnungsamt mit dem Vulkan-Fiberkoffer, dieser Butterschmalztonne und ein paar alten Klamotten von der Caritas. Ein Messer hatten wir, einen Teelöffel, eine Blumenvase, das war alles, was wir besaßen. Und jetzt hieß es: »Wir haben nichts für Sie. Sie müssen ins Lager.« Ich sag: »Nee, wir haben doch was. Hier ist eine Bank, hier ist eine Toilette, da ist eine Waschgelegenheit. Wir bleiben hier.« Da ist mein Mann los, hat Brötchen geholt. Wir hatten ja genug Butterschmalz. Wir haben den Strick aufgebunden, die Brötchen gestrichen, Milch getrunken – wir blieben. Abends um fünf hatten sie was für uns. Da haben sie uns in die Grüne Minna gesteckt und in die stinkfeinste Gegend von Pforzheim gefahren. Eine tolle Villa! Es war ein Gärtnermeister, so ein Großgärtner, der sich die Villa erst gekauft hatte, und da war das ehemalige Jagdzimmer zu vermieten, mit einer Terrasse dran und mit einem Erker, ein paar Stufen hoch. Das war für uns natürlich ein Paradies. Und wir haben vielleicht gedacht, wie wir da mit der Polizei und mit unserem Gepäck vorgefahren sind, dass die Leute dann sagen: nein. Und wir haben tatsächlich das Zimmer bekommen, wir waren uns sofort sympathisch, dies junge Ehepaar und wir. Wir konnten natürlich nicht gleich dort wohnen. Wir haben inzwischen 600 Mark Entlassungsgeld bekommen pro Person und fanden uns sehr reich und haben dann in einer billigen Pension gewohnt, bis wir erstmal das Nötigste hatten.

Ausführlich berichtet sie, wie sie sich eine neue Existenz aufbaute: Es war schwierig, einen Haushaltskredit zu bekommen, sie seien nicht kreditwürdig, und vor allem eine Arbeit, sie seien so schwer zu vermitteln, weil sie so schäbig angezogen seien.

Das Kultusministerium in Stuttgart suchte damals einen schwerbehinderten Pförtner, dafür bewarb sie sich. Sie kam statt dessen an einen Zentralschreibtisch in einem Schreibbüro, später war sie bei der Hochschul-Abteilung. Sie konnte aber weder Schreibmaschine noch Steno. Dort wurde einer der Chefs auf sie aufmerksam und riet ihr, noch eine Ausbildung zu machen. Mit 35 Jahren ging sie noch an die Uni nach Heidelberg und machte nach drei Jahren das Bibliothekarsexamen. Schließlich leitete sie die Landtagsbibliothek bis zu ihrer Pensionierung.

K: Die mussten mich wirklich treten, dass ich das machte, denn ich hatte überhaupt keinen Mumm mehr. Man hat sich doch lange, sehr lange nichts mehr zugetraut. Das hat Jahre gedauert.

I: *Also die psychischen Nachwirkungen waren noch gravierender als die physischen, oder beides?*

K: Ich habe mich eigentlich verhältnismäßig bald davon gelöst, weil ich mir gesagt habe: Du tust dir keinen Gefallen, wenn du da immer drandenkst. Was sehr schlimm war, waren die Träume, das war furchtbar. Das war zuerst so schlimm, dass ich aus dem Bett gesprungen bin, schreiend, und an die Türen geschlagen habe: raus, raus, raus! Das ist jetzt besser. Aber wenn ich was sehr Unangenehmes habe, dann träume ich wieder von der Gefangenschaft, und zwar immer, dass ich das zweite Mal drin bin, aber jetzt hoffnungslos, ja.

I: *Das ist so der Alptraum…*

K: Das ist er. Der kommt immer wieder, und zwar bei unangenehmen Sachen oder bei großen Sorgen.

I: *Aber Sie mussten nicht in psychiatrische Behandlung?*

K: Nein, nein, das musste ich nicht, nein. Ich habe mir von Anfang an gesagt, du hast ein Gehirn, du musst dich davon freimachen und musst nicht immer dich selber bedauern, denn es hätte eigentlich nur Nachteile gebracht, weil die schöne Zeit, die man als junge Frau hätte verbringen können, die ist unwiderruflich weg, ja. Und z.B. mit den Versorgungsämtern, da muss man heute noch die größten Demütigungen hinnehmen.

Sie erzählt, dass sie mehrere Prozesse führen musste, um die Kriegsschäden anerkannt zu bekommen. Meistens hat sie gewonnen. Jetzt (1998) läuft ein Antrag auf Höherbewertung bezüglich des Ausgleichs von verfolgungsbedingten Nachtei-

len in der Rentenversicherung aufgrund des Gesetzes zur Bereinigung von SED-Unrecht.[9]

K: Und das war so ein junger Richter, der wusste nicht mal, was Workuta ist. Und anerkannt wurden lauter so läppische Sachen, bei denen man sagen kann, das ist nach zwei, drei Jahren weg. Die wirklich schlimmen Dinge, die mich z.B. furchtbar plagen, also ich bin eine in ganz L. »berühmte« Asthmatikerin (*lacht bitter*), das nicht, das ist nicht anerkannt, sei anlagebedingt, das könnte ja was bringen. Und einer hat mal zu mir gesagt: »Ach, wissen Sie, ihr seid ja alle Rentenjäger! Es ist schon keiner in der DDR verhaftet worden, der nichts gemacht hat!«

I: *Da könnte man ihn aber eigentlich verklagen.*

K: Das habe ich auch getan. Denn das ist eine Frechheit. Wir haben ja praktisch die Kollektivschuld zahlen müssen. Denn meine Generation, ich konnte den Hitler gar nicht wählen! Ich war acht Jahre, als der 1933 ans Ruder kam.

Es war irgendwie alles so ungut, und wissen Sie, es ist dann auch so, man resigniert irgendwann. Wenn ich jeden Tag wieder da runter an den Briefkasten muss und denke, hoffentlich ist es nicht schon wieder was vom Versorgungsamt. Das ist eine richtige kaltherzige Ablehnungsmaschinerie. Es ist jedesmal dieses Demütigende.

I: *Ich kann mir auch vorstellen, dass es überhaupt schwierig ist mit Menschen, die das alles nicht miterlebt haben, sich da überhaupt verständlich zu machen.*

K: Ja, die interessiert das gar nicht, die meisten. Also da wundere ich mich manchmal und denke, es ist doch letztlich ein Stück Zeitgeschichte. Das merke ich in meinem Bekanntenkreis, es ist völlig uninteressant. Bis auf ganz wenige Ausnahmen.

I: *Sie waren dann später ein zweites Mal verheiratet. Hatten Sie Kinder?*

---

9 Die Entlassenen wurden direkt aus dem Lager Friedland nach Karlsruhe gebracht und dort im Auftrag des Versorgungsamtes untersucht. Das ging alles sehr schnell. Es wurden einige Schäden anerkannt, die man später leicht streichen konnte. Durch diesen Zeitdruck bei der ersten Untersuchung wurde ihr schwerstes Leiden, das Asthma, bis heute nicht als kriegsbedingt anerkannt. Es wurde auch nur der Verlust von zwei und nicht fünf Zähnen anerkannt, obwohl ihr beim Verhör zwei davon ausgeschlagen worden waren. Insgesamt ist sie seit 1986 100 % beschädigt, aber nur 50 % davon gelten als Kriegsschäden. Um die Bewertung der Kriegsschäden musste sie immer wieder kämpfen. Zunächst waren es 70 %, dann nur noch 50 %, dann weniger als 30 %, danach aufgrund einer Klage 30 %, kurzfristig 80 % und letztendlich wieder 50 %. Eine außergewöhnliche Gehbehinderung, die sicher mit durch die ungeheuer schweren Belastungen der Haftzeit bedingt ist, wurde erst im Februar 1998 (sic!) anerkannt. (Nach schriftlicher Mitteilung vom 12. 2. 1998)

K: Im ganzen sogar dreimal. Das Kind aus erster Ehe habe ich sehr bald verloren. Danach haben wir dann keine Kinder mehr gehabt.

I: *Das ist auch eine Nachwirkung.*

K: O ja. Also dem trauere ich auch sehr nach, doch, wirklich.

I: *Und mit dem ersten Mann, ging es nicht gut.*

K: Nein, das konnte nicht gut gehen. Ich möchte das so sehen: Wir haben uns in zu schlechten Situationen gesehen, als dass wir die Achtung voreinander haben konnten, die es eigentlich braucht. So schlechte Lebensbedingungen, die können auch zerstörerisch sein.

Und das zweite Mal war ich mit einem Schwaben verheiratet, der nicht viel Verständnis hatte, auch nicht für die verschiedene Landsmannschaft. Dieser Mann war seelisch krank und starb an dem Leiden. Mein dritter Mann war ein wunderbarer Mensch, und der musste so früh an Krebs sterben, ganz elend.

I: *Und jetzt leben Sie schon längere Zeit allein?*

K: Ja, acht Jahre. Und ich komme mit mir selber auch recht gut aus (*lacht*). Ich möchte mich nicht nochmal binden. Nein, wissen Sie, es ist schon sehr schwer, allein zu leben und das Gefühl zu haben, es ist vollkommen egal, ob es dir gut oder schlecht geht, im Grunde genommen interessiert das ja doch niemanden. Ich hab einen guten Freundeskreis, aber es sind halt Freunde. Die Familie ist denen letzten Endes doch wichtiger.

I: *Und eine Frau, die ähnliches erlebt hat, haben Sie nicht wieder getroffen?*

K: Nein, höchstens von den ehemaligen Haftkameraden, und viele sind nicht wieder auf die Beine gekommen. Und da ist auch merkwürdigerweise ein gewisser Abstand. Es gibt auch viele, die immer wieder die Sache hervorgraben, und das will ich nicht.

I: *Und wie stehen Sie jetzt zu den Russen?*

K: Ich habe auch nette Russen kennengelernt. Vom Untersuchungsgefängnis habe ich ja schon erzählt. Es gab immer wieder auch Hilfsbereitschaft. Es gab immer solche und solche. Ich war mit einer russischen Ärztin befreundet, die nachher die Freundschaft aufgehoben hat, weil ich nicht mit ihr fliehen wollte. Das hat sie mir sehr übelgenommen. Aber das wäre eine gute Freundin gewesen. Und wir hatten ja auch viele Russen im Lager. Die russische Intelligenz, die hockte da ja auch zum großen Teil.

I: *Ich muss noch einmal die Frage stellen: Wie hat man diese Gefangenschaft durchgehalten?*

K: Also, wenn Sie mich das jetzt fragen, dann möchte ich sagen, einfach die Überforderung. Sie hatten gar keine Zeit und keine Kraft zu sagen: Wie kann ich mich aus dieser Situation befreien? Sie konnten sich auch nicht befreien. Und es hat einen eigentlich wirklich nur aufrechterhalten, dass man echte Kameraden hatte. Man hat nie an Selbstmord gedacht. Man hat gedacht, ich möchte nicht mehr leben, aber mein Gedankengang z.B. war: Also, wenn du stirbst, dann möchtest du nicht so sterben und so verscharrt werden. Wir konnten ja unsere Leute gar nicht begraben, denn es war ewiger Frost, wir konnten sie im Sommer so ein bisschen verscharren, das war alles. Ich habe immer gedacht, so gar nicht betreut, so möchtest du auch nicht sterben. Ob einen das aufrechterhält? Ich weiß es nicht.

Und dann war einmal eine Kameradin, mit der ich mich recht gut verstanden habe, die war von einem Lastwagen überfahren worden, und der Kopf war ganz zerquetscht. Und wir haben es gerade gesehen und haben geheult. Und da kam der Posten und hat gesagt: »Was wollt ihr denn? Ihr seid ja nur 'n Stück Fleisch mit 'ner Nummer.«

Wie ich Ihnen vorher schon sagte: Knie, Arm, Mütze, das war rausgeschnitten aus den Sachen, damit man gleich sieht, wenn man das abtrennt, dass da die Löcher sind und es sich um Gefangene handelt. Eigentlich … ist es noch schlimmer als das, was ich jetzt so sage. Es war noch viel schlimmer.

»Ich hab gelebt wie im Traum…«

LIESELOTTE S. (1921)
Tochter eines Landarbeiters und Dienstmädchen
aus Brandenburg

Vorbemerkung

Lieselotte S. wurde 1921 als drittes von fünf Mädchen geboren. Der Vater, zunächst Fabrikarbeiter, zog wegen einer Staublunge mit der Familie aufs Land und wurde Landarbeiter an mehreren Orten bei Magdeburg. Er starb 1935 an Tbc. Die Mutter bekam keine Rente. Sie und ihre Töchter (eine starb ebenfalls an Tbc, die zweite an den Folgen einer Abtreibung) mussten sich mit eigener Arbeit über Wasser halten. Lieselotte kam nach Abschluss der Volksschule zu einem Bauern, wo sie schwer arbeiten musste und von dem Bauern vergewaltigt wurde. Bei Kriegsausbruch arbeitete sie als Dienstmädchen in einer kleinen Pension. Während des Krieges wurde sie zur Reichsbahngehilfin ausgebildet. Nach Kriegsende entlassen, konnte sie die Ausbildung zur Volkslehrerin machen und legte die Prüfung mit Erfolg ab. 1948 ging sie, um politischem Druck zu entgehen und weil sie sich den großen Klassen, die sie zu unterrichten hatte, nicht gewachsen fühlte, in den Westen zu ihrer Schwester. Sie heiratete einen 22 Jahre älteren Mann. Er wurde schwer krank, durch die Krankheit alkoholabhängig und ein Pflegefall. Er starb 1970. Sie hat drei Töchter und mehrere Enkel und lebt heute am Rande Stuttgarts.

Ich lernte Lieselotte S. bei den »Grauen Panthern« in Stuttgart kennen. Dort stellte ich 1989 meine Arbeit vor, um Frauen für Interviews zu gewinnen. Damals hatte ich noch nicht viele Gespräche geführt. Ich war darauf gefasst gewesen, viel Schlimmes und Schreckliches zu erfahren und deshalb überrascht, in den ersten Gesprächen von einer Frau zu hören: »Der Krieg war meine schönste Zeit!« Von dieser Frau erzählte ich unter anderem und eher beiläufig, um zu verdeutlichen, wie wichtig es sei, die Frauen selbst zu hören, um ein zutreffendes Bild von ihren Kriegserfahrungen zu bekommen. Die lebhafte Diskussion im Anschluss an meine Einleitung drehte sich um ganz andere Fragen. Lieselotte S. blieb ganz schweig-

sam. Als ich am Ende um Meldungen für Interviews bat, winkte sie mich zu sich heran und sagte ganz unvermittelt: »Ich kann das verstehen, wenn jemand sagt, das war meine schönste Zeit, zum Teil kann ich das verstehen. Aber was ich da gedacht und gesagt hab, das können Sie sich gar nicht vorstellen.« Wir vereinbarten einen Termin. Am 23. 11. 1989 besuchte ich sie in ihrer Wohnung. Das zweite Gespräch wurde von einer Mitarbeiterin am 3. 5. 1991 geführt. Die Mitarbeiterin Angelika Mendau, eine Frau aus Ostberlin, lernte ich nach der Wende kennen. Sie hatte damals eine ABM-Stelle im Bürgerhaus Berlin-Grünau und leitete u.a. ein Projekt »Lebensgeschichten«, für das wir gemeinsam zwei Werkstattseminare in Berlin-Grünau veranstalteten. Angelika Mendau schrieb auch verschiedene Features für den Funk. Sie interessierte sich für die von mir gesammelten Lebensgeschichten. Die Geschichte von Lieselotte S. faszinierte sie so, dass sie sie durch meine Vermittlung in Stuttgart aufsuchte und sich einen ganzen Tag von ihr erzählen ließ. Ich transkribierte die für mich relevanten Teile. Aus den Erzählungen entstand ein Feature: »›Ich wollte immer sein wie alle‹. Erinnerungen und Bekenntnisse der Lieselotte S.«, dessen Manuskript Angelika Mendau mir auch überließ. Ihr Interesse richtete sich nicht primär auf die Kriegserfahrungen, sondern hauptsächlich auf die innere Entwicklung dieser Frau. Die Erzählungen über den Krieg deckten sich weithin mit denen, die sie mir auch berichtet hatte. Einige anschauliche Einzelheiten wurden aber aus dem Transkript vom 3. 5. 1991 eingefügt, ohne dass sich deshalb der Erzählfluss meines Interviews und der Charkater des Gesprächs veränderten, weshalb im folgenden die Einfügungen aus dem Gespräch mit Angelika Mendau nicht eigens gekennzeichnet werden.

S: Ich glaub nicht, dass Sie so mit Menschen, so wie ich bin, überhaupt zusammenkommen, denn Sie sind Professor.

I: *Ja, das stimmt.*

S: Und ich, wie soll ich das jetzt sagen ... Sie sehen ja, wie ich hier wohne, sozialer Wohnungsbau, und die Wohnung ist schön, weil vor zehn Jahren alles umgebaut worden ist, das waren alles sehr einfache Wohnungen. Ich bin ja auch ... mein Vater ist Arbeiter gewesen, auf dem tiefsten Land. Wenn jemand zu Ihnen sagt, der Krieg war meine schönste Zeit, ich kann das verstehen, dass das jemand sagt. Ich kann es verstehen. Es war nicht meine schönste Zeit, aber ich kann's verstehen, dass es Frauen gibt, die sagen, es war meine schönste Zeit. Da war ich BDM-Führerin, sonst war ich Dienstmädchen, da war ich was, da war ich BDM-Führerin, und deshalb. Und die beten jetzt immer noch Hitler an. Die haben noch Hitlerbilder, ja, die haben sich überhaupt nicht weiterentwickelt, denken nicht nach. Jetzt, unbedingt jetzt, wollen sie wieder so einen Mann wie Hitler haben, der Ordnung bringt. Hitler hat für sie Ordnung gemacht, die Arbeitslosigkeit beseitigt, und über alles, was jetzt so passiert, dass das alles noch Kriegsfolgen sind, davon wollen sie gar nichts wissen. Was jetzt mit der DDR ist, sind Kriegsfolgen, ja? Das ist doch schon lange vorbei, so denken die, da muss doch mal Schluss sein, ja? Und ich denke jetzt, ich bin ja, als der Krieg ausgebrochen ist, war ich 18 Jahre, da war ich auch Dienstmädchen. Das war früher so, wenn man arm war. Da war ja Arbeitslosigkeit, und auf dem tiefsten Land gab's keine andere Möglichkeit. Und da bin ich im Harz gewesen, in Hahnenklee, da war ich Zimmermädchen.

I: *Was war das für eine Familie?*

S: Das waren zwei alte Damen, die hatten so eine Pension. Und ich weiß noch, ich hab da im Wohnzimmer Staub gesaugt, eine von denen hatte ihr Radio angestellt, und auf einmal, die war außer Rand und Band: »Jetzt schießen wir zurück, wir schießen zurück, jetzt ist Krieg!« Die war so voller Freude, das war eine alte Frau, vielleicht so über 50. Ich war 18 Jahre. Und ich hab das gehört, das hat überhaupt nicht, ich weiß gar nicht, wie ich da war, gar nicht betroffen gemacht und nichts. Der Krieg war ja weit weg. Und dass wir zurückschießen, das alles, das hab ich ja geglaubt. Polen ist eingefallen, gelt?

I: *Das stand so in der Zeitung...*

S: Ach, ich hab doch überhaupt keine Zeitung gelesen. Denken Sie, ich hab früh aufstehen müssen und den Tag über schwer körperlich arbeiten, man ist so jung, da waren ja Zeitungen ... Ich war immer so müde, und dann bin ich nur mit diesen beiden alten Damen zusammengekommen. Viele Gäste waren da ja nicht, ein paar junge Mädchen, die noch da waren, wir haben gar nicht darüber gesprochen, alles war so weit weg. Die jungen Mädchen, die da noch da waren, die sind nach Haus gefahren, glaub ich. Ich war noch bis zuletzt da, ist mir ja auch gekündigt worden.

I: *Hat sich die ganze Geschichte aufgelöst?*

S: Es kamen keine Gäste mehr, und da bin ich auch nach Haus, und meine Mutter hatte dann eine ganz kleine Wohnung, meine jüngste Schwester war noch da.

I: *Wieviele Geschwister waren Sie?*

S: Wir waren fünf Mädchen, und ich bin die mittlere, und jetzt, vielleicht war ich deshalb so. Ich kann Ihnen das gar nicht sagen, kann das gar nicht erklären, wie ich gewesen bin, ich bin da erst jetzt rausgekommen. Und dann bin ich wieder nach Hause, musste natürlich auch gleich wieder arbeiten, mein Vater ist sehr früh gestorben, meine Mutter hat keine Rente gekriegt, es war nichts da. Das war einfach so, das war bei anderen Leuten auch so, das war so ... war ich dann wieder in Stellung. Und da musste ich mal nach Magdeburg reinfahren mit dem Zug. Und dann hab ich am Bahnhof dort gelesen, es werden Leute eingestellt an unserem kleinen Bahnhof. Dann bin ich da reingegangen und hab gefragt, was sie brauchen. Im Haushalt arbeiten und putzen, das war für mich so schlimm, ich bin so unglücklich gewesen die ganze Zeit über, denn ich war ein Mensch, der lernen wollte.

I: *Das stand damals gar nicht zur Diskussion?*

S: Nein. Ich wäre sehr gerne auf eine höhere Schule gegangen, ich hab sehr darunter gelitten, ich bin richtig unglücklich gewesen. Ich weiß, wir mussten einen Aufsatz schreiben in der Schule, was ich mal werden wollte. Da war ich zwölf Jahre. Da hab ich mich auf den Tisch gelegt und hab immer bloß geweint, weil ich gewusst hab, (*es kommt*) nichts, keine Berufsausbildung, da kommt die Hoffnungslosigkeit ... Als ich zehn Jahre alt war, ist bei meinem Vater die Tbc ausgebrochen, und wo ich vierzehn Jahre alt war, da ist mein Vater gestorben. Und in der Zeit, als mein Vater krank gewesen war, da sind wir rausgesetzt worden aus der Wohnung. Unsere Sachen standen auf dem Hof. Wir mussten da raus, weil der Bauer, bei dem mein Vater gearbeitet hat, wieder einen anderen Arbeiter, eine Arbeiterfamilie, gebraucht hat, und wir haben keine Wohnung gekriegt. Und dann standen unsere Sachen auf dem Hof, und dann hat uns der Arbeiter, der eingezogen ist in unsere Wohnung, der hat uns dann aufgenommen. Das ist auch etwas, was ich gar nie vergesse, ein armer Mensch, der hat uns geholfen. Das war für mich ganz schlimm, dass man einfach die Wohnung verlieren kann, und die Möbel stehen auf dem Hof...

Ja, ich wollte ja von dem Bahnhof erzählen. Bin ich also hin und hab den Bahnhofsvorsteher gefragt, ob er nicht jemand braucht, und der hat mich eingestellt. Sagt: »Wir brauchen 'ne Putzfrau.« Und das war auch wieder nicht mein Wunsch, aber ich hab drei Wochen geputzt, und dann durfte ich zu ihm ins Büro, und dann hat er gesagt: »Sie sind 'ne intelligente Frau, und Sie können jetzt das und das machen.« Hat er mich angelernt, dass ich seine Arbeit gemacht hab, und nebenher hab ich noch 'ne richtige Ausbildung gemacht als Fahrkartenverkäuferin, dass ich dort vertreten konnte. Und von morgens acht bis abends acht hab ich da gearbeitet, zwei Stunden Mittagspause. Und wenn die Fahrkartenverkäuferin dort weggegangen ist, dann hab ich Fahrkarten verkauft, und das war sehr schön, da hab ich 'ne richtige Ausbildung gemacht, und das war für mich großartig, also alles, was man auf einem kleinen Bahnhof macht, Fahrkarten verkaufen, an die Sperre gehen, Fahrkarten knipsen, Gepäck verschicken und alles, hab ich alles gemacht, da war ich, wie nannte sich das? – Reichsbahngehilfin. Und dann hat der Bahnhofsvorsteher gesagt, er braucht jemand, der ihm hilft in seinem Büro, und ich soll das machen. Also, das war alles nicht schwierig. Also beruflich war das für mich die schönste Zeit, ja. Das hab ich gerne gemacht, da hab ich mich drin sehr wohlgefühlt. Das konnte ich alles leisten, musste nicht mehr putzen, das wollt ich nicht. Ich wollt nicht mehr Dienstmädchen sein. Na ja, das war 1941. Und ganz in der Nähe war ein großes Panzerzeugamt mit ganz schweren Sachen. Die kamen rein und wurden dort fertiggestellt und wurden dann angefordert, gingen nach Russland. Unser Bahnhofsvorsteher, der war schon alt, der hat sich um nichts mehr gekümmert, hab immer alles ich gemacht. Ich musste immer die großen schweren Wagen bestellen. Dann musste ich rumlaufen in dem Panzerzeugamt und gucken, ob die schweren Güterwagen auch da waren, musste immer die Nummern aufschreiben, also ich hatte da 'ne wirkliche Aufgabe. Und da auf dem Bahnhof waren ja auch 'ne ganze Menge Männer, und ich hab mich so gewundert, dass niemand über den Krieg gesprochen hat, nie, gar nicht. Einmal hatten wir einen alten Mann da, und ich bin ja da auf dem Bahnhof, weil ich ja alles gemacht habe, überall reingekommen, dann war da so'n alter Mann, das war ein Beamter, und ich hatte ja zwischendurch immer Zeit, und wenn da kein Zug kam, dann bin ich überall hinein. Dann war da ein Aufenthaltsraum, wo die Bahnarbeiter drinnen waren. Da hat dann der Aufseher, wenn es ganz schlechtes Wetter war im Winter, die Russen mit reingebracht, die da gearbeitet haben, die gefangenen Russen, kriegsgefangene Russen. Und ich war da auch mal mit drin. Die hatten für mich, wie soll ich das sagen, gar kein Gesicht, die waren alle, also, man hat immer bloß, was die angehabt haben, gesehen, und die haben sich gewärmt, und ich war da drin, und keiner hat mich angesprochen. Und der Beamte, der dabei war, der war sehr freundlich zu diesen Leuten. Und der hat öfter mal einen Witz erzählt über Hitler und über Göring, und ich hab die nicht behalten, ist ja auch egal. Und dann kam einer rein, und der hat gesagt: »Du, wenn du damit nicht aufhörst, wirst du mal im KZ landen.« Aber es hat ihn niemand verpetzt. Ich hab das erste Mal was gehört von KZ. Da hab ich gesagt: »Was ist das, KZ?« Und da haben die gesagt, da kommen welche rein, die umerzogen werden, eben Kommunisten oder sowas. Dann war das für mich erledigt, KZ. Und das hab ich auch geglaubt, da kommen bloß welche hin, werden politisch geschult oder so was, ja.

Und dann kam der Angriff auf das Panzerheereszeugamt, Fliegerangriff. Der ist aber danebengegangen. In dem Haus, in dem wir gewohnt haben, da ist viel zerstört worden, daneben ist 'ne Bombe gefallen. Und von da an haben wir Angst gehabt, da sind wir bei jedem Fliegeralarm raus in den Garten, da hat einer ein Loch gemacht. Also das ganze Panzerheereszeugamt, das war ja noch heil, ging alles noch weiter wie vorher.

I: *Das war Ihr erstes wirkliches Erleben vom Krieg selber?*

S: Ja, und da brannte es überall so, das hab ich erst hinterher erfahren, ein Waffendepot oder was da war. Es waren die Fensterscheiben alle kaputt. Dann sind die Flieger meistens darüber weggeflogen nach Berlin. Und dann gab's Alarm, und wenn sie zurückkamen, gab's wieder Alarm, und wir immer in den Garten in das Loch hinein. Obwohl wir jung waren, da konnten wir's nicht mehr aushalten nach dem Erlebnis. Da war Schutt und alles in unserem Garten. Und dann haben wir wieder weitergemacht auf dem Bahnhof, weitergearbeitet. Es ging weiter mit dem Panzerheereszeugamt da, und waren auch viele Soldaten da, da hab ich öfter Dienst machen müssen. Samstags auch, und öfters dann auch mal wieder Sonntagsdienst. Ja, es haben ja alle so gearbeitet. Aber der Fliegeralarm, das war eben sehr schlimm. Dass man so nichts kaufen konnte, war für mich gar nicht so furchtbar schlimm, weil wir vorher ja auch sehr arm gewesen sind. Das war gar nicht so schlimm. Wir haben ja auch gar nichts gesehen da, was wir hätten kaufen wollen. Dann haben wir ja auch Raucherkarten bekommen, wie wir zwanzig waren, glaub ich, und Mutter hat uns immer was eingetauscht. Jedenfalls, es war Krieg, und ich hatte da eine richtig gute Stellung, also ich muss wirklich sagen, durch den Krieg bin ich da rausgekommen, hab was lernen können. Durch den Krieg, sonst wäre das nicht. Denn nach dem Krieg war's aus, ja?

I: *Da kamen die Männer wieder…*

S: Die schon Beamte waren. Und ich war angestellt und hatte auch etwas Geld verdient, aber, nun ja, das war nicht viel wert, weil man nichts kaufen konnte. Und dann, daran kann ich mich noch so gut erinnern, ich war dann vier Jahre da, dann hieß es, die Beamtenlaufbahn ist geöffnet, hab ich mich beworben. Ich hätte Beamtin werden können, das wollte ich. Das wär doch was anderes als Dienstmädchen, ja, das hab ich eingereicht gehabt. Unser Bahnhofsvorsteher war Mitglied in der Partei, dann war der Ortsgruppenleiter, der war auch in der Partei, die haben immer ihre Abzeichen getragen, und niemand hat von mir verlangt, dass ich in die Partei gehen soll. Ich hätte Beamtin werden können, aber dann war der Krieg aus, dann war's vorbei. Ich hätte können, ohne Parteimitglied zu sein, ich bin nie im BDM gewesen und in gar nichts drin.

Als ich zwölf Jahre alt war, da wär ich sehr gern BDM-Mädchen geworden, bloß wegen der Uniform. Aber da hat mein Vater noch gelebt, und der hat gesagt, er kann uns die Uniform nicht kaufen. Ob das nun der wirkliche Grund war, das weiß ich nicht. Die Uniform hätt ich wahnsinnig gern gehabt. Und dann nachher bin ich ja im Haushalt gewesen, musste ich nicht in den Arbeitsdienst, ja, und dann, und dann war ich auf der Bahn. Und nach und nach durfte ich halt immer mehr machen. Unser Vorsteher, der hat gesagt: »Ich fahr mal nach Magdeburg, und wenn jemand anruft, sagen Sie, ich bin beim Zahnarzt.« *(Lachen)*

I: *Der wusste, er konnte Ihnen alles überlassen.*

S: Ja, ja, ich hab das gut machen können. Kasse und alles und die Wagen. Und dann sollten wir Zuckerrüben verladen, da kamen die Bauern rein. Und dann hat einer mir *(ein)* paar Fleischmarken hingeschoben, damit er bevorzugt wird, und da war ich so wütend. Das konnt ich nicht...Ich war so wütend, und da hab ich gedacht: »Bestimmt geht das bei dem Bahnhofsvorsteher so.« Ja, das war vielleicht auch Dummheit, weiß ich nicht, aber ich hab's nicht gekonnt.

Und dann kam ein ganz schwerer Angriff auf das Heereszeugamt, und dann ist es zerstört worden, dann ging da nichts mehr. Und da ging, Gott sei Dank – das Dorf war ja sehr klein – nichts mehr. Doch, ein Haus ist zerstört worden. Und da haben sie das Panzerzeugamt richtig getroffen. Aber der Bunker, der da drin war für die Menschen, der Schutzbunker, der war nicht zerstört, aber wir konnten schon vorher nicht rein, und da konnten wir erst recht nicht reingehen, wir hätten dürfen, aber da war alles zu, ich konnte nicht in so'n Bunker reingehen. Ich hab mir den mal angeguckt, und alles war so zu, man war wie in 'ner Mausefalle und konnte nicht mehr raus. Da sind wir lieber in den Garten in unser Loch gekrochen. Haben Sie sie auch gesehen, die Tannenbäume?

I: *Ja, die Christbäume...*

S: Christbäume, über Zerbst und über Dessau standen die. Dann sind Zerbst und Dessau schwer bombardiert worden und dann auch Magdeburg, und dann haben wir ganz lange noch den roten Schein gesehen, es hat gebrannt. Jede Nacht ging es wieder in den Keller, jede Nacht! Dann fingen sie an mit Vernebeln. Das Panzerzeug war ja nun schon total erledigt, dann kamen diese Nebelschwaden, kennen Sie ja auch.

I: *Das hab ich vergessen...*

S: Das kam ... (*Satz bricht ab. Gemeint: Dann kamen auch immer die Angriffe.*) Die Bahn, das wurde immer wieder gemacht, dass die Züge noch fahren konnten. Dann war ja auch diese Sperre, dass man nicht mehr fahren durfte, Zivilleute durften nicht mehr fahren. Ich hatte da ja Vollmacht von dem Bahnhofsvorsteher. Ich durfte alles unterschreiben mit meinem Namen. Und dann gab es die Freifahrscheine. Und ich hab mich immer so empört: Wir hätten eigentlich Anspruch gehabt auf Freifahrscheine, aber wir haben keine gekriegt, weil wir nicht fahren durften. Dann weiß ich noch, da hab ich mir das so überlegt, wie ich das machen soll. Ich wollte nach Stuttgart fahren, weil meine älteste Schwester war in Weil der Stadt. Dann weiß ich noch, ich hab für mich einen Freifahrschein zweiter Klasse ausgestellt, für mich wäre ja nur dritter Klasse erlaubt gewesen, und bin damit hin- und zurückgefahren nach Stuttgart. (*Lachen*)

I: *Da haben Sie wenigstens einmal was davon gehabt.*

S: Ja, so leichtsinnig ist man, und ich bin zweiter Klasse gefahren, das war großartig, da war ich jung und hab gedacht, das mach ich einfach mal. Aber das hat natürlich niemand gewusst, nur meine Mutter, und so Sachen macht man im Krieg, und alles, weil man jung ist. Bei Ihnen war das ja anders. Sie waren noch in der Schule.

I: *Ja, ich war in der Schule.*

S: Ich bin ja mit vierzehn Jahren aus der Schule gekommen in Stellung. Und in der Schule, '33, war ich zwölf Jahre, da hatten wir einen alten Lehrer, der hat überhaupt nichts darüber (*sie meint: über Hitler und die Nationalsozialisten)* gesagt.

I: *Gar nichts?*

S: Gar nichts. Ja, und zu der Zeit mussten wir öfters ins Gasthaus gehen, da hat der Führer gesprochen, und da hab ich die Stimme vom Führer gehört, das weiß ich noch.

I: *Wie haben Sie darauf reagiert?*

S: Ach, wir haben überhaupt nicht zugehört. Nein, aber alle Leute, die zu Hause waren, mussten. Ich hab halt gehört, dass der da geschrien hat, der hat ja fürchterlich geschrien, aber es hat mich überhaupt nicht interessiert, nee. Es ist ja nicht an uns rangekommen. Mein Vater war zu der Zeit fast immer im Krankenhaus, weil er offene Tbc hatte, der war selten zu Haus; als ich vierzehn war, ist er ja gestorben. Ich weiß nur noch, das muss 1932 gewesen sein, da hat mein Vater gesagt, wenn Hitler an die Macht kommt, haben wir in ein paar Jahren Krieg. Mein Vater war Landarbeiter. Ich kann mir's nicht erklären, wieso der das gewusst hat, aber vielleicht jetzt. Mein Vater war sensitiv, ich weiß erst seit ein paar Jahren, was es bedeutet, weil ich es auch bin und meine jüngste Tochter auch.

I: *Wie ist das, erklären Sie mir's bitte.*

S: Sensitiv?? (*zögert*) Ich hab gewusst, dass Sie noch irgendwann kommen werden.

I: *Vorgefühl haben?*

S: Ja so, ich kann nicht sagen, wann das gewesen ist, dass ich an Sie gedacht hab, ob es paar Wochen her sind, ich weiß nicht.

I: *Jetzt?*

S: Ja, obwohl es doch so lange her war (*sie meint: dass wir uns bei den »Grauen Panthern« gesehen haben*).

I: *Interessant…*

S: Oder, ich sehe andere Zusammenhänge. Sie, sie machen Geschichte, und ich interessiere mich für das, was Menschen … für den einzelnen Menschen, wieso das kommt, aber das gehört ja nicht zum Thema vom Krieg.

I: *Doch, das interessiert mich auch sehr.*

S: Mein Vater war sensitiv und seine Mutter auch. Ich bin in der Altmark groß geworden, nicht in Magdeburg, das ist noch weiter in Norddeutschland, und ganz flaches, weites Land, da konnte man, wenn man draußen war, den Himmel auf die Erde runtergehen sehen, ja? Und da hat man gesagt, das hab ich gehört, Spökenkieker hat man da gesagt. Und so was hab ich ein bisschen auch an mir. Was Menschen betrifft, wie sich Menschen weiterentwickeln werden oder was sie tun werden. Aber das ist nichts Geheimnisvolles…

Ich erinnere mich, als ich acht Jahre alt war, da hab ich das erste Mal gehört, dass es Krieg überhaupt gibt und dass Menschen so leiden müssen, und da war ich abends im Bett und hab ganz lange nachgedacht, was ich machen kann, damit es nie mehr Krieg gibt, und bin drüber eingeschlafen. Dass es nie mehr Krieg gibt, ich glaub, das haben viele gedacht, ich auch.

I: *Da haben Sie sich unter Krieg noch gar nichts vorstellen können.*

S: Nein, mein Vater hat erzählt, wie es im Lazarett gewesen ist.

I: *Das war im Ersten Weltkrieg?*

S: Ja, ja. Und dann hab ich drüber nachgedacht, und jetzt denk ich immer, wenn mir was eingefallen wäre, dann wäre ich vielleicht verrückt geworden, ein Spinner geworden, hätt ich ja doch nicht machen können, dass es keinen Krieg mehr gibt, nicht? Aber es ist mir – Gott sei Dank – nichts eingefallen … Der Krieg, wir mit unserem Loch im Garten, ich konnt mir nicht vorstellen, dass der Krieg mal zu Ende ist. Man weiß, dass er mal zu Ende ist, aber vorstellen konnte ich's mir nicht. Was dann wieder sein wird. Meine Mutter hat gesagt, sie will dann viel Butter kaufen, dann will sie viel Butter essen. Wir hatten auch keinen männlichen Verwandten im Krieg, sind wir auch so nicht betroffen worden vom Krieg. Ist keiner gefallen.

I: *So, dass Sie Angst haben mussten…*

S: Keiner war Soldat, wir hatten ja keinen Bruder, keinen Vater, nichts, gell?

I: *Da haben Sie auch keine Feldpostbriefe geschrieben?*

S: Doch, ich hab später mal. Meine Schwester hat einen Witwer geheiratet, und die hatte einen großen Sohn, an den hab ich mal geschrieben, das weiß ich. Na ja, und so sind wir nicht betroffen worden vom Krieg, es ist kein männlicher Verwandter gefallen, und dass man nichts kaufen konnte, ich weiß gar nicht, warum ich da nicht drunter gelitten habe.

I: *Vielleicht haben Sie einfach auch nicht die Ansprüche gestellt? Weil es Ihnen vielleicht sowieso nicht so wichtig war.*

S: Ich hab gelebt wie im Traum…

I: *Überhaupt?*

S: Ja, es war mir gar nichts bewusst. Ich hab nie darüber nachgedacht, der Krieg ist gekommen wie ein Schicksalsschlag, aber dass ein Krieg nicht so kommt, das wissen wir doch jetzt! Aber damals nicht, gar nicht. Und Hitler? Meine älteste Schwester hat von Hitler geschwärmt. Sie ist sonstwo hingefahren und hat Hitler sehen wollen und hat dann auch Hitler gesehen und hat geschwärmt. Die war so fasziniert von ihm, wie der einem in die Augen guckt!

I: *Tatsächlich, die hat diese Faszination gespürt?*

S (*halb belustigt*): Ja. Und dann hieß es mal, Hitler fuhr bei uns mal mit dem Zug vorbei, und das hat mich überhaupt nicht interessiert. Hitler? Wir hatten ja Hitlerbilder, aber ich fand ihn immer hässlich. (*Lachen*)
Der hat mich nicht interessiert.

I: *Und bei der Hitlerjugend war es nur die Uniform?*

S: Nur die Uniform. Da hab ich ja gar nichts mitgekriegt, das war eigentlich auch schlimm, vielleicht hätt ich mich auch begeistert. Aber ich weiß, dass ich nicht in die Partei hab gehen müssen, nein. Also, wenn ich jetzt immer Leute sagen höre, ich musste ja in die Partei, damit ich was werde, niemand hat das gemusst.

I: *Wann sind Sie dann politisch aufgewacht?*

S: Nach dem Krieg.

I: *Als Sie erfahren haben, wer dieser Hitler war?*

S: Ja, aber noch nicht gleich … Der Krieg war dann zu Ende, und wir waren in der Zeit Niemandsland, drei Wochen lang. Die Russen waren irgendwo, das wussten wir. Heute weiß ich, dass sie nur bis Torgau gekommen sind. Unser Bahnhof, das ging ja alles schon gar nicht mehr, und die Amerikaner waren in Magdeburg, und wir waren von Magdeburg östlich, und die Magdeburger haben rübergeschossen, das wussten wir, dass die Ami rübergeschossen haben, haben vielleicht noch Reste von der deutschen Wehrmacht gesehen. Mit Granaten ging es immer über uns hinweg, und da haben wir gesagt, wenn wir's pfeifen hören, dann passiert uns nichts. Dann sind wir mit dem Fahrrad gefahren, da hieß es, in einer Fabrik könnte man Zucker holen, also sind wir durch das Niemandsland in die Fabrik. Zweizentnersäcke haben wir geholt. Und Fleisch. Die Bauern haben Rinder geschlachtet. Meine Mutter hat gesagt, auch, der Führer wird schon noch irgendeine Wunderwaffe finden, meine Mutter war so total anders als ich, die war robust und überhaupt nicht sensibel, und wenn sie nicht so gewesen wäre, hätte sie uns nicht durchgebracht. Aber wir haben es ja gesehen, da hat ja immer einer die Nadel schon gesteckt *(auf der Landkarte)*, wie weit die Russen schon waren, und dann hieß es auf einmal, die Russen sind da und da, die Russen kommen. Vorher hatten wir immer noch deutsche Soldaten, da hatten wir Verwundete auf Wagen gehabt, und die sind durch unseren Ort da durchgefahren, das war die geschlagene deutsche Wehrmacht. Und dann kamen welche auch in unser Haus, die sich schnell abgesetzt hatten von der Wehrmacht, und ich weiß noch, wir haben den Leuten gegeben, was wir hatten an Trainingsanzügen. Ich weiß nicht, wo meine Mutter die herhatte…

I: *Vielleicht noch von Ihrem Vater?*

S: Nee, da hatten wir nichts mehr. Irgendwelche Trainingsanzüge für die Nacht, für den Fliegeralarm. Ich weiß nicht, wo meine Mutter die Uniformen gelassen hat. Die wollten weg in ihre Heimat, ja? Und wir haben geholfen, wie wir konnten. Dann hieß es, die Russen kommen, und dann kamen Fremdarbeiter, also Fremdarbeiter, die bei den Bauern ringsum in Nachbarorten gewohnt hatten, und haben bei uns geplündert, ja, was sie gefunden haben, Uhren und Stiefel, und das haben sie uns abgenommen, und vor denen hatten wir eine schreckliche Angst. Die haben uns persönlich nichts getan. Wir sind ja nie mit so Leuten zusammengekommen. Dann auf einmal waren die Russen da, das war vormittags, sind die Russen gekommen. Nein, das stimmt nicht, die Russen waren noch nicht da. Die Straße war vielleicht ein bisschen weiter als der Wald *(sie meint die Entfernung von ihrem Haus bis zu dem Wald vor ihrem Fenster)*. Wir haben was gehört. Meine Schwester und ich, wir sind vorgegangen, ich war da 24 und die war 21, an die Straße. Und dann haben wir die Panjewagen gesehen, Russen, Panjewagen. Und da haben wir beide gesagt, das wollen wir nicht mehr erleben, dass die sich an uns vergreifen, da sollen uns die Russen gleich totschießen. Da haben wir dort gestanden, und die Russen waren total unbeweglich. Die haben uns ja gesehen, zwei so junge Mädchen, niemand hat was gesagt. Stundenlang sind die vorbeigezogen, ich wusste auch nicht, wohin, hat uns auch nicht interessiert, standen wir da. Da kam ein Russe auf dem Pferd auf uns zu, da haben wir ja doch Angst gekriegt. Der hat gesagt, der sprach etwas Deutsch: »Hitler gesagt, Russen machen alle Mädchen tot. Wir machen euch nicht tot.«

I: *Das war wahrscheinlich ein Offizier.*

S: Wahrscheinlich. Und dann ist er weiter. Aber dass die so bewegungslos da waren, diese Menschen, gar nicht wie Menschen, ja? Und dann sind wir, nein, das muss einen Tag vorher gewesen sein, als die Russen noch nicht da waren, sind wir in den Nachbarort gegangen, meine Schwester und ich, wir wollten Brot kaufen, da war ein Bäcker, und dann sind wir zurück und hatten das Brot unterm Arm, und dann kamen wieder die Geschosse, die Granaten, sind wir in den Straßengraben gegangen und haben uns hingehockt. Und dann kam ein Zug, das sagt man so, Leute, die gelaufen sind, alle grau in grau, nicht so Streifen, alle nur grau angezogen, und manche sind zu dritt gegangen, die haben einen in der Mitte gehabt, der eben nicht mehr laufen konnte. Und die sind gebracht worden von deutscher Wehrmacht, daneben immer ein paar von der deutschen Wehrmacht. Und wir standen da, und meine Schwester ist sehr hübsch gewesen. Wir standen da, und niemand hat zu uns ein Wort gesagt. Breiter, langer Zug, so wie die Straße breit war, sind die dahingegegangen, diese Menschen.

I: *Die kamen sicher aus irgendeinem Lager.*

S: Muss so gewesen sein, es waren keine Kriegsgefangenen, ja, es müssen Leute aus dem KZ gewesen sein. Das wusste ich doch aber gar nicht, nur dass viele so ganz mitgetragen wurden. Und ich steh mit meiner Schwester da, und ich hab alles vorher noch geglaubt, fest geglaubt, und ich sag zu meiner Schwester, und das ist, was ich jetzt eigentlich gar nicht mehr verstehen kann, ich sag zu meiner Schwester: Warum schießen jetzt die Soldaten diese Kranken, die ja sowieso bald sterben, nicht einfach tot? Das hab ich gesagt (*mit bewegter Stimme*), 24 Jahre alt. Ich hab ja wirklich gedacht, das sind die Verbrecher da! Ja, das hab ich gedacht. Aber ich bin ja doch nicht so ein Mensch, ich hab ja auch gar nicht geschwärmt für Hitler oder für irgendwas. Warum schießen die die nicht einfach tot? Hab ich gedacht, und … und … auch da hat niemand etwas zu uns gesagt, die waren alle total fertig. Die müssen alle mit letzter Kraft, auch die Soldaten … Wenn da zwei junge Mädchen stehen, dann, was haben die Soldaten da immer für einen Radau gemacht! Nichts, alle total verzweifelt, erschöpft. Ja, das war … und dann, jetzt denk ich doch ganz anders drüber … Und ich kenne doch nur einen einzigen Juden, den kenn ich erst seit ein paar Jahren, ich hab vorher nie ... denn mein Vater und unser Lehrer in der Schule, nie hat einer was gegen Juden gesagt oder gegen Menschen, die anders sind. Das dank ich meinem Vater sehr, dass der das nie, ich bin doch von meinem Vater sehr geprägt, dass der nie was über Menschen gesagt hat, die anders sind.

I: *War Ihr Vater irgendwo in der Arbeiterbewegung?*

S: Nein, mein Vater hat ja nie einen Pfennig Geld über gehabt. Man musste ja so kämpfen, wenn man fünf Kinder hat. Nur der Vater vom Vater ist Lehrer gewesen, aber mein Vater ist schon mit acht Jahren von zu Hause fort, weil sein Vater ... Seine Mutter ist gestorben mit 38 Jahren, auch an Tbc, wie mein Vater, das ist eine Familienkrankheit gewesen. Und dann hat der Vater wieder geheiratet, eine Frau mit vielen Kindern. Es war große Not, obwohl er Lehrer auf dem Dorf war. Da hat mein Vater wohl fort müssen zum Arbeiten. Er ist zuerst in der Fabrik gewesen, da hat er eine Staublunge gekriegt, und da haben sie geglaubt, auf dem Land, in der frischen Luft, da kann er noch eine Weile leben, und da war er Landarbeiter. Aber er hat nie ... er war auch depressiv, das weiß ich erst, nachdem ich lange Jahre schwer depressiv gewesen bin, was das bedeutet, eben die Hoffnungslosigkeit und der Stillstand. Und unser Lehrer, dafür bin ich ihm noch sehr dankbar, der hat nie für Hitler geschwärmt, noch hat er was gesagt, und nichts über Juden. Ich kenne einen Juden, mit dem hab ich noch nie gesprochen, aber mit dessen Frau. Und die Frau hat mir erzählt von ihrem Mann, der ist mit vierzehn oder fünfzehn Jahren nach Auschwitz gekommen, und dann hat er in Auschwitz arbeiten müssen. Und der ist so stark und groß, wahrscheinlich ist er deshalb nicht umgekommen.

I: *Wohnt die irgendwo hier?*

S: Im anderen Block. Haben wir zusammengesessen am Sandkasten in der Sonne, und dann hat die Frau mir erzählt, dass der da am Hochofen gewesen ist.

I: *Am Krematorium?*

S: Ja, und dann hat er gesagt, sie hat mir erzählt, ihr Mann hat gesagt, er hat in der Zeitung gelesen, in Böblingen oder in Sindelfingen ist ein Prozess gegen einen KZ-Aufseher, hat er gelesen, und er hat auch den Namen gelesen von dem Mann, wie der heißt, und dann hat der Jude gesagt, da müssen wir hinfahren, und was denken Sie, was jetzt kommt?

I: *Zur Zeugenaussage, hätte ich mir gedacht.*

S: Er wollte als Zeuge aussagen, das war aber wirklich, da sind mir die Tränen gekommen, wirklich, der hat gesagt, den Namen kenn ich, und da sagt er, das war einer, der hat einem Kranken Brot gegeben, da muss ich hin und muss ihn entlasten. Und dann ist er hingegangen zu dem und hat gesagt: »Ja kennen Sie mich denn nicht mehr?« Das ist schon ein paar Jahre her, der Mann ist jetzt 64.

I: *Und die sind wieder nach Deutschland zurückgekommen nach dieser Zeit?*

S: Nur er, seine Familie nicht, sind alle umgekommen.

I: *Und die Frau?*

S: Die Frau ist keine Jüdin. Die sind aber Kommunisten gewesen, und die ganze Familie ist im KZ gewesen, also, die weiß auch, wie's im KZ war. Von wegen, die werden alle so entschädigt! Das stimmt gar nicht. Sie hat bis jetzt auch gearbeitet und stellt keine Ansprüche, aber er würde in der Nacht immer wieder noch schreien. Das ist der einzige Jude, den ich kenne, und das ist dann so einer. Und ich hab auch nichts gehört über Juden, aber das ist einfach der Unterschied zwischen uns, während ich schwer hab arbeiten müssen, ich war ja auf dem Bauernhof und war damals sehr zart, aber ich musste, das war nicht anders möglich. Gleich nach der Schule musste ich auf den Bauernhof. Da war ja noch die Arbeitslosigkeit so groß, und meine Mutter hat doch keine Rente gekriegt. Die hat für uns beide, meine jüngste Schwester und mich, sechzehn Mark im Monat bekommen. Wo wir sechzehn waren, hat das auch aufgehört.

I: *Was hat Ihre Mutter gemacht, um leben zu können?*

S: Die hat überall nach Arbeit gefragt. Was und wie sie es geschafft hat, ich weiß es auch nicht, und dann, auch, das sind so Geschichten, das hat mit dem Krieg gar nichts zu tun … Wir sollten halt raus aus dem Dorf, die Leute hatten so furchtbare Angst vor Ansteckung, das war ja da 'ne Volkskrankheit. Es ist auch eine Schwester von mir dran gestorben … Das ist ja auch so, wenn sie jetzt von morgens bis Abend, wenn sie jetzt so ganz früh aufstehen müssen, und sie sind so jung, und die Schweine füttern und bis zum Abend immer nur arbeiten, da hat man doch gar keinen anderen Gedanken, nur schlafen…und sich-drücken vor Arbeit, solche Gedanken hab ich noch gehabt. Über die sexuelle Belästigung kann ich gar nicht reden. Eine Schwester von mir ist an einer Abtreibung gestorben, eine hat mit knapp sechzehn Jahren ein Kind gekriegt, eine war durch eine Abtreibung unfruchtbar. Ich glaub, das kann sich überhaupt niemand jetzt von der Jugend mehr vorstellen, was da … wie die mich belästigt haben, der Bauer, sexuell belästigt haben, der Bauer und der Knecht, der auf dem Hof war! Und dann kam nachher noch ein anderer, ein Österreicher, und … und der hat mich nachher auch noch vergewaltigt, der junge Mann. Und das war alles so schlimm, und ich konnte das zu niemand sagen! Ich hab gedacht, wenn ich das zu meiner Mutter sage, dann wird die sagen, du hast bestimmt auch Schuld daran! – Ich hab da gar nicht drüber sprechen können, da war ich aber sechzehn Jahre alt. Und dann hab ich auch gedacht: Jetzt krieg ich auch noch ein Kind, aber – Gott sei Dank – hab ich keines gekriegt. Und dann ging das immer so weiter ... Und Kühe musste ich abends melken. Dann musst ich's morgens nicht machen. Die Kühe melken, oh, da hab ich lange Träume gehabt, dass 'ne Kuh mir den Milcheimer umschlägt. Jetzt hab ich andere Träume, jetzt träum ich wieder, ich bin irgendwo Dienstmädchen und ich sag, ich geh jetzt nach Hause, das mach ich nicht mehr, ich bin nicht mehr Dienstmädchen.

I: *Sie haben sich emanzipiert!*

S: Geändert, ja.

I: *Und Sie hatten immer das Gefühl, dass Sie nicht ganz Sie selbst sein durften.*

S: Ja, das kam aber aus der Familie. Wenn man geboren wird als drittes Mädchen und ist drei und einviertel Jahre alt, und der Vater misshandelt die Mutter, weil sie wieder ein Mädchen geboren hat, das war am 9. Juni, und ich komm rein mit 'nem Strauß Erbsenblüten, ich hab's im Garten gepflückt, die doch Frucht tragen sollten, und werd auch noch ausgeschimpft, und dann entsteht dann in dem Kind, das Kind nimmt alle Schuld auf sich, das Kind ist bös, nicht die Eltern, ja.

I: *Um überhaupt leben zu können.*

S: Ja. Das Kind liebt ja die Eltern. Und dann war ich auch noch Linkshänder, und das konnte meine Mutter gar nicht leiden, aber ich bin ein perfekter Rechtshänder geworden, und dann war ich meiner Mutter gar nicht ähnlich. Und dann, ich wollt immer so sein wie alle, und jetzt bin ich gar nicht wie alle. (*Lacht*) Aber damals war es sehr schlimm. Ich wollte immer so sein, dass meine Eltern mich lieben können. Ich hab dann von meinem dritten bis achten Lebensjahr nicht mehr sprechen können. Auch das erste Jahr in der Schule habe ich nicht gesprochen und hab auch nicht lesen können ... Und dann sind wir umgezogen in ein ganz kleines Dorf. Und da war ein alter Lehrer, und der – und das war eine Schule, da waren nur 20 oder 22 Kinder, mehr nicht – das war also eine richtige Zwergschule! –, und da war ein alter Lehrer, und der hat zu mir gesagt: »Du kannst lesen! Du kannst alles, was die anderen auch können!« Und plötzlich konnte ich lesen, fließend lesen, das könnte ich Ihnen heute noch sagen, was ich vorgelesen hab – ich konnte fließend lesen. Aber sprechen ... so, die Angst, die war natürlich nicht weg! Meine Mutter hatte ja so wahnsinnig viel zu tun, die Kleinen waren immer krank. Und ich – bin nie krank gewesen! Meine älteren Schwestern waren krank ... und ich wollt halt meiner Mutter keine Sorgen machen.

I: *Gehen wir vielleicht nochmals zum Kriegsende zurück.*

S: Am nächsten Tag, nachdem wir die KZ-ler gesehen haben, kam erst mal diese Einquartierung, diese Elitetruppe (*der sowjetischen Armee*). Und der Oberste von der Truppe war in unserem Haus einquartiert, und das war unser Glück, denn wir waren ja da noch jung. Zwei junge Frauen, gelt? Und der hat gesagt: »Oh Ilse, schönste Frau von Deutschland!« Das war meine Schwester. Die war wirklich sehr schön! Und die haben sie zum Essen eingeladen, und wir haben Angst gehabt. Aber die hat bloß bei denen mitessen müssen. Und der hat aber kein Verhältnis mit ihr anfangen wollen, gar nicht. Und ...ja, ach so, ja, das war die Elitetruppe, das hab ich jetzt verwechselt. Die Panjewagen, zuerst kamen die Panjewagen. Also genau die Straße, wo dieser Zug da gekommen ist mit diesen KZ-lern und wo wir da gestanden haben und die Panjewagen gesehen haben und uns lieber erschießen lassen wollten als vergewaltigen. Wir hatten das schon gehört, wenn die Russen kommen, dann ist es schrecklich, die vergewaltigen Frauen und bringen viele um. Und in unserem kleinen Ort haben sich an dem Tag, vor dem die Russen gekommen sind, ich glaub, es waren neun Personen, haben Selbstmord begangen. Haben ihre Kinder ertränkt, sind selber ins Wasser gegangen, haben sich aufgehängt ... Ja, und dann kam dieser Offizier und hat uns nach Hause geschickt.

Und dann kam die Elitetruppe. Dadurch waren wir ja geschützt in dem Hause. Wir mussten auch nicht so viel arbeiten wie andere Frauen. Wir mussten zwar auch arbeiten für die Russen. Aber wir mussten nicht die Straße nach Magdeburg kehren, zwölf Kilometer, irgendwie sind wir davongekommen. Wahrscheinlich durch diesen Oberstleutnant da. Und die waren aber leider nicht lange, diese Elitetruppe. Das waren wirklich schöne Menschen!

Die haben uns zwar auch, meiner Schwester haben sie ziemlich nachgestellt, aber irgendwie ist die immer da rausgekommen. Mich haben sie halt nicht so sehr verfolgt, und wenn, dann ist einer dazwischengekommen. Einmal wollte mich auch ein Russe vergewaltigen. Wir mussten ein Zimmer von unserer Wohnung abgeben. Da war einer drin, und da ist aber ein anderer drauf zugekommen, und der hat mit dem geschimpft. Und dann hatten wir auch Strom, weil diese Elitetruppe da war, andere Leute hatten keinen Strom. Also, es ist uns noch besser gegangen.

Und dann kam meine Mutter mit 'nem Zeitungsblatt an, ich weiß nicht, woher sie das hatte. Also bei der Bahn sind wir alle entlassen worden, inzwischen hatte ich meine Mutter und meine Schwester auch schon bei der Bahn untergebracht, sind wir alle entlassen worden, weil ja kein Zugverkehr mehr war, und dann kam meine Mutter mit 'nem Zeitungsblatt an und hat gesagt: »Guckt mal, Lehrer werden gesucht.« Hat sie zu mir gesagt: »Du bist ja klug, du kannst Lehrerin werden.« Haben Sie was von den Volkslehrern mal gehört? Und dann hab ich gedacht, nee ich bin ja dumm. Ich hab immer in dem Glauben gelebt, das hat alles gar nicht geholfen, die Ausbildung bei der Bahn hat mir nicht geholfen, ich hab mich immer noch dumm und schlecht gefühlt und hässlich. Das Gefühl war da, nichts hat geholfen. Hat einer mal zu mir gesagt, dass ich schöner wäre als meine Schwester, die wäre ja so dick, da hab ich das nicht geglaubt.

Jedenfalls dann bin ich hingegangen nach B. bei Magdeburg, hatte der Kursus da aber schon angefangen. Der sollte zehn Monate dauern, aber irgendwie, ich weiß nicht mehr, ob ich mich schriftlich beworben hab, das weiß ich nicht mehr. Aber da kam ich vor so 'ne Prüfungskommission, ganz allein war ich dabei, und dann sollt ich einen Aufsatz schreiben über »Bücher – meine besten Freunde«. Das konnt ich schreiben. Hab ich geschrieben. Dann sollte ich Mathematikaufgaben lösen, das hab ich gar nicht gekonnt. Mathe kann sie nicht, haben sie gesagt, und dann haben sie mich auch einiges gefragt, und seltsamerweise hab ich das gewusst, und da konnt ich noch rein in den Kursus. Das war für mich eine schöne Zeit. Aber ich wollte ja nicht, ich hab nie gedacht, dass ich Lehrerin werden kann. Aber jetzt endlich lernen! Und in diesem Kursus hab ich das erste Mal das Wort Pädagogik gehört und das erste Mal das Wort Psychologie. Denn Bücher waren für uns da nicht so zugänglich wie jetzt. Und dann war ich in dem Kursus, und da sollten wir auch Russisch lernen, hatte ich kein Interesse. Aber das Nötigste hab ich doch gelernt, um durch die Prüfung zu kommen. Bin auch durchgekommen durch die Prüfung. Ich weiß jetzt, wozu ich diesen Kursus gebraucht hab, das ist mir später eingefallen. Der Pädagoge, der hat gesagt, wenn Kinder Fehler machen, soll der Erzieher zuerst die Ursachen bei sich selber suchen. Hab ich gebraucht für meine Kinder...

Die uns ausgebildet haben, das waren alles alte Lehrer, die schon pensioniert gewesen sind, und die haben das gemacht richtig aus Liebe, und da war auch keine Politik in dem Kursus, und ... ja, und die Deutschlehrerin, die hat mir auch großen Eindruck gemacht. Da sollten wir so eine Arbeit schreiben, so, das wissen Sie ja besser, so »Helden der Arbeit«, ja? Oh, und da hab ich nachgedacht, und dann hab ich was erfunden, 'ne großartige Arbeit. Und dann hab ich ein Stipendium bekommen wegen dieser Arbeit. Hab ich was erfunden, und das war eben gut! Aber einen Tag vorher, bevor ich's abliefern musste, hab ich das in der Nacht noch zusammengeschrieben.

War der Kursus zu Ende, und ich hab halt bestanden. Dann war ich nachher noch ganz erstaunt, dass da eine Tochter vom Zahnarzt, die das Abitur hatte, nicht bestanden hatte. Irgendwie war ich auch ein bisschen schadenfroh, denn ich hatte nur Volksschulbildung.

Unser Gespräch war damit nicht zu Ende. Mindestens ebensolange und immer zwischendurch erzählte Frau S. von ihrem Leben danach, wie sie sich verändert hat, erkundigte sich auch nach mir und meinem Vorhaben wie selten eine Frau. Vor allem erzählte sie, wie sie zu ihrem eigentlichen Leben gefunden hat, aus »dem Leben wie im Traum« aufgewacht ist.

Weil sie sich dem Lehrerinnenberuf nicht gewachsen fühlte und den politischen Druck nicht ertragen wollte, floh sie 1948 über die grüne Grenze nach Stuttgart zu ihrer Schwester. Sie nahm wieder eine Stelle im Haushalt an, heiratete dann 1948 einen 22 Jahre älteren Mann, mit dem sie drei Mädchen hatte. Die jüngste wurde geboren, als sie schon 46 Jahre alt war. Ihr Mann starb 1970 nach langer, schwerer Krankheit (er war zum Alkoholiker geworden). Sie – nun 49 Jahre alt – machte erneut eine tiefe seelische Krise durch, die sie durch die Hilfe eines Therapeuten und durch Selbststudium (»Ich hab mich hochgelesen«) überwand. Vor allem halfen ihr ihre drei Mädchen.

Die Biografie von Lieselotte S. ist die Geschichte eines zarten und sensiblen Kindes, das durch das schwere Leben und die schockartigen Erlebnisse im Elternhaus, durch die harte Arbeit und die demütigenden Erfahrungen eines armen Mädchens »in Stellung« tief verstört wurde, sich aber vor der Zerstörung retten konnte und zu einer freien, gütigen, in sich ruhenden Frau geworden ist, die ihre drei Töchter in und zur Freiheit erzogen hat. Dazu sagte sie: »Als Kind hab ich immer gedacht, ich will später mal Mädchen haben, und die will ich anders behandeln als früher Mädchen behandelt worden sind.« Sie wird von ihren Kindern und Enkeln geliebt, ohne sich ihnen aufzudrängen.

Wir kommen nochmals auf die Vergangenheit zurück:

I: *Ihr Mann hat nicht über seine Kriegserlebnisse gesprochen.*

S: Mein Mann war Sanitäter, und das war er sehr gern.

I: *Er hat ja sicher auch viel Schreckliches gesehen und erlebt.*

S: Er ist in Russland gewesen.

I: *Das ist ein ganz eigenartiges Phänomen, Frau S., es ist in 90 % der Fälle so, dass die heimgekehrten Männer nicht erzählt haben.*

S: Nicht erzählt?

I: *Ihren Frauen nicht erzählt. Merkwürdig. Und ich frage mich, woher das kommt. Diese Erlebnisse, die die Männer dort hatten, die sind so prägend und so furchtbar teilweise, dass sie sie wahrscheinlich gar nicht verarbeitet haben, gar nicht verarbeiten konnten.*

S: Die haben's nicht verarbeitet. Aber ich hab in den letzten Jahren das alles verarbeitet, auch das, dass ich gesagt hab: Warum schießen die die nicht einfach tot? Das hab ich mir verziehen, weil ich's gar nicht anders wissen konnte. Aber Sie verstehen jetzt vielleicht auch, warum so viele Menschen sagen, ich hab davon nichts gewusst. Gewählt hab ich ja Hitler gar nicht, weil ich noch nicht wählen durfte, das durfte man erst mit 21. Fasziniert hat er mich auch nicht.

I: *Eben, eben, und das ist jetzt meine Frage, ob es nicht manchen, die jetzt sagen, wir haben's nicht gewusst, ehrlich auch so gegangen ist, dass sie nichts wissen konnten und dass sie da nicht einfach lügen.*

S: Das stimmt!

I: *Dass sie sagen, es ist alles vorbeigegangen an uns.*

S: Es ist über uns gekommen wie ein Schicksal. Wenigstens für Mädchen, wie ich eines war. Aber bei Ihnen war das doch sicher anders.

I: *Ich weiß nicht…*

Ich erzähle ihr dann noch einiges aus meiner Vergangenheit.

I: *Haben eigentlich Ihre Kinder Sie einmal nach dieser Zeit gefragt?*

S: Die haben überhaupt kein Interesse daran.

I: *Sehen Sie, das höre ich immer wieder.*

S: Die stellen nie Fragen.

I: *Das ist seltsam, höre ich auch von fast allen Frauen.*

S: Die Jüngste hat Abitur gemacht. Die Älteste war bis zur mittleren Reife im Gymnasium, und die dritte hat Hauptschulabschluss. Die hat in keine höhere Schule gewollt, die hat gewusst, was sie machen will, und ist ungeheuer erfolgreich jetzt. Auch die Jüngste, die haben kein Interesse. Nein, sie bringen's nicht ran an die. Ja, haben Sie sich denn früher dafür interessiert?

I: *Nein, lange Zeit viel zu wenig. Das ist, glaube ich, ein Merkmal der jungen Generation.*

S: Ich glaube, das muss so sein.

Sie erzählt weiter von ihren Kindern, und ich darf die schönen Kinderzeichnungen sehen, mit denen die ganze Wohnung geschmückt ist. »Das sind meine Picassos«, sagt sie stolz.

Nach wenigen Tagen erhielt ich einen Brief von ihr, den ich ungekürzt wiedergeben möchte:

Mir ist noch einiges zu meinem Kriegsbericht eingefallen, was Sie vielleicht interessieren wird. Ich bin so in Unruhe geraten, dass ich nicht mehr abschalten konnte.

Ich habe meine Schwester angerufen (die, mit der ich mich 1945 von den Russen erschießen lassen wollte), die hat alles bestätigt, was ich Ihnen erzählt habe, dazu aber noch vieles in Erinnerung gebracht, was ich total verdrängt hatte. Wir beiden wollten uns erschießen lassen, andere haben sich selbst getötet. 9 Menschen in so einem kleinen Ort (Königsborn bei Magdeburg). Höchstens ein Dutzend kleine Zweifamilienhäuser. Alles ist an dem gleichen Tag passiert. Eine junge Frau hat zuerst ihre vierjährige Tochter erhängt, dann sich selbst. Zwei Achtzehnjährige (Freundinnen, eine aus Magdeburg zu Besuch) haben sich auch erhängt, der Vater der einen sich dazu. Die Frau und Mutter hat alle drei in Teppiche gewickelt, dann in ihrem Garten vergraben. Zwei Ehepaare sind aneinandergeklammert in einen See gesprungen und ertrunken. Sie hatten ganz lange nichts von ihren Söhnen gehört. Diese Leute habe ich natürlich alle gekannt. Neun Menschen in so einem kleinen Ort haben den Freitod gewählt. Meine Schwester und ich (21 und 24 Jahre alt) wollten uns erschießen lassen. Das kann man gar nicht so erzählen, dass es die Jungen verstehen können. Die Angst und die Verzweiflung ist ja nicht an einem Tag entstanden. Alles hat sich allmählich aufgestaut und war auf einmal unerträglich. Der Sohn eines der Ehepaare ist gleich nach Kriegsende heimgekommen, ebenso der Mann der jungen Frau, die sich zusammen mit ihrem Kind umgebracht hat. Mit diesen beiden jungen Männern haben wir später (Juli 1945) zusammengearbeitet. In einer Gärtnerei in der Nachbarschaft haben wir ein paar Wochen Sauerkirschen gepflückt. Wir hatten ja alle unsere Arbeitsstellen verloren. Wir haben über alles mögliche gesprochen, nur nicht über den Krieg, die jungen Männer auch nicht über den Verlust ihrer Angehörigen.

Ich habe Ihnen ja auch von der grauen Kolonne Männer erzählt, die schweigend an uns vorbeigezogen sind, manche von ihren Kameraden mitgeschleift. Es sind Juden gewesen. Sie trugen doch gestreifte Anzüge (meine Schwester sieht anders als ich). Sie kamen aus Richtung Magdeburg und sollen dann auf einen Truppenübungsplatz gebracht worden sein. Später, als wir mit unserem Brot nach Haus wollten, mussten wir wegen einem Tiefflieger in den Straßengraben. Dort lagen zwei der gestreiften Jacken. Vielleicht sind zwei dieser armen Männer geflohen? Übrigens ist diese Kolonne auch von den Amerikanern von Magdeburg aus beschossen worden. Alles, was sich auf den Landstraßen bewegt hat, wurde beschossen, Häuser nicht.

Nachdem wir drei Wochen lang Niemandsland gewesen sind, kamen die Russen, und wir hatten doch so auf die Amis gehofft. Wir bekamen ja dann die Elitetruppe als Einquartierung. In den Nachbarorten sind Frauen und Mädchen vergewaltigt worden.

Am 8. Mai hatten die Russen ihre Siegesfeier. Gegenüber von unserer Wohnung, auf freiem Feld, haben sie eine Rednertribüne aufgebaut. Der Offizier hat angefangen zu reden, da kam ein deutscher Mann aus dem Nachbarort und hat durch den Dolmetscher sagen lassen, dass ein russischer Soldat seine zwölfjährige Tochter vergewaltigt hat. Der Mann hat auf einen der Soldaten gezeigt. Da habe ich zum ersten- und hoffentlich letztenmal gesehen, wie ein Mensch zu Tode geschlagen wurde. Der hohe Offizier hat ganz allein seinen Soldaten niedergetreten und totgetrampelt. (Durch den Dolmetscher haben wir später erfahren, dass Plünderungen und Vergewaltigungen streng verboten waren, jedenfalls von diesem Offizier.) Dieser Offizier ist wieder auf seine Tribüne gestiegen und hat seine Rede weiter gehalten. Von Vergewaltigungen haben wir nichts mehr gehört.

In den nächsten Tagen werde ich mal in die Bücherei gehen. Ich möchte jetzt wissen, aus welchem KZ die Juden damals gekommen sind.

Meine Schwester hat auch gesehen, dass auf den Panjewagen, die stundenlang vorbeigezogen sind, viele Frauen in Uniform gewesen sind. Hitler hat mich nicht interessiert, doch Gorbatschow wollte ich sehen. Er ist hier in der Universität gewesen, von hier aus kann man rübersehen. Ich stand aber so eingekeilt zwischen Menschen, dass ich nichts sehen konnte.

Der Brief schließt mit den für sie bezeichnenden Worten: »Ich wünsche Ihnen sehr, dass Sie Ihr Buch bald zu Ihrer Zufriedenheit fertig haben, damit Sie zur Ruhe kommen.«

»Da musst du durch, das Leben geht weiter…«

ELLA K. (1921) UND MARTHA E. (1888)
Tochter und Mutter, zwei Frauen zwischen Thüringer Wald und Schwarzwald; Ehemann von Martha E.: kleiner Landwirt und Bahnangestellter

Vorbemerkung

Martha E. wurde 1888 als Tochter eines Strick- und Wirkmeisters geboren und verbrachte ihre Kindheit und frühe Jugend im Ausland, vor allem in England, wohin der Vater versetzt worden war. Nach Abschluss der Volksschule arbeitete sie im Haushalt und als Kindermädchen in Deutschland. Sie schickte ihren Lohn den Eltern, die sich inzwischen in Thüringen niedergelassen hatten. Zeitweilig arbeitete sie als Zuschneiderin in Apolda. Nach Ausbruch des Ersten Weltkriegs war sie zuerst Krankenschwester in einem Kriegslazarett, danach Schaffnerin bei der Reichsbahn. Nach dem Krieg musste sie ihren Posten für heimkehrende Männer räumen. Sie heiratete Albin E., den sie bei der Reichsbahn angelernt hatte. Er stammte aus sehr einfachen Verhältnissen. In einem kleinen Dorf bei Erfurt erwarben sie ein kleines landwirtschaftliches Anwesen. Nebenher arbeitete Albin E. noch als kleiner Angestellter bei der Reichsbahn. Martha musste die schwere und ungewohnte landwirtschaftliche Arbeit bewältigen. Albin, krankheitshalber frühpensioniert, wurde in der NS-Zeit Blockleiter. Nach dem Krieg wurde die Familie als ehemalige »Faschisten« drangsaliert. 1946 ging die Tochter Ella mit ihrem Mann in den Westen. Der vermisste Sohn Erich kam 1947 krank aus sowjetischer Gefangenschaft zurück. Sie pflegte ihn gesund. Auch er ging in den Westen. Nach dem Tod des Mannes (1952) erwartete sie, dass der Sohn das kleine Anwesen übernehmen würde und bereitete alles dafür vor. Er blieb aber im Westen. Sie entschloss sich dann doch, alles im Stich zu lassen und zu ihrer Tochter nach Waldkirch zu ziehen. Es dauerte drei Jahre, bis ihre Tochter und deren Mann für sie als Witwe eines Reichsbahnangestellten eine Rente erkämpfen konnten. Sie mietete sich schließlich ein eigenes Zimmer in Waldkirch, wurde aber ihr Heimweh nie los. Von der Tochter umsorgt und betreut, starb sie 90jährig in Waldkirch.

Ella K., Tochter von Martha und Albin E., musste schon als Kind in der elterlichen Landwirtschaft und bei Bauern mithelfen. Obwohl sie eine gute Schülerin war, durfte sie nach Abschluss der Volksschule nicht die Handelsschule besuchen und eine Haushaltungsschule nur, weil die Mutter das Geld durch den Verkauf von Eiern und Beeren aufbrachte. Sie arbeitete dann als Servierin in verschiedenen Lokalen, zuletzt in Waldkirch. 1940 schloss sie einen Servierkurs ab und verlobte sich mit Erich T., einem Baustudenten, der gleich danach zum Reichsarbeitsdienst, dann zur Wehrmacht einberufen wurde. Sie machte noch eine kaufmännische Ausbildung in Erfurt und wurde in der Barmer Ersatzkasse eingestellt. Ihr Verlobter wurde in Russland schwer verwundet, ihr Bruder war vermisst. 1946 heriatete sie den schwerverwundeten Erich. Da die Militärregierung die Bauschule schloss, übersiedelten beide im April 1946 in den Westen nach Waldkirch zu seinen Eltern (Vater Straßenbaumeister), die aber die Schwiegertochter nicht akzeptierten, weil sie sie nicht für standesgemäß hielten und sie überdies evangelisch war. Sie gab ihre Berufstätigkeit während der Schwangerschaft am 30. September 1946 auf, verdiente aber mit Nebentätigkeiten immer etwas dazu. Ein Sohn wurde 1947 geboren. Unterbrochen durch viel Krankheit, schaffte Erich sein Examen als Bauingenieur, starb aber bald danach an den Folgen seiner Kriegsverletzung. Nach dem Tod ihres Mannes musste sie wieder voll arbeiten, wodurch ihr Kind, das von der Verwandtschaft noch gegen sie aufgehetzt wurde, sich ihr entfremdete. 1954 heiratete sie ihren Arbeitskollegen, den ehemaligen Berufssoldaten und durch Krieg, Gefangenschaft und eine gescheiterte Ehe schwer angeschlagenen Wendelin K.. Mit ihm hatte sie zwei Kinder, das erste starb jedoch kurz nach der Geburt. Zusammen arbeiteten sie sich ganz langsam hoch. 1967 starb ihr zweiter Mann unvermutet an Herzversagen. Sie arbeitete dann bis zu ihrer Rente in der Buchhaltung eines großen Krankenhauses in Waldkirch. Den Kindern ermöglichte sie eine solide Ausbildung, musste aber herbe Enttäuschungen mit ihnen erleben. Sie konnte sich im Laufe der Jahre eine Eigentumswohnung ersparen, in der sie heute lebt. Bis heute (1993) ist Ella K. eine sehr aktive, energische, kontaktfreudige und dem Leben zugewandte Frau, die sich auch für gemeinschaftliche Belange (Hausgemeinschaft, von ihr gegründeter Frauen-Kegelklub, Verbindungen nach Thüringen) einsetzt.

Im November 1992 – ich wollte meine Interviews abschließen – rief mich eine Frau aus Waldkirch an: Ella K.. Sie fragte, ob ich noch an Material interessiert sei; sie habe ihr Leben aufgeschrieben bis zum Jahr 1971 und schreibe noch weiter, sie habe auch Dokumente. Ich zögerte – wie komme ich nach Waldkirch? Und lohnt es sich noch, angesichts der Überfülle meines Materials? Ohne Umschweife sagte sie, sie würde mir einfach alles zuschicken, was sie habe. Es kam ein eingeschriebenes Wertpaket, Versicherungswert 3000,– DM. Darin lagen sieben dicke DIN-A4-Blocks, dicht beschrieben, 1028 Seiten! Sie schickte sie einer wildfremden Frau.

Ich las und las, viele Tage. Ihre Aufzeichnungen waren so lebendig, dass es war, als säße Ella K. vor mir und erzählte. Alles hat ihr Gedächtnis minutiös registriert und aufgehoben. Sie beschreibt jede Alltagsverrichtung (Wäsche, Bügeln, Putzen, alle landwirtschaftlichen Arbeiten im Jahreskreislauf) in dem kleinen Dorf bei Erfurt, in dem sie aufgewachsen ist, jedes Fest und jeden Ausflug, alle Schulkameraden und Nachbarn und deren Schicksale. Sie berichtet von den Zeitläuften seit der Jahrhundertwende, von allem, was das Leben in diesem Dorf berührte, aber darüber hinaus auch nichts. Als Serviererin kam sie in den Schwarzwald, wo sie den Kriegsbeginn erlebte.

Je mehr ich mich hineinlas in diese Lebensgeschichte, desto deutlicher stand hinter und neben Ella K. ihre Mutter, Martha E.. Mir wurde plötzlich klar, dass in diesen beiden Lebensgeschichten nicht nur zwei Generationen repräsentiert sind, zwei typische Mädchen- und Frauenschicksale aus kleinbürgerlich-bäuerlichem Milieu, sondern auch ein Stück deutscher Teilungsgeschichte mit ihren Folgen für diese Frauen. Ihre Biografien stehen so stellvertretend für viele andere mit ähnlichen Schicksalen.

Die Mutter konnte ich nicht mehr befragen, denn sie ist 1978 90jährig gestorben. Ich sehe sie mit den Augen ihrer Tochter, liebenden und einfühlenden, aber auch kritischen Augen, und höre, was sie ihrer Tochter erzählt hat. Auch wenn sie auf weite Strecken nur schattenhaft hinter den Erlebnissen ihrer Tochter steht, immer wieder tritt sie klar und plastisch hervor.

Ella K. soll selbst zu Wort kommen, zwar nur in Auswahl, aber ohne Retuschen. Große Teile musste ich zusammenfassen, obwohl dadurch eine Gewichtsverlagerung in Kauf genommen werden muss.

Auch und gerade hier griffe eine Beschränkung auf die sechs Jahre des Krieges viel zu kurz. Ella K. weiß das, und sie beginnt ihre Erzählung mit dem Jahre 1922 und mit einem Rückblick auf das Leben ihrer Mutter, die ja schon den Ersten Weltkrieg miterlebt hat.

Wir sehen vor uns eine 34jährige zierliche und hübsche dunkelhaarige Frau mit dunkelbraunen Augen, aufgewachsen in England und Rumänien. Marthas Vater war als Strick- und Werkmeister einer Textilfirma ins Ausland versetzt worden. Wie es damals für ein Mädchen üblich war, durfte sie nur die Volksschule besuchen, aber sie bekam Klavierunterricht. Bis zu ihrem Tod beherrschte sie die englische Sprache. Kurz nach der Jahrhundertwende ging sie nach Deutschland als Haushalthilfe und Kindermädchen bei einer Frau Kommerzienrat. Das waren – nach Marthas Worten – die schönsten Jahre ihres Lebens, obwohl sie ihr ganzes verdientes Geld ihren Eltern schickte, die ihr »Bettelbriefe« schrieben. Es sei nur vorübergehend, sie hätten ein Haus gekauft. Das Geld hat sie nie zurückbekommen. Der Vater hatte ein Haus in Oberrossla bei Apolda gekauft; es hatte früher als Gesinde-

haus zu Goethes Gut gehört. Dort richtete er eine selbständige kleine Textilfirma ein. Die Eltern riefen sie zurück, und sie musste eine Stellung in Apolda als Zuschneiderin annehmen. Mit ihrer Mutter verstand sie sich gar nicht; die Mutter bevorzugte die blonde Schwester.

Dann kam der Erste Weltkrieg. Sie wurde Schwester und kam in ein Kriegslazarett. Als das Lazarett mitten im Krieg aufgelöst wurde, wurde sie Schaffnerin bei der Reichsbahn in ihrer heimatlichen Gegend. Darüber erzählte sie ihrer Tochter, und die Tochter berichtet über diese Arbeit in ihren Aufzeichnungen so, als erzählte die Mutter selbst:

Es war wirklich keine leichte Arbeit, auf den fahrenden Zug auf- und abzuspringen, um die Wagen an- und abzukoppeln, da dies ja alles mit der Hand erledigt werden musste. Wie schnell konnte man die Hand dazwischenbringen. Besonders schlimm war es im Winter, wenn die Bremsen eingefroren waren. Auch die Weichen wurden noch von Hand gestellt, was sehr anstrengend war. Als männliches Bedienungspersonal hatten wir nur einen Zugführer, Lokomotivführer und Heizer. So waren wir oft 24 Stunden unterwegs. Es war ein harter Dienst, der uns abverlangt wurde, physisch und psychisch. Besonders hart kam es uns an, wenn wir Lazarett-Transporte hatten, denn wir hatten ja alle unsere Freunde, Verlobten und Verwandten an der Front. Oft klappte es mit der Post nicht, und in Gedanken war jedes Mädchen oder jede Frau bei ihrem Mann oder Geliebten an der Front. Geht es ihm noch gut? Ist er vielleicht verwundet, oder ist vielleicht das Schlimmste – eingetreten, nein, es kann und darf nicht sein, dass er sein junges Leben für das Vaterland geopfert hat. Doch die Zeitungsannoncen bewiesen es. Immer mehr, immer mehr las man die Todesnachrichten – für das Vaterland den Heldentod gefallen.

Auch Martha hatte einen Verlobten namens Franz (mehr erfahren wir nicht von ihm). Alles war zur Hochzeit vorbereitet, er bekam Fronturlaub. Aber sie erhielt – trotz aller Bemühungen – keinen Urlaub von der Reichsbahn. Franz war so enttäuscht, dass er sie deshalb verließ.

Am Kriegsende wurde ihr Dienst immer schwieriger. Ella lässt die Mutter mit Erzählen fortfahren:

Aber nicht ich allein litt unter der Bürde dieses furchtbaren Krieges. Die drükkende Unzufriedenheit schwelte hier und da. Vor allem die Fabrikarbeiter, die meisten von ihnen Kommunisten, begaben sich auf die Straße, um zu demonstrieren. Da und dort fielen Schüsse, und den Soldaten, die ja nur ihrem Vaterlandseid nachkamen, rissen sie die Achselklappen von der Uniform. Wenn wir einen Zug mit Soldaten hatten, welcher von Ost nach West oder in umgekehrter Richtung fuhr, hatten wir es besonders in Erfurt und Sonneberg schwer, den Zug weiterzubefördern, da vorwiegend die Arbeiter aus den Gewehrfabriken versuchten, den Zug an der Weiterfahrt zu hindern, indem sie sich wie eine wilde Horde auf den Zug stürzten, um die Soldaten herunterzuzerren. Man konnte schon von bürgerkriegsähnlichen Zuständen sprechen.

Dann mussten die Frauen ihre Arbeitsplätze für die heimkehrenden Soldaten räumen. So durfte auch Martha ihren späteren Mann Albin E. einlernen und heiratete ihn kurz nach dem Krieg. Der Schatten des schwierigen Mannes lastete auf ihr und den beiden Kindern, denen sie das Leben schenkte, Ellen 1921 und Erich 1924. Albin E. stammte aus einer Familie mit neun Kindern, die so arm war, dass immer zwei oder drei in einem Bett schlafen mussten.

Die Tochter Ella schildert den Vater in ihren Aufzeichnungen nicht als »bösen Menschen«. Sie versucht, ihn zu verstehen. »Alles drehte sich bis zu seinem Tode um das liebe Geld«, sagt sie. Er hatte Minderwertigkeitskomplexe gegenüber den Bauern des Dorfes, weil er kein richtiger großer Bauer war und nur eine kleine Landwirtschaft neben dem Beruf betreiben konnte. Und er hatte auch Komplexe gegenüber den Berufskollegen, weil er es bei der Reichsbahn nicht weiter brachte; wegen Farbenblindheit konnte er die Fahrdienstleiterprüfung nicht machen. Schließlich fühlte er sich auch seiner Frau unterlegen, weil sie aus »besseren Verhältnissen« stammte und gebildeter war als er. Kein Wort Englisch durfte in seiner Anwesenheit gesprochen werden. Die Mutter hatte immer zu tun und zu begütigen, damit der liebe Friede erhalten blieb. Alles wurde vermieden, was ihn aufregen konnte. Geputzt wurde immer nur in seiner Abwesenheit. Als er von seiner Frau gleich schwere Landarbeit verlangte, die die zarte Frau nicht gewöhnt war und nicht leisten konnte, lief sie ihm zweimal davon und flüchtete zu ihren Eltern. Reumütig holte er sie jedesmal wieder zurück, aber es wurde kaum besser. Ella über ihre Mutter:

Ja, auf ihr lastete sehr viel. Da war das Haus mit dem ganzen Vieh, jeden Eimer Wasser zum Kochen, Waschen und Füttern musste sie am Dorfbrunnen holen, denn wir hatten keinen eigenen Brunnen im Haus, und dieser war ca. 100 Meter von unserem Haus entfernt. Dann waren wir zwei kleinen Kinder da. Wenn sie aufs Feld ging zum Kartoffellegen, Hacken oder Gras holen, immer musste sie uns mitnehmen. Die Felder waren ein bis zwei Kilometer entfernt. So lag Erich im Wagen, und wenn ich nicht mehr laufen konnte, setzte sie mich vorn auf den Wagen. Was die Mama auch arbeitete, Papa war nie damit zufrieden. Auch er war überfordert mit Beruf und Landwirtschaft.

Schließlich richtete sich Martha mit dem schwirerigen Ehemann ein. Sie schuftete, schluckte vieles hinunter, vermittelte und versuchte, ihren Kinder die Kinder-

und Jugendzeit so erfreulich wie möglich zu gestalten. Ella hatte eine schöne, abwechslungsreiche Kindheit mit vielen Dorfkindern oder auch in den Ferien bei den Großeltern und ihren vielen Verwandten. An all das erinnert sie sich genau, an alle Spiele, an Kasperletheater, an Geschenke und vieles andere. Noch als Schulkind ging Ella mit aufs Feld und half bei Bauern:

Eines Tages nahm uns Waltrauds Vater zum Kartoffelauflesen ins Bildersleberfeld. Er teilte jedem von uns eine bestimmte Anzahl Schritte zum Kartoffelauflesen zu, die wir nach Rückkehr der Kartoffelschleuder aufgelesen haben mussten. Hier auf dem großen Acker kam ich mir sehr verlassen vor und musste immer wieder an meine Mama denken. Ich hatte große Sorge um sie, vor allem, dass Papa sie eines Tages schlagen würde und wir dann keine Mama mehr haben könnten. Ich habe bitterlich geweint und zum ersten Mal in meinem jungen Leben inbrünstig zu meinem lieben Gott gebetet, sie mir doch lange zu erhalten und sie zu beschützen ... Herr R. (*der Bauer*) gab mir damals für den Nachmittag 35 Pfennige. Doch im anderen Jahr bat er mich, in den ganzen Herbstferien mitzuhelfen, was ich dann auch tat. Da dies nun Herr P. (*ein anderer Bauer*), der immer unseren Mist aufs Feld fuhr, mitbekommen hatte, kam er schon vorzeitig im nächsten Frühjahr und bat meine Eltern, mich bei ihnen auf dem Feld helfen zu lassen. Dies tat ich dann, bis ich aus der Schule kam, und wenn es die Zeit erlaubte, auch noch später. Ich muss sagen, ich tat es gern, obwohl ich nur noch wenig Zeit zum Spielen hatte und es oft schwer war bei Wind, Regen und Hitze auf dem Feld im Tempo mit den Erwachsenen mitzuhalten.

Die Not der Weltwirtschaftskrise erlebte sie hautnah mit, zumal auch ihre Familie gerade eine Pechsträhne hatte, wie sie sich ausdrückte:

So hatte Papa die Futtermaschine geölt und das Ölkännchen stehenlassen. Mama sah dies beim Futterschneiden nicht, und das Kännchen fiel ins Futter, was die Kuh auch mitfraß. Die Spitze des Kännchens stieß sich in den Magen, und sie konnte nicht mehr aufstehen. Niemand, auch der Tierarzt nicht, konnte feststellen, was der Kuh fehlte. Natürlich war da Polen offen. (*Jargon für: Das war eine schlimme Sache.*) Es blieb nichts weiter übrig, als den Abdecker kommen zu lassen. Endresultat: 35,– RM. Der aufkaufende Jude Wertheim hatte wieder ein gutes Geschäft gemacht. Er machte in der damaligen schlechten Zeit seine besten Geschäfte bei den kleinen Landwirten, welche auf ähnliche Art ein Stück Vieh verloren und dadurch in Geldschwierigkeiten kamen. Dieser Personenkreis war noch nicht so weit fortgeschritten, um bei einer Bank zwecks Darlehen vorzusprechen. Die Inflation steckte ihnen noch immer in den Schuhen, sie hatten das Geld eher im Strumpf aufbewahrt, zudem kam die große Arbeitslosigkeit, welche Tag für Tag zunahm, noch hinzu! War nicht genug, dass wir unsere Kuh verloren hatten und Papa das Schlachtschwein verkaufen musste, um eine erneute Kuh anzuschaffen, nein, eines Morgens kam Mama in den Stall, um die Hühner rauszulassen, doch wo waren sie? Von 30 Hühnern fand sie nur noch die abgehackten Köpfe vor. O, welch ein Graus! (*Offenbar waren die Hühner gestohlen worden.*) Wie sollte es wohl noch weitergehen? Da und dort brannten Strohschober ab (*wohl Verzweiflungsakte von Arbeitslosen*). In der Stadt war der Hunger besonders groß. Die Gemeinde stellte eine Nachtwache auf, welche sich stundenweise ablöste, zum Schutze der Kartoffelfelder. Die Städter trieb es aufs Land, vorwiegend in der Nacht, um sich für die Familie Kartoffeln zu stoppeln.

Es war schon gut, dass wir jetzt unsere Tür abschließen konnten. Die Armut war teilweise so stark, dass die Leute zum Bettler wurden. Mama konnte kein Geld geben. Aber einen Teller Suppe oder ein Stück Kuchen gab sie immer ab.

Zur Zeit der Weltwirtschaftskrise kam sie auch in Berührung mit der »neuen Partei«:

Lotte (*eine nahe Verwandte*) war oft sehr traurig, dass ihr Mann in Erfurt keine Arbeit erhielt. Eines Tages kam ich zu ihr. Sie saß auf dem Stuhl und stillte gerade ihr Kind an der Brust. Mit tränenüberströmtem Gesicht sah sie mich an. »Mein Gott«, sagte ich zur Lotte, »was ist denn passiert?« »Ach«, sagte sie, »das Leben hat keinen Zweck mehr für uns. Berthold hat gerade das Stempelgeld gebracht, und dies reicht gerade noch für die Miete. Von was sollen wir denn nun noch leben?« Berthold hatte bei seiner Übersiedlung vom Thüringer Wald noch etwas Besteck, welches sie einst in der Firma hergestellt hatten, mitgebracht. Unter anderem einen Pfannkuchenwender. Er sollte vier bis fünf Mark kosten. Ich ging heim, erzählte es meiner Mutter und bat sie, mir doch das Geld vorzustrecken. Sobald ich es mir bei dem Bauern verdient hatte, sollte sie es wieder zurückerhalten. Gesagt, getan. Ich war froh, Lotte in ihrer Not helfen zu können. –

Ja, hier hörte ich zum ersten Mal Gespräche von der neuen Partei, die es jetzt gebe. Welche allen Arbeitslosen wieder zur Arbeit verhelfen würde. Einmal sah ich so einen fremden Mann auf der Straße. Er hatte auf einem normalen Straßenanzug eine Armbinde mit Hakenkreuz am Ärmel. Was natürlich komisch aussah. Später kam einmal ein ganzes Lastauto mit Männern drauf. Zum Teil in Zivil, zum Teil mit brauner Uniform und Hakenkreuz am Ärmel. Sie nahmen einen Tornister auf den Buckel und machten einen Gepäckmarsch. Zur selben Zeit hörte man immer wieder von Messerstechereien, vorwiegend in Schmira. Dieser Ort war vorwiegend kommunistisch. Auch bei uns ging es schon in der Schenke los. Wahlen wurden veranstaltet. Doch ich begriff dies alles nie so recht. Ich weiß nur, als Erna B. ihre Hochzeit hatte, standen die »Stahlhelmer« Spalier. Auch von meinen Eltern hörte ich öfters nur von »deutschnational« sowie von Hindenburg und Hugenberg sprechen.

Am 30. Januar 1933, es war ein kalter Wintertag, doch der Himmel war strahlend blau, nahm uns unser Kantor mit zu sich in seine Wohnung. Es hieß nur, der neue Führer mit der braunen Uniform spricht. Das Radio hatte einen gesonderten Sender und einen gesonderten Empfänger, aus dem eine ganz gewaltige Männerstimme an unser Ohr drang. Wir verstanden nur soviel, dass es allen Leuten besser gehen würde sowie die Arbeitslosigkeit sowie die Stehlerei ringsherum ein Ende haben würden. Und das war ja was Gutes. Ich habe noch in guter Erinnerung, dass Wilhelm S. als erster zum freiwilligen Arbeitsdienst ging. Auch er war schon längere Zeit arbeitslos. In Frienstedt wurde in einem großen Bauernhof ein FAD (*freiwilliger Arbeitsdienst*) -Lager eingerichtet. Wenn der FAD am Morgen nach G. (*Ellas Heimatort*) marschierte, sprangen wir ans Fenster. Sie hatten einen Arbeitsanzug an und den Spaten auf dem Buckel. Dabei sangen sie Marschlieder sowie »Schwarzbraun ist die Haselnuss«, »Tirol, Tirol, du bist mein Heimatland« oder das Schlesierlied. Ihr Arbeitseinsatz war zunächst an der Fachlachsröste. Diese wurde gereinigt und begradigt. Später erschien da und dort auch ein RAD-Helfer bei den Bauern auf dem Feld, oder es wurde an der Straße gearbeitet. Ihr Tageslohn war ja nur 25 Reichspfennige. Aber sie waren munter, versorgt und kamen auf keine dummen Gedanken, um ihre Aggressionen loszuwerden. In der Zeitung las man vom »Winterhilfswerk«. Hier stellten sich Leute, welche in einer Organisation der neuen Partei waren, zur Verfügung und versorgten alte und arme Leute mit Kohlen und Essen. In der Stadt stand an bestimmten Stellen eine Gulaschkanone, wo Essen ausgegeben wurde. Mit der Büchse wurden nun Spenden für das WHW (*Winterhilfswerk*) gesammelt. Viele Leute fanden diese Einrichtungen sehr gut, andere wieder nicht, diese gaben auch nie eine Spende. Da sie im Ort aber als querköpfig und arm eingeschätzt wurden, nahm man es diesen Leuten zunächst auch nicht übel, wenn sie sagten, dafür haben wir nichts übrig.

Nach und nach liefen bei uns im Ort sowie in den Nachbarorten Erwachsene und Kinder in der braunen Uniform herum. Willi und Gerhard L. sowie Kurtchen L. mit kaum drei Jahren trugen schon die Braunhemden mit Schulterriemen und Koppel. Unsere jungen Burschen (*sie zählt nun Namen auf*), ... alle, welche ein Motorrad besaßen, gingen in den NSKK (*NS-Kraftfahrer-Korps*). Papa war nicht so recht davon begeistert. Er sagte: »Dem (*sprich: Hitler*) geht es mal wie Jesus. Erst rufen sie Hosianna und dann kreuzigt ihn.« Auch Onkel Fritz kam in der neuen Uniform. Die Omama war diesbezüglich schwer am Schimpfen. Meine Cousinen traten auch dem BDM bei. Den politischen Unterschied konnte man in Oberrossla am besten bei den Turnern feststellen. Die »Freien Turner« (dies waren Kommunisten und Sozialdemokraten) grüßten mit »Frei Heil!«, und die »Deutschen Turner«, dies war mehr die nationalsozialistische Bewegung, grüßten mit »Gut Heil!«

Am Tag der nationalen Arbeit, 1. Mai 1933, wurde bei uns sowie anderswo eine Hitler-Eiche gesetzt. Es war ein freier Platz in der Hintergasse vor L.'s Haus. Auch wir Schulkinder mussten unseren Beitrag mit dazu leisten. Mir ist dieser Tag immer in Erinnerung geblieben, denn hier musste ich wie üblich wieder ein Gedicht aufsagen. Es war das Lied »Üb' immer Treu und Redlichkeit bis an dein kühles Grab«. Ich beherrschte den Text als Lied einmalig, jedoch es in Gedichtform auswendig aufzusagen, war für mich grausam. Und was mir im Gedichtvortrag nie passierte, musste mir hier passieren, ich blieb stecken! Das war mir so peinlich, dass ich heute noch daran denken muss, obwohl unser Kantor mir sehr gut über diesen Stolperer hinweghalf.

An der Stirnwand unserer Schule hing ein großes Bild von Friedrich III., welcher nur 99 Tage regierte, und von Wilhelm II.. Diese wurden nun abgenommen und durch ein großes Bild vom »Führer« ersetzt. Das Führerbild erschien so langsam in allen öffentlichen Einrichtungen. Unser Wirt in der Schenke machte sich nichts daraus. Sein Bild von Bebel blieb deshalb noch viele Jahre hängen. Man wusste das und tat es auch akzeptieren.

In der Schule wurde ein monatliches Heft eingeführt. Es hieß »Hilf Mit« und kostete im Monat 10 Pfennige. Mit diesem Ertrag sollten dann die Auslandsdeutschen unterstützt werden. Uns wurde gesagt, dass die Deutschen in den durch den Krieg abgetretenen Gebieten und Kolonien sehr wegen ihres Deutschtums zu leiden hätten.

1935 gewann Ella einen Zeichenwettbewerb in der Schule:

Als Motiv sollten wir zum Ausdruck bringen, welche guten Taten und Hilfen seit Beginn des Dritten Reiches für die notleidende Bevölkerung erfolgt sind. Da ich im Zeichnen schon immer gut war, fiel es mir nicht schwer, meine Gedanken auf Papier umzusetzen. So malte ich eine Gulaschkanone, wo ein Mann an alte Leute Essen ausgibt, daneben einen Briketthaufen, wo körbeweise Briketts und Kohlen verteilt wurden, und einen weiteren Mann mit seiner Sammelbüchse für das WHW. Mit Wohlfahrtsmarken habe ich die Ecken ausgefüllt. Nach einigen Wochen bekam unser Lehrer vom Erfurter Schulamt das Zeichenblatt mit einer Urkunde und die Bestätigung als Ersten Siegespreis zurück. Gleichzeitig erhielt ich für angeblich »Gute Leistung« ein BDM-Mädelbuch. Das Bild wurde eingerahmt und bekam einen Ehrenplatz in der Schule. Dort hing es nun bis Kriegsende. Sicher hat man es dann verbrannt.

Ihre Schulabschlussfeier 1935 schildert sie genau und zitiert ein Gedicht und ein Psalmwort, die ihr besonders wichtig wurden:

Du wanderst in die Welt hinaus
auf dir noch fremden Wegen,
doch folgt dir aus deinem Elternhaus
deiner Treusten Liebessegen.
Ein Ende nahm das leichte Spiel,
es naht der Ernst des Lebens,
behalt im Auge fest dein Ziel,
geh keinen Schritt vergebens,
gerader Weg – gerades Wort,
so soll's dem Mann gebühren,
der Ehre wählet sich zum Hort,
den kann kein Schalk verführen.

Dieses Gedicht sowie aus einem Psalm die Zeilen »Und ob ich schon wanderte im finstern Tal, fürcht ich kein Unglück, denn Du bist bei mir, Dein Stekken und Stab trösten mich« waren in meinem ganzen Leben richtungweisend, so dass ich heute noch mich daran festhalte.

Obwohl Ella eine sehr gute Schülerin war, durfte sie nicht die Handelsschule besuchen. Ihr Vater hätte sie am liebsten bei Bauern als Dienstmädchen gesehen. Wenigstens die Haushaltungsschule konnte die Mutter durchsetzen. Sie bezahlte sie von ihrem Eier- und Beerengeld, das sie sich noch neben der vielen und schweren Arbeit in Haus, Stall und auf dem Feld verdiente.

Ella ergriff dann selber die Initiative und meldete sich in einem Speiselokal an, um das Kochen zu lernen. Danach arbeitete sie in verschiedenen Lokalen, immer bestrebt, weiterzulernen und weiterzukommen.
Von den politischen Entwicklungen bekam sie wenig mit:

Da ich durch meinen Beruf sehr gebunden war, ging an mir das politische Klima fast vorüber. Ich hatte zwar da und dort an einem Lokal gelesen »Juden nicht erwünscht«, oder dass die Kirche der Juden gesprengt worden sei, hatte ich auch vernommen. Jedoch Gedanken habe ich mir nicht groß darüber gemacht. Auch hörte ich, dass ein bekannter SS-Mann nach Buchenwald

(*Konzentrationslager bei Weimar*) kam, weil er aus einer versiegelten Judenvilla Ölgemälde gestohlen habe, was ich als Einbruch verstand und daher die Strafe auch gerechtfertigt. Unter Buchenwald verstand ich die Auslagerung eines Gefängnisses. Kam Adolf Hitler einmal nach Erfurt, um im Stadion zu sprechen, bedeutete es für uns immer doppelte Arbeit. Es wurden auch da und dort Luftschutzschulungen abgehalten über Gelb-, Grün- und Blaukreuzgas (*Giftgase*), doch das schreckte mich nicht auf, da ich bereits 1935 einen solchen Lehrgang mitgemacht hatte. So ging ich etwas blind durch die Gegend, was die Politik anbelangte. Wir hatten zwar etliche Kollegen aus Österreich, die erzählten zwar etwas von ihrer Flucht, auch im Zusammenhang mit dem Röhm-Putsch. Doch das waren für mich alles »Böhmische Dörfer«.

Ausführlich berichtet sie von ihren Freizeitbeschäftigungen; besonders gerne ging sie tanzen. Aber der Vater war sehr streng. Einmal schlug er sie windelweich, als sie nicht auf die Minute pünktlich um 22 Uhr zu Hause war. Immer wieder führte er das Wort im Munde: »Ein Mädchen mit einem Schandfleck ist mit einem schönen weißen Kleid zu vergleichen, welches einen Fettfleck hat. Beide Flecken bekommt man nicht mehr weg.« Ella ging der Sinn und dass es hier um Sexualität ging, erst viel später auf. Auch von ihrer Mutter erfuhr sie keinerlei Aufklärung.

Den Kriegsausbruch erlebte sie in Freiburg. Es war kein besonderer Einschnitt für die Familie. Auf meine Frage, wie denn die Mutter, die doch mit England verbunden war, den Krieg mit England erlebt hat, sagte Ella: »Die Mutter hat zeit ihres Lebens eine Vorliebe für England gehabt, aber die Zeiten waren eben so.«

Inzwischen war der Vater, krankheitshalber frühpensioniert, Blockleiter geworden, ihr Bruder Erich Jungvolkführer. Wenn sie daheim war, ging sie begeistert zum BDM.

1940 machte sie (19jährig) einen Servierkurs und schloss ihn mit »gut« ab. Sehr gern arbeitete sie in Waldkirch im Hotel »Löwen-Post«. Sie lernte verschiedene junge Männer kennen, die sich für sie interessierten. Schließlich entschied sie sich für Erich T. aus Waldkirch, einen Bautechniker und Studenten an der Staatsbauschule Karlsruhe. Er wurde noch 1940 zum Reichsarbeitsdienst eingezogen und danach gleich zur Wehrmacht.

Der Krieg machte sich um diese Zeit auch in Waldkirch durch Einquartierungen und Gefallenenmeldungen bemerkbar:

Inzwischen hatten wir ja auch Einquartierung. Der Stab des MG-Bataillons aus Mülheim war in unserem Haus untergebracht, so dass ich auch den ganzen Tag im Trapp war. Zwischendurch hatten wir auch manchen Spaß. So wurde ich bei einer Beförderungsfeier mit in die »Arche« eingeladen. Unser

Hauptfeldwebel Hans S. und seine Leute organisierten dazu Getränke, so dass es ein lustiger Abend wurde.

Eines Tages wurde der Jahrgang 1920/21 zur Musterung aufgerufen, wobei das Bier bei uns im »Futtergang« nur so floss. Ach, mit welcher Begeisterung waren die jungen Leute dabei, für das Vaterland in den Krieg zu ziehen, und wie viele haben ihr Leben und ihre Gesundheit dann für das Vaterland gegeben bzw. sind als Kriegsverbrecher nach ihrer Heimkehr hingestellt worden!

Die erste große Erschütterung brachte der Krieg mit der Sowjetunion seit dem 22. 6. 1941:

Eines Morgens, ich liege noch im Tiefschlaf, kommt Maria (*die Kollegin*) ins Zimmer gestürzt mit Tränen in den Augen, weckt mich und sagt: »Eben ist die Sondermeldung gekommen, es sei Krieg mit Russland. Mein armer Emil!« Auch meine Gedanken waren sofort bei Erich. Wo würde er wohl sein, im Nord- , Mittel- oder Südabschnitt? Natürlich lief das Radio den ganzen Tag, eine große Landkarte kam im Lokal an die Wand, damit man die Orte durch Stecknadeln festhalten konnte, welche durch Sondermeldungen bekanntgegeben wurden. Die Sondermeldungen überschlugen sich fast. Überall wurde der Feind zurückgeschlagen. Dies beruhigte dann die erhitzten Gemüter etwas. Da eine Briefzensur bestand, durften die Soldaten auch nicht schreiben, wo sie sich befanden. Jede Einheit hatte ja ihre Feldpostnummer. So hatte Erichs Einheit, wenn sie im Einsatz waren, meist die Feldpostnummer 30690. In seinem Brief punktierte er einige Buchstaben; somit konnte ich auf der Landkarte ausfindig machen, wo seine Einheit die deutsch-russische Grenze überschritten hatte. Ich versuchte nun in Gedanken, im Nordabschnitt bei ihm zu sein. Und dann doch immer wieder die Ungewissheit, wie wird es ihm gehen? Ist er noch gesund, ist er vielleicht gar verwundet oder gar – – nein, das durfte ich nicht denken. Das darf nicht sein! Wenn nun längere Zeit die Post ausblieb, redete man sich ein, dass es sicher nur an der Postverbindung liegen könne. Diese Ungewissheit und die Sorgen betrafen mich nicht allein. Wieviele Mütter, Väter, Frauen und Angehörige trugen diese Angst und Sorgen um ihre Lieben im Herzen! Jeder versuchte nun auf seine Art, durch Briefe und Päckle den Lieben an der Front eine kleine Freude zu bereiten. Und dies wurde auch in den nächsten Kriegsjahren beibehalten. Die Heimat stand voll hinter der Front.

Ella kehrte im Herbst 1941 nach Erfurt zurück, um noch eine kaufmännische Ausbildung zu absolvieren. Da sie zu Hause wohnte, hatte sie täglich 20 km zuerst mit dem Fahrrad, dann mit einer kleinen Bimmelbahn zurückzulegen. Bis auf einen Bombeneinschlag, der auch an ihrem Elternhaus Schäden anrichtete, und die ständige Sorge um die Angehörigen (inzwischen war auch ihr Bruder Erich eingezogen), waren sie vom Krieg immer noch ziemlich verschont.

Ella übernahm eine BDM-Gruppe in ihrem Heimatdorf. Über ihre Arbeit schrieb sie ein mit Fotos bebildertes Kriegstagebuch, das erhalten geblieben ist. Hier einige Auszüge:

Kriegs-Winter 1941/42
Wir Mädels hatten uns entschlossen, in diesem Winter in der BDM-Werkgruppe das Nähen durchzuführen. Unsere Führerin war Hanna S., und unter ihrer Leitung übten und lernten wir zunächst Zier- und Nähstiche. Als weitere für uns Mädels begeisternde Arbeit folgten Näharbeiten für das Ostland. Wir nähten Wäsche für Kinder im Alter von 1/2 bis 10 Jahren und lieferten sie dem Bann ab, von wo die von uns aus altem Material hergestellten neuen Wäschestücke weiter zum Versand kamen. Abgeliefert wurden von uns 20 Lätzchen, 5 Mützchen, 15 Schürzen, 5 Kleider und vielerlei Kleinigkeiten. Zum Abschluss des sogenannten Wettbewerbes folgte nun eine Ausstellung, wobei die Mädels, die am besten genäht hatten, auch einen netten Preis erhielten. Vor dem Weihnachtsfest bastelten wir auch noch nebenbei für unsere Soldaten praktische Geschenke aus Leder. Auch die Kleinsten kamen zu ihrem Recht. Eine vollständig eingerichtete Puppenstube konnten wir abliefern. So nahmen die so netten und begeisternden Winter-Heimabende, wobei die Mädels viel Neues und Praktisches gelernt haben, ihr Ende.

Sommer 1942
Das Frühjahr 1942 brachte für uns nun eine ganz andere und neue Dienstgestaltung als der vergangene Winter. Ja, ihr werdet staunen, aber unser kleiner Standort hat ein Stück Land für einen Bauerngarten erstanden. Da hieß es nun ran an die Arbeit. Zunächst wurde gegraben und gerechnet, damit wir eine gerade Fläche bekamen. Als das erreicht war, konnten die Beete hergerichtet werden. »Vor allem auf 40 cm gerade Wege achten«, rief unsere Hanna ständig, »und schnell, damit wir zunächst vorm Dunkelwerden wenigstens die Zwiebeln, Möhren, Radieschen und den Salat reinbekommen!« Später folgte dann das Spätgemüse. Es gab wirklich Spaß bei diesen Arbeiten. An der rechten Seite unseres Gartens legten wir auch Blumenrabatten an. Auch ein Stück Land wurde mit Küchenkräutern bepflanzt, denn das darf in keinem Garten vergessen werden. Auch Stachel- und Johannisbeeren wurden gepflanzt. Niemand wollte vor einer anderen Kameradin zurückstehen. Es ist aber nun nicht damit abgetan, dass der Samen in der Erde ist. Nun heißt es gießen und pflanzen, und vor allem wachsen nicht nur die Pflanzen an, sondern das Gras macht sich bemerkbar. Aber auch das wird überwunden. So verging der Sommer, und es kam die Zeit des Aberntens. Hier hieß es gut aufpassen, dass nichts umkommt, denn es musste doch für den Wintervorrat gesorgt werden. Die Bohnen wurden gleich in Salz eingestampft. Das Kraut, Porree, Kullerrüben usw. nahmen ihren Winterplatz ein. Der letzte Kraut-

kopf wurde hereingeholt, damit nichts umkommt. So hatten wir doch einen sehr netten Erfolg in unserem Bauerngarten.

Kriegswinter 1942/43

Ein altes Sprichwort sagt: Nach der Arbeit ist gut ruhen, und das taten wir in diesem Winter. Nachdem wir einen so ertragreichen Sommer hinter uns hatten, durften wir unsere Mäulchen gut stopfen. Wir führten nämlich unseren Kochkursus durch. Die fehlenden Zutaten, wie Fleisch und Nährmittel, wurden uns durch Bezugscheine gestellt. Ja freilich, das gab auch Spaß für die Jüngsten, einmal selbständig am Kochtopf stehen. Erst mit Zittern und Zagen, damit ja alles richtig gerät, denn sonst wird es nichts mit dem Nachtisch. »Auch darfst du den Quirl nicht ablecken, wenn du deine Soße so dick zubereitest«, ruft unsere Bäckerin Lieschen. »Und du schälst doch die Kartoffeln schon wieder so dick!« schimpft Anneliese mit ihrer Schwester. Ja freilich, das ist ein Brotzeln und Brebbeln, sollte man da keinen Appetit bekommen? »Aber nun schnell, damit die Suppe fertig wird!« ruft Waltraut. Ich decke schon den Tisch … Und nun sitzen 10 Mädels um den Tisch und lassen es sich gut schmekken. Als alle glauben fertig zu sein, da sie so viel gegessen haben, kommt eine große Überraschung, die uns Bettie zukommen lässt. Sie bringt einen Aschkuchen, und dazu gibt es »Schwarzen Tee« und über den Kuchen Vanillesoße. Ein allgemeines »aaah!« und »oooh!« ist nur noch zu vernehmen. Ja, und das im dritten Kriegsjahr! Doch da ruft eine Stimme: »Ran an den Feind!« und eins, zwei, drei werden auch diese Teller richtig leer gemacht, als hätten die Kätzchen daran gesessen. Und nun kocht auch schon wieder das Aufwaschwasser, das fordert nun leider auf zur Küchenordnung, und jeder ist an seinem Posten, denn der Schlaf drängt auch schon, wenn man so viel gegessen hat. Was Schlaf, nee, da singen wir lieber schnell noch ein paar Lieder, da geht es nochmal so gut. Und wenn alles wieder an seinem Platz ist, wird für heut Schluss gemacht. –

Ja, liebe Kameradinnen, so können wir auf den Kriegswinter 1942/43 gern zurückblicken und sagen: Wir haben doch allerhand gelernt und gerade sehr viele Kriegsrezepte und -speisen ausprobiert, die für uns sehr zum Vorteil sein werden.

Lazarettbetreuung!

Von unserem Ortsgruppenleiter erhalten wir die Nachricht, nach G. kommen 20 verwundete Soldaten. »Vielleicht könnt ihr euch ihrer etwas annehmen.« Das lassen wir uns nicht zweimal sagen. Ein kurzes Überlegen, und ein Programm »ganz groß« ist zusammengestellt. Vor allem Theater wird gespielt, und sitzen muss das! Es muss einfach einmalig werden! Es geht da jeden Abend zum Proben. Die Generalprobe hat geklappt, und nun noch schnell mit der HJ die Wagen mit Grünem putzen. Alles ist fertig. Auf die Räder und auf zum Bahnhof! Ach, dieser Jubel und die Begrüßung, ganz groß! In G. angekommen, erfolgt die Verlosung der Quartiere. Am Abend war Treffpunkt die Schenke. Um das gegenseitige Bekanntmachen und Zutrauen zu fördern, wurden Sing- und Gesellschaftsspiele gemacht. So verging der Restabend bei bester Stimmung ziemlich rasch. Der nächste Abend sollte der Höhepunkt sein. Unsere Gäste und Quartiergeber wurden von uns in dem festlich geschmückten Saal empfangen und begrüßt. Unser Theaterprogramm war ausgefüllt mit Liedern, Gedichten, Scharaden, lustigen Theaterstücken, und die Pausen waren ausgefüllt mit Musikeinlagen. Den Abschluss des Abends bot eine Kaffeetafel mit großer Auswahl von Kuchen und Plätzchen. Es hatte alles so fabelhaft und gut geklappt, dass niemand den Anfang zum Nach-Hause-Gehen machen wollte. Bis dann um 1 Uhr unser Ortsgruppenleiter den Feierabend verkündete. Es war somit einer der gemütlichsten Abende seit Kriegsbeginn für unser Dorf verstrichen. Und oft sprach man noch von diesem Tag, aber auch unsere Gäste schrieben und dankten uns für die gemütlichen Stunden noch viele Male.

Unser Leistungsabzeichen
In diesem Sommer gab es nun für verschiedene Mädels die Möglichkeit, sich am Sportabzeichen zu beteiligen. Die Beteiligung war freigestellt. Eine Vorübung hatten wir schon durch den Reichssportwettkampf. So hieß es also für die Mädels: Fortsetzung folgt, und eine jede nahm begeistert an diesem Sport teil. Die sportlichen Forderungen wurden, außer dem Hochsprung, glatt bestanden, doch beim Hochsprung haperte es doch etwas. Bis 80 cm war es ja eine Leichtigkeit, doch dann kostete es doch etwas Anstrengung, aber das wurde von uns Sportskanonen auch gemeistert. Waren doch verschiedene Mädels schon mit einer Siegernadel geschmückt, so war das Leistungsabzeichen auch zu bestehen. – Unser Zielwandern führten wir in der Umgebung von Eisenach durch. Auch dieser Tag wird wohl ständig in Erinnerung bleiben. Das Wetter war ja auch herrrlich. Wie gesagt, wenn Engel reisen, lacht ja sowieso der Himmel. Wir fuhren bis nach Eisenach mit dem Zug, und von da wurde nach der Karte das Ziel festgesetzt. So ging es auf nach der Wartburg, wo wir uns bei dieser Gelegenheit alle Sehenswürdigkeiten mit ansahen, und von da ging es durch die Drachenschlucht nach der Hohensonne. Das machte uns Mädels wirklich Spaß, so singend durch den schönen Wald zu wandern. Über die »Hohe Sonne« traten wir dann unseren Heimmarsch nach Eisenach zurück wieder an, von wo wir mit dem Zug wieder in unsere Heimatdörfer zurückfuhren. Ja, so hatte doch auch dieser Sommer für unsere Schar außer der vielen anderen Arbeit seine Vorteile, denn es waren 12 Mädels, die das Leistungsabzeichen bestanden haben.

Immer mehr Mädchen aus der kaufmännischen Schule wurden zum Kriegshilfsdienst einberufen. Ella schaffte die Prüfung noch und ging 1942 als kaufmännische Angestellte zur Barmer Ersatzkasse nach Erfurt. Dort waren nur noch 1/3 Männer und 2/3 Frauen. Die wöchentliche Arbeitszeit betrug 56 Stunden. Die Bescheinigung darüber hat sich erhalten. Wenn nur das Fahrrad hielt! Sehr anschaulich beschreibt sie, wie oft und auf welche Weise sie es flicken musste. Die Arbeitsbedingungen wurden immer schwieriger:

Die Männer, wenn sie nicht u.k. gestellt waren, waren an der Front, und Frauen bis 60 Jahre ohne Kinder wurden dienstverpflichtet. Hinzu kam der ständige Fliegeralarm bei Tag und Nacht, so dass niemand mehr richtig zum Schlafen kam. Hierunter litt ja nun die gesamte Bevölkerung, ob jung oder alt, ob Mann oder Frau. Soldaten in den besetzten Gebieten sagten oft, wenn sie Urlaub hatten, die Heimat hat ein schwereres Los zu tragen als wir.

Auch wir Angestellten wurden jetzt im Wechsel zur Luftschutzwache eingeteilt. Sie begann am Abend um 20 bis früh 6 Uhr. Hierfür bekamen wir pro Nacht 2,– RM. Auf die hätten wir liebend gern verzichtet. Doch es war Pflicht, und ein Ablehnen gab es nicht. Unsere Aufgabe war, beim Angriff die Beitragskästen in den Keller zu tragen. Das hört sich so schön an, aber wie hätte wohl die Sache bei einem Angriff ausgesehen? Man hatte schon mit seinem eigenen Beitragskasten beim Tagesangriff zu tun, bis man unten war. Ich entsinne mich noch gut eines Bombenangriffes am Tag. Wir waren kaum unten, und es krachte. Ein Kollege hatte seinen Kasten noch in der Hand. Sofort schmiss er sich lang auf den Boden, und der Kasten flog in hohem Bogen, einschließlich der Beitragskarten, durch die Menschheit. In dieser Situation wäre ich auch nicht wiederholt nach oben gegangen, um die übrigen Kästen in Sicherheit zu bringen. Da ist doch wohl das eigene Leben wichtiger. In unserem Luftschutz-Aufenthaltsraum befand sich ein Feldbett, ein Tisch mit zwei Stühlen, ein Volksempfänger, sowie das Buch »Der Pfaffenspiegel«. Dieses hat unser Chef sicher bewusst hingelegt. Nun, ich habe ihn durchgeschmökert und fand ihn schon interessant. Am Radio habe ich natürlich auch da und dort herumgespielt, bis ich so einen Feindsender gefunden hatte. War natürlich schwer verboten. Doch was macht man nicht alles, wenn man in so einem großen Bau mutterseelenallein ist? Ja, selbst sonntags mussten wir noch Luftschutzdienst tun. Nun, durch diese psychische und physische Anstrengung waren Männer wie Frauen gesundheitlich sehr angeschlagen. 60 % der Arbeitsuntauglichkeitsmeldungen lauteten »Nervöse Erschöpfung«. Ca. acht Tage nach Eingang der Krankmeldung erhielten wir schon eine Arztanfrage, und später erfolgte eine Vorladung zum Gesundheitsamt. Ja, so schnell und so lange wie heute wäre ein Patient in den Kriegsjahren nicht krankgeschrieben worden. Die AOK hatte seinerzeit noch Leute beschäftigt, welche den Kranken besuchten und prüften, ob er auch zu Hause ist, bzw. ob er ohne Ausgangsgenehmigung die Wohnung verlassen hatte.

Auch in unserem Geschäft fiel immer mehr Arbeit an. So wurden etliche Verwaltungsstellen aufgelöst, die dann von unserer Bezirksverwaltung mit übernommen wurden. Hinzu kam, dass weitere Kollegen eingezogen wurden und dadurch neue Kolleginnen wieder zur Einarbeitung kamen. Damit alles seinen geregelten Gang ging, hatten wir natürlich die Revision im Haus. Auch kamen schon die ersten Flüchtlinge aus dem Osten. Unsere Arbeitszeit begann ja schon früh um sieben Uhr. Das war ein langer Tag! Die meisten Kolleginnen brachten sich das Mittagessen mit von zu Hause. Um dieses heiß zu machen, besaßen wir eine Gasplatte mit zwei Feuerstellen. Da ging es natürlich schon beengt und lustig zu, bis jedes seine Kartoffeln mit Gemüse heiß hatte. Zum Schluss brühten wir uns noch eine Malzbritsch (*Malzkaffee*) auf. Natürlich versuchte jedes Mädel während dieser Zeit, so zwischen Tür und Angel, geschwind noch einen Feldpostbrief aufs Papier zu bringen. Oftmals schlich sich der Chef von hinten ins Geschäft rein. Nun, da wäre ja Polen offen gewesen, wenn er so etwas mitbekommen hätte! Doch in dieser Beziehung standen wir eisern zusammen.

Am Feierabend und am Sonntag warteten weitere Tätigkeiten auf sie: Sie wurde als Rot-Kreuz-Helferin ausgebildet und noch zum Feuerwehrkommandanten der »Freiwilligen Feuerwehr«.

Ihr Verlobter Erich war von Anfang an in Russland an vorderster Front. Alle Feldpostbriefe, die zwischen ihnen hin- und hergingen, hat sie aufbewahrt. Er schrieb recht offen. Durch eine Geheimschrift wusste sie immer seine Einsatzorte. Einige wenige Proben, die sie selbst in ihre Aufzeichnungen einfügt:

Am 17. November 1941 schrieb er früh um 4.00 Uhr bei Petroleumlicht, das Briefpapier auf den Knien: »Wir haben 30 Grad Kälte, die Kleider sind nass und keine Möglichkeit zum Wechseln. Es erfolgt Angriff auf Angriff der Russen, und zwar ganz verbissen greift er (*er meint: der Russe*) Tag und Nacht an. Bomberverbände von mehr als 30 Flugzeugen greifen laufend in die Kämpfe ein, und wir liegen im Erdbunker. Es wäre schön, wenn Du mir Pulswärmer oder ähnliches schicken könntest. Lieber noch einmal den Staub und die Hitze vom Sommer als diese bissige Kälte ertragen.«
Am 29. 11.: »Hier ist die Hölle los. Ich habe drei Tage an Deinem Brief geschrieben. Wir sind ständig im Bunker und brauchen Holz zum Heizen, was wir suchen müssen, um Kaffee zu kochen. Es ist saukalt und kein Wasser.«
»Am 17. 12.«, *so schreibt er,* »war Stellungswechsel. Der Teufel war genauso los wie im Juli – August. Wir sind voll in der Sch—gesteckt. Nur raus aus dieser Elendsgegend.«
Am 20. 12.: »Die Winterfront wird bezogen. Wir waren die letzte Truppe der weit vorgezogenen Stellung, die geräumt wurde. Um das Nachstoßen des Feindes zu vereiteln, waren wir Tag und Nacht auf den Beinen mit Sprengen und Sperrenbauen.«
Am 25. 12.: »Endlich sind wir im Ruhequartier. Wir sind überglücklich. Endlich können wir uns waschen und rasieren. Einen Tisch und einen Tannenbaum haben wir auch erstanden. Dann die Päckle aus der Heimat und von der Wehrmacht etwas Wein. Für ein paar Stunden haben wir die Front vergessen, und in Gedanken waren wir in der Heimat. Die Heimat faselt von Urlaub, da ist kein Gedanke dran. Wir sind in unserem Haufen noch 70 Mann Übriggebliebene. Von diesen darf jetzt wöchentlich ein Landser fahren. Rechne aus, wann ich dann dran bin.«

Am 12. 1. 42: »Seit 1. 1. 42 sind wir wieder im Volleinsatz. Der Russe macht wieder Angriff auf Angriff. Am 4. 1. hatten wir 47 Grad minus. Die Stiefel frieren an die Füße an. Man muss sie erst auftauen, um sie auszuziehen. Bis zu den Knien stehen wir im Schnee. Durch unsere großen Verluste an Verwundeten und Gefallenen wird unser Haufen immer kleiner, und es geht einem schon etwas nahe. Unwillkürlich zählt man dann auch die Tage, ob und wann man drankommt. Und da bekommt ein Kamerad ein Schreiben von der Partei, in dem es unter anderem heißt: ›Ihr könnt auch auf uns stolz sein usw.‹ Da geht einem der Hut hoch, wenn man täglich in dieser Sch— steckt und das noch lesen soll. Im hohen Bogen flog der Schrieb ins Feuer.« *20. 1.:* »Dein Weihnachtspäckle erhalten. Jetzt ist Urlaubssperre. Wir sind noch ein kleiner Trümmerhaufen, von dem man noch alles erhofft, aber nicht mehr lange, dann ist es ganz fertig. Das einzigste, was mich noch über Wasser hält, ist ein Brief von Dir.«

Als sie im Winter 1943 eines Abends nach Hause kam, fand sie ihre Eltern in gedrückter Stimmung:

Was ich bei meiner Mutter noch nie sah, ihr liefen laufend die Tränen über die Backen. Auf meine Frage, was ihr denn fehle, sagte sie mir, sie habe starke Zahnschmerzen. Als ich nun weiter nachhakte und versuchen wollte, ihr zu helfen, machte Papa dann dem Schauspiel ein Ende, indem er mir dann den wahren Grund der gedrückten und traurigen Atmosphäre sagte und mir die Nachricht von Erichs (*ihres Bruders*) Truppenteil vorlegte. Da stand es nun schwarz auf weiß: »Soldat Erich E. ist von seinem Meldegang am 14. November 1943 bei Petropol nicht wieder zurückgekehrt und muss deshalb als vermisst gemeldet werden.« Natürlich war auch ich von dieser Nachricht sehr erschüttert. Ausgerechnet an dem Abend, wo wir so häufig an ihn dachten und von ihm sprachen, wurde er von seiner Truppe als vermisst gemeldet. Unsere ganze Hoffnung war natürlich, dass er nur in Gefangenschaft geraten und noch am Leben war ... Der Monat Dezember 1943 war wirklich für mich der enttäuschendste in meinem bisherigen jungen Leben. So standen wir an der Schwelle des neuen Jahres 1944. Würde es uns wohl endlich den lang ersehnten Frieden bringen? Jeder Mensch, ob jung oder alt, ob an der Front oder in der Heimat, war physisch und psychisch bis an die letzte Grenze seiner Kräfte gefordert, wenn nicht gar überfordert. Mit meinen Eltern war es nun absolut nicht mehr möglich, ein Gespräch zu führen. Ihre Gedanken kreisten nur noch um unseren Erich – lebt er wohl noch – oder ist er verwundet in einem Lazarett? Ich schrieb deshalb noch einmal an seinen Kompaniechef mit der Bitte, uns doch noch nähere Einzelheiten über Erich mitzuteilen. Im Geschäft ging es ja auch hoch her. Wir hatten ja Jahresabschluss. Aber es war nicht möglich, bei der Arbeit zu bleiben. Ein Fliegeralarm nach dem anderen. In Schwärmen zogen die feindlichen Flugzeuge über uns hinweg. Niemand wusste, fliegen sie über Erfurt weg oder lassen sie ihre verdammten Bomben auf uns runter? Am 5. Januar hatte ich auch wieder Nachtwache. Zum Schlafen kam ich kaum. Als ich am anderen Abend todmüde nach Hause kam, lag Mutter mit einer Lungenentzündung im Bett. Obwohl Mutter in den vorausgegangenen Jahren Papa während seinen Krankheiten immer aufopfernd gepflegt hatte, nahm er von ihrer Krankheit wenig Notiz. Da wurde ich ihm gegenüber jetzt aber sehr bös. Zum erstenmal habe ich mir erlaubt, ihn lautstark fertigzumachen. Als erstes habe ich ihn beauftragt, das Schlafzimmer zu heizen, koste es an Briketts, was es wolle, das Leben von Mutter geht allem anderen vor. Nun versuchte ich, Mutter einen heißen Wickel anzulegen. Doch womit ich in ihrem Zustand nie gerechnet hätte, sie wehrte sich vor mir, ihr das Nachthemd hochzuziehen, aus lauter Scham. Sie schämte sich vor mir, vor ihrer eigenen Tochter mit nahezu 23 Jahren! Mit List und Tücke konnte ich es endlich erreichen, den Umschlag anzulegen. Da es mir nicht möglich war, im Geschäft wegen der Abschlussarbeiten freizunehmen, bat ich unsere Nachbarin, am nächsten Tag nach Mutter zu sehen. Sie versprach es auch und gab mir auch ein Glas eingekochte Bouillon mit. Hiervon machte ich gleich eine Tasse heiß und gab ein rohes Ei dazu, welche ich ihr löffelweise verabreichte. Ich saß dann die ganze Nacht neben ihr und machte laufend Wickel, damit sie ordentlich zum Schwitzen kam. Gegen Morgen ließ auch das hohe Fieber nach, so dass ich mit gutem Gewissen ins Geschäft fahren konnte. Papa habe ich jedoch vorher noch einmal richtig eingeheizt, dass ihm die Schuppen von den Augen gefallen sind. Kaum, dass sich Mutter wieder gefangen hatte, musste ich mich ins Bett legen. Hier hatte ich zum erstenmal das Gefühl, es könne wohl auch Rheuma sein.

Zu Weihnachten 1944 kam ihr Verlobter Erich noch kurz in Urlaub, aber der Winter 1944/45 wurde für sie noch schlimmer:

Der Winter 1944/45 war bitterkalt, und überall ging das Brennmaterial zur Neige. So wurde zeitweise nicht nur der Strom abgeschaltet, nein, auch die Zentralheizung (*in ihrem Büro*) wurde auf Sparflamme gestellt. An ersteres hatten wir uns ja bereits gewöhnt, aber in kaum geheizten Räumen seiner Arbeit nachzugehen, war schon eine Schur. Es dauerte nicht lange, und die Zentralheizung fiel ganz aus. Da unsere Geschäftsräume sehr hoch und groß waren, hieß es näher zusammenrücken. So wanderten die Mitarbeiter der Zahlstellenabteilung mit ihren Schreibtischen in den großen Schalterraum. Unser Chef organisierte einen Kanonenofen. Dieser wurde in die Mitte des Raumes aufgestellt, wobei das Rohr etliche Meter über unsere Köpfe weg in eine Abzugsesse geleitet wurde. Als Brennmaterial dienten zunächst die ältesten Akten aus dem Keller in Verbindung mit etwas Holz zwischendurch. Natürlich gab es eine Sauerei mit der Asche. Eine Person war dafür abgestellt, den Ofen während der Arbeitszeit zu bedienen. An unseren Arbeitsplätzen saßen wir eingemummelt wie die Lappen. Jetzt spielte es keine Rolle mehr, dass wir Hosen trugen. Mein Arbeitsbereich war ja die Buchhaltung. Hier bediente ich zwei Buchungsmaschinen. Die Bedienungstasten waren eiskalt. So zog ich fingerlose Handschuhe an beim Buchen. Musste allerdings sehr oft die Finger anhauchen, damit sie wieder warm wurden. Besonderes Glück hatte ich durch unseren Rudi. Er besorgte mir durch einen Kameraden bei der Flak-Schusterwerkstätte ein Paar Stiefel, nicht gerade der letzte Schrei, aber ich hatte doch etwas warme Füße, und das war wichtig. In der Frühstückspause standen wir abwechselnd um unseren inzwischen sehr liebgewordenen Kanonenofen herum, um uns etwas aufzuwärmen. Das Frühstücksbrot bestand bei sehr vielen Kolleginnen aus einer Scheibe Trockenbrot. Diese wurde nun abwechselnd von beiden Seiten auf der Ofenplatte geröstet. Somit war das Brot warm und schmeckte gar nicht schlecht ... Schlimm war es natürlich, wenn beim Fliegeralarm durch den Luftdruck Fenster in die Brüche gingen, bis neues Glas eingesetzt werden konnte, denn die Pappverkleidung war nicht besonders dicht. Besonders schlimm war es immer für die Nachtwache, denn da fror man schon wie eine nasse Katze. Wir hatten wohl im Wachraum einen kleinen Elektrostrahler, doch der brachte nicht sehr viel Wärme für den Raum. Die gleiche Schur empfanden wir am Montagmorgen. Da war der ganze Raum vom Sonntag her mehr als ausgekühlt. Doch was sollt's, es blieb uns ja weiter nichts übrig als auf die Zähne zu beißen und durchzuhalten...

Es ging fast nur noch ums Überleben. Es folgte Bombenangriff auf Bombenangriff. Mit Tieffliegern schossen die Brüder auf einzelne Personen. Am schlimmsten war dann immer die Nachtwache, da wir des Nachts kaum zum Schlafen kamen, und die Angriffe gingen ja tagsüber weiter. Die Arbeit stapelte sich zu Bergen. Dann wieder Stromausfall, so dass ich meine Maschinen auf Handbetrieb umstellen musste. Natürlich ging dann alles sehr langsam vonstatten. Vom Oberkommando wurde Mitte Februar 1945 ein Befehl herausgegeben, wonach sich alle Männer mit deutscher Staatsangehörigkeit zwischen 17 und 50 Jahren in Zivil melden mussten. Viele von ihnen wurden gar nicht erst eingekleidet, sondern bekamen eine Armbinde und ein Gewehr ausgehändigt. Teilweise wurden auch noch ältere Männer zum Volkssturm einberufen. Zurück blieben die Frauen, auf deren Schultern nun die ganze Last lag, ob in den Rüstungsbetrieben, Bahn, Post, Verwaltung oder Landwirtschaft. Selbst dort wurden noch Mädels herausgezogen zu Luftwaffen- bzw. Wehrmachtshelferinnen. So bekam auch ich noch die Order als Wehrmachtshelferin. Zum guten Glück konnte mein Chef als Oberführer der SA meine Einberufung rückgängig machen, während meine Kollegin Erna J. bis in die Tschechei kam. Sie kam auch dort in die Gefangenschaft und hatte bei den Tschechen ein schweres Los zu ertragen, da die Tschechen rücksichtslos die Frauen in der Gefangenschaft genauso zusammenschlugen wie die Soldaten. Gottlob war mir in letzter Minute das Schicksal noch gnädig. Durch den sehr kalten Winter hatte kaum ein Haushalt noch Brennmaterial. Der Förster von H. stellte der Heimatgemeinde in den Fahnerschen Höhen nun ein Stück Wald zum Abholzen zur Verfügung. Schon sehr früh zogen die Leute hinaus, um ihr Tageswerk zu verrichten, denn die Bäume mussten ja selbst gefällt werden, und das war bei dieser Jahreszeit wahrhaftig kein Kirschenlecken. Auch für Papa war es nicht so einfach, denn er war ja auch fast 65 Jahre.

Trotz aller Beschwernisse und Kümmernisse fanden die jungen Mädchen und Frauen noch Kraft und Mut, jede Gelegenheit zu kleinen Festen zu nutzen, z.B. Sylvester, Geburtstage, Familienfeiern.

Ella trug unter größten Mühen nach und nach ihre Aussteuer zusammen, tapezierte ihr Zimmer, nähte aus Mutters Spitzenhochzeitskleid neue Gardinen. Sie versuchte, die Eltern in ihrem Leid um den Bruder zu trösten:

Auf meine Anfrage bei Erichs Kompaniechef erhielt ich nur noch einmal die vorherige Nachricht. Auch hätte er den Meldegang allein durchführen müssen. Jetzt war natürlich die alte Wunde erneut aufgerissen, und Papa konnte man absolut nicht mehr um sich ertragen, worunter Mutter, da sie es ja selbst schwer hatte, sehr leiden musste. Kurzerhand nahm ich sie an ihrem Geburtstag mit nach Erfurt ins Kino, »Wildvögel« wurde gezeigt. So hatte sie doch wenigstens einmal etwas Ablenkung. Es war auch für mich schwer, nach den täglichen Anforderungen den Eltern gegenüber immer die richtigen Worte zu finden, denn ich litt um meinen Bruder ja genauso wie sie. Ich versuchte nun mit allen Mitteln, diese miese Stimmung wieder aufzulockern, damit die »Silberne Hochzeit« meiner Eltern einigermaßen froh und friedlich gefeiert werden konnte. Was bin ich in Erfurt von Geschäft zu Geschäft herumgerannt, um für Mutter einen silbernen Kranz und für Papa ein silbernes Ansteckssträußle zu ergattern! Ich wollte unbedingt, dass sie diesen Tag doch auch etwas froh verbringen konnten. Ich habe Mehl zum Backen organisiert, damit wir mit einem schönen Festtagskaffee aufwarten konnten. Tante Berta und Onkel Josef kamen auf mein Bitten auch zu Besuch. Und was macht Papa? Er geht in den Garten und schneidet seinen Spinat, um ihn in Erfurt zu verkaufen. Ich hätte weinen können wegen seines Arbeitsdranges. Froh war ich, dass Erich zu diesem Tag den eingereichten Urlaub nicht bekam, denn ich hätte mich vor ihm geschämt über das Verhalten meines Vaters. Ich habe ihn direkt gehasst, dass er Mutter dies angetan hat.

Die Tieffliegerangriffe mehrten sich. Für Ella K. sind diese Flieger »Banditen und Mörder«. Auch die Todes- und Vermisstennachrichten häuften sich:

Es verging kaum ein Tag, an welchem nicht da oder dort eine Todes- oder Vermisstenmeldung einging. Und wieviele von den jungen Burschen kannten wir doch sehr gut! Mit so manch einem hatte man vor dem Krieg geschäkert und getanzt, war mit ihm nach Erfurt in die Schule gefahren oder hat Sportwettkämpfe gemeinsam ausgetragen. Es war furchtbar traurig und schwer, solch eine Nachricht zu verdauen. Ganz selten kam ein Landser noch auf Urlaub.

Im März 1945 erhielt Ella die Nachricht von der schweren Verwundung ihres Verlobten. Eine MG-Garbe hatte ihn getroffen: Lungen-, Bauch-, Oberschenkel- und Knöcheldurchschuss. Er lag nach einer Notoperation in einem Lazarett in Bamberg. Unter unsäglichen Schwierigkeiten und Strapazen machte sie sich über Ostern auf, ihn zu besuchen:

Eine Schwester führte mich in einen großen ehemaligen Klassenraum, in dem sich über 10 Betten befanden. Erichs Bett befand sich in der hintersten Ecke mit Blick zum Schulhof. So sah er mich nicht sofort, und das war sicher gut so. Wenn mir die Schwester nicht gesagt hätte, dass dies Unteroffizier T. sei, ich hätte ihn nicht erkannt. Mir schnürte es fast das Herz ab. Wenn ich an unseren letzten Abschied zurückdenke, dann stand vor mir ein stattlicher, gesunder, kräftiger Mann, wie man sich ihn nur wünschen konnte. Und jetzt, ich musste mit den Tränen kämpfen. Nur noch Haut und Knochen. Die Gesichtsfarbe mehr grün als gelb. Seine von mir so geliebten schönen schmalen Hände ebenfalls nur noch Haut und Knochen. Von der Wunde des Lungen- und Bauchdurchschusses liefen jeweils die Sekrete, und das linke Bein war durch ein Gestell abgewinkelt, damit die Absonderung des Eiters vom Fuß in einem Behälter aufgefangen werden konnte. So roch die ganze Umgebung nach Eiter. Nachdem ich mich etwas gefangen hatte, holte ich ein paar Mal tief Luft, dann trat ich lächelnd in Erichs Blickweite. Ich sah, wie sich sein Gesicht sofort veränderte, als er mich erkannte. Doch lange hielt es nicht an, dann wurde er sehr traurig, und ganz langsam überkam ihn das heulende Elend. Doch ich konnte ihn bald wieder beruhigen, als ich ihn in meine Arme schloss, was natürlich durch diese vielen Schläuche nicht leicht war. So saß ich nun neben ihm und hielt ihm die Hand. Doch als er dann ganz langsam mit Sprechen anfing und sagte: »Schau, der Baum da draußen bekommt ganz kleine grüne Blätter, die werden jeden Tag etwas größer, und darüber freue ich mich.« Am liebsten hätte ich gerade hinausgeschrien, so berührte es mich. Es dauerte auch nicht lange, und er schlief wieder ein.

Sie suchte sich ein Zimmer und blieb bei ihm:

Am Karfreitagmorgen ging ich gleich wieder zu ihm, um ihm die Hand zu halten. Löffelweise durfte ich ihm dann den Rotwein mit einem geschlagenen Ei verabreichen. Strich ich ihm über die mageren Backen, öffnete er seine sehr tiefliegenden Augen und lächelte mich dankbar an ... So verbrachte ich die meiste Zeit an seinem Bett; zu einem Gespräch reichte es kaum, dafür war er zu schwach. Doch ich merkte trotzdem, dass er sich wohlfühlte, wenn ich ihm den Schweiß abwischte von der Stirn oder wieder nass abwusch, damit er wieder frisch war. Die übrige Zeit saß ich eben bei ihm und hielt ihm die Hand.

Am Ostermorgen unternahm sie einen kleinen Spaziergang am Main entlang:

Hier am klaren Wasser des Mains fühlte ich mich in eine ganz andere Welt versetzt. Wie könnte doch alles so schön und friedlich sein! Meine Gedanken eilten zurück nach Dessau. Wie schön war es doch, als ich seinerzeit eng umschlungen und glücklich mit Erich an der Elbe spazierenging. Wie hatte sich alles so geändert! Voller Schmerz und Trauer stand ich nun hier ganz allein am Ostersonntagmorgen im Zwiegespräch mit meinem Herrgott und sah mit tränennassen Augen den dahinplätschernden Wellen des Mains zu. Nachdem ich wieder etwas zu mir gefunden hatte, führte mich mein Weg wieder zurück zu Erich. Es war inzwischen Mittagszeit geworden, so konnte ich der Schwester wenigstens die Arbeit abnehmen und Erich selbst füttern. Als er mich kommen sah, lächelte er und verwies mich mit seinen Augen, die Wand anzuschauen. Hier hing sein Kettchen mit meinem Medaillon, welches ich ihm zu Weihnachten geschenkt hatte. Er trug es immer am Hals, und es war daher sicher das einzigste, was ihm nach seiner Verwundung übriggeblieben war. Mir wurde sehr schwer zumute, wenn ich daran dachte, ihn so zurücklassen zu müssen, denn am Dienstag musste ich wieder im Geschäft sein.

In der folgenden Nacht gab es in Bamberg einen Fliegerangriff. Sie verlebte ihn im Keller des Hauses, wo sie ein Zimmer gemietet hatte. Erich war mit anderen Verwundeten schon vorher in den Keller verlegt worden. Am nächsten Morgen machte sie sich wieder ins Lazarett auf:

Als ich unten bei ihm im Heizungskeller angelangt war, vernahm ich nur noch ein Schreien und Stöhnen von Verletzten. Zwei Ärzte, von oben bis unten mit

Blut bespritzt, waren seit Stunden mit Operieren beschäftigt. Der Operationstisch befand sich ca. vier Meter von Erichs Bett entfernt, so dass ich alles genau ansehen konnte. Ich bewunderte nur diesen alten Chefarzt. Ihm lief der Schweiß herunter. Alle Patienten, welche einigermaßen an Krücken laufen konnten, bekamen ein Esspaket und durften das Lazarett verlassen. Da der Ami bereits einige Kilometer vor Bamberg stand, wusste niemand, wie es weitergehen würde. So sah auch ich mich gezwungen, von Erich schweren Herzens Abschied zu nehmen. Mein letzter Gang und meine letzte Bitte galten der Oberin. Eingehend bat ich sie, sich doch Erichs etwas anzunehmen, was sie mir dann auch in die Hand versprach.

Wieder zu Hause erlebte sie dann zunächst den Einmarsch der Amerikaner, danach den der Russen und machte ganz unterschiedliche Erfahrungen mit den Besatzungtruppen. Hier nur eine kleine Auswahl.

Sie fuhr eines Tages mit dem Fahrrad in den Nachbarort E., um ein Brot zu kaufen:

Als ich meinen Einkauf getätigt hatte, begann es mit einem Mal zu krachen. Herr T. sowie noch eine Kundin und ich fuhren vor Schreck zusammen. Was war das? Es ist doch nicht möglich, dass das schon die Amerikaner sein können? Kaum war die Frage ausgesprochen, kam schon der nächste Einschlag. Gerade über die Straße in K.'s Gehöft flog die Granate. Die Scheune stand sofort in Flammen. Das Federvieh stäubte durcheinander und krähte und gakkerte. Mein Gott, was kommt wohl jetzt auf uns zu? Etwas mulmig war es uns allen dreien. Als die großen Einschläge etwas nachließen, hörten wir von ferne einzelne Gewehrschüsse, sie wurden immer deutlicher. Plötzlich tut sich die Tür auf, und zwei Ami stehen mit vorgehaltenem Gewehr vor uns. Meine Gedanken sagten mir nur noch, jetzt ist es aus, alles aus. Frau T. ließ in ihrer Angst einen Urschrei los und fiel in sich zusammen. Sie bekam einen Herzanfall, worauf ihr Mann ihr sofort zur Hilfe eilte. Dadurch kehrten auch meine Gedanken wieder in das Blickfeld zurück. Doch was ich da vernahm, kam mir vor wie im Gangsterfilm. So stürzte sich der eine Ami, sprich: Gangster, als erstes auf die Geldkasse und betätigte sich da, während der andere die Backstube ins Visier nahm. Es war schon ein allgemeines Aufatmen, als die zwei Wildwesttypen das Haus verließen. Doch was jetzt machen? Zunächst blieben wir einmal im Haus … Es verging Stunde um Stunde, und wir wollten ja schließlich heim. Weit kamen wir allerdings nicht. Am Gartenausgang in Richtung G. stand mitten auf der Straße ein Panzer. Von den Soldaten wurde uns das Weitergehen verwehrt … Zu uns gesellten sich einige Einwohner von E. und jubelten: »Die Befreier sind da.« Einer kam mit Zigarren, um sie den

Ami anzubieten. Doch der Ami nahm sie, warf sie auf den Boden, trat sie zusammen und sagte nur: »Deutscher Dreck!« Das gleiche passierte einer Frau. Sie kam mit einem Teller voll gestapelten Pfannkuchen und überreichte sie einem Landser mit dem Ausspruch: »Für unsere Befreier.« Doch dieser schlug sie ihr aus der Hand mit dem gleichen Ausspruch: »Deutscher Dreck.« Ich habe es ihr im stillen gegönnt, denn wir standen seit Stunden hier mit einem Kohldampf im Magen. Sicher hätte sie von uns mehr Dank geerntet. So standen wir stundenlang neben dem Panzer und versuchten immer wieder, von dem Offizier die Abfahrtgenehmigung zu erhalten. Zuletzt machten sie uns deutlich, wenn der Ort mit dem Kirchturm eingenommen sei, könnten wir gehen ... Doch dies war die Kirchturmspitze von F., nicht von G.. Auf alle Fälle standen sie mit ihrem Panzer-Mikrofon in ständiger Verbindung mit ihren Aufklärern, die über uns umherschwirrten... Und was besonders deprimierend für uns war, wir sahen zu, wie G. (*nicht ihr Heimatdorf, aber ein nahegelegenes*) mit Granaten bestückt wurde. Erst als dieser Ort eingenommen war, durften wir endlich heim.

Wieder zu Hause, verkrochen sie sich am nächsten Morgen, als in der Nähe Detonationen zu hören waren, in den Keller. Eine Granate schlug 10 bis 15 Meter von ihrem Haus entfernt ein:

Nachdem wir noch 4 oder 5 Einschläge vernommen hatten, wurde es etwas ruhiger. Als Feuerwehrkommandantin war es ja nun meine Aufgabe, nachzusehen, ob und wo es brennt. So verzog ich mich langsam nach oben und ging auf die Straße, um mich zu vergewissern. Es war in nächster Nähe ebenfalls eine Sprenggranate in das Gehöft eingeschlagen. Sämtliches Vieh im Stall war hinüber. Jetzt war höchste Eile geboten. Alles rannte mit, um die Spritze zu holen. Am Feuerlöschteich, das war unser Bad, wurde sie aufgestellt. Nun hieß es aber schnell Schläuche zur Brandstelle verlegen, und das waren einige Meter, bis ich dann das Kommando »Wasser marsch!« geben konnte. Während wir mit unserer Löscharbeit beschäftigt waren, stand ebenfalls, wie am Tag zuvor, ein Panzer in unserer Nähe. Die Soldaten waren auch hier damit beschäftigt, durch ein Funkgerät Anweisungen zu erhalten und weiterzugeben. Gleichzeitig beobachteten sie unsere Löschtätigkeit sowie den Abtransport der toten Tiere. Da die Spritze durch die elektrische Pumpanlage sehr geräuschvoll arbeitete, war ich natürlich durch die Entfernung gezwungen, meine Anweisungen sehr lautstark weiterzugeben. Mit einem Male, ich denke, ich seh nicht recht, kommt ein Ami gerannt und legt mir seine Maschinenpistole auf die Brust. Als ich mich umsehe, sehe ich gerade noch die weitaufgerissenen Augen von meiner Mutter, die etwas in Englisch schrie.

Daraufhin setzten sich zum guten Glück die Amis von dem Panzer in Szene, und er ließ ab von mir. Wie ich dann hörte, hatten die Aufklärer über uns deutsche Soldaten gesichtet. Nun hat wohl der Typ in seinem Übereifer geglaubt, ich hätte irgendwelche Soldatenbefehle weitergegeben. Ein angenehmes Gefühl hatte ich da wirklich nicht. Zum zweitenmal hatte ich nun schon so eine MP auf der Brust.

Ihr Vater wurde verhaftet, wohl von einem Nachbarn angezeigt. Sie ging ins Dorf:

Kaum an der Schenke angekommen, kommt mir ein Lkw entgegen, gestopft voll mit deutschen Gefangenen, zum Teil bekannte Gesichter von unserer Einquartierung. Daneben hält ein Pkw mit einem verwundeten Soldaten auf der Kühlerhaube. Er stammelt nur: »Wasser, Wasser!« Auch die Soldaten auf dem Lkw rufen uns das gleiche zu. Mit mir liefen noch einige, um einen Eimer Wasser in Gläsern zu holen. Doch als wir es den durstigen Soldaten weiterreichen wollten, kommen schon die Ami-Soldaten mit ihren Gewehren auf uns zu. Wir versuchten es, ihnen klarzumachen, wenigstens dem blutenden Verwundeten ein Glas Wasser verabreichen zu können. Aber denkste – diesen herzlosen Typen hätten wir am liebsten ins Gesicht gespuckt...

Ein schweres Los hatte so manche Bauersfrau zu tragen, deren Mann als ehemaliger Bürgermeister, Ortsbauernführer oder Ortsgruppenleiter von den Amerikanern mitgenommen wurde. Meist waren die Söhne oder Schwiegersöhne noch in Gefangenschaft, so dass sie mit ihren Töchtern oder Schwiegertöchtern auf sich allein gestellt war. Es war keine Seltenheit, dass sich ehemalige Kriegsgefangene oder die Feldarbeiterfamilie kurzerhand des Hofes bemächtigten und die Eigentümer samt Mobiliar auf die Straße setzten. Wer konnte denn damals noch auf sein Recht pochen? In gewissem Sinn waren wir entrechtet, denn wir hatten doch den Krieg so gut wie verloren. Sämtliche ehemaligen polnischen Kriegsgefangenen hatten sich im ehemaligen Flaklager bei Sachsenland zusammengefunden. Sie zogen mit Knüppeln und zum Teil mit Gewehr auf die Dörfer und holten sich bei den Bauern, was sie wollten...

Während die Amerikaner sich den Deutschen gegenüber sehr verschlossen zeigten, waren die Neger das ganze Gegenteil davon. Sehr oft gingen sie auf ein Kind zu und gaben ihm eine Banane oder Apfelsine.

Plötzlich ziehen Ende Juli die Amerikaner ab, und die Russen marschieren als neue Besatzungsmacht in Sachsen und Thüringen ein. Jetzt ging die Angst erneut mit uns um, denn der Budenzauber, der jetzt auf uns zukam, auf den hätten wir alle liebend gern verzichtet.

Ich hatte meine erste Begegnung mit ihnen schon in aller Herrgottsfrühe, und zwar auf dem Weg zwischen G. und B., als ich ins Geschäft fuhr. Ich war an diesem Morgen allein unterwegs. Mit einem Male kommt mir eine ganze Kompanie in der Brüdersleberkurve entgegen. Im Moment überlege ich kurz, was tun? Umkehren oder frech und stur daran vorbei? Ich entschloss mich dann zum letzteren, denn alle, so sagte ich mir, können sich keinesfalls auf dich stürzen. So fuhr ich dann mit Blickwendung »geradeaus« an ihnen vorbei. Nachdem wir uns an die adrett gebügelten Hemden der amerikanischen Besatzungssoldaten gewöhnt hatten, so war dieser Anblick ein Unterschied wie Tag und Nacht. Ausgesprochene Krumpstiefel, die Knobelbecher abgelatscht, Uniformen verlottert und die Köpfe kahlgeschoren. Man hätte glauben können, es komme eine Truppe Gefangener. Mit dem Abmarsch der Amerikaner verließen uns zum guten Glück auch sämtliche Polen. Doch ändern tat sich hinsichtlich der Angst überhaupt nichts ... Überall konnten wir feststellen, wie unterentwickelt diese Menschen im Verhältnis zum Mitteleuropäer waren. Eine Wassertoilette war für sie völliges Neuland. Sie freuten sich wie ein Kind auf den Weihnachtsmann, wenn sie an der Kette zogen, und das Spülwasser durch die Toilette floss. Zum Teil spülten die Frauen die Kartoffeln darin. Ein sehr großes Interesse zeigten sie für Goldzähne. Jeder Deutsche schüttelte darüber nur den Kopf ... So konsultierten sie bei völlig gesundem Gebiss den Zahnarzt und verlangten von ihm, dass er ihnen goldene Zähne in den Mund setzt. Wie, spielte keine Rolle, Hauptsache Gold. Auf der anderen Seite schossen sie mit ihrer Knarre durch die Gegend. Es war ihnen ganz gleich, ob sie dabei einen umlegten. Das gleiche war mit der Vergewaltigung der Frauen. Stalin muss diesen Leuten in dieser Hinsicht ganz schön eingeheizt haben. Schlimm war es dann, wenn sie mit Alkohol aufgeheizt waren. Gefiel ihnen in einem Geschäft etwas, dann nahmen sie es sich. Es gab da kein Pardon. Sie machten da kaum vor jemandem halt, auch nicht vor der sich einmal sehr stark entwickelnden kommunistischen Bevölkerung. Ein sehr großer Teil der Bürgermeister wurde wieder abgesetzt und neue ernannt.

Ella K.'s Familie bekam dann russische Einquartierung:

So bekamen wir einen Soldaten namens Michel mit seinem Lkw ins Haus. Wie es uns dreien zumute war, brauche ich wohl nicht zu erwähnen. Meine erste Begegnung mit ihm werde ich wohl auch nicht vergessen. Ich kam gerade aus der Haustür, um in den Hof zu gehen. Im gleichen Moment kommt er auf mich zu, auf der einen Seite die Maschinenpistole hängend und unter dem anderen Arm aufgewickelter Stoff, den er mir überreichen wollte. Natürlich wusste ich, dass er diesen irgendwo hatte mitgehen lassen. Ich hatte eine wahnsinnige Wut im Bauch und lehnte es rundweg ab. Er schmiss den Stoff auf den Boden, zielte mit der MP auf mich und sagte: »Du sofort den Stoff aufheben und nehmen.« Da stand auch schon Mutter hinter mir und stellte sich zwischen uns. Sie schreit mich an wie eine Wilde: »Bist du denn verrückt, ist dir der Stoff wichtiger als dein Leben?«

Nun ja, sie hatte schon recht. Ich hob ihn widerwillig auf und ging damit ins Haus. In den nächsten Tagen versuchte ich, ihm immer aus dem Weg zu gehen. Doch er hatte sich tagsüber mit meinen Eltern etwas angefreundet und sagte immer wieder zu ihnen: »Tochter keine Angst haben vor mir.« Als ich eines Abends allein in der Küche sitze, kommt er zu mir rein, kommt auf mich zu und sagt: »Du, Sie mich lieben, ich du, Sie auch lieben.« Na, denke ich, jetzt ist es geschehen. Zum guten Glück kam Mutter wieder dazu. Da wurde er ganz zahm und fing wieder damit an: »Mama, Ella, du, Sie mich lieben, ich Ella du, Sie mich auch lieben.« Ich entschloss mich jetzt sofort, ihm direkt und gerade mit etwas freundlicher Art entgegenzutreten, und das hatte Wirkung. Ich begann damit, ihm etwas Deutsch beizubringen. Ich lehrte ihn die Zahlen und sonstige Wörter und hörte es am Abend, wenn ich vom Geschäft heimkam, ab. Ich merkte, es machte ihm Spaß. Zwischendurch ließ er sein Sprüchlein dann in der richtigen Grammatik ablaufen. Oft traf er sich mit seinen Kameraden, um ordentlich eine auf die Pauke zu hauen, und das ging meist in eine schwere Sauferei aus. Da war es angebracht, sich irgendwo zu verstecken. Wenn sich so etwas bei uns abspielen sollte, sagte Michel jedes Mal zu meiner Mutter: »Mama, heute nichts gut, tu Ella weg.« ... Doch es sollte nicht lange gutgehen. Als ich eines Abends vom Geschäft nach Hause komme, steht Mutter vor der Hoftür auf der Straße. Ich sehe es ihr schon von weitem an, dass sie sehr aufgeregt ist. Bevor ich vom Rad absteige, sagt sie: »Du kannst gleich wieder zurückfahren, du musst auf den Flughafen zur GPU (*Bezeichnung für die sowjetische Geheimpolizei*). Papa ist auch vorgeladen, er ist schon hingefahren.« Das war wieder ein Schlag ins Gesicht. Arme Mutter, da tat sie mir wirklich sehr leid, Erich vermisst und Papa und ich zur GPU. Was würde uns blühen? Kommen wir je wieder zurück? Wer war wohl der liebe Freund hier im Ort, der sich so wichtig nahm, um immer wieder da und dort Unfrieden zu stiften? Es blieb mir nun nichts übrig, ich musste diesen schweren Gang gehen. Ich vermag jedoch kaum zu sagen, wie schwer es mir ums Herz war, meine Mutter so traurig allein zurückzulassen. Als ich mich auf der Wache meldete, wies mir der Posten einen Aufenthalt bei zwei Wachhunden im Hundezwinger zu. Wie reglos und steif ich vor Angst in einer Ecke stand, kann sich sicher niemand vorstellen, oder doch? Als Papa dann aus der Wache rauskam und sah, wie mich ein Posten aus dem Zwinger holte, hatte es ihm fast die Sprache verschlagen. Ich sah, wie sich sein Gesicht vollends verfärbte. Gesprochen haben wir kein Wort miteinander. Der Posten führte mich nun zu einem Leutnant zur Vernehmung. Es war sicher der gleiche, der auch Papa vernommen hatte. Er schaute mich zunächst einmal groß an, dann begann er mit den Worten: »Sie waren BDM-Führerin, was ist das und was haben Sie gemacht?« Nun, ich erklärte ihm genau, was das ist und auch, was wir im BDM gemacht haben. Nun wollte er von mir wissen, wer nun noch alles in den übrigen Ortschaften Führerin war. Ich sagte ihm, dass ich die Gruppe schon längere Zeit abgegeben habe und daher auch nicht wisse, wer bis jetzt als Führerin tätig gewesen sei. Ich spürte, dass er dem Gespräch kaum noch folgte, und aus heiterem Himmel sagte er dann: »Morgen abend um 8 Uhr komme ich zu Ihnen auf Besuch.«

Es mag an dem bewussten Samstagabend gegen 22 Uhr gewesen sein, als ein Trommeln am Hoftor einsetzte. Meine Eltern und ich lagen bereits im Bett. Ich sprang natürlich sofort wieder raus und schaute hinter der Fenstergardine, was sich da draußen in dunkler Nacht vor dem Hoftor wohl alles abspielte. Ich glaubte meinen Augen nicht zu trauen. Es war mein Leutnant. Er schlug, trat und hopste gegen das Hoftor wie ein wildes Tier, welches sich aus einem Zwinger befreien will. Jetzt begann nicht nur unser Hund zu bellen, sondern auch die Hunde in der Nachbarschaft. Ich bekam jetzt eine Heidenangst und lief in das Schlafzimmer meiner Eltern, welche von diesem Gepolter ebenfalls schon wach waren. Noch nie ist mir in meinem Leben der Schweiß vor Angst so den Körper heruntergelaufen wie in dieser Stunde. Was nur jetzt tun? Auch die Eltern litten mit mir. Unsere einzige Hoffnung war, hoffentlich springt dieser Mensch in seiner Rage jetzt nicht über das Hoftor. Es war, da es ziemlich hoch und dieser Mensch verhältnismäßig klein war, im Moment für uns der einzige Schutz. Selbst unser Michel, der ja auch in Russisch diesen Krach vernahm, traute sich nicht aus seinem Zimmer. Nach ca. 1/2 bis 3/4 Stunde ebbte der Spuk ab, und der gute Mann sah sich wohl der etwas aussichtslosen Lage gegenüber. Wie wir alle drei aufgeatmet haben, wird sich wohl jeder denken können. Samstagabends hatten die Russen in Bindersleben ihren Tanzabend, denn sie tanzten ja auf ihre Art, meist zwei Soldaten miteinander. Inwieweit und wieviele Frauen jedesmal anwesend waren, weiß ich nicht. Nur eines wurde doch dorfbekannt: Gegen Mitternacht sei mein Leutnant in einer Wut erschienen und habe mit seinem Revolver sämtliche Lampen kaputt geschossen, so dass sie nichts mehr sahen und Feierabend geboten werden musste.

Die Umbesetzung der Bürgermeisterstelle, Schwarzmarkt, Kampf um den Arbeitsplatz, Selbsthilfe, um etwas zum Anziehen, Essen und Heizen zu haben, alle diese Erlebnisse und Erfahrungen schildert sie anschaulich. Am meisten aber belastete sie, dass sie keine Nachricht von ihrem Verlobten Erich bekam. War er noch in Bamberg? War er überhaupt noch am Leben?

Sie entschloss sich, über die grüne Grenze zu gehen und Erich zu suchen:

Ich weiß, dass ich mit meinem Entschluss, den Weg über die grüne Grenze zu wagen, meinen Eltern große Sorge bereitete. Doch sie zeigten mir ihr volles Verständnis. Somit packte ich wieder Rudis Soldatenrucksack mit Kleidung und Lebensmitteln und fuhr mit dem Zug nach Probstzella, wo ich Angehörige ausfindig machte, um bei ihnen zu übernachten. Am anderen Morgen ging Willys Schwester mit mir durch den Ort und zeigte mir einige Stellen, an denen die meisten Grenzüberschreitungen bisher gewagt worden sind. Bei dieser Gelegenheit kamen wir mit einer Frau und zwei ehemaligen Matrosen ins Gespräch, die das gleiche Ziel hatten und sich nach dem Grenzübergang erkundigten. So sprachen wir uns zu viert ab, gegen Abend während der Wachablösung den Übergang gemeinsam zu riskieren.

Wir konnten auf einer unbewaldeten Anhöhe genau beobachten, wie die russischen Posten mit geschultertem Gewehr genau auf der Grenze hin und her ihre Patrouille abliefen und dabei auch den gesamten Ort im Auge behielten. Als unseren Aufenthaltsort wählten wir ein Haus, welches direkt am Wald lag. Nachdem die Posten mit ihrer Ablösung beschäftigt waren, taten wir von dem Haus einen Satz in den Waldrand, und weg waren wir! Unser Weg führte nun senkrecht durch den Wald in die Höhe. Hier mussten wir zum Teil wie die Katzen durch das Unterholz schleichen. Und dies natürlich, ohne ein Wort zu sprechen. Die Devise hieß für uns nur leise – leise und vorsichtig beim Überqueren eines Waldweges. Als wir die Höhe erreicht hatten, sahen wir ein russisches Blockhaus mit einigen Soldaten davor. Vor Angst traten wir in den Wald zurück und versuchten, unseren Übergang etwas zu verlagern. Während wir beiden Frauen nach links für den Übergang plädierten, argumentierten unsere beiden ehemaligen Matrosen mit ihren soldatischen Kenntnissen für die rechte Richtung. Wir zwei dummen Hühner tanzten natürlich hinterher. Nach einer weiteren Stunde sahen wir durch die Bäume die ersten Häuser unten im Tal. Eine wahnsinnige Freude durchrieselte unseren Körper – wir hatten es geschafft! Jetzt konnten wir zügig nach unten marschieren. Nur noch ein paar Schritte, und wir verließen freudig den Wald. Doch als wir uns den Ort mit seinem Kirchturm in der Mitte näher anschauten, verschlug es uns die Sprache. Das durfte doch nicht wahr sein – es war ja wieder Probstzella! Wir waren ca. 100 Meter rechts von unserer Einstiegsstelle wieder herausgekommen. Vollkommen geschlagen und vom Schweiß durchnässt standen wir mit hängenden Köpfen da. Und was war die Ursache? Wir zwei

Frauen hatten den richtigen Instinkt. Unser richtiger Weg wäre links über den Berg gegangen, was die Landser jetzt auch einsahen. Natürlich nahmen wir sie jetzt bei ihrer männlichen Ehre und machten sie mit einem Redeschwall fertig: »Ihr kennt euch wohl auf offener See aus, aber als Infanteristen hättet ihr nie etwas getaugt.« Mit diesem Satz verließen wir unsere ehemaligen Begleiter und sprangen an gleicher Stelle wieder allein in den Wald zurück. Inzwischen begann es natürlich zu dämmern, und wir hatten die Nacht vor uns. Trotzdem nahmen wir das Risiko nochmals auf uns. Es war nicht einfach, denn der Weg führte nun ja wieder steil nach oben durch den Wald. Eine zweite Enttäuschung wollten wir nicht erleben. Je dunkler es wurde, desto hellhöriger wurde der Wald. Oft sprang vor uns ein Hase oder ein Reh auf, was uns jedesmal einen maßlosen Schreck einjagte. Natürlich kamen wir wieder in der Nähe des besagten Blockhauses heraus. Wir hörten die Russen schon von fern quasseln, und ihre schwarzen Glimmstengel sahen wir aufleuchten. So standen wir doch etwas ängstlich hinter einem dicken Baum und beobachteten die Angelegenheit von der Ferne, denn wir wussten, dass hier oben an der Grenze elektrischer Stacheldraht gezogen war. Und diesen nicht zu berühren, das war bei dieser Dunkelheit jetzt das A und O. Als sich von den russischen Wachhabenden einige entfernten, versuchten wir mit schlotternden Knien, ebenfalls ganz langsam – im Gleichschritt – ein Bein vor das andere setzend, uns nach links abzusondern, bis wir langsam aus dem Wald herauskamen. Auch jetzt wussten wir noch nicht genau, ob die russische Grenze hinter uns lag. Als wir eine Almwiese hinter uns hatten, führte ein Weg nach unten, dem liefen wir nun nach, und nach geraumer Zeit sahen wir die ersten Häuser. Trotzdem waren wir sehr vorsichtig, nachdem wir schon einen Reinfall hinter uns hatten. Am ersten Haus klopften wir an, um uns zu erkundigen, wo wir uns befanden. Natürlich war die Freude bei uns sehr groß, als wir vernahmen, das sei Bayern.

Es gelang ihr, Bamberg zu erreichen und sich zum ehemaligen Lazarett durchzufragen:

Als ich die Anhöhe hinaufging, sah ich von weitem einen Soldat vor der Tür stehen, was mir nun doch etwas Hoffnung machte. Auf meine Frage, ob diese Schule noch als Lazarett diene, sagte er ja. Bis jetzt hatte ich also Glück, und es verlief alles gut. Doch meine nächste Frage bekam ich kaum über meine Lippen. Mir wurde heiß und kalt zugleich aus Angst vor einer negativen Antwort. Doch es musste ja schließlich sein. So fragte ich ihn, ob er denn einen ehemaligen Unteroffizier namens T. kenne, bzw. ob sich dieser hier im Lazarett befinde. Er schaute mich unschlüssig an und befragte dann einen anderen Kameraden. Ich glaube, in diesem Moment floss kein Tropfen Blut mehr durch meine Adern. Doch als dieser mit »ja« antwortete, war ich wie neugeboren. Ich erklärte ihm, dass ich seine Verlobte sei und aus der Ostzone komme. Ich bat ihn nun darum, Erich von meinem Besuch zu verständigen und ihn doch zu holen. Es verging eine Viertelstunde, eine halbe Stunde, doch es rührte sich nichts. Darauf fragte ich den Soldaten, ob er denn mein Hiersein nicht weitergegeben habe. »Ja, natürlich«, sagte er und gab die Nachricht nochmal an Erich weiter. Jetzt endlich kam Erich auf Krücken mit einem Kameraden zu mir an die Pforte. Im Moment war er so sprachlos, dass er, genau wie ich, kein Sterbenswörtchen über die Lippen brachte. Wir sahen uns nur an. »Nein«, sagte Erich, »das hätte ich wirklich nicht für möglich gehalten, dich hier vor mir in voller Lebensgröße zu sehen. Ich dachte, die Kameraden wollten mich auf den Arm nehmen, und deshalb kam ich auch nicht.« Seine Freude war einmalig. »Dass du gewagt hast, über die Grenze zu gehen, hätte ich dir nie zugetraut. Wenn du wüsstest, welche Sorgen ich mir schon deinetwegen gemacht habe. Ich habe doch seit deinem Weggehen zu Ostern von hier nichts mehr von dir gehört, wusste noch nicht einmal, ob du wieder gesund nach Hause gekommen bist. Und jetzt bist du da – ich bin jetzt wirklich der glücklichste Mensch, den es gibt.« Erst jetzt erfolgte unsere Begrüßung. Er ließ die Krücken fallen, und ich musste ihn halten. Selbst die Landser bekamen nasse Augen und freuten sich mit uns über unser Wiedersehen.

Als sie – glücklich über die Aussicht, dass Erich wohl in vier Wochen entlassen würde – wieder zu Hause ankam, erfuhr sie, dass das Haus und der Besitz ihrer Eltern in der Zwischenzeit enteignet worden waren.

Erich schaffte es trotz seiner Behinderung mit Hilfe eines Kameraden (ein Bauer hatte sie in einem Kartoffelsack über die Grenze gefahren), am 7. Oktober 1945 nach Erfurt zu gelangen und sie mit seiner Rückkehr zu überraschen.

Weil er viel zu schwach zum längeren Gehen war, musste sie ihn regelrecht nach Hause transportieren:

Erich fuhr mit der Straßenbahn zum Westbahnhof, wo ich ihn dann mit meinem Rad in Empfang nahm. Leider fuhr der nächste Zug ja erst am Abend wieder in unsere Richtung. So setzte sich Erich auf den Sattel meines Fahrrades, der Tornister kam auf den Gepäckträger und die Krücken quer über die Lenkstange. So schob ich ihn auf dem Rad bis hoch zum Hauptfriedhof. Den restlichen Weg bis nach G. trat ich dann das Fahrrad im Stehen, während sich Erich an meiner Taille festhielt. Es war zwar schon ein vorangeschrittener Herbsttag, doch die Sonne spendete uns in dieser frühen Nachmittagsstunde mit ihren Strahlen noch eine wohltuende Wärme. Die Ahornbäume rechts und links an der Straßenseite hatten bereits die Hälfte ihres bunten Laubes verloren, und während ich Erich auf dem Fahrrad so langsam dahinschob, rieselte von oben vereinzelt da und dort ein gelb oder rotbraun gefärbtes Blatt vor uns nieder, wo es dann zum letzten Mal von einem Sonnenstrahl so benetzt wurde, als sollte es in seiner ganzen Schönheit noch einmal aufleuchten ... Wir hatten das große Glück, dass Erich seine schwere, ja fast hoffnungslose Verwundung soweit überstanden hatte, dass wir gemeinsam mit dankbarem Blick der Sonne entgegengehen konnten. Wenn er leider auch sehr viel von seiner früheren Kraft verloren hatte, was er immer wieder versuchte, mir deutlich zu machen, und das Ganze eine etwas wackelige Geschichte war auf dem Rad, aber es klappte. Meine Eltern schauten natürlich nicht schlecht, als wir beide plötzlich in Erscheinung traten. Natürlich war Erich von allen diesen Strapazen sehr erschöpft, so dass er sich erst einmal hinlegen musste.

Erich gelang es, die Enteignung des elterlichen Anwesens rückgängig zu machen, indem er beim Bezirks-Bürgermeister buchstäblich mit seinen Krücken auf den Tisch geschlagen hatte.

Er begann sofort wieder mit seinem Studium auf der Staatsbauschule in Erfurt, obwohl ihm seine Verwundung immer noch sehr zu schaffen machte. Er hatte noch zwei Semester zu absolvieren.

Um in Waldkirch die für die Heirat nötigen Papiere zu beschaffen und für Erich seine dringend benötigten Studien- und Lehrbücher, wagte sie den illegalen Grenzübergang nochmals, diesmal in Begleitung einer Dame und eines älteren Herren:

Zum guten Glück kannte ich mich in dem Dickicht des Waldes noch ganz gut aus. Wir kamen auch bis zur Reichweite des Blockhauses der Russen sehr gut voran. Doch hier mussten wir feststellen, dass die Russen ihre Befestigungsanalge in den letzten Wochen sehr erweitert hatten. So sahen wir uns plötzlich einem starken Zaun gegenüber. Diesen zu übersteigen, war ein sehr großes Risiko, da wir nicht wussten, ob er elektrisch geladen war oder auch die Wachen mit ihren Hunden auf uns aufmerksam gemacht wurden. So liefen wir am Zaun entlang in der Hoffnung, eine Öffnung oder eine niedere Zaunstelle zu finden, welche wir übersteigen konnten. Nach geraumer Zeit hatten wir es auch geschafft, unten vor uns lag Lauenstein mit seiner Burg. Es war ein wunderschönes, ja ein romantisches Bild. Der Himmel war sternenklar, und der Vollmond mit all seiner Kraft gab sein Bestes dazu. Als wir diese Stimmung so richtig in uns aufgenommen hatten, fielen wir drei uns voller Freude um den Hals und führten einen kleinen Freudentanz auf. Dieser wurde jedoch mit nur einem Wort jäh unterbrochen. So hörten wir aus heiterem Himmel das Wort »Stoi« (= Stopp)! Und als wir uns umsahen, stehen zwei russische Soldaten, ihre MP auf uns angelegt, neben uns. Ich glaube, in diesem Moment hat jeder von uns seinen eigenen Herzschlag gehört. Unser männlicher Begleiter hat sich als erster gefasst und bot den beiden Zigaretten an. Doch davon wollten sie nichts wissen, nahmen nicht einmal davon Notiz. Sie versetzten ihm einen Tritt in den Hintern und jagten ihn davon. Nachdem wir uns auf einem Wiesenhang befanden, lief er um sein Leben runter nach Lauenstein, wo er unsere Tragödie schilderte. Jetzt erfolgte zunächst eine Auseinandersetzung mit meiner Begleiterin und dem einen Russen. Dieser ließ sie doch sehr schnell laufen, während der andere sich auf mich stürzte und mich zu Boden warf. Er lag auf mir wie ein Stück Vieh. Aus dem Mund lief ihm vor lauter Geilheit der Geifer. Der andere stand daneben und hatte seine MP auf mich gerichtet. Das wunderschöne Bild der Stadt Lauenstein mit seiner Festung in der romantischen Mondbeleuchtung hatte mit einem Schlag eine ganz andere Kulisse bekommen. Jetzt lag ich am Boden und kämpfte mehr oder weniger um mein Leben. Je mehr ich schrie, je wilder riss er an meiner Hose und versuchte mit der anderen Hand, mich mundtot zu machen, indem er mir eine Handvoll Erde in den Mund stopfte. Auf mir lag in diesem Moment kein Mensch mehr, sondern eine Bestie. Unten am Eingang von Lauenstein musste sich eine Menschenmenge versammelt haben, denn man vernahm in dieser Geisterstimmung laute Stimmen und lautes Rufen, was sicher mit dazu beitrug, dass sich der Typ Mensch langsam von mir erhob. Als ich mich irgendwie befreit fühlte, erhob ich mich ruckartig vom Boden. Doch da bekam ich schon einen derartigen Stoß, dass ich den Abhang hinuntertorkelte. Kaum hatte ich mich gefangen, sauste der erste Schuss an meinem Ohr vorbei und unmittelbar danach auch schon der zweite. Wie ich den Abhang weiter hinuntergekommen bin, weiß ich nicht. Ich weiß nur, als ich in einem Bett aufwachte, standen mehrere Leute um mich herum. Ich schlief allerdings sofort wieder ein. Am frühen Morgen kam eine ältere Frau an mein Bett und fragte, wie es mir gehe. Im Moment wusste ich nicht, wo ich mich befand. Doch nach kurzen Aufklärungssätzen zog der vergangene Abend noch einmal an mir vorüber. Von der Oma hörte ich auch, dass man die amerikanischen Besatzungsoffiziere von Lauenstein über den Vorgang unterrichtet habe. Doch sie hätten ein Einschreiten oder eine Hilfeleistung abgelehnt. Als Zeichen des Mitgefühls sei für mich Weißbrot und Käse abgegeben worden. Dies nahm ich dann dankend als meine Wegzehrung an, bedankte mich auch in Form von Geld bei diesem hilfsbereiten Ehepaar und versuchte nun, meinen Weg allein weiter fortzusetzen.

In Waldkirch wurde sie als zukünftige Schwiegertochter nicht besonders freundlich begrüßt. Sie war wohl der Familie des Bauinspektors und Straßenmeisters T.

nicht standesgemäß. Außerdem war sie evangelisch. Besonders die Schwägerin behandelte sie »wie der letzte Dreck«, wie es Ella formulierte. Die Auseinandersetzung mit dieser Schwägerin und einigen Familienmitgliedern belastete ihr ganzes späteres Leben und nimmt einen breiten Raum in ihren Erinnerungen ein.

Auf der Rückreise wurden ihr ihr ganzes Geld und ihre Ausweispapiere gestohlen, nur Erichs Bücher brachte sie nach Hause:

Als wir alle Unterlagen beieinander hatten, bestellten wir das Heiratsaufgebot und legten unsere Heirat auf den 22. Dezember 1945 fest. Es war natürlich schon traurig, dass mir insgesamt 700,– RM bei diesem Diebstahl verlustig gegangen sind, zumal Papa seit Kriegsende keine Pension und auch keine Rente mehr bekam. Dies war ja alles gesperrt. Die Eltern waren jetzt gezwungen, ihren Lebensunterhalt und Bargeld voll aus den Erträgen vom Garten zu beziehen. Erich hatte ja von keiner Seite mit einer Unterstützung für sein Studium zu rechnen. So musste ich für uns beide mit meinem Gehalt geradestehen. Durch unsere bevorstehende Heirat kamen ja auch noch zusätzliche Kosten auf uns zu. Ich hatte zwar noch Spargeld auf meinem Konto, doch wir wollten ja einen eigenen Hausstand gründen, und Möbel bekam man nur durch Beziehungen, »gibst du mir, geb ich dir«, oder aber gegen einen sehr hohen Preis. Da wir keine Tauschware besaßen, mussten wir eben teuer zahlen. So war unsere finanzielle Lage nicht besonders rosig. Wir verspürten jetzt schon, dass wir nicht auf Rosen gebettet waren und unser Leben Kampf kosten würde.

Es war Ella gelungen, wieder bei der Barmer Ersatzkasse in Erfurt eine Beschäftigung zu finden. Sie bestritt nun alle Kosten.

Mit erstaunlicher Findigkeit und viel Geschick gelang es ihr, für ihre Hochzeit alles zu organisieren, was nach ihrer Vorstellung zu solch einem großen Fest gehörte. So lieh sie z.B. den Anzug und Zylinder für Erich beim Erfurter Stadttheater aus. Schwierigkeiten machte auch die katholische Trauung, die sie Erich versprochen hatte, in einer rein evangelischen Gegend. Doch die katholischen Flüchtlinge machten einen katholischen Geistlichen ausfindig. Alle diese Vorbereitungen nahmen ihre Zeit und ihre Gedanken fast ganz in Anspruch. Ihre gesamte Aussteuer und ihren Hausrat hatte sie sich im Laufe der Jahre schon zusammengespart. Die Hochzeit schildert sie in allen Einzelheiten. 45 Jahre später, beim Niederschreiben ihrer Erinnerungen, widmet sie ihrem Erich, der 1950 an den Folgen seiner Kriegsverwundung gestorben war, ein »Zwiegespräch in Gedanken«:

Mein lieber Erich,
Wir schreiben heute den 17. August 1990 (*an diesem Tag wäre Erich 70 Jahre alt geworden):* Nur Du allein weißt, was dieses Datum für Dich, aber auch für Deine Fami-

lie bedeutet hätte. Doch es hat nicht sollen sein. So bin ich jetzt ganz allein in Gedanken bei Dir. Ich spüre Deine Nähe und sehe, wie Du lächelnd Deine lieben blauen Augen auf mich richtest. Ja, mein lieber Erich, Du wirst es wohl nicht für möglich halten, aber ich bringe zur Zeit meine und zum großen Teil auch Deine Lebensgeschichte zu Papier.

Im Moment lasse ich unsere kirchliche Trauung noch einmal in meinen Gedanken Revue passieren. Ich sehe, wie Du mir liebevoll meinen Ehering, den ich heute noch immer trage, auf meinen Finger ziehst. Ich empfinde noch einmal die Gefühle, als wir beide, vor dem Altar kniend, durch den Geistlichen von Gott unseren kirchlichen Segen empfangen durften. Liebevoll drücktest Du mir dabei meine Hand, während mein ehemaliger Kantor L. ganz piano auf der Orgel das Lied »So nimm denn meine Hände« spielte. Ja, es war mein Lied. Jedesmal, wenn in meiner Schulzeit vor der Zeugnisausgabe die Singnote festgestellt wurde, sang ich dieses Lied oder aber im ganz seltenen Falle »Jesu geh voran auf der Lebensbahn«. Beide Lieder waren auch für mich Wegweiser auf meiner Lebensbahn.

Ja, mein lieber Erich, wir hätten es damals sicher nicht für möglich gehalten, dass ich Deinen heutigen 70. Geburtstag nur in Gedanken mit Dir gemeinsam verbringen würde. Es werden am 28. August vierzig Jahre, dass Du von mir gegangen bist, doch für mich bist und bleibst Du, was Du immer warst, »mein lieber Erich«. So konnte ich als äußeres Zeichen meiner Liebe zu Dir an Deinem heutigen Geburtstag nur einen Strauß roter Nelken auf Deine Grabstätte bringen.

In Gedanken sehe ich Dich wieder lächeln vor mir und spüre Deinen lieben Kuss auf meinen Lippen.

Von den politischen Umwälzungen berichtet sie nur am Rande. Die Folgen der Demontage bekam sie bei ihren Fahrten zur Arbeit am eigenen Leibe zu spüren:

Seit Monaten war unsere russische Besatzungsmacht damit beschäftigt abzumontieren, was sie nur konnte. Die Züge liefen laufend in Richtung Osten. Sogar die Gleise wurden abgebaut, so dass die Hauptstrecken nur noch eingleisig waren. Das hatte natürlich zur Folge, dass die paar Züge, welche noch auf der eingleisigen Strecke fuhren, mehr wie voll waren. Die Menschen hingen wie Bienen an den Zügen. Sie standen auf den Trittbrettern, saßen auf den Dächern und auf den Kohleloren. Dort versuchte sich auch manch einer schadlos zu halten, denn Brennmaterial war mehr als rar.

Die »Entnazifizierung« und die »Integration der Flüchtlinge« erlebte sie so:

Wo kamen mit einem Male die vielen verkappten Nazigegner her? Leute, die früher die Hand nicht hoch genug bekamen, waren mit einem Male auf der Gegenseite vornean. Es wurde überall gelogen, dass sich die Balken bogen. Wenn ich an unsere Ostflüchtlinge denke: Sie hatten alle zu Hause ein großes Gut zurückgelassen. Meist waren mehrere Familien in einem Ort zusammen evakuiert. Solange sie alle nichts hatten, waren sie sich einig und hielten auch feste zusammen. Wehe aber, wenn sich eine Familie schneller hocharbeitete als die andere. Da traten Neid und Missgunst an den Tag. Jetzt wurde hinten herum gehetzt, und die vormaligen Verhältnisse kamen an das Tageslicht. Das verlorene Gut bestand dann meist darin, dass diese Verwandten nur Arbeiter auf einem Gut waren. Dass die Flüchtlinge bei uns kein Einzelfall waren, beweist die Statistik vom Lastenausgleichsamt. Es war schon ein furchtbares Durcheinander überall.

Nachdem die Russen alle privaten Versicherungen auflösten und in eine Einheitskrankenkasse überführten, bekam sie glücklicherweise eine Stelle als Buchhalterin an der Sozialversicherungsanstalt. Dort wurde sie kommunistisch »umerzogen«:

Weniger schön war es allerdings, dass wir uns hier einmal in der Woche einer Art Hirnwäsche unterziehen mussten. Entweder hielt ein kommunistischer Antifa-Typ aus russischer Gefangenschaft oder ein ehemaliger Häftling aus Buchenwald einen Vortrag. Den Inhalt kann ich heute nicht einmal mehr wiedergeben. Ich weiß nur noch eines, es lief über den Betriebsrat und war gewerkschaftlich geleitet. Diese Kollegen waren allerdings auch zwiespältiger Meinung, und die übrigen Belegschaftsmitglieder ließen die »guten Eigenschaften des Kommunismus mit ihren Führern«, welche die deutsche und russische Staatsangehörigkeit besaßen, an sich herunterrieseln. So manche Kollegin und mancher Kollege musste sich aufraffen, um nicht einzuschlafen, denn die Vorträge fanden immer am späten Nachmittag statt, wo jeder gern seinen Feierabend angetreten hätte. Neu und interessant war für uns lediglich, über die Vorkommnisse von Buchenwald zu hören. Auch konnten wir uns das kaum vorstellen, da wir Buchenwald immer nur als Gefängnis angesehen hatten, in dem sich irgendwelche Häftlinge befanden, die etwas auf dem Kerbholz hatten. Es ist mir heute noch unerklärlich, dass von den furchtbaren Vorkommnissen nie etwas nach außen gedrungen war, zumal Buchenwald nur ca. 10 bis 15 Kilometer von Erfurt entfernt liegt.

Die Staatsbauschule wurde geschlossen. Erich litt stark unter Wundschmerzen und musste sich einer Operation unterziehen. Sie transportierte ihn nach der Operation – er war noch halb in Narkose – auf einem Schlitten die 10 Kilometer vom Bahnhof nach G. und nach Hause.

Weil sie für Erich keine berufliche Chance mehr sahen und Ella die Zusicherung hatte, dass sie bei der Barmer Ersatzkasse in Freiburg eine Stelle bekommen könnte, entschlossen sie sich im Frühjahr 1946 zur Übersiedlung nach Waldkirch zu seinen Eltern, weil sie dort wohnen konnten. Es kam der Abschied von zu Hause:

Mutter hatte einen sehr guten Einfall. Sie besorgte mir in Erfurt als vorweggenommenes Geburtstagsgeschenk einen kleinen Tafelhandwagen mit kleinen Rädern. Hier passte gerade der Reisekorb darauf sowie ein großer Koffer. Die Seitenteile meiner Singer-Nähmaschine passten ebenfalls darauf sowie der Rucksack. Das war schon eine gute Idee. So konnte ich doch einmal das Nötigste unterbringen und mitnehmen. Da ich noch Kleiderstoff vom Michel besaß, nähte ich gleich noch zwei Kleider. Ich hoffte, dass, sofern die Post einmal größere Pakete wieder befördern würde, Mutter mir das Oberteil der Nähmaschine zuschicken würde…

Am 28. April nach dem Mittagessen war es nun so weit. Noch einmal ging ich das ganze Haus von oben bis unten durch, um Abschied zu nehmen. Auch den Garten betrat ich noch einmal. Wie war doch das Stück Erde mit meinem Herzen verwurzelt! Hier standen die Bäume, die ich einst mit so viel Liebe und Hingebung gepflanzt hatte, in voller Blüte, als wollten sie mir ein besonderes Lebewohl zurufen. Ja, mit Tränen in den Augen nahm ich von den geliebten Blumen, Stachel- und Johannisbeeren Abschied. Zum letzten Mal nahm ich den herrlichen Duft des weißen und lila Flieders in mich auf. Erst jetzt wurde mir richtig bewusst, nicht nur das geliebte Elternhaus mit den lieben Eltern zurückzulassen, nein, mit diesem Fleckchen Erde verband mich ja noch mehr; hier erlebte ich ja meine Kinderzeit und die längste Zeit meiner Jugendjahre. Wie oft hatte ich doch meinen Vater wegen seiner Strenge mir gegenüber verwünscht! Doch als ich die Eltern so traurig vor mir stehen sah, taten sie mir bis in die Seele leid. Ein Glück, dass Gustel mit seinem Pferdegespann kam, damit wir schnell zum Aufladen kamen, sonst wäre ich noch ordentlich in Tränen ausgebrochen.

Wohnungssuche, Hausratbeschaffung, Ernährung, Heizung, alles gestaltete sich für sie in Waldkirch womöglich noch schwieriger als für Alteingesessene, zumal sie noch bei den Schwiegereltern essen musste. Sie mussten sich mit einem möblierten Zimmer im Dachgeschoss seiner Eltern begnügen. Natürlich kamen ihnen auch die Beziehungen des Schwiegervaters als Straßenbaumeister mit vielen Bekannten zugute. Die Mutter schickte nach und nach, was sie von Ellas Aussteuer hatte:

Natürlich war dies schwierig, da sich in der Ostzone ständig die Verschickungsvorschriften änderten. So durften zeitweise nur begrenzte Pakete (*sie meint: Pakete mit einem bestimmten Gewicht*) geschickt werden. Es passierte dann, dass mancher Gegenstand im Paket fehlte, was doch sehr ärgerlich war. So kamen anstatt sechs verschickter Gläser nur vier an. Zerbrechliche Sachen verschickte Mutter meist in Bettfedern. Hierzu nähte sie ein Handtuch oder Abtrokkentuch zu einem Beutel zusammen. Kochtöpfe oder Waschwännle verschickte sie einzeln. Es dauerte nicht lange, dann gingen keine Pakete, sondern nur noch Ein- oder Zweipfundpäckchen durch. Damit keine verlorengehen sollten, was trotz Einschreiben öfters vorkam, brachte sie die Päckle zu Karl nach Alach und gab sie bei seiner Postagentur auf. Sie hat sich wirklich sehr viel Arbeit und Mühe in diesen Jahren gemacht. Vor allem war es ja auch ein Kostenpunkt. Zumal Papa bis Mitte 1948 keinen Pfennig Rente bekam. Sicher hat Mutter manche Stunde dafür bei den Bauern auf dem Feld mitgearbeitet, um das Porto bezahlen zu können…

Da wir im Frühjahr übersiedelten, nahm ich der Einfachheit halber damals nur die nötigste Sommerkleidung mit, in der Hoffnung, dass Mutter mir zur gegebenen Zeit meine Winterkleidung nachschicken würde. Doch da hatte ich die Rechnung ohne den Wirt gemacht. Denn plötzlich durften nur Einpfundpäckle von der Ostzone abgeschickt werden. Da ich aber unbedingt jetzt meinen Wintermantel benötigte, trennte Mutter ihn auseinander und schickte mir ihn in drei Pfundpäckle per Einschreiben zu, worüber ich sehr erfreut war. Sofort heftete ich ihn zusammen.

Die Schwägerin erlaubte ihr aber nicht, ihre Nähmaschine zu benützen, so musste sie ihn mit der Hand zusammennähen.

Als sie 1946 – gewollt – schwanger wurde, konnte sie sich keine Umstandskleider nähen, weil die Schwägerin sie nicht einmal nachts an die Nähmaschine ließ. Sie strickte sich dann mühsam einen Halbrock aus zusammengesetzter Wolle. Sie kündigte im September 1946 ihre Stelle, weil sie selbstverständlich ganz für das Kind dasein wollte.

Erich arbeitete auf Vermittlung des Schwiegervaters zunächst als Techniker im Straßenbau. Er musste aber immer wieder krankheitshalber aussetzen:

Dieser Rock war mein einziges Kleidungsstück während meiner Schwangerschaft. Ich kam mir schon sehr armselig vor, zumal, wenn ich ihn dann gewaschen hatte und er nicht trocknen wollte. Seit Mutter von meinem Zustand wusste, vernahm ich in jedem Brief von ihr eine unterschwellige Sorge um mich. Sicher war es wieder ihr sechster Sinn, der ihr meine oftmalige Niedergeschlagenheit vermittelte. Ich spürte, dass sie mir helfen wollte. Eines Tages legte sie mir in einem Päckchen zwei kleine thüringische Stangenkäsle mit rein. Ich freute mich natürlich sehr darüber und ließ sie oben bei uns im Zimmer stehen. Doch bevor ich dazu kam, sie mit Erich zu essen, hatte es Liesel (*ihre Schwägerin*) bereits ausfindig gemacht und hielt mir vor, ich würde hinten herum heimlich essen. Ich war fertig, wie und was hatte sie in unserem Zimmer verloren? In den ganzen vier Jahren war ich nicht ein einziges Mal in ihr Zimmer gekommen. Meine einzige Hoffnung und Freude war unser kleiner zu erwartender Erdenbürger. Ich war laufend damit beschäftigt, irgend etwas zu stricken oder zu häkeln, denn zu kaufen gab es ja kaum etwas. Erichs Stiefel gaben wir in der Tauschzentrale ab zum Umtausch für Windeln oder irgendwelche Säuglingskleidung … Mutter hatte zwei Leintücher zu sechs Windeln zusammengeschnitten und auch gleich gesäumt, da ich sie von der Schwierigkeit des Nähens unterrichtet hatte.

Wieder musste Erich ins Krankenhaus, die Gehaltszahlungen wurden eingestellt. Er bekam nur noch wenig Krankenhausgeld. Sie konnte einen Kleingarten anlegen, um Obst und Gemüse anzupflanzen.

1947 war ihr vermisster Bruder Erich aus russischer Kriegsgefangenschaft zu ihren Eltern heimgekehrt. Er war vollkommen mit Wasser aufgeschwemmt und ganz kraftlos. Die Mutter pflegte ihn wieder gesund. Sie hatte inzwischen den Kindergarten übernommen. »Darin ging sie ganz auf, denn mit Kindern verstand sie es schon immer sehr gut«, sagte Ella.

Ihr Kind Erich-Peter wurde im April 1947 geboren, und ihr Mann Erich nahm sein Studium wieder auf:

Trotz seines Leidens hatte er sich dazu durchgerungen und entschlossen zum Studium nach Absprache mit seiner Dienststelle. Das hieß für uns Einkommen gleich Null. Lediglich bekam Erich auf sein Kriegsleiden nach der Stufe II monatlich 30,– DM. Damit war unsere Miete gesichert. Auf unserem Sparkonto hatte Erich noch ca. 3000,– RM und ich noch 550,– RM. An mein Konto in Erfurt konnte ich ja nicht, da das Geld gesperrt war. Nun, es würde und musste eben reichen. Erich bekam von seinen Eltern … für den Unterhalt in Karlsruhe 100,– RM.

Dann kam die Währungsreform und machte ihre geringen Ersparnisse zunichte. Ihr Einkommen im Juli 1948 betrug nach Abzug der Miete 91,40 DM zum Leben. Sie versuchte, durch gelegentliche Serviertätigkeit und Stricken, dann als Vertreterin beim VdK (Verband der Kriegshinterbliebenen) etwas dazuzuverdienen.

Erich bekam in dieser Zeit zweimal hintereinander eine Lungenblutung. Unter größter Anstrengung konnte er dann doch noch sein Studium bei der Staatsbauschule in Karlsruhe abschließen.

Inzwischen hatte sich ihr Bruder Erich verheiratet und war in den Westen gekommen. Er arbeitete in Kandern als Stricker. Er bereitete ihr große Schwierigkeiten durch leichtsinniges Verhalten, das sie immer wieder ausbügeln musste. Sie musste ihm auch finanziell immer wieder aushelfen, eine weitere Belastung für sie.

Ganz langsam ging es aufwärts. Sie konnten 1950 zum erstenmal gemeinsam die Waldkircher Fasnacht feiern.

Aber als sie sich anlässlich der Taufe ihres Neffen bei ihrem Bruder in Kandern aufhielt, überbrachte ihr ein Bote auf dem Motorrad die schreckliche Nachricht, Erich habe in die medizinische Klinik Freiburg eingeliefert werden müssen. Dort liege er seither bewusstlos:

Wie in einem Trancezustand hatte ich die Nachricht aufgenommen. Es gab nur noch eine kurze Verabschiedung, und auf ging es im Tempo nach Freiburg in die Klinik. Hier fand ich meinen Erich schreiend, an einem Gatterbett angebunden. Es war für mich ein sehr schmerzlicher Anblick. Langsam begannen die Spritzen zu wirken, und er beruhigte sich. Es dauerte auch nicht mehr allzulange, bis er mich erkannte und meine Hand festhielt.

Nach einem wochenlangen und furchtbar qualvollen Todeskampf starb Erich T. kurz nach seinem 30. Geburtstag am 28. August 1950 an den Folgen seiner Kriegsverwundung.

Ihre Mutter hätte sie gerne nach Thüringen zurückgeholt, aber wegen dem Grab ihres Mannes und ihrem kleinen Sohn Erich-Peter blieb sie, denn die Verwandten ihres Mannes hätten sich nie von dem Kind getrennt. Sie musste ja nun wieder arbeiten, weil die Versorgung als Kriegerwitwe nicht ausreichte. Zuerst fand sie wieder eine Stelle bei der Barmer Ersatzkasse, dann beim Finanzamt in Freiburg. Unterdessen belegten die Verwandten das Kind mit Beschlag und hetzten es gegen die Mutter auf:

Durch eine Haushaltungslehrerin bekam ich ein junges Mädel, welches am Morgen zu mir kam und Peter versorgte und ihn auch in den Kindergarten brachte. Am Mittag holte ihn Liesel (*die Schwägerin*) vom Kindergarten ab, damit der Opa den Kleinen am Nachmittag für sich haben konnte, um mit ihm spazierenzugehen. Vom Bahnhof (*von der Arbeit*) kommend, holte ich ihn dann ab. Leider war dies dann meist mit Schwierigkeiten verbunden. So kroch er unter den Tisch und wollte mit mir nicht nach Hause. »Du bist eine böse Mutti, du gehst den ganzen Tag von mir weg«, so sagte er bald jeden Tag zu mir. Dies tat mir furchtbar weh, denn ich merkte, wie stark der Einfluss gegen mich zunahm.

Ihre Bitte, sie doch wegen ihres kleinen Kindes in Waldkirch arbeiten zu lassen, stieß auf kein Verständnis. Sie fand dann eine Betreuerin für ihr Kind, aber der Kampf mit der Verwandtschaft ging weiter.

Natürlich ließ ich meine Sorgen auch in den Briefen an meine Eltern durchblicken, welches zur Folge hatte, dass Mutter uns für einige Wochen aufsuchte. Sie war natürlich auch sehr enttäuscht über das Verhalten der Familie meines Mannes und hoffte im stillen, dass ich wieder nach G. zurückkehren würde, was ich unter anderen politischen Verhältnissen vielleicht auch ins Auge gefasst hätte. Aber nach der Niederschlagung des Volksaufstandes vom 17. 6. 53 war jeder froh, der der DDR den Rücken kehren konnte. Während Mutters Anwesenheit lernte Mutter auch meinen Kollegen Wendelin K. kennen. Sie verstanden sich beide von Anfang an sehr gut. Und Mutter fragte mich gleich, ob dies denn kein Mann für mich sei? »Nein, so schnell binde ich mich nicht«, gab ich ihr zur Antwort. »Schließlich ist bei einer Bindung eine Versorgung ins Auge zu fassen, und diese ist nicht besonders gewährleistet beim Wendelin. Wir tun uns wohl gegenseitig unser Herz ausschütten, denn auch er hat viel mitgemacht, und dies gegenseitige Verständnis hat lediglich eine gute Freundschaft hervorgerufen.«

Ja, ich muss sagen, es hat schon eine geraume Zeit gedauert, bis sich mir Wendel (so wurde er im Kollegenkreis genannt) bis in die Details offenbarte. Dass er gesundheitlich durch die harte Kriegsgefangenschaft und seine gescheiterte Ehe schwer angeschlagen war, spürte man bereits bei seiner Begrüßung. Schon beim Handschlag zitterte ihm die Hand, ebenso kam er bei der geringsten Anstrengung zum Transpirieren. Das gleiche bezog sich auf Gespräche, welche sich auf seine derzeitige persönliche Lage bezogen. Im Grunde tat er mir schon etwas leid, denn er war ein freundlicher, hilfsbereiter und ehrlicher Mensch. Doch jetzt fehlte ihm jegliches Durchsetzungsvermögen. Dies war allerdings in der damaligen Zeit kein Einzelfall. Genau wie ihm ging es tausend anderen, die als Berufssoldaten (*Wendelin war bei der Reichswehr Berufssoldat gewesen)* und Offiziere an der Front ihren Dienst getan hatten. Doch nach dem verlorenen Krieg mit zum Teil monate- und jahrelanger ausgehungerter Kriegsgefangenschaft kamen sie als sogenannte Kriegsverbrecher ohne Berufsaussichten krank in die Heimat zurück. Leider Gottes waren sehr viele Ehefrauen nicht bereit, diesen angeschlagenen ehemaligen Landsern Mut und Hilfe zukommen zu lassen.

Seine Frau hatte ihn mit einem Verhältnis zu einem Inspektor der Oberfinanzdirektion betrogen; als kleiner, durch den Krieg und die zweijährige russische Kriegsgefangenschaft angeschlagener Angestellter konnte er nicht konkurrieren. Er schaffte dann nach einem Lehrgang die Übernahme in die mittlere Beamtenlaufbahn. 1954 heiratete sie ihn, auch, um im Kampf um ihr Kind nicht alleinzustehen. Ihr erstes gemeinsames Kind starb kurz nach der Geburt.

Sie arbeitete weiter, nach der Geburt der Tochter Christine nur noch zeitweise, aber ihr gemeinsames Einkommen reichte doch erst ganz allmählich zu den inzwischen als »normal« geltenden Anschaffungen. Als erstes kam der Eisschrank, dann ein Wandklappbett für Peter, eine Waschmaschine erst Ende der 50er Jahre.

1957 starb der Vater von Ella K.. Die Mutter rechnete nun fest damit, dass ihr Sohn Erich nach G. zurückkehren und das Anwesen übernehmen würde. Sie richtete alles für seine Rückkehr:

Mutter war ganz glücklich. Sie hatte 30 Kücken bestellt. Auch junge Lämmer und weiteres Kleinvieh hatte sie sich zugelegt und schrieb, dass es ihr noch nie in den vergangenen 40 Jahren so gut gegangen war wie im Moment. Den Nachbarplan hatte sie abgegeben, und Herr P. hatte ihr den Mist auf den Hausplan gefahren und ihn auch bestellt. Sie sprudelte in ihrem Brief ganz voller Elan.

Aber ihr Bruder Erich besann sich anders und blieb in Kandern. Der Mutter gegenüber schob er vor, dass die Schwester ihm die finanzielle Unterstützung, die er für die Rückkehr gebraucht hätte, verweigerte, was nicht den Tatsachen entsprach, aber zu gegenseitiger Enttäuschung zwischen Mutter und Tochter führte.

Somit blieb Mutter nichts anderes übrig, als eine junge Familie aus der Nachbarschaft aufzunehmen. Sie zahlten eine monatliche Miete von 20,– Mark. Für unsere westlichen Verhältnisse geradezu ein lachhafter Betrag. Natürlich schickten wir unserer Mutter laufend Pakete, doch die Sorgen um sie rissen bei Wendel und mir nicht ab. Ihre Briefe waren einmal himmelhoch jauchzend, dann wieder zu Tode betrübt, wenn es mit den Mietern nicht so klappte. Außerdem machte sich der Vorsitzende von der örtlichen SED sehr oft in seinen Äußerungen dahingehend bemerkbar, dass die Partei das Anwesen übernehmen würde, nachdem sich die Kinder ohnehin im Westen befänden.

Die Mutter gab schließlich ihr Eigentum auf und kam zu ihrer Tochter nach Waldkirch:

Ich kann mir heute nur zu gut vorstellen, wie es damals in meiner Mutter ausgesehen haben mag, mit fast leeren Händen ihr Lebenswerk, ihre Heimat, ihr Haus, in welchem sie 30 Jahre in Freud und Leid verbracht hatte, zu verlassen. Sicher hat ihr das Herz geblutet und hat sie im stillen manche Träne vergossen. Arme Mutter – –

Ich freute mich, dass sie endlich hier war und alle Sorgen für sie und uns ein Ende hatten. Doch über ihr Aussehen waren wir, Wendel und ich, sehr überrascht. Diese durchlebten Strapazen hatten ihr doch mehr zugesetzt, als wir ahnten. Wendel sagte gleich zu mir: »Ich glaube nicht, dass die Oma hier alt wird.« Ich sah natürlich wieder neue Probleme auf mich zukommen. Vor allem verlor sie unheimlich viel Haare … auch das Gebiss musste in Angriff genommen werden, da sie etliche Zähne verloren hatte. Ganz glücklich war sie beim Anblick ihres Enkelkindes ... Als ich ihr die kleine »schwarze Hexe« in den Arm geben wollte, stellte ich sofort die Kraftlosigkeit der Oma fest. Sie tat mir wirklich in der Seele leid. Jetzt galt es, sie langsam aufzupäppeln, denn ihr Magen vertrug auch nicht mehr alle Speisen ... Ein Glück, dass wir unseren Garten besaßen, denn hier merkte ich zuerst an ihr, wie sie begann, neuen Lebensmut zu tanken. Da es gerade Ernte- und Einmachzeit war, ging sie mir gern zur Hand und fand dadurch im Gespräch mit mir immer wieder eine Überleitung zu unserem Garten zu Hause. Nach 14 Tagen merkte ich schon, dass sie sich wieder etwas gefangen hatte. Ich bat sie auch, doch ein Haarnetz zu tragen, wie einst ihre Mutter es auch getan hatte ... So ging es langsam, schrittweise voran. Zwischendurch ließ ich sie der kleinen Christine das Schoppele (*Fläschchen*) verabreichen, was sie sehr gern tat.

Ella und ihr Mann kämpften drei Jahre, bis die Mutter eine kleine Rente als Witwe eines ehemaligen Reichsbahnangestellten bekam.

Die Familie K. war nun eine glückliche Familie. Weitere Anschaffungen wurden gemacht, so 1965 ein Fernseher. Seit Beginn der 60er Jahre konnten sie sich regelmäßig Urlaub in den Bergen leisten. Sie waren begeisterte Bergwanderer und Naturfreunde.

Aber die Mutter hatte Heimweh:

Natürlich füllte sie viel Zeit mit Brief- und Paketverbindungen in die DDR aus, auch strickte sie gern oder las ein Buch, denn sie war auch in der Buchgemeinschaft Bertelsmann. Sehr häufig las sie auch Bücher in englischer Sprache. Auch den Briefwechsel mit Onkel Max, ihrem Bruder, führte sie nur in Englisch. Oftmals überwies sie ihm auch Geld in Dollar, denn so ganz wohlhabend war er in seinem vorgerückten Alter auch nicht mehr. Ich hatte das Gefühl, dass sie jetzt eigentlich sehr zufrieden war, finanziell seit vielen Jahren zum erstenmal ganz unabhängig zu sein. Sie gab mir im Monat für ihren vollen Unterhalt 200,– DM. Es war wirklich nicht überfordert, doch wollte ich auch nicht mehr von ihr, denn sie hatte ja früher in G. auch sehr viel entbehren müssen, und ich hatte eigentlich nur immer den inneren Wunsch, ihr ihren Lebensabend möglichst zufriedenstellend zu gestalten, was oft nicht leicht war in unserem Fünfpersonenhaushalt, wo ja durch Alter, Schule und Beruf jedes seine eigenen Forderungen und Wünsche hatte ... So vergingen die nächsten Wochen bis zum 10. November sehr rasch. Es war Martinstag, und Christine ging mit ihrem Martinslämple (*Laterne*) zum Kinderumzug. Ich sehe heute meine Mutter noch, wie dies in ihr alte Erinnerungen an unsere Kinderzeiten zu Haus weckte. Jedes Jahr stand sie am Fenster und schaute den Kindern mit ihren Lampions zu. Auch wenn in Waldkirch Jahrmarkt war, gab es für sie nichts Schöneres, als eine Bratwurst zu erstehen. Obwohl die hiesigen Bratwürste den Thüringer Rostbratwürsten bei weitem nicht das Wasser reichen können, so war es für Mutter doch ein Stück Erinnerung an »daheim«. Ja, wie gesagt, ihr von mir schon irgendwie empfundenes Heimweh schmerzte mich schon.

Sie versuchte dann, bei ihrem Sohn, den sie sehr liebte, zu leben, aber das ging nicht gut, mietete sich in Kandern ein ganz bescheidenes Quartier bei einer alten Frau, wo sie sich in ihre Thüringer Zeit und in ihre Jugendzeit zurückversetzt fühlte:

Am Haus befand sich ein kleiner Gemüsegarten und Hof mit ca. zehn Hühnern. Ich glaube, Mutter lebte dadurch sehr in Erinnerung an ihre aufgegebene G.'r Heimat. Dadurch, dass diese Frau auch in ihrem Alter war, bestanden sehr viel Berührungspunkte aus der guten alten Zeit. Oft unternahmen sie gemeinsame Spaziergänge, und da Mutter finanziell unabhängig war, freute sie sich, dieser Frau doch ab und zu eine kleine Freude zu machen. Auf ihren gemeinsamen Spaziergängen kehrten sie da und dort ein, wobei Mutter dann gern die kleine Zeche zahlte. Auf alle Fälle versetzte sie sich hier noch einmal in ihre Jugendzeit zurück, die sie einst als freier und froher Mensch in Ruhla erlebt hatte. Dies war in ihrem Leben die schönste Zeit, so sagte sie uns immer wieder, und sie war froh und glücklich, dies wieder so erleben zu können. Nun, ich gönnte es ihr von Herzen, doch zwischen Ruhla und Kandern klafften im äußeren Umfeld doch Welten.

In der Familie von Ella K. ging es langsam aufwärts. 1967 entschlossen sie sich, ein Auto zu kaufen. Wendel hatte den Führerschein schon gemacht. Da starb er ganz plötzlich an Herzversagen.

Nun stand Ella mit der 9jährigen Christine und dem 20jährigen Peter wieder allein da. Peter war ein Sorgenkind und wurde es mehr und mehr. Er machte schließlich Abitur, brach aber dann sein Studium als Bauingenieur ab und ging auf die Pädagogische Hochschule in Freiburg. Sie musste ihn am Ende wegen seiner »Weibergeschichten« (ihre Formulierung) aus der Wohnung weisen.

Sie übernahm die Buchhaltung im Bruder-Klaus-Krankenhaus in Waldkirch, also eine volle und verantwortungsvolle Berufstätigkeit mit Haushalt, zwei Kindern und einer alten, zeitweise kranken Mutter. Sie ließ sich aber nicht unterkriegen nach ihrer Devise, die sie an mehreren Stellen ihrer Erzählungen und in verschiedenen Abwandlungen äußerte: »Da musst du durch, das Leben geht weiter!«

In den 70er Jahren konnte sie dann noch schöne Reisen machen. Sie trat einem Kegelklub bei. Zusammen mit einigen Frauen gründete sie einen eigenen Frauen-Kegelklub in Waldkirch und wurde dessen Präsidentin. Sie machte 1968 den Füh-

rerschein, und kaufte sich im Jahre 1971 (mit 50 Jahren) noch eine Eigentumswohnung. Die Mutter zog schließlich in ihre alte Wohnung. Ella konnte ihr noch einige schöne Jahre bereiten mit Ausflügen, Geburtstagsfeiern und mit der feierlichen Begehung ihrer »goldenen Hochzeit«:

Ich fuhr mit ihr und Christine nach Gutach in das Hotel »Adler«. Hier nahmen wir dann ein gepflegtes Menü ein und machten eine kleine Rundfahrt. Mutter freute sich immer, wenn ich mit ihr durch die Gegend fuhr. Sie saß dann hinten im Auto und sang ihre Volkslieder. Trotz ihres hohen Alters hatte sie noch immer eine sehr gute Stimme. Am Muttertag wählte ich immer die Fahrt Elzach, Bilderbach, Ottoschwanden und durch das Freisamertal. Auf der Höhe legten wir meist unsere Mittagsrast ein. Mutter freute sich immer an der herrlichen Baumblüte und konnte dann so richtig von unserer Baumblüte zu Hause schwärmen. Nach Mutters Tod bin ich am Muttertag sehr oft den gleichen Weg abgefahren. Hier konnte ich mit ihr wieder so richtig in Verbindung treten und diese herrlich blühende Frühlingslandschaft auf mich einwirken lassen. Aber auch weitere Fahrten, wie ins Elsass oder hoch in den Schwarzwald, habe ich oft mit ihr unternommen. Wenn irgendwo ein schönes Fleckchen war, machte ich Halt, holte den Liegestuhl heraus und ließ Mutter darauf ausruhen. Ja, ich merkte schon, wie gut ihr das tat und wie sie sich am Waldrand wohlfühlte. Auf eine gewisse Art liebte sie den Wald und das Zwitschern der Vögel. Nur die Weite, den Blick in die Ferne, den sie zu Hause in G. gewohnt war, diesen vermisste sie ständig.

Nachbemerkung

1978 starb Martha E., 90jährig, bis zum Schluss umsorgt von ihrer Tochter. Sie richtete ihr die Haare, sorgte, dass sie »neue Zähne« bekam und eine »schicke Lokkenfrisur«. Bis zum Schluss hatte sie Heimweh. In Fotoalben findet sich eine Zeichnung, fast wie eine Kinderzeichnung, von ihrem Anwesen in G.. Ella musste ihr auf dem Klavier die alten Lieder vorspielen.

Ella durfte noch etwas Schönes erleben. In der letzten Nacht vor dem Tod der Mutter hörte die Zimmernachbarin im Krankenhaus noch ein Selbstgespräch der Sterbenden, das ein Zwiegespräch mit der Tochter war: »Du hast es recht gemacht, du hast getan, was du konntest.«

Mit beiden Kindern hat Ella noch schwere Enttäuschungen erlebt, der Sohn wurde Lehrer, die Tochter Inspektorin. Aber jetzt vertragen sie sich wieder recht gut.

Ella ist nicht nur aktiv im Kegelklub, aus dem die Mitglieder langsam wegsterben, sie organisiert Ausflüge, bereitet Kunstführungen vor, sie kümmert sich auch um Alte und Kranke, hat viel Besuch, vor allem auch aus der alten Heimat, möchte ein Heimatbuch über G. schreiben. Eine Zeitung abonniert sie nicht. Sie sagt über alle ihre Verpflichtungen: »Immer heißt es, mach du das doch, das kannst du doch!«

Immer noch kann sie feiern. Sie tanzte in den ersten Mai 1993 hinein in demselben Haus auf dem Kandel, in dem sie 1940 mit ihren Freunden getanzt hat, die fast alle gefallen sind.

Ihre Wohnung hat sie sich liebevoll, fürstlich und luxuriös, wie ein kleines Schloss, eingerichtet. Es ist das Gegenbild des einfachen Bauernhauses, aus dem sie stammt. Immer wieder fängt sie etwas Neues an: Nähen, Stricken, Teppiche- und Bilder-Knüpfen, alles das hat sie schon hinter sich. »Alles Ablenkungsmanöver«, sagt sie und lacht.

»Es ist nicht nötig, daß ich lebe, wohl aber daß ich meine Pflicht tue.«

GERTRAUD L. (1928)
Pfarrerstochter aus Lettland, Schülerin und Jungemädelführerin, in Württemberg

Vorbemerkung

Gertraud L. wurde 1928 als Tochter eines deutschen Missionars in Libau/Lettland geboren, als drittes von fünf Geschwistern, von denen zwei das Kleinkindalter nicht überlebten. Sie besuchte die deutsche Grundschule in Libau. Im Zusammenhang mit dem Hitler-Stalin-Pakt vom August 1939 wurde die Familie mit den meisten Baltendeutschen in den Warthegau (von den Deutschen besetzte ehemalige Provinz Posen) umgesiedelt, kam jedoch schon im Oktober 1940 nach Ludwigsburg/Württemberg, wo ihr Vater bei der evangelischen Landeskirche angestellt wurde. Er kam im Oktober 1944 bei einem Bombenabwurf auf Pforzheim ums Leben. Die Mutter erhielt nur eine geringe Unterstützung von der Landeskirche. 1948 machte Gertraud Abitur, studierte die Fächer Geschichte, Deutsch und Englisch und wurde Gymnasiallehrerin. 1988 wurde sie pensioniert. Sie lebt in einem kleinen württembergischen Dorf in der Nähe von Ludwigsburg. Seit 1956 ist sie verheiratet und hat eine Tochter.

Der Vater von Gertraud L. war deutscher Missionar, aus Riga gebürtig. Er wurde nach der bolschewistischen Revolution im Baltikum als angeblicher deutscher Spion verhaftet, durch mehrere Gefängnisse Südrusslands geschleppt und schließlich an die Wolga verbannt. Dort heiratete er ihre Mutter, eine Wolgadeutsche. 1921, während der großen Hungersnot, durften alle Baltendeutschen mit ihren nächsten Angehörigen Russland verlassen und ins Baltikum zurückkehren. In Libau erhielt ihr Vater eine Predigerstelle. Nach der Umsiedlung kam Familie L. in ein kleines Dorf. Dort wurden sie zu viert (Vater, Mutter, Gertraud und die jüngere Schwester) im Pfarrhaus in ein Zimmer eingewiesen. So hörten die Kinder die Gespräche der Erwachsenen zwangsläufig mit. Ihr Vater bewarb sich vergeblich um eine Pfarrstelle im Warthegau. Die Baltendeutschen waren an sich sehr national, viele erhofften sich von Hitler und dem Dritten Reich Gutes. Vater L. musste aber erleben, dass ehemalige Gemeindemitglieder, Bauern aus dem Baltikum, zu ihm kamen und ihm ihre Gewissensnöte schilderten. Sie seien in Höfe eingewiesen worden, in denen kurz zuvor noch Polen gewohnt hatten. Manche sagten, als sie das zugewiesene Haus betraten, sei die Suppe noch warm auf dem Tisch gestanden.

Vor diesem Hintergrund wird das erste Tagebuchzitat verständlich. Gertraud war damals noch nicht ganz zwölf Jahre alt. Sie führte erst seit einem Monat Tagebuch.

Wie Gertraud L. die Zeit des Nationalsozialismus und des Krieges erlebte, wird aus ihren persönlichen Dokumenten greifbar. Wir betrachten in drei Durchgängen die Tagebücher (diese am ausführlichsten), ihre Aufsatzhefte und ihre Dienstvorbereitungen.[1]

Die Tagebücher

12. FEBRUAR 1940, Obersitz (*es ist der neunte Eintrag im ersten Tagebuch vom 23. 1. bis 16. 2. 1940):*
Ich möchte heute etwas hier hereinschreiben, worüber ich mich mit keinem Menschen aussprechen kann, weil ich nur ein Kind bin. Bei Erwachsenen haben ja Kinder überhaupt nichts mitzureden. Gestern war nämlich Herr Brandt (*ein jüngerer Prediger, sozusagen »Ziehsohn« ihres Vaters)* bei uns, und sie besprachen zusammen, ob Herr Brandt in die Partei eintreten soll oder nicht. Herr Brandt und Papi haben sich entschlossen, dass man freiwillig nicht in die Partei eintreten soll, weil, wie sie meinen, die Partei gegen das Christentum arbeitet. Herr Brandt meint, dass er als entschiedener Christ nicht in eine Organisation eintreten könne, die gegen das Christentum ist. Und aus Nützlichkeitsgründen, weil ein SA- und SS-Mann bessere Stellen und überhaupt alles besser hat als ein anderer, möchte Herr Brandt auf keinen Fall eintreten. Aber dann möchte ich noch fragen: Warum ist er denn überhaupt nach Deutschland gekommen? Wenn er nicht in die Partei eintritt, dann sagt er sich vom deutschen Staat und damit vom deutschen Volke los. Und warum ist er nach Deutschland gekommen, wenn er kein Deutscher ist? Warum? Aus Nützlichkeitsgründen. Weil er hofft, dass er hier eine Zukunft hat. Und da in Lettland hat ein Deutscher ja gar keine Zukunft. Herr Brandt meint, ins Militär würde er gleich gehen, weil es Pflicht ist. Ja, ins Militär müssen auch schließlich solche, die keine Deutschen sind, hinein. Aber in der Partei beweist es sich gerade, ob man ein guter Deutscher ist. Und wer ein guter Deutscher ist, der braucht kein Christusgegner zu sein, sondern ein

1 Die Gespräche werden nur insoweit berücksichtigt, als sie ihre innere und politische Biografie berühren. In Band II und III kommt sie mit weiteren Kriegserfahrungen zu Wort.

guter Deutscher kann auch ein guter Christ sein. Z.B. Hindenburg war auch mit Herz und Hand ein Deutscher und auch ein wahrer Christ. Und außerdem kann Herr Brandt ja auch in der Partei bleiben, wer er ist. Das kann ihm keiner verbieten.

Von Herrn Brandt bekam sie zu Weihnachten 1939 ein Hitlerbild geschenkt, das sie zwar niemals aufstellte, aber sorgfältig aufbewahrte.

Noch im Februar 1940 zog die Familie L. ohne den Sohn, der in Posen Abitur machte und dann zur Wehrmacht eingezogen wurde, nach Süddeutschland. In Ludwigsburg bekamen sie eine Wohnung. Vater L. wurde in den Reisedienst der evangelischen Landeskirche übernommen. Gertraud und ihre jüngere Schwester besuchten die Oberschule für Mädchen.

Zwischen Februar 1940 und April 1943 ist das Tagebuch angefüllt mit Berichten über Schule, Lehrer, Ferienerlebnisse, Erinnerungen an die alte Heimat, Betrachtungen über »Rein bleiben und reif werden« (das Walter-Flex-Zitat wird in Großbuchstaben hervorgehoben). Von Politik und Krieg ist kaum die Rede. Sie mussten zwar ab und zu in den Luftschutzkeller, aber Bomben fielen nicht. Zweimal werden Kohlenferien erwähnt, auch dass der Bruder Soldat wurde (1942) notiert sie ohne weitere Besorgnis.

Nur der Geschichtsunterricht, für den sich Gertraud von Anfang an begeisterte, findet seinen Niederschlag im Tagebuch mit eigenen Gedichten über die Germanen und vor allem über Friedrich den Großen. Vom Jungmädeldienst schreibt sie nichts, nur von einem Bannsportfest und dass sie kurz vor Schuljahrsende im Sommer 1942 in die FA-Schar (Führerinnen-Anwärterinnen-Schar) aufgenommen wurde. Sie betrachtet das als Auszeichnung.

Am 23. August 1942 fasst sie Vorsätze für das neue Schuljahr:
Ich will in diesem Schuljahr (*diese Überschrift ist im Tagebuch doppelt unterstrichen*):

1. In der Schule meinen Ehrgeiz zurückstellen, indem ich nicht mit Gewalt und zur Schädigung anderer meine Noten heraufdrücken oder mich hervortun will.
2. Kameradschaftlich anderen Mitschülerinnen zur Seite stehen und helfen, ohne sie abschreiben zu lassen oder ihnen einzusagen, niemand verklatschen, wohl aber ehrlich die Meinung sagen.
3. Den Lehrern offen und ehrlich gegenüberstehen (in keiner Weise mich einschmeicheln), ohne frech zu werden. Mich an allgemeinen harmlosen Streichen beteiligen, soweit ich sie vor Gott und den Lehrern verantworten kann. In der Stunde aufpassen.
4. Mich immer sauber und tadellos, nicht affig, anziehen. Auch körperlich sauber sein und nie abschreiben.
5. Zu Hause die Wohnung sauberhalten, doch nie deshalb böse und hässlich werden.

6. Mutter und Vater gehorchen, nie frech sein. Zu R. (*der jüngeren Schwester*) immer geduldig und nett sein.
7. Meine Schulaufgaben pünktlich am Tag erledigen (nie mehr als drei Stunden lernen), ebenso jeden Tag eine Stunde Klavier üben.
8. Den Dienst nie schwänzen, bereitwillig mich beteiligen.
9. Wenn es sein muss, meine Vergnügungen (Turnverein, zu M. gehen – *das war ihre Freundin*) wegfallen lassen wegen Pflicht.
10. Den Wehrmachtsbericht lesen.
11. Nicht unrein sein und abends lange lesen.
12. Jeden Tag meine Bibel lesen und um 3/4 7 aufstehen.
13. Mit jedem Essen und jedem Besuch zufrieden sein.
14. Gegen Erwachsene hilfsbereit und freundlich sein.
15. Das alles möchte ich aufrichtigst befolgen und eine recht gute Tochter, Schwester, Schülerin, Kameradin und Führerin werden. Gott helfe mir dazu!

Am aufschlussreichsten sind die Eintragungen aus der zweiten Hälfte des Krieges, von April 1943 bis April 1945, die Gertraud im Alter von knapp 15 bis knapp 17 Jahren schrieb:

SONNTAG, DEN 25. APRIL 1943

Eben habe ich die Geschichte vom Trotzkopf gelesen[2], aus der guten alten Zeit, wo sie noch Tagebücher hatten mit braunem Samteinband und silbernen Beschlägen. So sieht nun allerdings meines nicht aus, aber ich beneide die Menschen um 1900 nicht. Sie haben gelebt, sind in Pensionen gegangen, haben geheiratet und Gesellschaften und Feste gegeben. Aber sie waren arm, sie hatten keinen eigentlichen Lebensinhalt. Ich weiß nicht, ob das richtig ist, wie ich über sie urteile, denn ich habe ja noch gar kein Urteil, aber ich fühle den himmelweiten Unterschied von damals und heute. Unser Leben heißt Kampf! Und ich danke Gott, dass ich in solch eine Zeit hineingeboren bin, wo die Parole Kampf heißt. Ich freue mich, dass wir nicht in kleinlichen Alltäglichkeiten verflachen, sondern dass wir etwas leisten dürfen, dass wir für etwas Großes und etwas Hohes unser Ganzes einsetzen dürfen. Und ich bin auch froh, dass es jetzt immer schwerer wird, dass man jetzt etwas hat, wofür man sein Leben einsetzen kann. Ich stehe jetzt in dem Lebensalter, wo die Entscheidung fallen muss für mein ganzes Leben, aber die Entscheidung ist sehr schwer. Ich habe

2 Sie las viel. Neben noch ganz Kindlichem und typischen Jungmädchenbüchern (wie der erwähnte »Trotzkopf«) und vielen Büchern »geistlichen« Inhalts einen großen Teil der Bücher, die in Teil II, Kapitel 7, »Freizeit, Feste« als idealtypische Bibliothek von Frauen und Mädchen jener Zeit aufgelistet sind. Ganz genau erinnert sie sich noch an die Lektüre ihrer Preisbücher für gute schulische Leistungen aus Klasse 2 (heute 6), 3 und 4: »Deutsche Soldatenfrauen«, Bildnisskizzen, eingeleitet von Otto Heuschele (Preis 1941); das große Geschichtsbuch von Paul Seelhoff: »Jahrtausende reden« (erschienen 1931, Preis 1942); »Das Herz in der Hand. Dichter aller deutschen Stämme erzählen der Jugend« (erschienen 1941, Preisbuch 1943). Darin schreiben Schriftsteller wie Hermann Claudius, Hans Franck, Bruno Brehm, Otto Heuschele u.a.

noch keinen Charakter, das fühle ich ganz genau, und das ist es, was mich so entsetzlich quält. Wofür lebe ich? Bis jetzt habe ich noch keine Antwort darauf gefunden. Und deshalb sehne ich mich, deshalb wünsche ich mir das Schwerste, das mir doch endlich, endlich mein Leben zum Bewusstsein bringen kann. Ich weiß, dass es bis jetzt nur der Ehrgeiz, die Genusssucht ist, die mich immer wieder zur Arbeit antreiben. Es wäre mir das Bitterste, in dieser Gewissheit mein ganzes Leben zubringen zu müssen. Ich denke, dass es mein Wille ist, der immer wieder versagt. Ich will ... das sage ich oft, aber falsch ist es, nichtig, selbstsüchtig, was ich will. Und das fühle ich auch, dass niemals das Glück der Liebe eine Triebfeder zu meinem Schaffen sein wird, meinem Wollen Reinheit und Lauterkeit und ewiges Feuer geben kann. Und deshalb fühle ich mich so allein in meiner unsagbaren Verworrenheit. Es ist etwas unendlich Rätselhaftes um des Menschen Herz.

Ohne Datum, nach dem 6. Juni 1943 (*nach zwei ausgestrichenen Versuchen*):

Abendstimmung

Verklungen, verhallt des Tages rastlos Getriebe,
stiller wird's auf den Gassen, in der Natur,
weich umfächelt dich Abendluft, und die Liebe,
die Liebe zur Heimat fühlst du nur.

Zaghaft leuchtend ein Stern steht über den Wolken,
eine einzige Welt in der wunderbaren Natur.
Kalt wird der Abendhauch, und das Walten,
die Allmacht des Schöpfers ahnst du nur.

Betrachtung
Es ist 10 Uhr. Ich sehe das noch ganz, ganz undeutlich auf der Kirchturmuhr. Es ist ein kühler, herber Sommerabend. Die Luft ist rein von dem Gewitter am Nachmittag und würzig. Es ist, als ob der Duft von Feld und frischgetrocknetem Heu gemischt mit dem von Rosen und Jasmin zu mir heraufgeweht käme. Und als ob er immer, immer höher hinaufsteigen müsste als Weihrauch vor den Altar des Schöpfers. Ich habe mich weit hinausgebeugt aus dem Fenster meines Zimmerchens und schreibe, schreibe einfach, was ich rings um mich sehe, und das ist sehr viel. Da unter mir leuchten ein paar weiße Blumen aus unserem Vorgarten. Rechts die Straße hinauf, eine freundliche Siedlungsstraße, die Häuschen, Zweifamilienhäuser, Einfamilienhäuser, schmuck und einfach im Stil. Hell hebt sich ein Gartenzaun vom grauen Straßenpflaster ab. Und die Birken wiegen sich, manchmal leise, dann wieder stärker nach dem Rhythmus des Windes. Schlank sind sie und fein. Hier und da leuchten ihre weißen Stämme auf. Gleich links von meinem Fenster wiegt sich so eine Birke. Ich sehe es ganz genau, das harmonische Spiel von Stamm, Ästen und Zweigen. Es ist schön, dem zuzusehen. Es schwingt mit in der Seele. Und unten ragt über dem roten Ziegeldach eines breiten Hausgiebels der Kirchturm. Es wird immer dunkler. Ich erkenne nicht mehr, was ich schreibe. Die letzten Wolken haben sich zusammenge-

zogen und bedecken nun beinahe den ganzen Himmel. Es wird wohl kein Stern zu sehen sein heute nacht. Nur drüben im Norden ist noch ein heller Streifen. Die dunkle, wunderbar klare Silhouette des Kirchturms hebt sich davon ab. Aber sie verblasst, die Stadt erlischt in der Dunkelheit. Die Nacht kommt.

DEN 20. JUNI 1943, LUDWIGSBURG, NR. 3:
Es war heute Bannsportfest, ein toller Tag. Ich machte in der Mannschaft mit. Wir bekamen natürlich den 1. (*den ersten Platz*). Das war ganz klar. Nachher beim Einmarsch sagten sie, ich würde bloß angeben, weil ich auch rote Socken anhatte wie unsere Kanonen von Gruppe 1. Aber ich fühlte einfach die Gemeinschaft, die Kameradschaft im Sport, und deswegen zog ich sie an. Ich will ganz ehrlich zu mir sein, vielleicht war auch ein ganz klein wenig Angabe dabei, aber bestimmt nicht viel, denn das habe ich mir schon lange abgewöhnt, im Sport ehrgeizig zu sein. Wenn ich da z.B. welche ansehe, die so 4,80 - 5 m machen, da kann ich mit meinen 4 Metern nicht daneben hin. Überhaupt ist mir der Lauf heute ganz und gar vorbeigeglückt (12,6 Sek.). Ballweitwurf ging noch. 49 m ist bis jetzt meine Bestleistung. Ich übertrat allerdings mindestens 5 m. Das war gemein! Trotzdem bin ich nicht so sehr überwältigt davon. 45 ist im BDM so ungefähr der Durchschnitt. Aber Leichtathletik ist eben doch was Tolles. Im Sommer wird jetzt feste trainiert. Da gehen meine Leistungen hoffentlich ziemlich hinauf. Als Ziel stecke ich mir für diesen Sommer: Lauf: 11, 6 Sek. (70); Ballweitwurf: 50 m (120). (*Späterer Zusatz:* erreicht: 52 m) Weitsprung: 4,50 (80). Das gäbe dann insgesamt 270 Punkte! Das reicht mir. Glück zu!

Der lange Maier ist übrigens ganz fabelhaft. (*Späterer Zusatz mit Bleistift*: und gefallen)

DEN 29. JULI 1943, LETTENHAUS (*Name des Bauernhauses*), NR. 5:
(...) Es ist sehr schön hier. So schön, dass man meinen kann, man sei in einem anderen Land, wo es keinen Krieg und kein Kriegsleid gibt. Wie gewohnt gehen die Bauern ihrer harten, mühseligen Arbeit nach, nach dem ewigen Gesetz: Im Schweiße deines Angesichts sollst du dein Brot essen. Früh schon beginnt ihr Arbeitstag, und abends ist Feierabend. Abends ist es überhaupt immer am schönsten, überhaupt für mich Nachtfalter. Zum erstenmal sahen wir Leuchtkäferchen. Eines hatte ich sogar in der Hand, so ein kleines Geschöpfchen und Schwärmerchen in der Hochsommernacht. Und ganz spät, wenn am tiefblauen Nachthimmel die Sterne heraufkommen, einer nach dem anderen, und es zuletzt über uns flimmert und leuchtet in unzählbarer Pracht, dann spinnen die Gedanken wirre Fäden um Rätsel und Fragen des Lebens und Seins. Und niemand ist da, der sie glättet, der Antwort und Erklärung geben kann. Aber es ist doch schön, und ich möchte sie nicht missen, die Gedanken und Fragen. Aber einmal, dann, wenn meine Zeit erfüllt sein wird, dann wird alles klar sein. Wenn wir den Schöpfer, den Vater aller Dinge sehen und ihn fragen dürfen. Darauf freue ich mich.

Es ist schön hier. Wir spielen, essen und schlafen, schreiben Briefe und kümmern uns auch ein ganz, ganz klein wenig um die Landwirtschaft. Was wir nicht alles schon gelernt haben: Kühe melken, Hasen füttern und viel Mut und die Menschen hier verstehen. Ich glaube, dass wir uns schon recht gut erholt haben, M. (*ihre Freundin*) und ich, auf unserer ersten eigenen Ferienreise.

SONNTAG, DEN 15. AUGUST 1943, LUDWIGSBURG, NR. 8:
Heute nacht soll der Großangriff auf Stuttgart sein. Wenn es wahr ist, dann danke ich meinem Schöpfer, dass nun das Schwerste kommen soll. Vielleicht sind wir Deutschlands letztes Geschlecht. Wir wollen ein hohes, edles Geschlecht sein, das lieber das Leben als die Ehre opfert. Vor zwei Jahren, da schwärmte ich noch für Totila und Teja, die letzten Gotenkönige. Für Schwärmerei und Gefühlsduselei ist in unserer Zeit keine Zeit mehr: Unsere Zeit fordert starke Herzen. Jesus Christus wird mir helfen, wenn es soweit kommt, meinen letzten Todeskampf ritterlich zu kämpfen.

Deutschland, du sollst leuchtend stehn, mögen wir auch untergehn.

Klar und sachlich will ich noch einmal einen Rückblick auf mein Leben machen. Vielleicht ist es für andere von Wert. Wenn nicht, dann will ich mir noch einmal in einer ruhigen Stunde Rechenschaft von meinem Dasein geben. Wenn meine Eltern dieses Buch in die Hand nehmen, dann danke ich ihnen von ganzem Herzen für alles, was sie an mich gewendet haben.

Liebe Eltern!
In einer Stunde voll klarer, ruhiger Überlegung schreibe ich an Euch das Nachfolgende. Vielleicht ist es Blödsinn, was ich mir so gedacht habe. Jedenfalls habt Ihr, liebe Eltern, ein Bild von meinem Wesen und meiner Anschauung. Ich glaube, dass Jesus Christus mein Heiland ist und mir ein ewiges, herrliches Leben nach dem Tod bereitet hat. Ich glaube, dass ich ein sündiger, innerlich kraft- und haltloser Mensch bin, dessen Leben ein einziger großer Irrweg war. Und deshalb freue ich mich darauf, in die Welt einzugehen, wo alle Rätsel und Fragen für immer gelöst sind. Wo ich mit vielen die große, ewige Ruhe genießen darf und den Herrn der Welten, der unser Vater ist, mit reinem, befreiten Herzen anbeten darf. Diese Freude ist stärker als der vielleicht folgende Todeskampf. Aber das eine sollt und müsst Ihr wissen. Ich habe das Leben auf dieser Erde bejaht, ich habe es geliebt mit einer jungen unverbrauchten Seele. Ich habe viel geliebt auf dieser Erde und viel gehasst. Das ist die innerlichste Glut, die in jedem Menschen steckt, solange er nicht zum gefühllosen Stein erkaltet ist. Das Schöne, das Wunderbare der Schöpfung habe ich geliebt, Euch habe ich geliebt, die Großen der Geschichte habe ich geliebt und Deutschland, Deutschland habe ich geliebt. Ihr müsst Deutschland halten bis zum letzten Mann. Wir Tote fordern es von Euch. Deutschland stirbt nicht!

Ich habe große Pläne gehabt für mein Leben und von vornherein gewusst: Mein Leben heißt Kampf. Ihr werdet diesen Kampf ein wenig aus den Blättern meiner Tagebücher herausspüren. Je älter ich wurde, um so deutlicher tritt er heraus. Aber es war nicht der Kampf eines Christen gegen die Sünde. Es war der Kampf eines Idealisten um das Ideale. Viel habe ich erlebt in meinen 15 Jahren. Es war viel tiefes Erleben dabei, aber auch viel oberflächliches. Das tiefe scheidet sich je länger je mehr vom oberflächlichen, der Ernst vom Lustig-Leichten. Mein Gemüt stand immer zum Traurig-Tragischen, immer zum Ernst und zur Schwere. Mein Leben war zum Leiden und Tragen berufen, nicht zu Glück und Ruhm. Das fühlte ich je länger je mehr. Ich habe den Kampf noch nicht zu Ende gekämpft um die Treue zu meiner Art. Vielleicht ist es besser, dass Gott, der Vater, diesem Kampf selbst ein Ende setzt und ich in der Treue zu meiner Art sterbe. Zum Schwermütigen neigte ich hin. Der letzte Akkord dieser Art ist der Tod.

Darum grämt Euch nicht um mich. Es ist nicht wert. Der Welt ist durch mich kein Genie verlorengegangen. Ich habe ein Leben gelebt wie Millionen andere auch und habe es dem Vaterland auf den Altar gelegt, freudigen Herzens.

SONNTAG, DEN 29. 8. 43, LUDWIGSBURG, NR. 9:
Heute vor 14 Tagen schrieb ich meinen »letzten Bericht«. Der Großangriff auf Stuttgart ist nicht gekommen. Geschwätz! Aber ich lache doch nicht darüber. Es war schon gut so. Sie sagen alle, der Krieg sei schrecklich. Ich finde, nur die haben ein Recht, das zu sagen, die das Schwere schon wirklich selbst erlebt haben. Oder ob sie wirklich so mit den anderen fühlen? Eben las ich meine alten Tagebücher und merkte, dass ich sehr beeinflussbar bin – und sehr altklug damals schon. Ich merkte auch, dass ich nicht ganz ehrlich zu mir war, sondern oft nur altbackenes Zeug nachschwätzte. Ob das jetzt mit meiner Schreiberei noch so ist? Vielleicht unbewusst. Nur aus ureigenem Erleben kommt ureigene Schöpfung. Aber ich habe doch Vertrauen zu meiner Seele, nicht zu mir. Zu der Seele, die noch unbeschädigt in mir ruht und nicht durch Fleisch und Blut verdorben und verunreinigt ist. Gott helfe mir! Ich muss kämpfen und ringen und nicht träge werden.

»Das Leben ist nicht dazu da, dass man es genieße, sondern um seine Pflicht zu tun.« (Bismarck)

DONNERSTAG, DEN 30. DEZEMBER 1943, LUDWIGSBURG, NR. 11:
Vor Abschluss dieses Jahres muss ich noch einmal mein Tagebuch in die Hand nehmen, um noch ein klein wenig Einkehr zu halten in meiner Seele und in der Ruhe des besinnlichen Schreibens mein Herz stark zu machen für die Zukunft, für Liebes und Leides.

Besonders möchte ich mir einige Gedanken über ein Wort des alten römischen Cäsaren, des Lehrmeisters Friedrichs des Großen, machen:

»Um der Tätigkeit willen bist du geboren. Wer sollte verdrießlich sein, wenn er seine Pflicht tun soll? Bei der Erfüllung deiner Pflicht sollst du nicht darauf achten, ob du vor Kälte starr bist oder vor Hitze glühst, ob du todmüde bist oder wohl ausgeruht, ob du in Todesgefahr gerätst oder andere Leiden zu erdulden hast. Tue immer deine Pflicht und kümmere dich sonst um nichts.«

Eine unerhörte Härte spricht aus diesem Wort, eine unerhörte Sturheit. Marc Aurel war der Lehrmeister des Großen Königs. Der König hat dieser Lehre nachgelebt und ist dabei zum »Einsamen von Sanssouci« geworden. Aber das wahre Glück hat er nicht gefunden, auf das jeder Mensch ein Recht hat. Friedrich hat dem natürlichen Recht entsagt, um vor den Augen des großen Philosophen bestehen zu können. Und Friedrich wurde dabei zum Genie. Er hat es sich in seinem Leben unsäglich schwer gemacht, bis er unter der Last seines Ziels dem Menschsein entrückt wurde.

Er hat es in fast unbegreiflicher Willenskraft so weit gebracht, dem Geist ganz und gar die Herrschaft über den Leib zu geben. Und doch wurde er kein weltfremder Schwärmer wie die Mönche des Altertums, die um der Knechtschaft ihres Leibes willen zu Heiligen aufgerückt sind. Er hat alles wichtig genommen, auch im kleinen Leben seiner Untertanen. Aber die Dinge sind an ihm vorbeigegangen, haben seinem Leib ihren Stempel aufgedrückt, sein Herz steinern gemacht, aber der Geist blieb bis zum letzten Atemzug Sieger über alles, und über den Tod hinaus hat sein Geist ihn unsterblich gemacht. Wehe dem Menschen, der dem Leib die Herrschaft über den Geist einräumt.

Darum soll auch mir das Wort Marc Aurels zur Richtschnur im nächsten Jahr werden. Es wird ein sehr harter Kampf werden. Aber lieber soll dabei der Leib zugrunde gehen, als dass der Geist unterliegt. Ich weiß, allem, was da kommen möge, werde ich widerstehen können. Denn immer, wenn ich weich werden will, wird mich das Flammenauge des Großen Königs ansehen, und ich werde ihn sprechen hören: »Es ist nicht wichtig, dass ich lebe, aber es ist wichtig, dass ich meine Pflicht tue.«

SONNTAG, DEN 9. JANUAR 1944, LUDWIGSBURG, NR. 13:
Die Nummer 13 ist ja im üblichen die Unglücksnummer. In meinem Tagebuch aber nicht. Nur kurz möchte ich mein Zeugnis erwähnen: außer 3 Noten »Gut« alles »Sehr Gut«. Ich bin zufrieden. Aber im Grunde ist es mir doch, als ginge mich das Zeugnis gar nichts an. Ich habe immer das Gefühl, dass es gar nicht mir gehöre, denn ich habe ein solches gutes Zeugnis nicht verdient. Außerdem mache ich mir überhaupt nicht viel aus Schulbeurteilungen, weil sie fürs praktische Leben nicht ausschlaggebend sind.

Heute war wieder ein recht fader Sonntag für mich. Ich habe einen ziemlichen Schnupfen (übrigens unsere ganze Familie, was nicht sehr angenehm ist) und bin deshalb ganz »bedäppert«. Am liebsten möchte ich mich ins Bett legen und schlafen, schlafen. Aber solche Gedanken dürfen in mir nicht Raum bekommen. »Der Geist muss herrschen über den Leib, und wenn der Leib zugrunde geht!«

Zur Zeit habe ich richtige Minderwertigkeitskomplexe, und zwar im Turnen. Ich bin derartig eingerostet, dass ich mich schämen muss, jawohl schämen. Es wird viel Arbeit kosten, bis ich ihn wieder so einigermaßen willfährig habe, meinen Körper. Wenn nur der Geist nicht erlahmt, dann klappt alles. Ich werde mich ordentlich in der Gewalt haben müssen nächste Woche, wenn der Schnupfendusel nicht demnächst aufhört. Wozu ich das eigentlich alles hier hereinschreibe? Nun, es gibt mir Kraft und reißt mich wieder hoch für die nächste Zeit. Mein Tagebuch ist in den letzten Jahren, seit ich eines habe, vom toten Buch, in das man eben äußerliche Erlebnisse in Aufsatzform fein säuberlich hereinschreibt, zum echten lebendigen Kameraden geworden, auf dessen Seiten und Zeilen ich mit mir spreche, mich wirklich kennenlerne, über das hinweg aber auch das Ewige, Gott, mit mir sprechen kann. Ich fühle mich heute so gedrungen, ein Gedicht hier hereinzuschreiben, von Härte und Pflicht – und Gott.

(Nach mehreren durchgestrichenen Versuchen): Pflicht heißt Entsagung und Pflicht heißt Ehre, wenn durch Entsagung die Pflicht zur Ehre führt.

PFINGSTSONNTAG 1944, LUDWIGSBURG, NR. 14:
Wie die Zeit vergeht, und es bleibt so wenig Ewiges, Tiefgründiges, Ausschlaggebendes. Ich bin allein im Garten, und in meiner Seele ist es Feiertag. Dann nehme ich mein Tagebuch, lese immer wieder die uralten Berichte durch und halte Zwiesprache mit meinem Ich. Es ist gut, dass man stille Stunden hat, wenn es auch nur mehr wenige sind, ich würde ohne sie versanden. Wie man doch jetzt über manches weggeht, was einem zeitenweise so viel Sorge gemacht hat, einen beschäftigt hat. Auch jetzt liegt wieder vieles schwer auf mir, aber es ist ja nur die Sorge um mich. Ich muss mich schämen. Ich möchte so gerne, dass ich allein wäre. Kaum habe ich mich richtig in alles vertieft, kommt schon wieder jemand. Ob das immer so ist im Leben, dass man immer auf andere Menschen angewiesen ist, immer platte Gespräche führen muss, sich selbst verleugnen muss? Man sagt von den Großen, sie hätten nachts ihre Mußestunden gehabt. Ich bin ein junger Mensch. Nachts muss ich schlafen, tags will ich schaffen, so komme ich nie zur inneren Ruhe und brauche sie doch so nötig wie das tägliche Brot. Gott, schenke mir Einsamkeit und Alleinsein!

Lass mich zu mir selber finden,
mach mich frei von flacher Art,
denn in seelentiefen Gründen
hat der Mensch sein Gold verwahrt.

SONNTAG, DEN 29. JULI 1944, LUDWIGSBURG, NR. 15:
Ob dieses Buch wohl jemals voll werden wird? Wir hatten in der letzten Woche jede Nacht Alarm und dazu einige schreckliche Angriffe. Ich möchte so gerne wissen, wann und wie ich einmal sterbe. Nur für mich ganz allein. Wir haben jetzt schon 14 Tage Ferien. – Ich weiß nicht, immer wenn ich in letzter Zeit mein Tagebuch in die Hand nehme, habe ich vorher irgendein Buch gelesen, und es drängt mich einfach zum Schreiben, so voll ist mein Herz. Nicht von ganz bestimmten logischen Gedanken (ich denke in letzter Zeit sehr wenig nach – vor allem nicht logisch), sondern einfach vom Erlebten oder besser vom Erfühlten. Ich las heute und vorigen Sonntag das Buch »Die Heilige und ihr Narr«. Es ist M. S.'s (*einer Schulkameradin*) Lieblingsbuch. Sie las es schon vor zwei Jahren. Sie muss damals innerlich schon weiter gewesen sein als ich heute. Ich habe es noch kaum innerlich aufgenommen. Aber ich spüre es, es liegt da in jeder Seite so viel Schönheit und Wahrheit, dass man lange, lange braucht, um das alles wenigstens einigermaßen auszuschöpfen. Ich glaube, die Schriftstellerin hat das Buch mehr für sich als für andere geschrieben, denn die letzten Kostbarkeiten darin, die bleiben ihr allein. –

Es ist so schön, dass ich ein Tagebuch habe. Ich weiß noch nicht einmal ganz genau, ob ich da ganz, ganz ehrlich zu mir bin, aber ich kann da doch hineinschreiben, was manchmal so aus dem Herzen herausquillt. Denn ich kann ja keinem Menschen sagen, was ich richtig denke. Ich bin so furchtbar unbeholfen im Ausdruck. Und wenn ich auch manchmal mit jemand ganz persönlich und offen über etwas reden will, dann kommt doch immer etwas Falsches heraus, was ich gar nicht sagen will – und ich will doch nicht lügen.

Was ich äußerlich erlebt habe, nun, ich will es kurz aufzählen: Ich komme zum Musischen Wettbewerb zum Reichsentscheid nach Berlin.[3] Ob ich mich freue? Ich weiß es nicht. Es freut sich ja niemand mit mir. Meine Eltern nicht, und die anderen, die sind bloß neidisch, wenn sie es auch nicht sein wollen. Was ist auch schon Großes dabei?

Ich weiß nicht, ob ich es schon hereingeschrieben habe: Ich soll ab jetzt die Jungmädelspielschar hier führen. Es ist mir sehr, sehr schwer. Ich kann es auch nicht und muss es doch können. Die anderen haben kein Vertrauen in mich. Ich fühle mich in all dem so fremd und kann gar nicht von Herzen mittun. Woran das liegt? Ich bin wenig beliebt, wenigstens hängen die Mädels noch mit großer Schwärmerei an Marei und Schimmi (ihre Vorgängerin als Spielscharführerin), ich bin nicht »pfundig« genug als Führerin, und das drückt einen schrecklich nieder, wenn man so maßlos ehrgeizig ist wie ich.

Es fällt mir auf, dass ich in den letzten Blättern nur Trauriges, Schweres geschrieben habe. Als ob es auf der Welt gar keine Freude mehr gäbe. Und doch gibt's die, Gott sei Dank! In jeder Blume, in jedem Himmel, in jeder Nacht ist so viel Herrlichkeit eingeschlossen, dass unser armes Menschenherz viel zu klein und zu eingekapselt in all seine Mühsale und Müdigkeit ist, um all das fassen zu können. Nun von heute abend:

(*Durchgestrichener Versuch eines Gedichts.*) Ich glaub', ich kann's doch besser in Prosatext:

Der Wind kommt von Westen, ein ganz leiser Wind. Den ganzen Tag hat er kalte Regenschauer vor sich hergetrieben und sie an die blanken Fenster der Menschenhäuser prasseln lassen. Nun ist er müde geworden. Er spielt noch ein klein wenig mit den schwankenden Wipfeln der jungen Birken. Der Himmel ist noch mit grauen Wolken bedeckt, aber die sind ganz leicht und duftig ohne die schwere Regenlast. Und sie ziehen. Immer nach Osten, immer weiter fort. Wo wollen sie hin? Ich möchte mich einhüllen in die grauen Federballen und möchte da drin liegen und in den weiten, hohen Himmel hinaufsehen – wie wäre ich da den Sternen so nahe –, und wollte mich treiben lassen – irgendwohin, wo die Welt am schönsten ist, wo sie leuchtend ist – wo das Meer ist. Da möchte ich am Strand entlanggehen; ich wollte ein weites, leichtes Gewand anziehen und Bernsteine suchen, bis ich einen großen, glänzenden gefunden hätte – und dann wollte ich hinausgehen, weit – bis zum letzten Stein der Mole und mich da hinsetzen, und der Mond sollte auf das Wasser scheinen und auf den glänzenden Bernstein, so lange, bis meine Augen ganz, ganz satt davon würden und sie auf einmal so leuchten müssten wie der Bernstein und das Meer. Dann kehrte ich wieder zurück in mein kleines Zimmerchen in Ludwigsburg – wo der Him-

3 Musische Wettbewerbe wurden damals noch in verschiedenen Sparten durchgeführt: Malen, Musizieren, Vortragskunst u.a.. Gertraud L. gewann 1944 den Landes- bzw. Gebietswettbewerb für Vortragskunst mit der Ballade »Die Tulipan« von Lulu von Strauß und Torney. Zum Reichsentscheid kam es wegen der Kriegsentwicklung nicht mehr. Der Wettbewerb fand im Staatstheater (Kleines Haus) in Stuttgart statt. Die Jury bestand aus Schauspielern des Staatstheaters Stuttgart.

mel nach Süden zu nachts hell scheint von dem großen Kriegsbrand – aber meine Augen würden noch stärker leuchten als der Himmel. Und ich würde mit den anderen hinuntergehen unter die Erde, und über uns würde die Hölle toben – aber das Licht in meinen Augen würde meiner Seele den Weg nach Hause zeigen.

Es folgen mehrere Eintragungen über einen Ferienaufenthalt in Tirol bei Innsbruck, Schilderungen von Erlebnissen und Landschaft.

MONTAG, DEN 25. DEZEMBER 1944, CHRISTFEST, WEIL-IM-DORF, NR. 21.
AM SPÄTNACHMITTAG:
Ich habe heute einen sehr stillen Christtag verlebt hier draußen bei Tante R. in Weil-im-Dorf. Mami und Tante R. sind nach Stuttgart zur Versammlung (*der altpietistischen Gemeinschaft*) gefahren. R. (*ihre Schwester*) und ich lesen oben in unserem Zimmerchen. Warum wir hier sind? Es wäre daheim vielleicht zu einsam und zu schwer geworden ohne Papi. Es ist ein ganz tiefer Riss durch unsere Familie gegangen am Samstag, den 21. Oktober, als unser Papi bei einem Fliegerangriff in Pforzheim starb. Ich habe das letzte Mal in Tirol hereingeschrieben. Es kommt mir vor wie eine ferne, ferne Vergangenheit. Dass Papi nicht mehr da ist, hat mich bis ins Herz getroffen. Ich habe es gar nicht gewusst, wie tief ich mit ihm verbunden war. Das Leben geht weiter – es ist so eigenartig, gar nicht, als ob es mir gehörte. Ich meine immer, ich müsste doch dorthin dringen können, geistig, wo Papi ist. Ich meine immer, er müsste alles sehen, was ich tue, und ich glaube, dass er sehr enttäuscht von mir ist, jetzt, wo er in mein verborgenstes Herz und Leben schaut. Ich bin in letzter Zeit fast immer traurig und weiß nicht recht, warum. Papi hat's doch so gut! Bei seiner Beerdigung war niemand dabei als nur der Pfarrer. Ich stand an jenem grauen Oktobertag vor einem braunen Häufchen Erde, und am Ende war ein kleines, weißes Schild. Darauf standen nur die Buchstaben G.L.. Da wusste ich, dass das Papis letzte Ruhestätte war, und da konnte ich's fassen, dass er jetzt einer anderen Welt angehörte. Ich hätte ihn so gerne noch einmal gesehen oder noch einen ganzen Tag lang mit ihm gesprochen, so recht, wie Vater und Kind miteinander sprechen sollen, aber es war nicht so und durfte wohl nicht so sein. Als ich an jenem Abend heimkam, da schrieb ich auf meinen Notizblock auf dem Schreibtisch den Spruch, den der Pfarrer leise bei der Beerdigung gesprochen hatte:

Wir sind ein Volk, vom Strom der Zeit
gespült ans Erdeneiland,
voll Unfall und voll Herzeleid,
bis heim uns holt der Heiland.
Das Vaterhaus ist immer nah,
wie wechselnd auch die Lose.
Es ist das Kreuz von Golgatha
Heimat für Heimatlose.

Und im Geist sah ich eine weite, einsame Straße, die von der Wolga hin zu dem Friedhof in Pforzheim führte. Ich wusste, darauf war Papi 54 Jahre lang gegangen …

Es ist seitdem so viel geschehen. Einen Tag, nachdem wir die Nachricht von Papis Tod bekommen hatten, kamen Neumanns, schmutzig und elend aus dem pommerschen Flüchtlingslager. Wir haben sie aufgenommen und ihnen zwei Zimmer von uns abgetreten, auch unser Zimmerchen oben. Es wurde mir schwer, es herzugeben, ich habe darin so viel erlebt und wohl auch innerlich gelebt, aber es ist doch alles eine längst vergangene Zeit, als wir noch am Sonntagmorgen die Fenster unserer kleinen, sauberen Wohnung offenhielten und die Sonne hereinflutete und die kleinen Blütchen vom blühenden Kirschbaum auf dem braunen Nähtischchen lagen, oder wo wir Samstagabends feiernd nach vollbrachtem Wochenwerk in Papis Zimmer saßen. Jetzt bin ich fremd in unserer eigenen Wohnung. Es ist alles so dreckig. Wir haben kein fließendes Wasser mehr und sind nicht mehr für uns allein. Einige Fenster haben wir zugenagelt, und es ist sehr kalt. Aber es ist nicht nur bei uns so, sondern in vielen Häusern unseres Ludwigsburger Südbezirks, und nicht nur wegen Neumanns, sondern wegen dem letzten Fliegerangriff. Er hat Ludwigsburg 60 Tote gekostet, ganz in unserer Nähe sind Häuser kaputt. Das Elend kommt immer näher auf uns zu, es streckt schon seine Finger nach uns aus. Ja, jetzt können wir mitfühlen mit vielen unserer deutschen Volksgenossen, die das Elend schon vor uns gepackt hat.

So steht es zur Zeit um uns. Was so direkt mein Innenleben anbetrifft, bin ich zur Zeit recht eigenartig dran. Ich habe so meine besonderen Interessengebiete, bei denen ich nie müde werde, wo ich nächtelang aufbleiben kann. Ich habe so einige Menschen, die mich anziehen, etwa M. und G.W.. Die wollen aber meistens wenig von mir wissen, und andere, die mir gar nicht sympathisch sind und sich mir doch, wenn nicht aufdrängen, so doch gerne mit mir verkehren, etwa M.S. und A.N.. Man könnte das beinahe Tragik des Lebens nennen. Ich schätze M.S. sehr hoch ein, aber ich fühle mich ihr nicht verwandt. Ebenso bei A.N.. Er ist mir einfach im Grund meiner Seele zuwider. Es ist nicht gut für mich, dass er in Urlaub kam; es steigen da so Gedanken aus tiefsten Tiefen in einem hoch, so Gedanken, die einem kommen, wenn man Frau wird. Ich bin ein ganz eigenartiges Wesen. Wenn wir im Deutschunterricht, sagen wir einmal, die Lachswassertalsaga lesen, dann bin ich wie die germanische Frau. So elementar, so leidenschaftlich wäre ich auch gewesen wie die Gudrun, die »dem am schlimmsten war, den sie am meisten liebte«. Ich will jemand lieben, so heiß, so inbrünstig, so schrankenlos und ebenso geliebt werden. Ich hasse die abgeklärte Liebe, da wachen alle Leidenschaften in mir auf.

Und dann wieder wie jetzt hier in diesem gläubigen Hause, wo auf Schritt und Tritt Christus ist. Wo das Leben sich um diesen Pol bewegt. Christus war mir schon einmal ganz nahe, aber mit tausend Banden hält mich diese Welt fest, ich kann einfach nicht alles aufgeben, und das muss man doch können, wenn man Christus nachfolgen will. Ich habe vorhin ein Buch gelesen: »Ein Kind des Lichts«. Dieses Leben in mein Leben hinein übersetzt, ließe sich einfach nicht durchführen. Dann müsste ich ins Kloster gehen oder Liebenzeller Schwester werden, sonst kann ich es nicht.

Da ist meine Spielschar. Man muss als Führerin eine Persönlichkeit sein, ich will es werden.

SONNTAG, DEN 4. FEBRUAR 1945, LUDWIGSBURG, NR. 22:
Ich kam zu Sylvester nicht mehr dazu, hier hereinzuschreiben, und doch erlebe ich so viel bewusst, dass es davon Bücher voll gäbe, und so viel unbewusst, dass es deren noch mehr gäbe.

Allein äußerlich: Die Russen stehen knapp 100 km vor Berlin. Wir bekamen drei Flüchtlingsfamilien aus dem Warthegau, B.'s und Tante A. und Onkel O.. A.N. ist wahrscheinlich gefallen.

Vorhin las ich ein Buch: »Das Lied von der blauen Blume« von Leontine von Winterfeld. Und nun ist wieder Sonntagabend. Ich habe jetzt kein Fleckchen mehr, wo ich ganz allein für mich sein kann. Ich bin satt und sitze in der warmen Stube, aber meine Seele ist heute nicht feiernd wie sonst am Sonntagabend zuweilen. Wieder einmal bin ich aufgewühlt bis in große Tiefen. Es ist etwas unendlich Herrliches um des Menschen Herz und um das Leben. Wenn ich nur nicht wankelmütig wäre. Manchmal glaube ich, es wäre doch schön, täglich nach eisernen, feststehenden Regeln seinen Lauf zu vollenden, man müsste doch so endlich ans Ziel kommen, und dann will ich mich wieder hineinstürzen mitten in das brausende Leben und es ausleben nach Glück und Schmerz, bald himmelhoch jauchzend, bald zu Tode betrübt.

Und dann kommt wieder so ein Angriff, und es versinkt alles hinter und neben einem, und man steht wie auf einem einsamen hohen Berg und sieht hinter sich ein Meer von Schuld und sonst nichts, und vor sich ein Meer von Dunkel, von unheimlich schrecklichem Dunkel und sonst nichts. Und dann wird man schwach und klammert sich an seinen Glauben und gelobt – erbärmliches Leben! Aber ich weiß doch, dass weder Hohes noch Tiefes mich scheiden mag von der Liebe Gottes, die in Christus ist, unserem Herrn. Ich will mein Leben nicht mehr selber führen, wenn ich nur einen stärkeren Willen hätte! ...

Wenn ich doch nur mal aus diesem Alter heraus wäre, wo alles durcheinandergewürfelt ist! Ich will mich ganz fest an Jesus Christus halten. Ich glaube, dass er mein Meister und Herr ist, und was ist größer auf Erden, als sein Jünger zu sein? In unbeschreiblicher Gnade und Geduld ist er mir nachgegangen, und ich schäme mich um meiner Verstocktheit willen. Aber ich ringe mich doch zu dem durch: Du Welt bist uns zu klein, wir gehn durch Jesu Leiten hin in die Ewigkeiten! Es soll nur Jesus sein, Jesus allein.

DIENSTAG, DEN 26. FEBRUAR 1945, LUDWIGSBURG, NR. 24:
Meine Handschrift hat sich seit dem letzten Mal wieder ziemlich verändert. Ich habe heute meine Bibellese nicht gelesen. Ich bin heute etwas weiter von Christus und brauche Ihn doch nötiger als je. In Ludwigsburg wird die freiwillige Evakuierung vorbereitet. Das erste Stichwort ist somit heraus. Beim zweiten (*nächsten*) sollen Frauen und Kinder aus der Stadt heraus. Stuttgart ist als Festung erklärt worden. Wir haben heute von 1/2 12 bis 1/2 6 gepackt, aber nicht zum Fortgehen. Wo sollen wir hin? Es ist alles so unwahrscheinlich, wir bekommen die Wahrheit nicht gesagt. Das kann und wird nicht das Ende von Deutschland sein.

Eh der Fremde dir
deine Krone raubt,
Deutschland, fallen wir
Haupt bei Haupt.

Ich bin jetzt sehr müde und kann gar nicht viel denken und fühlen. Ich will noch meine Bibel lesen und mich in allem von Christus führen lassen. Herrlich ist es, Sein Kind zu sein! Ich möchte nur nicht feige und zag werden. Was liegt schon an meinem Leben! Was das wohl dieses Jahr für Ostern gibt? Ich will ganz fest zu Christus beten. Er kann (*doppelt unterstrichen*) unserem Volk auch jetzt noch helfen. Wenn unser Volk nur zu Ihm finden möchte!

Bin ich ein Sandkorn nur,
einsam unter vielen.
Es rauschen die Wellen darüber,
so ist es nimmer da.
Es vergeht und versinkt,
und ewig brausen die Wellen darüber hin
und bringen es nimmer.
Sie tragen eins nach dem andern hinein in das Nichts,
und ist doch kein Nichts,
nur verborgenes, unerforschliches Sein.
Dann strahlt die Sonne auf,
und die Wasser schimmern wie Glas und klare Luft.
Und aus den vielen Sandkörnlein
wächst die neue Erde.

Herr Christ, sieh uns in tiefster, bittrer Not,
sieh unser Leid und unsre Schmach.
Erbarm dich unser, nicht um unser Brot,
um unser Brot in Freiheit bitten wir.
Schenk uns die Freiheit auf der Erden hier,
das Brot, es wächst dann allgemach.

MONTAG, DEN 9. MÄRZ 1945, LUDWIGSBURG, NR. 25:
Ich wollte der Musik mein Herz öffnen und wollte wieder einmal hinablauschen in die Quellen meiner Seele, aber es ging nicht. Die Technik war vernachlässigt – oder konnte die Seele sich nicht öffnen?

Ich schrieb einmal hier hinein: Deutschland stirbt nicht! – Aber es stirbt doch – es hat ja so viele Totengräber. Die Feinde sind nahe unserer Stadt. Und unser Leben wird doch nicht romanhaft, es bleibt alltäglich, nur schwerer. Wir konnten bis zuletzt Gottes Wort hören; als wir neulich in der Kirche waren, fielen Bomben. Ich schreibe abgerissen. Unsere Zeit ist zerrissen. Man kann nicht den rechten Ausdruck dafür finden, wie sie ist. Die meisten Worte sind so abgegriffen. Aber sie will einem Frieden und Besinnung rauben. Der Mensch ist eine Kreatur geworden, die dem

Wahnsinn nahe das Leben halten will, und lebt doch nicht mehr richtig. Während ich diese wenigen Reihen schrieb, donnerte dreimal Artillerie und Flak so stark, dass um ein kleines die Fensterscheiben geborsten wären. Eben sogar das vierte Mal. Es kostet einen viel Nervenkraft, aber auch viel Glaubenskraft. Ich merke, wie bei mir die Furcht vor dem Tode in dem Maße abnimmt, in dem Christus in meinem Leben zunimmt. Aber ich kann es nicht fassen, dass Deutschland sterben soll. Das Deutschland, wo Luther lebte und wirkte, das Deutschland Friedrichs des Großen, das Deutschland Bismarcks, das Deutschland Adolf Hitlers. Jawohl, trotz dem tausendfachen Nein, das Deutschland Adolf Hitlers. Man, vielmehr ich, kann das Sterben in seiner ganzen Tragweite für unsere Generation und für mein Leben noch nicht ermessen. Es ist zu erschütternd, um es verstehen zu können. Wer soll denn die Kultur der Welt tragen? Wie kam das alles? Unser Volk hat Christus abgelehnt und ist an diesem Felsen zerschellt. Noch sitze ich frei an eigenem Tische auf freiem Boden. Morgen schon vielleicht sind wir Knechte, Sklaven vielleicht von Schwarzen. Und nie mehr werden wir singen dürfen: »Deutschland, Deutschland über alles, über alles in der Welt.« Aber sie sollen uns nicht unterkriegen. Sie können uns besiegen, aber niemals überwinden, sie können uns Gewalt antun, aber niemals Geisteszwang. Wir bleiben frei. Innerlich wollen wir ihnen überlegen sein – himmelhoch! Im Können und im Charakter, dann wird Deutschland niemals sterben! Ich bitte Gott aus tiefstem Herzen: Mache mich zu einem innerlich freien, klaren Menschen. Was ich äußerlich bin, ist egal. Ich werde lernen in nächster Zeit, soviel ich kann. Viel können und viel sein, das ist jetzt der wichtigste Dienst, den wir unserem Volk erweisen können. Aber wir können es nicht aus eigener Kraft, immer und überall brauchen wir Christus. Darum bete ich: Herr, bleibe bei uns, denn es will Abend werden, und der Tag hat sich geneiget.

Sie sollen in uns nicht Knechte sehn,
von Fliegern und Panzern besiegt,
auch das nicht: In jedem Volk
gibt es Schlechte und Gute.
Sie sollen in uns Deutsche sehn,
voll bewusst ihrer unbesiegbaren
Kraft des Geistes,
des Schaffens, des Schöpfens und Tragens.
Dass jede Last, die sie uns auferlegen,
federleicht uns den Rücken nicht krümmt.
Dann werden sie im Herzen bekennen:
Die wir besiegten, sie sind unsre Herrn.

In ihrem letzten Eintrag vor der Kapitulation fasst Gertraud L. den Inhalt einer Bibelstunde zusammen. Ein junger Pfarrer, der in Ludwigsburg im Lazarett war (er hatte aber schon Ausgang), hielt regelmäßig einen Mädchenbibelkreis ab, an dem fast die ganze Klasse der Verfasserin freiwillig teilnahm.

SONNTAG, DEN 14. APRIL 1945, LUDWIGSBURG, NR. 26:

(...) An einem Frühlingsabend ist's
und Feierabend rings im dämmerigen Raum,
so herb und schwer, so ist der Lenz sonst kaum,
das Leben muss doch kommen und vergisst's.

Es liegt ein großes Leiden überm Land,
als weinte heut ein unsichtbares Heer
und hätt nach all dem Weinen keine Tränen mehr,
und auf der Erde lastet dunkel eine Hand.

Die ersten Eintragungen nach Kriegsende beziehen sich nicht auf den Zusammenbruch, sondern enthalten wieder nur ganz private Erlebnisse und Stimmungen. Nur ein Eintrag blickt zurück:

MITTWOCH, DEN 25. JULI 1945
(...) So ist es, ganz anders, als ich mir das Leben nach dem Zusammenbruch vorgestellt habe. Ich lerne, spiele Orgel, arbeite zu Hause. So vergeht ein Tag nach dem anderen. Mir kommt der Liedervers in den Sinn: »Ein Tag, der sagt's dem andern, mein Leben sei ein Wandern zur großen Ewigkeit. O Ewigkeit, du schöne, mein Herz an dich gewöhne. Mein Heim ist nicht von dieser Zeit.«

Eine Auseinandersetzung mit der NS-Geschichte findet in den Tagebüchern nicht statt. Neben den Tagebüchern führte Gertraud L. ein besonderes kleines Oktavheftchen, in dem sie Bastelanregungen (z.B. Schachtel für Kragenknöpfe, Briefmarkenkästchen) und Anregungen für Geschenke sammelte. So notierte sie als Vorschläge für Weihnachtsgeschenke 1943: Für einen Kalender die Monatssprüche (gemeint sind die Bibelsprüche, die die Kirche für jeden Monat des Jahres aussuchte). Für 1944 (jeweils mit Angabe, für wen sie das basteln will):

Buchhülle, Losungsbüchle mit Hülle, Karte mit selbstgeschnittenem Scherenschnitt, Blumenbildchen mit gepressten Blumen, Buchzeichen, Liederbuch mit den drei Lieblingsliedern, Notizblock aus Lederhülle und Blätter zum Einspannen, Lebensmittelmarkentasche, Taschenkalender, Füllermäppchen aus Lederresten, Taschentuchbehälter, Hülle für Vergrößerungsglas, Apfelmännlein.

Zu den Aufsatzheften

Ihre Aufsatzhefte sind vollständig erhalten. Aus dem Jahr 1940, in dem sie die Oberschule in Wildberg im Schwarzwald besuchte, stammen zwei Aufsätze mit politischem Inhalt: »Achtung, Achtung! Sie hören eine Sondermeldung des drahtlosen

Dienstes.« Da berichtet sie über die Einnahme von Paris und schließt mit den Worten:

(...) Unsere Freude und Dankbarkeit gegen den Führer und unsere tapfere Wehrmacht sind kaum zu beschreiben, und wir sind stolz, Geschichte miterleben zu dürfen!

Der Lehrer vermerkte an dieser Stelle am Rand : »Gut!«

Aus späteren Schuljahren gibt es nur einen Aufsatz mit einem politischen Thema, und zwar vom 21. März 1944.

Er sei vollständig wiedergegeben (die Frage ist, wieweit Gertraud L. hier ihre wahre Meinung äußert, vor allem auch, ob sie selbst befolgte, was sie hier propagiert:

Der Führer kennt nur Kampf, Arbeit und Sorge. Wir wollen ihm den Teil abnehmen, den wir ihm abnehmen können. (Hausarbeit Nr. 5)

Aus Nacht und Not hat der Führer unser Volk emporgerissen zu neuem Leben. Schon 4 1/2 Jahre steht dasselbe Volk in seinem schwersten Schicksalskampf um das Lebensrecht und um seine Ehre. Der Titan dieses Ringens ist der Führer. Wir können sein Schaffen nicht ermessen, ja vielleicht nicht einmal ahnen; wir wissen, dass es unendlich groß und schwer ist und nur das eine Ziel – Deutschland – kennt. »Als Führer der Nation, als Kanzler des Reiches und als Oberster Befehlshaber der deutschen Wehrmacht lebe ich daher heute nur einer einzigen Aufgabe: Tag und Nacht an den Sieg zu denken und für ihn zu ringen, zu arbeiten und zu kämpfen, wenn notwendig, auch mein eigenes Leben nicht zu schonen...« So steht der Führer vor uns, und nur so kennen wir ihn. Und hinter diesem Führer steht einmütig und geschlossen das ganze deutsche Volk. An der Front und in der Heimat erfüllen Männer und Frauen in schlichter Selbstverständlichkeit die zwingende Härte diese Krieges. Die deutsche Jugend ist unbeschreiblich stolz darauf, dass der Führer sich gleich vom ersten Tage an auf sie verlassen hat, dass jetzt auch für uns die Stunde der Bewährung gekommen ist, wo das Wort des Jugendführers: »Immer ist die Jugend dort, wo der Führer ist, immer und überall bekennt sie sich zu ihm« keine leere Phrase mehr ist, sondern Tat und Einsatz.

Im Alltag, im Elternhaus fängt es an. Wie schwer es besonders jetzt die Mutter hat, wissen wir ja. Wieviel Sorge und Mühe hat sie doch! Freiwillig und ohne uns lange bitten zu lassen, wollen wir zupacken, wo wir können. In Haus und Küche, beim Einkaufen und sonst bei den vielen Dingen im Haushalt können wir ihr so viel abnehmen. Und wenn es uns manchmal schwerfallen will, auf etwas zu verzichten und statt dessen der Mutter zu helfen, so werden wir doch bald merken, wie mit den Alltagsmühen auch die Sorgen der Mutter schwinden. Das ist uns dann Entschädigung genug.

Dann die Schule! Wie oft hört oder denkt man ehrlicherweise: »Die Schule ist doch jetzt nicht kriegswichtig!« oder »Da kommt es jetzt nicht so genau darauf an, ob man seine Wörter gelernt hat oder nicht.« Aber wenn man sich die Sache etwas genauer überlegt, dann kommt man darauf, dass es zuerst in der Schule klappen muss, ehe man überhaupt von Einsatz spricht; denn wenn wir später einmal einen richtigen Platz in unserem Volk ausfüllen wollen, dann heißt's eben jetzt lernen. Und um so mehr selbständig, je mehr der Schulbetrieb unter den Kriegsverhältnissen eingeschränkt werden muss.

Aber doch genügt uns das noch nicht. Die Helden an der Front und in der Heimat spornen uns an. Wir möchten mehr leisten, uns noch mehr einsetzen. Deshalb hat sich die Hitlerjugend in den letzten Kriegsjahren immer mehr Gebiete des Kriegseinsatzes erschlossen. Da sind die großen Aktionen, bei denen alle mithelfen, keiner abseits steht. Sommers geht es mit Säcken und Körben bewaffnet hinaus in Wald und Feld zum Heilkräutersammeln. Schon längst haben alle den Zweck begriffen. Wenn man sich vorstellt, dass die gesammelten Kräuter als Tee in der Feldküche oder als Salbe in der Apotheke gut gebraucht werden können, dann hat man eine doppelte Freude am Sammeln. Das Sammeln ist überhaupt ein Gebiet, auf dem die Hitlerjugend wertvolle Dienste leisten kann. Sammeln fürs WHW (*Winterhilfswerk),* Altmaterial- und Spinnstoffsammlung, überall kann man gebraucht werden.

Winters wird im Heim an langen Tischen für die Spielzeugaktion gebastelt. Das ist ein richtiger Wettstreit zwischen den Einheiten! Mit viel Mühe und Erfindungstalent entstehen die Weihnachtsspielsachen für unsere Soldatenkinder. Die große Spielzeugausstellung ist unser großer Tag. All die leuchtenden, begehrlichen Kinderaugen zu sehen, macht einem ganz warm ums Herz, und wir fühlen, wie Geben selber reich macht.

Manche Gruppen haben regelmäßigen Briefwechsel mit im Felde stehenden Kameraden. Da geht manch froher Brief über den Dienst und das Leben und Treiben daheim hinaus an die Front, hin und wieder auch ein Päckchen, die die »vorne« gut gebrauchen können. Dann schreiben sie uns wieder, und die Verbindung zwischen Front und Heimat reißt nicht ab. Aber auch persönlich kommen wir mit Soldaten zusammen. Ich denke dabei an den Lazaretteinsatz (*Singen und Spielen für Verwundete*). Das geht uns Jungmädelführerinnen besonders an. Mit unserer Einheit können wir den Verwundeten manch frohe Stunde bereiten. So ein Lazarettnachmittag braucht gar nicht viel Vorbereitungen. Mit Liedern, kleinen Musikstücken und einem Laienspiel ist schon die frohe Stimmung da, und meist endet dann der Nachmittag mit dem beiderseitigen Wunsch einer baldigen Wiederholung.

Vor allem wollen wir aber doch alle, dass unsere Soldaten sich nicht um ihre Angehörigen daheim absorgen müssen. Da hat vielleicht einer eine alte Mutter, der andere eine kinderreiche Familie daheim, die unsere Hilfe gut brauchen könnten. Wie würden die sich freuen, wenn ein paar von uns z.B. der alten Mutter die Ausgänge besorgen oder bei der kinderreichen Familie die kleinen Kinder für einen Nachmittag beschäftigen würden!

Noch nötiger braucht die Bäuerin auf dem Lande unsere Hilfe. Natürlich ist es für uns Stadtmädel nicht leicht, uns einmal ganz umzustellen. Aber wenn wir nicht zimperlich sind und nur richtig wollen, dann geht das Beerenzupfen im Garten, das Unkrauthacken auf dem Feld oder gar das Stallmisten so, wie es gehen soll. Anfangs ist vielleicht die Bäuerin misstrauisch, wenn sie aber dann merkt, dass es uns mit dem Helfen wirklich ernst ist, dann ist es mit der Fremdheit vorbei, und wenn wir dann gar bei der Ernte mitmachen dürfen, dann sind wir auf dem Hof daheim und haben sicher unsere schönsten Ferien verlebt.

Wenn wir aber in den Ferien in der Stadt bleiben müssen, gibt es auch da für uns eine Menge zu tun. In den Ladengeschäften kann man sich schon nützlich betätigen. Auf der Reichspost werden immer mehr Arbeitskräfte zum Sortieren von Briefen, Zeitungen und Päckchen gebraucht. Etwas sehr Schönes ist die Arbeit der Helferin in den NSV-Kindergärten.

Unendlich viele Einsatzmöglichkeiten gibt es für uns. Wir brauchen nur ein Paar helle Augen und ein Paar aufmerksame Ohren, um zu sehen und zu hören, wo überall unsere Hilfe nötig ist. Wie klein auch unser Einsatz ist, gemessen an den größten und letzten Taten, die der Führer und unsere Soldaten vollbringen, so ist er doch nicht unwichtig und bedeutungslos. Über all dem praktischen Einsatz wollen wir aber doch die schönste Aufgabe nicht vergessen, die wir als Mädel haben, Stunden der Fröhlichkeit und Besinnlichkeit in den Kriegsalltag zu bringen. Und nicht nur in einzelnen Stunden, nein, immer wollen wir ein fröhliches Herz, einen guten Mut und das gläubige Vertrauen zum Führer in uns tragen. Es gibt in jedem Krieg viel Leid und Not. Das erleben auch wir in der Heimat täglich. Nicht mit lauter Ausgelassenheit können wir da helfen, sondern nur mit einem Frohsinn, der wirklich ganz von innen heraus kommt. Bei allem aber, was wir tun, wollen wir nicht zu viele Worte machen. Wir wollen lernen, schweigend, selbstverständlich und freudig uns einzusetzen für unser Volk, für unser Deutschland! Dann erst dürfen wir mit Recht und Stolz den Namen des Führers tragen.

Es findet sich keine Korrektur oder Bemerkung der Lehrerin. Der Aufsatz ist mit 2/1 (Gut/Sehr gut) zensiert.[4]

Zu den Dienstvorbereitungen

Vom 6. Juli 1944 bis zum 20. März 1945 war Gertraud L. Führerin der Jungmädelspielschar in Ludwigsburg. Sie hatte ursprünglich nur eine Schaft (etwa 15 Mädchen) geleitet, die aber nie zu eigenen Veranstaltungen zusammenkam; die Spielschar hatte immer gemeinsam Dienst. Aus dieser Zeit erinnert sie sich an die Führerinnenabende in der Privatwohnung der Scharführerin, bei denen außer ihr noch drei oder vier andere Schaftführerinnen zusammenkamen, niemals in Uni-

4 Man vergleiche aber ihre Tagebucheintragungen zu den Ferien 1944, die sie durchaus nicht »im Einsatz« verbrachte! Gertraud L. zu diesem Aufsatz: »Ich glaube mich zu erinnern, dass ich dafür Schulungshefte benützt habe, nicht gerade abgeschrieben, aber dem Inhalt nach.«

form, zu einem zwanglosen Musizieren aus dem Neuen Chorbuch des Bärenreiterverlags. Meist sangen sie mehrstimmig oder zur Gitarre Abend- und Wanderlieder, viele Liebeslieder, z.B. »Über den Berg ist mein Liebster gezogen«, »Holder Mond, du silbern Schifflein«, »Dat du min Leevsten büst« und sehr viele andere. Manche der Liedsätze sang sie lange nach dem Krieg als Lehrerin mit ihren Schülerinnen am Beginn von Deutschstunden. In ihrer fast pedantischen Art führte sie auch ein Verzeichnis über die mehrstimmigen Liedsätze, die sie beherrschte. Es umfasste mehr als 300. Nach 1945 führte sie es weiter, ohne auch nur einen davon zu streichen. Kein einziges »zackiges« NS-Lied sangen sie an diesen fast privaten Führerinnenzusammenkünften der Jungmädelspielschar.

Die bis dahin amtierende Spielscharführerin musste aus privaten Gründen ausscheiden und bat sie freundschaftlich, ihre Nachfolge zu übernehmen. Eine offizielle Ernennung zur Scharführerin fand nie statt. Sie bekam auch nicht einmal eine grüne Schnur, wie sie Scharführerinnen am Halsknoten trugen, geschweige denn die grün-weiße einer Gruppenführerin (obwohl die Spielschar mit mehr als 60 Mädchen sich fast der Größe einer Gruppe annäherte). Es blieb zu ihrem Kummer bei der rot-weißen der Schaftführerin.

Gleichzeitig blieb sie weiterhin Mitglied des evangelischen Mädchenkreises, war Kindergottesdiensthelferin und sang im Kirchenchor.

Wie ihre Eltern zum Nationalsozialismus standen, war für sie aus charakteristischen Begebenheiten ziemlich klar zu erkennen. Sie erinnert sich z. B., wie ihre Mutter im Wohnzimmer saß und »Mein Kampf« las, dabei ein Mal über das andere ausrief: »Was Hitler mit den Juden macht, ist Sünde! Jesus war auch ein Jude!« Und sie hörte sich und ihre Schwester sagen: »Mami, sag das ja nicht laut!« Sie weiß auch, dass Vater und Mutter und die ganze Familie überzeugt waren, wenn Hitler den Krieg gewinnt, kommt eine Christenverfolgung. Und sie erinnert sich schließlich an die letzten Ferien mit dem Vater im Sommer '44, in denen er so deprimiert war, nicht nur wegen der schrecklichen Angriffe auf Stuttgart im Juli, sondern auch wegen des misslungenen Attentats vom 20. Juli. Obwohl er darüber nicht ausdrücklich sprach, spürten es die beiden Schwestern. Das Dilemma ihres Vaters, der Hitlers Sieg nicht wünschte, aber auch den Sieg des Bolschewismus, unter dem er selbst so gelitten hatte, nicht wünschen konnte, ist ihr erst später aufgegangen. In diesem Zusammenhang erinnert sie sich noch an ein anderes Erlebnis mit ihrem Vater:

In den Ferien, ich glaube, es waren nicht die letzten in Tirol, sondern es war schon ein oder zwei Jahre vorher, sehe ich mich mit meinem Vater Rosenbergs »Mythus des 20. Jahrhunderts« (*Rosenberg selbst hielt das Buch für eine Art Bibel des Nationalsozialismus)* lesen. Wir lasen immer ein Stück, und wir stellten es den Aussagen der Bibel gegenüber. Dabei wurde ganz klar, und mein

Vater brauchte es gar nicht immer zu betonen: Was da stand, war nicht mit dem christlichen Glauben zu vereinbaren. Ich widersprach nicht, zog daraus aber keine Konsequenzen.

Gertraud nahm ihre Aufgabe als Führerin sehr ernst und schwer (vgl. ihre Tagebucheinträge vom 29. 7. und vom 25. 12. 1944). Sie bangte von einem Donnerstag zum nächsten: Wieviele Mädchen werden kommen? Wenn sie wegblieben, lag das doch nur an ihr. Sorgfältig führte sie Buch über die Anwesenheit, notierte die entschuldigt und unentschuldigt Fehlenden. Von den 64 Mädchen zwischen 11 und 14 Jahren erschien durchschnittlich nur die Hälfte zum Dienst. Dann grämte sie sich sehr und suchte die Ursache immer bei sich selbst, allenfalls noch in den zahlreichen Alarmen oder einem vorausgegangenen Fliegerangriff. Sie schrieb auch Dienstaufforderungen, ohne viel Erfolg.

Alle ihre Dienstvorbereitungen hat sie penibel sauber nach Rubriken in ihr Dienstbuch eingetragen. Daraus zwei charakteristische Proben:

Dienst am Donnerstag, dem 28. IX.

I. Lied: »Der Apfel ist nicht gleich am Baum«
II. Dienstliches: a) Ablesen (*d.h. die Anwesenheit nach der Liste feststellen*). Dazu Passbilder (*es ging um Dienstausweise*). Dableiben nachher (*Gründe nicht mehr feststellbar. Wegen Schwänzen, wegen besonderer Aufträge? Wegen der Passbilder?*): K. Rita, M. Hannelore, M. Margret, R. Marianne, S. Ellen, S. Inge, Stein I., K. Klara, P. Heide, W. Ruth (sagen, dass Gallas wieder Passbilder macht). Mädel vom Dienst (*diese war verantwortlich für das Aufräumen des Heims u.a.*).
b) Knoten, der liegengeblieben ist (*Teilstück der Uniform, das eine liegengelassen hatte*).
b') Landdienst (*wohl Werbung dafür*).
c) Vom Lazaretteinsatz erzählen und dass wir jetzt zu Totengedenkfeiern herangezogen werden. Lieder: »Wenn alle untreu werden...«
d) Erntefeier das nächste Mal: Wer kann einen bunten Herbststrauß bringen und vorher das Heim richten helfen? Wer war dieses Jahr im Ernteeinsatz und kann uns davon etwas erzählen?
III. Einsingübungen: Takt üben lassen, 4/4-Takt klatschen, Rhythmus klatschen, eine hinausgehen lassen, Lied klatschen und erraten lassen.
IV. Neue Chöre: »Bunt sind schon die Wälder«; »Nun schürz dich, Gretlein, schürz dich«. Führerinnen singen vor, dann stimmenweise üben.
V. Sonst: Eine Geschichte vom Till Eulenspiegel erzählen.
VI. Abschluss: Die beiden neuen Chöre singen.
Sagen: Findet ihr nicht, dass es pfundig ist, wenn wir so viel Lieder können, dass wir im Jahreslauf und zu allen Anlässen alles, was wir empfinden, im Lied ausdrücken können?
Durchführung: Teilnahme spärlich, sonst recht gut.
Dauer: 14.30 Uhr – 16.30 Uhr.

Zusammenfassend über die Arbeit im September:

I. Zahl der Dienste: 5 Pflichtdienste, 2 freiwillige Dienste.
II. Beteiligung (Durchschnitt)
 1. Pflichtdienst: 39
 2. Freiwilliger Dienst: 19
III. Arbeit:
 1. Singen: Chöre: Wenn alle untreu werden; Der Apfel ist nicht gleich am Baum; Nun schürz dich, Gretlein, schürz dich; Bunt sind schon die Wälder. Andere Lieder: Ich reit auf einem Rösslein herauf vom Ungarland; I bin froh, dass i a Jägerle bin.
 2. Sport: Herbstsportwettkampf
 3. Vorstufe zum Theaterspielen: Eigenschaften raten
 4. Instrumentenspiel: Angefangen
IV. Kriegseinsatz:
 Lazaretteinsatz am 23. 9.
 Gesamt: Ich fange an, mich einzuschaffen, die Spielschar steigt.

Die letzte Vorbereitung für Donnerstag, den 30. 3. 1945:

Anschlag: Keiner, mündlich durchgegeben beim Dienst am Sonntag.
I. Lied: »Wenn alle untreu werden«; »Uns ward das Los gegeben«.
II. Dienstliches: a) Wir bekommen zum nächsten Dienst die Kleinen herein. Damit zusammenhängend werden neue Führerinnen eingesetzt – (*dies*) bekanntgeben. Den Kleinen gleich richtigen Spielscharbetrieb zeigen. b) Wir wollen versuchen, unseren Dienst, so lange es geht, durchzuführen. Regelung bekanntgeben (*hier handelt es sich um einen Plan der mündlichen Weitergabe von Nachrichten*).
 1. Singen: Chöre wiederholen, dazu einige einstimmige Lieder.
 2. Theaterspielen: Märchen und Scharade.
 3. Musik: M. und Doris spielten auf der Flöte vor. Wenn möglich, auch Klavier im Frauenschaftssaal benutzen.
III. Neuer Chor: singen am Schluss die Führerinnen vor: »Hört, ihr Herrn, und lasst euch sagen«…

Es ging bis zuletzt um Singen, Märchen- und Scharadespiel, Spielen, Sport, Sammeln von Heilkräutern, Sing-Einsätze im Lazarett, Kindernachmittage, Basteln.

In ihrem Eifer sammelte Gertraud L. aus den Schulungsheften, was sie glaubte einmal für ihre eigenen Heimnachmittage und Veranstaltungen brauchen zu können: viele Vorschläge für Werkarbeit, Spielzeug, Nähen, Arbeiten aus Lederresten, Oster- und Weihnachtsschmuck, Vorlesestoff, Gedichte (von Hölderlin, Gerhard Schumann, Georg Schmückle, Baldur von Schirach, Walter Flex, Hermann Claudius und vielen anderen), Vorschläge für die Gestaltung von Feiern zum 30. Januar (Tag des Machtantritts Hitlers), Weihnachten, Muttertag, Erntefeiern, Infor-

mationen über Natur und Heimat. Von ihrer Vorgängerin »erbte« sie ein Heft »Unser Führer Adolf Hitler« und ein Heft »Kämpfer um Deutschlands Kolonien«. Verwendet hat sie davon kaum etwas, wie die genauen Vorbereitungsprotokolle zeigen. Nur einmal findet sich eine kurze Notiz zu Herbert Norkus, der von den Kommunisten ermordeten Symbolfigur der Hitlerjugend. Vorgelesen hat sie aus Johannes Gillhoff: »Jürnjakob Swehn, der Amerikafahrer« und »Donnerblitzbub Wolfgang Amadeus Mozart«.

Wenn von Politik die Rede ist, dann nur in recht allgemeinen Wendungen, z.B. leitete sie ihre Führerinnentätigkeit mit folgenden Worten ein (Zitate aus ihren Dienstvorbereitungen):

Wir fangen neu an. Ich führe euch von jetzt ab. Ich verlange euren ganzen Einsatz. Ich habe mir lange überlegt, ob der Dienst eine Berechtigung hat in dieser Zeit und ob es nicht gescheiter wäre, wenn ihr in der Zeit eurer Mutter daheim helfen würdet, und habe herausgefunden: ja, weil wir im Dienst uns für unser Volk einsetzen können und zusammenwachsen in all der Not zu einer großen, herrlichen Gemeinschaft. Diejenigen unter euch, die im Lager waren (*sie selbst war nicht dabei*), haben vielleicht etwas davon gemerkt, was es heißt, Jungmädel sein. Danach, nach diesem Ideal, wollen wir ringen mit unserem Leitspruch, der schon durch die Leistungswoche mit uns gegangen ist: »Der Weg ist weit, das Ziel ist klar, vorwärts geht es Schritt für Schritt. Habt ihr Mut, kommt mit!«

Oder es finden sich Worte wie »Bereit sein ist alles«, »Wir dürfen unser Leben und uns selbst einer ganz großen Aufgabe widmen.« *Oder:* »Einer von unseren großen Deutschen (Fichte) sagt: ›Es siegt immer und notwendig die Begeisterung über den, der nicht begeistert ist. Nicht die Gewalt der Armeen noch die Tüchtigkeit der Waffen, sondern die Kraft des Gemütes ist es, welche Siege erkämpft.‹« *Oder:* »Und setzet ihr nicht das Leben ein, nie wird euch das Leben gewonnen sein.« (Schiller)

Noch am 25. 3. 45 wurde der neue Jahrgang 1935 in die Hitlerjugend aufgenommen; die Jungmädelspielschar wirkte mit. Das Programm:

Verpflichtungsfeier 25. 3. 45
Ortsgruppe Nord

1. Einleitungsmusik
2. Gemeinsames Lied: »Wir tragen das Vaterland in unsern Herzen«
3. Führerwort
4. Chor der JM Spielschar. (*Sie schreibt handschriftlich hinzu:* Wahrscheinlich: »Wenn alle untreu werden«. Worte Max von Schenkendorff, Freiheitsdichter der napoleonischen Zeit, Melodie: Max von Schenkendorff)
5. Feierrede des Hoheitsträgers

6. Gemeinsames Lied: »Heilig Vaterland« (hierzu stehen alle auf und bleiben stehen)
7. Übernahme der Zehnjährigen und Verpflichtung durch den Führer der Hitler-Jugend: Kommando: »Hitler-Jugend, Stillgestanden!« »Ich verspreche, allezeit meine Pflicht zu tun in Liebe und Treue zum Führer und zu unserer Fahne.«
8. Chor der Jungmädelspielschar: »Nichts kann uns rauben Liebe und Glauben zu unserm Land«
9. Gedicht
10. Lied der Hitler-Jugend
11. Aushändigung der Gedenkblätter. Führer vom Dienst: Es wurden heute auf den Führer verpflichtet
12. Führerehrung
13. Nationalhymnen.

Unter das Programm (das ihr vom Bann vorgegeben war) schrieb sie wie üblich ihre Beurteilung:
Ohne die Großen gesungen: »Nichts kann uns rauben« … dreimal angefangen; nicht gut gesungen.

G.L.

Ganz gegen Ende des Krieges hatte sie noch ein Schlüsselerlebnis, von dem sie selbst berichtet. Sie war auf einem Schulungskurs für BDM-Führerinnen:

Da hielt ein Schulungsredner zwei Bücher in die Höhe, in der Linken die Bibel, in der Rechten »Mein Kampf« und rief, indem er die Bibel schwenkte: »Dieses Judenbuch wird untergehen!« Und schrie, indem er »Mein Kampf« hochhielt: »Und dieses Buch wird ewig bestehen!« Da sagte es in mir laut und deutlich »Nein!« Aber ich sagte dieses »Nein« nicht laut.

Am 21. April besetzten die Franzosen Ludwigsburg.

Nachspiel

Als Gertraud anlässlich ihrer Pensionierung im Jahre 1988 im Kollegenkreis einen Rückblick auf ihr Leben geben wollte, las sie auch in alten Briefen und Dokumenten, die sie seither nie mehr in die Hand genommen hatte. Darüber erzählt sie:

In einem sauber verschnürten Päckchen am Grunde der Briefkiste lagen die Briefe meines ersten Brieffreundes, mit mir zusammen konfirmiert, dann Flakhelfer mit 16 Jahren. Unter den Briefen lag eine hübsche Karte mit Blümchen und einem Schmetterling. Als ich sie umdrehte, um zu lesen, stockte mir das

Herz; ich las: »*Auschwitz*, den 17. 10. 44«. Er teilte mir auf der Karte kurz mit, dass er wegen eines Gipsverbandes im Revier nur mühsam schreiben könne und dass ich mich deshalb bis zum nächsten Brief gedulden möge. *Auschwitz*! Vor 44 Jahren, als ich die Karte erhielt, sagte mir der Ortsname rein gar nichts, eben ein unbekanntes polnisches Nest – aber jetzt! Ich hatte längst den Kontakt zu dem Luftwaffenhelfer verloren, wusste nur, dass er irgendwo Pfarrer war. Ich *musste* ihn finden, ich musste ihn fragen – und ich fand ihn und fragte: »Was hast du damals dort gemacht? Was hast du gewusst? Warum hast du mir nie davon erzählt? Auch später nie? Und wie wirst du damit fertig?« Die Antworten: »Wir, der ganze Jahrgang 1928 der Flakhelfer aus Ludwigsburg, war in der Nähe des Lagers stationiert. Wir konnten den Turm sehen. Ich war zweimal im Lager, ich habe die Häftlinge gesehen. Und den rauchenden Kamin. Wir durften nichts darüber sagen bei Strafe des Erschießens. Wir haben auch untereinander nicht darüber gesprochen. Ich habe niemandem davon erzählt, nur meinen Eltern. Es war Krieg, da geschieht manches, was nicht ganz richtig ist. Wir waren selbst zweimal von Russen eingeschlossen. Es war ein Wunder, dass ich überlebt habe. Es war eben Krieg.«

Ausblick

Gertraud L. machte 1948 in Ludwigsburg Abitur. Sie hatte in den letzten beiden Klassen in Deutsch und Englisch eine Lehrerin, der sie sehr viel verdankt, eine deutsche Jüdin, die aus der Emigration zurückgekehrt, ihre Klasse als erste nach dem Krieg übernahm:

Die Vergangenheit kam in ihrem Unterricht nicht vor. Sie versuchte uns nicht umzuerziehen, sie las mit uns deutsche und englische Literatur, und dies so begeisternd und überzeugend, auf einer rein menschlichen Ebene, dass ich mich eigentlich erneut in meinem Streben nach Wahrheit und Schönheit ermutigt und bestärkt fühlte, ohne genötigt zu sein, mich mit meiner eigenen Rolle im Dritten Reich auseinanderzusetzen. Es brach mir keine Welt zusammen. Ich merkte ja auch, dass Deutschland weiterlebte. Auch das Studium der Zeitgeschichte betrieb ich gleichsam losgelöst von mir selbst, obwohl mein wichtigster und eindrücklichster Lehrer Hans Rothfels war, ein deutscher Jude, der aus der amerikanischen Emigration nach Tübingen zurückgekommen war. Ich begeisterte mich an seinem Buch »Die deutsche Opposition gegen Hitler«, so wie ich mich vorher an Friedrich dem Großen im Gewande des Schauspielers Otto Gebühr begeistert hatte. Meinen Schülerinnen hielt ich dann mitreißende und erhebende Stunden über den deutschen Widerstand, ohne ihnen zu sagen, was ich selbst damals, z.B. am 20. Juli 1944, getan und gedacht hatte. Ich gab meinen Unterricht über den Nationalsozialismus, als sei ich nicht dabeigewesen. Das änderte sich erst viel später. Der Anstoß dazu kam 1968, als einige meiner liebsten und begabtesten Schülerinnen sich der außerparlamentarischen Opposition und der Studentenbewegung anschlossen. Da bin ich erschrocken und habe sie gewarnt: »Werdet nicht blind, werdet nicht einäugig. Lasst euch nicht vereinnahmen, von nichts und niemandem, weder von rechts noch von links. Seht auch die andere Seite, lernt tolerant zu sein gegenüber Andersdenkenden.« Und da habe ich ihnen zum erstenmal erzählt, dass ich Jungmädelführerin war und mich habe vereinnahmen lassen. Erst als ich anfing, meinen Schülern und mir selbst ehrlich Rechenschaft abzulegen, konnte ich ja etwas begreiflich machen davon, wie gefährlich Ideologien sind, gleich, ob sie von rechts oder von links kommen. Aber während ich so unterrichtete, wurde ich mir selbst immer unbegreiflicher. Ich konnte mir immer weniger verzeihen, dass ich in einer phrasenhaften Welt und eigentlich schizophren gelebt hatte, obwohl ich – allein von den Eltern her – es besser hätte wissen können.

In einem Interview Ende der 80er Jahre sagt sie über ihre spätere Entwicklung (sie spricht von sich in der dritten Person):

Sie war und ist liberal, ohne einer Partei beizutreten, sie gab historischen und politischen Unterricht, ohne selbst aktiv in der Politik tätig zu sein, aber sie verfolgte und verfolgt das Zeitgeschehen kritisch. Ihre Kritik brachte ihr in manchen Kreisen den Ruf ein, »rot« zu sein. Sie wollte aber lieber »rot« sein als »tot« und schloss sich in der Zeit des Kalten Krieges der Friedensbewegung an. Sie lernte Russisch und fuhr mit ihren Schülern in die Sowjetunion. Sie glaubte schon lange, dass aus »rot« eines Tages »rosa« oder »weiß« werden könnte, wenn der Eiserne Vorhang möglichst viele Löcher bekam.

»Diese Geschichte ist recht eigentlich die tragische Geschichte meiner Generation.«

MARGARETA M. (1919)
Büroangestellte aus Ludwigshafen, später in Halle, nach Kriegsende in Berlin

Vorbemerkung

Margareta M. wurde 1919 als Tochter eines Diplomingenieurs und einer russlanddeutschen Mutter in Ludwigshafen geboren.[1] *Ihre Mutter verstarb schon 1925, zu der Frau, die der Vater 1927 heiratete, fand sie keinen Kontakt. Nach der mittleren Reife absolvierte sie eine Haushaltungsschule, danach die Handelsschule. Sie war zuerst als Büroangestellte in Halle, wo ihre Eltern wohnten, später in Weimar, dann in Berlin tätig. Durch den Krieg verlor sie zwei Ehemänner: den ersten nach nur etwas über einjähriger Ehe 1942 (kurz vorher war ihr Kind als Säugling an einem grippalen Infekt gestorben, weil es damals keine entsprechenden Medikamente dagegen gab), den zweiten, einen Jugendfreund, den sie im März 1944 heiratete und mit dem sie nur wenige Wochen zusammen sein konnte, schon im Sommer 1944.*

1944 wurde sie – schwanger – aus dem bombengefährdeten Berlin in den Warthegau evakuiert. Dort wurde ihre Tochter Hella geboren. Mit diesem Kind

1 Über ihre Eltern berichtet Frau M.: »Mein Vater war als Diplomingenieur und Leiter seiner Firma zum Aufbau eines Auslandsbüros 1913 nach Moskau gekommen, hatte dort meine Mutter, eine Deutsche mit russischem Pass, kennengelernt und sich mit ihr verlobt. Bei Kriegsausbruch 1914 wurde mein Vater, wie alle Deutschen, kriegsinterniert und dann nach Sibirien verbannt, und meine Mutter, die als deutsch-russische Dolmetscherin tätig war, konnte trotz ihres russischen Passes für meinen Vater keinerlei Erleichterung erreichen, hat dann auf die Heirat verzichtet, um ihn durch ihre russische Staatsangehörigkeit besser schützen zu können, und ihn freiwillig in die Verbannung begleitet. Ohne diese Hilfe meiner Mutter hätte mein Vater die Verbannung nicht überlebt. Meine Eltern haben erst 1918 in Moskau geheiratet, und zwar noch während der Revolution, und sind wenige Monate später in die Heimat meines Vaters nach Frankenthal zurückgekehrt, im Zuge des Gefangenenaustausches, und so bin ich in Ludwigshafen zur Welt gekommen.«

und ihrer Schwägerin, die ebenfalls ein kleines Kind hatte, überstand sie von Januar bis Mai 1945 eine lebensbedrohende Flucht nach Halle, das zunächst von Amerikanern besetzt, aber dann den Sowjets übergeben wurde. Sie ging nach Berlin zurück, wo sie ihre Wohnung zerstört vorfand. In unbeschreiblichen Notquartieren im amerikanischen Sektor, äußerstem Mangel an allem (sie bekam nur eine minimale Unterstützung und machte Heimarbeit, wusch für Amerikaner) hielt sie sich bis zur Währungsreform 1948 mühsam über Wasser und erlebte die Berliner Blockade 1948/49.

1949 fand sie im Ostsektor eine Arbeit als Sekretärin, bekam ihr Gehalt aber in Ostmark ausbezahlt. Weil sie davon im Westsektor nicht leben konnte, zog sie in den Ostsektor um. 1952 heiratete sie zum drittenmal, einen Arbeitskollegen, der, fast als Todeskandidat, aus russischer Kriegsgefangenschaft zurückgekehrt war. Aus dieser Ehe stammen zwei weitere Kinder. 1958 flohen sie in den Westen, wo sie sich sehr mühsam eine neue Existenz aufbauen konnten. Die Kinder konnte sie erst 1960 von den Großeltern zu sich holen. Frau M. musste immer mitverdienen. Seit 1969 wurde sie ständig von Krankheiten heimgesucht, so dass sie schließlich ihre langjährige Tätigkeit beim Thieme-Verlag aufgeben musste. 1982 verlor sie ihren Mann. Sie hat (1993) acht Enkelkinder.

Auf eine Anzeige in der Zeitschrift des VdK (Verband der Kriegs- und Wehrdienstopfer, Behinderten und Sozialrentner Deutschlands) »Die Fackel« im Jahre 1990, in der ich erzählbereite Zeitzeuginnen suchte, erhielt ich eine Karte von Margareta M.. Sie habe schon vor einigen Jahren ihre Lebensgeschichte für ihre Kinder und Enkel auf Tonkassetten gesprochen und sei bereit, mir diese zur Verfügung zu stellen. Als ich die drei Kassetten abgehört hatte, wusste ich, dass hier ein exemplarisches Schicksal ihrer Kriegsjahrgänge dargestellt wurde, und ich schlug Frau M. vor, ihre Biografie, wenn auch gekürzt, in den ersten Band meines Buches aufzunehmen. In den folgenden Jahren (1993-97) standen wir im Briefwechsel. Sie beantwortete meine Zusatz- und Verständnisfragen und erzählte mir noch manches aus ihrem Leben. Das Rohmanuskript schickte ich ihr auf ihren Wunsch zu. Sie hat die Fassung, die hier vorliegt, gebilligt.

Dies ist die Geschichte meines Lebens. Ich halte sie fest für mich selbst. Vielleicht haben später meine Kinder und Enkelkinder einmal Interesse daran. Diese Erinnerung ist meinem Mann Siegfried gewidmet, der mich 31 Jahre meines Lebens begleitet hat, und meinen beiden Männern Kurt und Heinz, die nur jeweils für kurze Zeit meine Wegbegleiter sein durften. Sie ist recht eigentlich die tragische Geschichte meiner Generation, die sich auch heute noch den teilweise recht verständnislosen Fragen und Bemerkungen der jüngeren Generation ausgesetzt sieht und wohl noch bis zum Grabe mit diesem angeblichen Makel behaftet bleibt. Vielleicht wird erst die übernächste Generation die Tragik unserer Zeit erfassen können...

1925, sie war gerade eingeschult worden, verlor sie ihre Mutter. Zwei Jahre später heiratete der Vater zum zweitenmal. Die Stiefmutter hat Margareta als eine harte, lieblose und geizige Frau in Erinnerung. Sie litt, wie auch der Bruder und ihre Schwester, unter ihr und sehnte sich verzweifelt nach ihrer »Mamotschka«.

Das schicksalsschwere Jahr 1933, ich war 13 1/2 Jahre alt, begann im Januar mit der heute so genannten Machtübernahme durch die Nationalsozialisten. Ich habe die begeisterten Massen selbst erlebt, die damals auf den Straßen waren, und der Unterschied zu den vorhergegangenen Krawallen und Zusammenstößen zwischen Nazis und Kommunisten hat mich stark beeindruckt. Mein Drang danach, dem Bund Deutscher Mädel beizutreten, war so stark, dass ich meinen Eltern erzählte, der Volksbund für das Deutschtum im Ausland sei in den BDM überführt worden, was meine Eltern auch widerspruchslos schluckten. Von nun an hatte ich einmal in der Woche die Möglichkeit, die BDM-Zusammenkünfte, Heimabende genannt, zu besuchen, und tat dies mit Begeisterung bis zu meinem 17. oder 18. Lebensjahr, als mich dann andere Dinge mehr beschäftigten und ich an den Heimabenden kein so großes Interesse mehr hatte.

Nach der mittleren Reife besuchte sie zunächst die Haushaltungsschule, arbeitete ein Vierteljahr als Haustochter und absolvierte danach die Handelsschule.

Ich war damals ein ganz ansehnliches Mädchen, besaß viele Verehrer, aber nur wenige Freundinnen. Der liebste war mir mein Jugendfreund Siegfried M., den ich schon seit meinem 13. Lebensjahr kannte, mit dem ich meinen ersten Ball nach seinem Abitur besuchen durfte und von dem ich auch meinen ersten scheuen Kuss bekam. Mit ihm verband mich jahrelang eine harmlose, zärtliche Zuneigung, und ich war sehr traurig, dass er nach dem Abitur sofort zum Arbeitsdienst und zur Wehrmacht einberufen wurde. In seinen Briefen nannte er mich immer »Mein Püppchen«.

Es ist eigentlich aus heutiger Sicht verwunderlich, dass Siegfried nicht mein Mann geworden ist. Schuld daran waren wohl die ständigen Trennungen durch Arbeitsdienst und Wehrdienst, und ich war wahrscheinlich noch zu jung, um seine große Zuneigung zu mir entsprechend würdigen zu können. Er war gewiss keine Schönheit, aber ich habe das nicht so empfunden und mich schon gar nicht daran gestört.

1937 begann meine erste Tätigkeit als Büroanfängerin mit einem Gehalt von 60 Mark, wovon ich 30 Mark zu Hause abgeben musste. Mir verblieben also nur 30 Mark, von denen ich alle meine persönlichen Bedürfnisse bestreiten musste. Ich weiß noch, dass meine erste Anschaffung eine kunstseidene Unterwäsche-Garnitur für 99 Pfennige von Woolworth war, denn bis dahin musste ich leinene Unterhemden, Leibchen und Knüpfhosen sowie Gummibänder als Strumpfhalter tragen und habe mich im Lyzeum beim Ausziehen zum Sport oft deswegen geschämt, denn ich wurde von meinen Mitschülerinnen, die alle schon moderne Unterwäsche trugen, dieserhalb oft gehänselt.

Siegfried M. war in dieser Zeit bei der Wehrmacht. Im Sommer 1937 begann deshalb meine erste ernsthaftere Beziehung zu Paul St.. Sie dauerte etwa ein Jahr, und wir hatten eine schöne Zeit miteinander. Ich durfte zwar nur am Wochenende offiziell ausgehen und musste um 22 Uhr wieder zu Hause sein, und zwar auf die Minute pünktlich, sonst setzte es Krach und Ausgangsverbot, aber wie es immer ist in der Jugend, es fanden sich doch häufiger Gelegenheiten zum Treff im Schwimmbad oder im Sportverein, und das haben wir kräftig ausgenützt. Und mit welcher Leidenschaft und Begeisterung haben wir im Hotel »Goldene Kugel« oder im Kurhaus »Bad Wittekind« getanzt auf die Musik der schönen Schlager von damals, und ich erinnere mich nur zu gerne an die schöne Melodie von Peter Kreuder: »Sag' beim Abschied leise Servus!«

Im April 1938 war ich zur Verwaltung der IG Bergbau, einem der größten Hallischen Betriebe, als Stenotypistin mit einem monatlichen Gehalt von 100 Mark übergewechselt, wovon ich wiederum die Hälfte zu Hause abgeben musste, so dass mir nur wenig Geld für meinen eigenen Bedarf verblieb, denn ich musste davon auf Anweisung meiner Stiefmutter auch noch für meine eigene Kleidung sorgen, und dadurch hatte ich im Gegensatz zu meinen Freundinnen sehr wenig in dieser Hinsicht vorzuweisen, obwohl ich vorher schon sehr schlecht mit Kleidung versorgt war. Bei der IG trat ein neuer Mann in mein Leben, der einen gewaltigen Einfluss für zwei weitere Jahre auf mich ausübte. Es war mein damaliger Chef, Heinz F., 41 Jahre, verwitwet und eine glänzende Erscheinung. Ich hielt ihn für einen sehr charmanten und höflichen Mann, hatte aber schon aufgrund des Altersunterschiedes großen Respekt vor ihm und bin gar nicht auf den Gedanken einer näheren Beziehung gekommen, bis ich dann eines Tages in meiner Handtasche ein Briefchen fand, in dem er mich zu einem Treffen einlud. Ich bin herzklopfend zu diesem Rendezvous gegangen, vermutlich fühlte ich mich auch geschmeichelt, dass sich ein so gutaussehender und reifer Mann für mich interessierte. Er machte mir eine Liebeserklärung, und trotz meines Hinweises auf den doch so großen Altersunterschied hat er meine Einwände lachend verworfen und mich mit seiner Liebe förmlich überrumpelt, so dass ich völlig den Kopf verlor und mich Heinz mit Haut und Haaren auslieferte. Damit begann meine erste Treulosigkeit gegenüber meinem Freund Paul St., den ich von heute auf morgen fallenließ. Heinz verlangte von mir, dass ich alle meine Freunde aufgab, und vor allem meine immer noch bestehende Verbindung zu Siegfried M., der inzwischen in Halle auf der Nachrichtenschule der Wehrmacht war, war Heinz ein Dorn im Auge. Sein von ihm erzwungener Auftritt in unserer jugendlichen Gemeinschaft schaffte es, dass sich Siegfried M. sehr verletzt zurückzog. Heinz hat sich dann mit mir verlobt. Erst, als ich dann selbst merkte, dass der Besitzanspruch von Heinz überhandnahm, sah ich keinen anderen Ausweg, als Halle zu verlassen. Da ich noch nicht volljährig war und mir meine Eltern eine Übersiedlung nach Berlin verweigerten, die eigentlich mein Wunsch war, bin ich auf diese Weise in Weimar bei einer Daimler-Benz-Zweigstelle mit einem Gehalt von 125 Mark gelandet. Ich war inzwischen 19 3/4 Jahre alt und zum erstenmal selbständig. Meine Eltern hatten mich ohne jeden Pfennig aus dem Haus gehen lassen, auch besaß ich – wie gesagt – nur ganz wenig Kleidung, und ich musste nach Abzug von 25 Mark Miete mit den restlichen 100 Mark meinen ganzen Lebensunterhalt bestreiten. Es war keine schöne Zeit in Weimar. Heinz besuchte mich öfter und betrachtete mich nach wie vor als seinen Besitz, der sich keine neue Freundschaft leisten durfte, und ich war so eingeschüchtert, dass ich auch keinen Ausbruchversuch wagte. Etwa im Juni 1939 kamen erste Kriegsgerüchte auf. Heinz wurde als Weltkriegsteilnehmer sofort als Offizier wieder reaktiviert und einberufen und konnte mich nicht mehr so oft besuchen. Im August wurden die Kriegsgerüchte immer stärker, und jeder versuchte noch, knapp gewordene Ware zu hamstern, aber meine finanziellen Verhältnisse ließen das nicht zu, und die Anfrage bei meinen Eltern nach einem Kredit war abschlägig beschieden worden. Die Hoffnung auf eine friedliche Beilegung der Streitigkeiten zwischen den Völkern bestand nach wie vor, denn die Besetzung des entmilitarisierten Rheinlandes 1936, der Anschluss Österreichs 1938 sowie die Besetzung der Tschechoslowakei waren friedlich verlaufen. Aber unsere Hoffnungen waren vergebens, denn am 1. September 1939 hörten wir im Betrieb die Rede Adolf Hitlers über den Einmarsch in Polen. Ich war bei Ausbruch des Krieges 20 1/2 Jahre alt. Es herrschte im allgemeinen eine tiefe Betroffenheit in der Bevölkerung, zumal am 3. September 1939 England und Frankreich uns den Krieg erklärten. Etwa 4 Wochen dauerte der sogenannte Blitzkrieg in Polen, wie bekannt. Es war ein großartiger Sieg, und die Zuversicht in der Bevölkerung wuchs. Natürlich bekam ich viel Post von Heinz, aber ich erinnerte mich dann doch meiner alten Freunde und knüpfte den verlorengegangenen Kontakt wieder an. Gleichzeitig versuchte ich mit aller Gewalt, nach Berlin zu kommen, und wurde auch tatsächlich

Anfang 1940 bei den Deutschen Waffen- und Munitionsfabriken als Sekretärin eingestellt, allerdings nur zum gleichen Gehalt wie in Weimar, weil inzwischen ein Lohnstopp ergangen war, und Berlin war ein teures Pflaster. Ich schuf mir wieder einen kleinen Freundeskreis, darunter auch einen jungen Kollegen Kurt, der sich sehr um mich bemühte, obwohl er von meiner Verlobung mit Heinz wusste. Aber er ließ nicht locker und bat mich immer wieder darum, ihm Gitarrestunden zu geben, weil er selbst eine Gitarre besaß, auf der er nicht spielen konnte. Heinz besuchte mich mehrmals in Berlin. Er machte immer noch einen gewaltigen Eindruck auf mich, aber ich war jetzt nicht mehr bereit, meine doch recht harmlosen Beziehungen zu Kurt, die sich zunächst nur aufs Gitarrespielen beschränkten, abzubrechen. Kurt hat im übrigen das Gitarrespielen bei mir sehr gut gelernt und später mit seiner schönen Baritonstimme wunderbar dazu singen können. Seine Gitarre hat er sogar nach Russland mitgenommen, wo sie dann mit ihm zusammen geblieben ist. Kurt machte mich eines Tages mit einer seiner Mitarbeiterinnen bekannt, die ebenfalls verlobt war und deren Verlobter Adolf bereits im Felde stand. So begann meine Freundschaft mit Inge, die sich bis zum heutigen Tage in guten und schlechten Zeiten immer gehalten hat.

Zwischen Frankreich und Deutschland hatte es bisher noch keinerlei Kriegshandlungen gegeben. Der damalige Zustand wurde als »komischer Krieg«, »drôle de guerre« bezeichnet, aber im Frühjahr 1940 begann der deutsche Einmarsch in Frankreich, doch abermals war es ein sogenannter Blitzkrieg, und der Jubel bei uns allen war groß, und die Zuversicht wuchs, dass nun bald alles ein Ende haben würde.

Während der ganzen Zeit stand ich in lebhaftem Feldpostbriefwechsel mit meinen Freunden Siegfried M., Paul St. und Heinz W., die auch alle bereits im Felde standen. Meine Verlobung mit Heinz F. hatte ich im Mai 1940 gelöst, weil ich eingesehen hatte, dass der Altersunterschied zwischen Heinz und mir und seine Besitzansprüche für mich untragbar waren. Außerdem waren Kurt und ich in der Zwischenzeit uns doch wesentlich näher gekommen, so dass wir uns im Juni 1940 verlobten, und auch er musste mit seiner baldigen Einberufung rechnen.

Von den weiteren Ereignissen des Krieges – ich muss es zu meiner Schande gestehen – haben wir nicht viel Kenntnis genommen, denn wir waren ja durch die fast täglichen Siegesmeldungen recht verwöhnt und daher auch sehr optimistisch. Wir waren einfach ein junges verliebtes Paar, das sich großen Zukunftsplänen hingab und sich über den Ernst der Lage eigentlich gar nicht so recht im klaren war, bis zu dem Tage, als Kurts Einberufung kam.

Mit ihrer Freundin Inge verbrachte sie im Sommer 1941 oft die Freizeit in Kurts Paddelboot auf der Schmölde in Berlin:

Wie entsetzt wir waren, als wir von einer Bootsfahrt zurückkehrten und schon von weitem die Nachricht durch Radio über den Ausbruch des Krieges mit Russland hörten, kann ich gar nicht mit Worten sagen. Wir fühlten wohl beide instinktiv, dass nun erst der Krieg eine böse Entwicklung nehmen könnte. Ich erhielt den letzten Brief meiner Tante aus Moskau noch zwei Wochen nach Ausbruch des Krieges. Er war mehrmals geöffnet und geschlossen worden und hat diverse Kontrollen passieren müssen. Leider ist er mir im Laufe der Ereignisse verlorengegangen.

Bei meinem nächsten Besuch in Freienwalde war auch Kurt sehr pessimistisch, zumal seine Abkommandierung an die russische Front bereits feststand. Nach diversen Schwierigkeiten, z.B. Arier- und Abstammungsnachweis, wobei mir die Beschaffung der russischen Unterlagen sehr viel Schwierigkeiten machte, heirateten wir am 14. November 1941, drei Tage vor Kurts Abmarsch an die Front. Ich war die letzten drei Tage in Freienwalde, um ihn noch jede freie Minute sehen zu können, und es war ein sehr schwerer Abschied, denn jetzt war unser Optimismus doch ziemlich dahingeschwunden, und wir hatten wohl beide Angst vor dem, was auf uns zukommen könnte.

Kurts erste Feldpostbriefe klangen dennoch optimistischer, was mich einigermaßen beruhigte, denn im Dezember 1941 ging es mir recht schlecht, so dass ich an Inges Hochzeit nicht teilnehmen konnte. Aber nach einigen Wochen konnte ich Kurt mitteilen, dass ich ein Baby erwartete. Seine freudigen Briefe auf diese Nachricht sind mir noch heute in lebhafter Erinnerung, und sie halfen mir über die ersten Monate hinweg, die wirklich furchtbar waren. Ich konnte nichts riechen, nichts essen und wurde von schlimmen Übelkeiten geplagt, aber an Krankschreibung war in diesen Zeiten nicht zu denken, und so habe ich mich mehr oder weniger über die Monate hingequält. Ich kam mir vor wie eine uneheliche Mutter, denn ich hatte außer Inge niemand, mit dem ich über meine Beschwerden sprechen konnte, und Inge hatte ja noch keine entsprechenden Erfahrungen.

Was mich besonders belastete, war die Tatsache, dass mir meine Wirtin mein möbliertes Zimmer kündigte, als sie von meiner Schwangerschaft erfuhr. Kurts Regimentskommandeur wandte sich daraufhin an meine Dienststelle, die mich auch nicht im Stich ließ und eine neue Bleibe für mich suchen wollte, was den damaligen Zeiten entsprechend schwierig genug war. Die letzten Wochen vor der Geburt verbrachte ich gezwungenermaßen in Halle, denn ich hatte in Berlin zunächst keine Bleibe mehr. Meine Stiefmutter ist in der Zeit weggefahren und hat mich meinem Schicksal überlassen. Dafür hat sich mein Vater sehr lieb um mich gekümmert und mich bis zum letzten Tage zu entsprechenden Spaziergängen angehalten.

Kurt stand jetzt an der Kuban-Front (*im südlichen Frontabschnitt*), und seine Briefe waren weiterhin optimistisch, denn zunächst ging in Russland die Offensive ja gut voran.

In Berlin begannen die ersten größeren Luftangriffe.

Am 27. August 1942 wurde meine kleine Monika geboren. Sie war ein sehr zartes Kind, das der Arzt mit den Worten in Empfang nahm: »Das ist ja nur eine halbe Portion.« Aber ich bin in meinem Leben noch nie so glücklich gewesen wie an jenem Tag, als ich mein Kleines zum erstenmal im Arm hielt, zumal mich am gleichen Tag die Nachricht erreichte, dass meine Dienststelle eine kleine Wohnung für uns gefunden hatte. Zum erstenmal in meinem Leben hatte ich das Gefühl, wirklich geborgen zu sein. Ich weiß noch, dass ich dauernd vor mich hin sang: »So schön wie heut, so müsst es bleiben. So müsst es bleiben für alle Zeit. Dann könnte nichts das Glück vertreiben. Es müsste bleiben in Ewigkeit. Darum soll diese Fröhlichkeit in unserem Herzen erklingen. Dann wollen wir singen und träumen dabei: So schön wie heut, so müsst es bleiben, so müsst es bleiben für uns drei.«

Allerdings habe ich damals eine viel bessere Stimme gehabt als heute.

Auf Vaters Telegramm ins Feld bekam ich telegrafisch die Nachricht von Kurt: »Hurra! Ich bin Papa von meiner kleinen Monika!«

Und dann der furchtbare, für mich damals überhaupt nicht fassbare Schock: Ich musste mein Kleines wieder hergeben. Es starb am 3. September 1942 an einem grippalen Infekt, den sein kleines Herz nicht ausgehalten hatte; man bekam damals auch nicht die Medikamente, die man gebraucht hätte.

Es fällt mir heute noch sehr schwer, darüber zu sprechen, denn dies war der erste große Schmerz, den ich in meinem Leben bewusst habe allein durchstehen müssen. Meine kleine Monika wurde im Grabe meiner Mutter beigesetzt.

Die nächsten Wochen waren furchtbar für mich, nachdem ich nach Berlin zurückgekehrt war. Kurt hatte aufgrund der Todesmeldung Sonderurlaub erhalten, und endlich hatte ich meinen Mann bei mir, bei dem ich mich richtig ausweinen konnte. Er hat mich getröstet, so gut er es vermochte, aber trotz meines Kummers bemerkte ich doch eine große Veränderung an ihm. Er war ernster und reifer geworden. Das Lausbübische, das ich an ihm so geliebt hatte, war verschwunden. In den drei Wochen Urlaub haben wir nach besten Kräften und Möglichkeiten versucht, unsere kleine Wohnung wohnlich zu gestalten – und der Urlaub war dahin, bevor wir uns noch heimisch fühlen konnten. Der Tag seiner Rückkehr an die Front war unser erster Hochzeitstag, der 14. 11. 42, ein hässlicher, kalter Morgen, als ich ihn zum Bahnhof brachte. Er soll, wie ich später von Kollegen hörte, geäußert haben: »Wer weiß, ob ich meine Frau und die kleine Wohnung noch einmal wiedersehe.«

Ende Dezember 1942 erhielt ich nach dem Dienst die Nachricht, dass Kurt am 14. 12. 1942 in Medwedjew bei Rostow am Don gefallen sei. Ich erinnere mich nur schwach an das, was ich danach aufgeführt habe. Es hätte wohl auch gar keinen Zweck, darüber nachzusinnen oder erzählen zu wollen, denn die Verzweiflung eines jungen Menschen, der innerhalb von fünf Monaten die beiden liebsten Menschen verloren hat, ist wohl kaum nachvollziehbar.

Die Luftangriffe auf Berlin verstärkten sich. Margareta wurde – wie andere auch – immer öfter zu Brandwachen in der Dienststelle eingeteilt. Mit Hilfe von Feuerpatschern löschten sie und ihre Kollegen Brandbomben. Nie wusste sie, ob sie ihre eigene Wohnung nach solchen Diensteinsätzen wieder vorfinden würde. Einmal stolperte sie bei völliger Verdunklung über einen riesigen Scherbenhaufen und schnitt sich beide Handgelenke knapp oberhalb der Schlagadern völlig auf. Die Narben sind noch heute sichtbar. Auch die heutige Hirnschädigung ist wohl auf die ungeheuren Luftminenexplosionen jener Zeit zurückzuführen.

Ich hatte, wie wir alle, einen Koffer in der Dienststelle deponiert, der für den Fall aller Fälle das Notwendigste enthielt. Nach einem nächtlichen Angriff versuchte ich, meine Dienststelle telefonisch zu benachrichtigen, aber es meldete sich niemand. Diszipliniert, wie wir damals waren, bin ich dann durch die zerstörten Straßen nach stundenlangem Fußmarsch bis zu meiner Dienststelle gelaufen, die in hellen Flammen stand. Ich bin aus Angst um den Verlust meines Koffers in das lichterloh brennende Haus in den ersten Stock gelaufen, in dem mein Büro lag, aber das Brausen des Feuersturms hat mich letzten Endes doch davon abgehalten, die Tür des Büros zu öffnen. So blieb mir nichts weiter übrig, als das vollständige Ausbrennen des Gebäudes von draußen mitanzusehen.

Von dieser Zeit an gab es täglich Fliegeralarm, sowohl am Tage als auch des Nachts.

Durch ihre Schwester erhielt sie zufällig die Nachricht, dass ihr erster Jugendfreund Siegfried M. als Hauptmann in Russland gefallen war. Dieser Verlust traf sie sehr. Bei einem Urlaub in Koserow an der Ostsee erlebte sie die Zerstörung der Raketenversuchsstation Peenemünde aus nächster Nähe mit.

Bei meiner Rückkehr nach Berlin traf ich auf dem Bahnhof Friedrichstraße überraschend auf meinen ehemaligen Freund Paul St., der mich gleich erkannte und der mir fast bis zum Kriegsende immer ein treuer Freund geblieben ist. Ich bekam seine letzte Nachricht aus Breslau Anfang 1945, Breslau stand kurz vor der Kapitulation, und meine späteren Nachforschungen nach ihm haben nichts ergeben, so dass ich annehmen muss, dass er in den letzten Kampfhandlungen auch gefallen ist.

Das Schicksal geht oft seltsame Wege. Auch mit Heinz W., den ich schon aus meiner Hitlerjugendzeit kannte, verband mich ein reger Briefwechsel. Er war mit einem der letzten Flugzeuge noch verwundet aus Stalingrad herausgekommen und nach seiner Genesung an die Kriegsschule Werder bei Berlin abkommandiert worden. Er hat mich öfter besucht, ohne dass ich auf die Idee gekommen wäre, dass sich zwischen uns mehr entwickeln könnte, denn ich betrachtete ihn eigentlich nur als guten Freund. Um so überraschter war ich, als ich im Oktober 1943 seinen schriftlichen Heiratsantrag bekam. Ich bat mir Bedenkzeit aus, denn ich fühlte mich zu einer erneuten Bindung eigentlich noch nicht fähig. Andererseits erschien mir die Tatsache, durch eine neue Bindung, noch dazu mit einem mir sehr vertrauten Menschen, wieder ein Kind zu bekommen, sehr verlockend, denn diesen Gedanken trug ich seit Monikas Tod dauernd mit mir herum. Ich war also hin- und hergerissen und litt oft sehr unter meiner Einsamkeit. Zu Weihnachten und Sylvester 1943 kam Inges Adolf wieder auf Urlaub. Er war seinerzeit ein ganz lustiger Bruder Saufaus, und ich verbrachte mit den beiden Sylvester, um nicht allein zu sein.

Drei Tage später klingelte es an meiner Tür, und als ich öffnete, stand Heinz W. davor. Ich habe ihn sehr befangen hereingebeten, denn es war mir klar, dass heute eine Entscheidung fallen würde, zu der ich vorher nicht fähig gewesen war. Aber Heinz hatte mir die Entscheidung bereits abgenommen, weil er mich wortlos in seine Arme nahm. Ich kannte ihn gut genug, ließ mich fallen und genoss das so lange entbehrte Gefühl des Wieder-Geborgenseins und ließ alles widerspruchslos geschehen. Da Heinz nur drei Tage Urlaub hatte, verabredeten wir ein nächstens Wiedersehen Mitte Januar 1944 in seinem jetzigen Standort Elbing.

Berlin hatte in dieser Zeit laufend Luftangriffe, und so kam ich mit erheblicher Verspätung in Elbing an, wo Heinz schon voller Unruhe stundenlang am Bahnhof auf mich gewartet hatte und glücklich war, mich endlich zu sehen. Wir verlebten einige glückliche Tage dort in völliger Ruhe und ohne jeglichen Fliegeralarm, und ich habe mich, trotz nach wie vor schlechten Gewissens, dem neuen Gefühl der Liebe ganz hingegeben. Wir haben dann auch sofort unsere Heirat in die Wege geleitet.

Bei meiner Rückkehr sah ich zu meinem Entsetzen, dass Inges Haus, welches man von der Bahn aus sehen konnte, völlig zerstört war. Ich stürzte zum nächsten Telefon und erfuhr zu meiner Erleichterung, dass Inge den Angriff gut überstanden hatte, und ich fand auch meine Wohnung zwar lädiert, aber noch stehend vor. Beim Treff mit Inge am nächsten Tage habe ich sie zum erstenmal weinend angetroffen. Ihre liebevoll eingerichtete Wohnung war völlig unbrauchbar geworden. Zusammen mit einem kriegsbeschädigten Kollegen von meiner Dienststelle habe ich dann Inge geholfen, ihre noch verbliebenen Sachen in ein Notquartier zu bringen. Bereits während unserer Bergungsversuche gab es erneuten Fliegeralarm, und Inge weigerte sich in ihrer Angst, mit uns den nächsten Splittergraben aufzusuchen, sondern wollte in einen Luftschutzbunker. Mein Kollege und ich fanden Unterschlupf in einem Splittergraben, der z.T. von Franzosen besetzt war, und der Kollege stand während des ganzen Angriffs mit gezogener Pistole neben mir.

Wir erlebten einen der schwersten Bombenangriffe auf Berlin. Es brannte überall, und jeder versuchte, schnellstens in seine Wohnung zu kommen. Auch meine Wohngegend war stark in Mitleidenschaft gezogen, und ich musste beim Heimkommen feststellen, dass unser Hinterhaus nur noch ein rauchender Trümmerhaufen war, während andere Häuser der Landsberger Allee noch hell brannten. Ich hatte mein Notgepäck immer griffbereit und schlief abends angezogen einen leichten Schlaf bei laufendem Radio, um das Aussetzen der laufenden Sendungen, das Weckerticken und den Kuckucksruf (*mit diesen Signalen zeigte der Rundfunk an, dass mit einem Alarm zu rechnen war*) nicht zu überhören, die ein sicheres Anzeichen für neue bevorstehende Angriffe waren.

Mitte Februar fühlte ich mich wieder recht schlecht und erkannte an den nun schon bekannten Anzeichen, dass ich wieder schwanger war. Ich war überglücklich, denn damit ging mein innigster Wunsch in Erfüllung. Heinz, den ich sofort benachrichtigte, kam auf diese Nachricht voller Freude nach Berlin und mitten hinein in einen Großangriff. Nachdem dieser überstanden war, wollte Heinz mich sofort nach Halle zu seiner Mutter bringen. Aber ich musste erst meine Wohnung, die keine Fensterscheiben mehr hatte, wieder in Ordnung bringen, denn ich konnte sie ja nicht mitten im Winter in diesem Zustand verlassen. Da Heinz in handwerklicher Hinsicht zwei linke Hände hatte, musste ich allein die Fenster mit alten Matten abdichten. Man konnte Heinz die Erleichterung ansehen, als wir endlich Berlin verließen. Er sagte: »Das ist ja schlimmer als an der Front, weil man überhaupt nichts tun kann.« Die normalerweise zweistündige Fahrt nach Halle war ein Alptraum. Sie dauerte ungefähr 24 Stunden, denn entweder mussten wir aus dem Zug wegen der Tieffliegerangriffe herausflüchten, oder die Strecke war z.T. zerstört. Während der ganzen Zeit litt ich an diesen widerlichen Übelkeiten, und wir hatten auch keinerlei Verpflegung bei uns. Zu guter Letzt hatte ich starke Bedenken, was seine Mutter sagen würde, wenn Heinz mit mir ankäme, und dazu mitten in der Nacht. Aber er lachte nur, klingelte, seine Mutter öffnete, und Heinz schob mich mit den Worten vor: »Hier bringe ich dir meine Frau.« Selbstverständlich war seine Mutter bereits orientiert, und sie hat mich so herzlich aufgenommen, als wenn wir uns schon jahrelang kennen würden. Dabei hatten wir uns nur mehrmals flüchtig gesehen.

Am 25. 3. 1944 heiratete sie in Halle. Die Schwiegermutter richtete die Hochzeit liebevoll mit 25 Gästen aus. Margaretas Eltern nahmen nicht teil, nachdem sie von ihrer Schwangerschaft erfahren hatten. Die Tochter führte in ihren Augen einen unmoralischen Lebenswandel.

Heinz war glücklich und zufrieden, und das hat auch mich innerlich froh gemacht. Nach mehreren Tagen, in denen ich auch meinen Schwiegervater noch kennenlernte, fuhren wir beide gemeinsam in den Garnisonsstandort Elbing, wo Heinz zwei möblierte Zimmer für uns gemietet hatte. Wir erlebten dort die ersten und einzigen Wochen unserer Ehe in relativer Ruhe und Sicherheit, und ich hatte mich bereits mit dem Gedanken vertraut gemacht, dass ich dieses Mal meine Schwangerschaft unter dem Schutz meines Mannes überstehen könnte, denn die Gesuche von Heinz um ein neues Frontkommando waren bisher immer mit dem Hinweis auf seine noch bestehende Frontunfähigkeit abgelehnt worden.

Um so entsetzter war ich, als Heinz mir am 19. Mai eröffnete, dass er ein neues Frontkommando erhalten hätte und am 25. Mai abreisen müsse, einen Tag vor seinem 36. Geburtstag. Ich war gänzlich verzweifelt, durfte aber meinem Mann meine Angst nicht zeigen, und so habe ich diese letzten Tage nur in schwacher Erinnerung. Mein Erinnerungsvermögen setzt erst mit dem Tag seiner Abreise wieder ein. Es war ein hässlicher, regnerischer Maiabend. Er erinnerte mich verzweifelt an den Abschiedstag von Kurt. Heinz bestieg den Fronturlauberzug. Und während ich noch an den Fenstern vergeblich nach ihm suchte, fuhr der Zug bereits wieder ab. Ich habe Heinz an diesem Abend auf dem Bahnhof Elbing zum letztenmal gesehen.

Gleich am nächsten Tage bin ich nach Berlin zurückgefahren, habe mich an das Heinz gegebene Versprechen gehalten und bin vor jedem Angriff ca. 10 Minuten bis zum nächsten Luftschutzbunker gerannt. Die in den nächsten Wochen eintreffenden Briefe von Heinz sind während der kommenden Ereignisse alle verlorengegegangen. Sie klangen eher pessimistisch, wenn man zwischen den Zeilen zu lesen verstand, und das hatte ich in der Zwischenzeit ja schließlich gelernt.

Als werdende Mutter wurde sie Ende Juni 1944 evakuiert nach Stavensheim (Stavyszin) im sogenannten Warthegau. Dort fand sie Unterschlupf in einer Zuckerfabrik und gewöhnte sich verhältnismäßig rasch an das verbreitete Ungeziefer.

Zu meiner starken Beunruhigung blieb in dieser Zeit aber jede Nachricht von Heinz aus, so dass ich infolge der andauernden Unruhe und Aufregung plötzlich starke Wehen bekam und ins Krankenhaus Kalisch eingeliefert werden musste, wo man die drohende Fehlgeburt durch Opiumgaben stoppen konnte. Anschließend wurde ich in das neu erbaute Genesungsheim als erste und einzige Patientin eingeliefert. Hier erhielt ich eines Tages einen Brief des Kommandeurs von Heinz mit der Nachricht, dass Heinz in den schweren Kämpfen um Minsk vermisst sei. Diese Nachricht des Kommandeurs war aus eigener Initiative geschehen, mit der Bitte um Geheimhaltung. Das versetzte mich in neue schwere Schockzustände, zumal im Radio bekanntgegeben worden war, dass im Westen schwere Kämpfe infolge des Eindringens der englisch-amerikanischen Invasionstruppen an der Kanalküste im Gange seien. Am 20. 7. 1944 erfuhren wir durch Rundfunk, dass auf Adolf Hitler ein Attentat in seinem Hauptquartier Wolfsschanze verübt worden sei. Diese drei sich überschneidenden Schreckensnachrichten brachten mir einen erneuten Krankenhausaufenthalt ein. Tröstend war es für mich, als meine Schwiegermutter Ende September angereist kam, um mich aus dem Krankenhaus herauszuholen und meine Pflege selbst zu übernehmen. Die weiteren Nachrichten des Kommandeurs von Heinz brachten keine neuen Erkenntnisse über dessen Verbleib, so dass ich immer noch die Hoffnung hegen konnte, dass Heinz überlebt hatte und vielleicht in russische Gefangenschaft geraten sei, nachdem die ganze Einheit aufgerieben war und nur einzelne zurückkehrende Soldaten gemeldet hatten, sie hätten Heinz mit schweren Kopfverletzungen in seinem Panzer liegen sehen.

Ich wollte es einfach nicht wahrhaben, dass mir zum zweitenmal ein solches Unglück widerfahren könnte. Aber die Wahrheit sah anders aus, denn schon einige Tage später erhielt ich vom Kommandeur die Mitteilung, dass Heinz in seinem Panzer gefallen sei und dass die Lage es nicht zugelassen hätte, ihn zu bergen.

So wird Heinz wohl in einem Massengrab bei Minsk verscharrt worden sein.

Für mich bedeutete diese Nachricht das vollkommene Aus aller Hoffnungen, Wünsche und Pläne, und nur aus dieser Lethargie heraus sind meine späteren Handlungsweisen überhaupt im geringsten zu verstehen. Ich hatte innerhalb von zwei Jahren vier Menschen verloren, die mir – jeder auf seine Weise – sehr nahestanden. Die Geburt meiner kleinen Hella setzte wenige Tage nach dieser letzten Schreckensmeldung des Nachts ein. Ich wurde im Pferdewagen etwa fünf Kilometer über Stock- und Steingerumpel ins Entbindungsheim Stavensheim gebracht, hatte auf der Fahrt schon starke Wehen und hoffte, dass die Geburt relativ rasch vonstatten gehen würde. Aber die Geburt zögerte sich noch über lange Stunden hinaus, in denen ich doch recht starke Schmerzen aushalten musste. Die Hebamme war eine sehr resolute Frau, die sich meiner kleinen Hella und meiner sehr liebevoll annahm, aber ein Arzt war nicht erreichbar, und die Hebamme hatte wohl übersehen, dass ich einen starken Dammriss erlitten hatte, der mir in der folgenden Zeit doch starke Beschwerden verursachte und mir drei Jahre später zu meiner ersten Unterleibsoperation verhalf.

Das Glück über Hellas Geburt hat mich in den nächsten Wochen und Monaten etwas über meine verzweifelten Stunden und den Kummer hinweggebracht, denn sie war ja das einzige Wesen, das mir noch geblieben war und für das ich Verantwortung trug...

Am 13. Januar 1945 erwachten wir durch lautes Geschützfeuer, stürzten heraus und sahen am Horizont das russische Mündungsfeuer, durch das die Schlacht an der Weichsel eingeleitet wurde. Gleichzeitig ertönte lautes Sirenengeheul, das uns zur Flucht aufforderte. Wir sind dem Chaos damals nur entkommen, weil ein mitleidiger Parteimann uns in seinem Wagen zum Bahnhof gebracht hat, wo wir uns noch in den überfüllten Zug drängen konnten, der auch sofort abfuhr. Wie wir später hörten, war es die letzte Transportmöglichkeit überhaupt.

Es folgte eine abenteuerliche Flucht über viele Stationen und unter furchtbaren Umständen (überfüllte Züge, Tieffliegerbeschuss, weitere Luftangriffe usw.): zunächst von Stavensheim im Warthegau nach Merzdorf bei Elsterwerda. Um der amerikanischen Besatzung zu entgehen und in dem unsinnigen Glauben, die Russen würden im Osten zum Stehen gebracht werden, flüchtete sie wieder nach Osten! Beim Verladen auf dem Güterbahnhof in Halle wurde ihr ihre Handtasche mit allen Papieren, Ausweisen, Sparkassenbüchern, Lebensmittelkarten, Fahrkarte, Geld von einem scheinbar hilfsbereiten Mann gestohlen. Also ging es zurück nach Merzdorf, wo sie sich die notwendigen Papiere unter großen Schwierigkeiten wieder beschaffen konnte. Von Merzdorf aus sah sie die schreckliche Vernichtung Dresdens am 13. 2. 1945 aus der Ferne mit an. Die Sachen, die sie aus der Evakuierung in Polen nach Hause geschickt hatte, waren alle verloren. Über die weitere Flucht mit ihrer kleinen Hella sowie mit ihrer Schwägerin Helga und deren kleinem Sohn berichtet sie:

Am 12. 4. 45 rasselten in Merzdorf Einheiten der SS-Division »Großdeutschland« ein. Auf unsere entsetzten Fragen erhielten wir die Antwort: Was wir denn hier noch suchten, denn die Russen stünden bereits 5 km vor Merzdorf. Während wir nur noch in aller Eile ein paar Sachen zur Flucht zusammensuchten, wurde die Einheit bereits wieder in Marsch gesetzt, und es gelang uns nur nach vielem Bitten und Betteln, von den Soldaten mitgenommen zu werden.

Während wir noch in den letzten Wagen förmlich hineingeschmissen wurden, begann schon der Beschuss von Merzdorf. Die Einheit kämpfte sich bis Meißen über die riesige Elbbrücke vor, die von Menschenmassen und Fahrzeugen völlig verstopft war, und machte dann Halt. Wenige Minuten später ging die Brücke mit allem, was sich darauf befand, mit riesigem Knall in die Luft. Uns wurde erklärt, dass sich die Soldaten auf ihre Verteidigung einrichteten und wir zu Fuß weitergehen müssten. Wir kamen von einem verlassenen Ort in den anderen, denn die Bewohner hatten sich schon längst auf die Flucht nach Westen gemacht. Während einer Rast auf einer Wiese, bei der ich Hella gerade stillte, gerieten wir unter Tieffliegerbeschuss und warfen uns mit Kindern und Kinderwagen in den nächsten Straßengraben. Beim Weitermarsch wurden wir von einer motorisierten Soldatenkolonne überholt, deren Führer uns mit ihrem gepanzerten Fahrzeug mitnahmen. Im nächsten verlassenen Ort bezogen wir Quartier; die Weiterfahrt musste um einen Tag verschoben werden, weil Hella hohes Fieber bekommen hatte. Wir fuhren mit den Soldaten durch den engen Korridor, der als einziger noch von Deutschland verblieben war – links standen die Russen, rechts die Amerikaner – über Tetschen-Bodenbach bis in die Tschechoslowakei nach Wolfsberg. Hier fanden wir Unterschlupf. Doch die vermeintliche Ruhe war nur trügerisch, denn schon in der Nacht wurden wir von den Soldaten wieder aufgeschreckt und mussten mit ihren Wagen wieder zurück bis an die Elbe. Die russischen Wlassow-Truppen, die zunächst auf unserer Seite gekämpft hatten, waren inzwischen in Aufruhr geraten und umgeschwenkt, so dass wir auch hier wieder in direkte Kampfhandlungen gerieten.

Zwischenbemerkung (*von Margareta M. so bezeichnet und gesprochen*): Am 28. 4. 45 hörten wir dann im Rundfunk, dass Adolf Hitler in Berlin den Tod gefunden hätte. Mir sind an diesem Tage alle meine Ideale zerbrochen, denn jetzt musste ich mich endlich mit dem Gedanken abfinden, dass der Krieg verloren sei und alle Opfer vergeblich waren. Es war für mich der Tag der völligen Resignation.

Wir wurden also in Güterwagen über die Elbe nach Tetschen-Bodenbach zurückgebracht, wo die Bewohner sich in hellem Aufruhr befanden und eine riesige Fluchtwelle in Richtung Westen unterwegs war, denn jeder versuchte noch im letzten Augenblick, die westliche Frontlinie zu erreichen, um nicht von den Russen überrollt zu werden. Aber wir waren völlig erschöpft und suchten Unterschlupf im nächstgelegenen Flüchtlingslager, das z.T. von Deutsch-Ukrainern besetzt war. In der Nacht darauf klopfte es plötzlich an der Tür, und es wurde geschrien: »Ach Kinder, die Russen sind da!« Angezogen, wie wir waren, sprangen wir aus unseren Betten herunter, aber Helga hatte völlig den Kopf verloren und bat mich jammernd, mit ihrem zweijährigen Wolfgang und Hella allein weiterzugehen. Sie sei nicht mehr dazu imstande. Ich gab ihr eine schallende Ohrfeige und schrie sie an, was denn mit uns geschehen würde, wenn man uns mit den Deutsch-Ukrainern erwischte, befahl ihr, den nächstmöglichen Kinderwagen zu schnappen und mir zu folgen. An der nächsten Straßenecke stießen wir dann genau hinein in die ersten motorisierten russischen Kampftruppen, die je nach Mentalität lachend oder »Gitler – kaputt!« rufend an uns vorüberfuhren. Andere Soldaten warfen Keksbeutel in die Menge, und ich habe mich geschämt zu sehen, mit welcher Hast und Gier sich die Leute danach bückten. Ich habe mich spontan umgedreht und wurde plötzlich von einem Russen von hinten angesprochen und musste meine wenigen russischen Sprachkenntnisse gehörig anstrengen, um ihn zu verstehen. Er wollte mir lediglich einen Keksbeutel für mein Baby geben, den ich jedoch nicht annahm und den er mir dann auf den Kinderwagen legte, um danach seiner Truppe nachzulaufen.

Dazu muss ich sagen, dass ich gegen den einzelnen Russen keinerlei Vorbehalte hatte, was schon aus meinen verwandtschaftlichen Beziehungen zu Moskau erklärlich war, aber in Massen und als kämpfende Truppe habe ich in den Russen doch Feinde gesehen und war nicht bereit zu irgendwelchen Kompromissen.

Helga und ich haben uns dann an den Kolonnen rückwärts in Marsch gesetzt und sind am ersten Tag ca. 60 Kilometer marschiert, denn uns saß natürlich die Angst im Nacken, und wir versuchten, die nächstgrößere Stadt zu erreichen. Meiner Erinnerung nach war es Freiberg in Sachsen, weil uns das sicherer erschien. Die ganze Stadt war natürlich in Aufruhr, und vor jedem Haus standen zumeist Frauen, die einen Flüchtling zum eigenen Schutz mit heraufnehmen wollten. Helga und ich kamen im gleichen Haus bei zwei verschiedenen Frauen unter, und ich durfte zum erstenmal seit Wochen wieder baden. Die Frau hat sich auch meiner kleinen Hella liebevoll angenommen und sie von Kopf bis Fuß neu eingekleidet, denn ich hatte ja keinerlei Windeln mehr bei mir, so dass ich das Kind nur in eine Decke einwickeln konnte und es dadurch völlig wund war. Dann bekam Hella ein Milchfläschchen und ich eine Graupensuppe vorgesetzt, und dann konnten wir seit Wochen zum erstenmal wieder in einem Bett schlafen. Ich glaube kaum, dass es heute einem Normalbürger noch möglich ist, sich einen 60-Kilometer-Marsch an einem Tage mit Kinderwagen unter den furchtbaren Verhältnissen jener Zeit und ohne irgendwelche Verpflegung vorzustellen.

Am nächsten Morgen ging es sofort auf den Weitermarsch. Wir hatten weder etwas zu essen noch zu trinken und fragten auf Bauernhöfen nach etwas Nahrung. Manche Bauern haben uns etwas gegeben. Einmal haben wir einige gekochte Kartoffeln in die Hand gedrückt bekommen, ein andermal wurden wir vom Hof gejagt, als wir um etwas Milch baten, ein drittes Mal wurde uns jede Hilfe verweigert. Es war inzwischen Anfang Mai 1945 und warm geworden. Mit uns zusammen zogen natürlich ganze Völkerscharen von Flüchtlingen, die wie wir versuchten, ihre Heimat oder ihren Wohnort zu erreichen. Wir haben auf dem Marsch wirklich furchtbare Dinge zu sehen bekommen. Fast in jedem Ort hingen von Russen Erhängte an Masten oder Bäumen, und an den Straßenrändern lagen haufenweise Tote oder zusammengebrochene Menschen. Unter den Flüchtlingen waren natürlich auch viele Soldaten unterwegs, und ich erinnere mich unter anderem eines Falles, wo ein Soldat zusammengebrochen, aber noch lebend am Straßenrand lag. Wir haben alles versucht, um den Mann wieder auf die Beine zu bringen, aber es ist uns nicht gelungen. Wir mussten ihn schweren Herzens seinem Schicksal überlassen.

Weitere Schilderungen der schrecklichen Ereignisse muss ich mir ersparen. Sie regen mich noch heute in der Erinnerung sehr auf.

Zwischenzeitlich hatten sich uns beiden Frauen zwei Soldaten angeschlossen in der Hoffnung, dadurch als Familien zu gelten, die auf dem Heimweg seien. Der eine wollte nach Berlin, der andere nach Magdeburg. Ich war sozusagen die Führerin unserer Gruppe und habe mich radebrechenderweise gegenüber den Russen immer wieder durchgemogelt, indem ich die Männer als zu uns gehörig angab, mit denen wir auf dem Heimweg seien. Vor allem habe ich es vermieden, in irgendwelchen Flüchtlingslagern Unterschlupf zu suchen, denn die dort versammelten riesigen Menschenmassen machten mir angst. Wir haben mehrere Nächte in Wäldern verbracht, und einmal ließ uns auch ein Bauer in seiner Scheune übernachten, nicht ohne Warnung, dass nächtlicherweile mongolische Truppen betrunken auf der Suche nach Frauen wären. Wir sind dann tief ins Heu hineingekrochen und haben auch das Heu über uns gezogen – und tatsächlich haben in der Nacht russische Truppen in den Häusern gewütet. Man hörte viel Schreien und Jammern. Sie kamen auch in die Scheune, stocherten ein bisschen im Heu herum, haben uns aber nicht gefunden. Ich hatte Hella die ganze Zeit an der Brust liegen, um sie am Schreien zu hindern, und auch der kleine Wolfgang hat sich mucksmäuschenstill verhalten. So sind wir davongekommen.

Unsere Füße waren durch das viele Laufen ganz wund und blasig geworden, so dass der Weitermarsch jedesmal eine wahnsinnige Quälerei war und wir nicht so schnell vorankamen. Trotzdem sind wir teilweise täglich 40 Kilometer marschiert. Wir kamen dann eines Tages nach Lastau an der Mulde, wo angeblich die Amerikaner am Gegenufer standen, und beschlossen, in der Nacht über die Mulde zu gehen, obwohl die Gegend nach wie vor unter Feuerbeschuss lag. Es ist uns dann auch gelungen. Den Übergang über die Mulde muss man sich so vorstellen: Wir waren ja nicht die einzigen dort, sondern es kamen nach und nach noch viele Flüchtlinge hinzu. Das Gemeinschaftsgefühl war zu dieser Zeit sehr, sehr, sehr groß. Es hat jeder jedem geholfen, so gut er konnte. Die Bauern hatten große Bottiche (ich nehme an, Waschbottiche) am Ufer deponiert, die benutzen konnte, wer wollte. Mit einem dieser Bottiche haben mindestens acht (wenn nicht mehr) Männer Hella und Wolfgang und später den Kinderwagen über den Fluss gestoßen, wo sie von weiteren Flüchtlingen in Empfang genommen wurden, bis auch wir (aber immer unter Beschuss!) rübergeschwommen waren. Wir beiden Frauen haben damals wirkliche Todesängste ausgestanden, bis die Kinder drüben heil angekommen waren. Männer sind auch mit uns Frauen begleitweise mitgeschwommen. Wie viele Leute bei diesem Übergangsversuch umgekommen sind, kann ich wirklich nicht sagen, man hatte ja genug mit der Sorge um sein eigenes Überleben zu tun.

Nachdem wir uns einigermaßen erholt hatten, schleppten wir uns die Böschung hinauf, glücklich, nun amerikanisch besetztes Gebiet erreicht zu haben. Als ich meine Hella in den Kinderwagen legen wollte, musste ich feststellen, dass der im Eimer war, denn er bestand ja nur aus Pappmaché, wie seinerzeit üblich, und er fiel durch die Nässe, der er ausgesetzt gewesen war, völlig auseinander. Da wir mit den beiden Kindern auf dem Arm nicht zu Fuß unseren Weg fortsetzen konnten, hielten wir Ausschau nach dem nächstmöglichen Gefährt und fanden auch tatsächlich einen herrenlos vor einem Haus stehenden Leiterwagen, den wir sofort in Besitz nahmen und damit flüchteten. Was die Kinder damals ausgehalten haben, die ungeschützt der brennenden Sonne ausgesetzt waren, vor allem mein Baby, ist mir noch heute unbegreiflich.

Wir waren glücklich, als wir die ersten Schilder entdeckten, die uns den Weg zur Autobahn Richtung Leipzig wiesen.

Sie marschierten dann auf der Autobahn Leipzig fort, durch viele amerikanische Kontrollen. Die beiden sie begleitenden Soldaten mussten sich besonders vorsichtig verhalten, um nicht noch zum Schluss in Gefangenschaft zu geraten. Schließ-

lich kamen sie am 19. 5. 1945 in Halle an, wo sie ihren Vater an den Armen schwer verwundet und völlig abgemagert vorfand, von ihrer Stiefmutter unfreundlich, von ihrer Schwiegermutter freudig begrüßt wurde. Dort erst erfuhren sie, dass Deutschland am 8. Mai kapituliert hatte. Am 20. Mai wurde Margareta 26 Jahre alt.

Sie glaubte, nun endlich in Sicherheit zu sein, weil in der amerikanischen Zone, aber die Amerikaner überließen das Gebiet nach wenigen Wochen den Russen gegen einen Teil Berlins. Im großen Garten ihrer Schwiegermutter wurde ein russischer Stab etabliert, und die russischen Soldaten Sascha und Mischa nahmen sie vor ihren gewalttätigen Kameraden in Schutz.

Margareta M. wollte aber unbedingt zurück in ihre eigene Wohnung in Berlin.

Ich machte mich also mit meiner kleinen Hella – sehr zum Kummer meiner Schwiegermutter – im Güterwagen auf den Weg nach Berlin und kam auch nach vielen Stunden am Rande des zerstörten Berlins an. Da sämtliche Brükken zerstört waren und es auch keinerlei Umwege gab, mussten wir auf einer dieser Brücken, die in der Mitte vollkommen im Wasser lag, uns hinüberkämpfen, wobei einer dem anderen half, die Wagen und Rucksäcke über das Wasser zu heben. Dann ging es per Fußmarsch durch das zerstörte Berlin. Je näher ich meiner Wohngegend kam, um so angstvoller wurde mir zumute. Am Anfang der Landsberger Allee standen noch viele Hausruinen, aber je näher ich meiner Wohnung kam, um so stärker waren die Zerstörungen, so dass ich schon meilenweit nur noch Trümmer sah. So stand ich plötzlich fassungslos vor meinem zerstörten Wohnhaus. Auf den verbliebenen Ruinen waren Adressen von Überlebenden aufgeschrieben, u.a. auch die meiner Nachbarin, die ich sofort aufsuchte und die uns über Nacht bei sich aufnahm. Sie berichtete mir, dass meine Wohnung in den letzten Kriegswochen beschlagnahmt und in den letzten Kriegstagen durch eine Mine zerstört worden sei. Sie selbst habe den Angriff nur überlebt, weil sie an diesem Tage nicht zu Hause gewesen sei.

Am nächsten Morgen ging ich sofort zu der Notquartierstelle, wo man mir erklärte, man könne uns nicht unterbringen. So saß ich also ratlos die ganze Nacht vor dem Haus, immer mit Hella im Kinderwagen, und erklärte dann am nächsten Morgen dem Beamten, dass ich mich nicht von der Stelle rühren würde, bis man uns eine Bleibe zugewiesen hätte. Nach stundenlangem Warten bin ich dem Beamten doch wohl so stark auf den Wecker gegangen und wurde deshalb schließlich in der Küche eines Hinterhauses eingewiesen, die kein Dach mehr hatte und lediglich eine kleine Ecke als Dachfragment besaß. Man erklärte mir, dass ich zu akzeptieren hätte, und hier habe ich also mit Hella die nächsten Wochen verbracht, ohne Licht, ohne Wasser, ohne Toilette, eben ohne alles, ohne das Primitivste zum Überleben. Ich musste täglich den Kinderwagen allein die ganzen vier Treppen rauf- und runterbukkeln. Da es kein Wasser gab, musste ich mit den Windeln immer zur nächsten Pumpe laufen, wo die vielen Menschen anstanden, um sich mit Wasser zu versorgen. Ich bin auch jeden Tag in meiner Ruine herumgeklettert, unter »meiner Ruine« verstehe ich mein ehemaliges Wohnhaus, und habe mir dort Brennholz besorgt, mit dem ich hin und wieder ein kleines Feuer in dem noch stehenden Küchenherd machen konnte, um für Hella ein Breichen zu kochen. Bei der Gelegenheit habe ich in meiner Ruine noch ein kleines Fotoalbum von mir gefunden sowie einen Fetzen meines Umstandsmantels.

Als dann starkes Regenwetter einsetzte, musste ich überall gefundene Gefäße aufstellen und bin selbst auf meinem Bett, das nur ein Gestell war, ohne Matratze und Zudecke, klitschnass geworden, während ich Hella mit ihrem Kinderwagen unter dem Dachsegment unterbrachte.

Es würde zu weit führen, den Jammer dieser Zeit allzu ausführlich erzählen zu wollen.

Ich meldete mich zum Trümmerräumen, weil es daraufhin mehr Lebensmittelkarten gab, die ich dringend brauchte. Nebenbei gesagt, war es die schwerste Arbeit meines ganzen Lebens, wobei ich Hella natürlich immer in einiger Entfernung im Kinderwagen stehen hatte.

Eines Tages sah ich einen Polizisten den Kinderwagen mitnehmen, weil er der Meinung war, das Kind sei ausgesetzt, damals absolut an der Tagesordnung, und ich rannte sofort hin, um den Irrtum aufzuklären.

Damals erkannte ich, dass es so nicht weitergehen könnte, und war auf der laufenden Suche nach einer neuen Bleibe, die ich dann auch in einer Laube fand, angeblich gegen Tausch von Brot gegen Obst. Aber bereits nach einer Woche fand ich meinen Rucksack vor der Tür stehen und mich selbst meiner letzten Habseligkeiten beraubt. Nach einem verzweifelten Irrgang durch Berlin traf ich auf eine junge Frau, der ich mein Leid klagte, und sie nahm mich mit nach Tempelhof, wo sie mich bei einem Nachbarn, dessen Familie noch evakuiert war, in einem halbzerstörten Schlafzimmer unterbrachte, d.h., die Decke war geborsten und hing ins Zimmer hinein. Ich sollte als Entgelt dem Mann sein Essen kochen. Aber auch das ging nur kurze Zeit gut, denn der Mann hat nicht nur meine Lebensmittel verbraucht, sondern auch die von mir unter großen Mühen gehamsterten Kartoffeln heimlich beiseite geschafft.

Inzwischen war im Nachbarhaus eine Einzimmerwohnung zwangsgeräumt worden, deren Inhaberin über den Schrecken der Zeit den Verstand verloren hatte. Ich bin natürlich sofort zum Wohnungsamt gerannt und habe beantragt, mir die Wohnung zuzuweisen, was mir auch unter vielen Mühen gelungen ist. Aber die nächsten Schwierigkeiten waren schon vorprogrammiert, denn inzwischen war Berlin in vier Sektoren aufgeteilt, und mir, die ich aus dem russischen Sektor kam, wurden im amerikanischen Sektor der Zuzug und die damit verbundenen Lebensmittelkarten verweigert. Dennoch habe ich – trotz aller Bedenken – zunächst die Wohnung in Besitz genommen, denn wir mussten ja irgendwo bleiben.

Die Wohnung war völlig verdreckt und ohne Türschloss, denn die Nachbarn hatten sich bei der völlig verwirrten Frau alles Brauchbare herausgeholt. Außerdem war die Toilette völlig verstopft, denn die dort ein- und ausgegangenen Russen hatten ihre Notdurft ohne abzuspülen dort verrichtet und später alle Wände mit ihrem Kot verschmiert.

Ich habe mich natürlich sehr geekelt, aber gegen Brotabgabe, das damals das gängige Zahlungsmittel war, hat sich dann ein Nachbar bereit erklärt, mir die Wohnung einigermaßen zu säubern.

Die von mir voller Angst erwartete nächste Lebensmittelkartenzuteilung ist dann nochmals gut gegangen, weil ich einfach frech erklärte, ich hätte hier schon einmal Lebensmittelkarten erhalten, und die überlastete Sachbearbeiterin hielt sich nicht mit langem Suchen nach meiner Karteikarte auf, sondern händigte mir neue Lebensmittelmarken aus.

Da es mir klar war, dass es nicht auf Dauer so weiterging und mein schlechtes Gewissen mich sehr plagte, richtete ich ein Gesuch an das damals noch für ganz Berlin zuständige Oberbürgermeisteramt und erklärte meine Situation, worauf ich einige Zeit später eine Vorladung zur Polizei erhielt, der ich voller Angst nachkam. Der zuständige Polizeimeister hatte mein Gesuch vorliegen und stellte mir eine Aufenthaltsgenehmigung und die Genehmigung zur Aushändigung von Lebensmittelkarten aus mit der Bemerkung, sie seien ja keine Unmenschen. In diesem Augenblick war mir eine riesige Last von der Seele genommen, und wir konnten uns von jetzt ab in Sicherheit fühlen, zumal uns die Wohnung nun rechtmäßig zustand.

Nun zu einigen Bemerkungen über meine kleine Hella: Es ist mir heute beinahe unglaubhaft, was die Säuglinge und Kleinkinder alles ausgehalten haben. Ich hatte ja das Glück, mein Kind etwa 1 1/2 Jahre stillen zu können, aber selbstverständlich ist meine Kleine nach einem halben Jahr nicht mehr richtig satt bei mir geworden. Es ist mir nur unter größter Mühe und laufender Hergabe von Brot, das ich mir vom Munde absparen musste, gelungen, etwas als Zusatznahrung aufzutreiben. Außerdem erinnere ich mich nur mit Schrecken an die Zeit, als ich während unserer wochenlangen Flucht keinerlei Windeln und Säuglingsbekleidung mehr besaß, um meine Kleine wenigstens einigermaßen sauberhalten zu können. Ich habe das Baby wirklich nur in eine Decke einwickeln können, jeden Tag den Stuhlgang herausgekratzt und das Kind dann wieder in die nasse Decke einwickeln müssen. Die Folge davon war, dass Hella immer wunder wurde und zum Schluss schwere Geschwüre hatte. Erst bei meiner Ankunft in Halle konnte ich mein Baby wieder versorgen, und es hat eine ganze Weile gedauert, bis die Wunden an dem kleinen Po wieder abgeheilt waren. Dennoch kann ich mich nicht erinnern, dass meine Kleine übermäßig geschrien hätte. Sie hat nur öfter leise vor sich hin gewimmert.

Meine weiteren einsamen Lebensjahre: Bis jetzt habe ich meine Erinnerungen aus dem Gedächtnis wiedergegeben, aber die weiteren Schilderungen muss ich meinem Tagebuch entnehmen, das ich seit Hellas Geburt für sie und mich führte, denn die Erinnerungen an damals, die ich auf Band sprach, brachten mich immer wieder zum Weinen, und ich will ja sachlich berichten. Die eine oder andere Bemerkung mag heute emotional und unsachlich erscheinen, aber ich habe es zu jener Zeit eben so empfunden.

Auszüge aus meinem Tagebuch, geschrieben seit 1944:

10. 9. 45
Wenn es doch wenigstens die Rationen zu kaufen gäbe, die auf der Karte stehen! Täglich 300 g Brot, 7 g Fett, 20 g Fleisch, 30 g Nährmittel, 20 g Zucker, 400 g Kartoffeln. Aber es gibt nicht einmal die Hälfte davon. Vor dem Winter graut mir so. Wir haben nichts zu essen, nichts zu heizen, nichts anzuziehen. Manchmal könnte man verzweifeln – und doch geht es immer weiter, das verfluchte Leben! Seltsam, je länger die Zeit vergeht seit Papas Tod, um so unglaublicher wird es mir, dass er wirklich tot sein soll. Es kommen jetzt viele kriegsgefangene deutsche Soldaten zurück. Aber wie sehen sie aus! Bleich, gelb, mager bis auf die Knochen, geistesabwesend, verhungert! Ich muss jedesmal weinen, wenn ich das sehe. Unsere schöne, stolze deutsche Wehrmacht, wo ist sie geblieben? Zerlumpt, ohne Schuhe, mit Fußlappen, so kommen sie an, die deutschen Soldaten, die sechs Jahre lang ihr Leben in die Schanze schlugen, die so viele Jahre auf all das Schöne und Positive des Lebens verzichten mussten! Und ihr Lohn? Ein unterjochtes, geknechtetes Vaterland. Hohn, Spott, Schande, Anklagen obendrein. Denn jeder Soldat war ja auch ein Kriegsverbrecher, nämlich weil er seine Pflicht erfüllt und nicht sabotiert hat. Es ist himmelschreiend, und es kann keinen Gott geben, wenn er dies zulässt!

20. 11. 45
Wenn doch nur von deinem Vater ein Lebenszeichen käme! Es heißt in der Presse: die Kriegsgefangenen aus Russland dürften schreiben. Aber es ist ja alles gelogen! Nun muss ich mich von neuem mit Geduld und Zuversicht wappnen, denn ich will zusammen mit deinem Vater meinen Lebensweg gehen. Ich habe nicht eine einzige Kohle, und du läufst in deinem Ställchen mit Rotznäschen und blauen, kalten Händchen

herum und wirst deinen Schnupfen überhaupt nicht mehr los. Deshalb habe ich heute, zusammen mit meiner Nachbarin, einen ganzen Kinderwagen voller Kohlen geklaut: 135 Stück! Viele solcher Diebe waren da, die sich in der Nacht Säcke und Taschen füllten, immer in der Angst, geschnappt zu werden. Man steht heute sowieso immer mit einem Bein im Gefängnis, weil man aus Not manches Verbotene tut.

Heute begann der Prozess gegen unsere ehemals führenden Männer. Den Ausgang dieses sogenannten Kriegsverbrecherprozesses kann ich dir heute schon sagen: alle Köpfe werden rollen. Die Zukunft wird erst erweisen, ob hier Recht oder Unrecht gesprochen wurde.

1. 1. 46
Das neue Jahr hat begonnen. Ich erwarte von ihm nur, dass es unseren Vati heimkehren lässt, sonst haben wir für uns ja nichts zu hoffen.

8. 2. 46
Wenn nur erst Frühling wäre! Kartoffeln haben wir nicht mehr wie die meisten Berliner. Wir hungern oder essen Kartoffelschalensuppe, wenn wir mal ein paar Kartoffeln auftreiben können. Ich fühle mich oftmals ganz kraftlos, habe viel Schwindel, Übelkeit, Mattigkeit. Die Nerven sind manchmal so angespannt, dass alles vibriert. Heute sagt man: Offiziere sind Kriegsverbrecher. Man behandelt sie wie räudiges Vieh, ebenso ihre Angehörigen, und schreit: Nie wieder Krieg! Wie nach dem Ersten Weltkrieg. Man besudelt die Soldaten und schneidet ihnen die Ehre ab wie nach dem Ersten Weltkrieg. Aber man schiebt und handelt und tauscht auf dem Schwarzen Markt zu Phantasiepreisen und treibt langsam, aber sicher, dem völligen Ruin zu.

7. 3. 46
Die Lebensmittelverhältnisse verschlechtern sich noch immer zusehends. Heute ist der 7., und bis zum 10. müssen wir noch warten, bis es wieder neues Brot gibt. Heute gibt es bei uns Grütze (Kuchen aus Wasser und Grützmehl, in der Pfanne ohne Fett geröstet). Schon die letzten Tage habe ich Mehlkuchen aus Wasser und Mehl ohne jedes Fett gegessen, damit das Brot länger reicht. Du, Hella, bekommst natürlich nach wie vor deine fünf Mahlzeiten und merkst weniger von dem Elend, und du kannst ganz tüchtig essen. Ich versuche, Reserven anzulegen für noch schlimmere Tage, die bestimmt kommen werden. Mir ist manchmal so angst. Was soll nur aus uns werden? Von Papa immer noch keine Nachricht. Wenn ich dich so zufrieden vor dich hinplappern höre, dann komme ich immer ein Stückchen weiter. Eine Woche waren wir in Merzdorf. Ich habe uns einen Sack Kartoffeln mitgebracht. Es war eine schreckliche Quälerei in dem entsetzlich überfüllten Zug mit dem Kartoffelsack, dem Kinderwagen und dir darin.

16. 4. 46
Die Lebensmittellage ist nach wie vor katastrophal. Kartoffeln gibt es nur aus Trokkenschnitzeln, oft auch nur Trockenmagermilch für dich. Wir sind so richtig aufs Trokkene geraten.

20. 5. 46
Ach, ich möchte einmal so richtig von Herzen glücklich sein! Mir aber tun alle Erinnerungen nur weh! Aber es ist schon so: wir beide gehören heute zu den Ausgestoßenen in Deutschland. Ich bin fast schon so weit zu sagen: es lohnt sich nicht, um ein Volk zu weinen, das sich seinen Kämpfern gegenüber so schamlos verhält. Ich glaube nicht, dass es außer dem unseren noch ein Volk auf der Welt gibt, das sich im Unglück selbst noch mit Kot bewirft.

Mir ist als Hinterbliebener eines Offiziers, also eines Kriegsverbrechers, nach langen Ermittlungen eine kleine Unterstützung in Höhe von 60.- Mark bewilligt worden, von der ich bereits 30.- Mark für Miete ausgeben muss. Wovon wir in Zukunft leben sollen, ist mir heute völlig unklar.

31. 5. 46
Mein 27. Geburtstag ist verlaufen wie jeder andere Tag. Ich las Papas (*sie schreibt über ihren Mann »an« ihre Tochter)* Briefe – das tue ich öfters, wenn ich so ganz einsam bin. Liebster, Du schreibst mir einmal: »Ich werde wiederkommen zu Dir, denn das Schicksal kann ja nicht so grausam sein, dass es uns trennt, nachdem wir uns gerade gefunden haben.« Und daran klammere ich mich mit aller Gewalt, denn wenn man jung ist, überkommt einen die Sehnsucht nach dem liebsten Menschen oft genug, und es ist nicht ganz leicht, sich dann immer in der Hand zu behalten, zumal man nicht weiß, ob der Liebste überhaupt noch lebt.

Ich sehe überall, dass die Begriffe von Liebe und Treue heute ihren Sinn verloren haben. Viele Frauen gehen einfach den leichten Weg und suchen sich einen amerikanischen oder englischen Freund – und meist kehren deren Ehemänner dann heim – und die Tragödie nimmt ihren Verlauf.

Ich bin ehrlich genug, mir selbst zu gestehen, dass ich nicht den Rest meines Lebens einsam bleiben möchte, denn ich bin noch nicht alt, und mein Leben war bisher schwer, entsagungsvoll und liebeleer. Innerlich habe ich mich immer gerade vor diesem Schicksal gefürchtet, meinen Mann in Russland vermisst zu wissen. Soll ich nun endlich die Hoffnung aufgeben, dass mein Mann zurückkommt? Ich möchte nicht nochmals einen so furchtbaren Winter erleben wie 1945/46.

3. 8. 46
Die letzten Wochen waren schlimm für mich, denn ich wurde krank, und nachdem ich mich kurz erholt hatte, bekam ich einen Rückfall, der mich 4 Wochen ans Krankenlager fesselte. Da ich niemand zur Pflege hatte, musste ich dich, den Haushalt und die täglichen Besorgungen allein erledigen. Aber nun ist alles wieder in Ordnung.

Ich arbeite jetzt tüchtig an Aufträgen, die ich privat bekomme: Hausschuhe nähen, wodurch meine Finger ganz zerstochen und eitrig sind, Strickereien, denn von irgend etwas müssen wir ja leben. Ich bin mir auch nicht zu schade, Wäsche zu waschen für Amerikaner, die mir eine Hausbewohnerin vermittelt hat.

Urteil in Nürnberg ergangen: Zwölf der Männer wurden zum Tode verurteilt, drei erhalten lebenslängliches Gefängnis, zwei 20 Jahre und einer 15 Jahre Gefängnis.

Dönitz, der letzte deutsche Staatschef, erhielt 10 Jahre. 3 Männer wurden freigesprochen. Die Mehrzahl der zum Tode verurteilten Männer sind verdiente Weltkriegssoldaten. Für diese ist das Urteil zum Tode durch den Strang eine besondere Schmach. Möglich, dass ich nicht recht habe, aber ich werde Männern wie Göring, Hess oder Jodl ein gutes Andenken bewahren. Ich bin überzeugt, dass diese angeblichen Grausamkeiten und Verbrechen, die wir begangen haben sollen, zum größten Teil erfunden sind, um das deutsche Volk zu erniedrigen, nachdem man nach dem Ersten Weltkrieg nicht die richtige Methode gefunden hatte. Ich kann den Zeitungs- und Filmberichten, die wir uns zwangsweise ansehen müssen, keinen Glauben schenken.

16. 10. 46
Göring beging Selbstmord durch Zyankali, die anderen Männer wurden gehängt.

3. 11. 46
Trotz aller Nachforschungen bis heute noch keine Nachricht von Papa. Meine Hoffnung schwindet immer mehr dahin und ist nur noch ein schwaches Flämmchen, denn viele Soldaten haben sich schon gemeldet, und Papa ist schon so lange verschollen. Ich kann die Einsamkeit fast nicht mehr länger ertragen. Man muss versuchen, mich zu verstehen, denn die ganzen Jahre seit meiner ersten Verheiratung verbrachte ich mit Warten, Kummer und Sorgen.

24. 2. 47
Meine Hoffnung hat sich endgültig zerschlagen. Von einer Abwicklungsstelle bekam ich die Nachricht, dass Papa nach dort vorliegenden dienstlichen Meldungen am 4. 7. 44 bei Rakov/Minsk gefallen sei und dass ich die Todesurkunde demnächst erhalten würde. Damit schließt sich das Buch hinter ihm. Ich habe nicht einmal mehr weinen können, dazu bin ich viel zu abgestumpft, müde und verzweifelt. Ich finde auch keinen Ausweg aus dem Chaos, das nun tatsächlich in unserem persönlichen und auch öffentlichen Leben eingetreten ist. Ich weiß nur, dass Papas Leben eine schönere Erfüllung verdient hätte als diesen Tod für ein Vaterland, sinn- und zwecklos für einen Begriff, den es nicht einmal mehr auf dem Papier gibt.

Was mein Leben von jetzt an auch bringen wird, ich werde deinen Vater nie vergessen, der meinem Leben durch dich wieder einen Inhalt gab.

Er sagte einmal: »Ein Soldat kann nicht lange kopfhängerisch um Verlorenes trauern. Das Leben geht weiter – und wir müssen mitgehen, sonst geht es über uns hinweg.« Ich bin zwar kein Soldat, aber die Frau eines Soldaten, und ich will nicht, dass er sich meiner schämen müsste, weil ich im Kampf mit dem Leben versagt habe. Deshalb gibt es jetzt nur noch eines für mich: vorwärts, ohne zurückzuschauen. Ich wünsche mir von Herzen, dass ich am Ende meines Lebens von mir sagen kann, ich habe getan, was ich tun konnte.

2. OSTERTAG, 10. 4. 47
Lange hätten wir dieses Chaos nicht mehr ausgehalten. Seit Februar keine Kartoffeln mehr, das Brot reicht nicht hin und nicht her. Bei dir bestand Verdacht auf Tbc. Ich habe meine letzten Wertsachen verkauft, sogar den Trauring aus erster Ehe, um

uns durch zusätzliche Lebensmittelkäufe über Wasser zu halten. Bei Gott, es waren entsetzliche und endlose Wochen des Schreckens und der Not.

15. 6. 47
Unterleibsoperation.

SYLVESTER 47
Ich sitze hier allein wie nun schon all die verflossenen Jahre und halte Rückschau. Im September waren wir drüben bei den Großeltern, die jetzt in Bückeburg leben. Vier Wochen wirkliche Erholung. Rückwärts fuhr die Oma mit, und deshalb mussten wir die Grenze schwarz überschreiten, d.h. ohne Interzonenpass. Bei Bad Harzburg wagten wir es, wurden wir doch von den Russen geschnappt und dabei ein junger Mann von 24 Jahren, der mich noch zwei Minuten vorher übers Wasser getragen hatte, erschossen. Ich war die einzige von dem Schub der Grenzgänger, die sich um den armen Kerl kümmerte. Die Russen, die ihn erschossen hatten, standen lachend dabei, als ich ihn untersuchte, und sagten: »Du – dein Mann? Gut, gut!« Die übrigen Grenzgänger standen, von anderen Russen bewacht, nur einfach da und glotzten. Dieses ganze Erlebnis war ein furchtbarer Schock für uns alle, vor allen Dingen aber auch für dich, kleiner Kerl.

Und nun schließe ich das Buch hinter dem Jahr 47, das uns nur Kummer, Sorgen, Mühen und Lasten, aber kaum einen Sonnentag gebracht hat. Ich will hoffen, dass deine Erkrankung nur leicht ist und dass wir das neue Jahr nicht gleich mit Kummer erleben müssen.

10. 2. 48
Du hast mir seit Beginn des neuen Jahres viel Kummer gemacht. Fingst du schon an mit Krankheit, so riss das bis heute nicht ab. Vier Wochen Keuchhusten. Wir haben schlimme Nächte hinter uns. In letzter Zeit hast du zu meinem Entsetzen sogar Blut gehustet. Es ist meine größte Sorge, dass deine kleine Lunge die große Belastung nicht aushält. Ich bin mit dir in dauernder ärztlicher Behandlung.

25. 3. 48
Mein vierter Hochzeitstag mit Papa ist heute, und noch immer bin ich allein. Die Gegensätze zwischen Russland und den Westmächten spitzen sich immer mehr zu. Wir Deutsche stehen dazwischen und werden, je nach der Besatzungszone, hin- und hergerissen.

24. 6. 48
Gestern wurde die Währungsreform verkündet, wonach Berlin in zwei Lager aufgespalten wurde, nämlich in einen westlichen und einen östlichen Block. Im westlichen Block soll es die sogenannte DM geben, im östlichen Block gibt es eine Russenmark. Seit heute Mitternacht haben uns hier im westlichen Sektor die Russen den Strom gesperrt, so dass wir weder Licht noch Radio haben und über die Entwicklung nichts hören können. Stündlich fahren Polizeiwagen durch die Straßen und geben durch Lautsprecher die neuesten Nachrichten bekannt. Die Post geht nicht mehr.

Wir haben keine Verbindung zu unseren Lieben, die in Westdeutschland leben. Möglicherweise werden wir hier so isoliert, dass wir aus unserem Berliner Sektor überhaupt nicht mehr herauskommen. Aber es musste ja so kommen, nach dieser Katastrophenpolitik.

Im Mai, Juni, kurz vor der Währungsreform, waren wir bei den Großeltern in Bückeburg. Es ist ein ganz anderes Leben drüben. Die Atmosphäre ist freier und ruhiger als hier in Berlin. Unsere Heimfahrt war dramatisch. Russen hatten inzwischen neue Bestimmungen in Kraft gesetzt, denen unser Pass nicht mehr entsprach.

Mit dir habe ich grosse Sorgen. Du hast eine rechtseitige Hilusdrüsen-Tbc, aber ich tue, was ich kann, um zusätzliche Nahrungsmittel heranzuschaffen.

18. 7. 48
Seit Einführung der Westmark hat eine Hungerblockade der Russen gegen Westberlin eingesetzt. Es gibt keine Kartoffeln, keine Frischmilch, keine Arzneimittel, keinen Strom, nur hin und wieder etwas Gas. Viele Betriebe sind stillgelegt. Die Versorgung der Bevölkerung erfolgt durch die Westmächte über eine sogenannte Luftbrücke mit Flugzeugen. Tag und Nacht hört man das Dröhnen der Flugzeuge, fast als wäre man in die Kriegszeit zurückversetzt.

Wie sich die Dinge nun entwickeln werden, muss man abwarten. Was uns viel Sorgen macht, ist die Frage, ob die Westmächte in Berlin bleiben oder uns nicht einfach den Russen überlassen. Man fühlt sich bedrückt und hilflos.

31. 12., 22.00 UHR
Wieder geht ein Jahr zu Ende. Die Blockade hält an. Was wir im Sommer noch nicht empfanden, macht sich jetzt bitter bemerkbar. Täglich nur zwei Stunden Strom, meist nachts. Abends sitzen wir fast immer im Dunkeln oder beim kümmerlichen Licht einer Kerze. Ebenso ist es mit Heizung. Wir bekamen bisher nur 25 Pfund Steinkohle, aber was wird, wenn die Kälte richtig einsetzt? Dass die Westmächte uns mit Hilfe ihrer Luftbrücke über Wasser halten, ist anzuerkennen. Jedoch hätten sie es soweit überhaupt nicht kommen lassen dürfen. Sie sind den Russen gegenüber von einer geradezu sträflichen Blindheit gewesen. Jetzt sehen sie es ein, aber ausbaden müssen wir die ganze Sache.

Etwas zum Heizen besorgten wir uns von amerikanischen Lastwagen. Wenn diese beladen wurden und sich zur Kolonne formierten, stürzte eine Menschenmenge, darunter auch ich, darauf los und riss herunter, was eben möglich war. Ich habe in etwa drei Stunden einen Zentner Steinkohle gesammelt. Zwar ist das alles entwürdigend und deprimierend, aber man darf dabei eben nicht denken, sondern nur handeln, und ohne diese Selbsthilfe würden wir vor die Hunde gehen.

30. 1. 49
Wir haben bisher nur zwei Zentner Kohle bekommen und kein bisschen Holz, und die Kälte betrug 20-25 Grad. Wir sind abends angezogen ins Bett gegangen, Waschen, überhaupt Reinlichkeit, wurde in dieser Zeit sehr kleingeschrieben. Wir frieren, frieren, frieren. Es geht, weiß Gott, nicht nur uns so, sondern allen Berlinern, die keine

Beziehungen haben. Täglich melden die Zeitungen Todesopfer durch Verhungern oder Erfrieren.

10. 7. 49
Viel ist geschehen in der Zwischenzeit. Wir hatten, wie gesagt, nichts zum Heizen und froren bitterlich, trotz des inzwischen relativ milden Winterwetters. Mitte Februar bekam ich einen Interzonenpass, jedoch wurde mir gleich gesagt, dass dieser von den Russen nicht anerkannt würde und ich die Grenze also illegal überschreiten müsste. Wir fuhren also mit Rucksack und Taschen los und versuchten vergeblich, nachts bei Hüttensleben bei starkem Sturm die Grenze zu überschreiten. Es gelang uns nicht. Schließlich fanden wir einen Führer, der uns rüberbringen wollte. Wir mussten durch abgezäunte Koppeln hindurch, über breite Wasserläufe springen. Dann mussten wir wohl eine halbe Stunde unbeweglich im Schilf liegen und abwarten, bis die deutsch-russischen Grenzposten ihren Kontrollgang antraten. Dann stürmten wir zum Grenzübergang, einer abgerissenen Brücke, von der nur noch schmale Eisenträger standen. Wir balancierten über die Barrikade und dann auf den nicht mal fußbreiten Eisenträgern ans andere Ufer, tief unter uns das rauschende Wasser der Aue. Ich habe bei diesem Verzweiflungsgang nicht gedacht und nur instinktiv gehandelt, etwa wie eine Seiltänzerin. Auf der englischen Seite – wir mussten noch einen anstrengenden Marsch von einer Stunde durch nasse Stoppelfelder antreten – war die Abspannung in seelischer und körperlicher Hinsicht ungeheuer. Das machten wohl weniger die körperlichen Strapazen als die wahnsinnige Angst und Aufregung, die man durchgemacht hatte. Der Rückweg, obwohl auch illegal, war weniger aufregend, obwohl ich Angst genug ausstand.

Du hast dich bei beiden Unternehmen ausgesprochen tapfer gehalten, alles mitgelaufen, ohne zu jammern oder Angst zu zeigen. Du bist eben ein richtiges Soldatenkind. Aber dies war unser letzter illegaler Grenzgang. Ich habe keinen Mut mehr und auch nicht die Kraft mehr dazu.

Am 12. Mai 1949 wurde die Blockade aufgehoben. Das war ein Freudentag für uns, als wir Tag und Nacht wieder Strom hatten und Radio hören konnten. Auch in den Geschäften gab es wieder das meiste zu kaufen. Wir waren auch auf Holzsuche in den Ruinen unterwegs. Da alle kleineren Holzstücke bereits abgeräumt waren, machten wir uns daran, die großen Holzdielen abzureißen. Dabei ist mir ein Dielenbrett vor den Kopf geschlagen und ein rostiger Nagel drang mir ins Auge, direkt neben der Iris. Für mich war die Holzsuche natürlich für die nächsten Wochen beendet, denn es hat wochenlang gedauert, bis das Auge wieder einigermaßen sehen konnte. Beim zweiten Mal schlug ich mir beim Holzhacken einen riesigen Splitter mitten durch den Daumen. Mit meiner Nachbarin bin ich dann von einem Arzt zum anderen gelaufen, aber keiner konnte mir helfen, weil sie alle keine Betäubungsmittel hatten. Die Apotheken lehnten es ab, mir Betäubungsmittel zu verkaufen, weil ich kein Westgeld hatte. Schließlich hat sich die Unfallbereitschaft des Krankenhauses Tempelhof bereit erklärt, mir kostenlos den Splitter herauszuschneiden, denn ich war inzwischen vor Schmerzen halb ohnmächtig. Dich, armes Kind, habe ich die ganze Zeit allein lassen müssen, aber du warst wie immer tapfer, als ich heimkam, und hast nicht geklagt.

ZWEI JAHRE SPÄTER, AM 15. 9. 51
Es ist unglaublich, zwei Jahre habe ich nicht mehr in dieses Buch eingeschrieben, obwohl sich in der Zwischenzeit so viel ereignet hat, was aufzuzeichnen wichtig gewesen wäre. Ich will versuchen, nachzuholen, was möglich ist.

Nach Aufhebung der Blockade verschlechterte sich unsere wirtschaftliche Lage ganz rapide. Das Geld bekam durch das reiche Warenangebot wieder einen Wert. Unsere geringe Unterstützung erhöhte sich jedoch nicht, und wenn sie vorher schon zum Leben nicht ausreichte, so war es jetzt einfach unmöglich, damit zu existieren.

Sie fand schliesslich Arbeit im Ostwirtschaftsministerium im Ostsektor von Berlin. Da sie angeblich vier Wochen zu spät die Arbeit im Ostsektor angetreten hatte, bekam sie nicht wie andere Grenzgänger ihren Arbeitsverdienst in Westmark umgetauscht, sondern musste ihn zum damals gültigen Kurs 1 : 7 umtauschen. So hatte sie von 214 Ostmark nur 30 Westmark. Davon konnte sie nicht leben, und so zog sie in den Ostsektor um. Sie hatte aus finanziellen Gründen keine Wahl. Sie wurde am 1. 9. 1949 als Sekretärin bei der Vereinigung volkseigener Betriebe »Energie und Kraftmaschinenbau« Zweigstelle Berlin angestellt. Die kleine Tochter brachte sie in einen Stadtkindergarten. Es tat ihr weh, sie jeden Tag um 6 Uhr aus dem Schlaf reißen zu müssen, um noch rechtzeitig zur Arbeit zu kommen.

Mit dem Eintrag vom 15. 9. 1951 endet das Tagebuch, und Frau M. erzählt nun wieder aus dem Gedächtnis. Für sie begannen nun die »glücklichen Jahre ihres Lebens«: Ihre Arbeit machte ihr Freude, sie avancierte zur Sachbearbeiterin für west-östliche Wirtschaftsbeziehungen. Aber bei den gesellschaftspolitischen Schulungen fiel sie unangenehm auf:

Ich war die einzige, die bei den politischen Abstimmungen immer ihre Gegenstimme anmeldete, denn das war ich aus dem Westsektor so gewöhnt und nicht gewillt, hier anders zu handeln. Meine Kollegen haben mich oft dringend gewarnt, das zu unterlassen, aber mein Gegenargument war dann immer, dass ich mich nach der angeblichen braunen Diktatur nicht jetzt einfach einer roten Diktatur unterwerfen würde, und so lautete die resignierende Stellungnahme meiner Kollegen: Sie werden sich eines Tages noch um Kopf und Kragen reden.

Die Zusammenarbeit mit den Kollegen war gut. Sie lernte dort auch ihren späteren Mann Siegfried kennen. Dieser war 1947 nach schwerer Dystrophie – sozusagen als Todeskandidat – aus russischer Gefangenschaft gekommen. Seine Mutter hatte ihn mindestens ein Jahr lang aufpäppeln müssen. Er hatte Ende 1948 seine erste Freundin geheiratet, lebte aber seit 1949 bereits von ihr getrennt. Die raschen

Heiraten und die raschen Trennungen waren – nach Frau M.'s Aussage – typisch für die damalige Zeit.

1951 zog Siegfried zu mir nach Berlin in seine Heimatstadt. Er brachte nichts mit als sein Deckbett und seine wenigen abgerissenen Kleidungsstücke. Am nächsten Tag wurde ich 32 Jahre alt.

Von diesem Tage an änderten sich unsere Lebensverhältnisse von Grund auf. Natürlich tuschelten die Nachbarn über meinen unmoralischen Lebenswandel. Das hatte ich ja bereits anlässlich meiner Hochzeit mit Heinz von meinen Eltern gehört, denn alleinstehende Frauen wurden ja ganz besonders unter die Lupe genommen. Aber das war uns völlig gleichgültig, denn wir fühlten uns bereits als Ehepaar. Da ich durch meine ständigen Dienstreisen auch Spesen hatte und sehr sparsam war, konnte ich Siegfried einigermaßen wieder einkleiden und tat das mit großer Freude. Siegfried hat mir übrigens von dem Tage unseres Zusammenlebens an die Regelung aller finanziellen Dinge vollständig überlassen, d.h., er hat mir sein Gehalt abgegeben und sich mit einem Taschengeld begnügt. Das ist auch bis zum Ende unserer Ehe so geblieben.

Unser Wunschkind war in der Zwischenzeit unterwegs. Ich musste mich damit abfinden, dass es unehelich geboren wurde, denn mit der Scheidung war bis zum Zeitpunkt der Geburt nicht zu rechnen. Aber mich hat das nicht groß bekümmert, denn ich fühlte mich ja jetzt geborgen und sicher.

Hella hatte sich mit der neuen Familiensituation glänzend abgefunden und freute sich auf das Geschwisterchen. Sie hing auch sehr an Siegfried, den sie mit der Bemerkung »Ich habe jetzt auch einen Vati!« überall stolz präsentierte.

Am 4. 9. 51 wurde sie eingeschult, und die Bückeburger Oma hatte es sich nicht nehmen lassen, dabeizusein, und sie hat Siegfried vollständig als ihren Sohn anerkannt. Oma kam auch Anfang Dezember, um mich im Wochenbett zu versorgen, denn ich hatte die Entbindung im Krankenhaus abgelehnt.

Am 15. 12. 1951 wurde Beate in unserer Wohnung geboren. Siegfried hat die ganze Geburt – damals noch völlig unüblich – miterlebt und war ein stolzer und glücklicher Vater, so wie er auch von Anfang an Hella als sein Kind betrachtete und sie es nie hat spüren lassen, dass sie nicht sein leibliches Kind war.

Beates Geburt haben wir dann mit dem Verschen bekanntgegeben:

»Wie mein Visitenkärtchen sagt,
hab ich mich auf die Welt gewagt.
Ich teile diesen kühnen Schritt
hierdurch ergebenst allen mit.«

Durch diese Formulierung waren wir jeder Peinlichkeit oder verlegenen Reaktion entgangen. Siegfried hatte die Vaterschaft vor dem Standesamt sofort anerkannt, und nach unserer Heirat war die Umschreibung kein Problem mehr. Die Nachbarn hatten sich in der Zwischenzeit mit den gegebenen Tatsachen abgefunden und ihre Redereien aufgegeben. Nach der inzwischen erfolgten Scheidung haben wir am 15. 3. 1952 in Berlin-Pankow geheiratet. Es war für uns nur eine Formsache. Anstelle einer Feier haben wir unseren neuen Staubsauger ausprobiert und waren ganz erstaunt, als plötzlich zwei Kollegen mit Blumensträußen vor der Tür standen, um uns Glück zu wünschen und ein bisschen mitzufeiern. Wir haben ihnen lachend die Situation erklärt, und nach einer Tasse Kaffee zogen beide ebenfalls lachend wieder ab. Sie hatten es wohl auch noch nicht erlebt, dass man ein junges Paar an seinem Hochzeitstage antrifft, die eine im Hauskleid mit Säugling an der Brust, der andere mit Staubsauger beschäftigt.

Am anderen Tag haben wir dann zusammen mit unseren Freunden noch ein bisschen gefeiert. Wir haben uns später noch oft amüsiert, wenn wir an die damalige Situation dachten.

Frau M. bekam 1954 noch einen Sohn. Seit 1956 arbeiteten ihr Mann und sie illegal für eine westliche Dienststelle durch Weitergabe von internen Nachrichten über Reparationslieferungen an die UdSSR. Sie wurden dafür nicht bezahlt und betrachteten die Tätigkeit als einen »Widerstandsakt«. Sie machten sich dadurch mehr und mehr verdächtig und mussten 1958 in den Westen fliehen, wobei ihnen die westliche Dienststelle behilflich war. Die drei Kinder, die sie inzwischen hatten, mussten sie zunächst bei den Großeltern lassen.

Sie fand rasch Arbeit, aber zunächst nur eine kümmerliche Bleibe: eine Dachkammer von 10 Quadratmetern in einem Neubaublock im 5. Stock unter einem nicht isolierten Dach, mit nur einer Toilette und einer Waschgelegenheit für fünf solcher Kammern. Die Hitze im Notquartier war im Sommer schier unerträglich. Ihr Mann fand ganz schwer eine unterbezahlte Arbeit. Sie mussten sich mühsam ein neues Zuhause aufbauen und konnten erst 1960 ihre Kinder endgültig holen. Frau M. musste mitverdienen. Sie erledigte in Heimarbeit die gesamte Korrespondenz eines Frankfurter Pelzgeschäftes für 300 DM monatlich. Später trat sie eine recht anspruchsvolle Arbeit beim Thieme-Verlag an. Die beiden älteren Kinder waren inzwischen außer Haus.

Die folgenden Jahre betrachtet sie als die glücklichsten Jahre ihre Lebens. Von 1969 an rissen die Krankheiten nicht mehr ab. Seit ihrer Magenoperation in diesem Jahr ist sie nicht mehr richtig auf den Damm gekommen. Es folgten Komplikationen, Gehörsturz, Treppensturz mit Wirbelbruch und andere Krankheiten. Ein sehr viel später erkannter Schlaganfall im Jahre 1977 zwang sie, ihre Tätigkeit beim Thieme-Verlag endgültig zu beenden. 1981 erlitt sie noch einen Herzinfarkt. 1982 verlor sie ihren lange gesund geglaubten Mann durch Lungenkrebs.

Frau M. stellt an das Ende ihrer Lebensgeschichte einen kritischen Rückblick:

Es wird meinen Kindern und Enkelkindern vielleicht nicht ganz verständlich sein, dass ich der Zeit vom Kriegsausbruch bis zu meinem 31. Lebensjahr viel mehr Erinnerung widme als meiner Ehe mit Siegfried. Aber es ist nicht ganz unverständlich, wenn man bedenkt, was in diesen 12 Jahren sich alles ereignet hat und in welcher Not ich meine wirklich jungen Jahre verbracht habe. Eine solche Zeit kann man nicht vergessen, und sie hat mich geprägt und mich zu dem gemacht, was ich heute bin.

Seit meinem 12. Lebensjahr interessierte mich die Geschichte des Deutschen Reiches, die auf unserem sehr konservativen Lyzeum recht ausführlich behandelt worden war. Wir waren ja immer mit dem Unrecht konfrontiert worden, das damals durch den Versailler Vertrag dem Deutschen Reich angetan worden war. Ich habe damals ja auch schon die inneren Auseinandersetzungen und Unruhen miterlebt, die Deutschland nach dem Ersten Weltkrieg erschütterten, und außerdem war Halle eine kommunistische Hochburg durch seine Lage im Braunkohlenrevier und hat später eine traurige Berühmtheit erlangt wegen seiner heftigen Krawalle und Unruhen. 1933, als ich 14 Jahre alt war, begann das für Deutschland so schicksalsträchtige Jahr. Mich begeisterte der Nationalsozialismus weniger wegen seiner Ideen, die ich noch gar nicht begriff, als durch die straffe Organisation und Kameradschaft, die sich innerhalb der Jugend herausbildete. Außerdem merkte ich ständig, dass die Verhältnisse sich immer mehr ordneten, die Unruhen ganz rapide abnahmen, und so ist es wohl auch nicht verwunderlich, dass ich bis zum Beginn meines 18. Lebensjahres im Bund Deutscher Mädel, BDM, sehr aktiv war, und außerdem ergaben sich durch die Heimabende öfters Gelegenheiten zum Ausbüchsen von zu Hause, bis dann neue Interessen mich mehr in Anspruch nahmen. Und auch danach gab es für mich eigentlich gar keinen Grund, weshalb sich meine Einstellung ändern sollte. Von den Ereignissen des Juni '34, der Röhm-Affäre, hatte ich nichts mitbekommen, weil ich noch zu jung war, und die sogenannte Kristallnacht 1938 habe ich nicht selbst miterlebt und fühlte mich auch dadurch nicht betroffen, denn ich hatte keine Kontakte mit Juden, und auch in meinem Lyzeum waren keine jüdischen Mitschülerinnen. Ich hatte zwar eine halbjüdische Stiefmutter, die aber während der ganzen Jahre von 1933 bis Kriegsende von jeglichen Repressalien verschont blieb.

In meinem Elternhaus wurde im übrigen über Politik kein Wort gesprochen. Mein Vater lehnte jede Diskussion über politische Themen mit der Bemerkung ab, er sei an Politik nicht interessiert. Den Kriegsausbruch 1939 habe ich mit der gleichen Betroffenheit zur Kenntnis genommen wie die Gesamtbevölkerung. Es gab weder Jubelstimmung noch Blumen zur Verabschiedung der Soldaten. So formte sich mein Weltbild nach meinen eigenen politischen Erfahrungen. Es war zwar in der Bevölkerung bekannt, dass es KZ gab, aber dahin kamen unserer Meinung nach nur Kriminelle, Asoziale oder Saboteure. Während der Kriegsjahre habe ich nie irgendwelche Verschiebungen oder Transporte selbst erlebt, die Anlass zu irgendwelchen Vermutungen oder Überlegungen gegeben hätten. Das mag heute vielleicht sehr naiv oder unglaubhaft erscheinen, aber so ist es nun mal in unseren Augen gewesen.

Mein Glaube an die Überlegenheit unserer Führung, die ja tatsächlich auch in den ersten Jahren bestand, änderte sich auch nicht nach Ausbruch des Krieges mit Russland, obwohl sich doch erste Zweifel regten infolge des Ausbruchs des Zweifrontenkrieges. Die Katastrophe von Stalingrad, die mich sehr aufgeregt hatte, habe ich trotzdem als einmaliges Ereignis im Gedächtnis behalten, das man in Kriegszeiten nun mal in Kauf nehmen musste.

Als sich dann die Russen immer mehr dem Reichsgebiet näherten und auch die Invasion begann, habe ich noch immer – trotz zaghafter innerer Zweifel – an meiner Hoffnung festgehalten, dass unsere Truppen doch noch den Einbruch ins Deutsche Reich verhindern könnten.

Aber auch damals sind mir nie irgendwelche Gerüchte über die später bekanntgewordenen Greueltaten oder sogar Morde zu Ohren gekommen. Auch nach dem Attentat auf Hitler habe ich mich immer noch an meine Hoffnungen geklammert. Ich muss heute sagen, dass ich die damalige Situation sehr idealistisch angesehen habe. Dabei möchte ich mich auf die Aussage des ehemaligen Reichsjugendführers Baldur von Schirach berufen: »Es ist leicht, dem Führer die Treue aufzukündigen, wenn alles zusammenbricht. Ich werde das nicht tun. Ich stehe zu ihm, obgleich ich viele Fehler klar sehe. Schon lange habe ich sie erkannt, dessen seid gewiss. Aber ich habe an den Führer geglaubt, und mein Glaube hat mich blind gemacht. Ich brauche mich meiner nie zu schämen. Ich habe nur eine einzige Schuld auf mich geladen, die Schuld des blinden Gehorsams.« Diesen Ausspruch möchte ich auch für mich in Anspruch nehmen, wohl auch bedingt durch meine nationale Erziehung.

In den letzten Monaten hörte man gerüchteweise von Wunderwaffen, die noch im letzten Moment eingesetzt werden sollten, und auch daran klammerte man sich mit aller Gewalt, zwar gegen jede Vernunft, aber mit der Hoffnung der Verzweiflung. Das kann ich aber nur für mich selbst sagen, denn ich saß ja im Osten und habe von dem raschen Verlauf der Invasion nur durch Nachrichten gehört und die Ereignisse im Westen nicht persönlich erlebt. Erst Ende April, als ich im Radio hörte, dass Hitler in Berlin den Tod gefunden hatte, sind mir alle Hoffnungen und Ideale wie Seifenblasen zerplatzt, und ich musste voller Verzweiflung nun endlich daran glauben, dass Deutschland verloren sei und alle von uns gebrachten Opfer vergeblich waren. Die Kapitulation, von der wir ja erst 10 Tage nach unserer Rückkehr von der Flucht erfuhren, habe ich dann voller Resignation hingenommen.

Entsetzt, empört und voller ohnmächtiger Wut war ich, als ich nach dem Kriege in den ersten Zeitungen die ersten Meldungen über angebliche Massenmorde und sonstige Greueltaten lesen musste. Ich lehnte es ab, daran zu glauben, und auch die Filmberichte, die man sich zwangsweise ansehen musste, denn es gab nur nach Abstempelung der Eintrittskarte neue Lebensmittelmarken, nahm ich ohne Glauben an ihre Echtheit zur Kenntnis. Es hat Jahre gedauert, bis ich mich zu der Erkenntnis durchringen konnte, dass in unserem Namen tatsächlich solche Verbrechen passiert sind. Aber trotzdem konnte ich mich nicht mit der Kollektivschuld des ganzen deutschen Volkes identifizieren und kann es auch heute noch nicht, denn in meiner Überzeugung haben die deutschen Soldaten ihr Leben genauso in die Schanze schlagen müssen wie unsere damaligen Feinde. Die Frontsoldaten waren ganz gewiss nicht an diesen schrecklichen Dingen beteiligt. Es gehört wohl eine riesige Portion Menschenfeindlichkeit dazu, sich zu solchen Dingen herzugeben. Ich glaube, dass es in jedem Volk solche Sadisten gibt, die, wenn sie die Möglichkeit dazu haben, ihren Sadismus auf diese Art austoben. Auf jeden Fall behaupte ich, dass weder Kurt noch Heinz sich zu derartigen Dingen bereitgefunden hätten.

Sie schließt im Jahre 1987 mit einem Blick auf ihre Gegenwart und mit Wünschen für die Zukunft ihrer Kinder und Enkel:

Was mich in der Vergangenheit schwer belastet hat und in der heutigen Zeit immer mehr bedrückt, ist die Tatsache, dass sich das deutsche Volk mit seiner Zweiteilung abgefunden hat, trotz des noch immer fehlenden Friedensvertrages, und zwar im westlichen Teil mehr als im östlichen, wohl, weil es uns hier zu gut geht. Und dabei sollte man nicht vergessen, dass der östliche Teil die weitaus größere Last des verlorenen Krieges bis zum heutigen Tage zu tragen hat, schon durch den sofortigen Übergang zur roten Diktatur, und den dortigen Menschen kein Dank dafür geworden ist.

Was wissen denn unsere Kinder, geschweige denn unsere Enkelkinder noch von Städten wie Königsberg, Danzig, Elbing, Stralsund, Stettin, Weimar oder

Breslau, die doch genauso zu Deutschland gehören wie Hamburg, München, Frankfurt, Hannover, Stuttgart? Für sie sind das genauso abstrakte Begriffe wie Minsk, Brest-Litowsk, Nishni-Nowgorod, Murmansk, Rostow oder Stalingrad oder Kursk. Für mich, so alt ich auch geworden bin, gibt es nur ein Deutschland.

So kann ich zum Abschluss meiner Rückschau und nach Analyse aller Ereignisse von mir selbst nur sagen: Ich bin mein ganzes Leben lang eine national empfindende Frau geblieben, auch wenn das heute nicht mehr erwünscht ist, und ich wünschte, dass die deutschen Menschen, vor allem im Westen, sich ihrer gemeinsamen Nationalität mehr bewusst würden, als sie es heute sind.

Trotz allem wünsche ich meinen Kindern und vor allen Dingen meinen Enkelkindern, dass sie ohne kriegerische Auseinandersetzungen den Wiederzusammenschluss der beiden deutschen Teile zu einem gesamtdeutschen Reich erleben mögen und dass man nicht mehr von sich sagen muss: Ich bin ein Westdeutscher oder ein Ostdeutscher. Die Kinder und Enkelkinder mögen sich ruhig mit unserer nationalen Geschichte beschäftigen, um meine Einstellung zu verstehen, wobei sie ruhig die dunklen Jahre unserer Geschichte etwas aussparen dürften, über die sie ja seit über 40 Jahren durch Funk und Fernsehen zur Genüge unterrichtet wurden, nach meiner Ansicht auch manchmal aus einem verzerrten Blickwinkel. Um die deutsche Geschichte überhaupt zu verstehen, muss man bis in die Mitte des vorigen Jahrhunderts zurückgehen, vielleicht sogar bis zum Anfang des vorigen Jahrhunderts, um die Entwicklung begreifen zu können.

Ich hoffe auch, dass man eines Tages wieder einen Nationalstolz entwikkelt, ohne den ein Volk nun mal nicht existieren kann, es sei denn, es ist kein Volk.

Die Arbeit an dieser Lebensbeschreibung war für mich sehr schwer und teilweise tränenreich. Vor allem, was den ersten Teil anbelangt. Aber trotzdem bin ich erleichtert, dass es mir gelungen ist, mir all die Ereignisse einmal von der Seele zu reden, denn je älter ich werde, desto mehr kommen sie alle zurück, die Erinnerungen an damals.

Nachbemerkung

Als Nachtrag schreibt sie in einem Brief vom 29. 9. 1993 an mich: »Leider muss ich Ihnen sagen, dass ich mein Tagebuch im vorigen Jahr vernichtet habe (wahrscheinlich in einem Anfall von Zorn und Verzweiflung wegen Hellas doch sehr abfälligen Äußerungen über ihren Vater und seine Aktivitäten im Krieg, über die sie eigentlich nichts weiß, außer aus meinem Tagebuch). (*Das Tagebuch enthält aber nichts Inkriminierendes über ihren Vater, das ich in meiner Auswahl etwa ausgelassen hätte. Es liegt die Vermutung nahe, dass allein die Tatsache, dass ihr Vater Offizier war, Hella zu dieser Reaktion veranlasste.*) Sie fragt auch nie nach ihm, was mich immer noch sehr kränkt. Meine anderen Kinder haben sich überhaupt noch nicht für mein oder unser vergangenes Leben interessiert. Siegfried hat nur mir davon erzählt. Meine Enkel sind zwischen 8 und 23 Jahren. Davon hat sich erstmals meine 16jährige Enkelin vor einigen Wochen interessiert ... Sie sagte noch, dass sie jetzt im Unterricht den Zweiten Weltkrieg durchnehmen würden, aber es interessiere sie doch, nicht nur das Allgemeine, sondern das persönliche Erleben ihrer Großmutter zu erfahren. Das hat mir natürlich eine riesige Freude gemacht.«

»Ich wollte immer ganz echt sein.«

GUNHILD H. (1925)
Tochter eines »politischen Leiters«, hauptamtliche Jungmädelführerin aus einer mittleren Stadt in Süddeutschland

Vorbemerkung

Gunhild H. wurde 1925 als älteste von drei Geschwistern geboren. Ihr Vater war Lehrer, ab 1935 Rektor und Kreisamtsleiter des NS-Lehrerbundes. Die Familie lebte zuerst in einem abgelegenen Dorf, dann in einer mittelgroßen Stadt in Süddeutschland. Gunhild besuchte die Mädchenoberschule bis zum Abitur 1944. Nach dem Arbeitsdienst (RAD) war sie kurzzeitig auf der Banndienststelle in ihrer Heimatstadt beschäftigt und begann noch im März 1945 eine Ausbildung auf der Reichsführerinnenschule bei Darmstadt. Nach einer abenteuerlichen Flucht, zunächst in der Gruppe, kehrte sie Ende Mai nach Hause zurück.

Nach diversen Tätigkeiten als Bauernmagd, Schulhelferin, kunstgewerbliche Angestellte machte sie nach einjähriger Ausbildung am Pädagogischen Institut die Dienstprüfung für das Lehramt an Volksschulen. Nach einer Lehrtätigkeit von 1947-49 absolvierte sie von 1950-54 ein Doppelstudium (Neuphilologie und Pädagogik, Psychologie und Philosophie). Nach ihrer Heirat 1955 war sie noch zwei Jahre im Schuldienst. Sie stellte ihre (»sehr geliebte« – wie sie sagt) Berufstätigkeit »vorläufig« zurück, um ihre drei Kinder großzuziehen. Danach pflegte sie jahrelang alte Familienmitglieder und begleitete sie bis zu ihrem Tode, zuletzt ihre Mutter. Die Rückkehr in den Beruf gelang ihr deshalb dann nicht mehr rechtzeitig (Lehrerarbeitslosigkeit). So hat sie dafür z.B. als langjähriges Mitglied des Deutschen Staatsbürgerinnenverbandes und inzwischen auch 20 Jahre lang beim »Förderkreis Peace People Nordirland« mitgearbeitet. Seit 1994 ist sie auch ein aktives Mitglied der »Frauenbrücke Ost-West«, in der sich ost- und westdeutsche Frauen zum Ziel gesetzt haben, sich gegenseitig kennenzulernen und besser zu verstehen. Zusammen mit ihrem Mann leistet sie Hilfe für russlanddeutsche (und russische) Umsiedler in Ostpreußen/Kaliningrad und hilft auch sonst, wo sie gebraucht wird.

Ihr Vater war Kreisamtsleiter des NS-Lehrerbundes und langjähriger Parteigenosse in einer mittleren Stadt im Südwesten mit einem bildungsbewussten Bürgertum. Vater und Mutter gehörten schon seit den 20er Jahren zu den »Adler und Falken«, einem kleineren Kreis, der sich zur Jugendbewegung zählte und einen »völkisch kulturellen« Schwerpunkt hatte. Sie selbst brach noch im März 1945 nach Heiligenberg/Bergstraße im Rheintal zur Reichsjugendführerinnenschule (»Reichsjugendakademie«) auf, um sich zur hauptamtlichen Führerin (»auf Zeit«) ausbilden zu lassen. Vorher war sie (nach dem RAD) auf der HJ-Banndienststelle in S. kriegsdienstverpflichtet gewesen und hatte u.a. die Trauerfeier für einen gefallenen Jungvolk-Führer gestaltet.

Wir meinen, die typische BDM-Führerin aus den Autobiografien von Melita Maschmann, Renate Finckh, Eva Sternheim-Peters und anderen zu kennen.[1] *Warum noch eine Biografie dieser Art? Gunhild H. müsste dem bekannten Typus in besonderer Weise entsprechen.*

Aber sie war weder eine Außenseiterin, die elterliche Wärme entbehrte und sich deshalb in die Gemeinschaft der Hitlerjugend rettete wie Renate Finckh, noch wollte sie in einer großen Aufgabe aufgehen wie Melita Maschmann, noch brach ihr 1945 eine Welt zusammen wie Eva Sternheim-Peters. Wer war Gunhild H., und wer ist sie heute?

Wir haben nicht nur viele Gespräche geführt. Gunhild H. besitzt auch ein ungewöhnlich reiches Archiv persönlicher Dokumente. Sie hat noch Aufsatz- und Diktathefte, viele Briefe, Tagebücher, u.a. ein mit eigenen Zeichnungen illustriertes Tagebuch aus ihrer Arbeitsdienstzeit, hervorgegangen aus regelmäßigen Briefen an ihre Mutter; sie hat viele Bücher von damals, das Tagebuch ihrer Schwester, eine große Zahl von Fotos usw.. Diese Dokumente waren für sie immer wieder Prüfstein ihres sehr genauen Erinnerungsvermögens. Sie hat ihre Lebensgeschichte Ende der 80er bis Anfang der 90er Jahre selbst verfasst und bis 1998 immer wieder verändert und mit Nachträgen versehen. Meine Mitarbeit beschränkte sich im wesentlichen auf Kürzungsvorschläge und auf einige wenige zusammenfassende Überleitungen. Mit voller Absicht fehlen kritische Rückfragen und Kommentare. Sie sollte ihre eigene Lebensgeschichte völlig unbeeinflusst von mir schreiben können. Alle Zusätze und Erklärungen in Klammern stammen von ihr selbst. Erklärungen, die sie nachträglich in Originaldokumente eingefügt hat, stehen in eckiger Klammer; die Auslassungen hat sie gebilligt.

1 Vgl. die Literaturliste, Sparte Autobiografien: [434], [401], [472]. Dazu auch: Margarete Hannsmann [407], Carola Stern [470], Lore Walb [778].

An den ersten Gesprächen nahm noch ihre Mutter (geb. 1900) teil, die inzwischen im Hause ihrer Tochter verstorben ist. Ein Stück ihrer Lebensgeschichte ist hier auch in die ihrer Tochter eingegangen.

Die naturnahe, völkische, soziale Prägung im Dorf und im Elternhaus (1925-1934)

Geboren 1925 als erstes von drei Lehrerskindern, genoss ich bis zu meinem dritten Schuljahr ein recht urwüchsiges, realitätsnahes Leben mit meinen Freundinnen in einem Dorf droben im Schwäbischen Wald. Ich half mit bei ihren täglichen Pflichten draußen auf dem Feld und drinnen in Haus und Hof. Ich lernte, wie man sich mit todesmutigem Zugriff auf den Hals des Gänserichs gegen eine zischend angreifende Gänseschar wehrt, ließ mir mittags mit ihnen die Metzelsuppe von dem Schwein schmecken, dessen Todesschreie ich noch am Morgen mit Grausen und Mitleid gehört hatte, lief mit ihnen barfuß auf staubweichen Lehmwegchen und über Stoppelfelder, marschierte mit ihnen schon als Vier-/Fünfjährige zum Kindergottesdienst die zwei Kilometer hin und zwei Kilometer zurück und mit meinen Eltern sogar noch weiter bis in die Dörfer im Tal zu Kollegenfamilien. So bewunderte ich sachkundig die Bauernkinder, die in Schnee und in Hitze jahraus, jahrein jeden Morgen von den Höfen drunten an den Hängen heraufgestapft kamen zur Schule. Wir hatten übrigens in dieser Zweiklassenschule einen sehr modernen Unterricht, da mein Vater die Genehmigung zu den Schulreform-Versuchen der zwanziger Jahre hatte.

Zu diesem Dorfleben kamen dann bei uns zu Hause noch schöne Bilderbücher und Bastelarbeiten für mich und meine Freundinnen, das Lauten-, Flöten- und Klavierspiel meiner Eltern, Bücher und Jugendstilbilder, Besuche von auswärts. Und zu Weihnachten durften unsere Großeltern aus der Stadt für uns und unsere Freundinnen sogar Bananen und Orangen mitbringen, auch wenn sonst mein Vater sagte: »Deutsche essen deutsches Obst.« Für Deutschland konnte man durchaus auch mal Opfer bringen – das war etwas, worauf man stolz sein konnte. So sang ich auch mit meinen Freundinnen beim Viehhüten voll Ergriffenheit auf dem Apfelbaum das Saarlied: »Deutsch ist die Saar«, und am schönsten war darin: »Reicht euch die Hand, schlinget ein Band um junges Volk, das deutsch sich nennt, in dem die heiße Sehnsucht brennt nach dir, oh Mutter, nach dir, nach dir.«

Mein Vater, geb. 1898, stammte aus einer mittelgroßen schwäbischen Industriestadt, wo sein Vater in einer Lederfabrik Werkmeister war. Er selbst hatte das Lehrerseminar in der Stadt besucht, allerdings unterbrochen durch zwei Jahre als junger Kriegsfreiwilliger im Ersten Weltkrieg. Diese schwere Zeit der Sturmangriffe und Schützengräben hatte ihn geprägt – zusammen mit seinem aufrecht pietistischen Elternhaus und den neuen Ideen unter den frühgereiften Seminaristen der Nachkriegszeit: mutiger Einsatz für die Mitmenschen und ›unser Volk‹[2], persönlich verantwortete Gewissensentscheidung ohne Feigheit vor irgendwem – und im übrigen naturgemäßer Lebensstil und Pflege der deutschen Kultur.

Meine Mutter, geb. 1900, stammte aus einer durch die Krankheit ihrer Eltern, durch den Verkauf ihres Besitzes (Gasthaus und Pension in einem Luftkurort) und die anschließende Inflation plötzlich verarmten Familie. Mein Vater hatte sie als junger Unterlehrer in einem Dorf kennengelernt bei der Oberlehrersfamilie (Onkel und Tante), wo sie zeitweise lebte und fröhlich und lernbegierig die gebildete württembergisch-evangelische Atmosphäre des Schulhauses genoss. Sie lernte dort begeistert Klavier spielen und vieles andere und übernahm dann später in Ludwigsburg bei einer angesehenen jüdischen Fabrikantenfamilie eine Stelle als Erzieherin, Hausdame und Betreuerin der Hausfrau, die nach dem Tod ihres Mannes als Offizier im Krieg schwermütig geworden war.

Durch die beiden jüngeren Brüder meiner Mutter in Stuttgart hatten meine Eltern Anschluss an eine »völkisch« inspirierte Gruppe der Jugendbewegung (»Adler und Falken«) bekommen. So kam ich zu meinem mittelhochdeutschen Vornamen und schon als kleines Mädchen um 1930 zum Nächtigen im Stroh, zum Lagerfeuer, zur Bewunderung von Bändertänzen, Stirnreifen, Stilkleidern, Reformschuhen, Bircher Müsli, Waldorfspielzeug, alten Liedern und »Reihen« (Reigen), ›schönen Männern‹ mit Bundhosen, offenem weißem ›Schillerkragen‹ und klangvoll frohen Stimmen beim morgendlichen Waschen am klaren Wiesenbach unter blühenden Bäumen.

Meine Mutter und ihre Geschwister waren musisch, schöpferisch und lebenstüchtig – ihnen war das bunte Leben näher als graue Theorien und Ideologien. So wurde durch den Einfluss meiner Mutter in unserer Familie überall das Positive gesehen, wenig kritisiert oder gar gelästert – man gestand jedem Menschen das ›Seinige‹ zu – ohne Neid, ohne Hass. Und meine Mutter ver-

2 Bei den zahlreichen zwischen einfache Anführungszeichen gesetzten Äußerungen handelt es sich um Sprachmuster und Wendungen, die damals von ihr und allgemein häufig gebraucht wurden, oder die sie bewusst akzentuieren will.

suchte – wie uns Kindern, so auch sich selbst – das Mögliche zu gewähren oder zu beschaffen. Sie ging, obwohl dies oft sehr beschwerlich war, zu Singwochen oder zum Töpfern usw.. Sie fabrizierte mit den Schülern Advents- und Maienkränze, mit den Bäuerinnen Künstlerhanddruck-Schürzen und Kinderspielzeug, leitete das Singen im evangelischen Jungfrauenverein, übte mit den Schülern Reigen fürs Gesangvereinsjubiläum, pflegte Kontakte zu verschiedenen Künstlern, die ihr Bilder schenkten und von ihr kunstgewerbliche Arbeiten bekamen.

Umzug in die Stadt S., Schulzeit (1934-1944)

So war es dann für uns alle eine harte Umstellung, als wir 1934 in die Stadt S. zogen – eine mittelalterliche, bürgerstolze Gewerbe- und Beamtenstadt. Das war üblich wegen der Schulbildung der Kinder. Aber durch das dortige Rektoramt und Engagement meines Vaters für den Nationalsozialismus (er wurde Kreisamtsleiter des NS-Lehrerbundes) änderte sich vor allem für meine Mutter ihr gesellschaftliches und musisches Leben grundlegend. Sie übernahm gelegentlich das Singen in der Frauenschaft und wäre doch lieber in den Kirchenchor gegangen, weil dort die ›gebildeteren Leute‹ waren.

Wir wohnten zunächst in einer neuen Arbeitersiedllung am Stadtrand. Die Hausbesitzersfrau war eine schmächtige, aber flinke und ungeheuer fleißige Frau. Sie musste für alles sorgen: für das Haus, den Garten, ihre Ziegen – musste ihre hüftkranke Tochter morgens im Handwagen zur Schule fahren und anschließend ›zum Putzen gehen‹. Und daheim wurde sie dann am Abend von ihrem Mann angebrüllt und bedroht. Er ›soff‹ und war ›ein Kommunist‹ – der zweite, den ich in meinem Leben bewusst sah. Und diese Frau war trotz aller Ungerechtigkeit immer freundlich – sie imponierte mir in ihrem klaglosen Stolz, und heimlich tat sie mir auch immer etwas leid in ihren dunklen Baumwollkleidern mit ihrem fahlen, faltigen Gesicht (obwohl sie nicht viel älter war als meine Mutter). Sie verlor im Krieg dann auch noch ihren tüchtigen, einzigen Sohn. In der Nachkriegszeit und später als Rentnerin habe sie viel für die Arbeiterwohlfahrt getan, so erfuhren wir bei unseren späteren Besuchen. Mir ist sie unvergesslich, und sie hat nicht unwesentlich zu meinem sozialen Weltbild beigetragen.

Ebenso war es mit meinen neuen Klassenkameradinnen im dritten und vierten Grundschuljahr. Da gab es eine Abteilung A und eine Abteilung B. Letztere hatte zusätzlich Nachhilfestunden in Rechnen und Rechtschreiben. Ich kam zur Abteilung A, aber ich unterhielt mich auch sehr gerne mit den Mädchen von der Abteilung B. Da waren einige recht erstaunliche darunter, die mir sehr imponierten, wenn sie ganz selbstverständlich ›sich nichts gefallen ließen‹ oder ganz unbekümmert über ihre fast unzählbaren Diktatfehler lachten, oder wenn manche einfach immer unverwüstlich fröhlich waren oder andere immer ganz still und freundlich. In der Abteilung A war man fast immer ganz ›brav‹ und ›eine gute Schülerin‹. Ich musste mir vieles neu angewöhnen, um da hineinzupassen. Aber im Grunde stehe ich bis heute gegebenenfalls immer noch in der Mitte zwischen A und B. ›Die Volksgemeinschaft des Dritten Reiches‹ war mir deshalb eine ganz natürliche Sache (und heute heißt sie für mich und unsere Kinder eben ›menschliche Solidarität‹). Mit denen, die nicht in die Oberschule gekommen waren, trafen wir ja dann noch weiterhin im Jungmädeldienst zusammen, und mehrere von ihnen waren dort sehr geschätzt als ›unsere Sportskanonen‹. Bis weit in die Kriegszeit hinein kostete unsere Oberschule noch 40.– RM pro Dritteljahr (einige hatten aber auch Schulgelderlass).

In der Oberschule für Mädchen – zuerst noch ›Mädchenrealschule‹ – waren wir dann zunächst mal alle ›Neue‹. Wir hielten fest zusammen und halfen einander. Auch ich gab z.B. des öfteren am Gartentor Nachhilfestunden in Mathematik oder erklärte im Unterricht einen Sachverhalt nochmals verständlicher, wenn's der Lehrer zu schnell oder zu kompliziert gemacht hatte. Mich befriedigte es einfach, dass ich mein Gelerntes ›für die Allgemeinheit nutzbar‹ machen konnte. Höhere Bildung nur zum Zwecke des persönlichen Vergnügens oder gar des Privilegiertseins fand ich nicht richtig: Das war unsozial und zudem unökonomisch, weil es nur einer Person diente. So war es nichts Neues und ›etwas Gutes‹ in meinen Augen, dass jetzt im Dritten Reich ›die Volksgemeinschaft‹ als hoher Wert propagiert wurde. Diese Volksgemeinschaft entsprach einfach meinem Ideal von Gemeinschaftsgefühl und sozialer Gerechtigkeit und war deshalb ein ganz wesentlicher Punkt für mein Engagement und meine Zufriedenheit im Dritten Reich. Allerdings ging dies bei mir nur bis ›Gemeinnutz geht vor Eigennutz‹ – und ich protestierte leidenschaftlich, wenn als Parole zu lesen war oder in Feiern deklamiert wurde: ›Du bis nichts, dein Volk ist alles.‹ Das war in meinen Augen falsch, denn niemand ist ›nichts‹.

Außer diesen Problemen machte ich mir aber bezüglich meiner individuellen Entfaltung (heute ›Selbstverwirklichung‹) noch viele Jahre Gedanken darüber, ob ich schlicht und natürlich bleiben sollte, wie das ›werktätige Volk‹ oder mich zur ›stilvollen, deutschen Frau‹ oder gar zur hochzivilisierten Dame weiterentwickeln wollte! So wie etwa die Filmschauspielerin Käthe von Nagy, die ich von einem Zigarettenbild kannte – im dunkelroten Samtkleid und mit ihrem schwarzen Haar so wenig ›nordisch‹ wie ich. Da dieses Dame-Sein jedoch bei mir und meiner Figur zweifellos zuviel Aufwand und Zeit erfordert hätte – außerdem auch noch viel Disziplin statt natürlicher Spontaneität, oder Distanzierung statt sozialer Mitmenschlichkeit usw. –, ›sah ich davon ab‹. Darin bestätigt wurde ich zudem durch die Propagierung der ›neuen deutschen Frau‹, die ›natürlich und gesund‹ war und weder rauchte noch sich schminkte.

Erstaunt sah ich dann aber später, dass die höheren BDM-Führerinnen sich dunkelblaue Kostüme mit flotten Hüten und Handtaschen und sogar wollweiße (?) Abendkostüme zugelegt hatten (wie zu Zeiten der ›Asphaltkultur‹ der zwanziger Jahre und bei den ›dekadenten‹ Franzosen). Ich selbst brauchte einige Jahre, bis ich diesen bürgerlich kultivierten Stil als mögliche Fortentwicklung zu einer weiteren Stufe unserer ›neuen Zeit in Deutschland‹ akzeptieren konnte. Schließlich aber hatte mir ja ohnehin diese giftbraune, forschsportliche Kletterweste nie gefallen – und stilvoll ideenreiche Kleider entwarf ich unentwegt selber gerne (Skizzen dazu sogar in Mathematikheften). Man konnte dabei auch geschickt schlankmachende Tricks für sich erfinden. Schlanksein war auch bei uns damals wichtig, aber nur bis zum ›nordischen‹ Mädchen- und Mutterideal, nicht bis zum ›ungesund‹ ›dekadenten‹, ›dürren‹ Luxusgeschöpf der ›Asphaltkultur‹ in den zwanziger Jahren. Eine gute ›Dirndlfigur‹ – etwas Busen, schlanke Taille, etwas Hüfte – war attraktiv.

Solche und ähnliche Probleme beschäftigten mich und meine Klassenkameradinnen auch damals zu Zeiten des ›Dritten Reiches‹ und des Krieges – wie auch einstmals unsere Mütter und nach uns unsere Töchter, jeweils nach Alter und persönlichem Typ verschieden. So war es auch mit unseren Männeridealen. Natürlich war man auch zu unserer Zeit als junges Mädchen und als Jungmädelführerin mit Schwärmen, Verliebtheit, Liebeskummer und Träumen vom idealen Mann beschäftigt. Wenn heute manchmal unterstellt wird, dass wir nur auf ›Kamerad und Kameradin‹ und auf Mutterschaft getrimmt worden seien, so wird dabei die unverwüstliche Vitalität einer zukunftsfrohen Jugend unterschätzt – und die ließ bei vielen Gelegenheiten auch Erotik aufkommen.

Im Krieg war für uns die Begegnung mit Soldaten (z.B. in der Eisenbahn oder auch im Lazarett) trotz Mitgefühl, Tragik und Trauer doch immer wieder interessant. Ich selbst (als unattraktive Spätentwicklerin und – deshalb? bewusst ›sauberes deutsches Mädchen‹) hatte noch keinen ›richtigen Freund‹, nur heimlich jeweils persönlich ›einen Schwarm‹ in unserer Stadt, daneben dann noch die drei allgemein angeschwärmten Jungvolkführer – Typ ›Griechischer Jüngling‹ –, nur einer davon auch mit dem idealen schöngeistigen Niveau (er fiel, wie so viele bei der ›Frontbewährung‹, als ROB – Reserveoffiziersbewerber), die anderen beiden eben nur ›nordisch‹, etwas zu forsch, oberflächlich, zackig und klischeehaft (sie überlebten den Krieg). Aber sie waren alle ohnehin ›saure Trauben‹ für mich. So gefielen mir eben die ›reinen Helden‹ in unseren UFA-Filmen und unter unseren Ritterkreuzträgern. Aber nicht etwa der ›schmierige‹ Willy Birgel oder die ›fatzigen‹, dekadenten Salonschönlinge mit weißem Schal wie Johannes Heesters u.a., oder die unverlässlichen Draufgänger und Fraueneroberer wie Hans Albers, und deshalb – trotz Ritterkreuz – auch nicht ›der Galland‹ (Fliegeroffizier) und ›der Kapitänleutnant Prien‹, beide Schwarm vieler Mädchen und Frauen. Ich klebte ein Kalenderbild von einem blonden und ›reinen‹ Kapitänleutnant Schepke, von Mölders und von unserem Landsmann Rommel (unter ihm war im Ersten Weltkrieg mein Vater Gebirgsschütze gewesen) in mein Album. Übrigens waren mir auch bei ›unserem Führer‹ das theatralisch markig-männliche Auftreten, das Bärtchen und die ›Schmalzlocke‹ etwas peinlich – es passte nicht zu seinen offensichtlich ›großen Fähigkeiten‹ und der ›asketischen Erfüllung seiner geschichtlichen Berufung‹.

Wer weiß – vielleicht ganz einfach, weil ich im Pubertätsalter laufend dikker wurde und ich mich außerdem mit meinem rigorosen ›völkischen‹, ›pietistischen‹ und NS-Echtheits- und Reinheitsideal (›Reinbleiben und Reifwerden‹ – Walter Flex) weder zum kokett-sportlichen ›Bubenschwarm‹ noch zum modischen ›Affen‹ eignete, andererseits aber auch nicht ganz zur aktivistischen, pathetischen Jungmädelführerin – konnte ich leicht meinen persönlichen Neigungen treu bleiben, z.B. zu kritisch ›philosophierendem‹ Denken, zu Selbstverantwortlichkeit und Unabhängigkeit, zu gründlichem Beobachten meiner Umwelt mit ihren oft harten Realitäten, zum ständigen Lernen – also allen meinen alten Wesenszügen – einschließlich meiner bedächtigen Langsamkeit und meines intensiven Erlebens von allem mir Wichtigen.

Von Politik war an unserer provinziellen Mädchenoberschule nicht viel zu merken – so hatten wenigstens wir, die wir damals ›pro Drittes Reich‹ engagiert gewesen waren, jahrzehntelang gedacht. Inzwischen hat sich nun aber bei unseren Klassentreffen und in persönlichen Gesprächen herausgestellt, dass diejenigen von uns, die mit dem ›Dritten Reich‹ und seiner ›Partei‹ nicht einig gewesen waren und z.T. sogar Nachteile daraus gehabt hatten, sehr wohl von manchem Politischen in Schule und Stadt wussten, was sie uns aber nicht gesagt hatten oder was wir als unwichtig nicht bewusst zur Kenntnis genommen hatten. Nun nachträglich zeigt sich doch, dass manche für mich unerklärlichen Vorgänge in meiner Umwelt, wie z.B. die manchmal reservierten

Reaktionen von Lehrerinnen, Klassenkameradinnen und Nachbarn, ebenso wie umgekehrt die erstaunlichen Freundschaftsbezeugungen einiger Mädchen und einiger Ladenbesitzer sich daraus erklären, dass man in mir die ›Tochter eines Parteigenossen‹ sah – und das, obwohl mein Vater von 1939 bis 1947 bzw. 1950 aus der Familie fort war und ›die Partei‹ für uns andere (meine Mutter und meine Geschwister und auch mich selbst) als solche eigentlich außerhalb unseres Interessenkreises lag.

Trotzdem trat ich in ›die Partei‹ ein. An meine eigene Jugendweihe kann ich mich überhaupt nicht erinnern. Aber meine Aufnahme in die Partei, eine unspektakuläre, einsame Angelegenheit, blieb mir wohl nur deshalb in Erinnerung, weil ich mich heimlich ärgerte über mein Pech, dass ich wegen dieser Feier nicht mitfahren konnte zu meiner jahrelang erträumten Kirschblütenwanderung, die ich endlich für den interessierten Kreis meiner Klassenkameradinnen hatte organisieren können. Nun blühten diese Kirschen 1943 ausgerechnet an meinem Aufnahmetag, einem strahlend blauen Frühlingssonntag um den 20. April herum (›Führers Geburtstag‹). Diese Klassenkameradinnen, die, obwohl kirchlich, doch z.T. Jungmädelführerinnen waren, wollten ›selbstverständlich nicht in die Partei‹, das hatten sie mir einmal gesagt. Aber sie, die sonst so sanftmütig waren, wollten die Wanderung nicht verschieben. Sie ließen mich ungerührt allein zurück und fuhren (wie mir eine jetzt gesagt hat) zum Teil demonstrativ zu ›meiner Kirschblütenwanderung‹. Meine übrigen Schulkameradinnen und sonstwie bekannten Mädchen waren offenbar einfach desinteressiert, denn ich fand mich völlig allein unter lauter Unbekannten. Ich hatte vorher eigentlich nicht gedacht, dass die Parteimitgliedschaft so etwas Besonderes und Seltenes sei – es war für mich eben das öffentliche Zeichen, dass man bewusst am Aufbau unseres neuen Reiches mitarbeiten wollte. Meine kirchlich und humanistisch geprägten Klassenkameradinnen wichen zwar in unseren Gesprächen deutlich desinteressiert allem Zeitgenössischen aus – ›um nicht wegen ideologischer Dinge unsere Harmonie von Schöngeistigkeit, kindlicher Reinheit und Frohsinnigkeit zu zerstören‹ – wie einige mir nun nachträglich gestanden haben. Aber ich hatte dies als ›Schöngeistigkeitsbedürfnis‹ interpretiert und deshalb meine Problemdiskussionen eben an die Literatur angeknüpft. Doch außerdem seien sie in diese Vermeidungshaltung einfach zum Schutz abgetaucht. Wie ich nun erfahren habe, hat z.B. eine Gruppe von ihnen wöchentlich einmal um 7 Uhr vor dem Schulunterricht beim evangelischen Dekan auch nach der Konfirmation weiterhin freiwilligen Religionsunterricht bekommen, ohne dass ich dies je gemerkt hatte. Unter ihnen war sogar eine, die sich, obwohl aus einer schon lange kirchenfernen Akademikerfamilie kommend, zusammen mit ihrer

Schwester ganz bewusst und demonstrativ hatte konfirmieren lassen. Eine andere aus unserem engeren Kreis sei heimlich in einem christlichen Ferienlager gewesen – man hätte offenbar dazu eigentlich die Genehmigung von der HJ-Banndienstelle gebraucht. Wegen ihrer bekannten Kirchentreue sei sie auch eines Tages auf die Banndienststelle geladen worden und als JM-Schaftführerin entlassen worden. ›So etwas‹ hätte ich in unserer Stadt nicht für möglich gehalten. Davon und von vielem anderen nahm ich – in unserem Haus am Stadtrand und bei meinen vielerlei anderen Pflichten und Neigungen – kaum etwas wahr. So war es für mich nun bei meinen Nachforschungen manchmal eine ziemlich schockierende, misstrauisch machende, aber auch befreiende Lebenserfahrung, wie naiv man an vielem vorbeilebt oder auch, wie etwas dumpf Unverständliches plötzlich erklärlich und dadurch entschärft wird.

Im allgemeinen hat es für uns keine Rolle gespielt, wer von der Lehrerschaft ein Parteiabzeichen trug (›sie müssten ja eigentlich praktisch fast alle PG sein‹ dachten wir). Was für uns zählte, war die Persönlichkeit des Lehrers und die Qualität seines Unterrichts. Vom Stoff habe ich selbst noch mehr in Erinnerung als die meisten. Ich hatte mich schon damals oft sehr intensiv damit auseinandergesetzt, besonders mit menschlichen Problemen in Literatur und Geschichte.

Interessant erscheinen mir heute zwei gegensätzliche Beispiele aus unserem Unterricht: Unsere junge Lehrerin für Biologie und Deutsch hatte einen frischen, anschaulichen Unterrichtsstil, ging mit uns zum Pilzesammeln usw.. Alle erinnerten sich noch an die poetischen Naturbeschreibungen von Hermann Löns, mit denen wir bei ihr in Sprachübungen, Aufsätzen, Diktaten und Lesestücken gearbeitet hatten. Keine von uns wusste aber heute etwa davon, wie primitiv agitatorisch und hetzerisch ihre Diktat-Texte in unserem siebten Schuljahr (1938/39) waren.[3] Keine aus unserer Klasse hätte in der Erinnerung ›sowas‹ unserer geliebten Lehrerin je zugetraut. Sie sei eine ›pfundige BDM-Führerin‹, hatten wir von ihren großen BDM-Mädeln erfahren. Dagegen las die von uns sehr geschätzte Klassenlehrerin (Deutsch, Geschichte, Englisch)

3 Proben aus Diktaten:
2. 12. 38, Hermann Göring spricht: »Wir wissen, dass es unerträglich ist, wie dieser kleine Volkssplitter (gemeint wohl die Tschechen – G.H.) da unten – kein Mensch weiß, woher sie gekommen sind – ein Kulturvolk dauernd unterdrückt und belästigt. Wir wissen aber, dass es ja nicht diese lächerlichen Knirpse sind: Dahinter steht Moskau, dahinter steht die ewig jüdisch-bolschewistische Zerrfratze.«
Über eine Hitlerrede, Diktat vom 2. 2. 1939: »...Auch die Zeit der bürgerlichen Rührseligkeit ist vorbei ... Mit einer Wendung an die amerikanische Adresse erklärte der Führer, dass auch die Judenfrage endgültig gelöst werde und keine Macht der Welt uns davon abhalten könne, die jüdische Hetze schon gar nicht.«

unseres 11. und 12. Schuljahrs (trotz Parteibabzeichen!) noch im Dezember 1942 mit uns das antimilitaristische englische Drama von Robert C. Sheriff »Journey's End« (1929), obwohl die Verfilmung von 1931 (»Die andere Seite«) schon 1933 wegen ›Wehrkraftzersetzung‹ verboten worden war, wie ich jetzt anlässlich einer Wiederholung im Fernsehen gelesen habe. Diese Lehrerin wollte uns wohl überhaupt zum kritischen Nachdenken anregen.

Den größten Schatten auf meine als schön und interessant erlebte Schulzeit hat geworfen, dass eben diese unsere Lieblingslehrerin, die mich vom Deutschunterricht her hätte kennen müssen, offenbar hatte glauben können, ich hätte gegen meine Schule gearbeitet. Ich erfuhr davon zufällig später, obwohl ich schon früher (1944/45) einmal überrascht war über ihre wortkarge Reaktion auf meine Wiedersehensfreude. Ich hatte während meiner Tätigkeit auf der Banndienststelle (nach dem RAD) begeistert den Besuch meiner Schule zwecks Abschreiben einer Klassenliste der Abitursklasse 8 übernommen – für den üblichen Ferieneinsatz, wie ich glaubte. Aber offenbar waren dann diese Schülerinnen vorzeitig in die Rüstungsindustrie einberufen worden – wie auch schon wir 1944 nach einem verfrühten Abitur damals zum RAD – aber sie nun 1945 wohl ohne Abitur. (Ich habe diese Angabe erst jetzt in einem Weihnachtsbrief für unsere Soldaten entdeckt, den ich damals, beschmutzt, irgendwo als Buchzeichen eingelegt hatte – entweder ungelesen oder nicht bewusst registriert!). Erst 1996, fiel mir dazu ein, dass beim Vorlesen und Besprechen mit einer meiner Klassenkameradinnen (heute Psychotherapeutin) diese noch mehr als 50 Jahre später so frustrierend kalt bei Erwähnung dieser meiner Schülerinnen-Liste vorwurfsvoll zu mir sagte: »Und meine Schwester war auch darauf. Und nach jenem grauenhaften Luftangriff auf Pforzheim am 23. Februar 1945 wurden diese jungen Mädchen vom Kriegshilfsdienst aus zu Aufräumungsarbeiten, verbunden mit Herauszerren von Leichen aus dem Schutt, abgeordnet.«

Ich hatte für dieses Listenschreiben freudig meine Lehrerin (damals kommissarische Schulleiterin) begrüßt: »So, heute komme ich dienstlich!« was aber natürlich spaßig gemeint war. In der Schule hatte man dann aber offensichtlich allen Ernstes angenommen, ich hätte da irgendeinen Einfluss gehabt und nun meine ›Macht‹ gegen meine eigene Schule ausgespielt. Beides völlig absurde Ideen, aber anscheinend in den letzten Monaten des wirren Endkampfes sogar von gebildeten Menschen für möglich gehalten. Durchschaut habe ich dies alles damals nicht, aber gespürt habe ich doch des öfteren eine unerklärliche ›gläserne Wand‹, so dass ich schon damals lernte, mich auch allein zu behaupten.

Jungmädel und Jungmädelführerin

Was mich verwundert, ist, dass ich mich und meine Klassenkameradinnen noch anschaulich vor Augen habe in den verschiedenen Klassenzimmern unserer Schule, dass ich mich aber nur an wenige Szenen aus dem Jungmädeldienst erinnere.

Aus meiner Zeit als einfaches Jungmädel war mein schönstes, glücklichstes Erlebnis das Gebietssportfest in Stuttgart (für uns Mädchen damals noch ›Obergau-Sportfest‹). Zwar hatte ich den Leichtathletik-Mannschaftswettkampf durch zweimaliges Ausrutschen auf dem regennassen Sprungbalken und den ärgerlich-resignierten Notsprung in die pfützige Sprunggrube ›versaut‹ , doch so fürchterlich wichtig konnte ich einen Siegerplatz für uns nicht finden. Was mir aber ein ziemliches Schuldgefühl verursachte, war der Gedanke, dass ich durch meine ›laue‹ Einstellung und Leistung den anderen, also unserer ›Mannschaft‹, den Sieg vermasselt hatte, und das war ›unkameradschaftlich‹. Die Schlussveranstaltung in der Stuttgarter Schwabenhalle ließ mich aber all dies vergessen. Was für ein Hochgefühl, als wir die ganze Riesenhalle füllten mit unserem vieltausendstimmigen »Jetzt kommen die lustigen Tage« – und beim Refrain schwenkte die Marine-HJ in ihren klassischen Marineuniformen die weißen, blaubebänderten Mützen im Takt über der Emporen-Balustrade – »Schätzel ade, ade, Schätzel ade!« Im übrigen hatten wir die ganze Zeit den hinter uns sitzenden Jungvolkführer H., den ›Schwarm‹ der JM-Führerinnen von S., mit Hilfe unserer Taschenspiegelchen anschauen können! Beim Reichssportwettkampf (im Rahmen der Schule) erreichte ich zwar in meinen jüngeren Jahren eine hohe Punktzahl, worüber ich mich schon freute, aber diesen ›Sport-Stress‹ (würde man heute sagen) mochte ich eigentlich nicht sehr.

Die ›Spielwiesen‹-Vorführungen dagegen (Gymnastik usw.) waren begeisternd: Wenn wir da zu Hunderten im gleichen Rhythmus schwangen, liefen, turnten, alle im gleichen weißen Turnleibchen mit schwarzer Turnhose auf dem grünen Rasen in makellosen Blöcken und Figuren formiert: ein kleines ›Olympiade‹-Erlebnis. Den Höhepunkt bildete jedoch die Reifen-, Ball- und Keulengymnastik des BDM-Werkes ›Glaube und Schönheit‹ in den stilvollen figurbetonten Gymnastikhemdchen und die Reigenkreise, barfuß auf grünem Rasen, in den schwingenden weißen Kleidern mit bunten Leibchen darüber. So rank und schlank war ich als ›ostischer‹ Typ natürlich nicht und deshalb auf ewig ungeeignet für ›Glaube und Schönheit‹. (Manche lästerten zwar: ›Glaube an Schönheit‹ oder ›Mehr Glaube als Schönheit‹, aber ich fand dies unwürdig und unpassend, und Lästern lag mir sowieso nicht – es färbte die Menschen und das Leben so negativ.)

Bei den Heimnachmittagen war es etwas anderes – da wollte ich mit ›tiefschürfenden‹ Themen und schönen Liedern, mit Stegreifspielen, Scharaden, Märchen-Erfinden, Gesellschaftsspielen, aber auch mit Spielzeugbasteln fürs Winterhilfswerk oder bei den ›Einsätzen‹ beim Heilkräutersammeln, beim Lazarettsingen und beim Feldpostpäckchenpacken meine Jungmädel oder FA-Schar-Mädel (Führerinnen-Anwärterinnen) schon begeistern. Ich wollte eben meine ›Mädel‹ zu ›Persönlichkeiten‹ bilden helfen – und damit zu tüchtigen ›deutschen Mädchen und Müttern‹, was ja auch meinem eigenen Lebensziel entsprach. An ›Schulungshefte‹ kann ich mich überhaupt nicht mehr erinnern, obwohl es die gab. Ich glaube, ich betrieb ziemlich viel Eigenbau und passte mich an die jeweiligen Notwendigkeiten oder günstigen psychologischen Chancen an – und das waren dann erlebnisreiche Stunden. So habe ich als junge Schaftführerin sicher auch mit meinen Jungmädeln voll Feuer und ›Menschenbildungseifer‹ den ›willensstarken persönlichen Lebenskampf des Führers‹ und seinen ›Kampf für Deutschland‹ besprochen, wie es alljährlich zu ›Führers Geburtstag‹ oder für einen ›Leistungswettkampf‹ vorgeschrieben war. Aber allmählich wurde diese ständige Wiederholung doch etwas lästig und überflüssig, und so kam ich dann als JM-Scharführerin in einen Verantwortungskonflikt, an den ich mich sogar noch gefühlsmäßig erinnere.

Meine Schaftführerinnen sagten: »Wir machen's kurz mit dem Leben des Führers, damit noch Zeit für Spiele bleibt.« Ich zögerte, sagte dann aber pflichtbewusst, dass ja eigentlich der JM-Dienst nicht nur zum vergnüglichen Spielen gedacht sei und man die Jungmädel doch auch zu ernsteren Gedanken hinführen müsse. Die zwei (oder drei) Schaftführerinnen sahen dies offensichtlich nicht so eng, und ich entschloss mich, es jeder persönlich zu überlassen, da ich immer das Gefühl hatte, eher zu vernünftig als zu lebenslustig zu sein. Ich hatte z.B. auch die Mitteilung eines Vaters, dass seine Tochter sonntags nie zu Dienst oder Morgenfeiern kommen werde, weil sie zum katholischen Gottesdienst gehe, einfach auf sich beruhen lassen, obwohl wir Führerinnen bei solchen Gelegenheiten eigentlich ›durchgreifen‹ sollten. Gutes konnte man auch im Gottesdienst lernen.

Als Jungmädelführerin gehörte ich meiner Ansicht nach nur zur zweiten Garnitur. In unserer Stadt waren die tüchtigsten Jungmädelführerinnen meist aus mittelständischen Gewerbefamilien. Sie waren lebenspraktisch und sehr aktiv. Ich war zwar genügend geschickt und auch kreativ bei Heimnachmittagen, Musisch-Kreativem, Ferienlagern usw., aber für zuviel Aktionen war ich nicht. Bei Leistungswettkämpfen aller Art waren meine Jungmädel schon einigermaßen gut, aber oft musste ich aus Termindruck dann eben ein bisschen nachhelfen und die Bastelarbeiten usw. selbst fertigmachen.

Für unsere Heilkräutermärchen bekamen wir sogar zweimal einen Preis. Da ich eine Jungmädelgruppe und eine FA-Schar, ganz zuletzt einen JM-Ring auf dem Lande hatte, musste ich per Eisenbahn oder Fahrrad herumkutschieren, um die Schaften und Scharen zu besuchen – aber das geschah höchst selten. Unsere Dienstbesprechungen konnten wir meist in Schulpausen machen, da die Schar- und Schaftführerinnen mit mir die zentrale Oberschule für Mädchen in unserer Kreisstadt besuchten. Nach dem RAD war ich dann ab November 1944 hauptamtlich auf der Banndienststelle als Allerweltshilfe beschäftigt, bis ich im März 1945 noch auf die Jugendakademie kommen sollte. Was mir Spaß machte, war z.B. das Packen von Feldpostpäckchen, für die ich ein Weihnachts-Schmuckblatt zeichnete mit Tannenzweig, Sternen, Kerze, Apfel und Gebäckkringel – so ›echt deutsch‹ – mit dem Gedicht: »Weihnacht … über Deutschlands Weiten schwingt der Glocken heller Chor, Märchen aus verwehten Zeiten und versunk'ne Seligkeiten steigen neu in uns empor…« Absurd, dieses Nebeneinander von ›deutschem Gemüt‹ und den realen Tragödien. Zur Zeit dieses Feldpostgrußes im Dezember 1944 hatten wir am Abendhimmel über 40 km Luftlinie den Feuerschein einer durch Luftangriff ausgelöschten mittelalterlichen Stadt gesehen. Es war Heilbronn. Am anderen Morgen flatterten auf unserem Rasen angebrannte Krankenquittungen der AOK dieser Stadt umher.

Meine schwerste, aber selbst gewählte Aufgabe war dann eine Gefallenengedenkfeier, davon später.

Kriegseinsätze

1942 war statt der üblichen Einsätze in der heimatlichen Landwirtschaft und in kinderreichen Familien als Ferienkriegseinsatz auch Osteinsatz angeboten. Das wäre doch was Lohnendes! Hinaus aus dem engen Heimatrevier, etwas von der Welt sehen (vor dem Krieg hatte ich mit einer Freundin von Leben und Arbeiten in Deutschsüdwestafrika geträumt), Deutschland kennenlernen und sogar ›den Osten‹ – das Land der ›Burg im Osten – Schicksal einer Ritterschaft‹, das ich in raren Buchstunden heiß miterlebt hatte – das Land, das meine Tanten und Onkel einst auf ›Ostland-Fahrt‹ mit Tornister und Laute durchstreift hatten – das Land unserer Lieder: ›In den Ostwind hebt die Fahnen‹ u.a., das Land, aus dem die Fotos in meinem ersten und einzigen Jahreskalender stammten, von jungen Umsiedlerinnen beim Reigentanz, BDM-Mädeln mit volksdeutschen Schulkindern. Und ich konnte dies nun sogar als notwendigen Einsatz ›für unser Volk und Reich‹ und für die tapferen, aufbauwilligen volksdeutschen Umsiedler im ›alten deutschen Ostland‹, in der Provinz Posen, erleben. Das war doch eine glückliche Kombination von Gemeinnutz und Eigennutz – statt dieser nur eigennützigen Bildung zur schöngeistigen Persönlichkeit und all dieser vollmundigen Feier-Sprüche ohne wirkliche Taten. Meine Mutter ließ mich (als einzige aus unserer Stadt) losziehen – sie hätte dies mit 17 Jahren auch mit Freuden unternommen, wie es ihre zwei Brüder damals hatten tun dürfen.

Hier nun Ausschnitte und Zusammenfassungen aus meinem Hausaufsatz »Tagebuch aus dem Ferieneinsatz« (ein ganzes Heft füllend):[4]

8. JULI 42
Erster Abend – bei Kerzenlicht am Lagertisch:
Der Gedanke noch unfassbar: ›Du bist jetzt im Osten, hunderte Kilometer von zu Hause entfernt.‹ – Auf dem Leiterwagen – herrlich, mit flatternden Haarsträhnen durch die Allee hineinzufliegen in das unbekannte Land, dessen Weite langsam in der Dunkelheit versank – man wurde so frei und weit wie dieses Land und sein Wind.

13. JULI
Endlich sind die langweiligen Lagertage vorbei ... erster Siedlertag! Was schert uns Regen und aufgeweichter Weg! Im Gänsemarsch stapfen wir singend nach Ruschingen ... Nun hoppeln von allen Seiten barfüßige Kinder, wippende Ränzlein auf dem Rücken, der Schule zu ... Endlich werde auch ich zu einer Haustüre hineingeschoben ... (Drinnen wissen sie mit mir genausowenig anzufangen wie ich mit ihnen). Ein paar Fragen in steifem Schriftdeutsch, bis die alte Frau lachend meint, ich könne bestimmt nicht erraten, was ›Krumbirn‹ seien – und wir erstaunt feststellen, dass wir die gleiche Mundart sprechen. – Auf mein Drängen bekomme ich dann endlich eine ›Arbeit‹ ... Ich muss im stillen lächeln, wenn ich daran denke, mit was für hochtrabenden Vorstellungen von dem harten, unbekannten ›Einsatz im Osten‹ ich heute früh auszog und wie ich nun hier – eine Hohlsaumdecke stickend – mich in heimeligem Schwäbisch unterhalte. Dies waren Bessarabiendeutsche – er der Ortsbauernführer ... Nun bin ich nach einigen Tagen und meinem enttäuschenden Hohlsaum endlich in einem ›Männerhaushalt‹ – im ärmlichsten Haus am Dorfende – eingesetzt ... Kein Bewohner zu sehen ... Nachdem ich die Ställe vergebens durchsucht hatte, ins Haus ... klopfte an eine weitere Türe – Stille, öffnete dann, und vor mir kauerte eine Frauengestalt am Herd und schälte Kartoffeln ... »Nix wisse.« Mir war's zum Heulen in meiner Verlassenheit ... Im Osten gibt's kein Verzweifeln, nur Zupacken! ... Beim Fensterputzen habe ich gleich den ganzen Fensterflügel mit abgerostetem Scharnier in der Hand. Der junge Bauer tritt ein – sieht – und beginnt be-

4 Dieser Hausaufsatz nach Notizen und Erinnerungen wurde damals in vier Folgen in ihrer Heimatzeitung veröffentlicht.

dächtig zu sprechen: »Ja, das ist der Osten. In solchem polnischen Zustand trafen wir vor zwei Jahren das meiste an. Man schämt sich, dass noch nicht alles so ist, wie es sich für einen Deutschen geziemt. Doch ich bin erst vor einer Woche [aus der Waffen-SS ?] entlassen worden [wegen Tbc], und mein alter Vater konnte alleine mit der polnischen Wirtschaft nicht fertig werden. Ach, ich möchte jetzt alles schön aufbauen« – und er reckt sich auf, lässt sich aber gleich wieder zusammensinken – »aber es ist ja Krieg – kein Brett, kein Nagel ist zu bekommen. Doch es wird auch einmal wieder Friede sein.« ... Fast wie eine Hausfrau laufe ich geschäftig hin und her, kehre, putze, schaffe Ordnung, reinige Anzüge und stopfe mit zusammengebasteltem Stopfgarn. Ich muss mich aber immer wieder innerlich selbst belächeln, welch vorwurfsvolle und verständnislose Blicke ich der Polin zuwerfen kann, wenn ich wieder aus einem Winkel ein Häufchen Unrat hervorgezerrt habe. [Aber immer wieder erschrak ich auch, wenn ich eine zerlumpte Stoffpuppe, eine Brotrinde, einen verschimmelten Schuh, einen abgebrochenen Löffel in der Hand hielt: Zeugnisse eines früheren Lebens in diesem Haus. Wo das Kind und seine Mutter nun wohl lebten?] Der junge Herr Busch unterstützt diese Säuberungsaktionen eifrig. Er hatte diese Raritätensammlung in den acht Tagen, die er erst hier ist, noch gar nicht entdeckt.

SONNTAG
Befriedigung – Spaziergang – Abendstimmung des Ostens – Goplo-See, Sonnenuntergang – Windmühlenflügel am fernen Horizont usw...

26. JULI
Dorfnachmittag auf dem Dorfplatz. Dichtgedrängt Groß und Klein im Sonntagsstaat. Wir beginnen mit einem Volkslied. Bald zeigen die jungen Bäuerinnen und die jungen Mädchen uns einen Volkstanz. Die Bauern und alten Frauen singen und klatschen den Takt dazu (so gefällt mir's). Dann spielt dazu noch der Ortsbauernführer mit der Ziehharmonika. Dann wieder sind wir dran mit unserem Märchen-Stegreifspiel vom ›Hasenhüter‹. Dann genießerisches Grinsen bei den Zuschauern, als ich, der Direktor des Flohzirkus, den Bezirksamtmann und den Amtskommissar schwitzend mit hochgestrecktem Zeigefinger das imaginäre Seil für den Flohseiltanz halten lasse. Schließlich bei der Schlusspolonaise führt jeder Bauer stolz sein BDM-Mädel heimwärts. Unser Dorfnachmittag war ›einfach schön‹.

[1996: Der genannte Amtskommissar ist mir unvergesslich: Er prügelte einen Polen vom Lindenbaum vor unserem Schulhaus, weil so ein paar dumme Gänse von uns bei seiner Entdeckung auf dem Baum eine Backfisch-Panik inszeniert und den Amtskommissar gerufen hatten. Der arme Pole hatte wohl nur, wie jedes Jahr, Lindenblüten pflücken wollen, ein Schatz für ihn, wertlos für uns. Ich war empört über den Amtskommissar und uns.]

2. AUGUST
Sonntagabend...Trübes Licht...Dumpf brütet man: Warum will bloß dieser ewige Regen nicht enden? Die Ähren werden ausfallen...Die Siedler haben keine Arbeit mehr für uns...Was tun wir da eigentlich noch in diesem trostlosen Regenland?

3. AUGUST
Montag … Heute ist alles anders: Die Sonne scheint, die Ernte hat begonnen. Todmüde – doch zufrieden und auch ein wenig stolz wankte ich heute abend dem Lager entgegen. Das Garbenbinden mit Stroh ist eine harte und schwierige Arbeit. Die Mähmaschine zog in der Sommerhitze unerbittlich Stunde um Stunde ihre Runden – das Wäldchen am unteren Ende des endlosen Ackers ließ sich in blaudunstiger Ferne kaum erahnen. Wieviel wurde schon von der Schönheit der ›riesigen wogenden Getreidefelder des Ostens‹ geschrieben, aber ich verstehe nun sehr wohl die Bauern, die darüber nur müde lächeln. Grimmig wünsche ich mir diese Schreiber hierher an meine Stelle zum Garbenbinden in der glühenden Sonne, mit brennenden und blutenden Händen – der Gaumen ausgedörrt – die Grannen in den Kleidern sich in die Haut einbohrend … Da – Wolkenballen – über den Horizont zuckt ein Blitz! Ein Gewitter bedroht die Ernte – alle Müdigkeit verflogen und mit ihr, so scheint es, auch die Ungeschicklichkeit. Immer schneller und müheloser reihen sich die Garben hinter mir aneinander. Stolz folgen unsere Augen den langen Reihen, die einander immer näher zu kommen scheinen, bis sie unten am Waldrand zusammenlaufen.

6. AUGUST
Als ich heute morgen ausnahmsweise statt auf dem Feld in der Küche arbeite, dringt plötzlich die Stimme des alten Bauern laut und vernehmlich aus der Stube zu mir heraus. Mühsam, Buchstabe für Buchstabe, ringt er mit den Worten seiner Bibel. Nach einem andächtigen Vaterunser und einer Weile der Stille tritt er schweren Schrittes in die Küche ein und setzt sich ächzend auf die Bank – ein Bild aus alten Zeiten: vorgeneigt, die Ellbogen auf die Knie gestützt, die schwarze, hohe Lammfellmütze auf dem weißen Haar, schwere, hohe Stiefel an den Füßen, sitzt er da, tiefgebeugt vor der getünchten Wand auf einer dunklen, altersmüden Bank, die steif ihre Beine spreizt. Eine geraume Zeit sinnt er so vor sich hin, dann beginnt er plötzlich: »Heute vor drei Jahren haben wir zum letztenmal zu Hause den Weizen geschnitten, einen schönen Weizen. Oh, wir hatten da drunten in Galizien fruchtbare Felder und große Höfe. Unsere Häuser waren nicht solch ärmliches Gelump wie diese Polenhütten – nein, hoch und stattlich waren sie, mit großen Fenstern, wurden jedes Frühjahr sauber getüncht, und auf unserem Hofplatz stand ein alter Birnbaum, der trug die besten Birnen im ganzen Dorf, vielleicht steht er noch und hängt auch dieses Jahr voll mit Birnen, und niemand ist dort und pflückt sie ab – aber der Führer hat uns gerufen, er braucht uns hier. Die Polen taugen nichts. Wir müssen diese Äcker bestellen, Häuser bauen – zum drittenmal. Die, die vor uns waren, haben sich das erste Mal in Galizien aus dem Nichts Höfe herausgearbeitet. Dann kam der Weltkrieg [Weltkrieg I], wir mussten fliehen, fanden nachher die Äcker zertrampelt, die Häuser abgebrannt und zusammengeschossen, ein Trümmerhaufen. Da haben wir den Schutt weggeräumt und Häuser gebaut und die Äcker gepflügt. Jetzt stehen unsere schönen Höfe verlassen dort drunten. – Wir fangen wieder von vorne an. – Die vor uns haben es ja auch fertiggebracht.«

7. AUGUST
... Meine beiden Bauern waren zum Arzt gereist. So stand ich den ganzen Tag allein auf dem Feld, allein trotz der sechs Polen um mich her, die sich ununterbrochen in ihrem zungenbrecherischen Polnisch unterhielten. Es war auf die Dauer unerträglich, nichts als dieses polnische Kauderwelsch um mich herum zu hören. Und dabei folgte immer wieder das einzige Wort, das ich verstand, nämlich ›panje‹, ein schallendes Gelächter und spöttische Blicke. Ich war so hilflos diesem Gesindel gegenüber, das da offenbar über mich, die ›panje‹, seine Witze machte. – Und kein Ende dieses trostlosen Tages abzusehen. Da – schließlich – als ich dieses wirre Gequassel einfach nicht mehr ertragen zu können glaubte, brüllte ich entschlossen ein: »Still jetzt!« Wirklich trat auch erschrockene Stille ein, aber nur für Minuten, dann erhob sich das fremde Kauderwelsch wieder. Das ›Polenpack‹ schien sich sichtlich daran zu weiden, dass ich ja nichts verstehen konnte. Aber ich verstand ja dieses ›panje‹ viel zu gut, das übrige aber unglücklicherweise absolut gar nicht. Ich hätte laut hinausheulen mögen in meiner Ohnmacht und Verlassenheit. Da! – auf einmal – was war das? – Nein, das war doch völlig unmöglich! Doch, wieder, ganz deutlich, tönt es vom Wald her: »Kuckuck!« und nochmals: »Kuckuck!« Ich war ja gar nicht verlassen, es war noch ein ›deutsches Wesen‹ da! Nun sah ich auf einmal, dass mir die gelben Sterne des blühenden Sonnenblumenfeldes nebenan so freundlich und aufmunternd zustrahlten. Sollten die Polen ruhig ihr greuliches Polnisch quasseln. – Mir, die ich es nicht verstand, kam es greulich vor. – Mein Deutsch konnte es mit ihnen aufnehmen! Und ich sang ein deutsches Volkslied. Da verstummten die polnischen Frauen, bis plötzlich ein polnischer Mann [war es wohl unser 20jähriger Großknecht, der mich auch zu Hause so spöttisch-feindselig grinsend als Luft behandelte – war er vielleicht ein entlassener polnischer Soldat?] zu merken schien, worum es hier ging, und ein polnisches Lied anstimmte. Ich aber ließ mich nun nicht mehr besiegen und schmetterte immer lauter. Mich freute besonders, dass viele der Lieder, die die Polen nun im Wechsel mit mir sangen, eine deutsche Melodie hatten. Ihre eigenen aber waren für mich nichts als ein fremdartiger, eintöniger und schwermütiger Singsang, der sich immer im Kreise zu drehen schien. So trugen wir einen richtigen Wettkampf aus, in dem natürlich die deutschen Lieder siegten, denn am Schluss schwiegen die Polen ganz und horchten nur noch auf meine Lieder.

[1996: Soviel zu diesen wohl letzten ›völkischen‹ Erlebnissen und feindseligen Ausbrüchen in meinem weiteren Leben.]

Im Sommer 1943 musste ich meinen Ferien-Kriegseinsatz beim Küchenpersonal im Kinderlandverschickungslager Herrenalb im Schwarzwald ableisten. Auch hierzu einige Auszüge aus meinem Tagebuch [zusammengefasst]:

22. JULI
Der Kartoffelkeller – das Paradies auf Erden! Wir dürfen dort täglich im stockfinsteren, feuchten Gewölbe den ganzen Nachmittag lang auf dem riesigen Kartoffelhaufen eine prima, erstklassig stinkende Höhenluft atmen und unentgeltlich Moorbäder

genießen in einem schwarzen Matsch aus verfaulten Kartoffeln. Weil Nahrungsmittel knapp sind, dürfen wir im Finstern darin nach Herzenslust wühlen, um noch brauchbare Kartoffeln zu ertasten und in eine Kiste zu werfen.

[Und das ging zwei Wochen so. Man hatte von uns fünf Küchenhelferinnen mich und das kleine, wehrlose Pflichtjahrmädel zu dieser Arbeit abgeordnet. Zum Glück kannten wir beide so viele Volkslieder gemeinsam, dass wir stundenlang bis zur Heiserkeit singen konnten. Die kleine Hedwig aus dem Remstaldorf sang geschickt die zweite Stimme zu allem. Dazwischen bedichteten wir unser Schicksal in weiteren Strophen, eine davon im Tagebuch als ›Nebenprodukt‹ verewigt.]

Abends spät [heutiges Datum wissen wir nicht]: So, heute hat's jetzt endlich vollends geblitzt und gekracht – nun ist die Luft wenigstens nicht mehr so schwül. Am Kaffeetisch erzählte die Haushaltsleiterin der Heimleiterin, dass wir zwei Oberschülerinnen so langsam seien, immer nach der Freistunde fragen, als ob das das Wichtigste an der Arbeit sei, dass sich außerdem die anderen Helferinnen über uns beklagen und so fort. Die Heimleiterin befahl dann, dass wir unter keinen Umständen eine Sonderstellung einnehmen dürften. Wann habe ich dies jemals gewollt? Deshalb hat es mich schon ein wenig berührt, dass es nun doch nicht recht war und dass hintenherum über uns geschimpft wird. Da kamen mir die Tränen – ich war mal wieder so dumm und schwach und wollte wohl ein bisschen bemitleidet sein – oder was weiß ich. Vielleicht wollte ich auf diese unehrliche Art das Gespräch darauf bringen, dass ich es doch eigentlich recht machen will. Auch wenn ich schon immer langsam war, so war ich doch wenigstens ausdauernd und gutmütig. Ach, ich bin doch nicht so ehrlich und gut, wie ich es sein möchte – und wie viele es von mir glauben.

28. 7.
Nun ist schon wieder eine Woche vorüber … Stunden, in denen man am liebsten so still vor sich hin geheult hätte ob der endlos trostlosen Arbeit für achtzig Personen, oder weil man geschimpft worden war, sei's gerechterweise oder ungerechterweise. Aber auch Stunden, wo man im stillen lächelte über das müde Häuflein Elend, das man am Tage gewesen war … Dabei denke ich mir immer: Eigentlich müsste ich mich freuen, dass dies nun endlich mal eine Probe ist, ob ich nur große Worte machen kann, dass ich harte Herausforderungen mag, oder ob ich auch tatsächlich durchhalte. Das Komische ist nur, dass ich abends so müde und doch nicht zufrieden mit mir bin … Im Grunde aber habe ich es viel leichter als Gisela. Sie hat einen richtigen Freund, der nun wahrscheinlich an die Front kommt. Und hier wird bei ihr fast aus Grundsatz alles getadelt, man traut ihr überhaupt nichts zu … das tut natürlich weh, besonders, da sie sich doch so Mühe gibt…Ich habe es leichter, weil ich schon vieles bei meiner praktischen Mutter und sonstwo gelernt habe. Es ist doch ein beruhigendes Gefühl, wenn man weiß, dass man so ziemlich jede Arbeit schafft.

Mein letzter Tagebucheintrag berichtet (typisch!) über einen heimlichen Mondscheinausflug von Schwester Lene, Gisela und mir. In unsere Betten hatten wir zur Tarnung Attrappen aus Kleidern gelegt. Er endet natürlich mit ›rauschenden Tannengruppen, schwarz und wuchtig vor dem Mond‹, ›Akazien mit ihren zierlich sich abzeichnenden Fiederblättern, zwischen denen die Sternlein durchfunkeln‹.

Reichsarbeitsdienst (RAD)

Nach unserem urplötzlichen mündlichen Abitur schon im Februar (statt Mai/Juni) waren wir zum 4. März einberufen worden zum RAD, überallhin, wo noch Plätze frei waren in der Winterbelegschaft irgendeines Lagers. Ich hatte mich durchzufinden, mutterseelenallein als einzige Süddeutsche, zu einem versteckten Dörflein im Westerwald. Wegen des Arbeitskräftemangels wollte man 1944 möglichst schnell die RAD-Maiden der Winterbelegschaft mit ihren Kameradschaftsältesten in den Kriegshilfsdienst überführen, so dass man wohl uns Abiturientinnen als Zwischenglied zur Sommerbelegschaft brauchte – 1944 war ja nichts mehr normal.

Unsere Winterbelegschaftskameradinnen waren zwar meist jünger, aber als vorher Berufstätige und nun als altgediente RAD-Maiden natürlich viel abgebrühter und lebenserfahrener als wir. So waren die zotigen Witze zum Thema Nummer 1 (›Männer‹ und ›Liebe‹) die übliche Einschlaf-Unterhaltung, und als ich mal was anderes vorschlug, hatte ich gleich am anderen Morgen ein Plakat am Bett hängen: »Gunhild, die einzig Ungeküsste«, das nächste Mal: »Ich bin die Unschuld vom Lande.« Aber eine stille Kameradin, Marthel, die sich gerne weiterbilden wollte, wurde schnell meine Freundin, und nach einer kurzen Lehrzeit in Lebenstüchtigkeit und nach einer nächtlichen Wasserschlacht in unseren Schlafbaracken wurde ich als gute Mitkämpferin auch allgemein vollends akzeptiert, allerdings mit der enttäuschten Bemerkung: »Du bist ja gar keine richtige Abiturientin.«

In einem Feldpostbrief an meinen Vater schreibe ich dann später:

Überhaupt bin ich, wie mir scheint, der einzige Idealist unter den Maiden. Nun, bei den ›Alten‹ kann ich's verstehen – ich möchte auch nach einem halben Jahr wieder weg, aber in diesem halben Jahr will ich eine zünftige und unverdrossene Arbeitsmaid sein und nicht wie die anderen Abiturientinnen (inzwischen sind wir sechs hier) bei jeder Gelegenheit eine ironische Bemerkung über den RAD fallenlassen. Die fünf anderen sind überhaupt typisch ›höhere Töchter‹, eingebildet, überbildet und z.T. auch richtige Großstadtdamen. Eine davon ist schon verlobt und sagt: »Ich lass mir jetzt sofort Heiratsurlaub geben und werde schwanger – mich sieht der RAD nicht wieder!« Damit Du verstehst, warum ich erst jetzt zu einem Brief an Dich komme, hier mein Tageslauf:

6.30 –	Wecken	17.35 –	Waschen, Schuhereinigen
6.40 –	Frühsport	18.00 –	Singen
6.50 –	Bettenbauen, Waschen, Anziehen, Stubendienst usw.	18.30 –	Essen
		19.00 –	Schulung
7.30 –	Fahne	20.00 –	Nachrichten abhören und besprechen
7.40 –	Frühstück	20.30 –	Fahne
8.00 –	Morgenappell	20.40 –	Freizeit zum Waschen, Flicken, Putzen, Spindordnen usw.
8.15 - 16.15	Außendienst	21.30 –	Gutenachtsagen
16.30 –	Außendienstappell		
16.35 –	Sport oder praktische Arbeit		

Einmal in der Woche haben wir von 19.30 bis 21 Uhr Freizeit. Da kann es dann zum Schreiben reichen, wenn man nicht Haare- oder Wäschewaschen oder sonst eine größere Arbeit, wie Schemelschrubben oder Spindauswaschen machen muss. Samstags gibt's überhaupt keine Freizeit, höchstens, wenn man trotz der Altersschwäche der Kleidung nichts zu flicken hat, und sonntags meistens nur 1-1 1/2 Stunden – und alle vier Wochen keine, weil man da Sonntagsdienst hat.

Auszüge und Zusammenfassungen aus dem Brieftagebuch:[5]

7. 3. 44
Dampf, Qualm, Wasserflächen – mich hat's erwischt! – Waschküche, d.h. zu viert die ganze Wäsche von 54 Maiden und Führerinnen sauberkriegen – in winziger Waschküche – alles von Hand bürsten, aus dem Waschzuber und Waschkessel mit dem riesigen Wäschelöffel herauswuchten – und wegen angeordneter Textilschonung und Heizmaterialersparnis darf trotz der miserablen Waschmittel die Wäsche nicht mal mehr bis zum Kochen erhitzt werden. Ein Trost, dass ich nach dieser Schinderei nur noch wenig Appetit habe und so vielleicht schlanker werde! Und weil ich mich so ›bewährt‹ habe und so robust scheine, werde ich nicht nach den üblichen zwei Wochen abgelöst, sondern darf mich fünf Wochen ›bewähren‹. Ich lache und singe eben tapfer mit, wenn unsere blondlockige KÄ (Kameradschaftsälteste) Lore, die von ihrem angeblich adeligen Freund schwärmt, wieder und wieder trällert: »Reich mir die Hand mein Leben, komm auf mein Schloss mit miiir.«

19. 3. 44
Oh, wie herrlich ist nach solch einer Arbeitswoche nun der Sonntag! Und zwei Überraschungen soll's heute geben! Sicher soll's für die Winterbelegschaft die heiß ersehnte Entlassung in den KHD (Kriegshilfsdienst) geben! Die ganze Kameradschaft tobt und singt vor Freude. Jetzt wird's wahr mit den Träumen der Schlagerlieder unserer ›Alten‹: »Liebe kleine Schaffnerin, kling, kling, kling...« [= KHD bei der Straßenbahn, Soldaten auf Urlaub als Fahrgäste]. Und auch mit den anderen Schlagern: »Es

5 Dieses Tagebuch entstand aus Briefen, die sie an ihre Mutter immer in gleichem Format und reich bebildert durch viele eigene Zeichnungen und Skizzen schickte.

geht alles vorüber, es geht alles vorbei...« und: »Kauf dir einen bunten Luftballon, halt ihn fest in deiner Hand, stell dir vor, er fliegt mit dir davon in ein fernes Märchenland«. Ein Gongschlag: »In 5 Minuten antreten in Socken und Arbeitsstiefeln!« Ade, schöner Sonntag! Wir dürfen durch den Schneematsch mit Leiterwägelchen aus dem weit entfernten Rotenbach eine Ladung Papiersäcke mit Grieß und anderen Lebensmitteln und eine ganze Batterie Marmeladeneimer zu uns ins Lager karren. Nun, wenigstens gesunde Luft und Schlankheitskur! Aber danach wird's unverständlich – womit haben wir das verdient? ›Ordnungsappell‹: »Jede schließt mal die Türe.« – »Jede knipst das Licht aus und an.« usw. – Die Welt hat den Verstand verloren! Denn so geht's weiter über Vorhangfaltenordnen, Grüßen, Zahnglasfummeln, Klosettputzen, Antreten in Sportkleidung, Nachthemd an und aus, Waschschüsselappell, Antreten in Arbeitskleidung, Antreten zur Fahne, im Trainingsanzug in den Luftschutzkeller – und wenn alles durcheinander ist, dann natürlich Spindappell, ob alles sauber darin aufgeschichtet ist – und so weiter und weiter. Wer sich das wohl ausgedacht hat? »Wir gründen den Idiotenclub und laden dazu ein, ein jeder ist willkommen hier, nur blöde muss er sein. Parole heißt hier blöde sein und stur bis an den Tod, und wer der Allerblödste ist, wird Oberidiot – tralalalala«, so singt es ganz unverhohlen den ganzen Nachmittag aus allen Ecken. – So, jetzt bin ich wenigstens ›eingeweiht‹ und kann bei den Soldaten über ›Maskenball‹ mitreden.

OSTERN
Jetzt ist Ostern also wirklich da, und Hoffnung auf Frühling auch im kalten Westerwald. Die Führerinnen haben heimlich alles vorbereitet: Blumen und Osterkränze auf den Tischen, je ein gebackener Osterhase für alle 48 Maiden. ›Osterhasen-Suchen‹ im Gelände. Für jede Maid zwei bemalte Eier und allerlei Backzeug – Festessen – Mittagsschläfchen – Osterspiele wie z.B. Eierlaufen usw. [Mütterbildung!]. Und noch eine Feierlichkeit: Wir fünf ›Neuen‹ werden vereidigt und bekommen die Maidenbrosche. Ab jetzt dürfen wir auch in den Außendienst – juhu!!

12. 4.
Außendienst. Ich habe gepflügt! »Madsche, Madsche, du pflügst wie eine Bäuerin!« rief meine Frau Hofmann ein ums andere Mal und schaute meine schnurgeraden Furchen entlang. –

1. MAI
Die Führerinnen bringen uns Kuchen ans Bett. Herrliche Maientour durch Buchenwälder – Mailieder!

17. MAI
Leer sind die Baracken...jetzt sind sie fast alle fort, mit denen ich doch zweieinhalb Monate lang zusammen gelacht und gesungen, gegessen und geschlafen habe: die freundliche, fröhliche Loni aus Köln, die lustige Claire aus Aachen mit ihrem Schifferklavier, meine stille, liebe Marthel, die KÄ Ursel, die nun glückliche stud. phil. in Bonn ist.

5. JUNI
Tag der Rückfahrt [von der Spargelernte in einem Lager bei Darmstadt]:

Im RAD einfach so mir nichts, dir nichts – eine so wunderschöne Fahrt! Fräulein Börner (die Lagerführerin) hatte uns heute früh schon mit dem ersten Zug um fünf Uhr losdampfen lassen, damit wir über zu Hause in unser Lager zurückfahren könnten. Weil es mir bis ins Schwabenland natürlich nicht reichte, entschädigte ich mich eben mit einer Umwegfahrkarte (zum Preis meiner Monatslöhnung von sechs Reichsmark!). Entlang dem Rhein fahre ich: goldene Ginsterhänge, die Burgen, die Städtlein, die Kähne! Ach, wie schön ist das – nur zum Schauen und Freuen einfach so in die Welt hineinzufahren! Lauthals singe ich in den Fahrtwind am Gangfenster des Schnellzugs meine Frühlingslieder, Fahrtenlieder – was mir einfällt! Wenn die zu Hause im Schwabenländle wüssten, wo ich jetzt bin – ›am Rhein, am schönen deutschen Rhein!‹ Da – über Koblenz am Himmel stehen plötzlich weiße Ungetüme in der Luft – Fesselballone! Unheimlich und drohend – Krieg! Hoffentlich kommt kein Fliegeralarm!

6. JUNI
Heute hat die große Invasion [der Amerikaner] im Westen begonnen. Alle Leute sind froh, dass nun endlich die Wartezeit vorüber ist und es der Entscheidung zugeht.

[Dies ist der einzige Eintrag über Kriegs- oder Politiknachrichten in meinem ganzen Tagebuch – nicht einmal über das ›Attentat auf den Führer‹ ist etwas zu finden. Nicht aufschreibenswert, aber interessant war es allerdings für uns, den Abschuss von V 2-Raketen nach London von den wechselnden Abschussstellen ringsum am Horizont einmal zufällig mit den Augen zu erhaschen – an London dachte man dabei kaum. Die Meldungen in den Radionachrichten über Fliegerangriffe auf unsere Heimatstädte und die Bahnknotenpunkte hörten wir mit Sorge und gegenseitigem Mitgefühl, und wir waren erleichtert, wenn die bange erwartete Post von zu Hause dann endlich doch noch, sehr verspätet, ankam.]

16. JUNI
Mit Fräulein Laudenbach, unserer neuen Lagerführerin, und den neuen Maiden ist nun auch in unser Lager Frohsinn eingezogen. Den ganzen Tag singt und lacht es – abends machen wir in unseren blauen Kleidern und weißen Zierschürzen Volkstänze draußen auf der Wiese, oder wir sitzen gemütlich im Kreis beisammen in unserer holzgetäferten Diele und erzählen Erlebtes, lesen vor oder singen, und manchmal erzählt uns Fräulein Laudenbach ein Märchen oder übt mit uns schöne Lieder ein: »Die Erde braucht Regen, die Sonne braucht Licht … einen Ast braucht der Vogel, um sein Nest drauf zu baun, und der Mensch braucht ein Herze, dem er seins kann vertraun«, oder: »Rote Wolken am Himmel, auf den Bergen der Föhn, und ich freu' mich, und ich freu' mich, dass die Erde so schön.« So habe ich es mir vorgestellt im RAD.

[In meinem Tagebuch folgen von nun an viele Liedertexte aller Tages- und Jahreszeiten, und ansonsten quillt es auch über von romantischen Naturschilderungen, von eingeklebten gepressten Pflanzen, vielerlei Skizzen, Aquarellen, Tuschezeichnungen, von Festen und lustigen Erlebnissen, dazwischen auch die folgenden Einträge:]

25. 6.
Vereidigung der Neuen: Am Nachmittag zogen wir dann zur Feier des Tages durch den Wald hinauf zum Märchenfelsen. Wir ›Alten‹ sangen und lasen, umsummt von Bienen, ›unseren Neuen‹: von Feld und Wald und Blumen und Tieren – es war richtig schön. Zum Schluss gab's noch ein Stegreifspiel: »Der gestiefelte Kater« – das war gar kein Problem bei so JM- und BDM-geschulten Schauspielern. [Wie wir auch unendlich viele Lieder schon gemeinsam singen konnten.]

4. 8.
Unser Frl. Laudenbach ist doch einfach ein prächtiger Kerl! Immer wieder findet sie ein nettes Festchen zum Feiern. Einmal muss der Sonnenuntergang an Sonnwend erlebt, dann Geburtstag, Abschied, Beförderung gefeiert werden, dann gibt's ein Kinderfest fürs Dorf ›bei den Maiden‹, dann einen Löns-Abend, Storm-Abend, Mozart- oder Schubert-Musikabend mit Gedichten, gestaltet von der selbst musizierenden Lagerführerin mit einigen Maiden, dann geht man zum Mozartfilm mit Heimweg in mondheller Sommernacht. [Und so wird's von nun an weitergehen. Ganz groß wird die Taufe der vier Kameradschaften gefeiert: Die gewählten Namen werden jeweils mit Kostümen und Szenen dargestellt. Wir sind das ›Wichtelstübchen‹. Zu einer lustigen Melodie singen wir selbstgereimt: »Ei, was kommt da angewackelt, trägt 'nen Sack gehuckepackelt…« usw. [Ob das heute noch Achtzehn-, Neunzehnjährigen möglich wäre?]

26. 7. [Außendienst]
Hoch zu Rade strampelten wir vier [drei Kameradinnen und ich] heute früh erwartungsvoll unserem neuen Außendienst im übernächsten Dorf entgegen. Als ich ankomme, ist Frau Hofmann schon auf dem Feld, und der kleine Norbert, der Schulferien hat, soll mir sagen, was ich zu tun habe. Ein bisschen aufgeregt und unsicher, aber doch auch stolz, mache ich mich ans Werk – richte den Salat, schäle die Kartoffeln, rühre mal in der Suppe, die Kinder müssen in Schach gehalten werden, das Feuer am Brennen, die Betten gemacht, und was nicht alles sonst noch. Ich komme mir ordentlich wichtig vor, wie ich da so ganz eigenmächtig schalte und walte. Aber als Frau H. todmüde nach Hause kommt, kann sie sich tatsächlich in einer sauberen Wohnküche an den gedeckten Tisch setzen und von ihrer Arbeitsmaid das Essen auftragen lassen. Sie sagt, wenn ich nicht gekocht hätte, gäbe es für die Familie nur Milch und Brot zum Mittagessen, denn zum Kochen wäre sie jetzt zu müde. Bewundernswert diese zierliche kleine Frau: In aller Frühe muss sie zum Mähen, dann versorgt sie das Vieh und melkt, holt die Kinder aus dem Bett und trinkt mit ihnen Kaffee, geht wieder aufs Feld, und der kleine Norbert richtet die zwei Kleinen für den Kindergarten. Zum Mittagessen kommt sie schnell heim, und abends dann, wenn sie wieder todmüde vom Feld kommt, heisst es Stall misten, füttern, melken, dann Geschirr spülen, putzen, waschen, die Kinder zu Bett bringen und zuletzt, wenn möglich, noch dem Mann schreiben, der als Soldat auf Post wartet. Da bin ich als Arbeitsmaid nicht fehl am Platze (ich habe sogar pädagogische Erfolge bei den Kindern), selbst wenn ich leider nicht so flink und tüchtig bin, wie es sicher die Maiden von der Winterbelegschaft sind.

30. 7.
Ich war ja bisher gern im RAD, ich wollte lernen, auch unsinnige Befehle ohne Murren auszuführen, ich wollte lernen, schnell und pünktlich zu sein, kurzum, ich war im Grunde freiwillig im RAD … Wenn die aber unsere längst fälligen fünf Tage Urlaub endlich uns geben, statt nur versprechen täten, dann wäre alles wieder in Ordnung! Aber so! Ich habe es jetzt einfach satt, immer nach dem Gongschlag zu rennen, das anzuziehen, was befohlen ist, keinen Blumenstrauß im Spind oder im Schlafraum zu haben, weil's verboten ist … Mir macht's kindische Freude, jetzt gerade absichtlich gegen die Vorschrift zu handeln.

2. 8.
Heut' sieht sich die Sache anders an. Nun ist offiziell Urlaubssperre – das Warten hört auf – und wenn ich an die Opfer denke, die andere für den Sieg bringen, dann macht mir mein ›Öpferlein‹ natürlich nichts mehr aus. Wenn es auch so schön gewesen wäre, alle die zu Haus in S. zu sehen und mich ihnen als Arbeitsmaid vorzustellen. Aber hier war heute meine Hilfe auch wirklich dringend nötig.

7. 8.
Neue Außendienststelle – Getreideernte – Hitze: Beim Mittagessen kriege ich endlich ein erstes kleines Gespräch wenigstens mit dem Bauern zustande – und ich erfahre, dass von den sieben Söhnen sechs Soldat waren, zwei schon gefallen sind und von zwei anderen schon lange keine Post mehr kommt. Jetzt verstehe ich, warum hier alles so bedrückend ist, warum für die nächsten sechs Wochen mein ›munterer Ton‹ fehl am Platze sein wird. – Das ist der Krieg!

13. 8.
… Ich in der Heilstube: Durchfall, Erbrechen, Fieber – Sonnenstich.

14. 8.
Heute standen wir aber wieder nach einem Dreiviertelstundenmarsch vor einem riesengroßen Kornfeld. Auch meine Bauern sagten: »Det packen wer nit!« Vor lauter Freude darüber, dass wir es doch bis halb sieben Uhr geschafft hatten, kam ich abends auf dem Heimweg ans Dichten (frei nach L. Uhland): Der wackre Schwabe forcht sich nit – tät seine Arbeit Schnitt für Schnitt – ließ sich die Haut mit Stacheln spikken – und tät nur spöttlich um sich blicken … bis abends dann zog unser Held – zum Lager heim vom Stoppelfeld.

30. 8.
»Heut soll das große Flachsernten sein«, so singt man oft frohgemut im RAD. Aber so froh war's uns heute früh, am Sonntag! um 2.45 Uhr MEZ, 3.45 Uhr deutscher Sommerzeit, nicht zumute, als wir wutschnaubend aus unseren Fallen krochen. Um 5.45 Uhr zogen wir dann zum Bahnhof, um nach 10 Minuten Bahnfahrt und eineinhalb Stunden Fußmarsch auf dem Distel/Flachsacker eines Gutes, das uns angefordert hatte, mit dem Flachsrupfen zu beginnen … So eine Verrücktheit – uns, die wir schon drei Wochen lang in der glühenden Hitze Tag für Tag von 10 – 18.30 Uhr

auf dem Getreidefeld geschuftet hatten und weder am Sonntag noch am Abend unsere Freizeit bekommen hatten, nun nicht wenigstens heute mal ausschlafen zu lassen. Das Ackerende ist natürlich mal wieder außer Sichtweite. Bis um 16/17 Uhr soll das gehen, dann wieder Rückmarsch etc. – Jetzt ist es 13 Uhr, und der dicke Mops (Gutsverwalter) mit seinen versprochenen Kaffeekannen ist immer noch nicht da (auf 9 Uhr war's versprochen) ... Mund und Hals vertrocknet. Wenn's ja nicht fürs Volk und im Krieg wär, täten wir nicht einen Flachsstengel mehr aus seinem verlotterten Distelfeld herausrupfen.

[Ich wurde dann noch in ein Lager im Unterwesterwald versetzt, wo die Lagerführerin ein qualmendes Mannweib war. Alles so, dass mir der Abschied vom RAD nicht mehr schwerfiel. Und trotzdem Wehmut und Pathos]:

30. 10.
Zum letztenmal stand ich nun heute abend unter der Fahne, die acht Monate über mir geweht hatte: »Der Tag steht an der Wende, die Nacht kommt still herein... Komm, dunkles Tuch hernieder, lass uns zur Ruhe gehn, denn morgen klingen wieder zur Arbeit unsre Lieder – und du wirst vor uns wehn!« Leise verklingt das Lied, die Arme heben sich zum Gruß, wir fassen die Hände: »Gute Nacht.« – Morgen wird die Fahne ohne mich aufgezogen werden.

[Und als Schlussstein in meinem Tagebuch mein Foto: als ernste junge Erwachsene in Zivil mit Haarknoten, statt der kindlichen ›Affenschaukelzöpfe‹ vom ersten Tagebuchblatt.]

Reichsjugendakademie und Kriegsende

Obwohl ich als JM-Führerin ein sehr nettes Verhältnis mit meinen kleinen Jungmädeln hatte und sie mit mir, konnte ich es mir doch als schön und sinnvoll vorstellen, später dann irgendwie als ›Multiplikatorin‹ auf höherer Ebene, z.B. an einer Obergauschule oder ähnlichem mit anspruchsvolleren Stoffen zu wirken. Eigentlich hatte ich ja schon immer Lehrerin werden wollen. Als mir dann kurz vor dem Abitur im Januar 1944 – für März 1945! – eine Ausbildung an der ›Reichsjugendakademie‹ in Braunschweig oder ›Reichsjugendführerinnenschule‹ oder wie auch immer, wir wussten nicht mal den Namen so genau,[6] mit späterem (nach der abgeleisteten Dienstzeitverpflichtung)

6 Die BDM-Führerin Luise Michel: »Die Reichsführerinnenschule I in Potsdam bestand bereits seit 1934, ich führte sie in der bewährten Art fort. Die Akademie für Jugendführung des BDM durfte ich mit tüchtigen Lehrkräften seit Januar 1941 aufbauen und leiten. Sie befand sich in Braunschweig. Der letzte Lehrgang 1945 auf Schloss Heiligenberg (bei Darmstadt) der Führerinnenschule des Gebietes Hessen-Nassau musste am 24. März nach 14 Tagen abgebrochen wer-

kostenlosen, wahlfreien Uni-Studium angeboten wurde, hielt ich das für eine günstige Gelegenheit. Studieren wollte ich sowieso fürs Lehramt, und für ›unser Volk‹ wollte ich auch gerne einen Beitrag leisten. Außerdem hatte ich zwei jüngere Geschwister, für die meine Familie noch eine Berufsausbildung zu finanzieren haben würde. So sagte ich kurzentschlossen mal zu – für alle Fälle. Die Aufnahmeprüfung in der Obergauschule bestand ich – eigentlich fast zu meinem Erstaunen –, denn ich hatte z.B. für die Bildbeschreibung ein Ruinenbild von Caspar David Friedrich gewählt. Ob später eine sture NS-Ideologie, die ich ja nicht teilte, verlangt werden würde, war für mich kein Problem. Ich wollte ja in jedem Fall tun, was ich für richtig hielt, und wenn ich irgendwann hinausgeworfen worden wäre, was ich aber nicht annahm, hätte ich eben sofort nach dem Krieg mit dem Lehrerstudium (Neuphilologie) zu beginnen versucht. Aber irgendwie schien damals Nachdenken im Grunde überhaupt zwecklose Zeitverschwendung – man musste zunächst mal stoisch vorwärtsleben und überleben, da ja die Zukunft nicht mehr konkret vorstellbar war – und ›ändern kann man sowieso nichts‹. So wollte ich einfach mal jede Chance ergreifen – dann würde man schon weitersehen nach dem RAD.

Ich brach dann im März 1945 zur Jugendakademie an den Rhein auf. Sicherheitshalber hatte ich mir eine große Reisetasche genäht, die sich auch notfalls als Rucksack aufsetzen ließ, denn wegen der Fliegerschäden musste man unterwegs oft Zwischenstrecken zu Fuß zurücklegen. Worüber wir aber heute nur den Kopf schütteln, ist, dass ›man‹ zu diesem Zeitpunkt immer noch, Kopf voraus, einfach weiterhandelte, falls doch noch ›irgendein Wunder‹ geschähe – und was sonst hätte man tun können? Am 24. 3. wurde der Akademiekurs aufgegeben, da man schon die Leuchtspurgeschosse in der Rheinebene unter uns sah und die Sprengungen hörte. Von den vorherigen Akademietagen ist mir keinerlei Kursarbeit erinnerlich, wohl aber das ständige ›In-Deckung-Gehen‹ unter den Tischen (wegen der Tiefflieger) und schließlich unser Packen unten in den Gewölben des Schlosses.

Über die ersten Tage unserer Flucht vor den vorrückenden Amerikanern her hier eine Abschrift von meinem damaligen Notizzettel:

---

den, weil die amerikanischen Truppen nur noch 6 km entfernt standen.« (Nach Martin Klaus: Mädchenerziehung zur Zeit der Faschistischen Herrschaft in Deutschland, [289], S. 90f.) Gunhild war in diesem Kurs. Sie sagt dazu: »Wir wurden aber mit bewundernswerter Verantwortung, Umsicht, Selbstaufopferung und Verständnis von Luise Michel durchgebracht ohne Schäden bis ans Ende (Rottach-Egern), sofern wir Württembergerinnen uns nicht schon vorher zum Durchschlagen nach Zu Hause von der Gruppe getrennt hatten.«

14. 3. 45
Letztes Hühner-Aufessen, Nachtessen: 2 Brote, ein Doppelbrötchen, 20.30 Uhr Abmarsch, Kirschenblüten im Mondschein, Mühltal mit Panzerspitzen, Gepäck auf Pferdekolonne, mit Maria abgesprengt, später bergab auf Wagen sitzen, vor Lindenfels absteigen, zu Fuß nach Lindenfels, lasse mich zum Kurzschlaf in den Straßengraben rutschen, allein durch Lindenfels. Planwagen mit zwei Soldaten, endlose Fahrt bis 4.00 Uhr, matter untergehender Mond, unheimlich. Abzweigstelle nach Erbach in Offiziersauto, in Michelstadt Auto untergestellt aus Angst vor Tieffliegern. Zu Fuß nach verabredetem Sammelort Erbach, Ankunft 6.00 Uhr, zwei Schnitten Brot. Proviantwagen aufgegeben, meine Koffer mit Jacke und Kletterweste usw. weg. Etappe 50 km.

25. 3.
Ruhepause im Wald, Tieffliegerangriff. Panzerspitzen vor Erbach. 17.30 Uhr Eilmarsch aus Erbach. Hitze, Tieffliegergefahr, schweres Gepäck, Berg, Eile, Pferdeleiche, stehengelassenes Gepäck. Steige in Lastautoführerhaus. Gefangenenkolonnen, Soldaten, Beinamputierte, drei brennende Fahrzeuge, Tieffliegerspuren. 24.00 Uhr Amorbach, 2 km Marsch nach Schneeberg, Most und Margarinebrot. 1.30 Uhr nachts Lastauto nach Walldürn. Tiefflieger? 3 km Marsch durch Walldürn zum RAD-Lager, Fliegeralarm, Häuserruinen, allein. Rings um RAD-Lager Munitionslager, schlecht wegen Tieffliegergefahr. 5.00 Uhr Schlaf auf Stroh. Tieffliegergefahr, Deckung im Wald, schlecht: überall Munitionslager. 12.00 Uhr Waschen. Mittagessen, Küche aufräumen. Waschkessel putzen. Tiefflieger. Ausruhen. Hauskehren. Zwei Doppelbrote. Restliche Koffer fehlen, Abmarsch im Lager. 21.30 Uhr (Dunkelheit, Schutz): Abmarsch an Schule, Nachtmarsch 22 km. Vor Bretzingen Gepäck auf Wagen. Lenchen [Kameradin] auf Wagen, Marianne [Kameradin] auf Wagen, bergauf schieben. Nach Pulvringen. Führerin Luise Michel auf Wagen. Rast, Akademie am Straßenrand. Rucksack von Edith tragen. Seitenweg Gissigheim-Dietwar, Fehllaufen.

27. 3.
Bis 5.00 Uhr Dietwar. Kaffee. Regen, kein Quartier. Scheune. Nass, ohne Decken, frieren. Mit Lore zu Frau Hert. Schlafen in Herts Federbett. Nacht auf Stroh bei Familie Hert. Herts decken uns zu. (Frau Hert hat Geburtstag am 16. 7. – Glückwunschkarte mit Dank schicken!) – Fußappell, offenes Liedersingen für Umstehende…

In diesem Stil geht es dann noch sehr lange weiter, zunächst bis Niederbayern, wo wir meinen letzten RAD-Führerinnen begegnen, ebenfalls auf dem Weg zum offenbar allgemein angepeilten Endsammelpunkt Rottach-Egern. Nach einer Morgenfeier am Waldrand und dem Hören der Radio-Rede von Goebbels zu Führers Geburtstag verabschiedeten wir vier von sechs Württembergerinnen uns in Richtung Heimat in der vagen Hoffenung, vielleicht noch heimzukommen. Vor Ulm sind aber die Panzersperren schon zu, so dass wir uns ins Allgäu zu Bekannten durchschlagen, wo wir noch eine einquartierte Wehrmachtseinheit antreffen.

Als dann diese letzten deutschen Soldaten ins Unauffindbare abgezogen waren, vermutlich in Richtung der alten Reichsgrenze im Süden, die ja ganz nahe in den Alpen lag (an Österreich dachten wir schon gar nicht mehr), war uns vier Zwanzigjährigen ohne viel Darübersprechen klar, dass unser Deutschland als Staatsnation untergegangen war, endgültiger als damals 1918 das Kaiserreich. Aber selbst lebte man immerhin doch noch und konnte die nächstliegenden Handlungen planen. Das war nicht schwer, weil man materiell ja nichts mehr zu verlieren hatte – man musste jetzt nur noch auf das nackte Überleben aufpassen. Man hörte schon, dass die Franzosen mit ihren ›Marokkanern‹ vom Bodensee her anrückten, also wollten wir lieber nach Osten, nach Bayern, wo wenigstens ›nur die Amerikaner‹ kamen. Und so nahm ich mein Parteiabzeichen, meine Führerinnenschnur und meinen »Mythus des 20. Jahrhunderts« von Alfred Rosenberg, der mir noch übriggeblieben war. (Mythus, das klang so verheißungsvoll nach tiefgehenden Erkenntnissen, und der Dünndruckband war dazuhin so edel aufgemacht in dunkelblauem Leinen mit dezentem goldenem Schriftzug. Ich hatte ihn schon immer mal lesen wollen, war aber noch nicht dazu gekommen. Hitlers »Mein Kampf« hatte ich schon mal angefangen gehabt, aber für mich dann doch als zu verwirrend empfunden in Gedankengang und Stil.) Ein Jammer, dies alles nun, eine ganze Lebensepoche zu beerdigen oder – sicherer auch für die Hofbesitzer – in der Jauchegrube zu ›versenken‹ – wie in Scapa Flow[7] damals 1918, fuhr es mir durch den Kopf. So wollte auch ich nun irgendwie dieses nicht mehr wirklich bewusst fassbare Ende meines bisherigen Lebens auf alle Fälle mal bewusst und damit ›würdig‹ begehen, ganz allein in der Stille sozusagen. Dieses Erleben glich wirklich meinen späteren Erfahrungen beim erwarteten Tod eines nahen Angehörigen, wo mich zunächst nur eine schicksalsschwere, traurige Dumpfheit überkam ob dem ohnmächtigen Ausgeliefertsein an dieses ›Endgültige‹. Aber wenn es dann vollends geschehen ist, dann setzt sich oft eine befreite praktische Überlebenskraft durch.

Da rückte uns zum Glück (den abgezogenen deutschen Soldaten zum Unglück) auf unseren Hof ein verspäteter Zivillastwagen voll mit Wehrmachtsproviant, den sich die beiden begleitenden Zahlmeister später in ihre Heimatgarage fahren ließen – ein Vermögen in der Nachkriegszeit! Auf diesem Lastwagen fuhren wir ein Stück nach Osten, wo wir dann gesund die Beset-

7 Bucht zwischen den südlichen Orkneyinseln. Nach der Niederlage im Ersten Weltkrieg versenkte sich die dort internierte deutsche Flotte selbst.

zung durch US-Soldaten in einer Mühle überstanden. Unsere zwei Blonden ›erschwätzten‹ dann nach ein paar Tagen beim US-Ortskommandanten einen Passierschein für unseren deutschen Zivillastwagen, der uns dann ziemlich abenteuerlich in die Nähe unserer Heimat brachte. Von dort zogen wir zu Fuß weiter, jede in ihrer Richtung nach Hause. Im Laufe des Sommers 1945 kam dann von unserer Odyssee meine erste und letzte Postkarte von unterwegs, datiert 5. 4. 45 Bayreuth, an:

Meine liebe Mutter!
Bin noch gesund und munter bei der Akademie. Euch alles Gute! Heil Hitler! G. (seit 24. 3. auf Wanderschaft. Immer guten Muts. Gruß an Bann.)

[Der Hitlerkopf auf der Briefmarke war zugestempelt, der Brief trug den Vermerk: ›Weiterleitung durch Kriegsverhältnisse verhindert.‹]

Zu Politik und Krieg: Meine Familie und ich selbst

Vorkriegserinnerungen

1933 – Mein erstes erinnerliches politisches Erlebnis war jener ›Kommunist‹ im Dorf, der die Wahlplakette ›Ja‹ mit Beschimpfung übers Treppengeländer auf die Straße geschmissen hatte. Das nächste Erlebnis war 1934 die Betroffenheit in unserer Familie über den ›Röhmputsch‹ – mein Vater war offenbar sehr verunsichert, meine Mutter erregt über die Hinrichtungen von Menschen. Dann aber kam eine große Zeit: ›Mein Saarland‹, das sich in unserem Lied beim Kühehüten ›nach dir, nach dir, o Mutter‹ gesehnt hatte, bekannte sich zu Deutschland und kam unter Jubel ›heim ins Reich‹. 1936: Wir hatten wieder, wie die anderen Länder eine (normale) Wehrmacht, um uns gegen Ungerechtigkeiten zu wehren, und wir zogen wieder in unser Rheinland ein.

Und dann natürlich die Olympischen Spiele, wo die Glocken des herrlichen Olympiastadions in Berlin ›die Jugend der Welt riefen‹. Und sie kamen, die anderen Völker, und wir waren wieder aufgenommen in die Völkergemeinschaft. Und welche großartigen Leistungen unsere Sportler vollbrachten – und der ›schwarze‹ Schnelläufer Jesse Owens – die Schwarzen mit ihren langen Beinen und auch die Finnen mit ihrer ungeheuren Energie –, das alles war toll! Und nicht zu vergessen die herrlichen Bilder aus den winterlichen Alpen und dem bäuerlichen Garmisch-Partenkirchen und die sympathisch-natürliche Christel Cranz! Das alles – und dazu das feierliche Entzünden der Flamme und den hohen Lichterdom hatte ich durch Radioreportagen miterlebt – und außerdem dann unvergesslich jeweils in den Extravorführungen der Wochenschauen und zuletzt wohl im Olympiafilm von Leni Riefenstahl gesehen.

1938 – das waren wieder strahlende Zeiten. Österreich. Die ›Ostmark‹ Karls des Großen bildete mit uns nun ›Großdeutschland‹. Und die Österreicher mochten wir sowieso gern – bei den Jungmädeln sangen wir hingebungsvoll ihre schönen alpenländischen Lieder und Jodler. Es war ein großes Erlebnis: Jubel, Fahnen, Blumen, Wien – und der Führer freute sich, dass er seine Heimat ›heim ins Reich‹ führen konnte. 1938: Die Münchener Konferenz war offenbar eine heikle Sache gewesen, die aber doch gut ausging. Chamberlain, der noble, große, hagere und typisch faire Engländer wurde anerkennend erwähnt. [Um so stutziger machte es mich dann später, als man sich plötzlich in Karikaturen – lang, dürr, Regenschirm – über ihn lustig machte.] Dass dann 1938 auch noch das Sudetenland zum Reich kam, das war eigentlich verständlich – es war ja von Deutschen aufgebaut und besiedelt worden und hatte zu Österreich-Ungarn gehört – und die Tschechen hatten schließlich, wie man hörte, die Deutschen schikaniert und unterdrückt.

Wie ein unerklärlicher düsterer Hagelschlag nach strahlend blauem Sommerwetter traf mich und unsere Familie dann aber im November der Judenpogrom. Ich hatte in S. noch nie dran gedacht, ob da auch Juden wohnen könnten. Einem leibhaftigen Menschen, der Jude war, war ich noch nie begegnet. Ich wusste aber schon aus allen möglichen Quellen vom schlimmen ›Weltjudentum‹. Aber das war als ein Abstraktum damals so außerhalb meiner Mädchen-Erlebniswelt geblieben, dass es sich nicht in die Realität übersetzt hatte – und ich mochte ohnehin eigentlich keine konkreten Gehässigkeiten. Zu dieser Zeit war mein Vater nur noch selten mit uns zusammen daheim, meine Mutter war mit anderem beschäftigt und interessierte sich ohnehin nicht explizit für Politik, meine jüngeren Geschwister natürlich auch noch nicht, und bei meinen engeren Schulfreundinnen waren politische Themen tabu.

Und da brach es nun am Morgen des 10. November herein! Im Esszimmerchen, um die Frühstückszeit, war, als ich hereinkam, ein sehr ernstes Gespräch zwischen meinen Eltern im Gange. Auf dem Marktplatz seien die Bücher und Dinge aus der Synagoge auf einem Haufen und würden brennen. Auch die Synagoge brenne. Dass es eine Synagoge gegeben hatte, hatte ich bisher nicht gewusst. Als ich sagte, dass ich auf dem Weg zur Schule am Marktplatz vorbeigehen werde, sagte mein Vater in großer Erregung: »Das ist nicht etwas, das man sich als Schauspiel ansieht.«

Auf meinem normalen Weg kam ich dann aber kurz vor der Schule an einem der Altstadthäuser vorbei, wo im Erdgeschoss die Fenster zerschlagen aus dem Rahmen hingen. Drinnen in der Wohnküche stand inmitten eines Gewirrs von zertrümmerten Stühlen und Tischbeinen ein modernes Büffet, an dem das herausgerissene Glastürchen baumelte mit einem kleinen Vorhängchen, das sich noch still und gespenstisch im Luftzug hin und her bewegte. Man fühlte, dass da mittendrin im Leben etwas Tödliches geschehen war. Ich erfuhr dann, dass da Juden gewohnt hätten. Von dem Schulmorgen weiß ich sonst gar nichts mehr, nur dass ich auf dem Heimweg an dem Fenster mit Scheu, Mitgefühl und wie ›im Banne eines Schicksalsschlages‹ vorbeiging. Da war ich also jeden Tag an dieser Wohnung vorbeigegangen, hatte nie daran gedacht, dass da Menschen (vielleicht ein altes Ehepaar) in ihrer Wohnküche lebten und Kaffee tranken – und sie hatten nicht geahnt, was da kommen würde, und ich auch nicht. Zu Hause traf ich meinen Vater wohl später beim Mittagessen und fragte ihn, wo denn jetzt diese alten Leute seien. Er zögerte und sagte beklommen: »Die sind in Schutzhaft.« Ich: »Was ist das?« »Nun, damit ihnen nichts weiter mehr passiert.« Mein Vater machte in der folgenden Zeit einen sehr verstörten Eindruck, und meine Eltern brachen öfters mal ihre Unterhaltung ab, wenn ich dazukam.

Erst 1995 beim Klassentreffen ergaben sich auf meine Nachfrage hin neue Einblicke: In jener Wohnküche hätten die beiden Fräulein Wolf gelebt, sehr nette ältere Fräulein. Der Vormittagsunterricht sei ausgefallen. Hanne und Ilse hätten sich über den Pogrom lauthals gefreut. Lore, die dort in der Altstadt wohnte, habe öfters im Hinterhof ihren Nachbarn beim Schächten zugesehen, und am Samstag (Sabbat) sei sie jeweils von ihrer Mutter hinübergeschickt worden, um bei ihnen das Gas anzuzünden. Beate durfte als Arzttochter niemandem sagen, wen ihr Vater behandelte, es waren auch jüdische Patienten dabei.

Merkwürdig in unserer Familie ist, dass in der Nacht vom 9. auf den 10. November 1938 der Vater meiner Mutter, mein Großvater, in Stuttgart gestorben war, und wir natürlich sofort benachrichtigt wurden, dass sich aber niemand von uns an diese Todesnachricht, an unsere Trauer, an die Reise und Beerdigungsteilnahme erinnert. Wir waren offenbar völlig ausgefüllt von diesen schrecklichen Gewalttaten ›in unserem Volk‹. Meine Mutter erzählte daraufhin immer wieder, auch später noch, dass sie bei einer jüdischen Fabrikantenfamilie Kinderfräulein und Hausdame gewesen war und dass dies eine sehr angesehene und sympathische Familie gewesen sei. Und der Vater war im Ersten Weltkrieg als dekorierter Offizier gefallen. Schließlich gebe es unter allen Menschen solche und solche, und wenn es auch schlechte Juden gebe, sei das kein Grund, so etwas zu machen.

Um so erstaunter war ich dann, dass, als ich bei einer engeren Schulfreundin offenbar diesen Judenpogrom angesprochen hatte, deren Mutter bedächtig sagte: »Ja, das ist den Juden schon in der Bibel vorausgesagt, denn sie haben ja unseren Heiland ans Kreuz geschlagen.« Das hätte ich von dieser Frau, für mich ein Inbegriff von Güte, Christlichkeit und bürgerlicher Kultur, niemals gedacht.

Ob ich in S. oder sonstwo während der Hitlerzeit jemals bewusst einen jüdischen Menschen gesehen habe, weiß ich nicht. Wenn ja, dann höchstens einmal eine verschreckte dunkellockige Frau mit einem gelben Stern an einer Ecke in der Altstadt bei meiner Schule. Dies kann aber auch nur ein Traumbild von mir sein. Von den weiteren Judenverfolgungen und den neuen KZ hörten meine Mutter und wir Kinder nichts. Bei ›KZ‹ hätten zumindest meine Mutter und ich höchstens an den Heuberg gedacht, als ein ›Arbeitslager‹, in das nach 1933 die ›unverbesserlichen Volksfeinde‹ und ›Kommunisten‹ eine Weile zur Umerziehung gebracht wurden – ›sowas‹ war vielleicht › in der Politik › manchmal nötig – bedauerlicherweise. 1995 habe ich im Tagebuch meiner Schwester gelesen, dass sie im Mai 1945 als DRK-Schwester am Bodensee noch völlig ungläubig von ›Dachau-Gerüchten‹ schreibt, auf die sie und ihre Kameradinnen nicht hereinfielen. Ich selbst habe noch viel später erst vom KZ Dachau gehört, obwohl ich in den chaotischen Tagen des Kriegsendes sogar in Bayern war, noch später habe ich von Auschwitz und noch später von anderen KZ gehört. Es ist mir nachträglich klargeworden, dass wir als ›Nazi-Familie‹ betrachtet worden waren und man uns vor dem Kriegsende deshalb solche Flüsternachrichten nicht gesagt hätte. Vielleicht aus dem gleichen Grund hatten wir in S. auch nicht so viele soziale Kontakte wie gewohnt. Wir lebten so (eben auch nach unserem Umzug innerhalb des Stadtgebiets) am Stadtrand in unserer Wohnung mit Garten, fern von Informationen und Stadtgerüchten – und bei vielen dieser möglichen Nachrichten hätten wir wohl ohnehin eher an Gerüchte oder ›Feindpropaganda‹ geglaubt als an solch unmenschliche Taten ›unseres Volkes‹.

Zweimal Kriegserinnerungen

Ganz normale Geschichtserinnerungen

1939 besetzten wir das Protektorat, jetzt waren wir nicht mehr ›unter uns‹, und wir hatten Fremde unter unsere Herrschaft gezwungen. Jetzt aber kam auch die ›Legion Condor‹ zurück. Sie hatte in Spanien gegen die Kommunisten gekämpft, und sie genoss mit ihren Ärmelstreifen stolz die ihr entgegengebrachte

Hochachtung der Bevölkerung. Ich schmetterte in den Ferien mit meiner jüngeren Schwester vom Apfelbaum herab immer wieder das tolle Lied der Legion Condor. Tote kamen uns dabei nicht in den Sinn.

1939 im August waren meine Schwester und ich zur Reichsgartenschau in Stuttgart. Ich war sehr begeistert von unserem neuen Stil der klaren Architektur, der Hölzer und der Natursteine und der naturnahen Gartengestaltung. Da sollte plötzlich eines Morgens meine Tante Lebensmittelkarten austragen. Dann wurden wir nach Hause gerufen, weil unser Vater schon einen Stellungsbefehl habe. Aber schon beim Zwischenstopp bei unseren Großeltern hörten wir aus dem Radio den Führer: »… seit heute früh wird zurückgeschossen.« – Wir sahen aufgeschreckt einander an und sagten betroffen wie aus einem Munde: »Dann ist jetzt Krieg?« Darauf war plötzlich eine unheimliche Leere in mir und um mich. Meine unpolitischen, streng christlichen Großeltern konnte ich nichts fragen. So dachte ich schließlich bei mir: Das muss dann wohl so sein. Wir müssen wohl Härte zeigen gegen die ›Schmach‹. Und die Polen hatten uns und die Volksdeutschen (z.B. in Bromberg) wohl zu sehr herausgefordert. Sie waren ja ohnehin ein etwas ›verschlagenes‹ und ›gefährlich nationalistisches‹ Volk. Als dann aber in Radio und Wochenschau die überwältigenden Leistungen unserer Soldaten kamen, die (in der Wochenschau mit offenem Kragen in Hitze und Staub) in einem ›Blitzkrieg‹ durch Polen marschierten – »Graue Kolonnen ziehn in der Sonne müde durch Heide und Sand, neben der Straße blühen im Grase Blumen am Wegesrand«, sang ich voll heldischen Mitgefühls – da machten sich doch Stolz und Bewunderung für unser Volk breit. Unser Vater war mit seiner Fliegernachschubeinheit zunächst immer noch in unserer Gegend, und man hatte sich an die Verdunkelung gewöhnt – es war doch alles nur halb so schlimm.

1939/40 beim sowjetisch-finnischen Winterkrieg bewunderte ich wieder, wie bei der Olympiade, die tapferen, zähen Finnen. Von einem deutsch-sowjetischen Bündnis wusste ich wohl nichts – es hätte mich sicher auch nicht weiter beschäftigt.

1940 im April die tollen Leistungen der Gebirgsjäger aus der ›Ostmark‹ mit ›dem Dietl‹ in Norwegen. »Hoch im Norden kämpft in Schnee und Eis Dietls Alpencorps vom Edelweiß« sang ich romantisch mit meiner Schwester.

Am 10. Mai Beginn des Frankreichfeldzugs: Na ja, jetzt kamen die Franzosen dran, die uns ja selbst den Krieg erklärt hatten. Die Schmach von Versailles und die Raubkriege Ludwigs XIV. waren schließlich auch zu bedenken, und wir hatten ja gegen ihre Maginotlinie unseren Westwall gesetzt – meine Mutter trug sogar den Westwallspendenring. Die Fallschirm- und Lastensegler-Einsätze bei Rotterdam und in Belgien waren offenbar eine geniale, neue und mutige Leistung – von Neutralitätsverletzung hörte ich nichts – oder bedachte es in diesem Zusammenhang nicht.

Als dann eines Tages nach dem Sieg über Frankreich auf unserem großen Pausenplatz eine zurückgekehrte Spähwagen-Einheit geparkt hatte, ignorierte unsere ganze Mädchenoberschule einfach die Pausenende-Glocke und schäkerte weiter mit den Soldaten, bis auch unsere Lehrerinnen kamen und wir schließlich am Ende des Vormittags ›unsere Soldaten‹ verabschiedeten mit Zigaretten vom Geld unserer Lehrerinnen und mit Blumensträußchen. Manche Soldaten waren zwar etwas zugeknöpft und sagten, sie seien müde und hätten genug von Frankreich – ›und so‹ –, aber für uns Schülerinnen war's ein begeisternder Tag gewesen.

Auch mein Vater war in Frankreich dabeigewesen. Doch viel Angst um ihn hatte uns unsere Mutter nicht vermittelt. Als er dann aber in Heimaturlaub kam, kam plötzlich nachträglich der Krieg in unsere Familie. Mein Vater war sehr erschüttert, dass sein tüchtiger junger Kradmelder, der frohgemute Hans Steiner, beim Vorrücken über eine Brücke von einer Mine zerrissen worden war, nur zufällig war mein Vater nicht wie üblich vorneweg gefahren. Und er zeigte uns ein Foto von dem Soldatengrab mit seinem Namen auf dem Holzkreuz. Krieg war doch etwas Schreckliches – auch beim Siegen. Allmählich kehrten wieder ruhigere Zeiten ein. Vaters Einheit war in französischen Schlössern einquartiert, hatte zu den verschiedenen Schlossherrschaften mehr oder weniger gute und interessante Beziehungen und bekam Fotos von französischen Kindern und Frauen zum Dank und zur Erinnerung geschenkt. Für Mutter kaufte er sogar einen echten Florentiner-Hut.

Die Besetzung Jugoslawiens und Griechenlands 1941 beschäftigte mich kaum – ›wir halfen dem Duce in Treue‹. Unsere Klasse machte eine Tanzstunde mit den 16-17jährigen der Bubenoberschule. Als einmal unser Tanzlehrer, ein richtiger ›Bel-Ami-Typ‹ mit weißem Schal, vorschlug, uns auch ›Rhythmikfox‹ zu lehren, da sagten uns einige unserer Tanzstundenherren, dass das eigentlich der in Deutschland verbotene Swing sei, ›ein Negertanz und deshalb eines Deutschen nicht würdig‹, fügten sie grinsend hinzu. Es stand aber jedem frei zu kommen. Wer kam, weiß ich nicht. Ich entschied mich an diesem Abend für die nur einmal monatlich stattfindende Theatervorstellung der Landesbühne. Diese ›unwürdigen Tanzverrenkungen‹ passten sowieso nicht zu mir.

Rommels Siege mit dem Afrikacorps ließen aber doch noch einmal mein Herz höher schlagen, und Rommel war offenbar ein echter, zuverlässiger, mutiger Schwabe, der noch im Stile Richthofens mit dem Engländer Montgomery einen fairen Kampf austrug. Und die Fanfaren der Sondermeldungen aus dem

U-Boot-Krieg – da hatten eben schon wieder unsere tüchtigen U-Boote und ihre tollen Mannschaften ›Brutto-Register-Tonnen‹ aus einem Geleitzug heraus versenkt – an Menschen dachte man dabei nicht. Als dann aber der einzige Sohn einer bekannten Familie mit seinem Minensuchboot vermisst war – irgendwo draußen im Atlantik –, da durchfuhr mich plötzlich doch Erschrekken und Trauer.

Und dann ging es unserem Tanzstundenball entgegen. Ich wollte mir einfach aus einem Vorhang ein langes Ballkleid fabrizieren zwecks Kaschierung meiner Waden (»hat gar ziemlich dicke Beine, Stütze braucht sie abends keine«, stand über mich in der Tanzstundenzeitung). Aber die Mehrheit wollte lieber kurze Taftkleider. Ich baute für mich ein Stilkleid meiner Tante um, und so tanzten wir in der Nacht vom 21. auf den 22. Juni unsere Tangos: »Roter Mohn« und »O mia bella Napoli« oder den langsamen Walzer »Ich tanze mit dir in den Himmel hinein«. (Die Frechen sangen übrigens zu dieser Walzermelodie öfters einmal Schillers »Wohlauf Kameraden, aufs Pferd, aufs Pferd« – und umgekehrt auf die stramme Marschmusik dieses Liedes dann den Text »Ich tanze mit dir in den Himmel hinein, in den siebenten Himmel der Liebe«). Und in dieser unserer rauschenden Ballnacht hatte morgens um 3 Uhr der Krieg gegen die Sowjetunion begonnen. (Ab 22. Juni herrschte dann Tanzverbot bis Kriegsende. Wir hatten noch die letzte Minute zum Tanzen erwischt.) Als man von diesem neuen Feldzug am Vormittag erfuhr, breitete sich Bestürzung und Ratlosigkeit aus, rundum – man sprach von Napoleons Katastrophe, von der riesigen Weite dieses Landes und wieso unser Einmarsch eigentlich nötig sein sollte. Aber unsere Führung musste das ja alles wissen und irgendwie kalkuliert haben. Und tatsächlich schafften es unsere Truppen wieder, siegreich vorzudringen in den weiten Osten, wo es Platz für viele Menschen hatte – vielleicht brauchten wir etwas davon, als ›Volk ohne Raum‹.

Und dann kam der russische Winter 1941/42. Es sei eine große Herausforderung, die jedoch unsere tapferen Soldaten und die Heimat gemeinsam meistern würden. Für die Soldaten wurden Pelze, Wolldecken, Handschuhe, Skier über 1,80 m Länge nebst Stiefeln gesammelt. Meine Mutter versuchte mich zu überzeugen, dass meine 180 cm Mädchenskier und meine schlechten Skistiefel Größe 39 doch für die Soldaten nicht taugten, aber ich wollte doch nicht mit meiner ewigen Vernünftigkeit vor dem Opfer zurückweichen, und so trug ich meine Skier zur Sammelstelle. Mutter war sichtlich unglücklich, denn sie hatte sie für mich erst zwei Jahre zuvor als Weihnachtsgeschenk mühsam zusammengespart. Aber sie ließ mich mein Opfer bringen (es wurde übrigens später mit anderen solcher leichten Skier im Hofe der Sammelstelle verbrannt – wie man erfuhr).

Und so ging der Krieg eben weiter und weiter – mit Gefallenenanzeigen in den Zeitungen, mit Heilpflanzensammeln der Jungmädel ›für unsere Soldaten‹, mit Klassenarbeiten, Fliegeralarm, Ferieneinsätzen, Feldpostpäckchen, Ausgebombten und Evakuierten. Aber es gab auch Freude über ein gelungenes neues schickes Kleid aus alten Kleidern oder Stoffresten für uns drei Damen der Familie; man tauschte untereinander allerlei raffinierte Koch- und Backrezepte aus einfachen Zutaten. Unsere Klasse führte 1943 mit unserer Deutschlehrerin als Freilichtvorstellung in den städtischen Anlagen Shakespeares »Sommernachtstraum« auf. (Leider waren die Verwundeten aus dem Lazarett nicht unter dem Publikum.) Im Herbst 1943 machten wir mit dieser Lieblingslehrerin noch eine herrliche Frankenwanderung mit Übernachtungen im Heu. Dann im Januar 1944 fand planmäßig unser schriftliches Abitur statt (nach insgesamt nur 11 1/2 Jahren Schulzeit wegen der verschiedenen Unterrichtsausfallzeiten – verlängertem Ferieneinsatz, Kohleferien, Fliegeralarm). Das mündliche Abitur erfolgte dann völlig unerwartet eines montags im Februar. Und auf den 4. März wurden wir dann zum RAD und nachfolgendem Kriegshilfsdienst einberufen und so in alle Winde zerstreut. Dass unsere Lieblingslehrerin 1945 noch bei einem Tieffliegerangriff getötet worden war, erfuhr ich erst Jahre später. Der Krieg ging weiter und weiter. Dabei gehörte unsere Stadt zu den vom Krieg wenig direkt betroffenen. Wer es nicht erlebt hat, kann es sich wohl schwer vorstellen, dieses alltägliche Durcheinander und Nebeneinander von schrecklichen Nachrichten von der Ostfront – und sonntäglichen Wunschkonzerten im Radio, von Tagesbanalitäten und Rückzugskämpfen, von der Filmkomödie »Feuerzangenbowle« mit Heinz Rühmann und Invasion im Westen und Hereinbrechen der Russen nach Deutschland bis Berlin. Das konnte man gar nicht mehr alles bewusst verarbeiten – in den letzten zwei Kriegsmonaten 1945 erfuhr ich die Kriegsereignisse sowieso nur noch in zufälligen Fetzen und Gerüchten, unterwegs, auf der Flucht vor den Amerikanern.

Was aber auch gesagt gehört
(Zweitletzter Schreibtag dieser meiner Aufzeichnungen von 1992, morgens)

Halt mal – was ich da bisher so sachlich hingeschrieben habe über den Krieg, das ist ja gar nicht die ganze, einzige Wahrheit. Inzwischen habe ich ja über die Hitlerzeit und den Krieg schon so viel nachgedacht, gehört, gesehen, geprüft, verglichen – so viele Menschen darüber berichten gehört, dass ich fast nicht mehr weiß, wie ich damals selbst wirklich gefühlt habe – ohne heutige Rücksicht darauf, wie ich eigentlich gefühlt haben sollte nach Meinung all der Wissenschaftler, Journalisten und vor allem der ›Nachgeborenen‹.

Aber diese Begeisterung bei den Siegeszügen im Krieg, die ich da gestern beschrieben habe? Wie kam ich zu diesen Halb- oder Viertelswahrheiten? Wie es unseren Soldaten zumute war, was sie durchhielten und meisterten an körperlichen und seelischen Strapazen, ja, das bewunderte ich damals stolz. Was doch der Mensch alles konnte, und dabei sah man noch lachende junge Soldatengesichter in der Wochenschau und in der Zeitung (z.T. gestellte Szenen, wie inzwischen bekannt). Die Fotos meines Vaters waren allerdings fast alle ernst. Und das Foto von dem Kriegsgrab des Hans Steiner, der Gedanke an den Tod im Minensuchboot irgendwo draußen in der Tiefe des Atlantik, niemand bekannt; das Soldatenbild des Hermann, des Bruders meiner Freundin auf dem Dorf, das ich bei meinem Besuch dort im Krieg und später noch von der Wand der Stube herabblicken sah, als er schon irgendwo tot in fremder Erde lag, all die Zeitungsanzeigen voll Gefallenenanzeigen, die stumme Trauer unserer Hausschneiderin, deren Verlobter gefallen war und die nun beim Nähen so vieles verkehrt machte – das alles sehe ich doch sogar heute noch vor mir und fühle noch die Trauer von damals. Ich erinnere mich auch noch deutlich an die gedrückte Stimmung, etwas wie eine ›Endzeitstimmung‹, die sich bei uns festgesetzt hatte bei einem Urlaub meines Vaters 1943. (Jetzt erst, 1996, vier Jahre nach diesem ersten Text hier, habe ich in seinem Lebensbericht gelesen, dass auch er eben dieses Jahr 1943 als einen Wendepunkt erlebt habe: Nach seinen Erlebnissen in Russland und in Stäben der Wehrmacht habe er erkannt, dass Deutschland und seine Regierung, die Partei und hohe Offiziere schlimmstes Unrecht tun und dass es auch keine Zeit ›nach dem Sieg‹ für uns geben werde, in der man alles neu und besser machen könne, wie dies er und viele Idealisten bisher noch als letzte Hoffnung zu glauben versucht hatten.) Vater hat in jenem Urlaub mit Mutter hinter verschlossener Wohnzimmertür gesprochen, was sie sonst nie getan hatten. Mein Vater hatte sich trotz seines Alters (43/44 Jahre) zum Winter 1941/42 freiwillig aus Frankreich nach Russland gemeldet, weil er nicht in der Etappe in Frankreich oder u.k.-gestellt daheim ›große Parteireden‹ halten wollte, wenn andere an der Ostfront ihr Leben einsetzten und verloren. Meine Mutter hatte, trotz dieser Argumente, schon damals gesagt, es sei eine unnötige Herausforderung des Schicksals, wenn er sich als alter Familienvater mit drei Kindern noch freiwillig nach Russland melde. Ich hatte dies mit Beklemmung und Ratlosigkeit nur zufällig mitgehört – vor uns Kindern schwieg meine Mutter darüber.

Alle diese kriegsbedingten Erlebnisse trafen zusammen mit meinen Pubertätsjahren (14. – 20. Lebensjahr). So steigt in mir z.B. wieder lebendig die Erinnerung auf an meine plötzliche Schwermut beim abendlichen Blick über die friedliche Stadt aus meinem (neugewonnenen, selbsteingerichteten, ganz eigenen) Dachstübchen: Heuduft weht herüber von den Wiesen am Hang wie einst in meinem Dorf. Und da steigt plötzlich über der Stadt eine dunkle Kaminrauchsäule auf und verformt sich im Abendwind zu einem großen Kreuz. Ob das ein Menetekel für unsere Stadt ist? Schreckliche Ahnung oder nur Hirngespinst? Dieser Krieg ist überhaupt so unwirklich, passt ja gar nicht in diese friedliche Abendwelt – er gehört zu einer ganz anderen Welt, einer fremden, absurden. Doch, was ich da nun so traurig spüre, ist das vielleicht diese ›Härte des Schicksals‹, wie ich sie aus den Dramen, Gedichten, Liedern kenne? Aber im Grunde ist dies trotzdem doch so unnötig, so sinnlos, dieses Kriegführen!

Gefühle und Gedanken dieser Art kamen immer und immer einmal wieder in mir hoch, und sie lagen wie ein Bodenschlamm in meiner ganzen Kriegs- und Jugendzeit mehr oder weniger fühlbar unter meinem tätigen Alltagsleben. Ich schämte mich meiner ›unheldischen Innerlichkeit‹, konnte auch mit niemand darüber reden. War diese schreckliche Kriegswelt die eigentlich reale Welt, die reale Härte unserer Naturordnung, die die Härte zum Überleben verlangt? Darwinismus contra christliche Nächsten- und Feindesliebe? Dass ich etwas feige, faul und zu vernünftig war, hatte ich ja schon oft im stillen befürchtet, aber wenn nun offenbar alle Menschen (außer meinen nächsten Klassenkameradinnen) so heldenhaft waren, als Männer den Heldentod für uns und das Vaterland starben oder sich als Mütter, Witwen, Schwestern trauernd damit abfanden. Wenn auch so viele tüchtige Jungmädelführerinnen trotz allem noch so richtig fröhliche Hausbälle und tolle Sachen machten, neben ihrem tätigen Einsatz für alles ›Kriegswichtige‹, wenn die Leute im Radio hörbar und in der wöchentlichen Kinowochenschau sichtbar begeistert jubelten bei den Hitler- und Goebbelsreden, ich selbst aber nicht immer mich voll einsetzte, dann musste doch vielleicht bei mir etwas nicht ganz in Ordnung sein?

Aber echt sein wollte ich dann wenigstens weiterhin, mindestens nicht feige heucheln, also nicht Begeisterung äußern, wo ich nicht ganz dafür war. Und so ist mir bis heute unvergesslich und unlösbar geblieben mein damaliges Dilemma und Schuldigwerden bei der Vorbereitung einer Trauerfeier für jenen bewunderten Pimpfen-Fähnleinführer unserer Stadt, der noch Ende 1944, wie viele seines Alters, als Fahnenjunker-Unteroffizier bei seiner Frontbewährung vor der Ernennung zum Leutnant gefallen war. Ich war damals gerade im Kriegshilfsdienst auf der Banndienststelle und bot mich freiwillig für das Entwerfen dieser Trauerfeier an, weil ich nicht wollte, dass der Bannführer nur ›markige Worte‹ sprach aus den »Materialien für Gefallenenehrungsfeiern der NSDAP«. Wenn sich dieser wunderbare junge Mensch schon für Deutschland geopfert hatte, wollte ich ihm wenigstens ein angemessenes Gedenken in seinem Sinne bereiten. Aber wie sollte ich den Heldentod ehrlich preisen, wenn ich doch schon lange dachte: »All dieses Kriegführen ist so sinnlos, so sinnlos. Was gibt es denn, was Sterben und Zerfetzen aller dieser jungen Menschen wert wäre? Was sollte ich seiner Mutter und seiner Schwester sagen?« So wollte ich denn nun in meiner Not eben doch Zuflucht zu Hölderlin im »Parteiarchivheft« nehmen. Aber – o Hölderlin! – deine Welt ist doch heute im Jahr 1945 längst untergegangen, unwiederbringlich – für jeden Ehrlichen. Statt griechischer Hexameter hören und lesen wir nun Wehrmachtsberichte und Gefallenen-Nachrichten. »Und dir ist, Liebes, nicht einer zu viel gefallen«, so schrieb ich nun doch zuletzt – verzweifelt, verlogen, aus Mitgefühl schuldig. Als die Mutter des Toten sich bei mir für diese Totenfeier im Rathaussaal bedankte, die ihr mehr gegeben habe als der Gedenkgottesdienst in der Kirche, da erschrak ich – und schämte mich abgrundtief.

Um mir möglichste Gewissheit über meine derartigen Teilwahrheiten zu verschaffen, habe ich nun nachträglich in meinen wiedergefundenen alten Aufsatzheften, Briefen, Ferieneinsatz-Tagebüchern nachgeblättert – und bin bestätigt worden: Für vermeidbares Heldentum im Sterben oder auch im Töten war ich noch nie zu begeistern gewesen, genausowenig wie für blinde Gefolgschaft oder unnötige Einengung der Lebensbedingungen und Lebensfreude.

Es folgen in ihren Aufzeichnungen »Streiflichter auf Nachkriegsjahre einer jungen Erwachsenen«. Besonders erwähnenswert daraus ist, dass sie durch ihre Arbeit auf einem Bauernhof, dann als Schulhelferin, später durch kunstgewerbliche Arbeiten und von 1947 bis 1950 (bis zum Beginn ihres Studiums) als Lehrerin zum Lebensunterhalt der Familie beigetragen hat. Ihr Vater war als »politischer Leiter« für 2 1/2 Jahre interniert und erlebte einen physischen und psychischen Zusammenbruch, von dem er sich – vor allem auch mit Hilfe der Mutter – erst 1954 erholte.

Die Unterrichtsverhältnisse in der Nachkriegszeit schildert sie sehr anschaulich:

Auf einen Zeitungsausschnitt hin habe ich mich als ›Schulhelferin‹ gemeldet. Nach einer Aufnahmeprüfung richtete ich ab 1. Oktober eine Einklassenschule in einem zu 75 % zerstörten Dorf ein – Monatsgehalt 153.- RM (= 30 US-Zigaretten auf dem Schwarzmarkt).

Im Schulsaal: Statt Fensterscheiben – Bretterverschläge, nur ganz vorne beim Pult unterbrochen durch einige dämmerigweiße Bettuchquadrate, da hier auch der Sonntagsgottesdienst abgehalten werden musste – die Kirche war zerschossen. Die fehlenden Schulbänke müsse ich eben selbst in den alten RAD-Baracken ausfindig machen, wohin die »abgebrannten Bauernfamilien« sie mitgenommen hätten. Und wegen der fehlenden Fensterscheiben – na, da solle ich doch einfach den Schreiner im Talort unten ›becircen‹ – das tät ich sicher fertigbringen, und »bezahlen tät's dann die Gemeinde«. Es gab keine Schülerliste, keinen Lehrplan, kein Wochenbuch, kein Lehr- oder Lernbuch, offenbar alles ›entnazifiziert‹. Nun, die Zeit drängte. Also: zuerst mal die Schüler zusammenkriegen. Vielleicht – wie in meinem Kindheitsdorf – Ausschellenlassen durch den Büttel, aber der war als ›Nazi‹ entlassen. Mit meinem »Ich übernehme die Verantwortung gegenüber der Militärregierung« konnte ich trotz meines grünen Alters von 20 Jahren den gestandenen Mann und Dorfbüttel schließlich doch überreden, weil ich ja unmöglich als künftige Respektsperson im Dorf selbst ›ausschellen und ausrufen‹ konnte. Aber in die beiden kleinen Talorte musste ich selbst hinuntersteigen. Ich bat dort das erste Kind, das ich auf der Straße antraf, mich zu seiner Mutter mitzunehmen. Auf deren Küchentisch fertigten wir eine Liste der Schüler dieses Ortes an. Das Mädchen ging dann mit mir zu den Häusern, wo ich die Schüler zum Schulunterricht bestellen wollte.

Der Unterklassenunterricht gleich am nächsten Tag mit Hilfe meines Lesebuchs und mit Kopfrechnen, Singen usw. war schon ein erster Erfolg freudig empfangenen Unterrichts nach über 5 Monaten unterrichtsloser Nachkriegssorgen-Zeit. Auch mit den Großen gab's dann keine Schwierigkeiten, obwohl natürlich in den einzigen Schulsaal (der andere vorhandene war durch eine ›abgebrannte‹ Familie belegt) nicht genügend Schulbänke für alle 83 Schüler hineinpassten. Wie man einen Stundenplan zimmert durch gestufte Anfangs- und Schlusszeiten des Unterrichts für die verschiedenen Klassenstufen, das hatte ich mit meiner ehemaligen Dorfschul-Erfahrung herausgetüftelt. Allerdings erteilte ich um die 40 Wochenstunden, was im Frühjahr mit einem Kreislaufkollaps endete. Die größte Erleichterung war es dann, dass schon im Laufe des Herbstes wieder regelmäßig genügend Zeitungen (leider nur dünne) ins Dorf kamen, so dass auf den rundherum abgeschnittenen leeren Zeitungsrändern jeweils diejenigen ›Schuljahre‹, die Stillbeschäftigung hatten, wenigstens schriftlich Rechenaufgaben machen konnten. Papier und Schiefertafeln waren überall, aber hier, wegen der Dorfzerstörung, anfangs besonders rar. Wie wir das alles damals gemacht haben, weiß ich heute nicht mehr genau – alles, was klappte, hat sich offenbar nicht in mein Gedächtnis eingeprägt. Lustige, für mich kritische oder besondere Situationen dagegen sehe ich noch bis heute vor mir. So z.B., wie ich unter dem Grinsen der Vorübergehenden mit einem zu großen Beil das Schulholz selbst spalten musste, oder wie ich morgens voll Sorge in aller Frühe aufstand, damit ich trotz des ›grünen‹, grässlich rauchenden Holzes bei Unterrichtsbeginn dann ein loderndes

Feuer im eisernen Ofen des Klassenzimmers an die großen Buben, ›unsere Heizer‹, übergeben konnte. Auch für das hölzerne Aborthäuschen der Schüler auf dem Hof war offenbar ich als Lehrerin selbst zuständig, und so putzte ich es jeweils mit einem dicken Strohwisch. Ich bestand auch die Feuertaufe mit einem frechen und gefürchteten Schüler. Und bei den Schülern – in einem stolzen Bauerndorf – konnte es mir später sogar geschehen, dass – als ich wegen spiegelvereister Straßen am Montagmorgen mit dem Fahrrad mit fast dreistündiger Verspätung ankam – ich die gesamte Oberklasse mucksmäuschenstill im Klassenzimmer noch vorfand, stolz mich informierend: »Wir sind schon beim Aufsatzeinschreiben.«

Als ich sie bat, ein Resümee zu ihrer Auseinandersetzung mit der Vergangenheit zu schreiben, überließ sie mir den nachstehenden Brief, den sie 1985 an die Stuttgarter Zeitung geschrieben hatte. Er wurde nicht veröffentlicht.

Auseinandersetzung mit der Vergangenheit

Fazit einer ›frühgeborenen‹ Hausfrau nach dem 8. Mai 1985 – 40 Jahre nach dem Krieg – und Ronald Reagans Reden bei seinem Europabesuch:

Wir haben sie überstanden, die Medienduschen zum 8. Mai! Erst war mir all das auf die Nerven gegangen – kalter Kaffee. Dann hatte ich beschlossen, nochmals die ganze dargebotene Lektion durchzugehen und die Augen, die Ohren, den Verstand und das Herz vor nichts zu verschließen: nicht vor den Erinnerungen an die alten demagogischen Kriegswochenschauen, die damals der Jugend das Heldenherz höher schlagen ließen. Auch nicht vor meinen persönlichen Erinnerungen an das schlechte Gewissen, das ich damals hatte, weil mein Mädchenherz offenbar nicht heldenhaft genug war und ich dieses ganze Töten und Verwüsten so sinnlos und schrecklich fand – all diese schönen jungen Soldaten –, vielleicht waren sie am Tag der Wochenschauvorführung schon tot. Aber man musste eben heldenhaft sein, denn ›Deutschland muss leben, und wenn wir sterben müssen.‹ So ›setzte man sich ein‹, beim Lazarett-Singen, bei der Winterhilfe, bei Flüchtlingstransporten, bei der Erntehilfe usw. Und dann der 8. Mai im Allgäu, alles zu Ende. Das kann doch nicht sein, dass all die großen Ideale falsch waren, dass man uns raffiniert belogen und hereingelegt hat – das muss der Schock sein, der uns alles so schwarz sehen lässt. Aber nach dem ›Schock‹ wurde es ja immer noch deutlicher, wie ungeheuerlich das Geschehen der vergangenen Jahre gewesen war – das war also unser Deutschland gewesen, so sieht hinter pathetischen Fassaden das wirkliche Menschenleben aus. Für mich bedeutete das: Nie wieder ›Idealismus‹, dafür Augen auf, skeptischen Verstand und ›bitteren Realismus‹ durchhalten, Berufsausbildung anpacken, Care-Pakete aus USA dankbar annehmen.

Im Laufe der Jahre dann die demütigende Erkenntnis, dass weder mein Verstand noch guter Wille und Gefühl mich vor Schuldigwerden aller Art gänzlich bewahren können. Und dann nach vielen guten Freundschaften mit Menschen anderer Nationen, anderer Kulturen, anderer Religionen – die befreiende Einsicht, dass wir Menschen vieles gemeinsam haben, vom Lächeln bis zur Aggression. Dass wir aber nicht alle gleich sein müssen, nicht alle das gleiche schätzen müssen, solange wir nur die Schöpfung in ihrer bunten Vielfalt nicht zerstören. Das war die Lektion gewesen, die ich inzwischen schon gelernt hatte.

Und dazu kam nun nochmals – nach 40 Jahren – eine Lektion mit beunruhigendem Ausgang: »Der Medienkünstler brilliert auch in Straßburg«, so überschreibt Thomas Gack seinen Bericht über Reagans Rede im Europa-Parlament (Stuttgarter Zeitung, 9. 5. 85). Ironisch oder nicht – jedenfalls bei mir kam dieser ›große Auftritt‹ des sonnigen Kriegs- und Westernhelden mit dem schmetternden Pathos ›out of the ashes hope‹ gar nicht so brillant an. Erschreckend vielmehr lief er vor mir im Fernsehen ab wie einer jener alten Wochenschau-Filme aus unseren Jubelzeiten. Ich hörte vor meinem inneren Ohr plötzlich unsere Melodie vom ›Zittern‹ der ›morschen Knochen‹. Ich sah bei der gepriesenen ›Ab-Schreck‹ung durch neue Waffensysteme plötzlich vor meinem inneren Auge die ›schreck‹-lichen Bilder von Hiroshima, von den ›Schlacht‹-feldern der ganzen Welt, von unseren grauenhaft organisierten KZ, von all dem Unmenschlichen, wozu Helden und Techniker fähig sind. Bei der für Reagan offenbar absolut zweifelsfrei für Europa bestehenden Kriegsdrohung aus dem Osten, dem ›Reich des Bösen‹, trat plötzlich vor mein Auge jenes Plakat mit der Fratze des ›bolschewistischen Untermenschen‹, der damals angeblich ebenso zweifelsfrei unser ›Tausendjähriges Reich‹ bedrohte.

Endlich, als ich ›Frieden und demokratische Selbstbestimmung‹ hörte, wollte ich gerade aufatmen – darin war ich mit diesem hoffnungssprühenden Kreuzritter wirklich einig! Aber hatte ich nicht erst vor kurzem sehr Kritisches gehört und gesehen bezüglich Friede, Freiheit, Selbstbestimmung in Lateinamerika? Hatte nicht dieser amerikanische Präsident Finanzhilfe z.B. für den Bürgerkrieg in Nicaragua leisten wollen, hatte er nicht soeben ein Embargo gegen dieses unfolgsame Land verkündet (und das sogar von deutschem Boden aus)?

Und dann hörte ich, wir müssten aus der Geschichte lernen. – Jawoll, Herr Reagan, ich habe schon recht gut gelernt, was z.B. zu Kriegen führt: egoistische Wirtschaftsinteressen, soziale Ungerechtigkeit, Rüstungs- und Kampfbesessenheit, Menschenverachtung.

Und als ich dann weiter die lobenden Hymnen auf uns Ur-Einwohner von Good Old Europe und das ›out of the ashes – hope!‹ (Kopf hoch, Blick voraus und Hoffnung um jeden Preis) hörte, gekrönt vom Schlussbild des entschlossen strahlenden, glücklichen Helden nach geschaffter Show, da hatte ich meine Vergangenheit vollends ganz bewältigt. Ganz ruhig dachte ich: Diese Pose kennst du zu gut – und auch das Hochgefühl der (vor aller Welt vom ›starken Mann‹ belobten) jubelnden Zuhörer. Aber mir, lieber Ronald aus dem fernen Hollywood, mir läuft bei deinen hehren Worten genausowenig ein heiliger Schauer über den Rücken wie bei den Worten der großen Machthaber von der anderen Seite des ›Eisernen Vorhangs‹. Die berühmte ›Vorsehung‹ der vergangenen Zeiten hat mich Vorsicht gelehrt. Dabei glaube ich dir sogar, dass du nur das Gute und Beste willst. Aber dass du das Beste für jeden Menschen kennen und auf deinem bisherigen Weg erreichen kannst, das glaube ich nicht.

Und das ist kein Anti-Amerikanismus bei mir. Ich meine nämlich, dass auch in anderen Ländern, ob demokratisch, sozialistisch, diktatorisch oder was auch immer, die Politiker noch manches lernen müssen, und wir Staatsbürger und -innen nicht minder. Deshalb habe ich dies nun hier als rechtzeitig geborene und deshalb hellhörige ›gebrannte‹ Frau aus dem Volke geschrieben. Leider wird mein Brief weder Ronald Reagan noch unseren Bundeskanzler erreichen. Aber meine Hoffnung besteht darin, dass doch irgendwann eine Mehrheit von aufmerksamen kleinen Köpfen und Herzen heutzutage und hierzulande eine Minderheit von ›Großkopfeten‹ irgendwie zur Raison und zur Friedlichkeit bringen können – dank jenem 8. Mai 1945.

[P.S. 1995: Wo bleibt der Friede? Kriege und Unmenschlichkeit an allen Ecken und Enden! Es gilt mehr denn je zu hoffen, aber auch zu handeln.]

Dazu schrieb sie im Rückblick auf ihre Lebensgeschichte noch ein Schlusswort:

Die zwölf Jahre des Dritten Reiches und sein Ende sind in meinem Leben eine wesentliche und unvergessliche Erfahrung gewesen. Aber ich werde nie den »ersten Stein« werfen auf meine Generationsgenoss(inn)en, die alles jeweils schnell und zupackend durchleben und dann vergessen konnten – eine lebensdienliche Naturgabe. Mir hat mein waches Gefühl für Unstimmiges oder auch für Zukunftsträchtiges zeitlebens den Anstoß gegeben zu genauem Beobachten, Nachforschen und Nachdenken. – Dann jedoch ist es mir immer wichtig gewesen, dass auch wirklich gehandelt wird, verantwortungsbewusst und vorwärtsgerichtet – aber eben auch gemäß den ungeschminkten Gegebenheiten der Menschennatur und der materiellen Sachzwänge. – Zu diesen klaren Erkenntnissen hat letztendlich auch mein nochmaliges kräftezehrendes Hindurchkämpfen durch längst überlebte Entwicklungen und verarbeitete Vergangenheiten beigetragen. Es hat außerdem geführt zu interessantem Austausch mit anderen Menschen, zum Beispiel mit »Ex-DDR-Frauen«, mit der Familie, mit Freunden und »Feinden« – zu besserem Verstehenkönnen und Verstandenwerden. Ich kann nun, 72jährig, sicherer, altersweise »demütig« und tolerant am heutigen Leben teilnehmen. Und ich bin dankbar für mein reiches Leben, in dem ich durch Herausforderungen gewachsen bin, in dem es viele Freuden gegeben hat – und in dem mir offenbar vieles Schlimmes erspart geblieben ist.